Franz Becksteiner · Roman Hofmeister
Andreas Wolkerstorfer · Martin Zeller

Besser
schreiben
reden
rechnen

*Wissenswertes
zum Nachschlagen –
für Schule, Haushalt
und Beruf*

Seehamer Verlag

Genehmigte Lizenzausgabe
für Seehamer Verlag GmbH, Weyarn
© Andreas & Andreas, Verlagsbuchhandel, Salzburg
Alle Rechte vorbehalten
Lektorat : Dr. Andreas Wolkerstorfer, Michaela Töbinger
Die Autoren und der Verlag haben die Ratschläge dieses Buchs genauestens geprüft,
es kann jedoch keine Garantie übernommen werden.
Für Personen-, Sach- und Vermögensschäden erfolgt keine Haftung
seitens der Autoren bzw. des Verlages.
Jede Ähnlichkeit mit den Personennamen in den Briefbeispielen ist rein zufällig.
Umschlaggestaltung: Bine Cordes, Weyarn
Gesamtherstellung: Graphischer Großbetrieb Pößneck GmbH
Printed in Germany
ISBN 3-929626-66-7

Inhaltsverzeichnis

Fehlerfreies Deutsch

von Mag. Martin Zeller

Besser reden – sicher überzeugen

von Mag. Roman Hofmeister

Briefe schreiben – problemlos und erfolgreich

von Dr. Andreas Wolkerstorfer

Mathematik

von Franz Becksteiner

Fehlerfreies Deutsch

von Mag. Martin Zeller

Vorwort

„Fehlerfreies Deutsch", das ist ein sehr anspruchsvoller Titel, für den man sich rechtfertigen muß. Zunächst: Gibt es überhaupt dieses fehlerfreie Deutsch als gesprochene oder geschriebene Sprache? Sodann: Woher nimmt man den Maßstab, einen Satz, eine Wortform für „richtig" oder für „unrichtig" zu erklären? Die Antwort auf diese Fragen wird noch schwieriger, wenn man bedenkt, daß sich die Sprache im Laufe der Zeit verändert, heute rascher als früher. Was die erste Frage betrifft, muß gesagt werden, daß „fehlerfreies Deutsch" ein nur annäherungsweise erreichbares Ideal ist. Stets weicht die Aussprache mehr oder weniger von jener ab, wie sie in Aussprachewörterbüchern festgelegt ist. Mängel im Satzbau und grammatische Fehlformen treten auf. Allerdings wird die Verständigung dadurch meist nicht beeinträchtigt. Selbst grob ungrammatische Sätze werden in der Regel verstanden. Dennoch weiß jeder, wie mühsam und eingeschränkt eine Unterhaltung sein kann, wenn einer der Gesprächspartner die Sprache nur mangelhaft beherrscht, und was für ein Vergnügen es umgekehrt bereitet, einem geschliffenen Dialog auf der Bühne oder auch im Fernsehen zu folgen. Die Frage nach dem Maßstab für „korrekt" und „unkorrekt" ist wohl auch nicht so sicher zu beantworten, wie das vielen wünschenswert scheint. Da die Sprache kein ausschließlich logisch erfaßbares System ist, sondern ein System vereinbarter Zeichen, das nun einmal „gilt", kann es kein absolutes „Richtig" oder „Falsch" geben. Allein die Tatsache regionaler Unterschiede und zeitlicher Veränderungen macht das deutlich. Wenn hier von „fehlerfreiem Deutsch" die Rede ist, dann ist die **Standard**- oder **Hochsprache** gemeint, die heute gesprochen und geschrieben wird. Gewiß handelt es sich dabei um eine bestimmte Sprachform unter anderen; jedenfalls ist sie aber die sozialste Form, weil sie den größten Geltungs- und damit auch Wirkungsbereich hat. Sie ist die Sprachform der Wissenschaft, der Medien und zu einem großen Teil die der Literatur. Aus diesem Grund scheint es uns (trotz gegenläufiger Bestrebungen) ein berechtigtes Bemühen, diese allgemeindeutsche Sprachform darzustellen und zu verbreiten.

Das Buch wendet sich nicht an den Fachmann, den Sprachwissenschaftler oder Germanisten; es will nicht mit den verschiedenen, vielfach rivalisierenden sprachwissenschaftlichen Theorien bekanntmachen. Das Buch wendet sich auch nicht an den Fremdsprachigen, der einen Elementarunterricht braucht. Wir wollen alle diejenigen ansprechen, die Freude an Fragen der Sprache haben und die bestrebt sind, ein – im Sinne der Standardsprache – möglichst korrektes Deutsch zu sprechen und zu schreiben; das Buch hat also eine **praktische** Zielsetzung.

Ein Blick in das Inhaltsverzeichnis zeigt den Aufbau: Nach einer kurzen Einführung werden die einzelnen Wortarten dargestellt, anschließend der Satzbau. Die Regeln der Rechtschreibung und der Zeichensetzung werden mit Beispielen erläutert. Den Abschluß bildet je ein Kapitel über den Stil und die Geschichte einzelner Wörter und Redensarten.

Zur Frage der Fachausdrücke (Terminologie): Grundsätzlich werden der leichteren Verständlichkeit wegen die deutschen Bezeichnungen verwendet, die lateinischen Fachbegriffe jedoch bei der ersten Nennung in Klammern hinzugesetzt. In einigen Fällen, in denen die deutsche Bezeichnung unüblich oder irreführend ist, werden die lateinischen Ausdrücke durchgehend vorgezogen, zum Beispiel „Passiv" statt „Leideform".

„Fehlerfreies Deutsch" setzt keine Fachkenntnisse voraus – die Autoren haben sich bemüht, nicht nur allgemeinverständlich zu schreiben, sondern auch ein wenig humorvoll.

Das Buch ist für Leser in Deutschland und Österreich gedacht. Daraus ergeben sich gewisse Schwierigkeiten, denn die Beschreibung der Standardsprache stimmt in beiden Ländern nicht immer überein, zum Beispiel in der Rechtschreibung.

Duden (Die Rechtschreibung):	Österreichisches Wörterbuch:
so daß	sodaß
um so	umso
um Punkt acht	um punkt acht
Küken	Kücken
Geschosse	Geschoße

Beträchtliche Unterschiede bestehen im Wortgut. Für „Blumenkohl" sagt man in Österreich „Karfiol", für „Fleischer" oder „Metzger": „Fleischhauer" und für „dieses Jahr": „heuer".

Differenzen gibt es auch bei den sprachwissenschaftlichen Bezeichnungen.

In Deutschland üblich:	In Österreich üblich:
Komma	Beistrich
Ausrufezeichen	Rufzeichen
erste Vergangenheit	Mitvergangenheit

Wir bitten um Verständnis dafür, daß wir nicht immer allen Eigenheiten gerecht werden können.

Vom Werden der deutschen Sprache

Sprachformen

Die Sprache lebt mit den Generationen, die sie sprechen, und verändert sich ständig. Sie nimmt neue Wörter auf und stößt andere ab; sie entwickelt neue Formen des Sagens und läßt andere als veraltet erscheinen. Wegen dieses ständigen Wandels ist es sehr fragwürdig, sie in starre Regeln zu zwingen. Noch vor wenigen Jahrzehnten hat man erklärt: Richtiges Deutsch ist, was die guten Schriftsteller der Zeit schreiben. Heute gibt es jedoch keine einheitliche „Literatursprache" mehr, die als Muster dienen könnte.

Ein im ganzen deutschen Sprachraum verständliches Deutsch hat sich erst seit dem 14. Jahrhundert allmählich entwickelt. Dabei spielten die Erfindung des Buchdrucks und die Bibelübersetzung von Martin Luther, die auf ostmitteldeutschen Mundarten beruht, eine wesentliche Rolle. Die Lutherbibel verbreitete sich rasch über den gesamten Sprachraum. Doch erst im 18. Jahrhundert nahm das Gestalt an, was man heute **Hochsprache** oder **Standardsprache** nennt. Neben dieser Hochsprache gibt es verschiedenartige Sprachformen, so zum Beispiel die sprachlichen Eigenheiten sozialer Gruppen und verschiedener Berufe. Es gibt einen Schülerjargon, einen Sportjargon, ein Beamtendeutsch, ein Journalistendeutsch usw. Man faßt diese sprachlichen Eigenheiten mit dem Ausdruck **Soziolekt** zusammen.

Die ursprüngliche Sprachform ist die **Mundart** (der **Dialekt**), eine landschaftlich begrenzte Form der Sprache mit Eigentümlichkeiten der Lautung, im Wortschatz und in der Grammatik. Heute wird der Gebrauch der Mundart stark zurückgedrängt. Dabei wirken verschiedene Faktoren zusammen: neben dem Schulunterricht vor allem Rundfunk und Fernsehen. Aber auch die steigende Mobilität der Gesellschaft und die Massierung der Menschen in Ballungsräumen tragen zum Abbau mundartlicher Eigenheiten bei, so daß manche Sprachwissenschaftler ein allmähliches Aussterben der Mundarten befürchten.

Das Deutsche umfaßt drei große **Dialektgruppen**: das Oberdeutsche, das Mitteldeutsche und das Niederdeutsche. Zum Oberdeutschen gehören das Bairisch-Österreichische, das Alemannische, das Schwäbische und Teile des Fränkischen. Die Dialekte nördlich der Linie Aachen-Kassel-Magdeburg-Berlin-Frankfurt an der Oder bezeichnet man als niederdeutsch; sie unterscheiden sich von den übrigen deutschen Mundarten ganz wesentlich, weil sie die zweite oder hochdeutsche Lautverschiebung nicht mitgemacht haben. An drei Beispielen wollen wir zeigen, welch große Verschiedenheit die Mundarten aufweisen.

Alemannisch:
Der Hairi schtoht uff der Johanniterbrugg und luegt ins Wasser abe. Do froggt en der Schaggi: „Was gaffsch, hesch öppis verlore?" – „He jo, d Brill isch mer in d Donau keit." – „Du spinnsch jo, Hairi, dasch doch nit d Donau, dasch der Rhy." – „Do gsesch nur, Schaggi, wie schlächt ych gseh ohni Brille."

Stoansteirisch:
Da Heinerl schtehd auf da Bruggn und schaut obi zan Wossa. Do frogt'n da Seppl: „Wos goffst'n, host eppa wos valorn?" – „Holt jo, d Glosaugn san ma in d Enns eini-

gfolln." – „Du rappöst jo, Heinerl, dös is douh gor nit d Enns, dös is jo d Mur." – „Do schau amol, Seppl, wia schlecht das ih schou siach ohne d Glosaugn."

Plattdeutsch:

Hein steiht up de Lombardbrück un kiekt int Water. Dar kümmt Tetje un fragt em: „Wat steihst hier un gaaffst? Hest wat verlorn?" – „Ja, Tetje, min Brill is mi in de Elf füllen." – „Mensch, Hein, du hest ho 'n Vogel, dat is doch de Alster un ni de Elf." – „Dar kannst mal sehen, Tetje, wo ring ick ohne Brill kieken kann."

Eine Art Mittelding zwischen Hochsprache und Dialekt ist die **Umgangssprache**. Sie weicht von der hochdeutschen Lautung ab und ist mundartlich eingefärbt. Der Satzbau ist einfacher als in der Hochsprache, der Wortschatz geringer. Die Umgangssprache hat eine Neigung zu festen Sprachformeln und -floskeln und zu Modeausdrücken.

Wortbedeutungen verändern sich

Im Lauf der Zeit hat sich die Bedeutung vieler Wörter verändert. So bedeutete im Mittelalter *Vetter* (vetere) „Vaterbruder", also Onkel; *Vetter* ist eine Bildung zu „Vater". Und *Base* hatte die Bedeutung „Vaterschwester"; die Schwester der Mutter nannte man *Muhme* (muoma), ein Wort, das bereits ausgestorben ist.

Mitunter hat sich die Bedeutung eines Wortes verbessert oder verschlechtert. *Weib* hatte ursprünglich keine abwertende Bedeutung, und *Dirne* war eine Bezeichnung für das unverheiratete Mädchen (vergleiche „Dirndlkleid"). *Gesindel* hatte früher keine abwertende Bedeutung, es war die Gefolgschaft (Gesinde), auch die Begleitung des Herren auf einer Reise.

Manche Wörter haben eine Bedeutungsverbesserung erfahren: der heute verehrte und vielgeplagte *Minister* war ein Diener, der *Marschall* gar ein Stallknecht, der *Kanzler* Vorsteher einer Kanzlei. So können sich die Verhältnisse ändern!

Manchmal hat sich die Wortbedeutung **erweitert** oder **verengt**. *Hochzeit* konnte man früher beliebig oft feiern, es war nämlich jede Festzeit, jede „hohe Zeit"; *fahren* hieß soviel wie „sich vorwärtsbewegen" – es gab „fahrende Sänger", die natürlich zu Fuß fuhren, und es gab eine *Wallfahrt*. *Buße* war eine Ausbesserung, ein Flickwerk; wir kennen heute in dieser Bedeutung nur noch den Lückenbüßer. – Dagegen erweiterte sich die Wortbedeutung bei *Geselle* und *Kamerad* – einst Leute, die gemeinsam in einem Saal oder in einer Kammer schliefen. *Arbeit* wurde nur die Tätigkeit genannt, die man auf ererbtem Grund und Boden verrichtete, eine *Sache* war ein Rechtsfall und nichts sonst. Es gibt eine Unzahl Wörter, deren Grundbedeutung man heute kaum noch erkennt.

Woher kommt der Wortschatz?

Das Deutsche verfügt heute über etwa 500.000 Wörter. Wenn man den Fachwortschatz mit den vielen Fremdwörtern dazurechnet, kommt man auf weit über eine Million.

Jeder Sprecher/Schreiber nützt nur einen kleinen Teil dieses ungeheuren Wortvorrates. Ein durchschnittlich Gebildeter verwendet etwa 20.000 Wörter, ein Dialektsprecher kommt mit ungefähr 5.000 Wörtern aus. Von diesem **aktiven Wortschatz** unterscheidet man den **passiven Wortschatz**, das sind all diejenigen Wörter, die ein Sprachteilhaber zwar versteht, aber nicht verwendet. Jeder versteht wesentlich mehr Sprache, als er selber spricht und schreibt. Der **Wortschatz** setzt sich aus mehreren Schichten zusammen. Da sind einmal die **altererbten Wörter**, die bis in germanische Zeit zurückreichen: *Vater, Mutter, Knabe, Mädchen, Holz, Sonne* usw. Viele Ausdrücke sind aus mehreren Wörtern zusammengesetzt: *Muttermal, Schlüsselloch, vorbeigehen*; oft kann man die Nahtstelle nicht mehr erkennen: *nicht, Nachbar, Jungfer* (= junge Frau).

Sobald ein Volk mit einem anderen in Berührung kommt, lernt es neue Dinge kennen und übernimmt mit ihnen auch die fremden Bezeichnungen. Mit dem Warenaustausch erfolgt ein Austausch von Wörtern. So kamen seit je und kommen heute noch Wörter aus fremden Sprachen in unseren Wortschatz. Als **Lehnwörter** bezeichnet man Wörter aus fremden Sprachen, die in Aussprache und Schreibweise so eingedeutscht wurden, daß man ihre fremde Herkunft nicht ohne weiteres erkennt. Wer denkt schon, daß *Mauer, Ziegel, Pech* oder *Spiegel* aus dem Lateinischen stammen? Oft war der Weg zu uns sehr weit, die Entwicklung ging langsam vor sich. Da fällt mir *Lärm* ein, für dessen deutsche Abstammung man die Hand ins Feuer legen möchte. Das Wort stammt aber aus dem Italienischen. Der Ruf „all' arme!" (zu den Waffen), der in *Alarm* noch gut zu erkennen ist, wurde durch Abfall des unbetonten Anlautes zu *Lärm*.

Das Wort *Mappe* ist ein altes karthagisches Wort und bezeichnete ein Handtuch aus Leinen. Die Römer besiegten die Karthager in langwierigen Kämpfen und übernahmen nicht nur deren Land, sondern auch das Wort *mappa*. Viel später bezeichnete man mit *mappa mundi* eine Darstellung der Länder. Auch wir, das heißt unsere Vorfahren bis herauf ins 18. Jahrhundert, verstanden darunter eine Landkarte; später bezeichnete das Wort den Umschlag dafür, die Schriftentasche.

Meister leitet sich vom lateinischen *magister* her, *Moneten* und *Münzen* sind dasselbe, nämlich lateinische *monetae*. Auch das Wort *Tisch* kommt von weit her: Die Griechen waren seit je Freunde des Sports. Da hatten sie zum Beispiel eine runde, mit Eisen beschlagene Scheibe, die sie in hohem Bogen von sich zu werfen verstanden. Das Ding hieß *diskos*. Die Römer übernahmen – wie vieles andere – auch dieses Wort; weil sie aber mehr vom Essen als vom Sport hielten, bezeichneten sie mit *discus* eine Schüssel. Und die Germanen sahen neidisch über den Grenzwall den Römern beim Schmausen zu. Schließlich ahmten sie den *discus* nach, konstruierten aber ein Gestell dazu, das fest mit der hölzernen Schüssel verbunden war. Im Laufe der Zeit verzichteten sie dann auf die Schüssel, und was übrigblieb, war ein *tisc*, ein Tisch.

Weil wir schon beim Essen sind: Die Mönche des Mittelalters sprachen und schrieben viel Lateinisch, verstanden sich vorzüglich aufs Kochen und hatten die gepflegtesten Gemüsegärten. Sie übernahmen eine große Anzahl lateinischer Ausdrücke ins Deutsche, von *Küche* angefangen über die Gemüsearten wie *Kohl, Rettich, Zwiebel*, die Gewürze wie *Kümmel, Pfeffer* bis zu *Lilie* und *Veilchen*.

Wir haben aber nicht nur von den Römern entlehnt. Wer Zucker in seine Tasse Kaffee gibt, denkt nicht daran, daß diese drei Wörter aus sehr entlegenen Sprachen stammen: *Zucker* aus dem Indischen, *Tasse* aus dem Persischen, *Kaffee* aus dem Arabischen. Aus dem Griechischen kommen *Engel, Kirche, Priester, Bischof, Pfing-*

sten. Später wurde viel aus dem Französischen übernommen, vor allem Ausdrücke für Rittertum und Hofleben: *Turnier, Lanze, Preis.* Die Italiener waren gute Geschäftsleute, von ihnen stammen *Kasse* und *Bank,* von den Slawen *Grenze, Peitsche, Pistole, Dolch, Säbel.* Der *Zeisig* kommt ebenfalls vom Osten, auch der *Halunke.*

Von den Lehnwörtern unterscheiden wir die **Fremdwörter.** Das sind Wörter, die ihren Charakter in Aussprache, Betonung und Schriftbild bis heute bewahrt haben. Sie sind in unzähligen Bereichen zu finden. Aus Frankreich kamen Wörter aus dem Bereich der Mode, von der *Taille* bis zum *Parfum,* und Bezeichnungen im Heerwesen, wie *Kommandant, Bataillon* usw. Die Italiener als Musikfreunde haben uns *Violine, Klavier, Menuett* und *Quartett* überlassen. Die letzte Welle von Fremdwörtern kommt aus England und vor allem aus Amerika: *Job, Boss, Action, Boom, Investment, City, Sound* und viele andere mehr.

Die Wortbildungen der Technik (meist lateinischen oder griechischen Ursprungs) sind international: *Omnibus, Automobil, Apparat, Photographie, Transformator.*

Zusammenfassung

Das Deutsche weist verschiedene Sprachformen **(Varietäten)** auf:
1. die **Standardsprache,** auch Hochdeutsch oder Schriftdeutsch,
2. die **Mundarten (Dialekte)** und
3. **Soziolekte** (Gruppen- und Berufssprachen).

Die Bedeutung eines Wortes wird durch seinen jeweiligen Gebrauch festgelegt. Wortbedeutungen können sich mit dem Wandel der sozialen, ökonomischen, politischen und kulturellen Verhältnisse verändern.

Man unterscheidet den **aktiven** und den **passiven Wortschatz.**

Historisch gesehen setzt sich der Wortschatz zusammen aus:
1. Erbwörtern,
2. Lehnwörtern (ursprünglich fremden, aber eingedeutschten Wörtern) und
3. Fremdwörtern.

Über Laute und Silben

Was ist der Unterschied zwischen Laut und Buchstabe?

Die klingenden Laute bezeichnet man als **Klang-** oder **Selbstlaute** (lateinisch: **Vokale**): *a, e, i, o, u.* Helle Vokale sind *i* und *e,* dunkle Vokale sind *o* und *u; a* nimmt eine Mittelstellung ein. Zwischen *a, e, i, o* und *u* liegen noch andere Selbstlaute. In der Hochsprache werden davon nur *ö* (zwischen *e* und *o*) und *ü* (zwischen *u* und *i*) verwendet. Die Mundart bildet mitunter andere Vokale, das Bairisch-Österreichische vor allem das dumpfe *a,* etwa in *Bach, Dach.* Große Unterschiede zeigt der *e-*Laut. In der Hochsprache unterscheidet man vier Artikulationen: geschlossenes langes *e* in *Schnee, Klee, Reh, Leben;* offenes kurzes *e: recht, Eltern, Wälder, Felder;* offenes langes *e: Mädchen, während, Pärchen* und unbetontes *e* (in Nebensilben): *Vater, suchen, Gesuch.*

Ä, ö und *ü* werden als **Umlaute** bezeichnet. Davon muß man die **Zwielaute** oder **Diphthonge** unterscheiden: *ei (ai), au* und *eu (äu).* Die Zwielaute *ei* und *ai* werden gleich ausgesprochen, zwischen *Leib* und *Laib* ist also kein Unterschied zu hören. Ebenso werden *eu* und *äu* gleich ausgesprochen, etwa in *Scheune* und *Häuser.*

Die **Mitlaute** oder **Konsonanten** klingen in der Regel nicht allein. Nur die Sonanten *(l, m, n, r)* können silbisch gesprochen werden, doch gilt dies nicht als hochdeutsch. Wie verhalten sich nun unsere **Buchstaben** zu den gesprochenen Lauten? Laut und Buchstabe stimmen nicht immer überein, denn *sch* oder *ng* bestehen aus drei bzw. aus zwei Buchstaben, gesprochen wird ein einziger Laut *(Schaf, er sang); s* in *sp* und *st* wird in deutschen Wörtern wie *sch* artikuliert *(Spiel, Sturm).* Gesprochenes *k + s* halten wir schriftlich entweder nur mit einem Zeichen fest, dem *x,* oder mit dreien (chs, cks): *Hexe, Fuchs, Klecks.*

Bemerkenswert ist, daß häufig verschiedene Zeichen für ein und denselben Laut verwendet werden, für langes *i* zum Beispiel *ie* (Lied), *ih* (ihm) und *i* (Igel). Beim Schreiben werden zum Ärger vieler *viel* und *fiel* unterschieden, obwohl es der gleiche Laut ist. Wir schreiben *Tag* und *Tages,* wenngleich das *g* im Auslaut hart gesprochen wird. Unsere Schreibweise ist also nicht immer lautgerecht und macht uns deswegen oft große Schwierigkeiten. Ein weiterer Grund vieler Fehler ist das großzügige Verschlucken von Lauten beim Sprechen, die sich dann beim Schreiben nicht mehr verläßlich einstellen.

Silben mit verschiedenen Aufgaben

Lautgruppen, die wir als Sprecheinheiten wahrnehmen, nennen wir **Sprechsilben:** *le-ben, ver-rei-ben, ar-bei-ten, Re-gen; Mensch, Mensch-lich-keit.*
Nicht auf die Anzahl der Laute kommt es an, wenn man ein Wort trennen will, son-

dern auf die Anzahl der Klang-, der Selbstlaute. Jede Silbe muß **einen** klangkräfti-gen Laut haben, und das ist in unserer Sprache ein Vokal. Wenn ich langsam spre-che, wer-de ich die Selbst-lau-te be-son-ders be-to-nen und kann die Sprech-sil-ben mü-he-los fest-stel-len. Wörter mit einem einzigen Vokal sind nicht abtrennbar: dann, kann, Mensch, Schuld.

Sprechen, Sprache, sprachlich, versprechen, absprechen, Spruch, Widerspruch stammen augenscheinlich und „ohrenhörlich" vom selben Vater ab. Streichen wir das Gemeinsame der Familie heraus –, *sprech*-en, *Sprach*-e, *sprach*-lich, ver-*sprech*-en, *Spruch*, Wider-*spruch* –, erhalten wir die sogenannte **Sprachsilbe** (sprech-), die nicht immer mit der Sprechsilbe zusammenfällt (spre-chen).

Was **vor** der Sprachsilbe steht, bezeichnet man als **Vorsilbe**, was **nach** ihr steht, als **Nachsilbe**. Die Vorsilben sind leicht zu erkennen, sie sind meist auch Sprechsilben: *ver*-sprechen, *be*-sprechen, *ent*-sprechen.

Die Nachsilben hingegen übersieht man leicht: Sprach-*e*. Eine Gruppe dieser Nach-silben, die **Beugungssilben**, leisten unentbehrliche Dienste. Sie machen es uns möglich, die einzelnen Wörter aufeinander abzustimmen: Wir sprech-*en* mit unser-*en* Gäst-*en* über die neu-*esten* Film-*e*.

Daneben gibt es eine zweite Gruppe von Nachsilben, die **Ableitungssilben**: Er hat fleiß-*ig* geübt und es sport-*lich* zu einer Höchstleist-*ung* gebracht, die für uns alle zum Ereig-*nis* wurde.

Mit Ableitungssilben (-ig, -lich, -ung, -nis, -heit, -keit) werden neue Wörter von den Stammwörtern abgeleitet, und dadurch wird unser Sprachschatz wesentlich ver-mehrt.

In der Regel wird die **Stammsilbe** am stärksten betont: Getréide, fláttern, Verkáuf, vernébeln.

Bei Zusammensetzungen tritt die erste Silbe stärker hervor: Kámmersänger, Lánd-wirt, Stráßenbahnverkehr.

Die Ableitungssilben erhalten nur einen Nebenton: Bekénntnìsse, Bedíngùngen.

Die Beugungssilben bleiben überhaupt tonlos; daher konnten sich in ihnen keine voll klingenden Vokale halten, sie wurden zum gleichförmigen e abgeschwächt: Besprechung*en*, red*en*, lieg*en*.

Die für das Deutsche kennzeichnende Stammbetonung wurde auch auf die aus fremden Sprachen entlehnten Wörter übertragen, die ursprünglich anders betont waren und nun ein deutsches Aussehen bekamen: Márter, Síegel.

Fremdwörter bewahren ihre Betonung: Musík, tol*e*ránt, int*e*ressánt, Apothéke, Absolutísmus, Revolutión.

Überhaupt hat die Betonung mehr Einfluß auf die Formung der Sprache, als man gewöhnlich glaubt. Bim, bam, bum oder piff, paff, puff hält man für eine kindliche Spielerei, aber was soll man zu *binden, band, gebunden* oder zu *Binde, Band* und *Bund* sagen? Hier ist zweifellos immer derselbe Stamm vorhanden, und doch ändert sich der Vokal. Man kann sich das nur so erklären, daß diese Wörter in ältester Zeit verschieden betont waren und daß die Klanglaute später entsprechend abgestuft oder abgelautet worden sind. Diesen Vorgang nennt man **Ablautung**. Der **Ablaut** begegnet uns vor allem beim Zeitwort: *ziehen – zog – gezogen, schwimmen – schwamm – geschwommen*.

Auch bei Hauptwörtern kommt er vor, nur hat er die zusammengehörenden Wörter klanglich oft so weit voneinander entfernt, daß man ihre Verwandtschaft kaum erkennt: Salz – Sulz; Grab – Grube; Gift – Gabe; Schneider – Schnitter.

Zusammenfassung

Man unterscheidet:
1. **Selbstlaute / Vokale:** a, e, i, o, u;
   ä, ö, ü (**Umlaute**);
2. **Zwielaute / Diphthonge:** ei (ai), au, eu (äu);
3. **Mitlaute / Konsonanten:** b, g, h, ...

Das Deutsche gilt als Sprache, die nach der Lautung geschrieben wird (ähnlich wie das Italienische, aber im Gegensatz zum Französischen und zum Englischen). **Laut** (gesprochen) und **Buchstabe** (geschrieben) entsprechen einander jedoch nicht immer (chs = x).

Sprechsilben: spre-chen

Sprachsilben: sprech-en (*sprech* = Wortstamm, *en* = Endung)

Man unterscheidet **Vorsilben** (Präfixe): *ver*-sprechen und **Nachsilben** (Suffixe): Sprech-*er*.

Beugungssilben (Flexionssilben) dienen der Abstimmung der Wörter aufeinander: ich geb-*e*, du gib-*st*, die Gab-*en*;

Ableitungssilben dienen der Wortbildung: Geb-*er*, mut-*ig*.

Mit **Ablaut** bezeichnet man die Veränderung des Stammvokals bei starken Zeitwörtern: spr*e*chen – spr*a*ch – gespr*o*chen. Der Ablaut dient auch zur Wortbildung: Spr*a*che, Spr*u*ch.

Das Hauptwort (Substantiv)

Einteilung der Hauptwörter

Das Hauptwort, auch **Substantiv** oder **Nomen** genannt, ist neben dem Zeitwort die wichtigste Wortart unserer Sprache. Es stellt für alle Dinge einen Namen zur Verfügung, mit dem wir uns das objektiv Gegebene geistig zu eigen machen und mitteilen. Schon das Kind lernt zunächst: *Mama, Auto, Haus* und ähnliches, die anderen Wörter, wie *fahren, ich, du, gestern, hinten, vorne*, finden sich erst nach und nach im kindlichen Sprachschatz ein.

Wenn Sie die Hauptwörter *Schotter, Primel, Katze* lesen, verbinden Sie damit eine bestimmte Vorstellung. Diese Hauptwörter bezeichnen ein Ding, eine Pflanze, ein Lebewesen. Wenn Sie Ihre Umwelt benennen, verwenden Sie immer solche **Dingnamen (Konkreta)**: Tisch, Haus, Bach, Apfel, Kind usw.

Es gibt aber noch eine zweite Gruppe von Hauptwörtern, deren gemeinsames Kennzeichen Sie leicht herausfinden: *Fleiß, Neid, Freiheit, Anordnung, Idee, Hoffnung, Freude, Beweis.*

Diese Hauptwörter haben nicht die Welt der Dinge zum Inhalt, sie bezeichnen keine Gegenstände, sondern Eigenschaften, Zustände, Empfindungen, Gefühle und ähnliches. Wir können uns nur denken oder vorstellen, uns nur einen „Begriff" davon machen, was Neid oder Fleiß oder Freude ist; wir nennen diese Gruppe von Hauptwörtern daher **Begriffsnamen (Abstrakta)**.

Halten wir also fest:

1. Hauptwörter, die wahrnehmbare Dinge, Gegenstände bezeichnen, sind **Gegenstands- oder Dingwörter** (Konkreta).

2. Hauptwörter, die Begriffliches bezeichnen, sind **Begriffswörter** (Abstrakta).

Das Geschlecht (Genus)

Hauptwörter weisen die Eigenschaft des grammatischen Geschlechts auf, das vom natürlichen Geschlecht zu unterscheiden ist: männliches, weibliches und sächliches Geschlecht (Maskulinum, Femininum und Neutrum). Damit ist das Deutsche vielfältiger als seine Nachbarsprachen. Im Italienischen und im Französischen gibt es nur zwei Geschlechter; die Engländer kennzeichnen das Geschlecht überhaupt nicht.

Um das Geschlecht eines Wortes kenntlich zu machen, wird ein **Artikel** vorangesetzt, dem männlichen Hauptwort *der*, dem weiblichen *die*, dem sächlichen *das*. In den Mundarten haben einige Wörter ein anderes Geschlecht, als es die Standardsprache heute verlangt. Bairisch heißt es *der* Butter, *das* Teller, *der* Kartoffel, *der* Zwiebel. Zweifelsfälle sind nicht selten, wenn auch regional verschieden.

Schwierig ist es oft bei **Fremdwörtern**, das richtige Geschlecht zu treffen, vor allem deshalb, weil sie ihr Geschlecht zum Teil aus der Sprache ihrer Herkunft mitgebracht, zum Teil aber in Angleichung an sinnverwandte deutsche Wörter ein neues Geschlecht erhalten haben. Die Wörter auf *-at* haben meist sächliches Geschlecht: das Notariat, das Rektorat, das Patriziat, das Primat (auch: *der* Primat), das (auch *der*) Zölibat.

Männlich sind jedoch: der Magistrat, der Senat, der Ornat.

Fragen Sie sich bitte einmal: Welches Geschlecht haben Dynamit, Lexikon, Mosaik, Meteor und Halfter?

Bei einigen Hauptwörtern schwankt das Geschlecht:

das oder der Barock	das oder der Keks
das oder der Filter	der oder das Knäuel
das oder der Kasperle	das oder der Sims
der oder das Katheder	der oder das Terpentin
der oder das Bonbon	der oder das Poster
der oder das Liter	der oder das Meter

Das Teil zu sagen ist veraltet; das alte Neutrum hat sich aber in Zusammensetzungen erhalten: das Abteil, das Erbteil, das Hinterteil, das Mutterteil, das Pflichtteil; aber: der Hauptteil, der Anteil und der Vorteil. Gewählt klingen Redewendungen wie: sein Teil daran haben, ein gut Teil.

Manche Hauptwörter sind lautgleich (**Homonyme**) und haben das gleiche Geschlecht, bedeuten aber etwas Verschiedenes: das *Schloß* (Herrschaftssitz und Türverriegelung), der *Hahn* (männliches Huhn und Wasserabsperrvorrichtung), die *Batterie* (militärische Einheit mit Geschützen und elektrischer Kraftspeicher).

Manche Substantive sind lautgleich, haben aber verschiedenes Geschlecht und auch verschiedene Bedeutung:

der Erbe – das Erbe
der Heide – die Heide
die Mark – das Mark
der Verdienst – das Verdienst
die Erkenntnis – das (juristische) Erkenntnis.

(Zu Ihrer Kontrolle wollen wir jetzt auch verraten: *das* Dynamit, *das* Lexikon, *das* Mosaik, aber *der* und *das* Meteor, *der*, *die* und *das* Halfter.)

Die Zahl (Numerus)

Mit der Zahl (dem Numerus) des Hauptwortes vermögen wir auszudrücken, ob von *einem* Ding, *einer* Person oder von mehreren Dingen oder Personen die Rede ist. Man unterscheidet daher die **Einzahl** (den Singular) von der **Mehrzahl** (dem Plural). Die Mehrzahl wird im Deutschen auf verschiedene Weise gebildet:

Einzahl	**Mehrzahl**
der Schlosser	die Schlosser
der Acker	die Äcker

der Tag	die Tage
die Zahl	die Zahlen
der Wald	die Wälder

Im süddeutschen Sprachraum verwendet man in der Mehrzahl gern umgelautete Formen; man spricht von Krägen und Mägen, von Kästen und Pölstern. Bei einigen Wörtern sind Doppelformen gebräuchlich: Bogen und Bögen, Generale und Generäle, Herzoge und Herzöge, Laden und Läden, Nachlässe und Nachlasse, Kräne und Krane.

Doppelformen (eine ältere Mehrzahlbildung auf -e und eine jüngere auf -er und mit Umlaut) gibt es noch bei:

Denkmale	–	Denkmäler
Grabmale	–	Grabmäler
Gastmahle	–	Gastmähler
Gewande	–	Gewänder
Lande	–	Länder

In alten Ortsnamen fehlt manchmal das *r* : Mauthausen (bei den Mauthäusern), Waldhausen (bei den Waldhäusern).

Die Mehrzahl von Vormund heißt Vormunde und Vormünder. Über Geschmack läßt sich streiten, aber auch darüber, ob es *Geschmäcke* oder *Geschmäcker* heißt; schön ist beides nicht.

Würsteln mit Senf?

Die Entscheidung ist nicht schwer, wenn man im Auge behält, daß nur bei weiblichen Hauptwörtern auf -el ein *n* angehängt wird, bei männlichen und sächlichen nicht. Also: die Amsel – die Amseln. Und nun verzagen Sie nicht, wenn wir Ihnen gleich drei Ausnahmen nennen (keine Regel ohne Ausnahme!): der Stachel, der Muskel und der Pantoffel lauten in der Mehrzahl: die Stacheln, die Muskeln und die Pantoffeln, obwohl sie männlichen Geschlechts sind.

In der bairischen Mundart heißt es: die Dirndln, die Zuckerln, die Bretteln, die Hascherln, die Mädeln. Bei mundartlichen Ausdrücken kann man natürlich über das *n* streiten. Der Duden registriert *die Bretteln, die Hascherln, die Zuckerln* und *die Mädeln* aber nur als Nebenform der Mehrzahlbildung.

Eine wenig schöne, besonders in Norddeutschland verbreitete Sitte ist es, Hauptwörtern, die in der Mehrzahl unverändert sind, ein -s anzuhängen, wodurch Fräuleins, Mädels, Bengels, Kumpels, Schlingels und sogar Koffers entstehen.

Als Kennzeichnung der Mehrzahl kommt das -s vor allem bei Fremdwörtern vor: Hotels, Cafés, Kinos, Restaurants; dann bei Hauptwörtern, die mit einem Vokal enden: Uhus, Muttis, Wauwaus; bei Substantiven aus dem Niederdeutschen: Decks, Haffs, Wracks – neben Haffe und Wracke; und bei den wetterkundlichen Hochs und Tiefs.

Daß Sie bei Bergers oder Hubers waren, ist durchaus richtig, denn dieses -s, das ursprünglich die Endung des zweiten Falles der Einzahl war, hat sich bei Personennamen als Kennzeichen der Mehrzahl durchgesetzt.

Wörter oder Worte?

Bei mehreren Wörtern (oder Worten?) wird durch zweierlei Mehrzahlbildung ein Bedeutungsunterschied ausgedrückt. Es muß hier natürlich *Wörter* heißen, weil ... weil ... nun, was meinen Sie? Einzelwörter, Fremdwörter, Hauptwörter, aber ohne viel *Worte* zu machen, setzen wir sogleich fort. Offene Worte verträgt man selten; des Dichters Worte sind uns oft Worte des Trostes. Warum Worte? Wörter stehen ohne innere Zusammengehörigkeit nebeneinander, *Worte* hingegen sind Sätze.

Auch die *Bank* ist ein Wort mit zwei Mehrzahlformen, *Bänke* und *Banken* sind nicht dasselbe. Die Mehrzahl von *Horn* kann *Hörner* oder *Horne* (Hornarten) heißen, und wenn zu einem Strauß ein zweiter kommt, werden daraus entweder *Sträuße* oder *Strauße*, je nachdem, ob es sich um Blumen oder um Vögel handelt. *Zinse* und *Zinsen* wissen Sie wohl zu unterscheiden, wenn man auch beide gleich ungern zahlt.

Eine Sau bleibt eine *Sau*, hat man aber ihrer mehrere, sind es *Säue*; leben die Säue wild, heißen sie plötzlich Wild*sauen*. Aus *Mutter* werden in der Mehrzahl *Mütter* oder *Muttern* (Schraubenteile). *Tuche* und *Tücher*, *Akten* und *Akte* sind zweierlei.

Wenn aus einem Ding *Dinge* werden, ist es harmlos; verächtlich ist es erst, wenn man von dummen *Dingern* redet.

Noch vielfältiger zeigt sich die Sprache da, wo gleichlautende Wörter sowohl in der Einzahl als auch in der Mehrzahl in zweifacher Bedeutung vorkommen. Hält man sie nicht auseinander oder verwechselt man die Mehrzahlformen, kann es zu folgenschweren Irrtümern kommen. Gehalte und Gehälter werden häufig vertauscht, nicht nur in der Mehrzahl, sondern auch im Geschlecht. *Der* Gehalt (z. B. eines Buches oder der Feingehalt des Goldes) hat die Mehrzahl *Gehalte*; *das* Gehalt jedoch, das man monatlich bekommt, aber wöchentlich brauchen könnte, heißt in der Mehrzahl *Gehälter*.

das Band	die Bande (Blutsbande) und
	die Bänder (Streifen)
der Band	die Bände (Bücher)
der Bauer	die Bauern
das Bauer	die Bauer (Vogelkäfige)
der Bund	die Bünde (Vereinigungen)
das Bund	die Bunde (Holz)
der Flur	die Flure
die Flur	die Fluren
die Kiefer	die Kiefern
der Kiefer	die Kiefer (Schädelknochen)
die Lade	die Laden
der Laden	die Läden
die Mast	die Masten (Fütterungen)
der Mast	die Maste (auch: Masten)
das Rohr	die Rohre
die Röhre	die Röhren
der Schild	die Schilde (Waffen)
das Schild	die Schilder (Geschäftsschilder)

Was meinen Sie nach all den mühevollen Überlegungen zu folgendem: vier Glas Bier (nicht vier Gläser Bier?), zwei Faß Wein, drei Stück Käse (nicht Stücke?), zwanzig Schilling, drei Kilo, zwei Paar Schuhe?
Diese und ähnliche Stück- und Maßbezeichnungen – und um solche handelt es sich hier – stehen richtig in der Einzahl. Dagegen: zwei neue Gläser, drei leere Fässer, zehn einzelne Pfennige, zwei Brautpaare. Maß- und Wertangaben mit der Endung -e bilden jedoch die Mehrzahl: eine Krone Lohn, fünf Kronen wert; eine Elle, zehn Ellen lang; eine Meile, drei Meilen weit.

Einzahl- und Mehrzahlwörter

Es gibt eine beträchtliche Anzahl von Hauptwörtern, die sich entweder nur in der Einzahl oder nur in der Mehrzahl verwenden lassen. Ein Haufen Buchen*laub* und ein Haufen Eichen*laub* ergeben zusammen weder Laube noch Läuber; *Dank* läßt sich nur in der Einzahl abstatten. Leider gibt es auch nicht mehrere Glücke, sondern nur ein *Glück*, und von dem behauptet jeder, daß er es nicht habe, so daß es gar keines zu geben scheint. (*Unglücke* gibt es jedoch viele.)
Weil diese Wörter keine Mehrzahl haben, werden sie **Einzahlwörter** genannt. Unter ihnen sind viele Begriffsnamen: Neid, Gehorsam, Lob, Betrug, Trauer, Gunst, auch Stoffnamen: Milch, Butter, Schnee, Gold.
Bei manchen kann man die Mehrzahl ausdrücken, wenn man eine Zusammensetzung oder eine Ableitung bildet: Lobsprüche, Gunstbezeigungen, Betrügereien, Milchsorten usw.
Und jetzt der entgegengesetzte Fall, die **Mehrzahlwörter**:
Ferien, Eltern, Geschwister, Trümmer, Alpen, Ränke, Einkünfte, Leute, Masern, Kosten usw. Nur in süddeutschen Mundarten spricht man von einem *Trumm* Speck. Eine eigenartige Zwischenstellung nehmen die großen Feste des Jahres ein, Weihnachten, Ostern und Pfingsten, denn sie werden manchmal als Mehrzahlwörter aufgefaßt, manchmal aber so behandelt, als stünden sie in der Einzahl. Wir wünschen „fröhliche Weihnachten" oder „schöne Pfingsten" und reden von „weißen Ostern". Ohne beigefügtes Eigenschaftswort gelten diese Substantive als Einzahlwörter: Weihnachten *ist* vorbei, Ostern *steht* bevor.
Bei **Fremdwörtern** wird, wie wir schon wissen, die Mehrzahl häufig mit Endungs-*s* gebildet (Autos, Fotos, Radios). Mit -*e* bilden die Mehrzahl: Prozeß, Ingenieur, Palast, Altar usw.
Bei einigen Fremdwörtern sind zwei Pluralendungen gebräuchlich:

Ballone	–	Ballons
Kartone	–	Kartons
Lifte	–	Lifts
Streike	–	Streiks

Die Mehrzahlendung -*en* haben zum Beispiel: Motor, Doktor, Drama, Datum, Juwel. Globus bildet die Mehrzahl *Globen* (auch *Globusse* wie *Omnibusse*), Atlas – *Atlanten* (auch *Atlasse*), Genius – *Genien*, Dosis – *Dosen*, Epos – *Epen*, Charge – *Chargen*, Chance – *Chancen*, aber Schi – *Schier* (oder *Schi*). Manche aus dem Lateinischen oder Griechischen stammende Fremdwörter kann man nur durch Endungs-*a* in die Mehrzahl setzen: Lexikon – *Lexika*, Substantivum – *Substantiva*, Verbum – *Verba*, aber auch die Formen Substantiv – *Substantive* und Verb – *Verben* sind gebräuchlich. Viele italienische Wörter können den Plural mit *-s* und *-i* bilden: Solo – *Solos* und *Soli*, Cello – *Cellos* und *Celli*, Tempo – *Tempos* und *Tempi*, Konto – meist *Konten*, auch *Konti*, *Kontos* (nicht Kontis!), Porto – *Portos* und *Porti*.

Die Beugung (Deklination)

Bisher haben wir an den Hauptwörtern nur Geschlecht und Zahl untersucht. Beachten Sie bitte in den folgenden Sätzen den Artikel und die Endung des kursiv geschriebenen Hauptwortes genau:
Nur *der Arzt* kann mir helfen.
Ich brauche die Hilfe *des Arztes*.
Alle meine Leiden vertraue ich *dem Arzt* an.
Ich hoffe auf *den Arzt*.
Vielen haben *die Ärzte* geholfen.
Der Wirkungskreis *der Ärzte* ist umfangreich.
Sprechen Sie aufrichtig mit *den Ärzten*.
Halten Sie aber *die Ärzte* nicht für Wundermänner.

Je nach Verwendung des Hauptwortes im Satz ändert sich der Artikel; in zwei Fällen finden wir am Substantiv eine Beugungssilbe.
Die Formveränderung des Artikels und des Hauptwortes nennt man **Beugung** (Deklination). Die Beugung dient dazu, die Hauptwörter im Satz in eine grammatische Beziehung zueinander zu bringen. Vergleichen Sie:
Der Hund der Förster verfolgte der Hase.
Der Hund des Försters verfolgte den Hasen.
Die Beziehung wird entweder durch einen **reinen Fall** oder durch einen **Vorwortfall** (Präpositionalkasus) ausgedrückt.

reiner Fall:	Vorwortfall:
Er erinnert sich *seines Lehrers*.	Er erinnert sich *an seinen Lehrer*.
Wir gedenken *der Toten*.	Wir denken *an die Toten*.
Fritz schreibt *seinem Freund*.	Fritz schreibt *an seinen Freund*.
Ich spende das Geld *dem Roten Kreuz*.	Ich spende das Geld *für das Rote Kreuz*.
Ing. Meier erarbeitet *einen neuen Plan*.	Ing. Meier arbeitet *an einem neuen Plan*.

Nicht alle Hauptwörter verhalten sich bei der **Beugung** gleich. Man kann Verschiedenheiten feststellen, Reste einer einst sehr formenreichen Deklination; die klingenden Endungen sind durch die Festlegung des Tones auf die Stammsilbe abgefallen oder zu *e* abgeschwächt.

starke Beugung	schwache Beugung	gemischte Beugung
der Wald	der Hase	der Staat (Einzahl stark)
des Waldes ...	des Hasen ...	des Staates...
die Wälder	die Hasen	die Staaten (Mehrzahl schwach)

Kennzeichen der schwachen Beugung ist *-n* in allen Fällen, mit Ausnahme des ersten Falles Einzahl.

Alle weiblichen Hauptwörter sind heute in der Einzahl endungslos: die Frau – der Frau usw. Die Mehrzahl kann starke oder schwache Beugung aufweisen: die Nächte, die Frauen.

Die sächlichen Hauptwörter können stark oder gemischt beugen: das Kind – des Kindes – die Kinder, das Bett – des Bettes – die Betten.

Um alle Möglichkeiten zu erwähnen, führen wir noch eine Gruppe von Wörtern an, die an die schwache Endung *-en* im zweiten Fall der Einzahl *-s* anhängen, also zwei Bildungsweisen zugleich verwenden: der Gedanke – des Gedankens, das Herz – des Herzens – dem Herzen (nicht: dem Herz). Die Mehrzahl (die Gedanken, die Herzen) ist wieder durchgehend schwach gebeugt.

Bei einigen schwach gebeugten Hauptwörtern unterlaufen manchmal Fehler: Ich kenne diesen Mensch nicht. – Er spielt mit größtem Erfolg den jugendlichen Held. – Sie spricht immer vom jungen Graf.

Da es sich um schwach gebeugte Hauptwörter handelt, muß *-en* hinzukommen: Ich kenne diesen Menschen nicht. – Er spielt den Helden. – Sie spricht vom Grafen.

Auf den vierten Fall der Einzahl ist besonders achtzugeben, denn von hier treten viele schwache Wörter zu den starken über: der Bär – den Bären, in Zusammensetzungen aber *den Eisbär*. Eine Anzahl von Tiernamen ist gerade dabei, von der schwachen Klasse in die starke zu wechseln. Hieß der Wesfall zu *der Pfau* früher *des Pfauen*, so heißt er heute auch *des Pfaues* . Bei dem wegen seiner Politik vielzitierten Vogel Strauß hat sich bereits die starke Beugung durchgesetzt: des Straußes, die Sträuße. Der Blumenstrauß unterscheidet sich vom Vogel Strauß nur in der Mehrzahl: die Blumensträuße.

Der erste Fall oder Werfall (Nominativ)

Der Mensch hofft auf sein Glück. – *Johanna* kennt meine Mutter. – *Das Wetter* ist trüb. – *Die Tage* werden kürzer.

Bei einigen Hauptwörtern schwankt der erste Fall der Einzahl zwischen Endungs-*e* und *-en*; beide Formen sind richtig, sowohl der *Friede* als auch der *Frieden*, der *Same* und der *Samen*, der *Name* und der *Namen*, der *Glaube* und der *Glauben*. Und wie erklären wir uns diese Erscheinung? Ursprünglich gingen die Wörter auf *-e* aus und beugten schwach, also mit *-en*. Allmählich versuchten sie sich in die starke Beugung einzudrängen, und es hieß der *Friede – des Friedens*. Da aber bei den starken Hauptwörtern der erste und der vierte Fall gleich lauten, glich man an *den Frieden* später *der Frieden* an. Umgekehrt war der Vorgang bei *Fels* und *Felsen*, die gleichwertig sind. Die ältere ist die starke Form, der *Fels*.

Der zweite Fall oder Wesfall (Genitiv)

Er bedarf *des Trostes*. – Wer enthielt sich *der Stimme*? – Das Geschenk *des Freundes*; die Gestalt *vieler Dinge*; die Einheit *des Staates*.

Der zweite Fall der Einzahl ist bei stark gebeugten männlichen und sächlichen Hauptwörtern durch *-es* oder *-s* deutlich gekennzeichnet. Einsilbige Hauptwörter bevorzugen die volle Form (des Freund*es*), mehrsilbige Hauptwörter und Zusam-

mensetzungen bevorzugen die kurze Form (des Bahnhofs). Fremdwörter bilden den zweiten Fall meist mit -s (des Substantivs).
In der Umgangssprache findet der zweite Fall wenig Freunde. Man zieht den Vorwortfall vor oder umschreibt, oft auch umständlich. Statt *die Brieftasche des Vaters* sagt man (mundartlich): die Brieftasche vom Vater oder: dem Vater seine Brieftasche.

Der dritte Fall oder Wemfall (Dativ)

Dem Glücklichen schlägt keine Stunde. – Meine Frau schreibt *ihrer Freundin.* – Die Kunst bringt *vielen Menschen* Freude.
Das Endungs-e der männlichen und sächlichen Hauptwörter ist im Verlauf des letzten Jahrhunderts verlorengegangen: dem Mann(e), dem Kind(e), dem Schicksal(e), dem Versuch(e). Im vierten Fall Mehrzahl weisen alle Hauptwörter -en oder -n auf: mit den Freunden, Kindern, Frauen.

Der vierte Fall oder Wenfall (Akkusativ)

Fritz holt *den Koffer.* – Ich leihe dir *die Schier.* – Er trug *sein Los* mit Geduld. – Der Sturm entwurzelte *die Bäume.*
Der vierte Fall der Einzahl ist bei fast allen Substantiven endungslos. Nur die männlichen Hauptwörter mit schwacher Beugung haben -en oder -n. Bitte vergessen Sie diese Endung nicht!
Man wählte ihn als Boten (nicht: als Bote). Ich fragte ihn als Juristen (nicht: als Jurist). Er wollte den Präsidenten sprechen.

Die Beugung der Eigennamen und Titel

Eigennamen sind Namen von Personen, Städten, Ländern, Bergen usw., etwa: Rudolf, Müller, Wien, Spanien, der Großglockner.
Sie werden oft falsch gebeugt, vor allem im Wesfall. Für ihn gilt folgendes: Steht vor Personennamen der Artikel, dann bleibt der Name ungebeugt, verändert sich also nicht: das Fahrrad *des Karl*, das Haus *des Huber*, die Haare *der Lotte*, der Anzug *des Max.*
Stellen wir den Personennamen an den Anfang, so wird daraus: *Karls* Fahrrad, *Hubers* Haus, *Lottes* Haare, *Maxens* Anzug.
Überall tritt also -s hinzu; bei Max wird -en- eingeschoben, weil man nach Zischlauten (x, s, ß, sch, z, tz) kein s sprechen kann.
Bei einigen Wörtern kann man den zweiten Fall weder mit -s noch mit -ens bilden; man hilft sich in der Schrift mit einem Apostroph: Paris' Bedeutung, die Walzer Johann Strauß'. Damit ist freilich nicht viel gewonnen, denn dieser Apostroph kann beim Sprechen nicht hörbar gemacht werden, und es ist daher besser, von der Bedeutung *von Paris* oder der Bedeutung *der Stadt Paris* und den Walzern *von Johann Strauß* zu sprechen.

Der Apostroph wird nicht selten auch dort gesetzt, wo er durchaus unangebracht ist, etwa bei „Weber's Warenhandlung", „Meier's Witwe". Hier liegt ein einfacher Wesfall vor, genau wie bei *Lottes Handtasche*, der Apostroph ist also unnötig.

Bei männlichen und sächlichen Berg-, Fluß-, Länder- und Wochentagsnamen muß der zweite Fall bezeichnet werden. Schreiben und sprechen Sie daher: an den Ufern *des Rheins*, die Mündung *des Pos*, die Besteigung *des Großglockners* und die Überschwemmung *des Euphrats*.

Genauso: die Städte des südlichen *Ungarns*, die Tundra des nördlichen *Rußlands*. Das Genitiv-*s* ist in diesen und ähnlichen Fügungen am Verschwinden. Man liest und hört schon häufig: die Städte des südlichen *Ungarn*, die Tundra des nördlichen *Rußland*.

Länder- und Städtenamen sind in der Regel Neutra, also sächlichen Geschlechts. Es gibt nur einige wenige Ländernamen weiblichen Geschlechts: Türkei, Lombardei, Schweiz, Pfalz, Steiermark und andere.

Selbstverständlich kann bei diesen Namen der Wesfall nicht mit -*s* gebildet werden; Türkeis Ausfuhrgüter, Lombardeis Obsternte ist daher falsch. Richtig: die landschaftlichen Schönheiten *der Steiermark*, die Kurorte *der Schweiz*.

Die Wochentagsnamen sollen das ihnen zustehende -*s* erhalten: das Wetter des vergangenen Sonntags, die Ereignisse des Mittwochs. Bei Monatsnamen wird das -*s* allerdings nur noch selten gesetzt: die kalten Tage des Jänner(s), die Hitze des Juli(s). Steht kein Artikel, fehlt das -*s* immer: Anfang Dezember, Ende Juli.

Städte- und Personennamen bezeichnen den Wesfall nicht mehr, wenn ein Eigenschaftswort vorangeht; der zweite Fall wird dann allein durch den Artikel deutlich gemacht: die Theater *des heutigen Wien*, die Zerstörung *des herrlichen Dresden*, die Werke *des jungen Mozart*.

Es ist unkorrekt, einen Ausdruck nicht zu beugen, nur weil er zwischen Anführungszeichen steht. Manchmal liest man vom Berichterstatter des „Tagblatt" (statt: des „Tagblattes"), vom Liederabend des „Gesangsverein Frohsinn" (statt: des „Gesangsvereins Frohsinn"). Auch eine Aufführung von „Die Jungfrau von Orleans" leidet an Sprachgicht. Richtig ist: die Sonderausgabe des „Wochenblattes", die Uraufführung des „Rosenkavaliers".

Der in Anführungszeichen sorgsam behütete Name steht in keinem geheiligten Bezirk, und er wird durch das -*s* auch sicher nicht entehrt.

Stehen Vor- und Familienname beisammen, dann bilden sie eine Einheit; daher wird nur der letzte Teil des Namens gebeugt: die Romane Johann Wolfgang von Goethes, Wolfgang Amadeus Mozarts Geburtshaus.

Handelt es sich hingegen um Namen aus alter Zeit, wird die erste Bezeichnung gebeugt: die Lieder Walthers von der Vogelweide, der „Parzival" Wolframs von Eschenbach (aber: der „Parsifal" Richard Wagners), der Nachfolger Rudolfs von Habsburg.

Früher führte jeder nur den heutigen Vornamen, der Zuname bezeichnete lediglich die Herkunft, und *von* war kein Adelsprädikat, sondern hatte noch die ursprüngliche Bedeutung: von Eschenbach, aus Eschenbach kommend, oder von der Habsburg (der Habichtsburg) kommend. Bei Herkunfts- oder Herrschernamen ist diese Beugungsweise auch heute noch anzuwenden: der Tod Eduards VII. von England, die Siege Eugens von Savoyen.

Wird der Name vorangestellt, schließt sich das -*s* dem Herkunftsnamen an: Gottfried von Straßburgs Dichtung.

Schon seit je strebt der Mensch, besonders der männliche, nach Amt und Würden, nach Ansehen und Titeln. Das Folgende richtet sich daher an alle Titulierten und an diejenigen, die mit ihnen zu tun haben. Steht vor dem Titel kein Artikel, wird nur der Eigenname gebeugt: Wir feiern Senator Hubers Geburtstag; Professor Müllers Forschungen; Kaiser Josefs Reformen; Dozent Meiers Operation.

Steht jedoch ein Artikel, muß der Titel gebeugt werden: des Senators Huber Geburtstag; die Gattin des Professors Müller; die Reformen des Kaisers Josef; die Operation des Dozenten Meier.

Geht „Herr" dem Titel und Namen voraus, muß auch dieses Wort gebeugt werden: zu Ehren des Herrn Direktors Schwarz; zuhanden des Herrn Prokuristen Neumann.

Nur der Titel „Doktor" wird niemals abgewandelt, er gilt als Bestandteil des Familiennamens: die Praxis des Doktor Braun.

Die Beugung der Fremdwörter

Männliche Personenbezeichnungen, ganz gleich, welche Endung sie haben, beugen schwach. Als Beispiele seien angeführt: der Diplomat – des Diplomaten – die Diplomaten; des Banditen, die Piloten, dem Rekruten, dem Phantasten, dem Bassisten.

Schwach beugen außerdem die Wörter auf *-et* und *-ant*: der Planet – des Planeten; des Kometen, des Elefanten, des Diamanten.

Das Wort *Magnet* ist eben dabei, in die starke Klasse überzutreten, daher gibt es gleichberechtigte Doppelformen: des Magneten – des Magnetes, und: die Magneten – die Magnete.

Die heute so häufigen Fremdwörter auf *-ismus* sind in der Einzahl endungslos: des Idealismus (nicht: Idealismusses!), des Humanismus, Fanatismus. Die Mehrzahl beugt schwach: die Idealismen, die Humanismen, die Fanatismen; allerdings werden diese Begriffe nur selten in der Mehrzahl verwendet.

Im Gegensatz dazu beugen stark: das Alphabet – des Alphabets, der Palast – des Palastes, der Kristall – des Kristalls, das Rezept – des Rezeptes, des Tributes, des Granits.

Stark beugen auch häufig verwendete Wörter auf *-us*: des Zirkusses, die Zirkusse, des Omnibusses.

Gemischt beugen: der Professor – des Professors Tochter – der Professoren Zerstreutheit; das Museum – des Museums – die Museen Wiens; das Drama – die Dramen, nicht: die Dramas, auch nicht: die Themas, sondern: das Thema des Dramas und: die Themen der Dramen.

Bei Dogma, Insekt, Statut und anderen ist es ähnlich: Dogmen, Insekten, Statuten.

Übungen

„Eiswaffel en gros", en gros und nur *eine* Waffel? Offenbar ein Irrtum in der Zahl! – Wie sieht der Lohnzettel in der Mehrzahl aus? Wie Fräulein, Kleinod, Muskel, Vormund, Kamera, Nudel, Papierbogen, Brückenbogen, Razzia, Spesen, Schlagwort, Erlaß, Band, Reiterin, Sattel, Unglück, Vordruck, Eindruck, Fieber, Bund, Ergebnis, Tod?

Jedes Hauptwort hat ein Geschlecht, manche sind sogar zweigeschlechtig. Das *Weib* ist sächlich, der *Säugling* männlich und die *Schlacht* weiblich. Und Zwiebel? Gummi, Katheder, Liter, Teller, Butter, Spektakel, Barock, Magistrat, Tunnel, Kartoffel, Sofa, Radio, Kommentar, Schild, Kiefer, Dock, Bereich, Versäumnis, Bündel, Monat?

Welcher Beugung müssen früher einmal Erde, Sonne, Heide, Linde, Frau angehört haben: im Himmel und auf Erd*en*; es ist nichts so fein gesponnen, es kommt alles an die Sonn*en*; da draußen auf der Heid*en*; Lind*en*blatt, Frau*en*kirche?

Sind Sie einverstanden? An den Ufern des Main, die Ausdehnung des heutigen Londons, die Baugeschichte Florenz'; Winkler's Gasthaus; heute Premiere des „Richter von Zalamea"; die Anhänger des Existenzialismusses, die Jahreshauptversammlung des „Ulmer Sparverein"; ich habe mir das Vorspiel zu „Die Meistersinger" angehört; die Höhen des Spessart; die Gespräche des alten Goethes.

Fehlt Ihrem Herz etwas? Gewiß, die Endung! Haben Sie schon Schinken mit Eier gegessen? Nein? Aber vielleicht heiße Würsteln mit Senf? Was man nicht alles verkehrt hinunterschluckt, ohne es zu merken! In manchen Gasthäusern gibt es nur „Gemüse mit Kartoffel". Was sagen Sie dazu? Herr Ober, die Speisenkarte! – „Wir haben nur Speisekarten." – Frechheit! Wer aber hat recht? Einerlei; das Wort kann von *ich speise* und von *Speisen* abgeleitet werden.

Die Lösungen der Aufgaben finden Sie auf Seite 194.

Zusammenfassung

Beim Hauptwort (Substantiv, Nomen) unterscheidet man **Dingwörter** (Konkreta) und **Begriffswörter** (Abstrakta).

Das **grammatische Geschlecht** des Hauptwortes wird durch den vorangestellten Artikel angezeigt. Bei manchen Hauptwörtern schwankt das Geschlecht.

Die meisten Hauptwörter verfügen über eine **Einzahl** (einen Singular) und eine **Mehrzahl** (einen Plural).

Es gibt aber Einzahlwörter (*Schnee*) und Mehrzahlwörter (*Unkosten*).

Unter **Beugung** (Deklination) versteht man die Veränderung der Hauptwörter bzw. der Artikel in den vier Fällen (Kasus) der Einzahl und der Mehrzahl. Es gibt starke, schwache und gemischte Beugung.

Das Eigenschaftswort (Adjektiv)

Wie Eigenschaftswörter verwendet werden

„Mäßig hochgewachsen, mager, bartlos und *auffallend stumpfnäsig,* gehörte der Mann zum *rothaarigen* Typ und besaß dessen *milchige* und *sommersprossige* Haut. Offenbar war er durchaus nicht *bajuwarischen* Schlages: wie denn wenigstens der *breit* und *gerade gerandete* Basthut, der ihm den Kopf bedeckte, seinem Aussehen ein Gepräge des Fremdländischen und Weitherkommenden verlieh. Freilich trug er dazu den *landesüblichen* Rucksack um die Schultern geschnallt, einen *gelblichen* Gurtanzug aus Lodenstoff, wie es schien, einen *grauen* Wetterkragen über dem *linken* Unterarm, den er in die Weiche gestützt hielt, und in der Rechten einen mit *eiserner* Spitze *versehenen* Stock, welchen er *schräg* gegen den Boden stemmte und auf dessen Krücke er, bei *gekreuzten* Füßen, die Hüfte lehnte. *Erhobenen* Hauptes, so daß an seinem *hager* dem *losen* Sporthemd *entwachsenden* Halse der Adamsapfel *stark* und *nackt* hervortrat, blickte er mit *farblosen, rotbewimperten* Augen, zwischen denen, *sonderbar* genug zu seiner *kurz aufgeworfenen* Nase passend, zwei *senkrechte, energische* Furchen standen, *scharf spähend* ins Weite. So – und vielleicht trug sein *erhöhter* und *erhöhender* Standort zu diesem Eindruck bei – hatte seine Haltung etwas *herrisch* Überschauendes, Kühnes oder selbst Wildes.“*

Diese Schilderung ist Thomas Manns Novelle „Der Tod in Venedig“ entnommen. Der Erzähler beschreibt uns einen eigentümlichen, unheimlichen Wanderer, dem er am Tor eines Münchner Friedhofs begegnet. Wenn Sie die kursiv geschriebenen Wörter weglassen, verlieren die Sätze an Farbe und Leben. Es sind die **Eigenschaftswörter** (Adjektive), die dieses Bild so einprägsam machen.

Wenn wir die Eigenschaftswörter unseres Textes ihrer Form nach untersuchen, fällt uns auf, daß einige mit einer Fallendung versehen sind, andere nicht: „ ... dessen *milchig-e* und *sommersprossig-e* Haut ..., den *landesüblich-en* Rucksack ..., mit *eiserner* Spitze.“

Die so gebrauchten Eigenschaftswörter kennzeichnen die ihnen folgenden Hauptwörter näher. Sie stimmen mit ihnen in Zahl und Fall überein und sind ein Bestandteil der ganzen Fügung. Die Eigenschaftswörter sind hier als **Beifügung** gebraucht. Er stemmte den Stock *schräg* gegen den Boden. Der Adamsapfel trat *stark* und *nackt* hervor. Der Tag war *trüb* und *regnerisch.* Die ungebeugten Eigenschaftswörter geben an, **wie** etwas ist oder geschieht – sie sind als **Artergänzung** gebraucht. Wir haben im Text von Thomas Mann auch Wörter wie *auffallend* und *erhöhter* kursiv geschrieben. Es handelt sich um die sogenannten **Mittelwörter** (Partizipien), die eigentlich Zeitwortformen sind (auffallen – auffallend, erhöhen – erhöht), aber auch wie Eigenschaftswörter verwendet werden können: der *befriedigende* Weltlauf – der Weltlauf war *befriedigend.*

Es gibt zwei Mittelwörter. Das **Mittelwort der Gegenwart** (Partizip Präsens) erkennt man an der Endung *-nd:* er blickte *spähend,* der *spähende* Blick. Manche dieser Mittelwörter sind ganz zu Eigenschaftswörtern geworden: *reizend, entzückend, befriedigend, genügend, beunruhigend* und andere.

Das **Mittelwort der Vergangenheit** (Partizip Perfekt) ist zu erkennen an der Vorsilbe *ge-* (die aber auch fehlen kann) und an der Endung *-en* oder *-(e)t*: *gesprungen, gelandet, aufgeworfen, abgeschabt, erhöht, verschrieben.*
Mittelwörter der Vergangenheit, die auch als Eigenschaftswörter verwendet werden, sind: eine *angesehene* Stellung, ein *erfahrener* Mann, ein *verlegener* Kandidat, ein *gelehrter* Mensch, der *gewandte* Verkäufer, ein *verrückter* Chef, die *verzagte* Witwe, der *verträumte* Jüngling, ein *zerstreuter* Professor, ein *gedienter* Soldat, ein *gelernter* Tischler, eine *gediegene* Arbeit und andere.

Nach langem, schweren Leiden?

Das **beifügend** gebrauchte Eigenschaftswort müssen wir etwas genauer betrachten, denn es ist unmittelbar an das dazugehörige Hauptwort gebunden und macht dessen Veränderungen mit. Eigenschaftswörter werden stark gebeugt, wenn kein Begleiter (Artikel oder Fürwort) den Fall anzeigt: *rasche* Hilfe ist nötig, es bedarf *rascher* Hilfe, mit *rascher* Hilfe wird es gelingen, *rasche* Hilfe wird er brauchen.
Tritt aber ein Begleiter (Fürwort oder Artikel) davor, der die Fallendung übernehmen kann, wird das Eigenschaftswort schwach gebeugt: *eines schönen* Tages, *diesem fremden* Menschen, *jener jungen* Mädchen.
Was geschieht jedoch, wenn zwei oder gar mehrere Eigenschaftswörter nebeneinanderrücken? Versuchen Sie einmal: von groß... und dauernd... Wert; oder: aus derb... braun... Stoff.
Nach dem, was bisher bekannt ist, steht eines fest: Eigenschaftswörter müssen stark gebeugt werden, wenn weder Artikel noch Fürwort den Fall anzeigen. Also: von groß*em* und dauernd*em* Wert; auf hoh*em*, stattlich*em* Rosse; zu hart*em*, letzt*em* Training.
Der Artikel oder ein gebeugtes Fürwort vor der Fügung bewirken natürlich, daß die Eigenschaftswörter wieder schwache Endungen annehmen: von *einem* großen und dauernden Wert, zu *diesem* harten und letzten Training, nach *dem* allgemeinen kirchlichen Recht.
Leicht läßt sich die Regel erkennen: Stehen zwei oder mehrere Eigenschaftswörter vor demselben Hauptwort, werden sie gleich behandelt, also stark oder schwach gebeugt; dabei ist es gleichgültig, ob sie durch *und* verbunden sind oder nicht. Da sich diese Regel erst in jüngerer Zeit durchgesetzt hat, findet man vereinzelt auch noch: nach kurz*em*, schwer*en* Leiden.
Nach den persönlichen Fürwörtern der ersten und zweiten Person Einzahl wird immer stark gebeugt: ich unglücklicher Kerl, du armes Geschöpf, dir altem Manne, mir krankem Menschen.
Auch wenn mit *als* verbunden wird, steht die starke Form: mir als krankem Menschen, dir als altem Freund.
Nach *wir* und *ihr* wird stark oder schwach gebeugt, wobei die schwache Endung verbreiteter ist: wir jungen Leute, ihr schlechten Menschen. Die starke Endung kommt bisweilen in älterer Literatur vor: wir arme Mädchen, ihr treulose Männer.
Die zu Hauptwörtern gewordenen Eigenschaftswörter können in den meisten Fällen stark und schwach gebeugt werden: mit vernachlässigtem Äußerem (oder Äußeren), ihr Deutsche (oder: ihr Deutschen).
Nach unbestimmten Für- und Zahlwörtern schwankt die Beugung ebenfalls: folgen-

der *richtige* (auch *richtiger*) Beschluß; mehrerer *schöner* (oder *schönen*) Bilder wegen; wegen verschiedener *unliebsamer* (oder *unliebsamen*) Vorfälle.

Trägt der vorangestellte Begleiter keine Fallendung, muß stark gebeugt werden: viel Schönes.

Von zwei Eigenschaftswörtern, die einen einheitlichen Begriff bilden, wird nur das letzte gebeugt: die *deutsch-französischen* Beziehungen; der Zerfall der *österreichisch-ungarischen* Monarchie; der Wert einer *religiös-sittlichen* Erziehung. Der Bindestrich ist hier notwendig.

Hängt man den Wörtern *dunkel* und *edel* die Endung irgendeines Falles an, dann wird daraus *dunkel-es, edel-em.* Sie spüren, daß hier ein *e* entbehrlich ist. Entweder man läßt das *e* des Eigenschaftswortes aus (*dunkles, edlem*), oder man unterschlägt das *e* der Beugungssilbe (*dunkeln, edeln*), was allerdings im ersten Fall Einzahl nicht möglich ist. Auch bei den Eigenschaftswörtern auf *-er* wird häufig ein *e* weggelassen: *heitrem, heiterm.*

Sicherlich haben Sie schon gehört: *auf gut Glück* und *er ist mir gut Freund.*

Beifügender Gebrauch und dennoch nur die Grundform? Dieses ungebeugte Eigenschaftswort stammt aus alter Zeit; es konnte voran- und nachgestellt werden: *Klein* Roland, *Jung* Siegfried, das Röslein *rot*, mein Vater *selig*.

In Zusammensetzungen kann man diese Form noch gut erkennen, etwa in dem Wort Jungfrau, die früher eine *junc frowe* war. Ähnlich ist es mit dem Edelmann, der im Mittelhochdeutschen *edel man* hieß. Trennt man die Verbindungen heute, dann entstehen daraus eine junge Frau und ein edler Mann, die nicht dasselbe sind wie eine Jungfrau und ein Edelmann. Es hat sich also auch ein Bedeutungswandel vollzogen.

Heute hat man keinen Grund mehr, die Beugungssilben wegzulassen. Es ist nicht korrekt, von Ringen aus *echt* Gold und Schmuckstücken aus *echt* Silber zu reden; Ringe müssen aus *echtem* Gold und Schmuckstücke aus *echtem* Silber sein. Sprachlogisch ist die ganze Fügung nicht, denn unechtes Gold ist kein Gold und unechtes Silber ist kein Silber.

Die feinen Unterschiede

Eine Fehlergrube, in die man häufig hineinfällt, sind die Eigenschaftswörter auf *-ig* und *-lich*. Fragen Sie sich ganz schnell: Ein *dreiwöchentlicher* oder ein *dreiwöchiger* Urlaub? Erscheint eine Zeitschrift *zehntäglich* oder *zehntägig*? Kommt mein Freund *halbjährlich* oder *halbjährig* zu mir?

Zeitbestimmungen auf *-ig* (dreiwöchig, vierstündig, fünftägig) drücken eine Dauer aus, die auf *-lich* sind nur dort zu verwenden, wo eine Wiederkehr, eine Wiederholung eintritt. *Dreiwöchentliche* Inspektionsreisen sind nicht Reisen, die drei Wochen dauern, sondern die alle drei Wochen wiederholt werden. Die Urlaubsreise ist *dreiwöchig*, weil sie leider ein *jährlich* einmaliger Vorgang bleibt. Er macht seinen *sonntäglichen* Spaziergang und ist dabei immer *sonntägig* gekleidet. *Halbjährlich* (jedes halbe Jahr) ist eine *halbstündige* (eine halbe Stunde dauernde) Prüfung abzulegen.

Fritz kommt mit einem Fläschchen Medizin nach Hause. Medizin ist wichtig, denn hat man sie erst in der Rocktasche, läßt der Schmerz schon etwas nach. Daheim nimmt Fritz die sorgsam getragene Flasche aus der Schachtel und liest auf dem Etikett: Einstündig einen Eßlöffel! – Fritz ist schon immer ein genauigkeitsliebender Mensch gewesen, er gerät in Zweifel: Soll er jede Stunde einen Eßlöffel, oder soll er, wie es vorgeschrieben ist, eine Stunde lang mit einem Eßlöffel im Mund dasitzen, gemütlich schlürfend? Man weiß ja nicht, was in dem Trank steckt.

Viele zahlen heute ihre Anschaffungen in Raten, zum Beispiel in dreimonatigen. Dreimonatige? Raten während dreier Monate ununterbrochen zahlen? Nein, nicht so gemeint, alle drei Monate, also *dreimonatlich*.

Auf dem Anschlagzettel eines Varietés: „Wegen der billigen Preise weiten Kreisen zugängig.“ Da ist mindestens ein kleiner Irrtum unterlaufen, denn *zugängig* wäre etwas, was einem zugeht, es ist aber gerade umgekehrt, es geht einem nachher etwas ab: das Geld für die Eintrittskarten. Auf dem Anschlag müßte stehen: weiten Kreisen *zugänglich*. Außerdem können Preise nicht billig sein, höchstens niedrig; billig sind nur die Karten, und das ist etwas anderes. – Eine Preisfrage: Ist ein Unterschied zwischen *fremdsprachigem* und *fremdsprachlichem* Unterricht?

Es gibt eine Menge Eigenschaftswörter, die nur in ihrer Endung (-ig, -lich, -isch) voneinander abweichen und doch verschiedene Bedeutung haben. Das einfachste Beispiel, an dem Sie sogleich erkennen, was wir meinen, ist *kindlich* und *kindisch*. Ein Kind ist kindlich, wenn sich aber ein Erwachsener wie ein Kind benimmt, ist er kindisch. Ein *sinniger* Mensch ist einer, dem viel einfällt, der findig ist. Ein *sinnlicher* Mensch ist ein für Sinnenfreuden offener Mensch. Höflich ist liebenswürdig, zuvorkommend, *höfisch* nach den Sitten des Hoflebens. *Göttlich* ist zum Modewort geworden: eine göttliche Ruhe, der göttliche Kaffee. Und *göttisch* hat etwas Abwertendes, wir finden es nur in der Zusammensetzung *abgöttisch*.

Parteilich – parteiisch: wieder bringt das *-isch* einen abwertenden Nebensinn mit sich. Komme ich zu *nächtlicher* Zeit nach Hause, bin ich am nächsten Tag *übernächtig*. Den Unterschied von *rassig* und *rassisch*, *launig* und *launisch* findet man mühelos.

In der süddeutschen Umgangssprache wird *zeitlich* und *zeitig* vielfach nicht unterschieden: Heute bin ich schon sehr zeitlich aufgestanden; komm zeitlich wieder zurück.

Bemühen Sie Ihr Sprachgefühl, überlegen Sie mit uns: *zeitig* ist rechtzeitig, frühzeitig; *zeitlich* ist dem Ablauf der Zeit nach. Etwas kann, zeitlich gesehen, früher oder später geschehen. Am Morgen stehe ich aber zeitig auf, denn ich will am Abend zeitig zurück sein; die Kirschen sind zeitiger reif als im Vorjahr; das Kind hat verhältnismäßig zeitig gehen gelernt.

Zwei Damen sprechen über ihre Kleider. Die eine erzählt von ihrem *lilanen* Kleid, die andere meint, sie habe sich von ihrem Mann ein *rosanes* gewünscht, aber ein *orangenes* bekommen. Pardon, meine Damen, die Farbbezeichnungen rosa, lila und orange dürfen Sie auf keinen Fall beugen!

Wie das mit dem fremdsprachigen und fremdsprachlichen Unterricht ist, haben Sie sicher längst herausgefunden: im *fremdsprachlichen* Unterricht bemühen Sie sich, eine fremde Sprache zu erlernen; der *fremdsprachige* Unterricht wird hingegen in einer fremden Sprache gehalten, der Lehrer spricht zum Beispiel stets englisch, ohne aber unbedingt Englisch zu lehren.

Die Vergleichsformen (Steigerungsstufen)

Ich stehe mit meiner Frau in einem Lederwarengeschäft. Es geht um eine neue Handtasche. Die billigen sind nicht schön und die schönen nicht billig. Wir vergleichen Preise und Taschen wieder und wieder.

Grundstufe, **Positiv:** schön, billig, teuer.

Mehrstufe, **Komparativ:** schöner, billiger, teurer.

Meiststufe, **Superlativ:** (am) schönsten, (am) billigsten, (am) teuersten.

Bei manchen Eigenschaftswörtern ist im Komparativ ein e ausgefallen; es heißt nicht teuerer, sondern *teurer*. Im Superlativ wird die Endung -e bei allen Wörtern eingeschoben, die auf *ß, z, t, d* und auf Selbstlaute enden: *nasseste, süßeste, stolzeste, härteste, lindeste, neueste* und so weiter. Nur *große – größte* bildet eine Ausnahme.

Die zweite und die dritte Vergleichsform zeigen vielfach den Umlaut: *dumm – dümmer – am dümmsten; hart – härter – am härtesten*.

Für den Umlaut des Stammvokals läßt sich leider keine allgemeine Regel angeben. Eine Anzahl von Eigenschaftswörtern lautet unbedingt um: *arm – ärmer – am ärmsten; groß – größer; alt – älter; stark – stärker; warm – wärmer; lang – länger*.

Dann begegnen wir einer Gruppe, bei der der Umlaut unmöglich ist: *mager – mägerer*? Nein, gewiß nicht, unser Sprachgefühl wehrt sich; *klar – klarer; sanft – sanfter; stolz – stolzer; flach – flacher*.

Ich habe zwei Anzüge, einer davon ist *dunkler*, auf keinen Fall *dünkler*! Nur die Wörter mit au sind konsequenter, sie lauten grundsätzlich nicht um: *faul – fauler; sauer – saurer*.

Heißt es: *glatt – glatter* oder *glätter*? Wie soll ich entscheiden? Mir ist das sehr peinlich, ich werde *blaß* und *blasser* (oder *blässer*?). Mir wird *bang* und *banger* oder *bänger*, der Weg wird *schmaler* oder *schmäler, krummer* und *krümmer*; ich kann nicht mehr, fragen Sie mich bitte nicht weiter, die Sache ist unentscheidbar, beide Formen sind üblich. Und jetzt fließt es übermütig von den Lippen: *frommer* und *frömmer, gesunder* und *gesünder, karger* und *kärger*.

In der Standardsprache werden allerdings die nicht umgelauteten Formen (mit Ausnahme von *gesünder*) bevorzugt.

Nicht immer sind die Vergleichsformen regelmäßig gebildet:

gut – besser – am besten

viel – mehr – am meisten

Kennen Sie die Grundform zu *der mittelste? Der mittlere?* Das ist der Komparativ. Und der Positiv? Er ist ausgestorben, wir finden ihn nur noch in Zusammensetzungen: Mittelfinger, Mittelläufer, Mitterndorf. Ganz ähnlich ist es bei den Wörtern *der untere* und *der hintere*. Sie sind von Umstandswörtern (unten, hinten) abgeleitet worden. Dazu zählen noch: *äußere – äußerste, innere – innerste, vordere – vorderste, obere – oberste*.

Ein Hauptwort ist sächlich, kann ein zweites sächlicher sein? Kann ein Gartentor eiserner als eisern sein? Unmöglich. Es lassen sich also Eigenschaftswörter finden, deren Bedeutung eine Vergleichsform ausschließt. Suchen wir weiter: Niemand kann toter sein als tot; meine Geldtasche nicht leerer als leer und ein Faß nicht voller als voll. Freilich werden *voll* und *leer* meist nicht so exakt verwendet: Bei der Erstaufführung war das Theater noch leerer als heute. Du kannst den Sack noch voller füllen.

Bei bildhafter Verwendung dieser Eigenschaftswörter sind Vergleichsformen meist möglich. Man kann vom *eisernsten* Fleiß sprechen, es gibt *schwärzesten* Undank, eine *graueste* Vorzeit, ein *lebendigeres* Wesen.

Die bestmöglichste sprachliche Form?

Manche Menschen haben die Steigerungswut, sie steigern auch dort, wo es unmöglich und unangebracht ist: Hauptsächlichster Grund ist vollster Unsinn, und auch der vollste Unsinn ist Unsinn. Ein hauptsächlicher Grund ist genauso hauptsächlich wie der hauptsächlichste, ein Unsinn im selben hohen Grade unsinnig wie der vollste Unsinn.

Einzig hat schon superlativische Bedeutung. Einen einzigeren als den einzigen, einen einzigsten Sohn gibt es nicht, so einzig und einzigartig er auch sein mag.

Handelt es sich um Zusammensetzungen mit einem Mittelwort, muß man prüfen, ob die Verbindung schon als einheitlicher Begriff aufgefaßt werden kann. Ist dies der Fall, wird die Vergleichsform wie üblich gebildet: ein *hochtrabender* Mensch, eine *hochtrabendere* Rede, das *hochtrabendste* Wort; der *wohlschmeckende* Braten, eine *wohlschmeckendere* Speise, das *wohlschmeckendste* Gericht. Seine Rede war die *nichtssagendste*, die man sich denken kann.

Wenn jedes der beiden Glieder noch seinen eigenen Sinn bewahrt hat, wird der erste Bestandteil verändert: eine *hochgelegene* Ortschaft, eine *höhergelegene*, die *höchstgelegene* Ortschaft. Italien ist ein *dichtbevölkertes* Land, Deutschland ein *dichterbevölkertes*, das *dichtestbevölkerte* Land Europas sind die Niederlande, oder besser: das *am dichtesten bevölkerte* Land.

Beide Teile zu steigern ist zuviel des Guten; es ist also falsch, von dem *dichtestbevölkertsten* Land, dem *bestgeleitetsten* Theater oder den *bestzahlendsten* Kunden zu sprechen.

Manche Zusammensetzungen können auf beiderlei Art gesteigert werden, zum Beispiel: die *schwerwiegendsten* Gründe, aber das *am schwersten* wiegende Metall; die *hochfliegendsten* Pläne, der *am höchsten* fliegende Vogel; die *weittragendsten* Folgen, das *am weitesten* tragende Geschütz.

Bei übertragenem Gebrauch wird der zweite Bestandteil, bei wörtlichem Gebrauch der erste gesteigert.

Es kommt also immer auf die innere Art der Verbindung an. Zweifelsfälle sind dabei sehr gut möglich, zum Beispiel kann man von *weitgehenderen* und *weitergehenden* Plänen sprechen. Wenn man einmal schwer entscheiden kann, ist es besser, die Vergleichsform vom ersten Bestandteil zu bilden.

Größer wie oder größer als?

Wenn zwei Dinge miteinander verglichen werden, steht bei Gleichheit die Grundstufe des Eigenschaftswortes, verbunden mit *wie*; bei Ungleichheit steht die Mehrstufe, verbunden mit *als*: Mein Haus ist so groß *wie* deines; er ist so schlau *wie* ein Fuchs; Kirschen sind so teuer *wie* im Vorjahr.

Aber: Wolfgang ist *größer als* sein Bruder; er ist *schlauer als* ein Fuchs.

Wird der Vergleich verneint, ändert sich die Verwendung von *wie* und *als* nicht: Er ist *nicht* so groß *wie* ich; er ist *nicht* größer *als* ich.

Neben dem Vergleichswort *als* war früher auch *denn* gebräuchlich, eine Möglichkeit, deren man sich heute nur noch in der gehobenen Sprache bedient oder dann, wenn zwei *als* zusammenstoßen, was nicht schön klingt. Er war als Mensch bedeutender *denn als* Künstler. Das Gebiet eignet sich besser als Wintersportplatz *denn als* Sommerurlaubsziel.

Nach *anders* kann nur *als* stehen, denn es wird ein Unterschied festgestellt: es kommt meistens anders, als man denkt. Er hat anders geredet, als er gedacht hat. Früher hat man auch Gleichheit mit *als* und Ungleichheit mit *wie* ausgedrückt oder beide zusammen verwendet. Goethes Faust sagt: „Und bin so klug als wie zuvor", und die Zecher in Auerbachs Keller singen: „Uns ist so kannibalisch wohl als wie fünfhundert Säuen."

Als wie gilt heute nicht mehr als korrekt: Er brüllt als wie ein Stier; er weiß besser Bescheid als wie ich.

Einer der nettesten älteren Herren

Die Meiststufe vergleicht mindestens drei Dinge, wobei einem dieser drei Dinge das Höchstmaß zugeschrieben wird: einer ist *freundlich*, ein zweiter *freundlicher*, der dritte schließlich *am freundlichsten*; er ist der *freundlichste* Mann. Der Superlativ kommt also immer nur einem Gegenstand, einer Person zu, man muß ihn daher mit dem bestimmten Artikel verbinden: *der* freundlichste Mensch, *die* seltenste Erscheinung.

Es hat sich eingebürgert, von *den besten Sängern des Theaters* oder von *einem der besten Sänger* zu reden. Und es wäre doch wirklich schade, wenn man sich nicht an *die schönsten Tage*, nicht einmal an *einen der schönsten Tage* seines Lebens erinnern dürfte. Freilich soll man von dieser Möglichkeit sparsam Gebrauch machen.

Bei unüberlegtem Sprechen wird die Meiststufe manchmal auch da verwendet, wo nur zwei Dinge miteinander verglichen werden. Hat zum Beispiel jemand zwei Kinder, kann man nicht vom ältesten und jüngsten sprechen, sondern nur vom älteren und jüngeren. Suche ich etwas in meinen beiden Schreibtischfächern, muß ich im unteren und oberen, nicht aber im untersten und obersten Fach wühlen. Von drei nebeneinanderliegenden Fenstern ist eines das mittlere, nicht aber das mittelste.

Durch allzu häufigen Gebrauch wird der Superlativ entwertet, er wird verschleudert wie das kleine Geld. Ich kannte einen Mann, der fand alles *blendendst*; für manche ist alles *bestens*; andere wieder versprechen sich von *herrlichst* die *bezauberndste* Wirkung. Die *herzlichsten* Grüße, die man leichtfertig verschwendet, sind bestimmt nicht herzlicher als herzlich. – Seien Sie sparsam bei der Verwendung des Superlativs! Wenn er einmal notwendig ist, bleibt er ohne Wirkung, haben Sie ihn bei jeder Gelegenheit scheffelweise über die armen Mitbürger gegossen.

„Bescheidene ältere Dame sucht möbliertes Zimmer." „Doktor Obermeier ist von einer längeren Urlaubsreise zurückgekehrt." „Der gegenwärtig laufende Film ist für die reifere Jugend empfehlenswert."

Handelt es sich hier um „Steigerungen"? Ist die ältere Dame, die ein Zimmer sucht, älter als alt? Gott bewahre, sie ist bloß älter als eine junge Dame, sie fängt an, älter zu werden. Und die längere Reise des Doktor Obermeier, war sie besonders lang, länger als lang? Nein, sie war bloß länger als eine kurze Reise. Die reifere Jugend ist keine überreife Jugend, sondern reifer als die unreifen Kinder. Eine merkwürdige Erscheinung! Hier wird durch die Vergleichsform keine Steigerung, sondern eine

Abschwächung bewirkt. Deshalb spricht man heute nicht mehr von „Steigerung" des Eigenschaftswortes, sondern von „Vergleichsformen". Die Reihung unserer Beispiele müßte lauten: jung – älter – alt; kurz – länger – lang; unreif – reifer – reif; diese Art des Vergleichs ist bei allen Eigenschaftswörtern möglich, die ein Gegensatzwort haben.

Wenn einer Person oder einem Gegenstand zwei Eigenschaften in verschiedenem Ausmaß zuerkannt werden, verwenden wir das Wörtchen *mehr*. Nehmen wir an, ein Bild ist anziehend, aber nicht besonders schön, so können wir von ihm sagen, es ist *mehr anziehend als schön*, aber nicht anziehender als schön. Ein Kind ist *mehr fleißig als begabt*, nicht fleißiger als begabt. Eine Schachtel ist *mehr breit als hoch*, nicht breiter als hoch.

Es gibt noch andere sprachliche Mittel, einen sehr hohen Grad auszudrücken: Schreib *möglichst* groß. Ich gebe mir die *größtmögliche* Mühe. Warte die *bestmögliche* Gelegenheit ab. Kommen Sie *möglichst* bald (nicht: baldmöglichst)! *Möglichst* darf jedoch nicht neben Begriffen verwendet werden, die nicht verglichen werden können: Lebenskameradin gesucht, möglichst mit Rente. Die Aufführung findet möglichst unter freiem Himmel statt.

Besser wäre hier: womöglich, wenn möglich, nach Möglichkeit.

Mit den Wörtern *besonders, ungewöhnlich, außerordentlich, äußerst, höchst, ungemein* wird einer Person oder einer Sache eine Eigenschaft in hohem Maße beigelegt: Er war *außerordentlich* tüchtig, *ungemein* fleißig, *höchst* unangenehm.

Hüten Sie sich jedoch vor unsinnigen Übertreibungen! „Es war ein *schrecklich* netter Abend." Ein *furchtbar* interessanter Vortrag; eine *enorm* milde Zigarette; ein *kolossal* liebenswürdiger Mensch; ein *phantastisch* billiges Kleid.

Überlegen Sie sich einmal die Grundbedeutung dieser verstärkenden Adjektive, und Sie können bei ihrer Verwendung nur noch lachen!

Der gesteigerte Grad einer Eigenschaft wird auch mit *mehr als* ausgedrückt: Du bist *mehr als lange* ausgeblieben; das war *mehr als leichtsinnig*.

Einen zu hohen Grad drückt man mit *zu* und *allzu* aus: Das war *zu gewagt, allzu einfach*.

Auch die Wiederholung des Adjektivs erhöht den Grad: ein weiter, weiter Weg; vor langer, langer Zeit.

Sie kennen gewiß die volkstümliche Art des Vergleichs, die oft anschaulicher ist als die grammatische: Ein völlig neues Stück ist *nagelneu*, eine Tanne *kerzengerade*, ein besonders dummer Mensch *stockdumm* oder *strohdumm*, ein Erzürnter *bitterböse*, ein Bedrückter *todernst* oder *todtraurig*. Besonders bei Farben, die ja keine Vergleichsformen haben, hilft man sich auf diese Weise: *schneeweiß, kohlschwarz, kohlrabenschwarz, knallrot, blutrot, grasgrün, giftgrün*.

Übungen

Stellen Sie bitte zunächst fest, wie das Eigenschaftswort in den folgenden Beispielen verwendet ist! Heißes Wasser; heute brennt die Sonne heiß; der Tag ist heiß; er ist leidend; er ist nicht mehr gesund geworden; wenn der Winter lang ist, gibt es weiße Ostern; das Theaterstück war nichtssagend; er hat sich willig zur Verfügung gestellt; er ist ein liebenswürdiger Mensch.

Finden Sie in den folgenden Sätzen etwas Falsches? Wenn ja, verbessern Sie bitte! Der Eindruck war ein tiefer und nachhaltiger. Das Schiff war ein englisches. Der Wein ist ein erstklassiger. Die Torte ist schöner als gut. Die Kiste ist höher als breit. Der Urlaub war verregneter als sonnig.
Bitte beugen Sie die Eigenschaftswörter! Er starb nach lang.., schwer.. Leiden. Sie kam mit ein.. groß.. und ein.. klein.. Hund zu mir. Bei schlecht.., kalt.. Wetter bleibe ich daheim. Die Ware kann nicht zugleich österreichisch.. und schweizerisch.. Herkunft sein. O mir arm.. Menschen. Nach lang.., öd.. Warten. Nach einer durchtanzt.. und durchzecht.. Nacht. Bei trüb.. und fahl.. Licht. Von ihm hört man viel des Gut.. und Rühmlich.. .
Gehen Sie bitte kritisch die folgenden Zeilen durch: Ich spreche bestes Deutsch. Ich verkaufe zu billigsten Preisen. Mein tiefgefühltestes Beileid, hochgeehrtester Herr. Mit weitestgehendstem und größtmöglichstem Entgegenkommen empfehle ich unseren geschätzten Kunden die bewährtesten Erzeugnisse und zeichne hochachtungsvollst: Höchstmann.
Nichts ist besser ... Honig (*als* oder *wie?*).
So gut ... er spiele ich nicht Klavier.
Er erzählt von nichts anderem ... von seinem neuen Auto.
Ich bin sparsamer ... mein Freund.
Mein Urlaub war in diesem Jahr genauso kurz ... im vorigen.
Ich kenne von der ganzen Gesellschaft keinen so ... den Gastgeber.
Sie ist dümmer, ... ich gedacht habe.
Der Tag verlief ganz anders, ... ich es erwartet hatte.
Ich finde seine Frau freundlicher ... ihn.
Keiner ist reicher ... er.
– Welche Stadt ist größer, Paris oder London, Hannover oder Hamburg? (Antworten Sie bitte nicht mit einem einzigen Wort, sondern mit einem ganzen Satz.)

Zusammenfassung

Das Eigenschaftswort (Adjektiv) kann verwendet werden:

1. als **Beifügung** vor einem Hauptwort (ein herrlicher Tag) gebeugt,
bei einem Umstandswort (tief unten) ungebeugt;
2. als **Artergänzung** (Der Tag verlief herrlich), Frage: wie?, ungebeugt.

Mittelwörter (Partizipien) können wie Eigenschaftswörter verwendet werden.
Das **beigefügte** Eigenschaftswort macht die Beugung des Hauptwortes mit; es wird stark gebeugt, wenn der Fall nicht schon durch einen Begleiter (z.B. Artikel) angezeigt wird (bei *gutem* Wetter).
Die meisten Eigenschaftswörter können **Vergleichsformen** (Steigerungsstufen) bilden.
Bei zusammengesetzten Eigenschaftswörtern wird nur **ein** Bestandteil gesteigert (die *bestmögliche* Lösung).
Bei Vergleichen in der Grundstufe steht *wie* (so groß *wie*), in der Mehrstufe *als* (größer *als*).

Begleiter und Stellvertreter des Hauptwortes

„Redluff sah, *das* schrille Quietschen *der* Bremsen noch in *den* Ohren, wie *sich das* Gesicht *des* Fahrers ärgerlich verzog. Mit *zwei* taumeligen Schritten war *er* wieder auf *dem* Gehweg. ‚Hat *es Ihnen was* gemacht?' *Er* fühlte sich am Ellbogen angefaßt. Mit *einer* fast brüsken Bewegung machte *er sich* frei. ‚Nein, nein, schon gut. Danke', sagte *er* noch, beinah schon über *die* Schulter, als *er* merkte, daß *ihm der* Alte nachstarrte. *Eine* Welle von Schwäche stieg von *seinen* Knien auf, wurde fast zur Übelkeit. *Das* hätte *ihm* gerade gefehlt, angefahren auf *der* Straße zu liegen, *eine* gaffende Menge und dann *die* Polizei. *Er* durfte jetzt nicht schwach werden, nur weiterlaufen, unauffällig zwischen *den vielen* auf *der* hellen Straße. Langsam ließ *das* Klopfen im Hals nach. Seit *drei* Monaten war *er* zum erstenmal wieder in *der* Stadt, zum erstenmal wieder unter so *vielen* Menschen. Ewig konnte *er* in *dem* Loch *sich* ja nicht verkriechen, *er* mußte einmal wieder heraus, wieder Kontakt aufnehmen mit *dem* Leben, überhaupt raus aus *allem*. *Ein* Schiff mußte *sich* finden lassen, möglichst noch, bevor *es* Winter wurde. *Seine* Hand fuhr leicht über *die* linke Brustseite *seines* Jacketts, *er* spürte *den* Paß, *der* in *der* Innentasche steckte; gute Arbeit war *dieser* Paß, *er* hatte auch nicht schlecht dafür bezahlt."

Wir haben den Anfang der Kurzgeschichte „Die Probe" von Herbert Malecha abgedruckt und alle diejenigen Wörter kursiv gesetzt, die ähnliche Aufgaben erfüllen:

1. Sie begleiten die Hauptwörter: *das* Quietschen *der* Bremsen; mit *zwei* Schritten; von *seinen* Knien.
2. Sie treten an deren Stelle: als *er* (= Redluff) merkte, daß *ihm* der Alte nachstarrte; weiterlaufen zwischen *den vielen* (= den Menschen).
3. Sie weisen auf Hauptwörter hin: ... spürte den Paß, *der* ...

Manche dieser Wörter spielen sogar mehrere Rollen, zum Beispiel der, die, das: das Unglück; *das* nenne ich Unglück; das Unglück, *das* ...

Für die einzelnen Spezialaufgaben, die diese Wortart zu erfüllen hat, haben sich drei Funktionsgruppen gebildet, zwischen denen allerdings keine festen Grenzen zu ziehen sind: der **Artikel**, das **Fürwort** und das **Zahlwort**.

Das persönliche Fürwort (Personalpronomen)

Die Formen

Ich habe dieses Buch geschrieben. Du liest in dem Buch nach. Er (sie) kennt das Buch nicht.

Drei Personen begegnen uns hier: *ich*, die sprechende Person, *du*, die angesprochene Person, und *er (sie)*, die Person, von der gesprochen wird.

Wie das Hauptwort und das Eigenschaftswort ist auch das **persönliche Fürwort** beugbar.

Einzahl:

	1. Person	2. Person	3. Person
Nominativ	ich	du	er – sie – es
Genitiv	meiner	deiner	seiner – ihrer – seiner
Dativ	mir	dir	ihm – ihr – ihm
Akkusativ	mich	dich	ihn – sie – es

Mehrzahl:

	1. Person	2. Person	3. Person
Nominativ	wir	ihr	sie
Genitiv	unser	euer	ihrer
Dativ	uns	euch	ihnen
Akkusativ	uns	euch	sie

Zunächst: *es* ist dritte Person Einzahl, erster und vierter Fall. So diensteifrig sonst die Formen des persönlichen Fürwortes sind, *es* streikt bisweilen. Will ich in dem Satz „Er tut alles für seinen Sohn" das Hauptwort durch ein persönliches Fürwort ersetzen, macht das keine Schwierigkeiten: „Er tut alles für ihn."
Aber: „Er arbeitet für sein Kind" – „Er arbeitet für *es*"?
„Ihn (den Sohn) habe ich geliebt wie mich selbst."
Das persönliche Fürwort ist hier in der Lage, den Ton zu übernehmen. Wie aber, wenn *es* an die betonte Stelle tritt? *„Es* (das Kind) habe ich geliebt ...“(?)
Das klingt doch sehr ungewohnt! Warum? *Es* leitet ein Geschehen oft nur ganz allgemein ein („Es war einmal ein König ...“) und wird daher in dieser Stellung nicht recht als persönliches Fürwort empfunden. Wenn ich hingegen sage: Ich habe *es* (das Kind) geliebt, ist *es* durch die Wortstellung als vierter Fall des persönlichen Fürwortes gekennzeichnet.
In veralteten Ausdrücken lebt noch ein anderes *es*, das ein ursprünglicher Wesfall ist: Ich bin es satt. Ich bin's zufrieden. Ich weiß es dir dank.
Schließlich kann *es* seine Bedeutung als persönliches Fürwort verlieren und unpersönlich werden: *Es* regnet, *es* blitzt; Kolumbus war *es*, der Amerika entdeckt hat.
Überprüfen Sie in den folgenden Sätzen die Verwendung der persönlichen Fürwörter!
Im nächsten Jahr habe ich einen längeren Urlaub; ich spare schon für ihn. Sieh unter die Bank, es ist Staub unter ihr. Wir machen ein Spiel; ich freue mich sehr auf es.
In solchen Fällen muß ein Umstandswort verwendet werden: ich spare *dafür*, es ist Staub *darunter*, ich freue mich *darauf*.

Wahren Sie Ihre Identität

Mit neugierigen Augen schielen wir über die Schulter eines Geschäftsmannes, der eben einen Brief schließt: „Daß ich Ihren geschätzten Auftrag auf das sorgfältigste ausführen werde, versichert mit dem Ausdruck vorzüglichster Hochachtung Max Müller."
Versichert steht in der dritten Person, *er* versichert, begonnen wurde der Satz aber in der ersten Person, und das verträgt sich nicht. Also besser: „Ich versichere, daß ich Ihren Auftrag sorgfältig ausführen werde. Hochachtungsvoll Max Müller."
An eine Behörde: „Um die Verlängerung des von mir eingesandten Reisepasses

bittet Johann Huber." Dies kann richtig nur lauten: „Um die Verlängerung des von *ihm* eingesandten Reisepasses bittet ...", dann steht nämlich der Huber im ganzen Satz in der dritten Person. Besser ist freilich die Version: „Ich bitte um die Verlängerung meines Reisepasses."

Aus einer Geburtsanzeige: „Die Geburt unseres ersten Kindes beehren sich anzuzeigen ..." – wieder der Wechsel von der ersten Person zur dritten: *unser* Kind ist erste Person, das Zeitwort steht in der dritten Person Mehrzahl. Richtig ist in diesem Fall: Wir beehren uns, die Geburt unseres ersten Kindes anzuzeigen.

In einem Buch lautet die Widmung: „Meinen verehrten Lehrern gewidmet vom Verfasser." *Meinen* ist erste Person, *vom* Verfasser aber dritte. Entweder: „Ich widme dieses Buch meinen verehrten Lehrern. Der Verfasser." – Wieviel schöner klingt das, auch wenn der Satz mit *ich* anfängt, wovor manche soviel unbegründete Scheu haben. – Oder: „Seinen Lehrern gewidmet vom Verfasser."

Geradezu lächerlich ist die Scheu vor der ersten Person in Gesuchen, „weil wir wie Perser und Türken viel zu höflich sind, vor ansehnlichen Leuten ein Ich zu haben" (Jean Paul). Ehe man schlicht und einfach hinschreibt: Ich bitte um das und das, verrenkt und verdreht man die Sprache: Der Unterzeichnete bittet ...; Unterfertigter ersucht ...; oder noch schöner: Endesunterfertigter und Endesgefertigter.

Warum nicht ohne viel Kopfzerbrechen in unverfälschtem Ton: *Ich* bitte Sie ...? Aber nicht vor lauter Bescheidenheit: Bitte Sie ..., denn das Ich am Anfang des Satzes verschwinden zu lassen ist sprachlicher Selbstmord. Wenn sich Höflichkeit und Unwissenheit paaren, ist eine Mißgeburt das Resultat. Wie oft liest man: Habe deinen Brief erhalten ... Freue mich schon sehr ... Bitte höflich, dem Endesgefertigten Nachricht zu geben ... Bestätige den Erhalt Ihres geschätzten ...

Beginnen Sie Ihre Sätze ohne Gewissensbisse mit „Ich": Ich bitte um meinen Ausweis, den ich Ihnen vor sechs Wochen zur Verlängerung eingesandt habe. Ich bitte das Finanzamt um Stundung ...

In manchen Wendungen vermissen wir das so schmählich verleugnete Ich nicht mehr: Küss' die Hand! Wünsch' guten Morgen! Wir wünschen baldige Besserung.

Die Anrede

In der ältesten Zeit der deutschen Sprache sagte man zu jedem „du". Kinder reden noch heute bis zum Schulalter alle mit dem vertraulichen *du* an. Im Hochmittelalter wurde *du* zu gewöhnlich, man erkannte besonderen Personen eine besondere Anrede zu. Im Laufe der Zeit verlor eine bis dahin ehrenvolle Anredeform an Wert und wurde durch eine neue abgelöst. So hat die Anrede eine lange Geschichte, und wir müssen weit zurückgehen, wollen wir ihre Entwicklung verstehen.

Im spätrömischen Reich gab es zwei Kaiser, die sich die Herrschaft teilten. Sie konnten schreiben: „Wir geben bekannt ...". Die deutschen Könige und Kaiser, später auch kleinere Herren, übernahmen die römische Sitte, von sich in der ersten Person Mehrzahl zu reden: Wir, Kaiser von Gottes Gnaden ...

Von dieser Majestätsmehrzahl (pluralis majestatis) wurde sinngemäß die Anrede *Ihr*, ebenfalls eine Mehrzahlform, abgeleitet und auf einen einzelnen Menschen bezogen. Zuerst sagte man *Ihr* nur zu Höherstehenden, dann wurde *Ihr* zur Höflichkeitsform, etwa schon bei Walther von der Vogelweide: „Nemt, frowe, disen kranz (...) sô zieret *ir* den tanz." Diese Anredeform blieb auf dem Land gebietsweise bis in unser Jahrhundert erhalten.

Durch französischen Einfluß kam die Anrede *Er* für den Mann und *Sie* für die Frau auf; das Zeitwort stand in der Einzahl. In Lessings „Minna von Barnhelm" fragt Werner: „Was will Sie denn, Frauenzimmerchen?" Darauf Franziska: „Herr Wachtmeister, – braucht Er keine Frau Wachtmeisterin?"
Als es immer gebräuchlicher wurde, Bediente und Untergebene so anzureden, griff man im 18. Jahrhundert zur Mehrzahlform *Sie*, wobei auch das Zeitwort in der Mehrzahl stand: „Gnädiges Fräulein, Sie werden mein Verweilen entschuldigen" (Lessing).
Die Fürwörter der vertrauten Anrede (du, dein) werden nur in Briefen mit großen Anfangsbuchstaben geschrieben, die Fürwörter der höflichen Anrede (Sie, Ihr) hingegen durchgehend. Sprechen wir den Leser in diesem Buch mit *Sie* an, muß die Anrede mit großem Anfangsbuchstaben geschrieben werden. Erlauben wir uns zu schreiben: Lieber Leser, werde nicht ungeduldig, du wirst bald das persönliche Fürwort hinter dir haben – dann seien Sie bitte nicht böse, denn die Anrede ist hier wirklich klein zu schreiben.
Fürwörter, mit denen man dritte Personen nennt, schreibt man auch im Brief mit kleinen Anfangsbuchstaben: „Fritz ist heute angekommen; *er* erzählte uns ... Ich habe mit *ihm* vereinbart ..."
Ein Wort über die Anrede in fremden Sprachen: Am besten haben es die Engländer, ihr *you* wird jedermann gegenüber verwendet. Früher war es freilich anders, sie unterschieden wie wir *du* und *Sie*; jetzt aber wird nur noch Gott mit *thou* (du) angesprochen. Die Verhältnisse bei den Franzosen sind den unseren ähnlich, *tu* ist *du*, *vous* entspricht unserem *Sie*, nur werden beide nie groß geschrieben. Die slawischen Sprachen kennen ebenfalls zwei Anredeformen, die unserem Duzen und Siezen gleichkommen.

Das rückbezügliche Fürwort (Reflexivpronomen)

Wenn sich ein Geschehen auf den bezieht, von dem es ausgeht, gebrauchen wir das **rückbezügliche Fürwort** (Reflexivpronomen). Beispiele machen das deutlicher: Jemand verletzt seinen Finger mit einem Messer, er schneidet *sich* in den Finger. Ich habe *mich* geschnitten. Ihr macht *euch* vergeblich Kopfzerbrechen.
Eine besondere Form hat nur die dritte Person, nämlich *sich* in Ein- und Mehrzahl. Bei den anderen Personen werden die persönlichen Fürwörter rückbezüglich gebraucht.
Das rückbezügliche Fürwort kommt meist im dritten und vierten Fall vor, wir wollen diese beiden Fälle daher übersichtlich zusammenstellen:

Wemfall Einzahl:

1. Person	ich mache *mir* Vorwürfe (wem?)
2. Person	du machst *dir* Vorwürfe
3. Person	er (sie, es) macht *sich* Vorwürfe

Wemfall Mehrzahl:

1. Person	wir machen *uns* Vorwürfe
2. Person	ihr macht *euch* Vorwürfe
3. Person	sie machen *sich* Vorwürfe

Wenfall Einzahl:

1. Person	ich wasche *mich* (wen?)
2. Person	du wäschst *dich*
3. Person	er (sie, es) wäscht *sich*

Wenfall Mehrzahl:

1. Person	wir waschen *uns*
2. Person	ihr wascht *euch*
3. Person	sie waschen *sich*

Einen Unterschied zwischen Wem- und Wenfall weisen nur die erste und zweite Person Einzahl auf.

Selbstverständlich kann das rückbezügliche Fürwort nie im ersten Fall stehen. Der zweite Fall lautet in der Einzahl *sein* und *seiner*, weiblich *ihrer*; in der Mehrzahl immer *ihrer*: Er ist *seiner* selbst nicht mächtig; sie ist *ihrer* selbst nicht mächtig; sie sind beide *ihrer* nicht mächtig.

In der bairischen Mundart fehlt das rückbezügliche *sich*; man verwendet *ihm*, *ihnen* und *ihr* statt *sich*: Ärgern S' Eahna net; machen S' Eahna nix draus. Oder: Er hat eahm verrechnet. Sie schadet ia nur selber. Sie is in Ohnmacht gfallen und noch net zu ia kommen.

Allgemein verbindet man in der Umgangssprache mehr Zeitwörter mit dem rückbezüglichen Fürwort, als nötig ist: Streitet euch nicht immer! (Besser: Streitet nicht immer.)

Auch *zanken* braucht kein rückbezügliches Fürwort. – „Badest du dich heute?" Ja, aber ohne Reflexivpronomen: Ich bade heute.

In Wien spielen sich die Kinder gerne, die Leute verdienen sich zu wenig und prahlen sich. Bei *irren*, *überlegen* und *ausruhen* haben wir uns schon so an die rückbezügliche Form gewöhnt, daß sie als korrekt gilt: Ich habe mich geirrt. Er ruht sich aus. Überlege dir das gut!

Manchmal treten Zweifel auf, ob das persönliche oder das rückbezügliche Fürwort zu verwenden ist: Er sah seinen Gegner *auf sich (auf ihn?)* zustürzen. Formen wir den Satz um: Er sah seinen Gegner. Dieser stürzte *auf ihn* zu. Trotz der Korrektheit des persönlichen Fürwortes hat sich in solchen und ähnlichen Fällen das rückbezügliche Fürwort vielfach durchgesetzt.

Wir ärgern uns und einander

Das rückbezügliche Fürwort kann auch **wechselbezüglichen** Sinn haben: Hans und Grete lieben sich.

Hier liebt Hans Grete und Grete liebt Hans. Ähnlich ist es in dem Satz: Wir treffen uns heute abend.

Oder: Meier und Huber grüßen sich.

Zweideutig hingegen ist: Hans und Grete ärgern sich.

Das kann nämlich heißen: Hans ärgert sich, und Grete ärgert sich, oder Hans ärgert Grete und Grete Hans. Im zweiten Fall ist Gegenseitigkeit gegeben, wir sagen daher lieber: sie ärgern *einander*. Statt „ihr habt euch nichts vorzuwerfen" wird man der Deutlichkeit halber besser sagen: ihr habt *einander* nichts vorzuwerfen.

„Ihr habt euch einander nichts vorzuwerfen" ist jedoch zuviel des Guten, eines der beiden Fürwörter genügt. Dagegen ist der Satz: „Wir haben *uns* und *einander* nichts vorzuwerfen" korrekt, denn hier sind zwei verschiedene Bezüge ausgedrückt. Unterstützen *sich* Freunde, so ist trotz der Gegenseitigkeit kein Mißverständnis möglich, *einander* ist also entbehrlich. Zur Verstärkung wird man vielleicht *gegenseitig* heranziehen: Sie unterstützen sich gegenseitig.

Wir sehen also, daß das rückbezügliche Fürwort bei Eindeutigkeit auch wechselbezüglich gebraucht werden kann, bei Zweideutigkeit aber durch *einander* ersetzt werden muß.

Das besitzanzeigende Fürwort (Possessivpronomen)

Wie schon der Name sagt, drückt dieses Fürwort einen Besitz, eine Zugehörigkeit aus: *mein* Hut, *dein* Haus, *seine* Tochter.

Das besitzanzeigende Fürwort (Possessivpronomen) ist vom Wesfall des persönlichen Fürwortes abgeleitet (ich – *mein-er* , du – *dein-er*). Wir haben also den alten zweiten Fall vor uns, wie er zum Beispiel in Vergiß*mein*nicht vorkommt. Dieser Wesfall wurde wie ein Eigenschaftswort verwendet und stark gebeugt.

Das besitzanzeigende Fürwort wird meist beifügend gebraucht. Es ist dabei immer mit einem Hauptwort ohne Artikel verbunden und richtet sich nach Geschlecht, Zahl und Fall des Substantivs: mein Sohn – meines Sohnes – meinem Sohn – meinen Sohn – meine Söhne, und so fort.

Alleinstehend wird das besitzanzeigende Fürwort in der Grundform gebraucht, also unverändert, oder mit der starken Endung *-er*, *-es*: Klein, aber *mein*. „Die Welt ist *unser*" (Max Frisch). „Sein Freund, und auch *meiner*, war der Hofhund" (Thomas Mann).

Bei hauptwörtlichem Gebrauch wird der bestimmte Artikel vorangesetzt: *das Meine, das Deine, das Seine, das Unsere, das Eure, das Ihre*.

Mitunter trifft man Verlängerungen: der, die, das *Meinige, Deinige, Seinige*, etwa bei Schiller: „Kardinal, ich hab das Meinige getan, tun Sie das Ihre."

Vor Hauptwörtern sind diese Formen umgangssprachlich: der meinige Mann, die seinige Frau.

Aus der Mundart stammt die folgende Verwendung eines besitzanzeigenden Fürwortes: dem Bruder sein Geld, der Frau ihr Fahrrad. In oberdeutschen Mundarten fehlt der Genitiv; es hat sich diese alte Fügungsweise erhalten.

Die dritte Person Einzahl unterscheidet drei Geschlechter: Der Mann kennt *sein* Auto. Die Mutter liebt *ihr* Kind. Das Kaninchen frißt *sein* Futter.

Hier sind die Verhältnisse klar, die Geschlechter sind leicht zu trennen. Liebt aber das Mädchen *ihren* oder *seinen* Freund? Das Mädchen ist sächlich, also *seinen*. Dem natürlichen Geschlecht des Mädchens würde *ihren* entsprechen. Manche halten sich an das grammatische Geschlecht, während andere das von der Natur her bestimmte vorziehen. Je dichter das Fürwort dem Hauptwort folgt, desto eher wirkt das grammatische Geschlecht bestimmend: *das* Mädchen und *seine* Mutter; ein Weib, *das* ...

Je weiter das Fürwort vom Hauptwort entfernt ist, um so mehr ist das natürliche Geschlecht vorzuziehen. In der „Entführung aus dem Serail" singt Osmin: „Wer *ein Liebchen* hat gefunden, *die* es treu und redlich meint ..."

In den Mehrzahlformen *unserem* und *euerem* empfinden feine Ohren die zwei *e* als unangenehm, man verzichtet deswegen gern auf eines; auf welches, ist Ihrem Geschmack überlassen: *unserm* oder *unsrem, eurem* oder *euerm.*

Das besitzanzeigende Fürwort ist überflüssig, wenn ein Gliedsatz das Zugehörigkeitsverhältnis ausdrückt: Mein Wagen, den ich jetzt fahre, ist ein Opel; besser: *der* Wagen, den ...

Ihr Kleid, das sie getragen hat, wurde allgemein bewundert. Richtig: *das* Kleid, das sie getragen hat ...

Mit dem besitzanzeigenden Fürwort wird nicht immer ein Besitzverhältnis ausgedrückt; man kann damit auch eine innere, gefühlsbetonte Zugehörigkeit angeben: Er hat seinen Homer im Kopf.

Wie das Eigenschaftswort wird oft auch das besitzanzeigende Fürwort fälschlich nicht wiederholt, wenn es vor zwei Hauptwörtern mit verschiedenem Geschlecht steht: Ich habe meine Anstellung und Verdienst verloren. Er hat sein Haus und Garten verpachtet.

Das Fürwort muß hier ein zweites Mal auftreten: *sein* Haus und *seinen* Garten; *meine* Anstellung und *meinen* Verdienst.

Wiederholen Sie nicht oder an unrichtiger Stelle, kann ein verhängnisvolles Mißverständnis eintreten: Seine Frau und Gefährtin; seine Frau und seine Gefährtin. – Unterscheiden Sie beides sehr wohl!

Das hinweisende Fürwort (Demonstrativpronomen)

Zwei streiten auf einer schmalen Straße, wer von ihnen auszuweichen habe. Mutig und trotzig erzählt jeder zu Hause vom anderen: *Dem* habe ich meine Meinung gesagt! Und mit lastendem Gewicht und einem Schuß Verachtung knien beide auf diesem *dem*, das den anderen meint.

Die hinweisenden Fürwörter können entweder als Begleiter gebraucht werden, das heißt vor einem Hauptwort (*der* Preis), wobei die Beugung jener des Artikels gleich ist. Oder sie werden als Stellvertreter des Hauptwortes verwendet; dann allerdings sind nicht alle Fälle dem bestimmten Artikel gleich, vor allem der Wesfall nicht.

	Einzahl			Mehrzahl
1. Fall	der	die	das	die
2. Fall	dessen	deren	dessen	derer
			(des)	deren
3. Fall	dem	der	dem	denen
4. Fall	den	die	das	die

Der zweite Fall Einzahl und Mehrzahl und der dritte Fall Mehrzahl haben verlängerte Formen. Alte Zusammensetzungen wie *deshalb, deswegen* zeigen uns, daß die langen Formen erst in neuerer Zeit entstanden sind. In Sprichwörtern ist das alte *des* noch erhalten: „Wes das Herz voll ist, des geht der Mund über."

In manchen Fällen ergeben hinweisendes und besitzanzeigendes Fürwort verschiedenen Sinn, zum Beispiel hier: Er besuchte heute seinen Nachbarn und seinen Freund. Und: Er besuchte heute seinen Nachbarn und dessen Freund.

Zuerst ist es sein eigener Freund, den er aufsucht, dann der Freund des Nachbarn. Und mit nur einem Fürwort: Er besuchte seinen Nachbarn und Freund. – Jetzt ist der Nachbar zugleich auch Freund.

Ist es aber richtig, zu sagen: Ich traf heute Fritz und dessen Freund? Ich habe Nachricht von Herrn Meier und dessen Sohn? Warum hier das hinweisende Fürwort, wenn das einfachere besitzanzeigende auch genügt?

Meine Schwester und *ihr* Mann; die Besonderheiten Indiens und *seiner* Bevölkerung; die Geschichte der Schweiz und *ihrer* Nachbarländer; die Verhaftung des Mörders und *seine* Verurteilung.

Das hinweisende Fürwort sollte nur dort stehen, wo das besitzanzeigende nicht mehr ausreicht, um die Verhältnisse eindeutig festzulegen. Wollte Fritz Heinrich vor *dessen* oder vor *seiner* Abreise sprechen? Wer reist ab? Fritz! Also: Fritz wollte Heinrich vor seiner Abreise sprechen. Fährt jedoch Heinrich weg, dann wollte Fritz Heinrich vor *dessen* Abreise sprechen.

Verkehrt ist es, das bereits gebeugte *dessen* und *deren* noch einmal zu beugen, also von *derem* und *dessem* zu reden. *Deren* und *dessen* sind ja keine Eigenschaftswörter, sondern Wesfälle des hinweisenden Fürwortes. Unsinnig ist also: Ich habe Nachricht von Herrn Meier und dessem Sohn.

Wenig schön sind die folgenden Vorwortfügungen: Denkst du noch an das? Du bekommst nichts von dem. Über das sprechen wir nicht mehr.

Man verwendet hier besser Umstandswörter: *daran, davon, darüber, damit, dabei, darauf.*

Auf die Frage: Hast du den Zirkel? antwortet niemand: Ich arbeite mit dem, sondern: Ich arbeite *damit.*

Folgt aber ein Nachsatz, bleibt das Fürwort stehen: Ich arbeite *mit dem*, den du mir gegeben hast. Du bekommst nichts *von dem*, was ich mitgebracht habe.

dieser und jener

Zu den hinweisenden Fürwörtern gehört auch das Wortpaar **dieser** und **jener**. Beide Wörter können stark gebeugt und als Begleiter (dieser Herr, jenes Geschäft) oder als Stellvertreter des Hauptwortes gebraucht werden (dieser sagte, jener wußte).

Der Wesfall Einzahl darf allerdings nur in Verbindung mit einem Hauptwort stehen, also beigefügt: Die Beredsamkeit *dieses* Mannes kannte keine Grenzen. Die Freude *jenes* Kindes war übergroß.

In Geschäftsbriefen liest man bisweilen: Überbringer dieses ist beauftragt ... (zu ergänzen ist: Schreibens). Am 15. dieses übersandten wir Ihnen ... (Monats muß hinzugedacht werden). – Auf das eine Wort wird es doch wohl nicht ankommen!

Dieser und *jener* treten gemeinsam auf, wenn es zwei aufgezählte Dinge zu unterscheiden gilt. Dabei ist zu beachten, daß *dieser* sich auf das näherliegende, *jener* auf das entferntere Hauptwort bezieht: Fritz und Heinrich sind Brüder; *dieser* ist verheiratet, *jener* ledig. Fritz ist also ledig.

Ungünstig ist es, einen langen Satz zu bilden und dann, wenn der Leser nicht mehr weiß, worauf man sich bezieht, auf zwei Hauptwörter sorglos mit *dieser* und *jener* hinzuweisen: Ich habe zwei Freunde, Karl und Franz, beide wohnen in Wien und sind verheiratet; ich lernte sie im vergangenen Jahr während meines Urlaubs kennen, und wir verbrachten angenehme Tage; dieser ist Arzt und jener Kaufmann.

Es gibt noch ein Wortpaar, das auf zwei vorhergehende Wörter zurückweisen kann: *ersterer* und *letzterer*, doch ist es besser, die Hauptwörter oder Eigennamen zu wiederholen.

Dieser und *jener* müssen nicht immer auf Hauptwörter zurückweisen. So vollzieht *dieses* oder *dies* oft einen gedanklichen Anschluß an kurz vorher Erwähntes oder ruft unsere Erinnerungen und Erfahrungen wach: Er hatte schon drei Stunden lang erzählt; *dies* schläferte ein.

Jener kann sich auf etwas beziehen, das als bekannt vorausgesetzt wird: *Jene* Liebenswürdigkeit, die man bei einem Geschäftsmann erwarten darf, ließ er vermissen; er drohte mit *jener* Unverschämtheit, die du hinlänglich kennst.

Im allgemeinen werden *dieser* und *jener* viel zu häufig gebraucht; sie machen den Stil schwer und steif und sollten daher durch das einfachere persönliche Fürwort ersetzt werden. Nicht: Ich fragte den Arzt; *dieser* meinte ... , sondern: *er* meinte ...

Manchmal ist das hinweisende Fürwort ganz überflüssig: Bei Überprüfung der Bücher wurden diese in Ordnung befunden. – Besser: Die Bücher waren bei der Überprüfung in Ordnung.

Vorausweisendes *jener* ist eine süddeutsche und österreichische Eigenart, die sich immer weiter verbreitet; es läßt sich einfach ersetzen. Nicht: Jene, die den Unfall beobachtet haben ... , sondern: Wer den Unfall beobachtet hat ...

Sprachlich unkorrekt sind auch die Sätze: Seine Kinder sind begabter als jene (statt *die*) seines Bruders. Man glaubt, das Gefühlsleben der Frauen sei tiefer als jenes (statt *das*) der Männer.

derselbe, dieselbe, dasselbe

Umständliche Zusammenschreibungen von *der, die, das + selb* sind **derselbe, dieselbe, dasselbe**. Sie beugen doppelt, den ersten Teil stark wie der bestimmte Artikel, den zweiten Teil schwach: *des*-selben, *dem*-selben und so fort.

Im „Papierdeutsch" findet sich dort, wo das persönliche Fürwort zu stehen hätte, das steifbeinige *derselbe*. Zwei Generationen von Sprachpflegern haben mit allen Mitteln der Beredsamkeit gegen dieses dreisilbige Ungetüm gewettert; ganz ausgerottet ist es aber noch nicht. In einer Zeitung etwa liest man: „Am Freitag verstarb plötzlich Dr. Franz Blinddarm. Derselbe war dreißig Jahre Arzt in Hinterwiesen."

Auch wenn *er* stünde, käme kein Mensch auf den Gedanken, daß ein anderer als Dr. Blinddarm Arzt in H. gewesen sein könnte.

„Obwohl sie ihn liebte, erkannte sie doch die Fehler desselben." Wieviel einfacher und nicht weniger klar wäre „Sie erkannte *seine* Fehler".

Oft können *derselbe* und seine Formen wegfallen, ohne daß dadurch der Sinn im geringsten verändert wird: „Der hohe Preis der Waren ist eine Folge der erhöhten Zölle auf dieselben."

Läßt man *auf dieselben* weg, bleiben die Preise und Zölle genauso hoch.

„Mit diesem Rennwagen wurde ein neuer Weltrekord erzielt. Wir bringen nebenstehend einige technische Daten desselben." Des Weltrekords? Streichen wird *desselben*, der Satz wird so deutlicher.

Ist dieses hinweisende Fürwort denn nirgendwo berechtigt? O ja, und zwar dort, wo ausdrücklich auf Identität hingewiesen werden soll: Sie hatte *dasselbe* Kleid an wie bei ihrer Hochzeit. Müllers haben noch immer *dieselbe* Wohnung.

derselbe oder der gleiche?

Eine Randbemerkung: *derselbe* und *der gleiche* werden oft verwechselt. *Der gleiche* ist dort zu verwenden, wo es sich nicht um Identität, sondern um Ähnlichkeit handelt. Ich besitze nur einen Hut, ich trage immer *denselben*. Fritz, der seinen Hut in *demselben* Geschäft (Identität) gekauft hat wie ich, trägt *den gleichen* (er sieht ganz gleich aus). Fritz kann nicht denselben Hut tragen wie ich, es sei denn, ich leihe ihm meinen Hut.

Mich behandelt *derselbe* Arzt, der mich vor Monaten operiert hat; er hat an *derselben* Universität wie ich studiert und fährt *das gleiche* Auto wie mein Vater (die Type ist *dieselbe*).

Schwieriger ist diese Unterscheidung nach Identität und Ähnlichkeit bei abstrakten Verhältnissen, aber auch hier ist sie bis zu einem gewissen Grad durchführbar: Er ist noch immer vom *selben* Fanatismus beseelt wie vor Jahren und hat *die gleichen* Anschauungen wie sein älterer Bruder.

derjenige, diejenige, dasjenige

Derjenige, diejenige, dasjenige werden wie der-, die-, dasselbe gebeugt. Man soll diese Formen nur dort verwenden, wo man einen besonders starken Hinweis geben will. In vielen Fällen können sie durch einfaches *der, die, das*, allenfalls durch *dieser* ersetzt oder ganz weggelassen werden.

„Diejenigen Jugendlichen, die das 17. Lebensjahr erreicht haben ..." Wozu der besondere Hinweis? Einfach: Jugendliche, die das 17. Lebensjahr erreicht haben ...

Zuletzt melden sich noch *selber* und *solcher* als hinweisende Fürwörter. *Selber* und *selbst* sind erstarrte Formen des Wer- und Wesfalls und werden unverändert in allen Fällen und Geschlechtern gebraucht: ich selbst, du selbst, wir selbst, selbst ist der Mann.

Selbst (oder *selber*) spielt die Rolle eines Verstärkers, und „ich *selbst*" ist ein kurzer und guter Ausdruck für die umständliche Umschreibung „ich für meine Person".

Solcher, solch gibt, entsprechend seiner Zusammensetzung (so-lich = so beschaffen, so geartet), die Beschaffenheit, die Art an und wird wie ein beigefügtes Eigenschaftswort behandelt: ein solcher Unsinn; eine solche Frage; ein solches Auto; solche Äpfel möchte ich haben.

Solcher hat zu viel Geltungsdrang; das Wort drängt sich auch dort ein, wo es nicht hingehört: „Unter seinen Büchern fand sich ein solches über Viehzucht" (*eines* über Viehzucht). „Leihen Sie mir einen Taschenrechner, wenn Sie einen solchen besitzen" (wenn Sie *einen* besitzen).

Aber: Ich will *solche* Äpfel, wie ich gestern gekauft habe; ich möchte einen *solchen* Anzug wie den im Schaufenster.

Das fragende Fürwort (Interrogativpronomen)

Zwei alte Freunde, die sich lange nicht gesehen haben, begegnen sich auf der Straße: „Es freut mich, dich zu sehen. Was treibst du?" – Kaum drei Schritte weiter, fragt die Frau des einen: „Du, wer war das eigentlich?" – *Wer?* fragte sie und meinte damit den Freund des Mannes. Mit *was* fragte der Freund und suchte die Beschäftigung zu erfahren.

Eine Dame erkundigt sich in einer Buchhandlung: „Welchen Roman empfehlen Sie mir?" Darauf der Verkäufer: „Was für eine Art Roman soll es denn sein?" – *Welcher* und *was für ein* waren die Fragewörter dieses Gesprächs. Stellen wir die fragenden Fürwörter (Interrogativpronomen) übersichtlich zusammen:

wer? was?
welcher? welche? welches?
was für ein?

Mit *wer* fragt man nach Personen und Tieren: *Wer* ist angekommen? Ein Minister. *Wer* hat das Fleisch gestohlen? Die Katze. Dagegen: *Was* hast du gekauft? Ein Kleid, Bücher; also Dinge.

Wer und *was* vertreten im Fragesatz das Hauptwort. Gebeugt werden sie wie die hinweisenden Fürwörter *der, das*.

	männlich und weiblich	sächlich
1. Fall	wer	was
2. Fall	wessen (wes)	wessen (wes)
3. Fall	wem	-
4. Fall	wen	was

Wessen (wes) verhält sich genauso wie *dessen (des)*; *wes* ist eine alte Form wie *des*, zu finden in Sprichwörtern und bei Dichtern.

„Wes Namens, Standes, Wohnorts seid Ihr?" (Heinrich von Kleist).

Das alte *wes* steckt auch in den Zusammensetzungen *weshalb* und *weswegen*.

Und nun der Wemfall: Mit *wem* gehst du? Von *wem* redest du? Mit *wem* spielst du? Wie soll ich aber beim sächlichen Geschlecht fragen, wo der dritte Fall fehlt? Die Umgangssprache hilft sich mit dem Fragewort des vierten Falles: Mit was fährst du? Von was sprichst du? Mit was kann ich dienen? Aus was ist das gemacht?

Die Standardsprache zieht fürwortähnliche Umstandswörter heran und fragt: *Womit* fährst du? (aber: mit wem fährst du?). *Wozu* brauchst du das? *Wovon* sprichst du?

Die Standardsprache verlangt auch dort die fragenden Umstandswörter, wo ein Vorwort mit dem vierten Fall stehen könnte.

Umgangssprache:	Standardsprache:
Durch was bist du abgehalten worden?	*Wodurch* wurdest du abgehalten?
Um was geht es?	*Worum* geht es?
Für was zahlst du?	*Wofür* zahlst du?
An was denkst du?	*Woran* denkst du?
Auf was freust du dich?	*Worauf* freust du dich?

Ebenso: *worin, worüber, wovor, wogegen*.

Mit *welcher, welche, welches* fragt man nach Einzeldingen oder Personen. So wollte die Dame in der Buchhandlung wissen, *welcher* Roman empfehlenswert sei. *Welche* Stadt gefällt dir am besten? *Welche* Hölzer sind die edelsten? Immer wird die Bezeichnung einzelner Dinge erwartet.

Welcher besagte ursprünglich „wie beschaffen" (we-lich), hat dazu aber noch die Bedeutung „wie groß" angenommen: *Welchen* Gewinn hast du erzielt? Es wird stark gebeugt und im Gegensatz zu *wer* und *was* meist als Begleiter gebraucht (welche Stadt, welches Bild, welcher Stoff). Merkwürdig ist, daß das sächliche *welches* auch nach männlichen und weiblichen Wörtern fragen kann, und zwar auch in der Mehrzahl: *Welches* ist der längste Strom der Erde? *Welches* ist die größte Stadt? *Welches* sind die schönsten Plastiken? *Welch* steht in allen Verbindungen unverändert, ähnlich *solch. Welch* ein Mensch! *Welch* eine Tat! *Solche* Mengen! Die dritte Form des fragenden Fürwortes ist *was für ein?* Gebeugt wird dabei nur der unbestimmte Artikel: was für einer?, was für eine?, was für ein? Es ist nicht so, daß *was für ein* mehr schlecht als recht das Wörtchen *welcher* vertritt, denn es fragt nicht nach der Person oder Sache selbst, sondern nach der Beschaffenheit, nach der Eigenschaft einer Person oder Sache. Stellen wir zum Vergleich einige Sätze nebeneinander: *Was für* Pilze kennen Sie? Giftige und eßbare. *Welche* Pilze kennen Sie? Steinpilze, Herrenpilze, Pfifferlinge ... *Was für eine* Frau war es? Eine große, schlanke Frau. *Welche* Frau war es? Frau Meier. Die Teile dieses Fragepronomens dürfen nicht getrennt werden, wenn *ein* gebeugt auftritt. Also nicht: Was hast du für einen Fernsehapparat? sondern: *was für einen* Fernsehapparat hast du? *Was für einen* Wagen kauft er sich? Ist jedoch *ein* ungebeugt oder fehlt es ganz, kann man trennen: Was ist das für ein Anblick! Steht das Hauptwort in der Mehrzahl, fällt der unbestimmte Artikel natürlich aus: Was für Taten? Was für Häuser sind das? Die Umgangssprache ergänzt „was für" mit *welche*: Was für welche Bücher liest er denn? Was für welche Augen er hat! Richtig: *Was für* Bücher ... *was für* Augen.

Das bezügliche Fürwort (Relativpronomen)

Die Wörter *der, die, das* und *wer, was, welcher, welche, welches* können nicht nur, wie wir sie bisher kennengelernt haben, hinweisend gebraucht werden, sondern auch als bezügliche Fürwörter (Relativpronomen). Sie leiten immer einen untergeordneten Satz ein und beziehen sich auf das – gewöhnlich vorangehende – Hauptwort oder Fürwort, manchmal auch auf das Zeitwort des vorangehenden Satzes: Der Tischler, *der* den Schrank geliefert hat. Die Boxer, *die* in den Ring traten. Ein Land, *das* viele Kriege sah. Reden soll nur, *wer* etwas weiß. Wenn sich der meldet, *der* meine Brieftasche gefunden hat ... Alles, *was* sie enthält, gehört ihm. Er, *der* immer fröhlich war. Ein Laster, *dem* ich längst entsagen sollte. Bezügliches *der, die, das* wird wie das hinweisende Fürwort abgewandelt. Im zweiten Fall Mehrzahl fehlt allerdings die starke Form *derer*: Die Verstöße, wegen derer man ihn ausschloß ... Das geht nicht! Es muß heißen: wegen *deren* oder *derentwegen*. *Welcher, welche, welches* beugen in bezüglicher Stellung wie in fragender, nur fehlen die Wesfälle in Ein- und Mehrzahl.

Einzahl:	männlich	weiblich
1. Fall	der Vater, der (welcher)	die Wohnung, die (welche)
2. Fall	der Vater, dessen	die Wohnung, deren
3. Fall	der Vater, dem (welchem)	die Wohnung, der (welcher)
4. Fall	der Vater, den (welchen)	die Wohnung, die (welche)

	sächlich
1. Fall	das Haus, das (welches)
2. Fall	das Haus, dessen
3. Fall	das Haus, dem (welchem)
4. Fall	das Haus, das (welches)

Mehrzahl:

1. Fall	die Häuser, die (welche)
2. Fall	die Häuser, deren
3. Fall	die Häuser, denen (welchen)
4. Fall	die Häuser, die (welche)

Das bezügliche *wer* und *was* beugt wie das fragende: *Wer* nicht sät, wird auch nicht ernten. *Was* langsam reift, das altert spät. Er erzählte mir, *was* ich schon längst wußte. Ich weiß nicht, *wem* ich das zu danken habe.

Hinweisendes *der, die, das* ist mit dem bezüglichen *der, die, das* formgleich; man kommt aber schnell dahinter, mit welcher Art man es zu tun hat. Kann in einem Satz *welcher* statt *der* eingesetzt werden, ist *der* ein bezügliches Fürwort: der Mann, *der* (welcher) sein Gedächtnis verlor. Er war es, *der* (welcher) mir half. Die Frau, *die* (welche) ich oft besucht habe.

Kann man statt *der* nur *dieser* einsetzen, handelt es sich um ein hinweisendes Fürwort: *Der* (dieser) hat mich betrogen! Wenn *die* es ist, *die* dir gefällt ...– Wenn diese es ist, welche dir gefällt, also zuerst hinweisend und dann bezüglich.

Auch bei *wer* und *was* können Sie unterscheiden: Das bezügliche Fürwort *wer* läßt sich durch *jener* und *der* ersetzen, *was* durch *das*. Wer ihn kennt, soll Aussagen machen – jener, der ihn kennt ... Was du gesucht hast, habe ich gefunden – das, was du gesucht hast ...

Das fragende Fürwort hingegen läßt sich durch kein anderes Wort vertreten. *Wer* ist der Mörder? *Was* wissen Sie darüber? *Wem* gehört dieser Hut?

der, die oder welcher, welche?

Nun werden Sie vielleicht fragen: Wann soll ich *der* und wann *welcher* setzen? Der Vertreter, *der* oder *welcher* mir den Wagen verkauft hat? Beobachten Sie sich einmal selbst: Kommen Sie beim Sprechen auf den Gedanken, *welcher* in diese Sätze zu fügen? Sicherlich nicht. Man vermeide das Wort *welcher*, weil es umständlich und papieren wirkt. Wo es nicht notwendig ist, braucht es auch nicht zu stehen. Aus klanglichen Gründen werden wir aber bisweilen wechseln. Statt: „Das Tau, das das Fahrzeug am Ufer hielt ...“ können wir auch schreiben: „Das Tau, *welches* das Fahrzeug am Ufer hielt“, um die Wiederholung des *das* zu vermeiden.

Welcher ist auch dann zu verwenden, wenn ich etwas allgemein ausdrücken will: Lies eine Tageszeitung, *welche* es auch sei.

Ferner läßt sich mit dem Wechsel von *der* und *welcher* eine unterschiedliche Satzabhängigkeit deutlich machen: Es fehlt mir eine Zeitung, die alle Nachrichten bringt, welche die Wirtschaft betreffen. – *Die* bezieht sich auf Zeitung, *welche* auf Nachrichten.

Was darf man niemals auf ein Hauptwort beziehen: Das viele Geld, was ich ihm gegeben habe. Das Haus, was er gekauft hat. Das Kind, was sie aufgenommen hat. Dieses *was* gehört der Umgangssprache an. Nur „das Kind, *das* ..., das Geld, *das* ...“ ist korrekt.

Manche stellen *was* auch zum bezüglichen Fürwort männlichen und weiblichen Geschlechts: Die Frau, die was mir hilft. Der Stoff, den was ich kaufe.

Der süddeutsche Dialekt schiebt auch *wo* ein: Der Mann, der wo bei mir war.

Wer und *was* können dann als bezügliche Fürwörter verwendet werden, wenn in ihnen auch ein Hinweis steckt: *Wer* zuletzt lacht, lacht am besten. *Was* zu lange dauert, ist nicht schön.

Was steht ferner nach den Wörtern *das, etwas, nichts*, nach unbestimmten Zahlwörtern wie *manches, vieles, alles, wenig* und schließlich nach substantivierten Eigenschaftswörtern, die meist die dritte Vergleichsform aufweisen. Beispiele: Das, *was* wir besitzen; etwas, *was* noch niemand kennt; nichts, *was* jeder wissen dürfte; manches, *was* er tat, war unrecht; alles, *was* ich denke und treibe; es war wenig, *was* er bieten konnte; das Beste, *was* wir haben; das Herrlichste, *was* wir sahen ...

Die Verwendung von *was* ist auch dort richtig, wo es sich nicht auf ein Wort, sondern auf den ganzen vorhergehenden Satz bezieht: Er ißt sehr fett, *was* ihm gar nicht gut bekommt. Wenn er lachte, *was* selten vorkam ... Er berichtete von dem schmerzlichen Ereignis, *was* ihn sehr erschütterte.

Hier ist es das Berichten, was den Erzähler ergreift. Ersetzen Sie das Fürwort *was* durch *das*, bekommt der untergeordnete Satz einen anderen Sinn: Er berichtete von dem schmerzlichen Ereignis, das ihn sehr erschüttert hat. Jetzt hat ihn das Ereignis tief beeindruckt, nicht das Berichten, auf das sich das *was* bezogen hatte.

Vor das bezügliche Fürwort kann ein Vorwort treten: Ich liebe Kammermusik, *für die* er kein Verständnis hat.

Der untergeordnete Satz bezieht sich auf das Hauptwort. Will ich den untergeordneten Satz auf den ganzen Hauptsatz beziehen, muß ich mit dem Umstandswort *wo* einleiten, das mit dem Vorwort eine feste Verbindung eingeht: Ich liebe Kammermusik, *wofür* er kein Verständnis hat. – Seine Verständnislosigkeit betrifft nun meine Liebe zur Kammermusik, nicht die Kammermusik selbst.

Diese Regel gilt ganz allgemein: Müllers haben einen neuen Untermieter, *über den* sie nur Gutes erzählen. Müllers haben einen neuen Untermieter, *worüber* sie sehr froh sind. Ich habe ihn etwas gefragt, *worauf* er keine Antwort wußte. Ich habe ihm eine Frage gestellt, *auf die* er keine Antwort wußte.

Wo unterscheidet sich von dem verallgemeinernden *was*, da es selbst als Relativpronomen seine ortsbestimmende Bedeutung nicht ganz einbüßt. Daher ist es für Ortsangaben auch zur Verknüpfung von Sätzen geeignet: In der Stadt, *wo* er als Kind gelebt hat; am Rhein, *wo* der Wein wächst.

Unkorrekt ist es aber, wenn jemand sagt: In der Zeit, wo ich Rudolf gekannt habe; in den Ferien, wo er sich gut erholt hat.

Da es sich um zeitliche Bestimmungen handelt, kann es nur lauten: In der Zeit, *als* oder *in der* ...; in den Ferien, *in denen* ...

Ein eigenes Kapitel bilden die unkorrekten Satzanschlüsse, die mitunter ungewollte Komik auslösen: „Kinderliebende Mädchen mit Kochkenntnissen, die auch Säug-

linge pflegen können, werden aufgenommen." – Da sollen die Kochkenntnisse kleine Kinder waschen, höchst sonderbar!
„Mädchen, 22, mit Landhaus, das gerne heiraten möchte, sucht Briefbekanntschaft." – Ein heiratslustiges Landhaus!
Haben Sie herausgefunden, warum diese Sätze lächerlich wirken? Das Fürwort bezieht sich auf das letzte vorangegangene Hauptwort, und das ist hier nicht gewollt. Über falsche und richtige Bezüge werden wir uns im Abschnitt „Zur Satzlehre" noch unterhalten (Seite 145 ff).

Das unbestimmte Fürwort (Indefinitpronomen)

man, jemand, niemand

Unbestimmte Fürwörter (Indefinitpronomen) stehen für Dinge oder Personen, die nicht näher genannt werden können oder sollen: *man, jemand, niemand, etwas, nichts, jeder, jeglicher, jedermann, etliche, einer, keiner* und andere.
Man ist übrigens dasselbe Wort wie *Mann*; es kommt nur im Werfall vor, die anderen Fälle werden durch Beugung von *einer* ersetzt: Seine Bitten rühren *einen* nicht. Wenn *man* wüßte, was *einem* noch bevorsteht! Hat *man* die Welt erst gesehen, ist *einem* die Heimat am liebsten.
Jemand und *niemand* gehen auch auf *man* zurück. Sie sind beugungsfähig; jemand – jemandes – jemandem – jemanden. Ich will *niemandes* Zorn erregen.
Der dritte und vierte Fall können auch endungslos verwendet werden: er wünschte *jemandem* oder *jemand* einen guten Morgen. Sie traf *niemanden* oder *niemand*.

etwas, nichts

Das ursprünglich verallgemeinernde *et-*, verbunden mit *was*, ergab das, was wir *etwas* nennen. Daneben kannte man noch *etweder*, das heute niemand mehr gebraucht, und *etwelche*, dessen Gebrauch zumindest selten geworden ist. Die Umgangssprache läßt *et-* weg und verwendet nur *was*: Hol was (statt *etwas*) zu essen. Ich will dir was erzählen.
Weil wir schon bei der Umgangssprache sind, auch *wer* wird oft fälschlich herangezogen: Ist wer da? Ist wer gekommen? – Es sollte *jemand* da sein oder gekommen sein. Nichts ist einfacher als *nichts*. Glaubt man! Wer denkt schon, daß *nichts* der Wesfall zu der alten Fügung *ni eo wiht* (nicht irgend etwas) ist? Da *nichts* ein zweiter Fall ist, stehen die damit verbundenen Eigenschaftswörter noch heute im Wesfall: nichts Liebes, nichts Schönes, nichts Gutes.

jeder, einer, keiner

Jeder, früher auch *jeglicher*, kann alle vier Fälle bilden. Der Wesfall *jedes* ist allerdings nur als Begleiter verwendbar: Jedes Menschen Glück, jeden Mannes Traum.
Jedermann ist gleichbedeutend mit *jeder* und nicht nur umständlich, sondern auch

überflüssig. Nur der Wesfall (jedermanns Sache) hat Daseinsberechtigung, weil der zweite Fall von *jeder* nicht als Stellvertreter des Hauptwortes verwendet wird.

„Einer ist unter Ihnen, der die Interessen des Vereins verraten hat." Auch dieses *einer* ist unbestimmt.

Damit kennen wir *einer* in drei Verwendungsmöglichkeiten: als unbestimmten Artikel, als Zahlwort und als unbestimmtes Fürwort. Wenn man die geschichtliche Entwicklung verfolgt, zeigt sich, daß der unbestimmte Artikel und das unbestimmte Fürwort nichts anderes als das Zahlwort sind.

Das Gegenteil von *einer* ist *keiner, kein*: „Keiner ist unter Ihnen, der die Interessen des Vereins verraten hat."

Ein und *kein* kann man mit *einziger* verstärken, die Aussage gewinnt dadurch an Gewicht und Ton. *Kein* und *keiner* werden wie *ein* und *einer* behandelt, nämlich wie unbestimmte Zahlwörter.

Übungen

Setzen Sie bitte die richtigen Fürwörter ein:
Wir besuchten seinen Bruder gestern und trafen ... noch im Bett.
Es geht ... schon viel besser, er erzählte ... dreien, die wir bei ... waren, von ... Unfall.
Er fuhr mit ... Fahrrad, da kam ... auf gerader Strecke ein Auto entgegen und blendete ... Dann wußte er lange nichts von ...
Karl Müller schreibt seinem Lieschen: „Weil ich ... noch immer liebe, will ich morgen zu ... kommen. Du wirst ... bestimmt sehr freuen, wenn Du ... wiedersiehst.
Erwarte ... aber nicht vor 19 Uhr, ich will ... noch etwas besorgen."
Übertragen Sie diesen Briefausschnitt in die Höflichkeitsform!

Warum heißt eigentlich der Wesfall nicht Wessenfall?
Sind die vier folgenden Sätze richtig?
Was hast du für eine Arbeit?
Was für Schuhe trägt er?
Was wünschen Sie für eine Wurst?
Was hat er für einen Anzug an?
Bitte die folgenden Zeilen zu verbessern:
Habe Deinen letzten Brief erhalten und danke Dir herzlich dafür.
Gehe morgen auf Schitour.
Sind unserer mehrere, kann nichts passieren.
Brief wird kurz, habe wenig Zeit ...
Ein Auto und eine Lokomotive stießen zusammen; jene war kaum beschädigt, diese wurde völlig zertrümmert.
Das ist jene Oper, die ich am liebsten höre.
Bitte stellen Sie richtig:
Meine Promotion bekanntzugeben, beehrt sich ...
Dem Tenor seine Stimme war stark belegt.
Ich habe mir meiner Schwester ihr Auto ausgeliehen.
An was liegt das, daß die meisten Menschen mehr Geld brauchen, als sie haben?
Mit was kann ich dienen?

Gegen was soll Darmol gut sein?

Von was wurde eben gesprochen?

Stellen Sie bitte den Unterschied zwischen den beiden folgenden Sätzen fest:

Er hat sich um sein Geld ein Haus gekauft, das mir gut gefällt. – Er hat sich um sein Geld ein Haus gekauft, was mir gut gefällt.

Welche Sätze sind richtig, welche falsch?

1. Das Fest, woran ich häufig denke, liegt lange zurück.

2. Er wußte jetzt, woran er sich halten sollte.

3. Er hatte die Karten, womit wir spielen wollten, zu Hause vergessen.

4. Sie nannte ihn einen Esel, worauf er ausfällig wurde.

Bald soll es wieder eine Volksbefragung geben, sind Sie für diese oder gegen diese?

Huber soll Bürgermeister werden, sind Sie dagegen, gegen ihn oder gegen diesen?

Morgen ist Sammlung für das Rote Kreuz, ich spende was für dieses.

Gestern kam der Minister; derselbe begab sich ins Hotel, in das gleiche, das er immer zu bewohnen pflegt.

Der Herr von der Regierung sprach noch am gleichen Abend selbst vor einem geschlossenen Kreis. Demselben gehörte auch unser Bürgermeister an. Hubers essen dasselbe Brot wie wir, denn sie kaufen beim gleichen Bäcker ein.

Diejenigen, welche nicht in jedem Satz mindestens einen Fehler gefunden haben, tun gut, den Abschnitt noch einmal zu lesen oder im Lösungsteil nachzusehen.

Das Zahlwort (Numerale)

Zahlen und Ziffern

„Zahlwort" – könnte das nicht auch Zifferwort heißen? Zahl – Ziffer, worin liegt der Unterschied? Besteht gar keiner? O doch, die Ziffer ist das Schriftzeichen für die Zahl, ähnlich wie der Buchstabe für den gesprochenen Laut, die Note für den gespielten oder gesungenen Ton.

Es ist also unrichtig, von Geburtenziffern und Leistungsziffern zu reden, denn es handelt sich dabei um Zahlen. (Aber: arabische Ziffern im Unterschied zu den römischen; Zifferblatt.) Es gibt nur zehn Ziffern (0 bis 9), aber unendlich viele Zahlen, die durch diese Ziffern dargestellt werden.

Seit je hat man geglaubt, daß in den Zahlen magische Kräfte wirksam sind. *Eins* bedeutet das in sich ruhende Göttliche, das Männliche; *zwei* die gebärende Frau. In vielen Märchen spielt *drei* eine große Rolle, es ist die Zahl der Wünsche, des Glücks. *Sieben* hingegen gilt wie *dreizehn* als unheilvoll: sieben Todsünden gefährden den Weg des Menschen zum Heil; dreizehn geht über das harmonische Maß hinaus, enthält ein Zuviel, ein Überflüssiges.

> „Du mußt verstehn!
> Aus eins mach' zehn,
> Und zwei laß gehn,
> Und drei mach' gleich,
> So bist du reich.

Verlier die Vier!
Aus fünf und sechs,
So sagt die Hex',
Mach' sieben und acht,
So ist's vollbracht:
Und neun ist eins,
Und zehn ist keins.
Das ist das Hexen-Einmaleins."

Treten wir aus dieser Hexenküche Goethes in die Nüchternheit der Sprachlehre. Das **Zahlwort** (Numerale) ist keine Wortart im üblichen Sinn wie etwa das Hauptwort oder das Zeitwort; es bildet nur seiner Bedeutung, nicht aber der Form nach eine eigene Gruppe. Die Zahlwörter erscheinen als Begleiter oder als Stellvertreter des Hauptwortes.

Unser Rechensystem basiert auf der Zahl 10. Zehn Millimeter sind ein Zentimeter, hundert Dekagramm sind ein Kilogramm. Die Orientalen erfanden das Zwölfersystem; daher noch unser Dutzend, die zwölf Monate, und nimmt man zwölf fünfmal, kommt man auf sechzig, unser Zeitmaß.

Zehn ist sprachlich gesehen ein günstiger Abschluß, denn elf (althochdeutsch ein-lif) bedeutet eins über zehn, zwölf (zwe-lif) zwei über zehn, dreizehn drei und zehn und so fort.

Die Grundzahlwörter (Kardinalzahlen)

Man zählte *tausend* Besucher. Wie viele? Tausend. *Wieviel (wie viele)?* ist die Frageformel für die Grundzahlwörter. Ehe man etwas kauft, fragt man: Wieviel kostet es? Eins (die sächliche Form von *ein*), zwei, sechs, fünfzehn, dreiundneunzig, zweihundertsieben, das sind Grundzahlwörter. Man bezeichnet sie so, weil von ihnen alle anderen Zahlwörter abgeleitet werden. Von eins bis zehn bzw. zwölf sind sie einfach, darüber hinaus zusammengesetzt: dreizehn, zwölf-tausend-acht-hundert-vier-und-siebzig.

Gebeugt werden von den Grundzahlen nur *ein, zwei, drei*, und zwar stark und schwach wie die Eigenschaftswörter: *einem* Mann, aber *dem einen* Mann. Der erste Fall *ein* ist eine verkürzte Form, die volle Form *einer* ist nur dann zu finden, wenn das Zahlwort allein steht. *Zwei* und *drei* werden im Wesfall stark gebeugt, wenn der Fall nicht am vorangehenden Wort erkennbar ist: Ich gedachte meiner drei Freunde, aber: ich gedachte *dreier* Freunde. Wir bedürfen dieser zwei Helfer, wir bedürfen *zweier* Helfer.

Beim Wemfall bleibt das Zahlwort auch dann ungebeugt, wenn es ohne Artikel oder Fürwort vor einem Hauptwort steht: Ich komme mit zwei oder drei Freunden. *Zwei* wurde früher in verschiedenen Formen verwendet: Handelte es sich um zwei männliche Personen oder Dinge, sagte man *zween*, bei weiblichen *zwo* und bei sächlichen *zwei*. Diese Formen sind zum Teil noch in der Mundart lebendig. Im Telefon- und Telegrammdeutsch verwendet man *zwo* für alle drei Geschlechter, um es lautlich besser von *drei* unterscheiden zu können. In der Standardsprache wird *zwo* vermieden.

Neben *zwei* steht in ähnlicher Bedeutung *beide,* das wie ein starkes Eigenschaftswort gebeugt wird: beide Beine brechen, mit beiden Beinen.
Beide ist aber nur dort richtig, wo es sich um zwei zusammengehörige Dinge oder Menschen handelt. Ich darf nicht „beide Finger" für „zwei Finger" sagen, außer der andere weiß, um welche *beiden* Finger es sich handelt.
In Zusammensetzungen finden wir für *zwei* die Form *zwie:* Zwieback, Zwielicht, Zwiegespräch, Zwiespalt, Zwietracht, Zwiesel, zwiefach.
Die Grundzahlwörter von *vier* an sind ungebeugt; nur wenn sie als Hauptwörter verwendet werden, nehmen sie die Beugung des Hauptwortes an: Sie standen zu *Hunderten,* viele *Tausende* waren versammelt.
Million ist ein Hauptwort und wird immer mit großem Anfangsbuchstaben geschrieben; ebenso die folgenden Bezeichnungen, die schon astronomische Zahlen benennen: Billion, Trillion, Quadrillion. Diese Wörter sind neuere Bildungen der Wissenschaft.
Das Anhängen von -e an die Grundzahlwörter (viere, fünfe) ist standardsprachlich nur in einigen Redewendungen üblich: alle viere von sich strecken, alle neune treffen.
Wird an die Grundzahlen -*mal* angefügt, werden sie zu **Wiederholungszahlen:** Er geht in einer Woche *viermal* ins Kino. Dich kann man um alles *zehnmal* bitten.
Um etwas zu vervielfältigen, fügt man -*fach* an: *vierfach* nehmen, alles *zweifach* (oder doppelt) sehen. *Einfach* ist eigentlich „einmal genommen".
Alte Wesfälle sind die sogenannten **Artzahlwörter** mit der Endung -*lei:* zweierlei Wurst; *dreierlei* Gold (das ist Gold von drei Arten, denn mittelhochdeutsch *diu leie* heißt „die Art").
Am Zahlwort selbst erkennen Sie deutlich den Wesfall: hunderter-lei.
Jedes Zahlwort kann auch als Hauptwort verwendet werden: der Zwölfer oder die Zwölf, der Dreier oder die Drei, der Zwanziger, ein Hunderter.
Die männlichen Formen werden im Süden vorgezogen, die weiblichen in Mittel- und Norddeutschland. In Wien bekommen die Schüler einen Fünfer, in Berlin eine Fünf.
Stehen *eins* und *hundert* beisammen, trifft sich die Einzahl mit der Mehrzahl. Für viele ist das unangenehm, denn sie wissen nicht, was sie wählen sollen, hundertundein Unglücksfälle oder hundertundein Unglücksfall? Steht zwischen den Zahlwörtern *und,* ist beides richtig. Fehlt *und* dagegen, muß die Mehrzahl gesetzt werden: hundertein Unglücksfälle.
Ein wird gebeugt, wenn das Hauptwort in der Einzahl steht: hundertundeine Aufgabe, mit hundertundeiner Umdrehung; Märchen aus Tausendundeiner Nacht.
Die Fügungen müssen immer zusammengeschrieben werden.
Hundert und *tausend* werden oft als Hauptwörter gebraucht: siebenhundert Zuschauer werden zu vielen *Hunderten* von Zuschauern, viertausend Säcke sind *Tausende* von Säcken. Das folgende Hauptwort kann auch im gleichen Fall stehen: Hunderte Mädchen, Tausende Bücher, Tausende alte Männer. In gehobener Sprache finden wir noch den Genitiv: Hunderte Toter, Tausende Verletzter.
Steht zwischen Zahlwort und Hauptwort ein Eigenschaftswort, kann es die Endung des zweiten Falles übernehmen: Hunderte armer Flüchtlinge, Tausende frierender Menschen, ein Dutzend glücklicher Jahre (aber auch: ein Dutzend glückliche Jahre).

Die Ordnungszahlwörter (Ordinalzahlen)

Die Ordnungszahlen geben eine bestimmte Reihenfolge an. Von vielen aufeinanderfolgenden Tagen wird zum Beispiel einer als *der sechste* eingestuft. Auf die Frage: der wievielte? stehen die Ordnungszahlwörter sofort zu Diensten. Sie werden durch Anhängen von *-te* gebildet: der zwei-te, elf-te.
Von zwanzig an ist es *-ste*: der zwanzig-ste, dreißig-ste, hundert-ste.
Für *der zweite* sagte man früher *der andere*: der erste, der andere, der dritte ... Das Wort steckt noch in *anderthalb* (der, die, das andere halb), auch in *selbander*, einem veralteten Wort, das *ich selbst als zweiter* bedeutet, also *zu zweit*. *Der erste* kommt von dem alten Wort *êr* (=früh), zu dem der Superlativ gebildet wurde.
Die Ordnungszahlen beugen wie Eigenschaftswörter stark und schwach. Zu *ein* ist die Ordnungszahl *der erste*, zu *hundertein der hunderterste* oder *hundertunderste*. Der „hunderteinte" ist eine umgangssprachliche Bildung.
Erster oder *erste* ist keine Kurzform für erstklassig, und wenn man eine erstklassige Schreibkraft haben möchte, sollte man nicht inserieren: „Eine erste Schreibkraft gesucht." Ebenso falsch ist: „Das Hotel Europa ist ein erstes Haus." – „Wir führen nur erste Weine."
Erster Geiger, Erster Staatsanwalt, Erster Steuermann sind feststehende Berufsbezeichnungen, das Zahlwort muß groß geschrieben werden. Ein Orchester kann daher einen *Ersten Geiger* suchen.

das erstemal

Soll von mehreren Wiederholungsfällen einer herausgehoben werden, hängt man an das Ordnungszahlwort *-mal*: Das erstemal habe ich dir verziehen. Zum hundertstenmal habe ich dir gesagt ...
Zum wievielten Male? Hundertmal wird es vielleicht nicht gewesen sein, aber zum x-ten Male.
Finden Sie den Unterschied zwischen den ersten zwei Reihen und den zwei ersten Reihen, den ersten zwei Akten und den zwei ersten Akten? Die ersten zwei Reihen sind Reihe 1 und 2, die zwei ersten Reihen sind jeweils die erste Reihe in zwei verschiedenen Theatern. Mit den Akten ist es ebenso: die ersten zwei Akte eines Schauspiels im Gegensatz zu den letzten drei, aber die zwei ersten Akte aus zwei verschiedenen Schauspielen. Unterscheiden Sie auch: wir gingen zu dreien (drei nebeneinander) und: wir gingen zu dritt.
Will man Josef II., Pius XII. oder Heinrich VIII. in Buchstaben ausschreiben, muß man bei den Ordnungszahlwörtern große Anfangsbuchstaben verwenden: Josef der Zweite, Pius der Zwölfte, Heinrich der Achte. Die Ordnungszahl steht im gleichen Fall wie der Name: die Ankunft Papst Pauls des Sechsten, von Elisabeth der Zweiten, bei Johannes dem Dreiundzwanzigsten.

erstens

Von den Ordnungszahlen werden die Umstandszahlwörter *erstens, zweitens, drittens* usw. (wie *mindestens, höchstens*) abgeleitet. Gliedern Sie Ihre Rede, Ihren Aufsatz in

Punkte, können Sie statt „erstens" und „zweitens" auch *zum einen* und *zum anderen* sagen, was weniger abgebraucht wirkt. Gelegentlich setzt man statt der Ordnungszahlwörter die Grundzahlwörter: 10. Band, Band 10; 4. Kapitel, Kapitel 4.

Unbestimmte Zahlwörter

Zu den Zahlwörtern rechnet man oft noch einige Eigenschaftswörter, Hauptwörter und unbestimmte Fürwörter, die eine nicht näher bezeichnete Menge ausdrücken.

Man spricht von unbestimmten Zahlwörtern. *Viel* ist eine unbestimmte Menge, ein relativer Begriff; glaubt man, *viel* Geld verdient zu haben, zeigt sich bald, daß es eigentlich sehr *wenig* ist und daß man *mehr* haben müßte, um *alles* kaufen zu können, was einem fehlt. Weitere unbestimmte Zahlwörter: *ein paar, wenig(e), einige, etliche.*

Zum Teil kennen wir diese Wörter schon von der Beugung des Eigenschaftswortes her. *Kein* und *mancher* haben meist die Endung des unbestimmten Artikels (keinem fremden Mann vertrauen, manchem Mann ist gar nichts recht), doch gibt es auch hier Ausnahmen: neben *keinesfalls* steht *keinenfalls*, das weniger häufig verwendet wird. Bei „manches Menschen Kleidung" zeigt das unbestimmte Zahlwort die Endung des zweiten Falles, aber: *manchen Mannes* Ehre. Genauso *manches Knaben*, aber *manchen Tages*. Wenn Sie für *mancher* in diesen Beispielen *jeder* einsetzen, werden Sie das gleiche beobachten. *Mancher* und *jeder* weisen also nicht immer starke Fallendung auf. Ist der Wesfall am Hauptwort zu erkennen, wird *mancher (jeder)* schwach gebeugt; ist aber das Hauptwort schwach, beugt das Zahlwort stark.

Das Wort *paar* kann zweierlei bedeuten. Schreibt man es klein, sind es einige: ein paar Körner, ein paar Leute. Schreibt man es groß, handelt es sich immer um zwei zusammengehörige Dinge: ein Paar Stiefel, ein Paar Socken.

alle, die ganzen

Ganz verdrängt in der Umgangssprache *alle*: „Die ganzen Leute, die unterwegs waren ..." – Die ganzen Leute, nicht die halben? „Die ganze Stadt war auf den Beinen." Hier stimmt es; oben müßte man verbessern: *Alle* Leute, die unterwegs waren ...

Kann man *ganz* durch *alle* ersetzen, ist *ganz* ganz fehl am Platz; kann man dies nicht, dann muß es bleiben. Oder: Steht das Hauptwort in der Einzahl, setzt man *ganz*, steht es in der Mehrzahl, dann *alle*. Also: das ganze Jahr, alle Jahre, die ganze Flasche, alle Flaschen.

Bei den Einzahlwörtern (Butter, Mehl, Liebe, Glück und so fort) haben Sie beide Möglichkeiten: Alle Liebe, die ganze Liebe gehört ihrem Kind.

Das Wörtchen *viel* ist merkwürdig. Man möchte glauben, das Hauptwort, von dem ausgesagt wird, daß es in Vielzahl vorkommt, müßte auf alle Fälle in der Mehrzahl stehen. Das ist aber nicht immer so. Wohl sagen wir: viele Bretter, viele Häuser, viele Menschen, aber: viel Kohle, viel Brot, viel Angst.

Mit *wenig* ist es ähnlich: wenig Arbeit, aber wenige Arbeiter; wenig Erfolg, aber wenige Stunden.

Viele (nicht viel!) sind derselben Meinung; *wenige* (nicht wenig!) wissen, wie man sich benimmt.
Ob man *wie viel (wieviel), allzu viel (allzuviel)* zusammen oder getrennt schreibt, hängt von der Betonung und der damit erzielten Bedeutung ab: Wie *viele* Menschen gingen im Krieg zugrunde! *Wieviel* Menschen passen in den Festsaal? Er hat állzu víele Sorgen; állzuviel Sorgen. Er weiß zú víel von der Sache; er weiß zúviel.

Übungen

Verbessern Sie bitte!
Ich besuche nur erste Restaurants. Hundertundein Sekunde. Hundertundeine Stunden war er unterwegs. Dank der ersten Qualität unserer Erzeugnisse ist es uns gelungen, die ganzen Fachgeschäfte unseres Landes als Käufer zu gewinnen.
Ergänzen Sie bitte:
Sie war in Begleitung (zwei, drei) ... Herren; sie wurde von ... Herren nach Hause gebracht. Oft ist sie in Gesellschaft dieser ... Herren.
Ganz oder alle?
... Tage kann man nicht feiern; ... Arbeit ist mangelhaft; ... Wiesen sind abgemäht; ... Leute sind aufgeregt; ... Stadt ist unterwegs; ... Äpfel sind verkauft.
Viele (tausend) ... sahen dem Wettkampf zu. Beim Explosionsunglück gab es viele (hundert) ... Verletzte oder von Verletzten?
(Tausend) ... vertrieben.. Menschen sind obdachlos. Er wollte der (ein) ... im Staat sein. Der (fünf) ... Tag im Monat. Jeden (fünfzehn) ... gibt es Lohn. Von allen Tagen war (drei) ... der schönste.
Achten Sie darauf, ob ein großer Anfangsbuchstabe zu stehen hat oder nicht.
Bestimmen Sie bitte den Unterschied zwischen den letzten drei Seiten und den drei letzten Seiten; den letzten zwei Radfahrern und den zwei letzten Radfahrern!

Zusammenfassung

Als **Begleiter** und **Stellvertreter** des Hauptwortes werden bezeichnet:
1. der Artikel (bestimmter, unbestimmter Artikel),
2. das Fürwort (das Pronomen) und
3. das Zahlwort (das Numerale).

Diese in ihrer Anzahl sehr geringen, aber in nahezu jedem Satz vorkommenden Wörter können als Beifügung (diese Frau) oder als Stellvertreter des Hauptwortes (sie) verwendet werden.

Zu den **Fürwörtern** gehören:
1. das persönliche Fürwort (Personalpronomen) *ich, wir*
2. das rückbezügliche Fürwort (Reflexivpronomen) *sich*
3. das besitzanzeigende Fürwort (Possessivpronomen) *mein, dein*

4. das hinweisende Fürwort (Demonstrativpronomen) *der, dieser*
5. das fragende Fürwort (Interrogativpronomen) *wer?, was?*
6. das bezügliche Fürwort (Relativpronomen) *der, die, das*
7. das unbestimmte Fürwort (Indefinitpronomen) *man, jemand*

Bei den **Zahlwörtern** kann man unterscheiden:
1. die Grundzahlwörter (Kardinalzahlen) *eins, zwei, drei,*
2. die Ordnungszahlwörter (Ordinalzahlen) *der erste, sechste und*
3. die unbestimmten Zahlwörter *alle, einig*

Das Zeitwort (Verb)

Es ist die Aufgabe des Zeitwortes, das im Satz vermittelte Sein und Geschehen zu bezeichnen. Dadurch allein schon ist es in seiner Bedeutung dem Hauptwort mindestens ebenbürtig. Das Zeitwort zeichnet sich aber noch durch seinen großen Formenreichtum aus, der eine Vielfalt von Aussagemöglichkeiten anbietet. Freilich bringt dies einige Schwierigkeiten im Gebrauch mit sich, und wir werden dem Zeitwort deswegen besonders viel Raum geben müssen.

Ehe wir uns über Einzelheiten unterhalten, soll es eine Art Übersicht erlauben, sich schnell und leicht zu orientieren.

Bedeutungsgruppen

Wir sprechen vom „Zeit"-wort. Es ist durchaus möglich, daß Ihnen der Ausdruck ungeläufig ist und Sie lieber „Tätigkeits"-wort sagen. Man meint damit dasselbe, nur ist diese Bezeichnung weniger zutreffend. Zwar drücken viele Zeitwörter eine **Tätigkeit** aus, manche aber einen **Vorgang** (es regnet, er stirbt, die Rose welkt) oder einen **Zustand** (der Ball liegt unter dem Kasten; ich bleibe hier; sie wohnen in Wien). Allen Zeitwörtern gemeinsam ist, daß sie Zeitlichkeit ausdrücken können. Bleiben wir also bei dem Ausdruck „Zeit"-wort!

Zeitstufen und Zeitformen

Der Mensch erlebt drei Zeitstufen: eine Vergangenheit, an der sich nichts mehr ändern läßt, eine Gegenwart, die nur ein kurzer Augenblick ist, und eine Zukunft, von der man so vieles erhofft und die allein man noch gestalten kann. Nun ist es eine der wichtigsten Aufgaben des Zeitwortes, Tätigkeiten, Vorgänge und Zustände in diesen drei **Zeitstufen** erscheinen zu lassen. Für die drei Zeitstufen stehen dem Verb acht Zeitformen zur Verfügung.

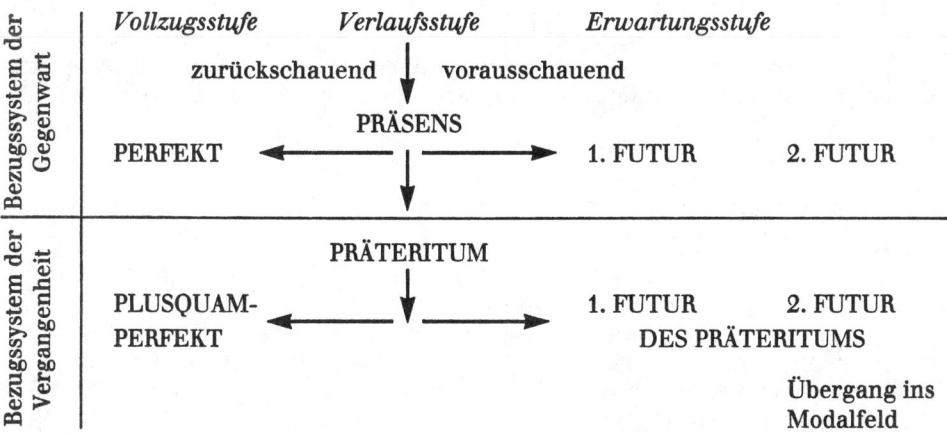

Das Tempussystem der deutschen Standardsprache läßt sich nach der Zeitform, in der fortlaufend Geschehen oder Sein dargestellt wird, in zwei Bereiche teilen: in das Bezugssystem der Gegenwart und in das der Vergangenheit.

Was sich – von der Verlaufsform gesehen – bereits vollzogen hat, nennt man **Vollzugsstufe**; was noch aussteht, erwartet wird, nennt man **Erwartungsstufe**. Da man bei Zukünftigem nie weiß, ob es eintreten wird oder nicht, geht die Erwartungsstufe nahtlos in das **Modalfeld** über.

Die Verlaufsstufen Präsens und Präteritum sind **einteilige Zeitformen**. Zur Bildung der restlichen Zeitformen müssen andere Verben, die sogenannten Hilfszeitwörter der Zeit, herangezogen werden. Man spricht von **mehrteiligen Zeitformen**.

Bestimmte und unbestimmte Verbformen

Man unterscheidet bestimmte und unbestimmte Verbformen. Die **bestimmten Verbformen** geben Person und Zahl an: ich red-*e* (1. Person Einzahl), du red-*est*, er red-*et*, wir handel-*n*, du sprach-*st*, er versuch-*te*, die Erde dampf-*te*, die Wellen schäum-*en*. Alle konjugierten (= gebeugten) Formen sind solche **Personalformen**.

Unbestimmte Verbformen sind solche, die weder Person noch Zahl noch Zeit oder Aussageweise angeben. Zu diesen gehören:

der Infinitiv (Nennform): *reden, schreiben;*

das Partizip Präsens (Mittelwort der Gegenwart): *redend, schreibend;*

das Partizip Perfekt (Mittelwort der Vergangenheit): *geredet, geschrieben.*

In der Fügung „Du hast geschrieben" ist *hast* die bestimmte Verbform oder Personalform, die Person und Zahl angibt; *geschrieben* ist die unbestimmte Verbform, die inhaltlich aussagt, was geschehen ist. In der Fügung „Ich werde schreiben" ist *werde* die Personalform, *schreiben* das aussagende Verb. Bei den mehrteiligen Zeitformen sind also Personalform und aussagendes Verb getrennt.

Persönliche und unpersönliche Verben

Der größte Teil der Zeitwörter läßt sich in allen drei Personen verwenden; wir sprechen daher von persönlichen Zeitwörtern zum Unterschied von den wenigen **unpersönlichen**, wie: es blitzt, es regnet, es schneit, und anderen, die nur in der dritten Person Einzahl und in der Nennform vorkommen. Sie verbinden sich in direkter Bedeutung nur mit dem ungeschlechtlichen *es*. In übertragener Bedeutung allerdings: Es regnet Konfetti; das Chrom blitzt; der Wagen donnert über die Brücke.

Starke und schwache Verben

Es wird Ihnen sicherlich aufgefallen sein, daß die Formen des Präteritums nicht bei allen Verben gleich sind. Einmal sagen wir: redete, lenkte, schaukelte, arbeitete; dann aber: schrieb, trug, nahm, zog. Verben, die im Präteritum ihren Stammvokal ändern, nennt man (seit Jacob Grimm) **starke Zeitwörter**. Wird das Präteritum auf -*te* oder -*ete* gebildet, so haben wir **schwache Zeitwörter** vor uns. Wir stellen beide Arten übersichtlich zusammen:

Schwache Abwandlung

Präsens (1.Stammform)	Präteritum (2.Stammform)	Partizip Perfekt (3. Stammform)
putze	putzte	geputzt
suche	suchte	gesucht
rede	redete	geredet
arbeite	arbeitete	gearbeitet

Starke Abwandlung

schwimme	schwamm	geschwommen
bitte	bat	gebeten
helfe	half	geholfen
fahre	fuhr	gefahren
rufe	rief	gerufen
fliege	flog	geflogen
meide	mied	gemieden

Transitive und intransitive Verben

Vergleichen Sie bitte!

Ich begrüßte meinen Vetter.	Die Sonne scheint.
Er trug den Koffer.	Der Hahn kräht.
Wir verlassen euch (die Stadt).	Eisen rostet.

Unter den Tätigkeitsverben gibt es viele, die auf ein Ding oder Wesen im Wenfall zielen, das genannt werden muß, wenn ein richtiger Satz entstehen soll (Er trug – den Koffer). Man nennt solche Verben zielende, bezügliche oder **transitive Verben.** Alle anderen Zeitwörter nennt man unbezügliche oder **intransitive Verben** (Die Sonne scheint).
Eine dritte Gruppe verbindet sich mit dem rückbezüglichen Fürwort: sich schämen, sich freuen, sich sehnen, sich wundern, sich erbarmen. Man nennt sie **reflexive Verben.**

Aktiv und Passiv

Sätze mit transitiven Verben lassen sich „umkehren": Der Tischler *hobelt* ein Brett – das Brett *wird gehobelt.* Die Molkerei *liefert* auch Käse – Käse *wird* von der Molkerei *geliefert.*
In beiden Sätzen steht das Zeitwort im Präsens, weist jedoch in verschiedene Richtungen. Man unterscheidet daher zwei Verhaltensrichtungen: **Aktiv** und **Passiv.**

Indikativ, Konjunktiv und Imperativ

Es gibt drei Aussageweisen oder Modi des Verbs: Der **Indikativ** (die Wirklichkeitsform) drückt in einer Zeitstufe aus, daß etwas tatsächlich ist oder als gegeben hingestellt wird: Die Erde *kreist* um die Sonne. Präsident Kennedy *wurde ermordet.* Faust *versucht*, Gretchen aus dem Kerker zu führen.

Der **Konjunktiv** (die Möglichkeitsform) wird verwendet, wenn man die bloße Möglichkeit ausdrücken, etwas in Zweifel ziehen oder als nicht möglich erklären will: Ich *könnte* mir ein Auto kaufen. Das *hätte* ich gesagt? Wenn ich ein Vogel *wär'* und auch zwei Flügel *hätt', flög'* ich zu dir.

Der **Imperativ** (die Befehlsform) drückt eine Aufforderung, eine Bitte, einen Befehl aus: Komm! Hilf! Schweig!; an zwei oder mehrere Personen gerichtet: Kommt! Helft!

Hilfszeitwörter

Nicht alle Zeitwörter nehmen an der Deutung von Sein und Geschehen in gleichem Ausmaß teil. Manche dienen häufig dazu, den anderen Verben bei bestimmten Aufgaben im Satz zu helfen: Die **Hilfszeitwörter der Zeit:** ich *habe* gewartet; er *ist* gekommen; die **Hilfszeitwörter der Aussage**, auch **Modalverben** genannt: ich *kann* schwimmen, er *will* kommen; und die **modifizierenden Verben:** Er *versprach* ein guter Sportler zu werden. Er *pflegt* mittags zu schlafen.

Zusammengesetzte Zeitwörter

Viele Zeitwörter sind aus zwei Wörtern zusammengesetzt: an + kommen = ankommen, unter + graben = untergraben; mit-fahren, ein-stellen, voll-ziehen.
Meistens handelt es sich um **nicht feste Zusammensetzungen**, das heißt, die beiden Bestandteile (das Verb und der Verbzusatz) trennen sich in den einteiligen Zeitformen und im Imperativ wieder: Er *kommt (kam)* um sieben Uhr *an* und *stellt (stellte)* sein Auto *ein*. Wer *fährt mit?* Wilhelm *wartete* den Regen im Gasthaus *ab*. *Komm her! Gieß ein!*
Bei den **festen Zusammensetzungen** bleibt der Verbzusatz stets beim Verb: Du *untergräbst* deine Gesundheit. Ich *übersetze* aus dem Englischen. *Unterdrücke* deinen Haß!
Die nicht festen Zusammensetzungen werden auf der ersten Silbe betont: ánkommen, zúlaufen, dúrchsagen.
Die festen Zusammensetzungen werden auf der Stammsilbe des Verbs betont: übersétzen, vollzíehen, unterbínden, durchblúten.
Die Formen des Verbs werden nun genau besprochen.

Die Hilfszeitwörter

Die Hilfszeitwörter der Zeit

Die Zeitwörter *sein, haben* und *werden* dienen häufig dazu, die Zeitformen des Perfekts, Plusquamperfekts und der Futur-Formen zu bilden. Sie werden aber nicht nur als „Hilfs"-zeitwörter verwendet, sondern können auch als selbständige Zeitwörter im Satz fungieren: Es *ist* kalt. Ich *habe* Hunger. Er *wird* Tischler. Es *werde* Licht.
Wie alle anderen Verben haben die Hilfszeitwörter der Zeit drei Stammformen:

Präsens: ich bin, ich habe, ich werde;
Präteritum: ich war, ich hatte, ich wurde;
Partizip Perfekt: gewesen, gehabt, geworden.

Die nicht zusammengesetzten Konjunktivformen der drei Hilfszeitwörter wollen wir vollständig wiedergeben.

1. Konjunktiv	2. Konjunktiv
ich sei	ich wäre
du sei(e)st	du wär(e)st
er, sie, es sei	er, sie, es wäre
wir seien	wir wären
ihr sei(e)t	ihr wär(e)t
sie seien	sie wären
ich habe	ich hätte
du habest	du hättest
er, sie, es habe	er, sie, es hätte
wir haben	wir hätten
ihr hab(e)t	ihr hättet
sie haben	sie hätten
ich werde	ich würde
du werdest	du würdest
er, sie, es werde	er, sie, es würde
wir werden	wir würden
ihr werdet	ihr würdet
sie werden	sie würden

Ich *ward*, du *wardst*, er *ward* ist eine in der älteren Dichtung zu findende starke Form für *ich wurde* (nicht für *ich war!*): Und es ward (= wurde) Licht.
Der Imperativ dieser Hilfszeitwörter lautet: sei! seid! habe! hab(e)t! werde! werdet!
Jetzt eine Frage, die Sie sich vielleicht manchmal beim Schreiben stellen: Darf ich das Hilfszeitwort weglassen? Manche schreiben so: „Meine liebe Sophie! Deinen letzten Brief erhalten. Die Karte, die ich Dir von Xdorf aus geschickt, hat Dir gezeigt, wohin ich überall gekommen. Die Leute sind sehr nett zu mir. Was Du mir von Deinem Bruder geschrieben, ist herrlich! Den Preis, den er gewonnen, hat er verdient. Ich ihm bisher nicht geschrieben, da ich der Meinung, er sei auf Urlaub. Mein Zug eben in den Bahnhof eingefahren, muß rasch einsteigen. Viele liebe Grüße ..."
Wir glauben dem armen Mann, daß er es eilig hatte, und die vielen neuen Eindrücke, die er empfangen, nein! empfangen *hat*, haben sicher auch sein Sprachgefühl ein wenig in Mitleidenschaft gezogen. Dennoch, daß er überall die Hilfszeitwörter weglassen, nein! weglassen *hat*, ist nicht korrekt. Wenngleich sie auch **Hilfszeitwörter** heißen, darf man sie doch nicht vergessen. Ihr Fehlen verändert obendrein manchmal den Sinn: „Das Zimmer ist frisch gemalt" und „Das Zimmer ist frisch gemalt worden".
Im ersten Fall sind die Wände noch feucht vom Ausmalen, im anderen handelt es sich um ein Zimmer, das schon wieder bewohnt werden kann.

„Laut Erlaß ist er am Soundsovielten zum Leiter der Abteilung B ernannt." Nein, ernannt *worden*; nun ist er Abteilungsleiter.

Die Hilfszeitwörter der Aussage (Modalverben)

Die Zeitwörter *dürfen, können, mögen, müssen, sollen* und *wollen* ermöglichen es, eine Aussage der Situation entsprechend abzustufen. Wir drücken damit aus, ob etwas erlaubt, möglich, erwünscht, notwendig, pflichtgemäß oder gewollt ist: Ich *darf* nicht kommen, er *kann*, er *mag* nicht antworten, sie *will* nicht und *soll* aber verreisen, du *mußt* jetzt gehen.
Das Modalverb steht in der Personalform, das aussagende Verb steht in der Nennform, im Infinitiv.
Wie die Hilfszeitwörter der Zeit können auch die Modalverben selbständig im Satz verwendet werden. Geben Sie vor allem beim Perfekt acht, es wird oft unrichtig gebildet!

Modalverb als Hilfszeitwort:
    Kurt hat alles übersetzen *können*.
    Sie hat sicherlich kommen *wollen*.
    Das hättest du nicht sagen *dürfen*.
    Karl hat ihn nicht leiden *mögen*.

Modalverb als selbständiges Verb:
    Er hat alles *gekonnt*.
    Sie hat das nicht *gewollt*.
    Das hättest du nicht *gedurft*.
    Karl hat ihn nicht *gemocht*.

In der Umgangssprache verwendet man statt des Mittelwortes die Nennform: Er hat alles können. Sie hat das nicht wollen.
Die Modalverben sind vielseitig einzusetzen, zum Beispiel bei Fragen: *Darf* ich bitten? *Soll* ich hinausgehen? *Mußt* du warten?
Empfindet man die Befehlsform als zu knapp, dann umschreibt man: Du sollst kommen, oder noch höflicher: Du *mögest* kommen.
Was für ein Unterschied zum lapidaren *Komm*! – Mit *mögen* läßt sich der Konjunktiv des Hauptzeitwortes bequem umgehen: Möge es dir weiterhin gutgehen (statt: es gehe dir weiterhin gut); Möge er in Zukunft Erfolg haben!
Eine Vermutung können wir mit Hilfe von *dürfen* und *sollen* ausdrücken: Das *dürfte* so sein; Er *soll* gestorben sein.
Mitunter findet man die Hilfszeitwörter der Aussage auch dort, wo sie nicht hingehören. Halten Sie bitte die folgenden zwei Sätze nebeneinander: Ich bin außerstande, das Geld zurückerstatten zu können, und: Ich bin außerstande, das Geld zurückzuerstatten.
Sagt der zweite Satz nicht dasselbe, und zwar kürzer? – Ich bin in der Lage, die Angelegenheit in die Hand nehmen zu können.
Oder noch ärger: Es ist mir unmöglich, mit Ihnen fahren zu können.
Hier sind die Hilfszeitwörter deswegen höchst überflüssig, weil sie nochmals ausdrücken, was schon gesagt ist. Denn wenn ich außerstande bin, zu zahlen, dann

heißt das schon, daß ich nicht zahlen kann; und wenn ich in der Lage bin, eine Angelegenheit zu übernehmen, so kann ich das eben.

Können wird oft anstelle von *dürfen* verwendet. Ob Hänschen während der Stunde hinausgehen kann, wird er selbst am besten wissen; ob er darf, entscheidet der Lehrer. „Kann ich Sie begleiten, mein Fräulein?" Können wird er sicherlich, aber ob er darf?

Wollen wird häufig dazu verwendet, an jemanden eine freundliche Aufforderung zu richten: „Wollen Sie bitte mitkommen", das heißt, Sie mögen den Willen haben, mitzukommen. Man sollte dieses Hilfszeitwort aber nur dann gebrauchen, wenn ein wirklich Wollender dahintersteht. Gar launig nimmt sich falsch gesetztes *wollen* aus: „Anfragen wollen an den Vorstand gerichtet werden." „Alle Mitglieder wollen den Beitrag bis spätestens 15. Juni bezahlen" – ob sie wirklich *wollen?*

Mögen ist (wie alle Modalverben) ein unregelmäßiges Verb. Das Präsens lautet: ich mag, du magst, er mag, wir mögen usw.

Er mag reden, was er will. Mag sein, daß du recht hast.

Der Konjunktiv dazu: ich möge, du mögest, er möge.

Er wird zum Ausdruck einer Bitte, eines Wunsches verwendet: Möge er gut heimkehren! Mögest du weiterhin Glück haben!

Das Präteritum heißt: ich mochte, du mochtest usw. Er mochte tun, was ihm in den Sinn kam, es wurde ihm nicht übelgenommen.

Die zweite Konjunktivform lautet: ich möchte, du möchtest usw. Sie drückt ursprünglich einen nicht realisierbaren Wunsch aus: „Ich möchte dich manchmal prügeln!" (Heinrich Böll). Heute wird diese Konjunktivform vielfach wie ein eigenes Verb (*möchten*) mit anderer Bedeutung aufgefaßt: Ich möchte jetzt nicht mehr weiterreden. Möchten Sie lieber warten?

Die modifizierenden Verben

Auch die Zeitwörter *pflegen, scheinen, vermögen, versuchen, brauchen, beginnen, glauben, fürchten, hoffen* und andere stufen unsere Aussagen ab: Er *pflegt* jeden Mittag zu schlafen. Du *scheinst* nervös zu sein. Wir *versuchten* heimzukommen. Das *brauche* ich dir nicht erst zu sagen.

Vergleichen Sie die Abstufung der Aussage in den folgenden Sätzen! Es *gelingt* ihm. Es *wird* ihm gelingen. Es *muß* ihm gelingen. Es *scheint* ihm zu gelingen.

Das modifizierende Verb steht in der Personalform, das aussagende Verb steht in der Nennform mit *zu.* Demnach ist auch das Verb *brauchen* mit *zu* zu gebrauchen: Du brauchst nicht *zu* lügen.

Manche Grammatiken, so die des Duden, stellen *brauchen* in eine Reihe mit den Modalverben *müssen, sollen* usw. und anerkennen auch die Verwendung ohne *zu:* Du brauchst nicht lügen (wie: du mußt nicht lügen).

Wie bei den Modalverben folgt nach einem Infinitiv nicht das Mittelwort der Vergangenheit, sondern ein zweiter Infinitiv: Das hättest du nicht zu sagen *brauchen* (falsch: zu sagen gebraucht).

Der Konjunktiv des Präteritums heißt eigentlich *brauchte*, nicht *bräuchte.* Der Umlaut tritt im Konjunktiv nur bei starken Verben auf: gab – gäbe, soff – söffe.

Das Verb *brauchen* wird jedoch schwach abgewandelt (brauchte), Indikativ und Konjunktiv lauten daher gleich. Um die konjunktivische Bedeutung deutlich zu machen, hat sich vielfach die umgelautete Form (bräuchte) eingebürgert.

Die Zeitformen und ihre Verwendung

Für die Zeitformen (Tempora) werden die lateinischen Bezeichnungen verwendet, weil die „sprechenden" deutschen Namen in die Irre führen und obendrein unterschiedliche Bezeichnungen üblich sind.

Das Präsens

Das Präsens ist die erste Stammform: ich schreib-e, du schreib-st, er (sie, es) schreib-t, wir schreib-en, ihr schreib-t, sie schreib-en.

Das -e der ersten Person wird in der Umgangssprache oft weggelassen, in dichterischer Sprache apostrophiert: ich schreib', ich geh', ich sag'.

Die Endung der zweiten Person ist -st, auch wenn der Verbstamm auf einen Zischlaut endet: du wisch-st, du misch-st, du zisch-st, du wäsch-st.

Die Formen: du wischt, wäscht, wünscht, nascht usw. gelten standardsprachlich als nicht korrekt, auch wenn sie von manchen Grammatiken als Alternativformen angegeben werden.

In der zweiten und dritten Person Einzahl treten vor allem Verschiedenheiten im Stammvokal auf: ich sage, du sagst, er sagt; aber: ich fahre, du fährst, er fährt.

Es tritt also Umlaut ein. In der süddeutschen Umgangssprache ist Formenausgleich eingetreten: Er *tragt* Holz aus dem Keller; er *fahrt* mit dem Rad in die Arbeit; du *stoßt* an den Kasten.

Worin liegt das Geheimnis des merkwürdigen Lautwechsels, und gibt es dafür einen Wegweiser? Die starken Zeitwörter mit den Stammselbstlauten *a, o, au* haben in der zweiten und dritten Person Einzahl den Umlaut. Es heißt also: ich schlage (Präteritum: schlug), du schlägst, er schlägt; ich trage, du trägst, er trägt; ich laufe, du läufst, er läuft.

Es gibt jedoch einige Ausnahmen: schaffen – schuf, du schaffst; hauen – hieb, du haust; schnauben – schnob, du schnaubst; saugen – sog, du saugst; kommen – kam, du kommst.

Der Umlaut bei *saugen* würde ein anderes Verb ergeben: sie säugt. Der Säugling saugt, die Mutter säugt. Bei *kommen* war der Umlaut noch zu Grillparzers Zeiten üblich: „Allein man kömmt!"

Der Umlaut tritt **nur** in der Einzahl auf. Die Mehrzahl heißt also: ihr tragt, schlagt, lauft, stoßt usw. und nicht: ihr stößt!

Die schwachen Zeitwörter lauten niemals um: ich rauche, du rauchst, ich packe mein Bündel, du packst dein Bündel (schwach); aber: ich backe, sie bäckt einen Kuchen (stark).

Fragen ist ein schwaches Zeitwort (ich fragte, nicht: ich frug); daher nicht: du frägst, er frägt, sondern: du fragst, er fragt.

Manche starken Zeitwörter tauschen das *e* der Stammsilbe in der zweiten und dritten Person der Einzahl gegen *i*: ich nehme, du nimmst, er nimmt; ich treffe, du triffst, er trifft; ich lese, du liest, er liest; ich spreche, du sprichst, er spricht; ich sehe, du siehst, er sieht.

Und es wäre keine Regel, wenn sie nicht Ausnahmen hätte: Die Wörter *heben, genesen, weben* und *bewegen* geben ihr *e* im Präsens nicht auf. Bei *gebären – gebar* lauten die älteren Formen: du gebierst, sie gebiert; heute aber üblicher: du gebärst, sie gebärt.

Das -e der Endung -en wird nur in der Umgangssprache weggelassen oder wenn das Versmaß es erfordert. Es heißt also nicht (wir) gehn, stehn, schrein, fliehn, sondern: (wir) gehen, stehen, schreien, fliehen. Auch die Nennform sollte man nicht auf diese Weise verstümmeln.

Nun einiges zur **Verwendung** des Präsens: Man kann mit dem Präsens Gegenwärtiges (was eben jetzt geschieht oder ist) ausdrücken. Sehr oft wird aber auch zeitlich nicht Gebundenes wiedergegeben: Der kluge Mann baut vor; Karl spielt ausgezeichnet Schach.

Schließlich verwenden wir das Präsens auch dort, wo ein Geschehen in der Zukunft liegt: Morgen fahre ich nach Italien. In drei Tagen bekomme ich mein Gehalt. Warte auf mich, ich bringe dir das Buch.

Die Zeit der Erzählung ist das Präteritum. Erzähle ich aber meinem Freund den Inhalt eines Kinofilms oder eines Romans, dann wähle ich das Präsens. Die Handlung ist stets gegenwärtig, sooft sie erlebt wird.

Beim Erzählen ist es manchmal wirkungsvoll, an die Stelle des Präteritums überraschend das Präsens zu setzen. Das auf diese Weise vergegenwärtigte Geschehen macht uns aufhorchen: „Ich ging schon mehrere Stunden durch den Wald und wurde allmählich müde. Die Sonne stand hoch, kein Lüftchen regte sich, kein Laut war zu hören. Plötzlich *springt* aus dem nahen Dickicht ein Mann mit verschmiertem Gesicht, *brüllt* mich an und *setzt* mir eine Pistole an die Brust."

Man nennt diese Verwendung des Präsens **erzählendes** oder **szenisches Präsens**. Natürlich darf man dieses Mittel des Zeitenwechsels nicht mißbrauchen, und vor dem ständigen Wechsel vom Präsens zum Präteritum und umgekehrt können wir nur warnen.

Vorteilhaft ist es, im Präsens Gedanken und Überlegungen mitzuteilen, die wie ein Monolog in die Erzählung eingeschaltet werden. Etwa so: „Plötzlich kam ein baumlanger Kerl auf mich zu, ich überlegte rasch: du *kannst* hier nichts ausrichten, du *ergreifst* besser die Flucht, und schon rannte ich, so schnell ich konnte, in entgegengesetzter Richtung davon."

Wenn sich der Sprecher oder Schreiber in einen früheren Zeitabschnitt versetzt, kann er ein vergangenes Geschehen als ein eben abgelaufenes deuten. Er verwendet dann das sogenannte **historische Präsens**: „1266 *rückt* Karl von Anjou gegen Benevent vor, Manfred *stellt* sich ihm entgegen und *findet* den Tod in der Schlacht." Auch in Chroniken und Geschichtstabellen finden wir dieses historische Präsens: 1780 *stirbt* Maria Theresia. 1781 *erläßt* Josef II. das Toleranzpatent.

Das Perfekt

Das Perfekt ist im Bezugssystem der Gegenwart die **Vollzugsstufe**. Das heißt: Wenn das fortlaufende Geschehen im Präsens mitgeteilt wird, dann dient das Perfekt dazu, bereits Vergangenes, Vollzogenes für das Geschehen im Präsens bereitzustellen. Ein Beispiel: „Du humpelst ja! Was ist los mit dir?" – „Ich *habe* mir den Fuß *verstaucht*. Ich *bin* in eine Grube gefallen."

Das Perfekt wird mit *habe* bzw. *bin* und dem zweiten Partizip umschrieben, ist also eine mehrteilige Zeitform. Personalform und aussagendes Verb trennen sich: ich *habe* (Personalform) *gegessen* (aussagendes Verb).

Manche Zeitwörter bilden das Perfekt mit *haben*, manche mit *sein*: ich habe etwas gekauft, du hast geschlafen, er hat gelesen; ich bin gefahren, du bist gestürzt, er ist gelaufen, sie ist eingeschlafen usw.

Richtlinien für die Verwendung von *haben* und *sein* lassen sich kaum aufstellen; das Sprachgefühl entscheidet meist richtig. Nur bei einigen Zeitwörtern gibt es Meinungsverschiedenheiten. Dabei ist *haben*, das häufiger gebraucht wird, im Vorteil; es ist ihm gelungen, seinen Geltungsbereich auszudehnen. Im Nord- und Mitteldeutschen verbindet man die Zeitwörter der Ruhe mit *haben*: ich *habe* gesessen, er *hat* gestanden, wir *haben* gelegen.

Im Süddeutschen dagegen heißt es: ich *bin* gesessen, er *ist* gestanden, wir *sind* gelegen. Diese Formen sind älter und durchaus berechtigt.

Zeitwörter der Bewegung werden manchmal mit *sein* und mit *haben* verbunden: Ich *habe* einen alten Gaul geritten und *bin* durch den Wald geritten.

Während *sein* häufig die Fortbewegung auf ein bestimmtes Ziel hervorhebt oder den Abschluß einer Tätigkeit ausdrückt, macht *haben* die Dauer und das Vollziehen einer Tätigkeit deutlich: Der Fahrer Meier hat den Wagen gefahren. Ich bin mit ihm nach Wien gefahren. Ein Fassadenkletterer ist ins Schlafzimmer eingebrochen; er hat eingebrochen und Schmuck gestohlen.

Einige Zeitwörter, die sowohl bezüglich als auch unbezüglich gebraucht werden, ziehen einmal *haben* und einmal *sein* zu sich: Die Wäscherin hat die Wäsche getrocknet; in der Sonne ist alles gut getrocknet.

Gehen ist stets mit *sein* verbunden. Aber transitiv: Er *hat* den Einwand übergangen. Sie *hat* mich hintergangen.

Das Futur

Das Futur wird bei allen Zeitwörtern mit *werden* und der Nennform umschrieben: ich werde gehen, du wirst gehen, er wird kommen, wir werden essen und so fort.

Mit dem Futur kann zukünftiges Geschehen bezeichnet werden. Dies wird vor allem dann getan, wenn zwischen dem Jetzt und dem ins Auge gefaßten zukünftigen Geschehen ein Zeitraum liegt, von dem man nicht weiß, was er bringt: „Ich werde wiederkehren."

Das Hilfszeitwort betont den Charakter des Vorsatzes, aber auch den des Ungewissen.

In der Alltagssprache und auch in der Literatur tritt an die Stelle des Futurs meist das Präsens: Ich komme (morgen) wieder. Ich gehe bald. Er ruft gleich an.

Der Zukunftscharakter, der meist aus der Situation hervorgeht, wird häufig durch besondere Wörter mit Zukunftsbedeutung unterstrichen, wobei das Zukünftige viel genauer bestimmt werden kann: sofort, gleich, später, bald.

Das Futur wird heute vielfach in modaler Weise verwendet, und zwar in der ersten Person als Ausdruck einer Absicht, einer Erwartung: Ich werde dich begleiten (= ich will dich begleiten). Wir werden Regen bekommen (= wir erwarten Regen).

In der zweiten Person gewinnt das Futur den Ausdruck der Aufforderung, des Befehls: Du wirst sofort herkommen! Ihr werdet das doch einsehen.

Die dritte Person hat den Ausdruck einer Vermutung, weil man sich über das zukünftige Verhalten anderer nie ganz sicher sein kann: Er wird enttäuscht sein. Jetzt wird er schon auf uns warten.

Das **zweite Futur** wird nur modal zum Ausdruck von Vermutungen verwendet: Das *wirst* du sicherlich bald *erledigt haben* (Zukünftiges wird vermutet). Er *wird* wohl schon *abgefahren sein* (Vergangenes wird vermutet).

Zur Bildung dieser Form sind zwei Hilfszeitwörter notwendig: *werden*, das in der Personalform steht, *haben* bzw. *sein* im Infinitiv und das aussagende Verb in Form eines Mittelwortes der Vergangenheit.

Zur Kennzeichnung einer **vor** dem zukünftigen Geschehen liegenden Handlung verwenden wir fast ausschließlich das Perfekt. Situation: Ich werde abreisen; vorher werde ich mich verabschieden. Sprachliche Formulierung: Wenn ich mich verabschiedet habe, werde ich abreisen (oder: reise ich ab). Sobald ich eine Wohnung gefunden habe, lade ich dich ein.

Der Satz „Sobald ich eine Wohnung haben werde, werde ich dich einladen" ist nicht gutes Deutsch, sondern eine umständliche, dem Lateinischen nachempfundene Konstruktion.

Das Präteritum

Das Präteritum (auch: Imperfekt, Mitvergangenheit) wird auf zweierlei Art gebildet: bei den schwachen Zeitwörtern mit -*te* oder -*ete*: ich erkrank-te, du soll-test, er lob-te; ich rede-te, du red-etest, er red-ete, handel-te, öffne-te, zahl-te.

Bei den starken Zeitwörtern durch den Ablaut: ich trug, du trugst, er trug, ich aß, du gabst, er saß, wir zogen, ihr hieltet, sie schrieben.

Das Präteritum ist die Verlaufsstufe der Erinnerung. Im Präteritum erzählt man Ereignisse, die vergangen, abgeschlossen und von der Gegenwart durch einen mehr oder weniger langen Zeitraum getrennt sind. Geschichtliche Darstellungen, Erzählungen und Romane stehen meist im Präteritum, das darum auch **Erzählform** genannt wird. Der Süddeutsche wird jetzt vermutlich sagen wollen: Ich erzähle nie in dieser „Erzählform". Er verwendet bei der Wiedergabe aller vergangenen Ereignisse das Perfekt: Ich habe mich gelangweilt, da bin ich in die Stadt gegangen, habe mir ein Buch gekauft, bin in den Park spaziert, habe mich auf eine einsame Bank gesetzt und zu lesen begonnen.

Der Norddeutsche verwendet auch umgangssprachlich das Präteritum: Ich langweilte mich, kaufte mir ein Buch und begann zu lesen ...

Handelt es sich dagegen nur um einen einzigen knappen Satz, um eine Tatsache, um eine Feststellung, eine Bemerkung oder etwas Vergangenes, dessen Auswirkungen noch in der Gegenwart spürbar sind, dann steht das Perfekt: Ich habe ihn schon zwei Jahre nicht mehr gesehen. Er hat uns bisher regelmäßig besucht. Sie ist vorgestern abgereist.

Die Zeitungen wollen ihre Schlagzeilen so knapp und prägnant wie möglich halten und gebrauchen häufig das Präteritum, wo es nicht hingehört: „Eifersüchtiger verletzte seine Frau lebensgefährlich."

Hier entschuldigt vielleicht das Gebot der Kürze. Das Präteritum wirkt aber seltsam, wenn jemand in der Zeitung ankündigt: „Wir eröffneten eine neue Filiale in ..."

Man will damit doch offenbar erreichen, daß wir dort einkaufen, beginnt aber, als wollte man uns ein Märchen erzählen.

„Wir verlegten unser Geschäft in die Herrengasse." Wann mag das wohl gewesen sein?

Überlegen sie bitte: Er lernte Englisch und Französisch (er hat es leider schon wieder vergessen) und: Er hat Englisch und Französisch gelernt (er kann es noch).

Das Präteritum steht, wenn durch eine Zeitangabe gesichert ist, daß ein Geschehen der Vergangenheit angehört, und wenn es sich um keine erste Mitteilung oder Meldung handelt, zum Beispiel: Seine Mutter starb am 5. April 1984; aber: Seine Mutter ist gestern gestorben (erste Mitteilung) und: Ist deine Mutter gestorben, oder lebt sie noch?

Das Plusquamperfekt

Es wird dann verwendet, wenn ein Geschehen, von der Verlaufsstufe des Präteritums gesehen, zurückliegt, bereits vollzogen ist. Das Plusquamperfekt spielt damit im Bezugssystem der Vergangenheit eine ähnliche Rolle wie das Perfekt im Bezugssystem der Gegenwart: Es holt vollzogenes Geschehen oder Sein herbei, damit das im Präteritum erzählte Geschehen verständlich und zeitlich situiert werde.

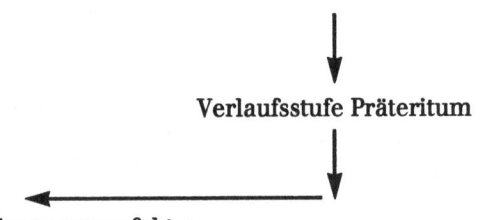

Beispiele: „Als wir alle offenen Fragen *geklärt hatten* , *gingen* wir erleichterten Herzens auseinander."
„Damals *reiste* er nach Südamerika, nachdem er sich von allen Freunden *verabschiedet hatte*."
„Kurz nachdem das Werk dem Gebrauch *übergeben worden war, geschah* es, daß der Urheber ... von einem Galeerensträfling mit einem Hammer niedergeschlagen wurde" (Stefan Andres).
Das Plusquamperfekt dient also dazu, zwei vergangene Handlungen zeitlich voneinander abzusetzen, die früher liegende von der späteren zu unterscheiden. Es wird mit *hatte* bzw. *war* und dem zweiten Partizip gebildet: ich hatte getragen, du hattest gezahlt, er hatte unterschrieben; ich war gekommen, du warst abgefahren, er war ausgegangen.

Das Futur des Präteritums

Wie es möglich ist, vom gegenwärtigen Geschehen aus in die Zukunft zu schauen, so ist es auch möglich, beim Erzählen von vergangenem Geschehen auf ein erst später stattfindendes, zu erwartendes Geschehen vorauszuweisen. Die Erwartungsstufe im Bezugssystem der Vergangenheit ist also das **erste Futur des Präteritums** (Futurum praeteriti I).
Beispiele: „Cäsar wußte, daß er den Monat (März) nicht *überleben würde*" (Bertolt Brecht).
„Das war schlimm genug; doch es *sollte* noch ärger *kommen*."

Das erste Futur des Präteritums wird gebildet mit *würde, sollte* und dem Infinitiv des aussagenden Verbs.

Mit dem zweiten Futur vergleichbar ist das **zweite Futur des Präteritums** (Futurum praeteriti II). Es kommt nur selten vor: „Morgen *würden* die Studenten *abgefahren sein*, und wenn er dann wiederkam, traf er Birgit allein."

Die Verhaltensrichtungen (Aktiv – Passiv)

Es gibt zwei Grundrichtungen des Geschehens.

1. Die Handlung geht von einem Subjekt aus und vollzieht sich an einem Objekt: Der Gärtner schneidet: die Hecke. Der Verein ehrte: den Sieger.

Man nennt diese Verhaltensrichtung: **Aktiv**.

2. Die Handlung wird von demjenigen Ding oder Wesen her gesehen, an dem sich das Geschehen vollzieht: Die Hecke *wird* (vom Gärtner) *geschnitten*. Der Sieger *wird* (vom Verein) *geehrt*.

Man nennt diese Verhaltensrichtung **Passiv**.

Das Handlungs-Subjekt des aktiven Satzes (der Gärtner, der Verein) ist im Passiv in den Hintergrund getreten und erscheint als Vorwortfügung. Meist wird es weggelassen. Das Handlungs-Objekt des aktiven Satzes (die Hecke, den Sieger) tritt im Passiv in den Vordergrund und erscheint im ersten Fall als Subjekt des Satzes. Wir sollen das Geschehen vom ursprünglichen Objekt aus sehen.

Das Passiv wird mit *werden* und dem Partizip Perfekt gebildet.

Präsens: ich *werde gefragt*, ich *werde gefahren*. Das Präteritum heißt: ich *wurde gefragt*, ich *wurde gefahren;* das Perfekt: ich *bin gefragt worden*, ich *bin gefahren worden* (die Vorsilbe ge- von geworden fällt dabei weg). Das Futur lautet: ich *werde gefragt werden*.

Es gibt zwar von allen Zeitformen ein Passiv; im Sprachgebrauch kommt man aber mit diesen vier Zeitformen aus. Nicht alle Verben jedoch haben ein Passiv. Passivfähig sind vor allem die bezüglichen oder transitiven Verben. Von den unbezüglichen Verben haben einige ein unpersönliches Passiv: es wird getanzt, es wird gesungen, es wird gelacht.

Manche Verben können gar keine passivische Form bilden: ich werde geblüht, es wird geblüht? Ich werde geschämt, es wird sich geschämt? Nur scherzhaft gibt es die Form: ich werde gegangen, er ist gegangen worden.

Denken wir wieder an unsere Hecke! Die Arbeit ist beendet, der Gärtner stellt befriedigt fest: Die Hecke *ist geschnitten*.

Wir haben es hier mit keinem Perfekt zu tun (wie: ich habe die Hecke geschnitten), sondern mit einer zweiten Form des Passivs, die nach Beendigung des Vorgangs den fertigen Zustand angibt. Sie wird mit *sein* gebildet. Beispiele: Das Fenster ist geöffnet. Der Kranke ist geheilt.

Wir stellen nun die drei Formen übersichtlich zusammen:

Präsens:

    Der Gärtner schneidet die Hecke. (Aktiv)
    Die Hecke wird geschnitten. (**Vorgangspassiv**)
    Die Hecke ist geschnitten. (**Zustandspassiv**)

Präteritum:
Der Arzt rettete den Verletzten. (Aktiv)
Der Verletzte wurde gerettet. (Vorgangspassiv)
Der Verletzte war gerettet. (Zustandspassiv)

Passivische Imperativformen sind möglich, aber selten: Werde erlöst! Sei gegrüßt! Seid umschlungen, Millionen! Unpersönliche Passivformen können zu einer sehr energischen Aufforderung werden: Es wird geschlafen! Jetzt wird gearbeitet! Es wird hiergeblieben!

Zur Verwendung des Passivs

In vielen Fällen ist der Handelnde ganz unwichtig, es soll nur das sich vollziehende Geschehen an etwas oder jemandem festgehalten werden: Unsere Straße wird ausgebessert. Der Kohlenbergbau wird geschlossen. Ich werde einberufen. Wird er beerdigt oder eingeäschert?
In anderen Fällen ist der Handelnde unbekannt oder soll unbekannt bleiben: Ich bin in der Straßenbahn bestohlen worden. Es wurde mir erzählt, daß du oft mit deinem Mann streitest.
Das Amtsdeutsch liebt das Passiv sehr: „Vom Finanzministerium wurde errechnet, daß ..." – „Von Amts wegen wurde gegen ... eingeschritten."
Ein Amt ist zwar eine unpersönliche Institution, und das Passiv ist sicherlich häufig am Platz. Dennoch sollte man sich auch im Amtsdeutsch bemühen, dem Passiv nicht ganz zu verfallen. Man kann zum Beispiel formulieren: Das Finanzministerium hat errechnet, daß ...
Verfehlt ist das Passiv, wenn der Handelnde (mit *seitens* oder *durch*) ohnedies eingeführt wird: „Seitens der Behörde wird angeordnet ..." – „Durch den Vorstand wird mitgeteilt ..."
Warum dann nicht gleich: Der Vorstand teilt mit ...
Mitunter wird durch das Passiv sogar der Sinn zweideutig: „So viel Teilnahme darf von einem Kind nicht verlangt werden." Darf hier das Kind nicht so viel verlangen, oder dürfen wir vom Kind nicht so viel fordern?
Bisweilen zeigt sich das Bestreben, das Passiv zu ersetzen. Im Kaufmannsdeutsch hat man dabei keine glückliche Hand: „Die Bücher gelangten am Soundsovielten zum Versand." Da ist dann doch das Passiv besser, wenn man schon eine unpersönliche Formulierung erstrebt: Die Bücher wurden am Soundsovielten versandt.
Geradezu makaber wirkt der Satz: „Die Toten kommen am Mittwoch zur Beerdigung."
Zum Abschluß noch eine prächtige Amtsblüte: „Es wird sich bei diesem Verfahren auf § 25 ... bezogen."
Ich werde mich bezogen, er wird sich bezogen? Er wird sich meiner erinnern? Nein, man erinnert sich meiner. „Nachdem alle Gäste erschienen waren, wurde sich gesetzt." Ganz unmöglich, denn rückbezügliche Zeitwörter können kein Passiv bilden.

Der Imperativ (Befehlsform)

Einzahl: Spring doch! Rede nicht soviel! Handle endlich!
Mehrzahl: Springt doch! Redet nicht soviel! Handelt endlich!
Höflichkeitsform: Springen Sie doch! Reden Sie nicht soviel! Handeln Sie endlich!
In der Einzahl kann man zweierlei Formen beobachten, eine mit und eine ohne *e*.
Ursprünglich haben nur die schwachen Zeitwörter im Imperativ dieses *e* aufgewiesen, bei den starken galt der Verbstamm als Befehlsform. Heute richtet sich das Endungs-*e* meist danach, ob der Stamm einen Selbstlaut als Ausklang verträgt oder nicht. Es läßt sich aber keine feste Regel erkennen. Möglich ist *e* bei: bitte, rate, spiele; ungebräuchlich dagegen bei: trau, schau, faß an (aber: fasse dich kurz), greif zu, laß ab.
Meist wirken die kürzeren Formen lebendiger, daher besser: Laß dir Zeit! Verlaß dich auf mich!

Bei den Zeitwörtern, die in der zweiten und dritten Person Einzahl das *e* des Stammes in *i* umlauten, erscheint dieses *i* auch in der Befehlsform:

brechen	du brichst	brich!
befehlen	du befiehlst	befiehl!
geben	du gibst	gib!
werben	du wirbst	wirb!
nehmen	du nimmst	nimm!
lesen	du liest	lies!
sterben	du stirbst	stirb!
helfen	du hilfst	hilf!
essen	du ißt	iß!

Schlechtes Deutsch ist daher, wenn eine Werbeagentur inseriert: „Werbe durch Plakate der Firma Blickfänger und Co."
Oder wenn Sie aufgefordert werden: Lese mir die Stelle noch einmal vor.
Ein Parteislogan: „Willst du den Fortschritt? Dann trete in unsere Partei ein!" Danebengetreten! Tritt ein ... Helfe dir selbst, dann hilft dir Gott. Mit dieser Befehlsform ist nicht geholfen. *Hilf* dir selbst!
Weil keine Regel ohne Ausnahme bestehen kann: *werde*, nicht wird, wenngleich es *du wirst* heißt. „Stirb und werde!" – Siehe da, auch *sehen* tanzt aus der Reihe; es dürfte eigentlich kein *e* angehängt bekommen, doch: *siehe* oben.
Die „Befehlsform" drückt nicht immer Befehle aus, sondern auch Bitten, Ratschläge, Aufforderungen, Gebote und Wünsche: Entschuldige! Vertrau deinem Glück! Verlaß dich auf mich! Fahre langsam! Verletze dich nicht!

Umschreibungen des Imperativs

Wir brauchen uns nicht immer an den Imperativ zu halten, wenn wir all das deutlich machen wollen; wir haben eine Reihe anderer Möglichkeiten. Erwähnt wurde bereits die Umschreibung mit *werden* + Nennform: Du wirst sogleich einpacken! Wirst du achtgeben!

Selbst das Präsens läßt sich als Imperativ verwenden: Ihr geht heim! Du paßt jetzt auf!

Auch der Konjunktiv von *sein* und *haben* kann imperativisch gebraucht werden: Sei kein Feigling! Seid ruhig! Habt acht! Habe Geduld!

Imperativische Konjunktive finden sich zahlreich in Kochbüchern: Man nehme drei Eier und schlage sie auf.

Häufig wird die Befehlsform mit *sollen, mögen, wollen* umschrieben: Du sollst endlich schweigen! Du solltest besser aufpassen! Wollt ihr endlich ruhig sein! Er mag eintreten!

Auch der Infinitiv und das Partizip Perfekt stehen manchmal als Imperativ: Aufstehen! Hinlegen! Aufgepaßt! Losgefahren!

In Goethes „Egmont" singt Klärchen: „Die Trommel gerühret! Das Pfeifchen gespielt!"

Die Partizipien (Mittelwörter)

Die Partizipien sind **unbestimmte** oder **infinite** Verbformen; das heißt, sie geben weder Person und Zahl noch Zeitform oder Aussageweise an. Ihren Namen haben die Mittelwörter wegen ihrer Zwischenstellung zwischen Zeitwort und Eigenschaftswort. Sie können fast alle wie Eigenschaftswörter verwendet werden und Vergleichsformen bilden. Man könnte sie bildhaft so kennzeichnen: Die Mittelwörter sind geborene Zeitwörter und gelernte Eigenschaftswörter.

Wir unterscheiden zwei Mittelwörter: Das Mittelwort der Gegenwart oder 1. Mittelwort, lateinisch Partizip Präsens: entzückend, befriedigend, haarsträubend; und das Mittelwort der Vergangenheit oder 2. Mittelwort, lateinisch Partizip Perfekt: verlassen, gebrochen, erlöst.

Das Partizip Präsens endet immer auf *-nd*, darin sind alle Zeitwörter gleich. Verschiedenartig aber wird das Partizip Perfekt gebildet. Zeitwörter, die den Ton auf der ersten Silbe tragen, bilden es mit *ge-*: schreiben – geschrieben, brechen – gebrochen, trinken – getrunken.

Bei nicht festen Zusammensetzungen mit *an-, ab-, aus-, ein-, nach-, vor-, um-, zu-* schiebt sich das *ge-* zwischen Vor- und Stammsilbe: aufladen – ich lade auf – aufgeladen; abspringen – ich springe ab – abgesprungen; nachfolgen – ich folge nach – nachgefolgt; vorstellen – ich stelle vor – vorgestellt.

Bei festen Zusammensetzungen wird *ge-* vorangestellt: antworten – geantwortet, argwöhnen – geargwöhnt, handhaben – gehandhabt, weissagen – geweissagt.

Alle Zeitwörter hingegen, die den Ton nicht auf der ersten Silbe tragen, weigern sich hartnäckig, *ge-* anzunehmen: marschíeren – marschiert, probíeren – probiert, besíngen – besungen; verkáufen, hintergéhen, überráschen, studíeren (nur in der bairischen Mundart „gstudiert").

Ob eine Zusammensetzung fest ist oder nicht, hängt unter anderem von der Betonung des Wortes ab.

Meine Frau hat alle vierzehn Tage unsere Zimmereinrichtung úmgestellt, und ehe ich dagegen protestieren konnte, war ich von Möbelstücken umstéllt.

Ein englischer Text kann ins Deutsche übersétzt werden, das Boot hat uns ans andere Ufer übergesetzt.

Er ist übergángen worden – er ist zur Tagesordnung übergegangen.

Manchmal wird ein Partizip Perfekt auf *ge-* dort verwendet, wo es nicht hingehört: Ein Kind wird auf der Straße nicht über*ge*fahren, sondern überfáhren; aber: ich bin mit einer Fähre über*ge*fahren.

Eine Bemerkung zum Partizip Perfekt von *werden*: Während *gewesen* und *gehabt* ihre volle Form wahren, gibt *geworden* seine Vorsilbe *ge-* auf, wenn es mit einem Zeitwort verbunden wird (*gefragt worden*); wird es aber als selbständiges Zeitwort verwendet, bleibt ihm das *ge-*: Er ist Kaufmann *ge*worden, sie ist dick *ge*worden.

An Stelle des zweiten Partizips von *dürfen, können, mögen, müssen, sollen* und *wollen* wird umgangssprachlich fälschlich der Infinitiv verwendet: Ich habe das nicht wollen, er hat nicht können, sie hat ihn nicht mögen.

Wollen, können und *mögen* sind hier Hauptzeitwörter, müssen also die Form des zweiten Partizips aufweisen: Ich habe das nicht gewollt, er hat nicht gekonnt, sie hat ihn nicht gemocht.

Umgekehrt wird das Partizip Perfekt fälschlich an die Stelle des Infinitivs gesetzt: Sie hätte nicht schwimmen gesollt, er hat nicht richtig schreiben gekonnt, wir haben zuhören gedurft.

Hier sind *sollen, können* und *dürfen* Hilfszeitwörter der Aussage, die nach einem Infinitiv in der Nennform stehen: Sie hätte nicht schwimmen *sollen*, er hat nicht richtig schreiben *können*, wir haben zuhören *dürfen*.

Brauchen verhält sich wie die Hilfszeitwörter der Aussage: Er hätte nicht zu arbeiten *brauchen*.

Als Hauptzeitwort verwendet: Ich habe den Schirm nicht *gebraucht*.

Einige Zeitwörter, wie *machen, helfen, sehen, hören*, werden mitunter, besonders in formelhaften und dichterischen Wendungen, ähnlich wie *brauchen*, im Infinitiv zum aussagenden Verb gestellt: Du hast mich lachen *machen*. Ich habe sie weinen *sehen*. Du hast ihn klagen *hören*.

Der richtige Gebrauch der Mittelwörter

Eine Frau, die liebt, ist eine *liebende* Frau; ein Mann, der arbeitet, ist ein *arbeitender* Mann; ein Käse, der stinkt, ist ein *stinkender* Käse. Die Bedeutung des ersten Partizips ist zweifellos aktivisch.

Anders beim Partizip des Perfekts: eine *geliebte* Frau wird geliebt, ein gut *erzogenes* Kind *wurde* gut erzogen. Hier ist also die Bedeutung passivisch; mit den Personen oder Dingen geschieht etwas.

Nur die unbezüglichen Zeitwörter, die ihr Perfekt mit *sein* bilden, haben ein aktivisches Partizip Perfekt: ein entfallener Gedanke, ein entlaufener Hund, die versunkene Glocke (jedoch passivisch: eine versenkte Glocke).

Gefrorenes Wasser ist durchaus richtig (das Wasser *ist* gefroren); ein *gefrorenes Kind* kann man jedoch nicht sagen, denn das Kind *hat* gefroren, ist also ein *frierendes* Kind.

Dieses Grundgesetz von der Aktivität des Partizip Präsens und der Passivität des Partizip Perfekts bezüglicher Verben ist im Laufe der Zeit mehrfach durchbrochen worden. Ein *Bedienter* ist eigentlich ein Mensch, der bedient wird; der andere ist ein Dienender, ein Diener. Wir haben uns aber schon an den dienenden Bedienten gewöhnt.

Ebenso: ein ausgedienter Soldat, ein geschworener Feind, ein verdienter Beamter, ein Studierter, ein gelernter Tischler. Heute ist davon niemand mehr überrascht, obwohl in allen diesen Fällen das passivische Mittelwort in der tätigen Bedeutung gebraucht wird. Geben Sie aber acht, daß Sie nicht auch andere Zeitwörter so verwenden. Die „gestern abend stattgefundene Versammlung, die gut besucht war" ist ein sprachliches Kuriosum, denn erstens könnte eine *nicht* „stattgefundene Versammlung" auch nicht besucht werden, es ist also überflüssig zu sagen, daß sie stattgefunden hat; und zweitens ist es eine Versammlung, die stattgefunden *hat*, also aktivisch; das passivische Partizip ist unkorrekt!

Und die abgehaltenen Wahlen? Es sind Wahlen, die abgehalten *wurden*, passivisch, also richtig. Auch Wilhelm Busch sagt zu Recht: „Und mit Buch und Notenheften, nach *besorgten* Amtsgeschäften, lenkt er freudig seine Schritte zu der heimatlichen Hütte ..."

Der uns *betroffene* schwere Verlust, ist der richtig? Nein, denn so ist es der Verlust, der betroffen wird. Entweder Sie wählen das Partizip Präsens, das aktivische Bedeutung hat: der uns *betreffende* schwere Verlust, oder Sie verwenden einen untergeordneten Satz, wenn Sie das Geschehen als vergangen bezeichnen wollen: der Verlust, der uns *betroffen hat*.

Dasselbe gilt für die folgenden Beispiele: der so viel Not ausgestandene Flüchtling, das lange bestandene Hindernis, die an der Hochzeit teilgenommenen Verwandten, das bei Presse und Publikum lebhaften Beifall gefundene neue Theaterstück.

Auch „die zur Preisverteilung sich zahlreich eingefundenen Zuschauer" sind sprachlich vergewaltigt worden. Und so gewiß es entlaufene Hunde gibt, so wenig kann man nach einem „sich verlaufenen" Hund suchen.

Woran liegt es denn, daß wir in eine Sackgasse geraten sind? Die rückbezüglichen Zeitwörter (also auch *sich einfinden, sich verlaufen*) haben kein Passiv, und man darf daher das Partizip Perfekt, das ja passivische Bedeutung hat, nicht verwenden. Es geht also nur mit einem untergeordneten Satz: Die Zuschauer, die sich zahlreich eingefunden haben ... Der Hund, der sich verlaufen hat ...

Das Seitenstück zur „stattgefundenen Versammlung" ist der Minister, „gefolgt von seinen Begleitern", der zur Eröffnung erschien. Was ist hier, falsch? Der häufig unrichtige Sprachgebrauch hat uns schon unempfindlich gemacht. Doch überlegen Sie bitte: Aktiv *folgen*, Passiv *ich werde gefolgt*? Höchstens verfolgt. Da es also kein Passiv von *folgen* gibt, ist die Wendung „von seinen Getreuen gefolgt" sprachlich nicht korrekt. Keinem Menschen fällt doch ein zu sagen: Gewinkt von seinen Freunden, fuhr er ab. Oder: Gratuliert von seinen Angehörigen, feierte er seinen Geburtstag. Die Zeitung hätte schreiben müssen: Umgeben von seinen Begleitern; oder: begleitet von seinem Gefolge.

Das Partizip Präsens drückt immer Gleichzeitigkeit aus: Ein *brausender* Wind war unser Begleiter; das Partizip Perfekt hingegen Vorzeitigkeit: zu Hause *angekommen*, machte ich es mir bequem.

Sätze wie: „Vormittag noch zu Hause sitzend und arbeitend, wurde er am Nachmittag auf der Straße von einem Hitzschlag getroffen" sind also falsch. Der Schreiber scheint hier selbst vom Hitzschlag getroffen worden zu sein, denn er hat kein Zeitgefühl mehr: Wenn jemand vormittag arbeitend zu Hause sitzt, kann er nicht gleichzeitig nachmittag einen Hitzschlag erleiden.

In hauptwörtlicher Verwendung macht uns das Partizip bei der Beugung einige Sorgen: Im Kreise vieler Bekannter, aber im Kreise meiner Bekannten; dir als Verwandtem (oder Verwandten) hätte ich das nicht zugetraut; die Aufgabe unserer Gelehrten, das Werk zweier Gelehrter.

Der Infinitiv (Nennform)

Die dritte unbestimmte oder infinite Verbform ist der Infinitiv, zu deutsch **Nennform** oder **Grundform**. Es ist die Form, in der wir Verben nennen, in der sie in den Wörterbüchern stehen:
An den Wortstamm tritt die Endung *-en* oder *-n*: les-en, schreib-en, trag-en, zeichn-en, sammel-n, handel-n, änder-n, wander-n.
Der Infinitiv kann ohne und mit der Präposition *zu* auftreten. Die reine Nennform ohne vorangestelltes *zu* ist heute nur noch nach den Hilfszeitwörtern der Aussage und bei jenen Zeitwörtern gebräuchlich, die eine Bewegung ausdrücken (etwa: fahren, gehen), außerdem nach *sehen, fühlen, hören, helfen, machen, heißen, lernen* und *lehren*.
Erproben wir dies an Beispielen: Ich will gehen, ich muß arbeiten, ich kann essen; ich fahre baden, ich gehe einkaufen, er hieß sie schweigen, sie hörte ihn kommen, ich helfe dir einpacken, der Schreck machte ihn verstummen. Wir lernten uns einschränken (nicht: einzuschränken), Not lehrt beten.
Steht die Nennform jedoch in einer satzwertigen Gruppe, ist *zu* unbedingt erforderlich. Vergleichen Sie bitte die folgenden Beispiele: Ich habe auf Kaffee verzichten gelernt. Aber: Ich habe gelernt, auf Kaffee zu verzichten.
Er hat mir das Beet umgraben geholfen. Aber: Er hat mir geholfen, das Beet umzugraben.
Sie hieß mich schweigen. Aber: Sie hieß mich, über diesen Vorfall für immer zu schweigen.
Bei all den Zeitwörtern, die nicht in unsere Aufzählung fallen, setzt man immer *zu*; also etwa: Ich versuche dich zu retten; ich bin begierig, etwas zu erfahren; es ist nicht zu entscheiden; er braucht nicht zu schreien; sie braucht trotz aller Schwierigkeiten nicht zu verzagen.
Wird das Hilfszeitwort *haben* in der Bedeutung von „sollen, müssen" verwendet, steht der Infinitiv mit *zu*: Du hast achtzugeben; wir hatten zu schweigen.
In der Bedeutung „besitzen" fehlt jedoch das *zu*: Wir haben hundert Ballen Papier liegen; die Firma hat drei Mercedes laufen (nicht: zu laufen).
Bei unachtsamem Sprechen verwendet man häufig „zum" statt *zu*: Es ist nicht zum glauben; dieses Unglück wäre nicht zum ausdenken; das Haus ist zum verkaufen; ich habe keine Lust zum Wohnungaufräumen; das Kleid ist nicht mehr zum ändern.
Zum steht berechtigt nur dort, wo das *zu* des Infinitivs mit dem sächlichen Artikel im Dativ verschmolzen ist, also nur bei hauptwörtlicher Verwendung des Infinitivs: Es ist zum Lachen, ich komme nicht zum Arbeiten. Seine Gleichgültigkeit ist zum Verzweifeln.
In der Verbindung mit *um zu* drückt die Nennform einen Zweck oder eine Absicht aus: Er war in der Stadt, *um* einzukaufen.
Deswegen war er also in der Stadt, der Zweck ist klar. Sie hatte geheiratet, *um* nach Amerika *zu* kommen. Bei ihrer Heirat lag es in ihrer Absicht, den Kontinent zu verlassen. Ich arbeite, *um* Geld *zu* verdienen. Er wählte den steileren Weg, *um* abzukürzen. (Zur Infinitivgruppe mit *um* siehe auch in der Satzlehre auf Seite 148.)

Der Konjunktiv (Möglichkeitsform)

Der Konjunktiv (die Möglichkeitsform) drückt keine Zeitstufen aus wie der Indikativ, sondern er ist eine Aussageweise. Es gibt zwei einteilige Konjunktivformen:
Konjunktiv I wird vom Stamm des Präsens gebildet: er gehe, fahre, komme, rede, müsse, dürfe, sei, habe, werde.
Konjunktiv II wird vom Stamm des Präteritums gebildet: er ginge, führe, käme, redete, müßte, dürfte, wäre, hätte, würde.

Zur Verwendung der beiden Konjunktivformen

1. Der Konjunktiv I steht bei **Aufforderungen** und **Befehlen,** denen man ihre Schärfe und diktatorische Strenge nehmen möchte: Wer Ohren hat zu hören, der *höre!* Man *beachte* die rasche Entwicklung des Geschehens! Man *nehme ...*
Bisweilen wird umschrieben: Wen die Ausstellung interessiert, der *möge* mitkommen.

2. Beide Konjunktivformen finden wir bei **Wünschen:** Wenn er doch endlich *käme!* Wenn ich ihm noch heute *begegnete! Möge* es dir immer gut gehen! Dein Unternehmen *sei* erfolgreich!

3. Wenn ich jemandem etwas vorschlage, ihm die Entscheidung nicht aufdrängen will, setze ich den Konjunktiv der **Höflichkeit:** *„Hätten* Sie heute Zeit, zu mir zu kommen? Wir *könnten* einiges besprechen. *Ließe* es sich einrichten, daß Sie auch Ihre Frau mitbringen? Wir *würden* uns sehr darüber freuen."
Der Indikativ wäre in allen diesen Sätzen möglich, das Behutsame und Zurückhaltende der Ausdrucksweise ginge damit aber verloren.

4. Der Konjunktiv kann in Sätzen stehen, in denen mit den Zeitwörtern *meinen, glauben, vermuten, hoffen, zweifeln, denken, behaupten, erklären, erfahren, sagen, hören* und anderen etwas als **möglich** oder **bezweifelbar** bezeichnet werden soll.
Vermutungen der ersten Person stehen allerdings meist im Indikativ: Ich glaube, daß es eine Gerechtigkeit *gibt* (nicht: gebe). Ich hoffe, er *wird* sich bald erholen. Wir fürchten, du *hast* (nicht: habest) geirrt.
Nur wenn man etwas erwägt, ohne sich unbedingt festlegen zu wollen, oder eine Vermutung ausspricht, wobei man sich der Ungewißheit bewußt ist bzw. noch andere Möglichkeiten offenlassen will, verwendet man auch bei Vermutungen der ersten Person den Konjunktiv. Es handelt sich dabei immer um die Modalverben: Ich glaube, wir *sollten* auf Erholung gehen. Da *dürftest* du recht haben. Ich denke, die Krankheit *müßte* sich heilen lassen.
Stellt sich meine Vermutung als nicht richtig heraus, so mache ich dies deutlich, indem ich das Zeitwort des Hauptsatzes ins Präteritum und das Zeitwort des untergeordneten Satzes in den Konjunktiv I setze: Ich glaubte, du *habest* mich belogen. Ich hoffte, er *werde* sich bessern.
Die Aussagen zweiter und dritter Personen werden in der Regel im Konjunktiv wiedergegeben, weil man für deren Richtigkeit keine Gewähr übernehmen kann oder will: Die Firma Großkopf behauptet, sie *sei* zahlungsfähig. Er meint, daß er noch

genügend Zeit zur Vorbereitung *habe*. Fritz glaubt, der Fluß *werde* über die Ufer treten. Sie hofft, daß man sich ihrer *erinnere*.
Wähle ich statt des Konjunktivs I den Konjunktiv II, erhält die Aussage den Charakter des Unglaubwürdigen, Nichtwirklichen: Die Firma Großkopf behauptet, sie *wäre* zahlungsfähig (aber ich bezweifle das). Er meint, daß er noch genügend Zeit zur Vorbereitung *hätte* (er täuscht sich aber). Fritz glaubt, der Fluß *würde* über die Ufer treten.

5. Will ich etwas als **nicht wirklich** oder **bloß gedacht** bezeichnen, muß ich den Konjunktiv II wählen: Wenn ein Grund *vorläge*, *hätte* ich das längst gemeldet (es liegt aber keiner vor). Er ist nicht so weit, daß man sich auf ihn verlassen *könnte*. Sie ist zu weit gereist, als daß sie das nicht *wüßte*.

6. Der Konjunktiv steht (besonders bei schriftlichem Sprachgebrauch) in der **indirekten Rede**.
Direkte Rede: Er sagte: „Ich bleibe heute zu Hause."
Indirekte Rede: Er sagte, er *bleibe* heute zu Hause.
Direkte Rede: Sie antwortete: „Dann gehe ich eben allein aus."
Indirekte Rede: Sie antwortete, dann *gehe* sie eben allein aus.
Wenn man die direkte oder wörtliche Rede niederschreibt, setzt man nach einem Doppelpunkt das Gesagte in Anführungszeichen; in der indirekten Rede wird die Personalform des Zeitwortes in den Konjunktiv übertragen. Unerkennbare Formen des Konjunktivs I werden durch den Konjunktiv II ersetzt: Fritz sagte, sie *kämen*. Er sagte, er *sei* ins Freie *gestürzt* und *davongelaufen*. Er sagte, sie *hätten* schon lange geschlafen.
Die Ersatzformen sollten nur dort verwendet werden, wo sie notwendig sind. Nicht: Er sagte, er hätte keine Zeit mehr und wäre schon viel zu müde, sondern ... er *habe* ... und er *sei* ...
Der Konjunktiv der indirekten Rede findet sich zum Beispiel in Nachrichten und Zeitungsberichten, in denen Äußerungen von Politikern nicht wörtlich wiedergegeben werden: Der Parteivorsitzende sagte, es *gehe* darum ... und er *werde* dafür sorgen ...
Wie der Finanzminister erklärte, *werde* es in Zukunft einschneidendere Sparmaßnahmen geben als bisher. Es *müsse* gelingen, die Staatsausgaben zu verringern.
Durch die Verwendung des Konjunktivs drückt der Berichterstatter aus, daß er den Inhalt ohne Gewähr für dessen Richtigkeit, also distanziert wiedergibt.

Würde – lose Sätze?

Nun zur Umschreibung des Konjunktivs mit dem Hilfszeitwort *würde*, die immer üblicher wird. Das hat mehrere Gründe: Es ist einfacher, das Hilfszeitwort *würde* einzusetzen, als die verschiedenen, mitunter schwierig zu bildenden Konjunktivformen der Verben zu gebrauchen. Zudem ist „würde" als Konjunktiv-Form eindeutig, was bei den schwachen Verben nicht immer der Fall ist. Und schließlich wirken manche Konjunktive der starken Verben heute schon recht ungewohnt (wenn er mir doch hülfe/hälfe, wenn er flöhe). Man sollte jedoch die Umschreibung mit *würde* vor allem dann vermeiden, wenn zwei *würde* aneinanderstoßen: Wenn er kommen würde, würden wir uns sehr freuen.

Richtig ist *würde* in wenn-Sätzen, in denen *werden* als einziges Zeitwort verwendet wird, und dort, wo das Zeitwort im Passiv steht: Wenn er krank würde; wenn du danach gefragt würdest, wüßtest du keine Antwort.

Ferner steht *würde* in Hauptsätzen, wenn der untergeordnete Satz eine Bedingung oder Voraussetzung enthält: Ich würde noch warten, wenn ich Zeit hätte; er würde sein Ziel sicher erreichen, wenn er strebsamer wäre.

Angemessen ist *würde* auch in der sogenannten „erlebten Rede". Der Erzähler berichtet in der dritten Person über Gedanken, Wünsche und Empfindungen einer (Roman-)Gestalt: „Er würde nach Berlin gehen, würde sich dort eine Arbeit suchen, und wenn er genügend Geld haben würde, dann sollte für ihn ein neues Leben beginnen."

Starke und schwache Abwandlung

In Nestroys Posse „Einen Jux will er sich machen" lesen wir: „Er befand sich, ohne zu wissen wie, in einem engen, abgelegenen Gäßchen, plötzlich gewahrt er an der Ecke einen Mann in einem Mantel, ihm war's, als ob er ihm gewunken – an der anderen Ecke sieht er auch einen Mann, ihm deucht', als hätte er ihm gewinkt, unentschlossen steht er da, er weiß nicht, soll er dem folgen, der ihm gewinkt, oder dem, der ihm gewunken ..."

Der Arme, er schwankt zwischen der schwachen und der starken Form des Zeitwortes und kann sich nicht entscheiden. Damit wir nicht in eine ähnliche Lage kommen, wollen wir einige Verben mit schwankender Abwandlung auf Herz und Nieren prüfen.

Tragen – trug – getragen ist ein starkes, aber *rauchen – rauchte – geraucht* ein schwaches Zeitwort. In unserer Sprache sind die schwachen Zeitwörter in der Überzahl, und weil ihre Formen noch dazu bequemer zu bilden sind, müssen sich die starken beständig gegen Umformungen zur Wehr setzen. Schwache Fehlbildungen sind besonders bei Kindern beliebt, etwa: ich laufte, ich rufte, ich singte.

Aber auch in der Umgangssprache der Erwachsenen sind immer ein paar Zeitwörter von der starken zur schwachen Gruppe unterwegs. So hört man: er gedeihte gut (für *gedieh*) oder er schwörte (für *schwur*). Wir wollen aber, soweit es möglich ist, die Ablautformen heranziehen: er *focht* (nicht fechtete), sie *briet* (nicht bratete), der Schein *trog* (nicht trügte) und er *kniff* (nicht kneifte) die Augen zu. Manchmal jedoch wirken die starken Formen schon recht ungewöhnlich: Sie wob einen Teppich, sie buk einen Kuchen.

Noch fremder muten manche starke Konjunktivformen an: föchte, genäse, läse, büke, schölle, schünde. Man wird hier besser eine Umschreibung wählen.

Bisweilen verwendet man eine Form in übertragener, die andere in direkter Bedeutung: der Wein *gor* (direkte Bedeutung), aber: es *gärte* schon lange im Volk (übertragene Bedeutung).

Die Nennform *schaffen* steht für zwei Zeitwörter: schaffen – *schaffte – geschafft* und schaffen – *schuf – geschaffen*. Der Künstler schuf ein Werk, er ist dafür wie geschaffen, dann schaffte er das Werk fort. Ebenso verhält es sich mit *schleifen* und *bewegen*: Das Messer wurde geschliffen, die Festungsmauer wurde geschleift. Er bewog (veranlaßte) mich dazu, mir Bewegung zu verschaffen, und ich bewegte mich.

Früher hat es zwei „laden" gegeben, ein starkes: *lud, geladen* in der Bedeutung von „aufladen" und ein schwaches für „einladen, zu Gast bitten". Im Präsens unterscheidet man bisweilen heute noch: Er *lädt* Zuckerrüben auf, aber: er *ladet* Gäste ein. In den übrigen Zeitformen werden in beiden Bedeutungen die starken Formen verwendet.

Nur noch Reste der alten starken Formen finden wir bei *salzen*. Es heißt heute *salzte*, aber *gesalzen*. Ähnlich ist es bei *mahlen*: Präteritum *mahlte* (schwach), zweites Partizip *gemahlen* (stark).

Schroten (etwas grob zerkleinern) kann im Partizip Perfekt *geschroten* und *geschrotet* heißen. Ebenso: *gespalten* und *gespaltet*.

Bei adjektivischem (eigenschaftswörtlichem) Gebrauch verwendet man meist die ältere starke Form: gespaltenes Holz, gespaltene Zunge.

Verhehlen und *verwirren* bilden neben *verhehlt* und *verwirrt* die adjektivisch gebrauchten Mittelwörter *verhohlen* und *verworren*. Neben *pflegen – pflegte – gepflegt* standen früher die alten Formen *pflog / pflag – gepflogen*, von denen nur noch die *Gepflogenheit* gebräuchlich ist.

Es gibt eine ganze Anzahl starker Zeitwörter, zu denen sich schwache Nebenformen gebildet haben:

glimmen	– glomm / glimmte	– geglommen / geglimmt
klimmen	– klomm / klimmte	– geklommen / geklimmt
melken	– molk / melkte	– gemolken
backen	– buk / backte	– gebacken
scheren	– schor / scherte	– geschoren / geschert
triefen	– troff / triefte	– getroffen / getrieft

Die starke Form *getroffen* ist in dieser Bedeutung nicht mehr üblich; man empfindet sie als Partizip Perfekt von *treffen*.

Die Sprache hatte früher die Fähigkeit, von starken Verben schwache abzuleiten (Kausativbildungen):

saugen – saugen machen – säugen
fallen – fallen machen – fällen
singen – singen machen – (ver)sengen

Während das ursprünglich starke Verb unbezüglich ist, also keine Ergänzung im vierten Fall verlangt (die Bäume fallen), erfordert das schwache Verb eine Akkusativergänzung (er fällte die Bäume).

sinken – sank – gesunken (unbezüglich)
senken – senkte – gesenkt (bezüglich)

Trinken ist des Menschen Freude, *tränken* muß man das Vieh. Ich habe selbst *getrunken* und das Vieh *getränkt*. Fritz ist *ertrunken*, Franz hat die Katze *ertränkt*.

dringen – drang – gedrungen (unbezüglich)
drängen – drängte – gedrängt (bezüglich)

Dringen und *drängen* sollten nicht verwechselt werden: Es wird einem in aufdringlicher Weise etwas *aufgedrängt* (nicht aufgedrungen), und notgedrungen schweigt man dazu. Er *drang* immer weiter vor. Er *drängte* sich vor.

Bei einigen anderen Zeitwörtern wird der Unterschied zwischen bezüglicher und unbezüglicher Form nur noch schwach empfunden. Zu trennen sind:

erschrecken – erschrak – erschrocken (unbezüglich) und
erschrecken – erschreckte – erschreckt (bezüglich).

Das schwach abgewandelte *erschrecken* verlangt immer eine Ergänzung im vierten Fall: Ich *erschreckte* dich, ich habe ihn *erschreckt*. Im Gegensatz dazu: Ich *erschrak* heftig, als er eintrat; ich bin *erschrocken*. Du erschrickst; aber: du *erschreckst* mich. Verwechseln Sie bitte nicht *gehangen* und *gehängt*:

hängen – hing – gehangen (unbezüglich)
hängen – hängte – gehängt (bezüglich).

Ich *hänge* meine Kleider in den Schrank, ich *hängte* sie in den Schrank, ich habe sie in den Schrank *gehängt*. Die Kleider *hängen* an der Wand, sie *hingen* dort, sie sind (haben) dort *gehangen*. Ein Lebensüberdrüssiger hat sich aufgehängt, er ist (hat) an einem Baum gehangen.

Beachten Sie noch den Unterschied zwischen *hängen* und *henken* (henkte – gehenkt): Der Henker henkte einen Unschuldigen, er wurde an einem Strick aufgehängt.

Von *löschen* gibt es ein unbezügliches *losch – geloschen* und ein bezügliches *löschte – gelöscht*: Die Lampe *erlosch*, die Gültigkeit des Ausweises ist *erloschen*. Aber: Die Feuerwehr hat den Brand *gelöscht*.

Bei *schwellen* besteht ein deutlicher Unterschied zwischen *schwoll – geschwollen* (unbezüglich) und *schwellte – geschwellt* (bezüglich). Die Hand *schwillt*, sie *schwoll*, ist *geschwollen*. Das Unwetter hat den Bach *angeschwellt*, es *schwellte* ihn an. Aber: er ist *angeschwollen*. Ich habe seinen Mut *geschwellt*.

Genauso ist es bei *quellen* und *bleichen*:

quellen – quoll – gequollen (unbezüglich)
quellen – quellte – gequellt (bezüglich).

Die Erbsen *quollen* auf, sind *aufgequollen*; aber: ich *quellte* Erbsen, habe Erbsen *gequellt*. Die Farbe ist *ausgeblichen*; ich habe das Leinen *gebleicht*.

schmelzen – schmolz – geschmolzen (unbezüglich)
schmelzen – schmelzte – geschmelzt (bezüglich)

Der Juwelier *schmelzte* das Gold (nicht schmolz). Die Sonne hat den Schnee *geschmelzt*, sodaß er bald überall *geschmolzen* war. Er *zerschmolz* wie Butter in der Pfanne.

Bei *verderben* haben sich die starken Formen auch für das bezügliche Zeitwort durchgesetzt. Statt *verderbte – verderbt* findet sich immer häufiger *verdarb – verdorben*. Heute spricht man nur mehr selten von der „verderbten Jugend", stets aber von einem verdorbenen Magen.

Darüber habe ich lange *nachgesonnen*. Meinem Freund aber bin ich gut *gesinnt*. Warum dieser Unterschied? *Sinnen – sann – gesonnen* sind die Formen eines Zeitwortes, *gesinnt* ist eine Ableitung von „Sinn" oder „Gesinnung" (wie *gewillt* von „Wille") und darf nicht als Zeitwort verwendet werden. Sie ist mir freundlich *gesinnt*, das heißt, sie hat mir gegenüber eine freundliche Gesinnung. Ich bin *gesonnen* (bin willens), die Stellung anzunehmen.

Nur selten versucht ein schwaches Zeitwort, bei den starken unterzukommen. Viel Staub hat *fragen* aufgewirbelt und bewegt noch heute manchmal die Gemüter: *fragte* oder *frug*? Nachdem sich die starke Form *frug* im Alltag und in der Dichtung durchzusetzen begonnen hatte, erlag sie schließlich den massiven Angriffen der Grammatiker. Bleiben daher auch wir beim alten *fragte*, zumal sich ein starkes Mittelwort („gefragen") nicht mehr entwickeln konnte.

Ein ähnlicher Eindringling in die Klasse der starken Verben ist *stak*. Auch *stak* wird oft angefeindet, kann aber unbezüglich verwendet werden: Er *steckte* einen Stab in die Erde; der Wagen *stak* oder *steckte* im Morast.

„Der Redner wurde von einer begeisterten Menge umrungen" – höchst ungut, denn er mußte offenbar einen Massenringkampf bestehen. *Umringen – umringte – umringt* hat nichts mit Ringkampf zu tun (ringen – rang – gerungen), sondern stammt von dem älteren Wort „umberinc" (Umkreis), bedeutet also „umschließen". Daher *umringte* die Menge den Redner, und dieser ist *umringt* worden.

„Was dieser Mann da radebricht!" Wenn schon, dann bitte *radebrecht*! Radebrechen hat nichts mit „brechen" zu tun, sondern ist ein schwaches Verb: er radebrechte, hat geradebrecht.

Fahren, fuhr ist ein starkes Zeitwort, *willfahren* ein schwaches: Die Eltern *willfahren* der Bitte ihres Kindes, haben *gewillfahrt* oder *willfahrt*.

Eine Reihe von Zeitwörtern hat im Präsens einen veränderten Vokal: brennen – brannte – gebrannt; nennen – nannte – genannt; kennen – kannte – gekannt. Wir haben hier keinen Ablaut vor uns, es handelt sich also um schwache Verben mit der Endung -te im Präteritum. Ähnlich *senden* und *wenden,* die freilich schon lange bemüht sind, sich den „normalen" schwachen Zeitwörtern anzugleichen. So sind zwei Formen gebräuchlich: *senden – sandte – gesandt* neben *sendete – gesendet* und *wenden – wandte – gewandt* neben *wendete – gewendet.*

Allmählich bildete sich ein Bedeutungsunterschied heraus: Er *sandte* mir viele Prospekte; der Rundfunk *sendete* ein Orchesterkonzert.

Bei *wendete – gewendet* liegt meist ein wirkliches Umdrehen vor: das Schiff *wendete*; der Fahrer hat den Wagen *gewendet. Wandte – gewandt* gebraucht man besser in übertragener Bedeutung: Er *wandte* sich scharf gegen diese Auslegung.

Unregelmäßig werden auch die schwachen Verben *bringen* und *denken* abgewandelt: *brachte – gebracht* und *dachte – gedacht.* Sie machen jedoch keine Schwierigkeiten.

Ganz unregelmäßig beugt *sein*: ich bin, du bist, er ist, wir sind, ihr seid, sie sind; ich war ...; gewesen.

Von *tun* lautet die erste Person Präsens: ich tu oder ich tue; die anderen Personalformen des Präsens werden heute ohne -e gebildet: wir tun, ihr tut, sie tun. Der Imperativ lautet: tu! oder tue!, tut! oder tuet!

Mahlen und *malen* – für manche ein wahres Kreuz, diese Ähnlichkeit! Die beiden Verben lassen sich aber leicht unterscheiden: Das Getreide wird *gemahlen,* das Zimmer *ausgemalt.* Es gibt keine *gemahlenen* Fensterscheiben, sondern nur *gemalte.* Der Kaffee wird *gemahlen,* das Bild *gemalt.*

„Er besaß die Frechheit, ‚Sie Dummkopf!' zu mir zu sagen", beklagte sich Fritz. Ich mußte lachen, weil mir in diesem Augenblick die Grundbedeutung von *besitzen,* nämlich be-sitzen, auf etwas sitzen, einfiel, und ich stellte mir bildlich vor, wie man auf seiner Frechheit sitzt. Was aber kann man wirklich *besitzen?* Haus und Hof, ein Auto, ein Grundstück, in übertragener Bedeutung auch Geld und Wertgegenstände, kurz alles das, was den Besitz ausmacht. Ich besitze aber keine Schulden, die *habe* ich. Er besitzt ausgezeichnete Ohren? Er *hat* sie. Auch *hat* jemand Frau und Kinder, er besitzt sie nicht.

Kennen Sie den Unterschied zwischen *verbieten* und *verbitten? Verbieten* kann ich nur wenigen Menschen etwas, weil ich nur über wenige Befehlsgewalt habe. Dafür kann ich mir aber *verbitten,* daß jemand in meinem Schlafzimmer raucht. Ich *verbiete,* ich *verbot* meinem kleinen Sohn, am Radio herumzudrehen, während ich ein Konzert höre, und ich habe ihm *verboten,* laut zu schreien. Aber ich *verbitte,* ich *verbat* mir, daß mein Nachbar um Mitternacht laut Radio spielt; ich habe es mir schon einmal *verbeten.*

Sie *muteten* mir zu, ihre Kinder drei Tage zu versorgen. Er hat sich viel zugemutet. Ich *traute* ihm zu, mit seinem Gegner fertig zu werden. *Zugemutet* wird eine Leistung, die billigerweise nicht verlangt werden kann. *Zugetraut* wird eine Fähigkeit, ohne daß die entsprechende Handlung zwingend erwartet wird.

Im gesamten deutschen Sprachraum verwechselt man *lehren* und *lernen*. Wissen vermitteln ist *lehren*, Wissen aufnehmen nennt man *lernen*. „Drei Lehrer bemühten sich, mir Englisch zu lernen" – keinesfalls, sie *lehrten* es mich, sie haben mich viel *gelehrt*; ich aber habe viel bei ihnen *gelernt*.

In der Hochsprache wird *lehren* mit dem vierten Fall, wenn nötig auch mit zwei vierten Fällen verbunden: Herr Meier lehrte mich das Tanzen. In der Umgangssprache wird jedoch *lehren* mit dem dritten Fall verbunden: Er lehrt mir / ihm das Eislaufen. Mitunter findet man den Dativ auch in der Literatur: „Lange hatte er sich bemüht, ... *ihm* die Sprache zu lehren" (Hermann Hesse, „Narziß und Goldmund"). In den Passivformen wird der Dativ bevorzugt: Mir/ihm wurde das Verzichten gelehrt.

Fahren und *führen* dürfen nicht in einen Topf geworfen werden. „Er hat mich bis Wien geführt." An der Hand bis Wien? Wahrscheinlich ist man *gefahren* worden. *Führen* heißt „leiten, den Weg weisen"; ich kann ein Kind, einen Blinden über die Straße *führen*, einen Ortsfremden zum Postamt *führen*. Wenn ich aber jemanden in einem Fahrzeug mitnehme, das ja kein „Führzeug" ist, dann *fahre* ich ihn. Du brauchst heute nicht zu Fuß zu gehen, ich fahre dich. Er hat sie bis zum Bahnhof gefahren. Er fährt dich nach Hause.

Sinngemäß kann man auf der Straße nur *überfahren*, nicht überführt werden. Wenn Sie wieder einmal in Versuchung kommen, die beiden Wörter zu verwechseln, dann überlegen Sie den Bedeutungsunterschied der beiden Ableitungen: verfahren – verführen. Daneben gibt es das Zeitwort *überführen*: Er wurde ins Krankenhaus *übergeführt* oder einfacher *überführt*. Aber nur: Der Mörder wurde seines Verbrechens *überführt*.

Nicht alle unterscheiden *mit-bringen* und *mit-nehmen*: „Nimm mir aus der Stadt Wurst und Brot mit. Nehmt ein paar Bücher mit, wenn ihr zu uns kommt." Nein, denn wenn es darauf ankommt, daß jemandem etwas zugebracht oder zugetragen werden soll, sagt man *mit-bringen*, nicht *mit-nehmen*. Also: Bring heute dein Kind mit zu uns; und: Ich nehme heute mein Kind mit in die Stadt.

Der Arzt sagt zu mir: „Bringen Sie bitte den Befund mit." Meine Frau rät mir: „Nimm den Befund mit, wenn du zum Arzt gehst."

Scheinen und *erscheinen* sind durchaus nicht gleichwertig. *Erscheinen* bedeutet kommen, auftreten, allerdings nur in feierlicher Form, oder auftreten in wunderbarer, unerklärlicher Weise: ein Staatsmann, ein hoher Gast erscheint; Faust erschien der Erdgeist. Mit *scheinen* drückt man eine Vermutung aus, man äußert seine Meinung: Heute scheint es schön zu werden.

Eine Aufgabe kann nicht gelöst erscheinen, sondern nur gelöst sein oder scheinen.

Übungen

Den folgenden Absatz aus einer Erzählung von Theodor Storm haben wir ins Präsens übertragen; wir bitten Sie, ihn wieder in die richtige Zeitform, das Präteritum, zu setzen.

„Ich sitze oben auf meiner Kammer. Es wird Dämmerung, es wird Nacht: ich schaue in die ewigen Gestirne, und endlich suche auch ich mein Lager. Aber die Erquickung des Schlafes wird mir nicht zuteil. In meinen erregten Sinnen ist es mir gar seltsamlich, als sei der Kirchturm drüben meinem Fenster nah gerückt; ich fühle die Glockenschläge durch das Holz der Bettstatt dröhnen, und ich zähle sie alle die ganze Nacht hindurch. Doch endlich dämmert der Morgen. Die Balken an der Decke hängen noch wie Schatten über mir, da springe ich auf, und ehbevor die erste Lerche aus den Stoppelfeldern steigt, habe ich bereits die Stadt im Rücken."

Bilden Sie bitte die Partizipien des Präsens und Perfekts von: kochen, arbeiten, verhandeln, überfahren, abstoßen, lieben, sich ereignen, mitteilen, spielen, übergeben.

Wir wüßten gern den Konjunktiv I und den Konjunktiv II der dritten Person Einzahl von: stechen, treffen, kommen, fliegen, verlieren, leben, saufen, sein, verzeihen, wirken, lassen, tragen, haben, bringen, schlagen, müssen, sterben, brauchen, können und denken.

Übertragen Sie bitte die direkte Rede in die indirekte! Endlich antwortete sie dem jungen Mann: „Das ist sehr fraglich. Wie ich Ihnen bereits gesagt habe, ziehen die Eltern im Laufe der nächsten Woche wieder nach Döbling. Da bin ich sehr in Anspruch genommen. Aber vielleicht können wir uns am nächsten Donnerstag sehen. Ich habe einen Besuch bei meiner Tante vor, die in der Josefstadt wohnt, und werde die Tramway benützen. Sie können mich um halb zehn beim Hotel Union erwarten, wo ich umsteige. Werden Sie Zeit haben?" (aus Ferdinand von Saars „Requiem der Liebe")

Wie heißen die zweite und dritte Person Einzahl Präsens von: flechten, fechten, essen, sprechen, geben, nehmen, waschen, lassen, heben, raten, stoßen?

Und wie lauten die Imperative dieser Verben?

Wie nennt man die folgenden Zeitwörter und wie lauten ihre drei Stammformen: können, sollen, dürfen, mögen, müssen und wollen?

Steht in den folgenden Sätzen der Infinitiv oder das Partizip?

Er hat mich nicht fahren (lassen) ...

Das habt ihr nicht (können) ...

Wir haben nicht tauchen (dürfen) ...

Sie hätte nicht rauchen (sollen) ...

Sie hat mich nicht (mögen) ...

Er hat nicht (dürfen) ...

Ich habe nicht mitgehen (wollen) ...

Wir bitten Sie, die nächsten Sätze in das Präteritum und das Perfekt zu übertragen. Ich erschrecke dich. Ich erschrecke sehr. Er verleidet uns alle Freude. Sie leidet an Herzschwäche. Du hängst ein Bild auf. Im Saal hängen viele Spiegel.

Versuchen Sie mit einigen Sätzen schlagwortartig die Erlebnisse des letzten Sonntags festzuhalten! Welche Zeitform verwenden Sie dabei? – Sie machen Ihrem Vorgesetzten Mitteilung, daß Sie krank sind; Sie geben eine Heirats- oder Geburtsanzeige in die Zeitung; Sie teilen Ihrem Freund mit, daß es Ihnen gelungen ist, ein Haus zu erwerben. In welcher Zeitform drücken Sie das aus?

Wenn in den folgenden Sätzen etwas fehlt, dann ergänzen Sie bitte! Nachdem er nach Hause gefahren und sich ausgeruht hatte, begann er mit der Arbeit. Obwohl er eben erst angekommen, ging er ins Theater. Das herrlichste Erlebnis, das ich je gehabt, war mein Urlaub in Spanien.

Sind Sie damit einverstanden: Er besitzt eine vierköpfige Familie. Es erscheint uns am besten, zu schweigen. Sie bratet eine Gans. Er ratet mir schlecht. Man haltet die Stifte nicht so schief.

Bitte stellen Sie fest, welche der folgenden Zeitwörter bezüglich, welche unbezüglich sind! Vergessen, regnen, suchen, lachen, tadeln, unterlassen, schwimmen, denken, kämmen, verschenken, fahren, führen, sitzen, abholen, versäumen, zerreißen, unterdrücken.

Sind die folgenden Verben rückbezüglich verwendbar oder nicht? Schämen, eilen, beeilen, spielen, prahlen, verteidigen, verweilen, angewöhnen, überzeugen, langweilen.

Zusammenfassung

Das **Zeitwort** (das **Verb**, Mehrzahl: die Verben): Es gibt Tätigkeits-, Vorgangs- und Zustandsverben.

Zeitstufen (der erlebten Zeit) sind Gegenwärtiges, Vergangenes und Zukünftiges.

Zeitformen (Tempora) sind grammatische Erscheinungen zur Situierung von Geschehen oder Sein innerhalb eines Textes. Sie decken sich nicht mit den Zeitstufen. So kann Präsens auch Vergangenes und Zukünftiges ausdrücken.

Zum Bezugssystem der Gegenwart gehören: **Präsens** (Verlaufsstufe), **Perfekt** (Vollzugsstufe), **1. Futur** (Erwartungsstufe), **2. Futur** (Vermutung).

Zum Bezugssystem der Vergangenheit gehören: **Präteritum** oder Imperfekt (Verlaufsstufe), **Plusquamperfekt** (Vollzugsstufe), **1. Futur des Präteritums** und **2. Futur des Präteritums** (Erwartungsstufe).

Finite Formen oder Personalformen geben Person und Zahl an (ich schreib-*e*).

Infinite (unbestimmte) Formen sind: der Infinitiv (*schreiben*), das 1. Partizip (*schreibend*) und das 2. Partizip (*geschrieben*).

Starke Verben bilden die zweite und dritte Stammform mit Hilfe des Ablauts (schr*ie*b – geschr*ie*ben).

Schwache Verben haben die Endung -*t* (lach-*t*-e, gelach-*t*).

Unregelmäßige Verben weichen von diesen beiden Klassen ab (na*nn*te).

Transitive Verben verlangen eine Ergänzung im vierten Fall (ein Akkusativobjekt) (Sie verläßt – den Saal).

Das **Passiv** zeigt das Geschehen vom Objekt her (Die Straße wird ausgebessert).

Es gibt ein **Vorgangspassiv** (mit *werden* gebildet) und ein **Zustandspassiv** (mit *sein* gebildet): Das Auto wird / ist gewaschen.

Zu den **Modi** gehören: der **Indikativ**, der **Konjunktiv** und der **Imperativ**.

Der **Konjunktiv I** wird vor allem in der indirekten Rede verwendet (Er sagte, er sei / habe / werde / könne ...).

Der **Konjunktiv II** kann eine Möglichkeit, eine Vermutung oder eine Nichtwirklichkeit ausdrücken (Er dürfte krank sein. Wenn er noch lebte ...). Der Konjunktiv II dient auch als Ersatz für nicht erkennbare Formen des Konjunktivs I in der indirekten Rede.

Man unterscheidet **Hilfszeitwörter der Zeit** (*haben, sein, werden*) und **Hilfszeitwörter der Aussage** (*dürfen, können* usw.). Beide Gruppen können aber auch allein das Prädikat bilden und sind dann keine „Hilfs"-zeitwörter mehr.

Partikel

Wir haben bisher die drei Grundwortarten (Substantiv, Adjektiv und Verb) und die Begleiter und Stellvertreter des Substantivs betrachtet. Sie zeichnen sich alle dadurch aus, daß sie im Satz Formveränderungen aufweisen: Sie lassen sich in Zahl und Fall beugen beziehungsweise abwandeln. Nun bleibt uns eine Restgruppe von Wörtern, deren Zahl nicht sehr groß ist, die aber häufig vorkommen. Ihr gemeinsames Merkmal ist die Unveränderlichkeit; sie können – bis auf wenige Ausnahmen – keine Formveränderungen mitmachen. Wir geben einen Absatz aus der „Probe" von Herbert Malecha wieder und setzen die **Partikel** kursiv.

„Die Autos *auf* der Straße waren *zu* einer langen Kette aufgefahren. *Nur* stockend schoben sie sich *vorwärts*. Menschen gingen *an* ihm *vorbei*, kamen ihm *entgegen*; er achtete *darauf, daß* sie ihn *nicht* streiften. Einem Platzregen *von* Gesichtern war er ausgesetzt, fahle Ovale, die sich *mit* dem wechselnden Reklamelicht verfärbten. Redluff strengte sich an, den Schritt der vielen anzunehmen, mitzuschwimmen *in* dem Strom. Stimmen, abgerissene Gesprächsfetzen schlugen *an* sein Ohr, jemand lachte. *Für* eine Sekunde haftete sein Blick *an* dem Gesicht einer Frau, ihr offener, bemalter Mund sah schwarzgerändert aus. Die Autos fuhren *jetzt* an, ihre Motoren summten auf. Eine Straßenbahn schrammte *vorbei*. *Und wieder* Menschen, ein Strom flutender Gesichter, Sprechen *und* hundertfache Schritte. Redluff fuhr unwillkürlich *mit* der Hand *an* seinen Kragen. *An* seinem Hals merkte er, *daß* seine Finger kalt *und* schweißig waren."

Die Aufgabe dieser Partikel (= Teilchen) ist es, über Zeit, Lage und Situation zu orientieren und Verbindungen herzustellen. Nach ihrer Funktion im Satz haben sich drei Gruppen herausgebildet: **Umstandswörter** oder Adverbien, **Vorwörter** oder Präpositionen und **Bindewörter** oder Konjunktionen.

Das Umstandswort (Adverb)

Das Umstandswort oder Adverb tritt meist als selbständiges Satzglied auf. Es hat dann die Aufgabe, das Geschehen im Satz nach den näheren Umständen zu charakterisieren; es nennt allgemein einen Ort (*hier, da, oben* usw.), eine Zeit *(heute, abends, einst* usw.), eine Modalität (*gern, vielleicht, so* usw.) oder einen Grund (*daher, dafür, trotzdem* usw.).

Manchmal ist das Umstandswort kein eigenes Satzglied, sondern gesellt sich einem Eigenschaftswort oder einem anderen Umstandswort zu und bestimmt es näher: eine *sehr* lustige Geschichte; der *täglich* verkehrende Schnellzug; von *hier* oben hat man eine schöne Aussicht; ich komme *noch heute*.

Seltener wird das Umstandswort einem Hauptwort beigefügt; es ist dann nachgestellt: das Haus *hier*; der Wald *dort*.

Nicht alle Umstandswörter sind ursprünglich; viele wurden von Wörtern anderer Wortarten abgeleitet. So entstanden einige aus erstarrten Fallformen von Haupt- und Eigenschaftswörtern. Der Wesfall spielt dabei eine besondere Rolle. Aus *eines*

Tages, des Morgens, des Abends wurden allmählich Umstandswörter: tags, morgens, abends, anfangs, flugs, teils, rechts, links, seitwärts, bereits, besonders usw. Das *s* verrät noch die Abstammung vom Wesfall. Später wurde auch anderen Umstandswörtern das *s* als besonderes Kennzeichen angehängt. Auf einen alten Wemfall gehen zurück: daheim, dermaßen, dermalen, allenthalben. *Dermalen* ist veraltet, *allenthalben* ist etwas umständlich, dafür steht *dermaßen* dermaßen hoch im Kurs, daß es die höchsten Gefühle noch zu verstärken vermag: Der Film war dermaßen schön. Ich bin dermaßen enttäuscht! Von einem Wenfall stammen: einmal (nicht als Zahlwort, sondern jenes „einmal", mit dem die Märchen beginnen), allezeit, tagelang, heim, weg, ein bißchen, viel, wenig, meist, früh. Manchmal sind Umstandswörter aus Zusammensetzungen entstanden, zum Beispiel dadurch, daß sich ein Hauptwort mit einem Vorwort vereinigt hat: zurück (zu + Rücken), zuweilen (zu + Weile), unterwegs (unter + Weg), überhand, zugrunde, zuliebe, beileibe, bergauf, treppab, überhaupt. Einige wenige Umstandswörter haben im Laufe der Zeit Vergleichsformen gebildet. Es handelt sich um Ausnahmeerscheinungen: *oft, öfter, am öftesten; bald, bälder; ungern, am ungernsten.* Man bildet heute gern Streckformen von den Umstandswörtern, an die man Beugungsendungen hängen und die man wie Eigenschaftswörter gebrauchen kann: die *gestrige* Versammlung, die *heutige* Vorstellung, unsere *letztmalige* Vereinbarung. Wir werden gelegentlich darauf zurückkommen.

Umstandswörter des Ortes

Sie melden sich auf die Fragen: wo, wohin, woher? Hier einen ganzen Korb voll davon: da, dort, hier, oben, unten, rechts, links, überall, vorne, hinten, dahin, dorthin, her, hin, heim, fort, weg, vorwärts, rückwärts, bergauf, hinab, daher, dorther, herunter, herüber, hinüber und so weiter. Fragen wir mit dem Wörtchen „wo": Die Zeitung liegt *hier*. Ich traf ihn *unterwegs*. Die Luft ist *oben* besser. Jetzt mit „wohin": Ich gehe *hinaus*. Er läuft *heim*. Und „woher": Er kommt von *dorther*. Alles Gute kommt *von oben*. Wir kommen eben *herunter*.

her – hin

Vielfach werden *her* und *hin* verwechselt. Wie man in den Wald hineinruft, so schallt es heraus. *Hin* bedeutet immer von mir, vom Sprechenden weg; *her* das Gegenteil, zu mir her, auf mich, auf den Sprechenden zu. Der Aufforderung: „Komm doch herunter!" folgt also richtig die Antwort: „Ich komme schon hinunter." Ich gehe hinein, aber: Komm bitte zu mir herein. Die Sternschnuppe fällt vom Himmel herab, aber: ich blicke zu den Sternen hinauf. Jetzt entscheiden Sie selbst: Schluckt der Kranke die Pille herunter oder hinunter? Anders werden *her* und *hin* in übertragener Bedeutung verwendet: Die Bewegung nach unten drückt man durch *her* aus, die nach oben durch *hin*: verächtlich her-

abblicken, er trägt ein herablassendes Benehmen zur Schau. Steuern werden hinaufgesetzt, nicht herauf. Die Folge herabgesetzter Löhne und hinaufgeschraubter Preise ist das Herunterkommen der Leute. Dann gibt es in der Innenpolitik ein langes Hin und Her.
„Alles ist hin", das ist mundartlich, es kommt von „dahin" und meint „entzwei, zerstört". Die österreichischen Buben fallen her, die norddeutschen Jungen dagegen hin. Da *her* zu mir her bedeutet, ist „herschenken" ein unsinniges Wort, „hinschenken" geht auch nicht, korrekt ist nur *verschenken* oder eben *schenken*.
Im Norden bevorzugt man auch für *hin* verkürzte Formen von *her*: Gehen Sie zu Müllers 'rüber (für: hinüber). Im Süden jedoch: 'nunter (für: hinunter), 'rüber (für: herüber).

umher – herum

Als nächstes Paar folgen *umher* und *herum*; die beiden Wörter bedeuten nicht dasselbe. *Umher* besagt: nach allen Richtungen, bald dahin, bald dorthin. *Herum* meint: im Kreise, außen rund herum. Das Haus grenzt an einen Bach, daher kann man nicht herumgehen. Sie standen auf und gingen im Zimmer umher. Sag die Wahrheit, rede nicht lang herum (um eine Sache rundherum reden). Die Künstlergruppe zog im ganzen Land umher (kreuz und quer). – Ist es nicht möglich, eine Bewegungsrichtung festzustellen (etwa bei übertragenem Gebrauch), dann überwiegt *herum*: herumschreien, herumstreiten, herumraten, herumsitzen (nichts tun), herumfingern, herumkramen und so weiter.

fort – weg

Fort und *weg*, die sinngleich scheinen, bedeuten zweierlei. *Fort* drückt aus, daß eine Handlung fortgesetzt, eine Tätigkeit weiter ausgeübt wird, zum Beispiel: Ich fahre fort, dieses Buch zu lesen. Er fuhr fort, sinnlos zu gestikulieren.
Weg zeigt das Entfernen von einem Ort an: Ich fahre morgen weg. Er geht weg. Leg die Zeitung weg.
Eine fortgeworfene Schachtel oder ein fortgefahrenes Auto ist also unsinnig, die Schachtel wurde weggeworfen, das Auto ist weggefahren. Die Ermäßigung fällt künftig nicht fort, sondern weg. Unmöglich ist der „Fortfall" in einer Amtsmeldung, es kann etwas nur in Wegfall kommen, wenn es schon hauptwörtlich fallen muß. Er hat sein Fortkommen gesichert, ja, wenn man sein Weiterkommen, seine Karriere meint. Aber er hat sein Wegkommen vorbereitet, wenn er täglich bereit ist, seinen gegenwärtigen Aufenthaltsort zu verlassen. Sie haben fort und fort getrunken und mir dabei alles weggetrunken, das ist einzusehen. *Fort* ist also keineswegs feiner als *weg*. Das wollte eine Theaterintendanz nicht glauben; sie schrieb auf das Programm: „Das Tanzsolo im zweiten Akt wird wegen Erkrankung des ... fortgelassen."
Lassen wir das Weitere weg, und setzen wir unsere Betrachtungen fort!
Darin (darinnen) bezeichnet einen Zustand, eine Ruhelage, *darein* eine Bewegung, eine Richtung. Sie müssen mir nichts erzählen, ich weiß darin Bescheid. Sie fügte sich darein, wenn es ihr auch schwerfiel.
Wo weiß er Bescheid? *Darin!* Worein fügte sie sich? *Darein!* „Er bekam ein Paket, darein war ein herrliches Geschenk" ist mehr falsch als poetisch.

Darein und darin werden oft zu *drein* und *drin* gekürzt, besonders in Zusammensetzungen: dreinschlagen, drinsitzen, sich dreinfinden, drinbleiben.

rückwärts – hinten

Rückwärts und *hinten* sollten Sie auseinanderhalten! *-wärts* drückt immer die Bewegung, die Wendung in eine bestimmte Richtung aus, hier die rückgewendete Bewegung. Ein Auto oder ein Zug kann *rückwärts* fahren, schwerlich aber kann ich in die Straßenbahn oder in den Autobus rückwärts einsteigen, auch wenn es der Schaffner noch so eindringlich verlangt; denn ich müßte verkehrt, mit dem Rücken voran, in den Wagen klettern. Ich muß also *hinten* einsteigen, ich werde von *hinten* gestoßen, nicht von rückwärts. Eine gewisse Scham vor dem Wort *hinten* ist unbegründet. Ich sitze hinten, auf dem hinteren Stuhl, stehe auf der hinteren, nicht auf der rückwärtigen Plattform, bewohne das hintere Zimmer. Wenn Sie in einem Lichtbildvortrag aufgefordert werden, die Gegenstände auf dem Bilde rückwärts zu betrachten, beweist der Vortragende wenig Sprachgefühl. „Nach vorwärts" geht es schlecht, es sollte nur *vorwärtsgehen*, weil *-wärts* schon die Richtung angibt. Also rückwärts, vorwärts, aufwärts, abwärts, seitwärts, aber: nach vorne, nach hinten.
Ähnlich wie mit *rückwärts* geht es vielen mit *seitwärts*. Sie können unmöglich seitwärts vom Haus stehen, da *-wärts* ja Ausdruck einer Richtung ist; richtig stehen sie *seitlich* des Hauses.
Ob Sie sich *anderwärts* oder *anderwärtig* (anderweitig) umsehen, ist gleichgültig.
„Das Buch steht im Schrank; nimm es heraus." Dieser Satz ist richtig, das Umstandswort ist notwendig.
„Nimm das Buch aus dem Schrank heraus." Jetzt gibt das Vorwort *aus* die Richtung zureichend an, das Umstandswort *heraus* ist überflüssig; man kann es weglassen.
Ähnliche Beispiele sollen helfen, diesen Doppelausdruck in Zukunft zu vermeiden: Er sah über die Mauer *hinüber*. Die Kinder gingen in das Haus *hinein*. Wir kamen aus dem Theater *heraus*. Der Ball ist unter den Tisch *drunter*gerollt. – Lesen Sie bitte die Sätze noch einmal, aber ohne die kursiv gedruckten Umstandswörter! Wird ihr Sinn dadurch unklar? Nein! Stilistisch aber ist einiges gewonnen. Nur in manchen stehenden Redewendungen, in denen Umstandswörter und Zeitwörter in übertragener Bedeutung gebraucht werden, können wir diese doppelte Angabe der Richtung nicht mehr entbehren: aus sich herausgehen, um eine Sache herumreden, etwas in sich hineinfressen.

Umstandswörter der Zeit

Sie sind leicht aufzuspüren, wenn man mit *wann?, wie oft?, wie lange?, seit wann?* fragt: jetzt, dann, darauf, alsdann, heute, damals, später, früher, morgens, abends, mittags, nachts, täglich, stündlich, oft, selten, zuweilen, immer, stets, seitdem, seither, vorher, derzeit, bisher, hernach, sogleich, anfangs.
Sie kennen diese Wörter und ihre Verwendung aus dem täglichen Gebrauch. Nur auf einige Feinheiten und kaum beachtete Unterschiede soll hingewiesen werden.

nachmittag – nachmittags

Zwei Anschläge: „Das Finanzamt ist nachmittag geschlossen." – „Das Finanzamt ist nachmittags geschlossen."
Finden Sie den Unterschied heraus? *Nachmittag* bezieht sich auf einen einzelnen Tag. Ist das Amt aber *nachmittags* geschlossen, wird ausgedrückt, daß man nur an Vormittagen zu kommen hat, denn am Nachmittag ist immer zu.
Ich gehe *donnerstags* in den Kegelklub, aber an diesem Donnerstag habe ich keine Zeit. Gestern *abend* war der Ball; aber: *abends* lese ich gern. Der Unterschied verblaßt jedoch bei dem häufig gebrauchten *abends*, und so hört und liest man: Ich treffe sie erst abends (für: heute abend). Gehst du abends weg?

anfangs

Das Umstandswort *anfangs* wird oft falsch verwendet: anfangs April, anfangs der Woche. Richtig ist nur: ich war *Anfang* August, zu *Anfang* der Spielzeit in Salzburg. Hingegen habe ich mich *anfangs* in Salzburg nicht zurechtgefunden; ich war *anfangs* zu befangen; *anfangs* gelang es mir nicht, Gleichgesinnte zu finden. *Anfangs* ist immer dort richtig, wo auch *anfänglich* stehen könnte.

neuerdings – neuerlich – neulich

Neuerdings heißt soviel wie jüngst, in neuerer Zeit, nicht: noch einmal. Obgleich er mir schon so viel schuldig ist, hat er mich neuerdings (?) um Geld gebeten.
Richtig wäre: aufs neue oder abermals oder *neuerlich* (=erneut).
Aber: Neuerdings ist es Mode, Federn auf die Hüte zu stecken.
Neulich ist ein vom Eigenschaftswort *neu* abgeleitetes Umstandswort; seien wir froh, daß wir es haben. Manche machen aus dem Umstandswort wieder ein Eigenschaftswort: die neulichen Wahlen haben gezeigt ... die neulichen Ergebnisse waren aufregend ... die neuliche Regierungserklärung. Da Umstandswörter in der Regel nicht gebeugt werden, muß *neulich* bleiben, wie es ist. Also: die Ereignisse neulich ... die neulich veröffentlichte Regierungserklärung.
Üblich dagegen ist: die *heutige* Jugend, mein *gestriges* Schreiben, unsere *damalige* Haltung, die *einstweilige* Verfügung, der *tägliche* Umgang.
Es handelt sich um Adverbien, die zu den Adjektiven hinübergewechselt haben; man kann sie allerdings nur als Beifügung verwenden. Dem Papierdeutsch gehören an: seitherig, dortig, hiesig, obig. „Hiesigenorts ist gegen obigen Vorschlag der dortigen Behörde oftmaliger Einspruch erhoben worden." Wir erheben Einspruch gegen solchen Sprachmißbrauch.

öfter – öfters

Du könntest *öfter* kommen (als bisher). Aber: Wir haben *öfters* (wiederholt) darüber gesprochen. *Öfter* ist die Vergleichsform von *oft* und setzt einen Vergleich voraus. Ich gehe öfter spazieren als du. *Öfters* drückt die Wiederholung aus. Es wird als Abschwächung von *oft* verwendet: Wir sehen uns oft, reden aber nicht immer miteinander, sondern nur öfters.

bisher – seither

Bisher und *seither* sollte man auseinanderhalten: Vor zehn Jahren war eine große Überschwemmung. Seither habe ich kein ähnliches Unwetter mehr erlebt.
Aber: Bisher war die Firma X in Lederwaren führend (nun ist es eine andere).
Seither setzt einen bestimmten Ausgangspunkt in der Vergangenheit voraus, bei *bisher* wird der Endpunkt in der Gegenwart berücksichtigt.

Umstandswörter des Grundes

Die Fragewörter sind: *warum?, weshalb?, wozu?* Sie erkundigen sich nach einem Grund. Er wird ausgedrückt mit: darum, deshalb, deswegen, daher.
Krankheits*halber* war er verhindert, zu kommen; *folglich* hat er gefehlt.
Besser als „folglich" ist das schlichte *also*: Du bist noch nicht fertig, mußt *also* weitermachen. Das Fest fand *trotzdem* statt.
Diese Umstandswörter werden fast alle auch als Bindewörter gebraucht, sie werden Ihnen daher nochmals begegnen.

Umstandswörter der Art und des Grades

Wie? Auf welche Weise? Wie sehr? Damit wird nach der Art und dem Grad einer Sache gefragt. Hierher gehören: so, anders, gern, wohl, umsonst, blindlings, sehr, ziemlich, wenig, fast, kaum, ganz, etwa, allerdings, vollends, äußerst.
Das ist nicht schwer, man trifft blindlings das Richtige. Mancher läßt unentwegt *wohl* oder *fast* in den Fluß seiner Rede plätschern, und *sehr* ist ein vieltraktiertes Wörtchen, das immer und überall herhalten muß. *Sehr* hat einst nur „schmerzlich" bedeutet (er was sêr wunt = er war schmerzlich verwundet). Dann ist es verallgemeinert worden und besagt heute nur „in hohem Grade": Es freut mich sehr. Auch jetzt sind einige Wörter dabei, den Weg von *sehr* zu gehen, sie sind in der Umgangssprache gang und gäbe: Er hat sich fürchterlich gefreut; sie war schrecklich nett zu mir; der Abend war entsetzlich langweilig; sie hat unheimlich gut getanzt.

anscheinend – scheinbar

„Er ist *anscheinend* ein guter Mensch", das heißt: allem Anschein nach, aller Voraussicht nach, den Anzeichen nach ist er gut. „Er ist *scheinbar* ein guter Mensch" ist hingegen etwas ganz anderes: er weiß den Schein zu wahren, er gibt sich als gutmütig aus, in Wirklichkeit ist er es nicht. Die Frau hat daher unrecht, wenn sie sagt: „Du bist heute scheinbar schlecht gelaunt." – „Er war ungewöhnlich großzügig, er hat scheinbar mehr Gehalt bekommen." Nein, anscheinend, oder offenbar.
Das Wetter wird sich am Nachmittag anscheinend bessern, das heißt aller Voraussicht nach. Ihr Schmuck ist nur scheinbar echt, er täuscht Echtheit vor.

Grundsätzlich ist zu sagen, daß *scheinbar* viel zu oft auf Kosten von *anscheinend* verwendet wird. Nur wenn mich jemand oder etwas täuschen will, ist *scheinbar* berechtigt; häufiger vermutet man etwas, und das drückt man mit *anscheinend* aus. Es ist also geradezu eine Beleidigung, zu einer jungen Frau zu sagen: „Du bist scheinbar sehr glücklich."

so – recht – ganz

Auch das Wörtchen *so* hat seine Tücken: „So ein schöner Tag ist heute!" Besser: *ein so* schöner Tag ... In einer Zeitung: „Dem Minister wurde recht ein herzlicher Empfang bereitet." Hier ist es deutlicher; *einen recht* herzlichen Empfang wird jeder vorziehen. „Das scheint mir ganz ein sinnloses Unternehmen zu sein ..." Uns auch! Es ist höchstens *ein ganz* sinnloses. Die Wiederholung des unbestimmten Artikels (ein so ein feiner Kerl, einen recht einen schönen Gruß, eine ganz eine dumme Sache) soll der Verstärkung dienen, ist jedoch umgangssprachlich oder mundartlich. *Selten* als Umstandswort heißt „in wenigen Fällen, wenig vorkommend": Ich gehe selten ins Kino.
Umgangssprachlich wird es auch im Sinn von „außerordentlich" gebraucht: „Wir haben selten schönes Wetter." Was meinen Sie? Regnet es meistens, oder hat er selten so schönes Wetter erlebt?

natürlich – naturgemäß

Natürlich ist es gut, naturgemäß zu leben. Obgleich beide Wörter von „Natur" kommen, sollte man sie nicht verwechseln. *Natürlich* bedeutet: wie zu erwarten, wie gewöhnlich, nahezu selbstverständlich; *naturgemäß* hingegen: der Natur entsprechend, so, wie es die Natur vorschreibt.
„Er kommt naturgemäß zu spät. Sie trägt naturgemäß die elegantesten Kleider." Nein, das Zuspätkommen und das Tragen eleganter Kleider liegen doch nicht in der Natur! Naturgemäß lebt der Fuchs im Wald, nicht im Tiergarten.
Natürlich als Adjektiv hat eine andere Bedeutung: ein natürlicher Mensch.

teils – teils

Teils hat einen Zwillingsbruder, der auch *teils* heißt, und wenn der eine auftritt, darf der andere nicht fehlen: Die Bilder sind teils in Museen, teils in Privatbesitz. „Er arbeitet teils zu Hause." „Er geht teils zu Fuß." Nein, in diesen Fällen muß *teilweise* herhalten: Sie lebt teilweise von ihrer Rente. Aber: teils von ihrer Rente, teils von Unterstützungen der Familie. Teils geht es ihm gut, teils wieder schlecht. Und ob es uns gut geht? Teils-teils.

nur noch – nur mehr

Der Monat geht zu Ende, ich habe *nur noch* wenig Geld. Ihm blieb *nur noch* der Ausweg des Kredits. Er hatte *nur noch* einen Anzug. Im Süden des deutschen

Sprachraums verwendet man dafür *nur mehr*, das im Norden als umgangssprachlich gilt.

Gewissermaßen verhältnismäßig langweilig wirkt der übermäßige Gebrauch von *mäßig*. Mäßige Preise, mäßige Bedürfnisse, mäßige Steuern, das ist in Ordnung. Aber heute redet man auch von herstellungsmäßig, kalorienmäßig, verwaltungsmäßig, lebensmäßig und so fort; mäßiger, mäßiger!

offen – auf

Steht eine Tür *offen* oder *auf*? Ganz einfach: *aufmachen*, daher: Mache die Tür auf! Aber: Sie ist schon *offen*. Für die Beschreibung des Zustandes, des Offenseins, wähle man *offen*. Das Geschäft ist den ganzen Tag über *offen*. Aber: der Besitzer schließt es um sieben Uhr früh *auf*.

-weise

Manche zweifeln an der Berechtigung des beifügend gebrauchten *-weise*. Es ist vergebliche Liebesmüh, einem Wort verbieten zu wollen, in eine andere Wortart überzutreten, wenn im Sprachgebrauch dieser Übertritt bereits vollzogen ist. Daher ist der beifügende Gebrauch dieser Umstandswörter korrekt: die teilweise Überlassung, schrittweises Vorgehen, die teilweise Veröffentlichung, ratenweise Zahlung, strafweise Versetzung, die zeitweise Lahmlegung des Verkehrs.

Schön sind diese Wendungen freilich nicht, und in der Ferne hört man den Amtsschimmel wiehern. Wenn wir das Hauptwort durch ein Zeitwort ersetzen, wird der Ausdruck wesentlich besser, weil das Umstandswort in seiner ursprünglichen Art verwendet wird. Ich gehe *schrittweise* vor. Er überließ mir das Buch *leihweise*. Er ist *strafweise* versetzt worden. Der Verkehr wurde *zeitweise* lahmgelegt.

Eine probeweise Stunde, ein leihweises Buch, einen stückweisen Preis verträgt allerdings auch ein weitherziges Sprachgefühl nicht mehr. Woran liegt das? Wie sehr sich die *-weise*-Bildungen auch als Eigenschaftswörter gebärden mögen, sie können ihre umstandswörtliche Herkunft doch nicht verleugnen. Daher lassen sie sich in der Regel nur mit einem Hauptwort verbinden, das von einem Zeitwort abgeleitet wurde (Zahlung von zahlen, Versetzung von versetzen usw.). Sie versagen aber, wenn sie mit einem ursprünglichen Hauptwort (Buch, Preis) verbunden werden.

ungefähr – beiläufig

„Ohne Gefahr" bedeutete früher „ohne böse Absicht"; daraus wurde *ungefähr*, das kann man sich ungefähr vorstellen. Neuerdings wird daraus die *ungefähre Vorstellung*, was nicht sehr gut klingt. Besser ist es, ungefähr eine Vorstellung von etwas zu haben.

Beiläufig heißt nicht ungefähr, sondern nebenbei, gelegentlich, im Vorübergehen; daher sage man nicht: Ich habe beiläufig noch eine halbe Stunde Zeit, sondern: ich habe ungefähr ...

Aber richtig: Er bemerkte ganz beiläufig, daß er kein Geld eingesteckt habe.

Sprachakrobaten bringen es fertig, Umstandswörter wie: zu, oft, genug, durch, aus usw. zu beugen, als wären es Eigenschaftswörter. Daraus entsteht dann: Er sitzt mit zuen Augen da, eine durche Hose, eine Karte zu beliebig oftem Besuch, eine allsogleiche Bestellung, ein entzweies Glas, ein groß genuger Verdienst.

irgendwie

Er hat irgendwie recht. Der Ring scheint mir irgendwie echt zu sein. Ihr Verhalten ist irgendwie unverständlich. Was besagt denn *irgendwie* hier? Im Grunde gar nichts! Irgendwie wäre es gut, mit *irgendwie* in Zukunft sparsamer umzugehen. Es ist nur dann berechtigt, wenn man eine Situation noch nicht absieht, sie aber zu meistern hofft: Wir werden euch schon irgendwie unterbringen. Ich muß meine Tageseinteilung irgendwie ändern (ich weiß aber noch nicht, wie ich das machen werde).

Die Verneinung

Wenn man früher etwas besonders deutlich oder stark verneinen wollte, setzte man mehrere Negationen nebeneinander. So etwa in dem Volkslied: „Kein Feuer, keine Kohle kann brennen so heiß, als heimliche Liebe, von der *niemand nichts* weiß." Überlegen wir einmal logisch: Wenn es *niemanden* gibt, keinen einzigen, der *nichts* weiß, dann wissen alle alles. So ist die Liebe, von der niemand nichts weiß, ein offenes Geheimnis. Anders, wenn *niemand etwas* weiß.
Prüfen wir jetzt mit der Einsicht, daß sich zwei Verneinungen gegenseitig aufheben und dem Satz einen bejahenden Sinn geben, die Alltagssprache! Er hatte keine Zeit nicht? Dann hatte er viel Zeit. Er hat nie kein Geld nicht. Dreimal verneint, und das Resultat: es geht ihm schlecht. Einfacher: Er hat nie Geld.
Die Regel, daß sich die doppelte Verneinung aufhebt, stammt aus der lateinischen Sprache, die alles besonders genau nimmt. Heute diktiert dieses Gesetz jeden Verneinungssatz, auch den mit *ehe* und *bevor*: Ich komme nicht, ehe du mich besucht hast. Er zahlt nicht, bevor er die Ware hat.
Wenn allerdings der Satz mit *ehe* oder *bevor* begonnen wird, kann man auch in der Standardsprache die doppelte Verneinung nicht umgehen: Bevor er nicht gezahlt hat, bekommt er keine Waren. Ehe du mich nicht besucht hast, komme ich nicht zu dir.
Nach Zeitwörtern, die schon eine Verneinung ausdrücken, ist *nicht* falsch; denn es verkehrt das, was man sagen will, ins Gegenteil. Er *leugnet*, daß er daran gedacht habe. Sie *verneint*, daß sie schuldig sei. Wir konnten *verhindern*, daß er seinem Sohn eine Ohrfeige gab.
Gelangt versehentlich ein Verneinungswort in den Satz (wir konnten verhindern, daß er seinem Sohn keine Ohrfeige gab), wird, eh man's gedacht, der Sinn ein anderer. Denn der Vater wollte den Sohn nicht schlagen, wir aber verhinderten diese Nachsicht, so daß der Sohn schließlich doch zu seiner Ohrfeige kam.
Das gleiche gilt für andere Zeitwörter, die eine Verneinung in sich tragen: Ich *warne* dich, hier zu gehen. Er *rät* mir *ab*, dieses Auto zu kaufen. Ich *verbiete* dir, mit meinem Feuerzeug zu spielen. Der Arzt hat mir *untersagt*, Alkohol zu trinken.

Achten Sie bitte auf die Stellung des *nicht* im Satz! Wenn die Aussage des gesamten Satzes verneint werden soll, hat *nicht* dieselbe Stellung wie ein als Artangabe dienendes Eigenschaftswort: Er läuft schnell in die Stadt; er läuft *nicht* in die Stadt. Er ist früh zu Bett gegangen; er ist *nicht* zu Bett gegangen.

Wird jedoch nur ein Satzglied verneint, muß *nicht* unmittelbar vor das verneinte Wort treten: *Nicht* er läuft in die Stadt, sondern sein Bruder. Er kennt *nicht* das Buch, sondern nur die Verfilmung.

Wir müssen also die Verneinung des ganzen Satzes von der Verneinung eines Satzgliedes unterscheiden.

„Die Plätze sind beim Läuten einzunehmen, damit durch das Öffnen der Türen nicht gestört werde." Das *nicht* muß hier weiter vorne stehen, denn es soll ja gesagt werden, daß *nicht* durch Öffnen gestört werden soll. In dem zitierten Satz werden aber die Türen geöffnet, und trotzdem wird sonderbarerweise nicht gestört. Das zurückgesetzte *nicht* rächt sich, wie Sie sehen.

Bürokraten scheinen das Wörtchen *kein* wenig zu lieben, sie setzen dafür „ein ... nicht", und das sieht dann so aus: Für die Eintragung ist eine Gebühr nicht zu entrichten. Diesem Vorfall ist eine größere Tragweite nicht beizumessen.

Möglich ist hingegen: Wir haben uns bemüht, aber einen Erfolg konnten wir nicht erringen. Hier wird nämlich das Hauptwort (Erfolg) besonders betont.

Wenn einer seinen Behauptungen nicht recht traut, schreibt er gewöhnlich für *es ist möglich* „es ist nicht unmöglich"; statt *es ist wahrscheinlich* steht dann „es ist nicht unwahrscheinlich". Diese umschreibende Schüchternheit kann so weit gehen, daß niemand mehr recht weiß, was gemeint ist: Er hat eine nicht ungewöhnliche Begabung. Das ist nichts weniger als nicht unschwer.

Vielleicht ist es doch besser, ohne Umschweife auszudrücken, was man sagen will. *Unzweideutig* und *unmißverständlich* allerdings sind keine überflüssigen Aufschwellungen, denn der Sinn ist anders als der von *eindeutig* und *verständlich*. Wenn etwas „eindeutig" ist, brauche ich dies in der Regel nicht besonders hervorzuheben; zwei- und mehrdeutige Aussagen sind etwas Besonderes. Will man den Gegensatz davon ausdrücken, kann es nur heißen: Sie hat ihm unzweideutig zu verstehen gegeben, daß sie nicht viel von ihm hält. – „Er hat mir unmißverständlich erklärt ..." ist nicht bedeutungsgleich mit: „Er hat mir verständlich erklärt ..."

Übungen

Überprüfen Sie die folgenden Sätze auf ihre Korrektheit!
Kein Mensch hat rückwärts Augen. Er kam zu mir hinauf und schrieb einen Brief. Von nach hinten fahrenden Autos können Fußgänger leicht verletzt werden. Der Krebs bewegt sich nach rückwärts. Papier darf im Park nicht fortgeworfen werden. Wir konnten vom Tal aus beobachten, wie er den Berg heraufkletterte. Er kam zu mir ans andere Ufer hinüber. Der Antrag kann als begründet nicht erachtet werden. In dieser Woche finden Sprechstunden nicht statt.
Anfangs des Monats geht es mir immer gut. Zweimal ist er schon zur Prüfung angetreten, nun ist er neuerdings durchgefallen. Seine Mutter dürfte beiläufig 55 Jahre alt sein. Die hiesigen Verhältnisse gleichen ganz den dortigen, wie ich dir schon in meinem letzmaligen Brief schrieb.

Leben wir scheinbar oder anscheinend im Frieden? Ist er scheinbar oder anscheinend ein tüchtiger Kaufmann?
Sie ist selten ehrlich und aufrichtig. „Selten günstiges Angebot an seltenen Antiquitäten!" Ich wollte dich besuchen, doch du warst naturgemäß nicht zu Hause. Naturgemäß ist mein Urlaub immer verregnet.
Wir werden nur teils unsere Angelegenheiten besprechen können. Das Fenster darf in der Nacht nicht auf stehen. „Wir werden einigermaßen großzügig über die gewissermaßen als amtsmäßige Beleidigung aufzufassende oftige Anschuldigung des probeweisen Bürgermeisters befristungsweise hinwegsehen." Ich mußte ihn hindern, an der Versammlung nicht teilzunehmen. Er wollte leugnen, die Tat nicht begangen zu haben. Wir raten dir ab, das Flugzeug nicht zu benützen.
Lassen Sie einen Fehler in den angeführten Sätzen nicht zu. Und jetzt recht einen schönen Gruß Ihnen allen.

Zusammenfassung

Partikel nennt man Wörter, die keine Formveränderung erfahren können. Dazu gehören: Adverbien, Präpositionen, Konjunktionen.

Man unterscheidet bei den Adverbien:
1. Umstandswörter des Ortes (**Lokaladverbien**)
2. Umstandswörter der Zeit (**Temporaladverbien**)
3. Umstandswörter der Art und des Grades (**Modaladverbien**)
4. Umstandswörter des Grundes (**Kausaladverbien**)

Das Vorwort (Präposition)

Die Zeitung liegt ... Tisch. Der Vogel flog ... Fenster. Diese Sätze sind unvollständig und daher unklar. Es fehlt ein Fügeteil, der die Beziehung zwischen Zeitung und Tisch, zwischen Vogel und Fenster klarmacht und das zweite Hauptwort in einen abhängigen Fall bringt. Die Zeitung liegt *unter* dem Tisch. Der Vogel flog *gegen* das Fenster. Der Vogel flog *aus* dem Fenster.
Wir beobachten: Mit dem Fügeteil ändert sich auch der Fall des Substantivs.

Die Beziehung kann nicht nur örtlicher Natur, wie in unseren Beispielen, sondern auch zeitlich, begründend oder modal sein: Er will mich *gegen* Abend besuchen. Sie lachte *vor* Freude. Ich bin *außer* Atem.

Da der Fügeteil ein Substantiv in ein bestimmtes Verhältnis zum übrigen Satz bringt, spricht man auch von „Verhältniswort". Der Ausdruck **Vorwort** wurde wegen der Stellung des Fügeteils **vor** dem Hauptwort geprägt; er ist die wörtliche Übersetzung der lateinischen Bezeichnung „Prä-position". Einige Vorwörter können jedoch dem Hauptwort nachgestellt werden.

Die Vorwörter sind – sprachgeschichtlich gesehen – eine junge Wortklasse, und ihre Zahl wächst ständig. In alter Zeit kam man ohne diese Fügeteile aus, die Beziehung wurde durch einen reinen Fall ausgedrückt (swertu houwan = mit dem Schwert erschlagen). Wir können den Prozeß des Übergangs von der reinen Fallbeziehung zur Präpositionalbeziehung auch heute verfolgen: Ich schreibe meinem Vater – *an* meinen Vater. Er trank einen Teil des Weines – einen Teil *von* dem Wein. Wir gedachten euer – dachten *an* euch.

Die Herkunft der Vorwörter ist sehr unterschiedlich; die ältesten entstanden aus lokalen Umstandswörtern (*durch, bei, auf, hinter*); manche werden heute noch als Umstandswörter und als Vorwörter verwendet (*außerhalb, diesseits, nahe*). Andere Vorwörter stammen von Hauptwörtern ab (*kraft, laut*), von Eigenschafts- und Mittelwörtern (*gelegentlich* seines Besuches, *entsprechend* der Anweisung) oder von Vorwortfügungen (*zu-folge, in-mitten*).

Kennzeichnend für das Vorwort ist, daß es vom folgenden Hauptwort einen bestimmten Fall verlangt. Man bezeichnet die Vorwörter deswegen auch als „Fallfügeteile".

Vorwörter mit dem Wesfall (Präpositionen mit dem Genitiv)

Wir wollen Ihnen zunächst Vorwörter, die den Wesfall fordern, alphabetisch auflisten: abseits, abzüglich, anfangs, angesichts, anläßlich, anstatt, anstelle, außerhalb, beiderseits, bezüglich, diesseits, einschließlich, hinsichtlich, infolge, inmitten, innerhalb, jenseits, kraft, längs, laut, mangels, namens, oberhalb, seitens, statt, trotz, um ... willen, unerachtet, ungeachtet, unterhalb, unweit, vermöge, vorbehaltlich, während, wegen, von ... wegen, zufolge, zugunsten, zuzüglich, zwecks, und andere mehr.

Einige Beispiele: *unweit* unseres Hauses; *bezüglich* Ihrer Frage *wegen* des Beitritts; *mangels* eines Lehrers; *statt* der Nägel; *namens* meines Klienten; *abzüglich* der Lohnsteuer; *um* seiner Kinder *willen.*

längs, entlang

Bei manchen dieser Vorwörter schwankt der Fall des Substantivs. *Längs* zum Beispiel kann auch den Wemfall nach sich ziehen, so daß es nicht nur längs *des* Baches, sondern auch längs *dem* Bach(e) geben kann. Ein naher Verwandter von *längs*, nämlich *entlang*, beansprucht sogar drei Fälle für sich, den zweiten, dritten und vierten: entlang *des* Baches stehen Bäume (das Vorwort ist vorangestellt); *dem* Bach entlang stehen Bäume; *den* Bach entlang stehen Bäume (das Vorwort ist nachgestellt).

zufolge

Auch *zufolge* ist sehr launenhaft und wetterwendisch. Steht es **vor** dem Hauptwort, wird es mit dem Wesfall verbunden: zufolge eines Beschlusses ... Ist es aber nachgestellt, was häufig vorkommt, verlangt es vom Hauptwort den Wemfall: einem Beschluß zufolge ...
„Zufolge" – bitte machen Sie sich die Bedeutung dieses Wortes klar! Es ist zusammengesetzt aus *zu* und *Folge*, es drückt eine tatsächliche Folge aus. Fragwürdig ist daher die Wendung: Dem Bericht des Tagblattes zufolge ... ; den Zeitungsberichten folgt nichts. Korrekterweise muß es heißen: *nach* dem Bericht des Tagblattes ... Aber: dem Befehl zufolge ... Auch einem Beschluß kann etwas nachfolgen.

trotz

Trotz leitet sich von „zum Trotz" ab. Jemandem zum Trotz, das ist dritter Fall, und es heißt auch *trotzdem*, nicht trotzdes. Dennoch steht *trotz* in unserer Liste der Vorwörter mit dem Wesfall. Versuchen wir es mit einem Beispiel: Trotz sein*es* Ehrgeiz*es* kann er es zu nichts bringen (oder: trotz *seinem* Ehrgeiz). Halten Sie es bitte, wie Sie wollen, sagen Sie *trotz des* oder *trotz dem*.

laut

Laut kann neben dem Wesfall (laut *des Berichtes*, laut *eines Briefes*) auch den Wemfall zu sich nehmen, und zwar bei Hauptwörtern ohne Artikel (laut Bericht, laut Brief) und bei vorausgehendem Beiwort (laut ärztlichem Bescheid).
Verbinden Sie bitte *laut* nur mit einem Hauptwort, das Geschriebenes oder Gesprochenes bezeichnet. „Laut Muster" ist also schlechtes Deutsch.

statt

Fritz kommt mit einem blaugequetschten Daumen zu mir, und ich frage mich: Traf er den Daumen statt *den* Nagel oder den Daumen statt *des* Nagels? Ich kann es nicht entscheiden, man hat freie Wahl. *Statt* kann nämlich auch als Bindewort verwendet werden wie im ersten Beispiel. Schlecht wäre nur, wenn Fritz den Daumen statt dem Nagel getroffen hätte, denn das Vorwort *statt* hat ja den Wesfall bei sich: statt eines Pferdes spannte er einen Esel vor seinen Wagen. Statt des Wochenblattes liest er jetzt die Tageszeitung. Aber auch: statt *das* Wochenblatt liest er die Tageszeitung. Der Wemfall gilt als korrekt, wenn dem Hauptwort ein zweites stark gebeugtes Hauptwort im Wesfall folgt. Also: statt *dem* Mantel seines Vaters (nicht: statt des Mantels seines Vaters); statt *dem* Plan des Ministers oder: statt des Ministers *neuem* Plan (nicht: statt des Planes des Ministers).

wegen

Wegen verlangt standardsprachlich den Wesfall: Wegen schlechten Wetters wird die Veranstaltung abgesagt.
Im Süden des deutschen Sprachraums wird *wegen* häufig mit dem Wemfall verbunden, auch von Dichtern wie Adalbert Stifter: „wegen dem Hunde". Notwendig wird der Wemfall, wenn dem Substantiv ein stark gebeugtes Substantiv im Wesfall vorausgeht: wegen seines Vaters *neuem* Auto; wegen seines Sohnes *schlechtem* Schulerfolg.
Dem Wemfall begegnen wir auch bei alleinstehenden starken Substantiven in der Mehrzahl: wegen Geschäften, wegen Wintermänteln (aber: wegen neu*er* Wintermänteln).
Den Dativ finden wir außerdem bei: wegen etwas anderem, wegen manchem, wegen diesem und jenem. Auch Wendungen wie „wegen Umbau, wegen Urlaub" und andere haben sich allgemein durchgesetzt. Es liegt ein ähnlicher Fall wie bei „laut Bericht" vor. Wegen mir, wegen mich oder wegen meiner? Keines der drei, sondern *meinetwegen*.
„Von wegen" hört man häufig, es gibt aber nur wenige Fälle, in denen diese Verbindung richtig ist, etwa: von Amts wegen, von Rechts wegen, von Staats wegen.

während

Während regiert heute den Wesfall: während *des* Urlaubs, während *der* Verhandlung.
Der Wemfall gilt als veraltet, ist jedoch (wie bei „wegen") dann anzuerkennen, wenn sich in der Mehrzahl Wer- und Wesfall nicht unterscheiden: während vier Verhören.
Während soll man nicht zur Bezeichnung der bloßen Zeitdauer verwenden, also dort nicht, wo man mit „wie lange?" fragen kann, wie zum Beispiel hier: Er war während einiger Tage auf Reisen. Besser: Er war einige Tage auf Reisen. Hubert gehörte während einer Reihe von Jahren der Gesellschaft der Musikfreunde an. Richtiger: Er gehörte eine Reihe von Jahren der Gesellschaft an.
Warum? Man hört doch oft: „Während eines Monats war er im Krankenhaus"!
Während ist nur dann zu setzen, wenn ein Vorgang gleichzeitig mit einem anderen verläuft. Zum Beispiel: Während des ganzen Sommers war er in Italien. Während der Nacht ist das Tor geschlossen.
Der Sommer und die Reise, die Nacht und das Geschlossensein sind gleichzeitig. Ist

jedoch jemand einige Tage auf Reisen, ist das nur ein einziger Vorgang, der mit keinem anderen verglichen wird.

Wie kann der unkorrekte Satz „Während zweier Jahre hat er in unserem Haus gewohnt" richtiggestellt werden? Ganz einfach: Zwei Jahre hat er in unserem Haus gewohnt, oder: Zwei Jahre lang (hindurch) hat er ...

Für die bloße Zeitdauer, die kein *während* verträgt, haben wir also mehrere Möglichkeiten: den einfachen Wenfall, den Wenfall verbunden mit *lang* und schließlich noch den Wenfall mit *hindurch*.

oberhalb, innerhalb

Jenseits und *diesseits*, *oberhalb* und *unterhalb*, *innerhalb* und *außerhalb* sind Ortsbezeichnungen mit dem Wesfall. Jenseits des Flusses, diesseits des Berges – dies ist so eindeutig, daß man kaum in Schwierigkeiten gerät. Bei *oberhalb* und *unterhalb* kommen manche in Versuchung, den Wemfall heranzuziehen. Es heißt aber oberhalb *des Weges* und unterhalb *des Gipfels*, nicht unterhalb dem Gipfel. Also auch unterhalb Wiens, oberhalb Münchens. Endet ein Ortsname auf *s*, *sch*, *ß*, *z* oder *tz*, umschreibt man besser, da kein Wesfall-s angehängt werden kann: oberhalb von Linz, unterhalb von Garmisch.

Allerdings fehlt heute bei Städtenamen schon oft das -s: oberhalb Frankfurt.

Wenn bei *innerhalb* der Genitiv des Hauptwortes nicht kenntlich ist, tritt der Dativ ein: innerhalb ein*es* Tag*es*, aber innerhalb acht Ta*gen*.

mittels, anläßlich

Mittels ist ein vom Amtsdeutsch mißbrauchtes Wort und ebenso entbehrlich wie die papierenen Ausdrücke vermittels, betreffs, eingangs, seitens, mangels, zwecks, antwortlich, anläßlich.

Warum „anläßlich seines 80. Geburtstages", warum nicht einfacher und weniger aufgebläht: *an* oder *zu* seinem 80. Geburtstag? Noch weniger schön klingt: behufs Kenntnisnahme. In ein verschlossenes Zimmer kann man nicht nur *mittels* eines Schlüssels gelangen, sondern viel rascher *mit* einem Schlüssel. Seitens der Behörde werden betreffs dessen wahrscheinlich zwecks Unterbindung hinsichtlich des eingangs und anfangs Verlangten mangels Unterordnung Einwendungen erhoben werden. Angesichts dessen ...

Vorwörter mit dem Wemfall (Präpositionen mit dem Dativ)

Es sind, alphabetisch aufgezählt, folgende: aus, außer, bei, binnen, dank, entgegen, gegenüber, gemäß, mit, nach, nächst, nebst, samt, seit, von, zu, zuwider.

Beispiele: mit *dem* Vater, nach *dem* Abendessen, nächst *der* Bahn, samt *den* Möbeln, gemäß *dem* Paragraphen, dank *dem* Erscheinen des Arztes, seit *dem* vergangenen Sommer, entgegen *seinem* ursprünglichen Entschluß.

mit

Mit hat eindeutig den Wemfall bei sich. Leider wird das bisweilen vergessen: Du sollst nicht mit die schmutzigen Schuhe hereinkommen. Spiel nicht mit die schlimmen Buben.

Achten Sie beim Sprechen auf den dritten Fall, dann wird er sich beim Schreiben von selbst einstellen. Und noch eins: er ist nicht „zu" mir, sondern *mit* mir verwandt. Fritz ist ein Vetter *von* mir.

„Meines Erachtens nach ..." Erachten Sie bitte nichts im Wesfall, wenn Sie „nach" folgen lassen! *Nach* verlangt den Wemfall: nach mein*em* Eracht*en*, mein*em* Dafürhalt*en* nach.

Oder: meines Erachtens, meines Dafürhaltens (dann aber ohne „nach"). Im allgemeinen sind diese Wendungen überflüssig, weil jeder meist nur von seiner Meinung redet. Gibt man die Meinung eines anderen wieder, wird dies ohnehin betont.

bei

Bei wird oft falsch gebraucht. Viele gehen bei einem Haus statt *an* einem Haus vorbei, sie kommen bei der Tür statt *zur* Tür herein. Richtig sieht man nicht beim Fenster, sondern *zum* Fenster hinaus, erzählt nichts *beim* Vorübergehen, sondern *im* Vorübergehen, nicht bei diesem Bild, sondern *an* oder *auf* diesem Bild erkennt man ... usw.

Wann *bei* berechtigt ist? Ich war *bei* Bergers, ich ging *bei* Regen aus, ich fand *bei* Goethe den folgenden Vers, *bei* Bonn, *bei* uns, *bei* Nacht und Nebel.

Örtlich ist *bei* nur dort richtig, wo es Nähe ausdrückt und das Zeitwort Ruhe, Verweilen deutlich macht: Ich bleibe *bei* dir. Der Kühlschrank steht *beim* Herd.

Man hört mitunter: Der Marktplatz liegt gegenüber vom Theater; er wartet gegenüber vom Eingang. Es heißt jedoch richtig: Dem Theater gegenüber liegt ... und: Er wartet gegenüber dem Eingang.

außer

War ich außer mir oder außer mich? *Außer* regiert gewöhnlich den dritten Fall, und der lautet bei dem verlangten persönlichen Fürwort *mir* beziehungsweise *dir*. Also: Du warst außer dir und ich war außer mir.

Bei Verben der Bewegung steht jedoch der Wenfall: Ich geriet außer *mich*.

Außer kann auch als Bindewort gebraucht werden, und dann ist der vierte Fall möglich. Ich kenne außer *ihr* keinen Menschen näher („außer" ist hier Vorwort). Ich kenne niemanden außer *sie* („außer" ist hier Bindewort). Er hat alles verloren außer *seinem* oder *sein* Leben. Ich habe niemanden mehr außer *dir* oder außer *dich*.

Und was ist: außer Land*es*? Doch offensichtlich der zweite Fall. In festen Verbindungen wie dieser und „von alters her" steht der Wesfall; das sind aber Ausnahmen.

dank

Dank kommt von „der Dank". Dank sei *dir*, Dank sei *ihm*, das sind Wemfälle. Es ist also, dem Sinn gemäß, *dank* auch als Vorwort nicht mit dem zweiten, sondern mit dem dritten Fall zu verbinden, selbst wenn es häufig anders gemacht wird: dank seines guten Rufes, besser: dank *seinem* guten Ruf; dank des erfolgreichen Abschlusses, besser: dank *dem* erfolgreichen Abschluß.

Binnen verträgt neben dem Wemfall auch den Wesfall: binnen *einem* Jahr und: binnen *eines* Jahres; aber: binnen kurz*em*.

ab

Ab wurde früher allgemein als Vorwort mit dem Wemfall gebraucht; jetzt ist seine Verbindung mit dem dritten Fall hauptsächlich auf die Kaufmannssprache beschränkt: ab Köln, Fracht ab Bahnhof, ab Lagerhaus.

Neben diesem örtlichen Gebrauch ein zeitlicher: ab heute, ab 10. Mai, ab nächster Woche, ab fünf Uhr, ab der sechsten Klasse.

Schön sind diese Bildungen nicht, in den meisten Fällen wird man besser umschreiben: *von* der sechsten Klasse *an*, *von* nun *an* und so fort.

Vorwörter mit dem Wenfall (Präpositionen mit dem Akkusativ)

Den Wenfall fordern: bis, durch, für, gegen, ohne, sonder, um, wider. Einige Beispiele: durch *dich* bin ich gerettet worden; für *dich* bin ich zu allem bereit; gegen *den* Angeklagten; die Rechnung ohne *den* Wirt machen; er wirbt um *dich*; er kämpft wider *mich*; bis nächst*en* Sonntag ...

durch

Durch ist von *wegen* und *infolge* bei einiger Überlegung leicht zu unterscheiden. Man merke: *Durch* steht dann, wenn man mit *wodurch?* fragen kann; *wegen* oder *infolge* dann, wenn man mit *warum, weshalb, weswegen?* fragt. *Durch* gibt immer das Mittel an, *wegen* oder *infolge* den Grund. Also: *Durch* Drohungen wurde er zu Aussagen gezwungen. Wodurch? *Durch* eisernen Fleiß kam er ans Ziel. Aber: *Wegen* seines Könnens wurde er anerkannt. Weshalb? Warum? *Wegen* seiner guten Führung wurden ihm drei Jahre Haft erlassen.

Stimmt das: „Durch die drohende Einsturzgefahr mußte das Haus geräumt werden"? Weswegen mußte es geräumt werden? Also *wegen* der Einsturzgefahr.

Durch seinen Tod ist eine Stelle freigeworden. Wodurch? Richtig. Infolge seines Todes mußte die Stelle neu besetzt werden.

für

Für erfreut sich besonderer Beliebtheit und steht oft dort, wo es in gutem Deutsch nicht stehen sollte. Es ist zum Allerweltswort geworden und ist doch nur beschränkt verwendbar. Jemand ist nicht für drei Tage abwesend, sondern: drei Tage. Ein

Bericht wird nicht für das abgelaufene Jahr erstattet, sondern: über. Hier wird die Verwendung klar: der Bericht wird über das Jahr und *für* die Vereinsmitglieder gemacht. Hochachtung nicht für sein aufrechtes Wesen, sondern *vor* seinem aufrechten Wesen.

Ich habe keine Neigung dafür? Nein, *dazu*. Das Hauptwort heißt ja nicht Fürneigung, sondern Zuneigung! Das „Mittel für Zahnschmerzen" ist heute wörtlich genommen ein Mittel, das Zahnschmerzen bewirkt. Das *für* ist hier in der alten Bedeutung „vor" verwendet (vergleiche „Fürtuch"), es soll sich also das Mittel „vor" den Zahnschmerz legen.

um

Um klingt in einigen Wendungen sehr vornehm. Wenn ein Autor nicht *über* etwas schreiben kann, hat er den verblüffenden Einfall, um etwas herum zu schreiben; Leser finden sich immer. „Ein Gespräch um die Liebe", „Ein Spiel um Glück und Leid" heißen dann die vielversprechenden Titel.

ohne

Ohne meiner, ohne mir, ohne mich? Ohne seiner, ohne ihm, ohne ihn? Eine peinliche Frage, besonders für den Süddeutschen, der *ohne* mit dem Wemfall verbindet. Nicht ohne mir, sondern ohne *mich* wird große Politik gemacht. Die deutsche Sprache ist ohnedem so leicht, nein, sie ist höchstens *ohnedies* so leicht. Ohnedem ist veraltet, man vermeidet es besser; zweifelsohne wird man dabei gut fahren. Zweifelsohne? Keine besonders schöne Bildung, wenngleich sie modern ist; bleiben wir besser bei „ohne Zweifel" oder „zweifellos".

gegen, wider

Gegen gibt die Richtung im Sinne von *entgegen* an: Er blickte gegen Westen. Sie war unhöflich gegen mich. Prozeß Meier gegen Müller. Gegen Abend wurde das Wetter besser. *Gen* Himmel blickt heute niemand mehr.

Wider bedeutet *gegen*. Er handelt wider meinen Willen, wider mich. Davon sind abgeleitet: Widerhall, Widersacher, Widerpart, Widerspruch, widersinnig, widerborstig, widerwärtig, widerfahren, widerlich, widernatürlich, Widerruf, widersetzen, widerspiegeln und so weiter.

bis

Bis ist ein Vorwort, das sich erst allmählich entwickelt; manchmal wird es überfordert. Eigentlich sollte es nur bei Zeitbestimmungen stehen (bis gestern), setzt sich aber auch schon lokal durch (bis München). *Bis heute, bis Montag, bis Mittag* kann man sagen, aber „bis Abend" klingt nicht gut, „bis Morgen" ist unmöglich, wir sagen daher besser: bis *zum* Abend, bis *zum* Morgen. Wir warten nicht bis Einbruch der Nacht, sondern: bis *zum* Einbruch der Nacht. Die Straße bleibt bis Beendigung der

Aufräumungsarbeiten gesperrt. Das junge Vorwort ist also nur bei einigen Zeitangaben fähig, die Beziehung befriedigend herzustellen; in vielen Fällen brauchen wir als zweite Präposition *zu*.

Empfinden Sie einen Unterschied zwischen: ich fahre *bis nach* Athen – ich fahre *nach* Athen? Im ersten Satz soll die Entfernung besonders herausgestrichen werden, es soll gesagt werden, daß man auf seiner Reise sogar *bis* nach Athen kommt. Ist das nicht der Fall, fährt man *nach* Athen.

Vorwörter mit dem Wem- oder Wenfall

Es gibt einige Vorwörter, die vom Hauptwort den Wemfall **oder** den Wenfall fordern. Das sind: an, auf, hinter, in, neben, über, unter, vor, zwischen.
Der Wemfall steht bei Bezeichnung der Ruhe; der Wenfall dient zur Angabe von Richtung und Bewegung. Zwei Fragewörtchen helfen uns, den richtigen Fall zu treffen: dritter Fall *wo?*, vierter Fall *wohin?* Beispiele: Das Bild hängt an *der* Wand (wo?, also dritter Fall). Das Bild wird an *die* Wand gehängt (wohin?, also vierter Fall).

auf

Nicht immer kommt man mit den Fragen *wo?* und *wohin?* aus, oft ist einige Überlegung notwendig. Vergleichen Sie die Sätze: Sie besteht auf ihrem Recht / Sie besteht auf sofortige Entschädigung. Im ersten Satz (Dativ) beharrt sie auf etwas bereits Bestehendem; im zweiten Satz (Akkusativ) verlangt sie, daß etwas geschehe. „Ich sitze auf meinem Zimmer." Auf dem Zimmer oben drauf? Wohl kaum, ich sitze *in* meinem Zimmer. Schiller schreibt im „Wilhelm Tell": „Auf *dieser* Bank von Stein will ich mich setzen."
Freilich kann ich mich auch auf *diese* Bank setzen, ich tue es sogar meistens. Damit ist die Richtung angegeben, in die ich mich wende. Schiller aber wollte den Ort bezeichnen: auf dieser, ebendieser und keiner anderen Bank wollte sein Held sich setzen. In den folgenden Sätzen werden Sie leichter erkennen, daß der Wem- und der Wenfall Verschiedenes ausdrücken: Er wurde in der Schule freundlich aufgenommen; er wurde in die Schule aufgenommen. Er versank in der Tiefe; er versank in die Tiefe. Die Lichtleitung hängt über die Straße; die Lampe hängt über der Straße. Ich halte mich an dich; ich halte mich an dir fest.

über

Soll Gleichzeitigkeit ausgedrückt werden, steht der Wemfall: Er vergißt die Erholung über *der* Arbeit. Meist vergißt man über *dem* Spiel die Arbeit. Zu *über* nebenbei einen Wink: Sagen Sie *über*, nie „ober", denn die Standardsprache kennt „ober" nicht, es gibt nur „oberhalb". Er wohnt nicht ober mir, sondern *über* mir.
Dafür steht *über* manchmal in Verbindungen, die es durchaus nicht vertragen: über Aufforderung, über Einladung, über Beschluß der Behörde und ähnliches. Besser: auf Einladung, nach dem Beschluß, dem Beschluß zufolge ...

an – unter

Leidet man *unter* oder *an* Zahnschmerzen? Dem Leidenden wird es wahrscheinlich gleichgültig sein; wir aber wollen entscheiden. *Unter* bezeichnet meist nicht körperlich bedingte Ursachen eines Leidens: Er leidet unter den schlechten Verhältnissen. Sie leidet unter der schlechten Ehe.
Sind die Ursachen körperlicher Art, ist *an* das entsprechendere Vorwort: Ich leide an Sehstörungen. Er leidet an Asthma. Man leidet also nicht *unter*, sondern *an* Zahnweh.

zwischen

In *zwischen* steckt das Wort *zwei*; wo *zwischen* steht, muß es sich also immer um zwei oder mehrere handeln. Zwischen Bruder und Schwester gibt es häufig Streit. Zwischen den Häusern steht kein Zaun.
In einer Zeitung war zu lesen: Zwischen Unternehmern und zwischen Arbeitern konnte kein Einvernehmen erzielt werden. – Das ist zuviel, **ein** *zwischen* genügt. Sonst verhandeln nämlich die Unternehmer für sich und die Arbeiter für sich, ohne dabei eine Einigung zu erreichen; nicht aber, was offenbar gesagt werden soll, die Unternehmer mit den Arbeitern.

Verschmelzungen

Einige Vorwörter verschmelzen mit dem Artikel zu einem einzigen Wort: „an dem" zu *am*; „bei dem" zu *beim*; „in dem" zu *im*; „von dem" zu *vom*; „zu dem" zu *zum*; „zu der" zu *zur*.
Diese Zusammenziehungen sind korrekt und immer dann notwendig, wenn der vor dem Hauptwort stehende Artikel unbetont ist: am Abend, beim Arbeiten, zur Weihnachtszeit. Er ist Berater im Ministerium; er fährt zum Bahnhof.
Übrigens: *am* ist an dem, nicht auf dem! Es ist also strenggenommen falsch, zu sagen: wir wohnen am Land, die Zeitung liegt am Tisch, er hat etwas am Gewissen, sie waren am Bahnhof. Zumindest außerhalb Österreichs (wo sich das *am* auch in der Literatursprache durchaus eingebürgert hat), wohnen wir *auf* dem Land und die Zeitung liegt *auf* dem Tisch und so weiter.
Wird der Artikel betont und damit zum hinweisenden Fürwort (das durch *dieser* ersetzt werden kann), darf man Fürwort und Vorwort nicht verschmelzen. Einige Beispiele: Ich war heute wieder in *dem* Haus, in dem ich gestern war; dagegen: Ich war im Garten, im Haus.
Ich gehe immer zu dem Kaufmann, der das günstigste Gemüse hat. Er kam gerade zu der Zeit, zu der er nicht erwartet wurde.
Zwei Sätze, ganz ähnlich und doch in ihrer Bedeutung verschieden, sollen beweisen, daß diese Unterscheidung nicht müßig ist: Ich war im Kino, wo ich den neuesten Krimi sah (bei dem erwähnten Kinobesuch sah ich einen Krimi). Und: Ich war in *dem* Kino, in dem ich (vor kurzem) den neuesten Krimi gesehen habe.
Verschmelzungen von Vorwörtern mit *das* haben sich im Laufe der Zeit immer

mehr durchgesetzt: „an das" zu *ans*; „durch das" zu *durchs*; „für das" zu *fürs*; „in das" zu *ins*; „auf das" zu *aufs*.

Es darf kein Auslassungszeichen (auf's) gesetzt werden. In der Standardsprache noch nicht ganz durchgedrungen sind: hinters, übers, unters, vors.

Anführungszeichen dürfen die Beugung des Hauptwortes in dem vom Vorwort verlangten Fall nicht verhindern, wie wir schon vom Hauptwort her wissen. Es wirkt nicht gut, wenn man von einem Textbuch zu „Die Meistersinger", von der Ouvertüre zu „Die Fledermaus" spricht, oder wenn man von einem Bericht erzählt, der in „Der Grenzbote" steht. Der Artikel muß aus dem Zitat herausgenommen und gebeugt werden. Wenn es notwendig ist, hängt man an das zitierte Wort eine Endung, ohne sich daraus ein schlechtes Gewissen zu machen: ein Textbuch zu den „Meistersingern", die Ouvertüre zur „Fledermaus", der Bericht des „Grenzboten". Manche verkürzen ihre Sätze mit Hilfe eines Mittelwortes so, daß zwei Vorwörter aneinanderstoßen: *Mit vor* Sehnsucht vergehenden Blicken ... *Von in* neuerer Zeit beobachteten Vorfällen ...

Man muß diese Fügungen auflösen und die Vorwörter trennen: von Vorfällen, die in neuerer Zeit beobachtet wurden ...

Übungen

Beugen Sie bitte das Substantiv in den richtigen Fall!
Wann fahren Sie aufs Land? Vielleicht während ... (Urlaub)?
Weswegen haben Sie einen Schirm bei sich? Wegen ...
Womit überweisen Sie einen Geldbetrag? Mit (bitte möglichst nicht mittels!) ... (Zahlkarte).
Um ... Stellung willen; statt ... Mantel; trotz ... Bemühungen; längs ... Wald; diesseits ... Fluß; ohne ... Vater; ungeachtet ... Anordnung; entgegen ... Befehl; gemäß ... Anweisung; innerhalb ... Kloster; oberhalb ... Bahnhof; nächst ... Schloß; samt ... Familie; wider ... Abmachungen; ... Bequemlichkeit halber; inmitten ... Freundinnen; ungeachtet ...(schlecht) ... Wetter; ohne ... Kenntnis; binnen ... Woche; ich setze mich neben ... (du); er setzt sich hinter ... (ich); ich kam ... Bruder wegen; er wohnt gegenüber ... Rathaus; seit ... letzten Herbst; entgegen ... besseren Wissen handeln.
Bitte verbessern Sie!
Bei was hast du dich verletzt? Mit was hast du dich geschnitten? Von was lebst du? Durch was bist du aufmerksam geworden? Durch wen hast du die Nachricht, und wodurch hast du sie erfahren? Für wen oder wofür hast du dich eingesetzt? Gegen wen sprichst du? Wogegen kämpfen Sie an? Um wen bist du besorgt? Worum bist du besorgt?
Bitte setzen Sie die passenden Fürwörter ein!
Wir haben uns nichts mehr zu sagen, ich lebe ohne ... Sie haben sich nichts mehr zu sagen, sie leben ohne ... Durch ... erfuhr ich davon. Ich spreche für ... und wider ... Um ... geht es gar nicht. An ... soll es in Zukunft nicht mehr liegen. Ich mußte an ... halten, um nicht laut loszulachen. Er ging eine Zeitlang neben ... Er trat vor ... hin. Ich gehe zu ... Schwester. Sie kamen in ... Dorf an.
Bitte bilden Sie je einen Satz mit: über dem Haus, über das Haus; über den Häusern, über die Häuser; auf dem Tisch; auf den Tisch; hinter mir; hinter mich.

In den folgenden Sätzen ist etwas faul!
Zwischen ihm und zwischen ihr gibt es immer Streit. Wegen ein bißchen Regen
ärgere ich mich nicht. Mein Sohn wurde durch den Lehrer getadelt. Ohne dir wüßte
ich mir nicht mehr zu helfen. Ein Drama um Napoleon. Er ist auf den Wörthersee
gefahren. Ich habe meine Brille am Boden zerschlagen. Er leidet unter Magengeschwüren. Zum Gasthaus und Aussichtsterrasse. Ausgang für die Büroangestellten
und Küchenpersonal. Endlich sind wir an unserem Lager angekommen. Ich blieb
bei einem Brett hängen. Meine Frau fragte um den Kaffee. Das Wasser kam vom
Keller. Das Flugzeug benötigt zu dieser Strecke drei Stunden.

Zusammenfassung

Die **Vorwörter (Präpositionen)** sind eine junge Wortart. Sie drücken die Beziehung
des Hauptwortes oder Fürwortes zu den übrigen Satzteilen aus und verlangen einen
bestimmten Fall.
Vorwörter mit dem dritten Fall:
aus, außer, bei, binnen, dank, entgegen, gegenüber, gemäß, mit, nach, nebst,
samt, seit, von, zu, zuwider.
Vorwörter mit dem vierten Fall:
bis, durch, für, gegen, ohne, um, wider.
Vorwörter mit dem dritten Fall (wo?, Lage) oder dem vierten Fall (wohin?, Richtung):
an, auf, hinter, in, neben, über, unter, vor, zwischen.
Einige Vorwörter mit dem zweiten Fall:
anstatt, außerhalb, infolge, statt, trotz, während, wegen, zwecks.
Diese Gruppe vermehrt sich derzeit stark.
Es gibt Vorwörter, die nicht ausschließlich auf **einen** Fall festgelegt sind.

Das Bindewort (Konjunktion)

Die Bindewörter (Konjunktionen) verknüpfen Wörter und Sätze bzw. Satzteile untereinander. Sie geben ungefähr die Richtung an, in der die Beziehung zu suchen ist. Man unterscheidet zwei Gruppen: nebenordnende (koordinierende) und unterordnende (subordinierende) Bindewörter.

Nebenordnende Bindewörter

Zuerst stellen wir Ihnen Bindewörter vor, die Gleiches mit Gleichem, gleichwertige Satzglieder oder gleichwertige Sätze verbinden. **Anreihende** Bindewörter: und, auch, dazu, sogar, dann, ferner, sowie, endlich, außerdem, überdies, desgleich, zudem.

Neben diesen Einzelgängern gibt es eine Reihe gepaarter Bindewörter, die immer gemeinsam auftreten müssen: sowohl – als auch, weder – noch, nicht nur – sondern auch, halb – halb, teils – teils, einerseits – andererseits, bald – bald, je – desto (um so).

Achten Sie bitte darauf, daß Sie nicht einen der zusammengehörenden Partner unterwegs verlieren oder Partner falsch verbinden.

Entgegenstellende Bindewörter schließen einen Gegensatz zu dem vorher Gesagten an: Es war kein Vergnügen, *sondern* harte Arbeit. Man hat ihm nie eine schwierige Arbeit übertragen können, er war *jedoch* aufrichtig und treu.

Andere entgegenstellende Bindewörter sind: aber, allein, nur, hingegen, dagegen, gleichwohl, indessen, doch.

Soll eine Begründung oder Folge ausgedrückt werden, greift man zu den **begründenden** oder **folgernden** Bindewörtern. Wir wollen neben dem häufig gebrauchten *denn* noch anführen: nämlich, daher, deswegen, darum, also, folglich, auch, demnach, mithin, somit.

Du hast mir zuwenig Geld gegeben, *daher* konnte ich nicht alles einkaufen. Ich bin mit meiner Arbeit fertig, *also* können wir ausgehen. Er ist mein Freund, *darum* helfe ich ihm.

Ausschließende Bindewörter sind: oder, entweder – oder, sonst, andernfalls. *Entweder* ihr arbeitet mit mir zusammen, *oder* ihr müßt euch von mir trennen. Ich habe nur diesen einen Freund, *sonst* kenne ich keinen Menschen.

Bei manchen nebenordnenden Bindewörtern haben wir die Möglichkeit, sie an verschiedenen Stellen in den Satz einzubauen.

Die häufigste Stellung ist die Spitzenstellung: „Der lange Weg war zermürbend und anstrengend, *dennoch* wanderten wir ohne Rast die schier endlose Straße entlang."

Vergleichen Sie dagegen: ... wir wanderten *dennoch* ohne Rast ...

Durch diese einfachen Umstellungen wird die Aussage jedesmal anders gefärbt, und man kann deutlicher machen, worauf es einem ankommt.

Unterordnende Bindewörter

Die zweite Gruppe, die unterordnenden Bindewörter, verbinden die Hauptsätze mit untergeordneten Sätzen so, daß ein festes Satzgefüge entsteht; die Sätze sind nicht mehr trennbar. Die *daß*-Sätze sind die weitaus häufigsten, lassen sich aber auch öfters vermeiden: „Ich hoffe, daß es möglich sein wird, daß wir ihn überzeugen." Besser: Ich hoffe, es wird möglich sein, ihn zu überzeugen.

An Stelle von *obwohl* kann eine Vielzahl von Bindewörtern gebraucht werden. Nebenordnend: Er ist gallenleidend; *trotzdem* trinkt er viel Kaffee. Unterordnend: Darin waren sich die drei Schwestern gleich, *trotzdem* ansonsten ihr Charakter sehr verschieden war.

Die Bindewörter der **Zeit** spielen uns manchmal einen Streich. *Während*, das wir auch als Vorwort kennen, drückt zunächst Gleichzeitigkeit aus: Während wir auf Urlaub sind, betreut meine Schwester die Kinder. Während sie strickt, liest sie in einem Buch.

Während kann aber auch entgegenstellend gebraucht werden: Während ich gern Bier trinke, bevorzugt er Wein.

Im folgenden Satz ist das Bindewort sowohl gleichzeitig als auch entgegenstellend verwendet: Während die anderen lachten, war mir zum Weinen.

Auch das modale *indem* fordert Gleichzeitigkeit, gibt aber zusätzlich die Art an, wie etwas geschieht, niemals jedoch den Grund. Also nicht: Er blieb zu Hause, indem er erkältet war; sondern: Er blieb zu Hause, weil er erkältet war. Er beglückwünschte mich, *indem* er mir zutrank. Wie?, also richtig.

Nachdem ist nur in zeitlicher Bedeutung möglich; das wird allerdings im südlichen Sprachraum immer wieder vergessen. Niemals kann *nachdem* etwas begründen. „Nachdem ich kein passendes Kleid habe, bleibe ich zu Hause." Nein! *Da* ich kein passendes Kleid habe ...

Dies scheint der Filmfreund einer Zeitung nicht zu wissen, denn er serviert den Satz: „Es wird Sie interessieren, daß xy doch zu den verblassenden Sternen gehört, *nachdem* auf der diesjährigen Biennale in Venedig ihre Filme nur mehr als ‚Rückschau' aufgeführt wurden ..." Für Begründungen empfehlen sich statt des falschen *nachdem weil* und *da*.

Häufig wird *bis* fälschlich für *wenn* verwendet: „Wir essen, bis du kommst; bis du vierzehn bist, bekommst du ein Fahrrad." Sie essen doch nicht so lange, bis er kommt – dann fände er wohl nicht mehr viel vor –, sondern Sie essen, *wenn* er kommt; und das Fahrrad bekommt der Kleine nicht, solange er noch Kind ist, sondern erst dann, *wenn* er vierzehn ist.

Bis bezeichnet eben nicht das Ziel, sondern einen Weg, eine Zeitstrecke: Der Krug geht so lange zum Brunnen, *bis* er bricht.

Auch Vorwörter werden von *bis* verdrängt: „Ich freue mich schon, bis der Sommer kommt." Nein! Ich freue mich *auf* den Sommer.

Das Wörtchen *ob* drückt immer Ungewißheit aus: Ob er kommen wird, ist unsicher; ob sie die Prüfung bestehen wird, weiß ich nicht.

So einfach diese Verwendung ist, unverständige Schreiber bringen es fertig, sogar *ob* falsch zu gebrauchen. Ein Romanschriftsteller ließ sich zu folgender Sprachvergewaltigung hinreißen: „Ob sie kommen wird, war mir nach alldem, was wir miteinander gesprochen hatten, klar." Für solche Fälle gibt es *daß*.

Übungen

Überprüfen Sie bitte die folgenden Sätze!
Zwar gefiel es ihm sehr gut beim Herrenabend, andererseits wollte er seine Frau nicht zu lange warten lassen. Je später es wurde, fühlte ich mich immer wohler. Die Ware ist sowohl teuer und außerdem qualitativ nicht auf der Höhe. Hole mich bitte entweder ab und rufe mich sonst an. Teils muß ich ihr recht geben, andererseits scheint sie doch zu übertreiben.
Ich fürchte, ob ihr mich richtig verstanden habt. Er ist nach Südamerika ausgewandert, indem er in Europa keine passende Arbeit fand. Man trifft sie immer in Gesellschaft, nachdem sie nicht gerne allein ist. Er wagt nicht zu hoffen, ob er das Engagement bekommt.
Das gibt es auch: „Meine Hühner und meine Kühe legen weder Eier noch geben sie Milch." „Herr Maier und seine Frau verbringen ihre freie Zeit teils im Kosmetiksalon, teils auf dem Fußballplatz."

Zusammenfassung

Es gibt zwei Gruppen von Bindewörtern (Konjunktionen): neben- und unterordnende.

Zu den **nebenordnenden (koordinierenden) Konjunktionen** gehören unter anderem:

    1. anreihend: und, auch, dann
    2. entgegenstellend: aber, doch
    3. begründend: denn, daher
    4. ausschließend: entweder – oder, sonst

Die **unterordnenden Bindewörter** bewirken, daß die Personalform des Verbs an die letzte Stelle rückt. Sie leiten einen Gliedsatz ein.

Zu den **unterordnenden (subordinierenden) Konjunktionen** gehören unter anderem:

    1. temporal: als, während, nachdem, ehe, bevor, bis
    2. modal: indem
    3. kausal: weil, da
    4. final: daß, damit
    5. konditional: wenn, falls
    6. konzessiv: obwohl

Zur Wortbildung

Möglichkeiten der Wortbildung

Bisher haben wir beschrieben, wie unsere Sprache heute aussieht und was als angemessener sprachlicher Ausdruck gilt. Da wir Ihnen nun einen kurzen Einblick in die Wortbildung geben und dabei alte Silben und Wörter auskramen werden, müssen wir auch einiges aus der Geschichte unserer Sprache erzählen.

Wie und wann der Mensch sprechen gelernt hat, wissen wir nicht genau. Die Nachahmung von Lauten und Geräuschen der belebten und unbelebten Natur, Rufe des Schreckens, der Furcht und der Freude und schließlich Laute, die Gebärden und Mienenspiel der Menschen begleitet haben, werden zur Erklärung der Sprachentwicklung herangezogen.

Auf der Erde werden ungefähr 3000 Sprachen gesprochen, die sich in größere und kleinere Gruppen zusammenfassen lassen. Auch für unsere Sprache wurde nachgewiesen, daß sie einer großen Sprachfamilie angehört. Der Ahnherr dieser Familie ist das **Indogermanische**.

Aus dieser Ursprache bildeten sich allmählich Einzelsprachen, zum Beispiel das Keltische, Italische, Griechische, Slawische, Indische und das **Germanische**, das sich im dritten Jahrhundert n. Chr. in das Ost-, Nord- und Westgermanische teilte. Das **Ostgermanische** sprachen einst die Goten, Vandalen und Burgunden; wir kennen es aus der Bibelübersetzung des gotischen Bischofs Wulfila (4. Jahrhundert). Das **Nordgermanische** finden wir auf alten skandinavischen Runensteinen. Das **Westgermanische** finden wir seit dem 8. Jahrhundert aufgezeichnet. Jetzt erst kommen wir zum **Deutschen**, das sich aus dem Westgermanischen entwickelt hat.

Doch selbst der deutsche Sprachraum blieb nicht einheitlich, durch die sogenannte hochdeutsche Lautverschiebung wurde er in zwei Teile gespalten. Im Norden blieb das Niederdeutsche ungefähr auf der Stufe der außerdeutschen westgermanischen Sprachen (daher die Ähnlichkeit mit dem Englischen), in Mittel- und Süddeutschland formte sich das **Hochdeutsche**.

Nach seiner lautlichen Entwicklung und nach seinem Wandel im Laufe der Zeit gliedern wir das Hochdeutsche in das **Althochdeutsche** (750 – 1100), das **Mittelhochdeutsche** (1100 – 1350), das **Frühneuhochdeutsche** (1350 – 1600) und das **Neuhochdeutsche** (von 1600 an).

Seit der althochdeutschen Zeit wurde unsere Sprache in literarischen Werken, Übersetzungen und Urkunden aufgezeichnet. Wir werden bisweilen auf das Mittelhochdeutsche zurückgreifen, um Ihnen zu zeigen, wie sich die einzelnen Wörter und ihre Bedeutung verändert haben.

Man begegnet vielen Wörtern, denen man ansieht, daß sie zusammengehören, wenn auch Bedeutung und Aussehen oft sehr verschieden sind: binden, Band, Bund, verbinden, entbinden, zubinden, abbinden, unterbinden, verbindlich, Gebinde, Angebinde, Bindeglied, Binder, Binderei, Bande, bändern, bändigen, unbändig, achtbändig, Ausbund, Bündnis.

Oder: reiten, Ritt, Reiter, Ritter, Rittertum, Reitpferd, Reitbahn, beritten, bereiten, rittlings, bereits.

Oder: taugen, tauglich, Tauglichkeit, Taugenichts, Tugend, tüchtig, Tüchtigkeit. Jede dieser drei Wortgruppen bildet eine Familie und hat einen gemeinsamen Stammvater. Für die Familie „binden" haben die Sprachforscher nach Vergleichen mit anderen Sprachen *bhendh*, für „reiten" *reidh* und für „taugen" *dheugh* erschlossen. Diese so fremd anmutenden Wörter nennen wir **Sprachwurzeln**. Sie stammen aus indogermanischer Zeit und bilden die Keimzellen nicht nur unserer Sprache, sondern auch der anderen Sprachen, die zur Gruppe des Indogermanischen gehören.

Vergleichen wir nun bind(en) – Band – Bund. Wenn wir von der Beugungsendung des Zeitworts absehen, unterscheiden sich die drei Wörter nur durch ihren Vokal (i – a – u). Wir denken sogleich an die starken Zeitwörter, bei denen uns dieser Vokalwechsel bekannt ist (binden – band – gebunden), und wissen, daß wir hier den Ablaut vor uns haben.

Damit kennen wir schon die erste Möglichkeit der Wortbildung: Von einer gemeinsamen Wurzel bilden sich infolge verschiedener Betonung **Ablaut-** oder **Stammformen** mit unterschiedlicher Bedeutung. Da diese neuen Wörter nur durch eine Veränderung im Wortinneren, also ohne äußeren Zusatz entstehen, sprechen wir von **innerer Wortbildung**.

Um deutlicher zu machen, was wir als innere Wortbildung bezeichnen und welche Bedeutung ihr zukommt, einige Beispiele: dringen – Drang; klingen – Klang; stinken – Stank, Gestank; sieden – Sud; trinken – Trank, Trunk; greifen – Griff; saufen – Suff; werfen – Wurf; saugen – Sog und so weiter.

Mit der inneren Wortbildung vergleichen Sie bitte eine andere: ver-bind-lich, Bind-e, Bünd-nis, Ein-band. Hier tritt der Stamm nicht mehr wie bisher allein auf, sondern ihm gesellen sich Laute oder Silben hinzu. Das ist die zweite Möglichkeit, Wörter zu bilden, und man spricht hier sinngemäß von **äußerer Wortbildung**.

Die Bedeutung der Wurzelwörter, die noch allgemein und weit war, wurde durch die Verbindung mit anderen Wurzeln wesentlich eingeengt und daher genauer bestimmt. Wir können uns diese Vorgänge an geläufigen Wörtern deutlich machen. „Baum" zum Beispiel ist ein sehr weiter Begriff; füge ich aber ein zweites Wort hinzu – bilde ich also eine Zusammensetzung – wird die Bedeutung eingeengt: Laubbaum, Birnbaum, Hebebaum, Lebensbaum.

Ähnlich hat man früher bei Zusammensetzungen alle Bestandteile als eigene Wörter empfunden. Im Laufe der Zeit aber wurde ein Teil der Neubildung schwächer betont, schrumpfte ein, und dadurch wurde seine ursprüngliche Gestalt immer weniger erkennbar. Von den einst selbständigen Wörtern blieben schließlich bloß Silben übrig, die heute ohne eigenen Sinn sind, zusammen mit einem neuen Stammwort aber ein neues Wort mit neuer Bedeutung ergeben können.

Wir haben eine Anzahl solcher Silben und nennen sie nach ihrer Stellung **Nachsilben** (Suffixe) oder **Vorsilben** (Präfixe). Mit ihrer Hilfe entstehen viele neue Wörter; das können entweder Ableitungen (Kleid-*ung*) oder **Präfixbildungen** (*Un*friede) sein.

Von dieser Art der Wortbildung unterscheidet man die **Zusammensetzung**, bei der die einzelnen Teile noch als selbständige Wörter erkennbar sind, wie zum Beispiel bei *Schlüsselloch* oder *Schreibtisch*.

Ableitungen

Betrachten wir zuerst die **Ableitungen (Derivationen)**. Oft empfinden wir ein Wort gar nicht als Ableitung, weil die Nachsilbe nur noch aus einem einzigen Laut besteht. Wörter wie *Rinne, Hilfe, Flechte, Gabe, Sprache, Fuhre, Quelle* sind nur mit Hilfe des Suffixes *-e* aus den Zeitwörtern rinnen, helfen, flechten, geben, sprechen, fahren, quellen abgeleitet worden; die Größe, die Liebe, die Länge, die Ebene aus den Eigenschaftswörtern groß, lieb, lang und eben.

Eine unscheinbare Ableitung liegt auch in folgenden Wörtern vor: Fros-t (von frieren), Verlus-t (von verlieren), Gif-t (von geben), Haf-t (von heben), Gesich-t (von sehen). Hier ist das *-t* der letzte Rest einer wortbildenden Silbe.

Bezeichnungen auf *-ing* haben einst Sippenzugehörigkeit ausgedrückt. Manche Ortsnamen gehen auf solche Sippenbezeichnungen zurück: Leonding, Hörsching, Meiningen, Tübingen.

Ein Mann, der dem Adel zugehörte, war ein Edel-ing. Das auslautende *l* des Stammes (auch das von Namen wie Karol-inger) wurde später zur Ableitungssilbe gerechnet, und so entstand die neue Ableitungssilbe *-ling*. Sie ist bis heute lebendig, wir verdanken ihr eine große Anzahl von Wörtern, ohne die wir nicht mehr auskämen. Von Eigenschaftswörtern wurden Frühling, Jüngling, Fremdling, Liebling abgeleitet. Andere Hauptwörter wieder bekommen durch *-ling* eine ausgesprochen negative Note, die allerdings schon im Grundwort liegen kann: Dichterling, Schwächling, Feigling, Wüstling, Sonderling.

Zur Bildung weiblicher Hauptwörter ist die Ableitungssilbe *-in* besonders wichtig. Schon immer gab es neben dem König die Königin, neben dem Gott die Göttin, neben dem Wolf die Wölfin. In der Mundart wird *-in* zur Bezeichnung der Frau an den Familiennamen gehängt: die Lutherin, die Schwarzin, die Bruckbauerin.

Bei den Berufsbezeichnungen (Ärztin, Beamtin, Schaffnerin, Kellnerin) ist die Wortbildung noch beschäftigt, denn „Ministerin" und ähnliches müssen sich erst durchsetzen.

Fast von allen Zeitwörtern, aber auch von Haupt- und Eigenschaftswörtern werden Bildungen mit *-ung* abgeleitet: Hoffnung, Nahrung, Waldung, Lösung, Zeitung, Festung. Diese Bildungssilbe ist heute noch sehr produktiv: Begradigung, Katalogisierung, ...

Weniger häufig ist *-nis*: Zeugnis, Finsternis, Ergebnis, Verzeichnis, Hindernis, Versäumnis, Verhältnis, Wirrnis, Zerwürfnis; auch *-nis* ist noch lebendig.

Heute auf wenige Hauptwörter beschränkt sind die Ableitungssilben *-sal* und *-sel*: Drangsal, Trübsal, Labsal, Schicksal; Wechsel, Rätsel, Anhängsel, Häcksel.

Mühselig, trübselig, armselig und dergleichen haben daher nichts mit „selig" zu tun, sondern leiten sich von Trübsal, Mühsal ab.

Mit *-lein* und *-chen* werden **Verkleinerungsformen** (Diminutiva) gebildet; *-lein* ist die oberdeutsche, *-chen* die mittel- und niederdeutsche Verkleinerungssilbe: Brüderlein – Brüderchen, Eselein – Eselchen.

Mitunter ist *-chen* mit einer anderen Verkleinerung verbunden: Sächelchen, Dingelchen, Ringelchen.

Die Mundarten – besonders im Süden – kennen verschiedene Verkleinerungssilben. Die Schweizer sagen: Büebli, Äugli, Mündli; bei den Schwaben finden wir: Kindle, Schätzle, Spätzle, und bei den Bayern und Österreichern: Büberl, Sepp(e)l, Platzl, in manchen Gebieten auch Seppei, Dirndei, Puppei. Durch die Verkleinerung verliert das Wort seine sachliche Schwere, das damit Gemeinte wird in eine vertraute Nähe gerückt.

Im Niederdeutschen wird aus -chen die Silbe *-eke(n)*: Reineke, Männeken; auch die Nelke gehört hierher, in den oberdeutschen Mundarten ist sie ein Nagerl, ein kleiner Nagel. Häufig findet sich *-eke* in Namen aus dem Niederdeutschen: Veldeke, Goedeke, Mörike, Haseke, Engelke.

Manche Wörter auf *-chen* faßt man nicht mehr als Verkleinerungen auf, etwa *Märchen* (von Märe), *Mädchen* (von Magd), *Leibchen, Männchen* und *Weibchen* als Geschlechtsbezeichnung bei Tieren. Oft ist das Grundwort gänzlich verschwunden, so bei *Veilchen* (von Veil), *Heimchen* (mittelhochdeutsch hieß die Hausgrille noch „heime") und *Schnippchen*. Die Bedeutung der Verkleinerungssilbe ist auch in *Fräulein* verlorengegangen.

Nach Wörtern, die auf *-ch* und *-g* enden, ist der Aussprache wegen nur *-lein* möglich: Bächlein, Büchlein, Wänglein, Äuglein; nach *-l* am Schluß kann nur *-chen* folgen: Schälchen, Spielchen, Röllchen, Bällchen.

Eigenschaftswörter werden häufig mit *-ig* gebildet. In *-ig* steckt vielleicht ein altes, heute verlorenes Zeitwort, das „besitzen, haben" bedeutet hat: langweilig, bärtig, lästig, dürftig, mutig, blutig, gläubig.

Das fruchtbare *-ig* hat die alten Bildungen auf *-icht* bis auf *töricht* verdrängt.

Mit *-isch* gibt man vor allem die Abstammung an: französisch, englisch, berlinerisch, wienerisch.

Auch deutsch (diutisc), welsch und hübsch (= höfisch) sind solche Bildungen. Später erhielt die Nachsilbe den Beigeschmack des Verächtlichen: weibisch, kindisch, linkisch, abgöttisch, parteiisch, launisch, närrisch.

Die Silbe *-lich* benennt bei einigen dieser Wörter eine positiv zu wertende Eigenschaft: weiblich, kindlich, göttlich.

Die Nachsilbe *-er* zeigt uns sehr oft Berufe an. Sie hat sich aus der lateinischen Endung *-arius* entwickelt. So gehört zu fischen der Fischer, zu dienen der Diener, und so fort. Beim Bäcker kennt die oberdeutsche Mundart noch die endungslose Form „der Bäck". Auch für Herkunftsnamen stellt sich *-er* zur Verfügung: Japaner, Deutscher, Städter, Bürger.

Aus Wörtern wie „Bettl-er" oder „Sattl-er", die im Stammauslaut *l* enthalten, hat sich die erweiterte Ableitungssilbe *-ler* gebildet: der Sportler, Radler, Tischler, der Postler.

Da einige dieser Bildungen herabsetzende Bedeutung haben (Vernünftler, Eigenbrötler), werden auch manche Berufsbezeichnungen auf *-ler* als abwertend empfunden, und so gibt es die Doppelformen: Wissenschaftler   Wissenschafter, Gewerkschaftler – Gewerkschafter, Genossenschaftler – Genossenschafter.

-aner, -iner, -enser und *-ese*, die ebenfalls eine Herkunft bezeichnen, klingen heute noch teilweise fremd: Hannoveraner, Weimaraner, Wagnerianer, Dominikaner; Florentiner, Trientiner, Albertiner; Badenser, Jenenser, Hallenser; Chinese, Albanese, Japanese.

Man glaube nicht, daß sich diese künstlich verlängerten Formen in jedem Fall vorteilhafter ausnehmen als die kurzen, etwa Weimarer, Jenaer. „Erinnerung an Florenz" klingt ebenso stimmungsvoll wie „Florentiner Erinnerung", und ein Japanese nimmt sich wie ein sprachlicher Scherz aus.

Daß die Endung *-ier* französischer Herkunft ist, kann man leicht erkennen: Portier, Rentier, Bankier, Offizier.

Die Ableitungssilbe *-ei*, ebenfalls französischen Ursprungs, wird meist an Berufs- und Länderbezeichnungen gefügt: Fischerei, Jägerei, Türkei, Tschechoslowakei.

Davon unterscheidet sich das Suffix *-ei*, das sich Zeitwörtern anschließt und nur in der Verlängerung auf -erei auch Hauptwörter ableitet. Meist klingt Abwertung in solchen Wörtern mit: Heuchelei, Bummelei, Raserei, Kinderei, Spielerei, Hexerei, Schreiberei.

Es bleiben uns noch einige wichtige Ableitungssilben, die im Mittelhochdeutschen selbständige Wörter wären, zum Beispiel -schaft, das einst soviel wie „Art und Weise", „Beschaffenheit" bedeutet hat. Es ist häufig, etwa in: Freundschaft, Erbschaft, Liebschaft, Kundschaft, Ortschaft, Schwangerschaft.

-heit hat Aussehen und Zustand ausgedrückt, heute macht es Eigenschaftswörter zu Hauptwörtern: Dummheit, Grobheit, Feigheit.

Vielfach wurde -heit auch mit Eigenschaftswörtern verbunden, die auf -ig (mittelhochdeutsch -ic) endeten, zum Beispiel ewic-heit. Da sich das schlecht sprechen ließ, wurde Ewigkeit daraus, und man faßte später nicht mehr das aus -heit entstandene -keit als Ableitungssilbe auf, sondern -igkeit und hängte es Eigenschaftswörtern an: Kleinigkeit, Neuigkeit, Feuchtigkeit.

Daneben stehen „Kleinheit" und „Neuheit" mit anderer Bedeutung. Heute spricht man allgemein von „Schönheit" und „Reinheit", nur in der älteren Literatur findet man die Formen auf -e, Schöne, Reine.

-tum bezeichnete das innere Wesen; wir kennen zum Beispiel: Altertum, Heiligtum, Königtum, Volkstum, Irrtum, Priestertum.

Auch die Eigenschaftswörter haben Ableitungssilben, die früher selbständige Wörter mit einer fest umrissenen Bedeutung waren: -lich, -sam, -haft und -bar. Mittelhochdeutsch lich war der Leib, die Gestalt, erkennbar noch in Leichnam und Leiche. Eigenschaftswörter mit -lich stammen von Hauptwörtern (häßlich, bildlich, gründlich, königlich) oder von Eigenschaftswörtern (länglich, schwächlich, kränklich, öffentlich, grünlich).

-sam ist das ältere sam(o), das „derselbe" bedeutete und noch in sammeln und samt enthalten ist; es drückt häufig eine menschliche Eigenschaft aus: arbeitsam, folgsam, fügsam, strebsam, biegsam.

-haft ist ein altes Mittelwort und verwandt mit „heben", es heißt „verbunden, behaftet mit etwas". Mit -haft wurde eine große Zahl von Eigenschaftswörtern gebildet, die von Zeitwörtern oder Hauptwörtern stammen: glaubhaft, ekelhaft, meisterhaft, liedhaft, vorteilhaft. Neuere Bildungen sind: stümperhaft, pöbelhaft, kometenhaft.

Fruchtbar ist wörtlich soviel wie „fruchttragend", denn bari bedeutete „tragend". In den heute noch gebräuchlichen Wörtern Bahre und gebären ist dieser alte Stamm noch lebendig. Die Silbe -bar erwies sich als sehr brauchbar, wir verdanken ihr eine Reihe gut verwendbarer Eigenschaftswörter: furchtbar, scheinbar, denkbar, genießbar, offenbar, lenkbar, sprechbar, wahrnehmbar.

Barfuß hat mit dieser Silbe nichts zu tun, denn dieses bar heißt „nackt, bloß".

Mit ähnlicher Bedeutung stehen nebeneinander: erklärbar – erklärlich, faßbar – faßlich, unsagbar – unsäglich.

Unsagbar ist etwas, was sich nicht sagen läßt, unsäglich, was durch Sagen nicht ergründet werden kann. Unersetzbar: es ist kein Ersatz möglich; unersetzlich: ein möglicher Ersatz reicht nicht aus, den Verlust wettzumachen. Faßbar ist etwas, was zu fassen ist; faßlich, was sich fassen läßt. Ähnlich verhält es sich mit: untragbar – unerträglich, verletzbar – verletzlich und anderen.

Diese Bedeutungsunterschiede sind allerdings manchmal so gering, daß unsagbare und unsägliche Schmerzen als gleichwertig empfunden werden. Die Ableitungen mit -bar drücken eine Eigenschaft im allgemeinen aus (unerforschbar, strafbar), die mit -lich sind stärker an einen Einzelfall gebunden (unerforschlich, sträflich).

Bildung schwacher Zeitwörter

Da nur die **starken** Zeitwörter Wurzelwörter sind, muß die große Zahl der schwachen von anderen Wörtern stammen. Die schwachen Zeitwörter vermehren sich ständig. Sie können von Wörtern aller Wortarten abgeleitet werden:

von Hauptwörtern:	Mord – morden
	Rauch – rauchen
von Zeitwörtern:	sinken – senken
	sitzen – setzen
von Eigenschaftswörtern:	hart – härten
	grob – vergröbern
von Zahlwörtern:	ein – einigen
	zwei – entzweien
von Umstandswörtern:	ja – bejahen
	nein – verneinen
von Empfindungswörtern:	ach – ächzen

Von starken Zeitwörtern stammen die bewirkenden Zeitwörter (Kausativa):

fallen	– fällen (= fallen machen)
dringen	– drängen
verschwinden	– verschwenden
singen	– sengen
saugen	– säugen
rinnen	– rennen
sinken	– senken
liegen	– legen
sitzen	– setzen
ersaufen	– ersäufen
trinken	– tränken
erschrecken	– schrecken
schallen	– schellen

Die Endsilbe -ern bezeichnet eine wiederholte und verstärkte Tätigkeit: klappern, jammern, gackern, zittern, schneidern, versteinern, altern.
Ähnlich verstärkt -z-: ächzen, krächzen, lechzen, schmatzen, faulenzen.
Schwache Zeitwörter auf -eln haben etwas Abschwächendes, Abwertendes, Verringernd-Mangelhaftes an sich oder drücken eine Wiederholung aus: kränkeln, grübeln, bemängeln, verzärteln, lächeln, tändeln, träufeln, wackeln, zappeln.
Vielfach verächtlichen Sinn haben die Zeitwörter auf -sen: rülpsen, grinsen, plumpsen.
Auf -sen gehen auch die Zeitwörter mit -schen zurück, sie sind oft lautmalend: planschen, quatschen, quietschen, aber auch herrschen.
Unter französischem Einfluß entstand das Suffix -ieren, das sowohl an deutsche Wörter als auch an französische Lehn- und Fremdwörter angehängt werden kann: gastieren, hausieren. Hantieren ist nicht von „Hand" abgeleitet, sondern gehört zu dem französischen Zeitwort *hanter* mit der Bedeutung „oft besuchen, umgehen".

Bildungen mit Vorsilben

Die **Vorsilben** (Präfixe) sind im Gegensatz zu den Nachsilben, die oft mit dem Wortstamm verschmolzen und stark verschliffen sind, deutlich erkennbar, weil sie sich gut vom Stammwort abheben: be-schließen, ent-scheiden, er-kennen, miß-achten, ver-lieren, zer-reißen.
Sie sind untrennbar mit ihren Stammwörtern verbunden und haben neue Wörter mit besonderer Bedeutung geschaffen. Die Vorsilben können wie die Nachsilben mit Haupt-, Zeit- und Eigenschaftswörtern verbunden werden.
Ant- und *ent-* (im Sinne von „gegen, entgegen") bedeuten dasselbe, ebenso *ur-* und *er-*; der verschiedene Vokal ist eine Folge der unterschiedlichen Betonung:

Antlitz	– entstéhen
Antwort	– entférnen
Urteil	– ertéilen
Urlaub	– erláuben

Andere deutsche Wortbildungen mit *ant-* als die beiden erwähnten sind nicht mehr vorhanden, wir kennen nur noch einige Ableitungen: verantwortlich, verantworten usw. Um so häufiger sind die Bildungen mit *ent-*. Zeitwörter mit *ent-* drücken das Gegenteil dessen aus, was das einfache Verb sagt: falten – entfalten, ehren – entehren, fesseln – entfesseln. Sie können auch ausdrücken, daß etwas oder jemand einen Raum oder einen Zustand verläßt: reißen – entreißen, kommen – entkommen, gleiten – entgleiten, fliehen – entfliehen.
Vor einem *f* wurde durch Angleichung *ent-* zu *emp-*: empfangen, empfehlen, empfinden.
Ur- besagt das Ursprüngliche, Erste: Ursache, Urheber, Urzeit, Urahne, urwüchsig. In den Wörtern *urig* und *urtümlich* ist die Grundbedeutung des Präfixes noch sehr gut erkennbar.
Mit *er-* gebildete Zeitwörter können den Anfang einer Tätigkeit ausdrücken: erglänzen, erblühen, ertönen, erröten, erkalten.
Sie geben ferner an, daß sich jemand ein Ziel setzt, das er erreichen, erjagen, ersteigen, erringen möchte; eine andere Gruppe von *er-*Zeitwörtern bedeutet so viel wie das Leben verlieren: erfrieren, ertrinken, erschlagen, ersticken. Als Gegensatz dazu: erretten, erlösen, erwecken.
Eine der häufigsten Vorsilben bei Zeit- und Hauptwörtern ist *be-*, das ursprünglich „bei, um herum, von allen Seiten" bedeutet hat: begreifen, bescheinen, beschießen, besitzen, bewerben, beginnen; Besitz, Betrieb, Betrug.
Bildungen mit *be-* beziehen sich fast immer auf ein Objekt, das vom Subjekt ergriffen wird, die Zeitwörter sind also transitiv: auf der Straße gehen – sie begehen; lauschen – jemanden belauschen; ebenso bedrohen, bekämpfen, besiegen.
Im Amtsdeutsch sind Bildungen mit *be-* sehr beliebt: begutachten, befürworten, besteuern, besolden, bevollmächtigen, benachrichtigen, berücksichtigen, beaufsichtigen, belobigen und bewilligen, beglaubigen und beurkunden.
Erz- kommt aus dem Griechischen (archi) und gibt den obersten Rang an. Erzbischof und Erzherzog, Erzgauner und Erzschelm haben daher nichts mit dem Metall, mit „Erz" zu tun. Beim Eigenschaftswort erreicht man durch vorangestelltes *erz-* eine volkstümliche Steigerung, merkwürdigerweise kommt dies nur bei wenig ansprechenden Eigenschaften vor: erzdumm, erzfaul, erzkonservativ.

Ge- bezeichnet von alters her die Zusammengehörigkeit. Bei Hauptwörtern wird dadurch aus dem einfachen Begriff ein Sammelname:

Berg – Gebirge	Tier – Getier
Busch – Gebüsch	Strauch – Gesträuch
Feld – Gefilde	Zweig – Gezweig
Horn – Gehörn	Trank – Getränk

Das *Geleise* hat nichts mit „leise" zu tun, sondern ist eine Ableitung von dem alten Grundwort *leis* (= Spur). *Geschlecht* gehört zum ausgestorbenen Wort *slaht*, das „Gattung, Art" bedeutete. *Un-ge-ziefer* sind eigentlich Tiere, die nicht zum Opfer geeignet sind, denn *zebar* war das Opfertier. Bei *Glaube, Glied, Gnade, Glück* ist das *e* der Vorsilbe ausgefallen (früher hieß es *ge-lauben*); ebenso bei *Gleis, gleiten* und *gleich*. Bei Zeitwörtern bedeutet *ge-* „zusammen" (gerinnen, gefrieren) oder die abgeschlossene Handlung (gebären, das heißt „aufhören zu tragen", gelingen, genesen). *Un-* kommt bei Haupt- und Eigenschaftswörtern vor: Unlust, Unglück, Unhold, Unmensch; unsauber, unendlich, unsicher, unmäßig.
Negative Bedeutung hat auch *miß-*, das sich von dem mittelhochdeutschen *misse* (verwechselt, vertauscht) herleitet: Missetat, Mißbehagen, Mißgeburt, Mißgeschick, Mißtrauen; mißraten, mißgönnen, mißhandeln; mißgünstig, mißmutig usw.
In *ver-* ist die Bedeutung mehrerer Vorsilben enthalten: es steckt „vorbei", „weg" und „heraus" darin. Die Bildungen mit *ver-* haben deshalb viele Bedeutungsabstufungen und einen weiten Spielraum. Allgemein kann man sagen, daß mit *ver-* etwas *verfehlt* und *versäumt* wird, der Handelnde *versagt*, er kommt nicht an sein Ziel, sondern nur ans Ende seiner Kraft oder seiner Zeit: verschlafen, verträumen, verplaudern, vertrödeln; sich versprechen, sich verlieren, sich versündigen. Das Ende dieser Entwicklung ist dann: verderben, verfallen, verkommen, verwelken, verkümmern, verenden und ähnliches.
Es gibt aber auch Bildungen, denen eine solche Bedeutung fehlt, so wird zum Beispiel etwas *verändert*: veredelt, verteuert, verbilligt, versilbert, verjuxt usw. Die Verben mit *ver-* haben ähnlich wie die mit *be-* die Fähigkeit, eine Ergänzung im Wenfall an sich zu ziehen; aus intransitiven werden meist transitive Zeitwörter.
Mit *zer-* trennt man etwas, löst ein Ganzes in Teile auf: zerschneiden, zerteilen, zerkauen, zerstören, zermalmen. Manchmal wird das Geschehen intensiviert: platzen – zerplatzen. Hauptwörter sind: Zerstörung, Zergliederung, Zerwürfnis.

Die Zusammensetzung

Neben den Ableitungen und den Präfixbildungen gibt es als weitere Möglichkeit der Wortbildung die **Zusammensetzung (Komposition)**. Von Zusammensetzung sprechen wir dann, wenn die einzelnen Teile auch heute noch als selbständige Wörter lebendig sind. Während die Ableitungen im wesentlichen der Wortbildung vergangener Zeiten angehören, werden Zusammensetzungen ständig neu gebildet. Im Mittelalter waren sie selten, jetzt gibt es beispielsweise 450 Zusammensetzungen mit *Mensch*, 520 mit *Geist* und 730 mit *Land*. Diese Zahlen sind zudem im Wachsen und die Neubildungen schier unübersehbar.

Daß wir auf diese Weise unseren Wortschatz bereichern, hat große Vorteile. Wir können oft etwas mit einem Wort bezeichnen, was in anderen Sprachen nur durch Umschreibungen ausgedrückt werden kann.

Was man sonst nur in einem Satz ausdrücken könnte, läßt sich durch eine Zusammensetzung (ein **Kompositum**) oft mit einem Wort ausdrücken: ich muß schweigen – Schweigepflicht; er fährt heim – seine Heimfahrt.

Entscheidend ist, daß durch eine Zusammensetzung jeweils ein neuer Begriff entsteht, dessen Inhalt sich wesentlich von bloß nebeneinandergestellten Wörtern unterscheidet: großer Vater – Großvater; alte Stadt – Altstadt; tiefer Punkt – Tiefpunkt; neue Zeit – Neuzeit.

Eigennamen wie „Rotes Meer", „Großer Wagen", „Stiller Ozean" sind zwar keine Zusammensetzungen, bilden aber eine begriffliche Einheit und unterscheiden sich von einem großen Wagen und einem stillen Meer.

Eine Reihe von Zeitwörtern ist auf halbem Weg zur Zusammensetzung stehengeblieben. Diese Verben sind in der Nennform **ein** Wort; auch wenn sie als Mittelwörter gebraucht werden oder nach einem Einleitewort in einem untergeordneten Satz stehen, sind sie fest verbunden: ankommen – ankommend – angekommen – wenn ich ankomme. Bei einteiligem Prädikat treten die Teile auseinander: ich komme an, sie kamen an.

Viele Bezeichnungen von Dingen oder Begriffen sind aus zwei oder mehreren Hauptwörtern zusammengesetzt, etwa Blumentisch, Lampenschirm, Stuhlbein, Eisenbahnwagen, Lindenblütentee.

Immer gibt der letzte Bestandteil der Zusammensetzung sein Geschlecht für das ganze Wort her: die Blume – der Tisch – *der* Blumentisch. Das Wort *Tisch*, das den Gegenstand selbst bezeichnet, nennt man **Grundwort**, das Wort *Blume*, das den Gegenstand näher bestimmt, **Bestimmungswort**.

Dichter bilden durch Zusammensetzungen oft neue Wörter, die sich jedoch nicht immer durchgesetzt haben, etwa die von Goethe stammende *Morgenschöne* und *Vielvater* oder die weniger wohlklingende *Augenzwinkerung* Gottfried Kellers. Längst in unser Sprachgut eingegangen sind dagegen: der *Wahlspruch* Philipp von Zesens aus dem 17. Jahrhundert und das von Johann Heinrich Campe im 18. Jahrhundert aus dem französischen Rendezvous verdeutschte *Stelldichein*, das man anfangs recht lächerlich fand. Von Ludwig Tieck stammt die *Waldeinsamkeit*. Wörter wie *Lustspiel, Trauerspiel, Briefwechsel, Schriftsteller, Mundart, Sternwarte, Dienstalter* und viele andere wurden ebenfalls im 17. und 18. Jahrhundert, und nicht nur von Dichtern, neu gebildet und haben sich längst durchgesetzt. Heute sorgt die Technik aller Zweige für Zusammensetzungen, die leicht zu erkennen sind: Eisenbahn, Staubsauger, Fernsprecher, Kraftfahrzeug usw.

Und nun zu den verschiedenen Bildungsweisen der Komposita: Oft werden Grundwort und Bestimmungswort unmittelbar aneinandergefügt, so bei Mühlrad, Schwiegersohn, Seewind, Rathaus, hilfreich, glasklar usw. In vielen Fällen hat sich zwischen die beiden Bestandteile ein verbindendes *s* eingeschoben (Volkslied, Wirtshaus, Landesgrenze), das vom zweiten Fall der Einzahl stammt (des Volkes Lied, des Landes Grenze). Da dieses *s* im zweiten Fall der Einzahl aber nur bei männlichen und sächlichen Wörtern zu finden ist, sollte man es nur bei jenen Zusammensetzungen erwarten, deren Bestimmungswort männlich oder sächlich ist. Dennoch wird keinem einfallen, von seinem „Geburttag" zu reden, weil Geburt weiblich ist. Wir haben es bei Geburtstag mit einem Gleitlaut zu tun, einem sogenannten **Fugen-s**, das die Aussprache erleichtern soll.

Zusammensetzungen mit einem unentbehrlichen *s* sind: Arbeitslosigkeit, Hochzeitstafel, Liebespaar, Ansichtskarte.

Dieses *s* greift heute immer mehr um sich. Die Österreicher neigen dazu, das Fugen-s häufig einzuschieben: Zugsverkehr, Gepäcksaufgabe, Fabriksarbeiter, Gesangsverein gelten in Österreich als richtige Formen, der Duden schreibt diese Zusammensetzungen jedoch ohne *s*.

Eine Regel, wann das *s* zu setzen ist, gibt es nicht. Bei einigen Wörtern schwankt der Sprachgebrauch: Winterzeit und Winterszeit, Glücksache und Glückssache, Nachbarhund und Nachbarsleute.

Da in Österreich das Fugen-s sehr beliebt ist, wird manchmal das *-e* des weiblichen Bestimmungswortes durch ein *-s* ersetzt: Aufnahmeprüfung – Aufnahmsprüfung.

Bei dreiteiligen Wörtern fügt man häufig *s* zur besseren Gliederung des Wortkörpers ein: Hofmauer – Friedhofsmauer, Werkzeug – Handwerkszeug.

Zusammensetzungen sind heute sehr beliebt, aber nicht immer eine Zierde der Sprache. Der „Gebrauchtwagen" hat sich bereits durchgesetzt. Wir sagen aber besser frisches Brot statt „Frischbrot" und „Frischgebäck"; auch die „Vollfrischeier" sind wohl mehr als Verkaufstrick denn als Bereicherung der Sprache aufzufassen.

In den Tageszeitungen ist es üblich geworden, durch das Zusammenrücken von zwei Wörtern knappe Überschriften zu erzeugen: Indienbesuch des Papstes, Nordsüddialog gescheitert, Hormonkälber beschlagnahmt und so weiter. Diese „Augenblickskomposita" sind in der Regel nur im Zusammenhang und in der aktuellen Situation verständlich.

Anfangsbuchstaben zu einem neuen Wort zusammenzusetzen stellt eine mechanische Art dar, neue Wörter zu bilden: Moped, Krad, Defag (Deutsche Film AG). Man ist bestrebt, lange Bezeichnungen von Firmen und Gesellschaften kürzer zu gestalten und fügt, wenn es nur irgendwie geht, einige, meist die ersten Buchstaben des ganzen Ausdrucks zusammen. Die Hapag (Hamburg-Amerikanische-Paketfahrt-Aktien-Gesellschaft) ist Vorbild für viele derartige Bildungen, zum Beispiel Mitropa (Mitteleuropäische Schlafwagen-Aktiengesellschaft), NATO, Benelux.

Zuletzt wollen wir Ihnen an einem Beispiel zeigen, wie viele Wörter sich durch Ableitungen und Zusammensetzungen bilden lassen. Wir wählen dazu das Zeitwort *sehen* und stellen die dazugehörenden Wörter zusammen, ohne freilich vollständig zu sein: aussehen, ansehen, hersehen, hinsehen, aufsehen, nachsehen, absehen, wegsehen, übersehen, zusehen, durchsehen; Aufseher, Vorsehung, Sehnerv, Sehfeld, Sehstärke, Sehkraft, Sehweite, Sehfehler, Sehleistung, Fernsehen; Sicht, Aussicht, Einsicht, Rücksicht, Vorsicht; weitsichtig, kurzsichtig, einsichtig, nachsichtig, vorsichtig, sichtlich, absichtlich, übersichtlich, zuversichtlich; Sichtung, Besichtigung, besichtigen; Gesicht, Angesicht, Gesichtspunkt, Gesichtskreis, Gesichtswinkel, Gesichtsfeld und so weiter.

Wenn Sie dasselbe mit *sitzen, sprechen, fliegen, schreiben* oder anderen Wörtern versuchen, werden Sie zu ähnlichen Ergebnissen kommen.

Zusammenfassung

Das Deutsche gehört zu den westgermanischen Sprachen. Es wird historisch unterteilt in:

Althochdeutsch	(750 bis 1100)
Mittelhochdeutsch	(1100 bis 1350)
Frühneuhochdeutsch	(1350 bis 1600)
Neuhochdeutsch	(von 1600 an)

Möglichkeiten der **Wortbildung**:

1. Ablautbildungen (binden – der Bund)
2. Ableitungen mit Nachsilben oder Suffixen (Hilfe, Frühling, Rinnsal)
3. Bildungen mit Vorsilben oder Präfixen (entstehen, Ursache, ungut)
4. Zusammensetzungen oder Komposita (Mundart, Kennwort)
5. Buchstabenwörter (NATO, Benelux)

Zur Satzlehre

Die Satzarten

Wir haben in der Wortlehre die Voraussetzungen geschaffen, sprachliche Erscheinungen an Sätzen darzustellen. Alle Formveränderungen und Funktionen der Wörter werden ja erst im Satz lebendig. Sprache ist nicht das einzelne Wort, sondern die sinnvolle Mitteilung von Bewußtseinsinhalten in einem Text. Ein **Satz** ist die kleinste in sich geschlossene sprachliche Sinneinheit in einem Textzusammenhang, bezogen auf eine bestimmte Situation, in der dieser Satz verwendet wird. Der Satz kann aus einem einzigen Wort, aus zwei oder mehr Wörtern bestehen: Feuer! Hilfe! Guten Morgen! Schon da?

Wenn wir aber nebeneinanderstellen: sehen, ansehen, Sicht; Europäer, Asiaten, Afrikaner; ich, du, er, sie, es, die alte Kiste ..., so haben wir dadurch keine Sätze vor uns.

Die Behauptung, daß jeder Satz Subjekt und Prädikat enthalten müsse, ist nicht aufrechtzuerhalten. Die erste Strophe von Goethes Gedicht „Rastlose Liebe" zum Beispiel enthält weder das eine noch das andere:

Dem Schnee, dem Regen,
Dem Wind entgegen,
Im Dampf der Klüfte,
Durch Nebeldüfte,
Immer zu! Immer zu!
Ohne Rast und Ruh!

Was man auf einem Bild nebeneinandersetzen und gleichzeitig mitteilen kann, muß man in der Sprache **nacheinander** mitteilen. Innerhalb des Satzes ist die Zeit jedoch aufgehoben. Wir halten in Gedanken die einzelnen Satzglieder bis zum Ende des Satzes fest; denn erst dann erschließt sich uns dessen Sinn: Ich brauche das Buch ... nicht (bald, dringend). Er hat das Bild, das er von seinem Vater geerbt hat, nach langem Überlegen ... über seinen Schreibtisch gehängt (einem Freund verkauft, seinen Brüdern überlassen).

Der Sinn eines Satzes wird durch die Betonung eines oder mehrerer Wörter, durch Stimmführung und Melodie mitbestimmt. Überlegen Sie bitte, welche Bedeutungen Sie ausdrücken können, wenn Sie das Wort „bitte" verschieden aussprechen.

Nach der Intention (der Absicht) des Sprechenden unterscheiden wir vier Arten von Sätzen: Aussagen, Fragen, Aufforderungen und Ausrufe. In der geschriebenen Sprache, aber auch im Gespräch überwiegen die **Aussagen**. Mit Aussagesätzen wird etwas mitgeteilt, erzählt, behauptet, erklärt und so weiter. Am Ende des Aussagesatzes steht ein Punkt.

Die **Fragen** können verschiedene Formen haben. „Wie geht es Ihnen?", „Wo wohnen Sie?" oder „Was führt Sie zu mir?" fordern als Antwort einen ganzen Satz oder ein einzelnes Wort. Sie beginnen mit einem Fragewort. Man nennt sie **Ergänzungsfragen**.

Bei anderen Fragen erwartet man als Antwort die Entscheidung *ja* oder *nein*: „Bist du um neun Uhr zu Hause?", „Hast du geschlafen?" Solche Fragen nennt man **Entscheidungsfragen.**

Merkwürdig, daß manchmal die Form der Frage für Aussagen und die Form der Aussage für Fragen verwendet wird! Die sogenannte rhetorische Frage, die im eigentlichen Sinn keine Frage, sondern eine Aussage oder ein Ausruf ist, erhält oft verneinende Bedeutung, wenn sie bejahend formuliert wird: Wer hätte das gedacht! (was soviel heißt wie: das hätte niemand gedacht); und bejahende Bedeutung, wenn sie verneinend formuliert wird: Haben wir nicht lange genug darauf gewartet? Das heißt: wir haben doch wirklich lange genug gewartet.

Eine Frage kann in der grammatischen Form des Aussagesatzes formuliert sein: Du bist mir böse? Du langweilst dich?

Bei einem Satz wie „Er ist doch nicht ernstlich krank?" kann uns die Aussageform nicht darüber hinwegtäuschen, daß man eine Antwort erwartet, und zwar: „Nein." Andererseits liegt bei „Du bist da gewesen?" ein „Ja" als Antwort schon in der Fragestellung.

Aufforderungen liebt vor allem die gesprochene Sprache. Den stärksten Nachdruck haben die Befehle: Gib her! Verlassen Sie sofort den Raum!

Auch Mahnungen, Warnungen, Ratschläge, Wünsche und Bitten gehören hierher: Komm bitte morgen wieder! Du solltest nicht so viel rauchen!

Aufforderungen zeigen sich in verschiedener Gestalt: als Befehlsform (Gib acht!), in der Form der Aussage (Du gehst heute nicht mehr aus!), in Frageform (Bleibst du wohl hier?), in der Nennform (Hierbleiben!) oder als Partizip (Hiergeblieben!).

Sind Sie so gut und lesen Sie diesen Satz recht aufmerksam! Fällt Ihnen etwas auf? Sind Sie so freundlich und denken Sie ein bißchen nach! Erstens handelt es sich um Aufforderungssätze, und deshalb muß die Befehlsform stehen, also: *Seien Sie so gut ... Seien* Sie so freundlich ... Zweitens sind die beiden Satzteile nicht gleichgeordnet, sondern der zweite Satzteil ist vom ersten abhängig; daher ist das *und* zuviel! Die Aufforderung lautet also richtig: *Seien Sie so gut, dies recht aufmerksam durchzulesen,* und: *Seien Sie so freundlich, das nicht wieder falsch zu machen.*

Ähnliches gilt für die Fragesätze: Bist du so freundlich *und* leihst mir dein Auto? Nein, gewiß nicht! Wärest du so gut, mir dein Auto zu leihen? Ob er so kleinlich ist, *uns das übelzunehmen?*

Jeder Mensch ist mehr oder weniger gefühlsbetont, und das äußert sich sprachlich in **Ausrufen:** Wie leid mir das tut! Das ist aber schade. Wie freue ich mich! Das tut weh!

Überschwengliche Ausrufe werden oft durch Empfindungswörter eingeleitet; man verzichtet dann manchmal auf einen vollständigen Satz: „Ach, diese Kälte!" oder „Oh, welch herrlicher Ausblick!"

Die Satzglieder

Ein grammatisch vollständiger Satz besteht aus einem Verb und den zu ihm gehörenden Satzgliedern. Solche **Satzglieder** sind jene Einheiten, die sich innerhalb des Satzes verschieben lassen.

Ihr Mann *saß* aufgeregt mit dem Direktor des Betriebes in der Diele.
Aufgeregt *saß* mit dem Direktor des Betriebes ihr Mann in der Diele.
Mit dem Direktor des Betriebes *saß* in der Diele aufgeregt ihr Mann.
In der Diele *saß* aufgeregt ihr Mann mit dem Direktor des Betriebes.

Diese Verschiebeprobe zeigt uns: Im Aussagesatz steht die Personalform des Verbs an zweiter Stelle. Um diese „Verbalachse" lassen sich gewisse Blöcke als Einheiten verschieben. Die Verschiebeeinheiten nennt man Satzglieder. „des Betriebes" ist kein Satzglied, denn dieses Hauptwort im zweiten Fall läßt sich nicht von „mit dem Direktor" lösen und einzeln verschieben; es ist nur ein Gliedteil, der fest mit dem Gliedkern („Direktor") verbunden ist. Alle Arten der Beifügung sind solche Gliedteile, die sich um einen Gliedkern lagern. Wir können also sagen: Von einem **Satzglied** sprechen wir dann, wenn der betreffende Teil im Satz frei beweglich ist.

Das Prädikat (Satzaussage)

Der Hahn kräht. – Eisen rostet. – Er schlief.
Diese Sätze bestehen aus dem Verb und einem Satzglied. Sie sind wechselseitig voneinander abhängig und aufeinander bezogen. Zwischen den beiden herrscht ein Spannungsverhältnis: Der Hahn – (was ist mit ihm?) – kräht. Der zweite Bestandteil des Satzes löst die Spannung, wir nehmen den Sinngehalt des Satzes zur Kenntnis.
In jedem der drei Sätze finden wir ein Zeitwort, das seiner Aufgabe entsprechend eine Tätigkeit, einen Vorgang oder einen Zustand in der Zeit ausdrückt. Diesen Satzteil nennt man **Prädikat**.
Das Prädikat ist fest mit der Wortart Verb verbunden: Ich *eile*. Er *hat* Kopfweh. Franz *wird* Zahnarzt. Anna *ist* krank.
Das Prädikat kann aus **einem** Teil oder aus **mehreren** Teilen bestehen.
Einteiliges Prädikat: Ich *schreibe* eine Karte.
Mehrteiliges Prädikat:
1. Hilfszeitwort + Mittelwort der Vergangenheit bzw. Nennform: Ich *habe* noch nicht *geschrieben*. Ich *werde* morgen *schreiben*.
2. Modalverb + Nennform: Ich *will* einen Brief *schreiben*. Er *sollte* endlich zur Post *kommen*.
3. Modifizierendes Verb + Nennform mit „zu": Er *pflegt* mittags *zu schlafen*. Er *hofft* die Prüfung *zu bestehen*.
Die meisten modifizierenden Verben können aber auch als selbständige Zeitwörter auftreten: Er *versprach* mir ein neues Fahrrad.
4. Verb + Verbzusatz: Das *kommt* immer wieder *vor* (vorkommen). Er *gab* die Rechnung *ab* (abgeben).
Bei den mehrteiligen Zeitformen trennen sich Personalform und aussagendes Verb: Dein Freund *hat* (Personalform) vor einer Stunde *angerufen* (aussagendes Verb).
Unser Nachbar *wurde* (Personalform) gestern mittag *begraben* (aussagendes Verb).

In Aussagesätzen mit mehreren Satzgliedern bilden Personalform und aussagendes Verb eine **Klammer**. Vor der Personalform hat nur ein einziges Satzglied Platz:

Ich *habe* gestern meine Steuererklärung in der Einlaufstelle *abgegeben.*
Mit Gewalt *wollte* er sie zu einem Geständnis *zwingen.*

Bei den nicht fest zusammengesetzten Zeitwörtern bildet sich aus Personalform und Verbzusatz ebenfalls eine Satzklammer, die alle Glieder mit Ausnahme des ersten umspannt:

Er *tauchte* nach einiger Zeit plötzlich wieder *auf* (auftauchen).
Meine Frau *nahm* sich eine Zeitlang des weinenden Kindes *an* (annehmen).

Wenn man diesen „prädikativen Rahmen" überdehnt, zerbricht der Satz; einen Schachtelsatz können wir nicht mehr als klangliche und inhaltliche Einheit auffassen: Mein Mann *wandert*, weil er die Steuern, die man ihm vorgeschrieben hat, nicht bezahlen kann, wenn kein Wunder geschieht, was anzunehmen ist, *aus.*

Das Subjekt (Satzgegenstand)

Den Träger des Geschehens oder Seins nennt man **Subjekt.** Jedes Wort kann Subjekt sein; meistens ist es ein Hauptwort im unabhängigen ersten Fall oder dessen Stellvertreter, ein persönliches Fürwort im ersten Fall. *Der Vater* schläft. *Er* schläft. *Das Lesen* strengt an. *Und* ist ein Bindewort. *Es allen recht zu machen* ist nicht leicht. Bei der Bestimmung von Subjekt und Prädikat beginnt man am besten mit dem Prädikat, und zwar mit der konjugierten Form des Verbs, also der Personalform: „Unwetter haben die gesamte Ernte vernichtet."
Die Personalform des Satzes ist *haben*, aussagendes Verb ist *vernichtet*. Wer hat vernichtet? Träger dieses Geschehens ist *Unwetter* (Subjekt).
„Im vergangenen Jahr ist mein Bruder nach Australien geflogen."
Personalform: *ist*, aussagendes Verb: *geflogen*; Prädikat: *ist geflogen*. Geschehensträger: *mein Bruder* (Subjekt).
Im täglichen Sprachgebrauch wird mitunter das Subjekt weggelassen: Küss' die Hand! – Danke schön! – Bist traurig? – Weiß nicht, kann sein.
Man bezeichnet solche Sätze als reduzierte Formen oder auch Ellipsen.
Häufig wird das Subjekt in Briefen weggelassen, wenn es sich um das Fürwort der ersten Person handelt: „Bestätige den Empfang von ... Erlaube mir anzufragen, ob ... Teile dir mit, daß ..."
Wir sind gegen diesen sprachlichen Selbstmord bereits zu Felde gezogen.

Übereinstimmung von Subjekt und Prädikat

Subjekt und Prädikat müssen in der Zahl übereinstimmen. Versuchen wir das an einigen Beispielen zu erklären: Hans und Grete *gehen* in den Wald. Holz und Kohle *sind* schon bestellt.
Meine Hose, die frisch geputzt ist, und mein Rock *hängen* im Schrank.

Da es sich hier um **zwei** Personen oder Dinge handelt, die im Sinn einer Addition genannt werden, ist das Zeitwort in die Mehrzahl zu setzen. Stehen Subjekte nebeneinander, die als Gesamtbegriff gedacht werden können, **kann** das Prädikat in der Einzahl bleiben: An ihm *ist* Hopfen und Malz verloren.

Wie ist es aber, wenn *oder* als Bindewort verwendet wird: Mein Bruder oder meine Schwester *wird* oder *werden* kommen?

Da nur einer von beiden kommen wird, entweder der Bruder oder die Schwester, ist für das Zeitwort die Einzahl erforderlich. Ein Ölbild oder ein Aquarell *hängt* über dem Schreibtisch. Ein Appartement oder Dreibettzimmer *wird* für zwei Monate gesucht.

Wenn es sich beim Subjekt um zwei verschiedene persönliche Fürwörter handelt, richtet sich das Prädikat nach dem ihm näher stehenden: Entweder ich oder du *gehst* zu Fuß. Entweder du oder er *fährt*.

Bei dem mehrgliedrigen Bindewort *sowohl ... als auch* bezieht sich das Zeitwort auf beide Subjekte, also steht es in der Mehrzahl: Sowohl der Vater als auch die Mutter *fahren* nach Augsburg. Sowohl Goethe als auch Schiller *sind* Dramatiker. Sowohl du als auch ich *sollten* weniger reden.

Ebenso ist es bei *weder ... noch*, wo für beide Subjekte etwas verneint wird; das Zeitwort gilt also wieder für beide: Weder Fett noch Fleisch *waren* zu haben. Weder er noch sie *lieben* diese Musik. Weder Kohle noch Holz *brennen* in diesem Ofen gut.

Bei eng zusammengehörigen Dingen kann das Prädikat auf jedes Subjekt einzeln bezogen werden: Zwei Monate fiel weder Regen noch Schnee.

Das Übereinstimmen von Subjekt und Prädikat macht besonders bei **Mengenbegriffen** Schwierigkeiten. Soll ich sagen: eine Menge Bücher *liegen* umher oder *liegt* umher? Eine Anzahl Karten *ist* oder *sind* noch zu haben?

Sprachlogisch müßte das Zeitwort in der Einzahl stehen, denn Subjekt sind *Menge* und *Anzahl*, also Hauptwörter in der Einzahl. *Bücher* und *Karten* sind nur nähere Bestimmungen des Subjekts, also Beifügungen. Dennoch wird im praktischen Sprachgebrauch für das Zeitwort die Mehrzahl oft dann gewählt, wenn die Menge nicht genau bestimmt ist, oder wenn auf der Beifügung die Betonung liegt: Im Schaufenster standen Bücher, aber auch eine Anzahl Notenhefte *waren* ausgestellt.

Die Beifügungen standen ursprünglich im Wesfall; ist dieser zweite Fall noch erkennbar, wird man für das Zeitwort unbedingt die Einzahl wählen: Eine Anzahl ungedruckte*r* Manuskripte *lag* auf dem Schreibtisch. Eine Menge verdorbene*r* Würste *wurde* verkauft.

Freilich wird heute der Wesfall oft auch dort nicht mehr kenntlich gemacht, wo dies möglich wäre, und so *werden* eine Menge verdorbene Würste verkauft. Ein Haufen gefrorene*r* Kartoffeln wird zu einem Haufen gefrorene Kartoffeln, und dann fügt sich das Zeitwort in der Mehrzahl leicht an: Ein Haufen gefrorene Kartoffeln *liegen* im Keller.

Bezieht sich auf die Beifügung des Mengenwortes ein Gliedsatz, dann **muß** dessen Zeitwort in der Mehrzahl stehen: Er borgte mir eine Menge Bücher, die mir nicht gefallen *haben*.

Nicht auf *Menge* bezieht sich der Gliedsatz, sondern auf die in der Mehrzahl stehenden *Bücher*. Ebenso: Ich beobachtete eine Anzahl Menschen, die auf die Straßenbahn *warteten*.

Das Objekt (Ergänzung)

Nicht alle Zeitwörter können mit dem Subjekt allein einen vollständigen Satz bilden; es sind vielmehr nur diejenigen Verben, die einen in sich ruhenden Zustand oder Vorgang, eine in sich ruhende Tätigkeit ausdrücken (Die Sonne scheint. Das Kind schläft. Bienen summen). Wenn wir lesen: Die Katze fängt ... oder: Ich halte ... oder: Er sammelt ..., so spüren wir deutlich, daß hier ein ergänzender Bestandteil des Satzes fehlt.
Die Katze fängt einen Maulwurf. Ich halte den Zügel. Er sammelt Briefmarken.
Es gibt also Zeitwörter, die eine Ergänzung brauchen, damit ein vollständiger Satz entsteht. Sätze mit solchen Zeitwörtern haben notwendigerweise zwei Satzglieder. Es handelt sich dabei um diejenigen Zeitwörter aus der Gruppe der Tätigkeitsverben, die ein Handeln des Geschehensträgers ausdrücken, das unmittelbar auf ein Ding oder Wesen gerichtet ist. Sie heißen zielende oder bezügliche Zeitwörter, lateinisch transitive Verben. Das Ziel der ausgedrückten Handlung steht im vierten Fall, dem Wenfall. Man nennt es **Ergänzung im Wenfall** oder **Akkusativobjekt.**
Sätze, die aus Prädikat, Subjekt und Akkusativobjekt bestehen, bezeichnet man als **Handlungssätze.** Durch die Handlung kann das Objekt erzeugt werden (Er schreibt einen Brief), verändert werden (Ich habe die Vase zerbrochen), vom Geschehensträger zum inneren Besitz gemacht werden (Er hört Musik, liest ein Buch), oder es treten Subjekt und Objekt in eine Partnerschaft (Er fragt seinen Lehrer. Ich verständige die Feuerwehr.).
Aus einigen Verbindungen von Zeitwörtern mit Ergänzungen im vierten Fall sind feste Wendungen geworden, die man nicht mehr gut ändern kann: Alarm wird man am besten *schlagen*, Musik dagegen *machen*; Sport kann ich wiederum nicht machen, sondern nur *treiben*. Auch das Vieh wird auf die Alm *getrieben*, nicht etwa geführt; aber Verhandlungen, die werden *geführt* (oder *vorangetrieben*), Versammlungen *abgehalten*. Eine Eröffnung wird *vorgenommen*, eine Tagung *veranstaltet*, und Zurückhaltung muß man *üben*. Einer, der den Mut hat *sinken* lassen, hat Selbstmord *verübt* oder *begangen*, und setzen Sie dafür „gemacht", wird man trotz des traurigen Themas ein wenig über Ihr Sprachgefühl lächeln. Vorbereitungen werden *getroffen*; Siege *erringt* man und *trägt* sie *davon* – oder auch nicht. Ist letzteres der Fall, hat man eben *den kürzeren gezogen*.
Manche dieser festen Verbindungen sind so geartet, daß die Ergänzung nichts Neues sagt, weil ihr Inhalt schon im Zeitwort ausgedrückt ist: einen Kampf kämpfen, einen Eid schwören, ein Spiel spielen, ein Rätsel raten, ein Leben leben, Tränen weinen. Man nennt das ein „inneres Objekt".
Bei einer Gruppe von Zeitwörtern wird durch das ausgedrückte Geschehen das Objekt nicht unmittelbar getroffen, sondern nur beiläufig und am Rande. Das „Objekt" wird nicht gestaltet, verändert oder in Besitz genommen, sondern der Geschehensträger wendet sich dem Objekt bloß zu: Der Feriengast half *dem Bauern*. Fritz dankte *seinem Vater*. Er antwortet *mir* nicht. Das gefällt *mir*.
Dabei handelt es sich um Verben aus dem persönlichen Bereich, wie: begegnen, ausweichen, beistehen, drohen, entgehen, folgen, gehorchen, gehören, gleichen, gratulieren, mißfallen, nachlaufen, sich nähern, trotzen, widerstehen, winken, zureden und so weiter.
Die Ergänzung, die zu solchen Verben tritt, heißt **Ergänzung im Wemfall** oder

Dativobjekt. Einen Satz, der aus Prädikat, Subjekt und Dativobjekt besteht, nennt man **Zuwendungssatz.**

Häufig tritt zum vierten Fall noch ein Wemfall, zum Beispiel bei den Verben *geben, schenken, leihen, senden*: Er übergab das Geld (vierter Fall) einem Bankhaus (dritter Fall). Sie schenkte den Stoff (vierter Fall) ihrer Freundin (dritter Fall). Im Wemfall steht meist eine Person, im Wenfall eine Sache.

Bei den Zeitwörtern *lehren, kosten, versichern* und *dünken* schwanken wir bisweilen zwischen drittem und viertem Fall. Bei *lehren* ist es notwendig, zwei Wenfälle zu setzen: Er lehrte *ihn das Schreiben*. Fritz lehrte *mich diese Kunst*. Freilich, der Wemfall lockt, und bei manchen Schreibern lehrt Fritz *mir* diese Kunst. Strenge Kritiker greifen dann zum Rotstift. Wollen Sie davor sicher sein, dann bitte *lehren* mit doppeltem Wenfall.

Im Passiv allerdings ist der Wemfall nötig: *Ihm* wurde das Tanzen gelehrt.

Dünken, kosten, schaudern, ekeln können mit dem dritten oder vierten Fall verbunden werden: Es dünkt *mir* oder *mich* teuer. Ein neuer Hut kostet *mir* oder *mich* zu viel. Bei Preisangaben jedoch nur: Das kostet *mich* fast hundert Rubel.

Es schaudert *mir* oder *mich*, und es ekelt *mir* oder *mich* vor Kröten. Aber: *Ich* ekele *mich* vor Schlangen.

Bei manchen Zeitwörtern steht je nach der Bedeutung der dritte oder vierte Fall: Versichere ich *einen* Menschen gegen Unfälle, so tue ich das mit dem vierten Fall; wenn ich aber *einem* Menschen oder *Ihnen* versichere, daß das richtig ist, steht er und stehen Sie im dritten Fall. Er versicherte *mich* gegen Einbruch. Sie versicherte *mir*, daß sie wiederkommen werde.

Folgt eine Ergänzung im Wesfall, ist allerdings auch in der Bedeutung „zusagen" der vierte Fall üblich: Ich versichere *dich* meiner Anteilnahme. Wir versichern *Sie* unseres aufrichtigen Vertrauens.

Der Wesfall kommt als Ergänzung am seltensten vor. Noch vor zwei, drei Jahrhunderten wurde er wesentlich häufiger verwendet; heute sind es nur einige wenige Verben, die eine **Ergänzung im Wesfall**, ein **Genitivobjekt**, verlangen: sich annehmen, bedürfen, sich bemächtigen, sich erwehren, sich enthalten, gedenken. Sie nahm sich des Kindes an. Wir bedürfen einer tatkräftigen Regierung. Der Sturm bemächtigte sich des Hochwaldes. Man kann sich seiner kaum erwehren. Er enthielt sich der Stimme.

Der Sinn des Genitivobjekts ist heute nur noch schwer faßbar. Das Zeitwort mit einem Objekt im zweiten Fall drückt vielfach ein Teilhaben an etwas aus. Dies wird uns an alten Wendungen deutlich: Wir erfreuten uns des heiteren Spiels.

Der Wesfall wirkt oft so feierlich und geziert, daß wir ihn umschreiben: Ich harre des Freundes – ich warte auf den Freund. Wir achten nicht des Weges – wir achten nicht auf den Weg. Ich lache ihrer Drohungen – ich lache über ihre Drohungen. Er hat meiner vergessen – er hat mich vergessen.

Manchmal verbindet sich eine Personenergänzung im vierten Fall mit einer Sachergänzung im zweiten Fall: Man würdigte ihn keines Blickes und keiner Antwort, denn man bezichtigte ihn des Verrates und enthob ihn aller seiner Ämter und Würden.

Eine kleine, aber häufig gebrauchte Gruppe von Verben ist inhaltlich weitgehend neutralisiert: sein, werden, scheinen, bleiben, heißen. Sie vermögen gerade dadurch die Funktion einer Gleichsetzung auszuüben: Mein Freund ist Arzt. Franz und Andreas werden Tischler. Er scheint ein wichtiger Mann zu sein. Kinder bleiben Kinder. Einer der bedeutendsten Pianisten dieses Jahrhunderts heißt Edwin Fischer.

Das zweite Satzglied steht wie das Subjekt im ersten Fall (Nominativ oder Werfall). Die beiden Nominative werden einander gleichgesetzt, man nennt dieses dem Subjekt gleichgesetzte Satzglied **Gleichsetzungsnominativ.** *Sein* und *werden* sind hier keine Hilfszeitwörter, sondern Vollverben, die allein das Prädikat bilden. Hilfszeitwörter sind sie nur dann, wenn sie einem anderen Verb helfen, eine mehrteilige Zeitform zu bilden (ich bin gefahren, er wird kommen).

Der **Gleichsetzungsakkusativ,** ein Gleichsetzungsglied im vierten Fall, kommt nur zusammen mit einer Wenfallergänzung vor: Er nennt mich einen Esel. Sie hieß ihn einen Don Juan. Karl schimpfte ihn einen Intriganten.

Bisher hatten wir es bei den Ergänzungen mit reinen Fällen zu tun. Manche Zeitwörter können jedoch keinen reinen Fall an sich binden, sondern brauchen zum Ausdruck der Beziehung einen Fügeteil, ein Vorwort: Meine Frau achtet *auf* ihre schlanke Linie. Ich ärgere mich *über* seine Schlamperei. Er bedankt sich *für* die Zeitschriften. Ich fürchte mich *vor* der Prüfung.

Diese **Vorwortergänzungen** oder **Präpositionalobjekte** sind zum Teil aus alten Wesfallergänzungen entstanden: Sie achtet *der Gefahren* nicht – sie achtet nicht *auf die Gefahren.* Zum Teil wird heute aber auch die Wemfall- und Wenfallergänzung in ein Präpositionalgefüge umgeformt: Ich vertraue *dir* – ich vertraue *auf dich.* Er schreibt *seinem Bruder* – er schreibt *an seinen Bruder.*

Es ist nicht immer leicht, die richtige Präposition zu wählen. Der Minister äußerte sich zu den Fragen – auf die Fragen – über die Fragen der Reporter? Er hielt an seiner Meinung, bei seiner Meinung, in seiner Meinung fest? Die Schuld liegt gewiß nicht an den Beamten, bei den Beamten, auf den Beamten?

Wir wollen einige Zeitwörter, bei denen man sich nicht immer für das richtige Vorwort entscheidet, alphabetisch anführen:

achten auf jemanden oder etwas
anfangen mit / von etwas
anknüpfen an etwas
ankommen auf etwas oder jemanden
anspielen auf jemanden oder etwas
sich ärgern über jemanden oder etwas
aufhören mit etwas
sich aufregen über jemanden oder etwas
bangen vor jemandem oder etwas / um jemanden oder etwas
sich bedanken für etwas
sich befassen mit etwas
beginnen mit oder von etwas
sich bemühen um jemanden oder etwas
sich besinnen auf jemanden oder etwas
denken an jemanden oder etwas
sich drücken vor (von) etwas
duften nach etwas
sich einlassen auf etwas
eintreten für etwas oder jemanden
sich entscheiden für (gegen) jemanden oder etwas
sich erfreuen an etwas
sich erinnern an jemanden oder etwas
erschrecken vor jemandem oder etwas / über jemanden oder etwas

feilschen um etwas
festhalten an jemandem oder etwas
forschen nach jemandem oder etwas
sich fürchten vor jemandem oder etwas
greifen nach jemandem oder etwas
grübeln über etwas
hoffen auf jemanden oder etwas
sich hüten vor jemandem oder etwas
jammern über jemanden oder etwas
kämpfen um / für jemanden oder etwas
klagen über jemanden oder etwas
sich kümmern um jemanden oder etwas
leiden an (unter) jemandem oder etwas
liegen an jemandem oder etwas
mitwirken bei / an etwas
nachdenken über jemanden oder etwas
passen zu jemandem oder etwas
sich rächen an jemandem oder etwas / für etwas
scherzen über jemanden oder etwas
schwören auf jemanden oder etwas
sterben an etwas
stinken nach etwas
streben nach etwas
streiten um jemanden oder etwas
teilhaben an etwas
trauern um jemanden oder etwas
träumen von jemandem oder etwas
verstoßen gegen etwas
verzichten auf jemanden oder etwas
wetteifern in etwas
widerhallen von etwas
sich wundern über jemanden oder etwas
zögern mit etwas
sich zusammenfinden zu etwas
zweifeln an jemandem oder etwas

Umstandsangaben (adverbiale Bestimmungen)

Nicht alle Vorwortfügungen sind Objekte; häufig handelt es sich um Angaben über Ort, Zeit, Art oder Grund des Geschehens oder Seins: Ich wohne *auf dem Berg.* Besuche mich bitte *am Abend.* Mein Mechaniker arbeitet *mit viel Sorgfalt.* Es geschah *aus Liebe.*
Diese Umstandsangaben können aber nicht nur durch ein Präpositionalgefüge ausgedrückt werden, sondern auch durch ein einzelnes Wort, ein Umstandswort oder ein Eigenschaftswort: Ich wohne *oben.* Besuche mich *abends.* Mein Mechaniker arbeitet *sorgfältig.* Es geschah *deshalb.*

Seltener ist eine Umstandsangabe im reinen Wesfall oder Wenfall (Adverbialkasus): Er kam *den schmalen Weg* herunter. *Eines Tages* war Krieg. Viele waren *trüben Sinnes*. *Die Woche darauf* kam meine Mutter.

Dem Inhalt nach unterscheidet man:

Ortsangaben (Fragewörter: wo?, woher?, wohin?): Er wurde *in Wien* geboren. Wir sind *im „Blauen Salon"*. Fährst du *stadtauswärts*? Das Buch liegt *da*. Alles Gute kommt *von oben*. Ein Unbekannter kam *des Weges*.

Zeitangaben (wann?, seit wann?, bis wann?, wie lange?): Das Spiel zog sich *bis Mitternacht*. Er heiratet *im August*. *Seit drei Tagen* warte ich auf einen Brief. *Plötzlich* wurde es dunkel. *„Nachts* schlafen die Ratten doch!"* Wir verweilten *zwei Stunden*. *Tags darauf* gab es ein Wiedersehen.

Artangaben (Fragewort: wie?): Das macht man *mit Gefühl*. Du bist ja ganz *außer Atem*. Franz benimmt sich *wie ein Kind*. Mein Sohn lernt *fleißig*. Seine Frau ist *blond*. Die Wäsche wird *naß*. Er ist immer *guter Dinge*.

Begründungsangaben (warum?, weshalb?, wozu?, wodurch? und womit? sind die Fragewörter): Manche heiraten *aus Bequemlichkeit*. Viele Brände entstehen *aus Unvorsichtigkeit*. Er fährt *zu seinem Vergnügen*. Ich will *deswegen* mit einem Arzt sprechen. Er kann *krankheitshalber* nicht kommen.

Die Beifügung (das Attribut) als Gliedteil

Jedes Satzglied kann durch zusätzliche Bestimmungen genauer charakterisiert und ausgebaut werden: der Betrieb – der *leistungsfähige* Betrieb; das Haus – das Haus *des Bürgermeisters*, das Haus *da*; ein Ring – ein Ring *aus Weißgold*. Diese Bestimmungen sind jedoch im Satz nicht frei beweglich, sondern lagern sich um einen Gliedkern, mit dem sie sich fest verbinden. Wir sprechen daher von der Beifügung als einem **Gliedteil**. Die Beifügung (lateinisch: Attribut) kann man mit *was für ein?, wessen?, welcher?* erfragen. Sie wird auf verschiedene Weise ausgedrückt. Häufig ist es ein Eigenschafts- oder Mittelwort, das ein Hauptwort näher bestimmt: Die *besten* Bilder werden ausgestellt. Der *verzweifelte* Vater rang die Hände.

Das adjektivische Attribut soll kein zusätzlicher und entbehrlicher Schmuck sein, sondern eine sinnvermittelnde nähere Bestimmung. Mitunter wird der Satz ohne Attribut ganz sinnlos: Meine Mutter ist eine Frau. Meine Mutter ist eine *liebenswürdige* Frau.

Hauptwörter als Beifügung stehen häufig im zweiten Fall: die Wohnung *des Bruders*, die Fülle *des Lebens*, der Garten *der Nachbarin*. In der Umgangssprache weicht man gern in eine Vorwortverbindung aus: die Wohnung vom Bruder ... Noch umständlicher ist die mundartliche Umschreibung: dem Bruder seine Wohnung.

Die Beifügung im Wesfall wird dort gesetzt, wo eine auf Verwandtschaft oder Besitz gründende Zugehörigkeit vorliegt: das Haus *des Vaters* (es ist Besitz des Vaters), die Werke *des Dichters*, die Schwester *seiner Mutter*.

Soll aber die Herkunft oder eine Zugehörigkeit anderer Art ausgedrückt werden, muß man mit *von* umschreiben: die Bürger von Ulm (Bürger, die in der Stadt Ulm wohnen), der König von England. Falsch ist: die Ehrenbürger Hamburgs, denn hier liegt kein Besitzverhältnis vor; der Mann ist Ehrenbürger *von* Hamburg. Ebenso gibt es auch nur Landkarten *von* Frankreich.

Eine Ausnahme ist dann gegeben, wenn vor dem Wesfall ein Artikel steht, etwa: die Bürger *der* Stadt Ulm, denn die Fügung mit *von* (die Bürger von der Stadt Ulm) wäre zu schleppend. Ebenso: die Geschichte der Lombardei, die Regierung der Vereinigten Staaten.

Früher wurde der Wesfall besonders bei Maßbestimmungen gebraucht. Er ist da auch heute noch nicht ganz ausgestorben, doch eine Summe *Geldes* oder ein Jahr *schweren Kerkers* empfinden wir als veraltet. Für: ein Glas frischen Wassers sagt man heute allgemein: ein Glas frisches Wasser. Fehlt das Eigenschaftswort, ist der Wesfall ganz ungebräuchlich: ein Viertel Wein, ein Glas Bier.

Nicht selten wird die Beifügung mit einem Vorwort angefügt: die Ruhe *am Abend*, die Lust *zu Abenteuern*, die Freude *am Spiel*, das Haus *im Tal*.

Am zahlreichsten sind die Verbindungen mit *von*, die den Wesfall immer mehr verdrängen: Vater von drei Kindern, Besitzer von zwei Häusern, Inhaber von mehreren Hotels.

Würden Wesfälle gehäuft auftreten, ersetzt man einen durch *von*: das Berühren der Gegenstände der Ausstellung ... besser: das Berühren von Gegenständen der Ausstellung.

Auch **Appositionen** dienen der näheren Bestimmung eines Hauptwortes. Sie werden dem Beziehungswort meist nachgestellt und müssen mit diesem in Fall und Zahl übereinstimmen: Ich war in Paris, der schönsten Stadt des Westens. Ich spreche für Herrn Meier, einen meiner verläßlichsten Mitarbeiter. Plötzlich begegnete er Huber, seinem erbittertsten Feind.

Wenn Apposition und Beziehungswort nicht in Einklang stehen, verrät das mangelndes Sprachgefühl: Er bürgte für Helene, seiner langjährigen Wirtschafterin. Franz wirbt um Fräulein Müller, der Tochter eines Großkaufmanns.

Erregte Auseinandersetzungen werden immer wieder wegen des Falles bei Tagesangaben geführt. Heißt es: am Montag, *dem* 15. April, oder: am Montag, *den* 15. April? Beides ist richtig! Fasse ich Tag und Monat als Apposition zum Wochentag auf, steht der Wemfall; wird jedoch das Datum als selbständige Zeitangabe gedacht, muß der Wenfall gesetzt werden. Die Apposition müssen Sie zwischen Beistriche stellen: Die Versammlung findet am Montag, dem 15. April, statt. Bei der selbständigen Zeitangabe fehlt der zweite Beistrich: Die Versammlung findet am Montag, den 15. April statt.

Unkomplizierter als diese beiden Möglichkeiten ist die Tagesangabe **ohne** *am*: Die Versammlung findet Montag, den 15. April statt.

Die Gliedfolge im Satz

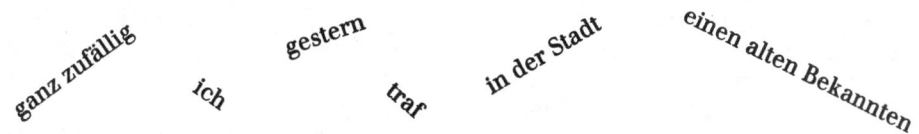

Sicherlich gelingt es Ihnen, aus den Bruchstücken einen Satz zu formen. Womit Sie anfangen sollen? Das ist Ihnen überlassen. Wenn Sie sich Mühe geben, kommen Sie auf mehr als 40 verschiedene Möglichkeiten. Dabei erkennen Sie, daß Satzglieder feste Verschiebeeinheiten sind. Man reiht nicht einzelne Wörter aneinander, sondern fügt schrittweise Sinneinheiten zusammen. Wenn man die Satzglieder, die kleinsten Einheiten des Satzes, zerschlägt, entsteht kein sinnvoller Satz, sondern ein Wortsalat: Ich einen ganzen Stadt gestern in alten traf der zufällig Bekannten. Wir wollen zunächst die Glieder unseres Satzes bestimmen: Prädikat ist *traf*, Subjekt *ich*. Ich traf wen? *Einen alten Bekannten* = Objekt im Wenfall. Wo? *In der Stadt* = Ortsangabe. Wann? *Gestern* = Zeitangabe. Wie? *Ganz zufällig* = Artangabe.

Die Gliedfolge ist im Deutschen bis zu einem gewissen Grad frei, das hat unser Versuch mit dem zerbrochenen Satz gezeigt. Die weitgehend freie Gliedfolge ist geradezu ein Kennzeichen der deutschen Sprache, das sie etwa vom viel strenger gebauten Latein oder Französisch unterscheidet. Gewisse Gesetzmäßigkeiten beherrschen jedoch auch den deutschen Satz. Die Reihung: „Ich traf einen alten Bekannten ganz zufällig in der Stadt gestern" ist zwar möglich, doch das verschleppte „gestern" wirkt störend, der Satz wird holprig. Das liegt nicht daran, daß eine Zeitangabe grundsätzlich nicht ans Satzende gehört. Man kann durchaus sagen: Ich besuche dich mit meiner Frau morgen abend.

Die Betonung liegt auf „abend"; der Gesprächspartner soll erfahren, daß sein Gast nicht etwa am Nachmittag kommen wird.

Die verschiedenen Möglichkeiten der Reihung haben also immer Bedeutungsveränderungen des Satzes zur Folge.

Ein Glied verharrt im Aussagesatz immer auf demselben Platz, das ist die Personalform des Verbs:

In der Stadt	*traf*	ich ...
Ganz zufällig	*traf*	ich ...
Gestern	*traf*	ich ...

Tritt die Personalform an die erste Stelle, entstehen andere Satzarten: Eine Entscheidungsfrage (*Trafst* du gestern ...? *Habt* ihr schon ...?), eine Aufforderung (*Komm* doch einmal zu uns! *Geh* bitte mit mir!) oder ein Wunsch (*Könnte* er das sehen! *Wären* wir schon zu Hause!).

Mit der Zweitstellung der Personalform in den zahlenmäßig weitaus überwiegenden Aussagesätzen haben wir einen festen Punkt, von dem aus sich die meisten Sätze in drei Felder gliedern lassen:

Vorfeld	**Mitte**	**Nachfeld**
ein Satzglied	Personalform	ein oder mehrere Satzglieder

Welches Glied in das Vorfeld gesetzt wird und welches Glied den Satz abschließt, hängt von der Redeabsicht ab. In gefühlsbetonter Rede steht das wichtigste Wort, das **Tonwort**, im Vorfeld: *Schon wieder* hast du die schmutzigen Schuhe in den Kasten gestellt! *Mir* hat er das noch nie zu sagen gewagt!

Der Sinn des Satzes ändert sich, wenn „das" oder „noch nie" oder „er" an die Spitze des Satzes tritt: *Das* hat er mir noch nie zu sagen gewagt, und so weiter.

In sachbetonter und wissenschaftlich-erklärender Rede steht das Tonwort im Nachfeld, und zwar möglichst weit hinten: Das Ergebnis unserer Sammelaktion ist sehr *erfreulich*. Der Landwirtschaftsminister tritt schon seit langem für eine *Rationalisierung* ein. Bei genauerer Betrachtung der Eigenarten des Malers fällt seine Beziehung zum *magischen Realismus* auf.

Die nichtpersonalen Teile des Prädikats stehen im Aussagesatz an letzter Stelle: Ich bin heute vormittag zu Bekannten *gefahren*. Da hielt mich unerwartet ein Polizist *an*.

Die Anfangsstellung dieser nichtpersonalen Prädikatteile ist selten und verleiht besonderes Gewicht: *Gegrüßt* haben wir uns immer. *Besuchen* werde ich ihn aber lieber nicht.

In dichterischer Sprache kann auch der Verbzusatz an die Spitze des Satzes treten; er übt dann die Funktion eines Satzgliedes aus: „*Ein* tritt Gorm Grymme." – „*Aus* hielt er, bis er das Ufer gewann."

Treten im Nachfeld mehrere Satzglieder auf, liegt die schwächste Stelle unmittelbar nach der Personalform:

Auf meiner Reise begegnete *ich* (Schwachstelle) immer wieder *Amerikanern* (Starkstelle).

In einer mittelgroßen Stadt läßt *es sich* (Schwachstellen) mehr oder weniger *recht gut* (Starkstellen) leben.

Das Subjekt eröffnet entweder den Satz, oder es folgt der Personalform: *Ich* habe ihn gestern im Krankenhaus besucht. Gestern habe *ich* ... Ihn habe *ich* gestern ...

Wenn mehrere Objekte zusammentreffen, steht zuerst die Personenergänzung (bzw. Ergänzung im dritten Fall), dann die Sachergänzung (bzw. Ergänzung im vierten Fall). Er brachte mir (dritter Fall) seinen Brief (vierter Fall).

Das Präpositionalobjekt folgt den reinen Fallergänzungen: Er sucht eine Wohnung für seine Mutter.

Umstandsangaben haben eine Neigung zur Endstellung: Die Untersuchung verlief nach anfänglichen Schwierigkeiten *reibungslos.* Ich fahre mit meiner Frau *nach Ischia.*

Besondere Aufmerksamkeit müssen wir den Fürwörtern zuwenden, vor allem dem rückbezüglichen *sich,* das nicht nach hinten sich verlieren darf. Nein, nicht so, sondern: das *sich* nicht nach hinten verlieren darf.

Diese Krankheit ist leider weit verbreitet, so weit, daß sie kaum mehr auffällt. Wie oft hat in Reden, Resolutionen und Vorträgen „diese Ansicht immer wieder sich als richtig erwiesen"! Nur wenige merken, daß *sich* diese Ansicht immer wieder als richtig erweisen muß. Also bitte nicht: Die ausländischen Besucher haben nach einem Festbankett und einer feierlichen Schlußversammlung von ihren Gastgebern sich verabschiedet, sondern das *sich* muß gleich hinter der Personalform in der Schwachstelle stehen: Sie haben *sich* nach einem Festbankett ...

Auch persönliche Fürwörter und vor allem das unscheinbare und „unpersönliche" Personalpronomen *es* stehen als Ergänzung hinter der Personalform: Ich habe *es ihr* nicht geglaubt. Der Rechtsanwalt hat *es ihm* gesagt. Wir haben *es euch* verschwiegen.

Trifft *es* mit einem rückbezüglichen Fürwort zusammen, drängt *es* sich gewöhnlich vor: Er ließ *es sich* nicht gefallen. Wir haben *es uns* anders vorgestellt.

Die hinweisenden Fürwörter stehen hinter den persönlichen: Er hat *mir das* schon oft erzählt. Ich habe *ihm dies* verboten.

Beachtenswert ist die Stellung des *nicht,* das immer vor dasjenige Wort gestellt wird, das verneint werden soll: Ich habe den ganzen Tag *nicht* gearbeitet. Ich habe *nicht* den ganzen Tag gearbeitet.

Im ersten Fall habe ich überhaupt nichts getan, im zweiten habe ich wenigstens eine Zeitlang gearbeitet.

Man hüte sich davor, in einen Satz zu viele oder zu umfangreiche Satzglieder zu drängen. Die Einheitlichkeit und Übersichtlichkeit leidet darunter sehr. Außerordentliches leistet in dieser Beziehung die Zunft der Rechtsgelehrten. (Hoffentlich ist sie uns nicht böse!) Ihre Sprache strebt nach Genauigkeit und äußerster Knappheit und versucht in **einem** Satz auszudrücken, was nur in mehreren Sätzen allgemeinverständlich ausgedrückt werden kann. Schwerfälligkeit und Schwerverständlichkeit sind die Folgen: „Die infolge des Erbfalls durch Vereinigung von Recht und Verbindlichkeit oder von Recht und Belastung erloschenen Rechtsverhältnisse / gelten / im Verhältnis zwischen dem Gläubiger und dem Erben als nicht erloschen" (§ 1991, II BGB). Subjekt ist hier ein Satzglied aus 17 Wörtern.

„Auf Ersatzansprüche des Eigentümers wegen Veränderung oder Verschlechterung sowie auf die Ansprüche der Dauerwohnberechtigten auf Ersatz von Verwendungen oder auf Gestattung der Wegnahme einer Einrichtung / sind / die Paragraphen 1049, 1057 des Bürgerlichen Gesetzbuches entsprechend anzuwenden." Hier ist das erste Satzglied ein Ungetüm aus 25 Wörtern. Wenn es sich auch um die Eigenheiten einer Fachsprache handelt, sollte man doch die Grundgesetze des angemessenen Satzbaues mehr beachten.

Zusammenfassung

Kommunikative Intentionen des Sprechers oder Schreibers lassen sich als Aussage, Frage und Aufforderung im Satzbau realisieren.
Grammatisch unterscheidbare Satzarten sind:
  1. **Aussagesatz** (Personalform des Verbs an zweiter Stelle)
  2. **Fragesatz**: Entscheidungsfrage (Personalform des Verbs an erster Stelle)
              Ergänzungsfrage (Fragewort an erster Stelle)
  3. **Aufforderungssatz** (Imperativ an erster Stelle)
Eine Aufforderung läßt sich auch in Form eines Fragesatzes oder eines Aussagesatzes formulieren.

Das **Prädikat** sagt aus, was geschieht oder ist. Ein mehrteiliges Prädikat bildet einen prädikativen Rahmen (eine verbale Klammer oder auch **Satzklammer**).

Satzglieder nennt man diejenigen Einheiten des Satzes, die im Aussagesatz die erste Stelle, den Platz vor der Personalform, einnehmen können.

Das **Subjekt** ist der Träger des Geschehens / Seins, von dem etwas ausgesagt wird. Meist ist es ein Hauptwort oder ein persönliches Fürwort im ersten Fall.
Subjekt und Prädikat müssen in der Zahl übereinstimmen (Kongruenz).

Die **Fallergänzungen** / Objekte:

Akkusativobjekt	Der Gärtner schneidet *die Hecke*.
Dativobjekt	Der Lehrling hilft *dem Gärtner*.
Genitivobjekt	Er enthielt sich *der Stimme*.
Gleichsetzungsnominativ	Mein Freund ist *Gärtner*.
Gleichsetzungsakkusativ	Man nennt ihn *einen Künstler*.

Umstandsangaben / adverbiale Bestimmungen:
Orts-, Zeit-, Art-, Begründungsangaben.

Adverbiale Bestimmungen können folgende Form haben:
1. Hauptwort mit Vorwort (Präpositionalgefüge) (*im Wald*)
2. Hauptwort im reinen Fall (Adverbialkasus) (*des Weges*)
3. Umstandswort (Adverb) (*unterwegs*)

Grundsätzlich ist die **Stellung der Satzglieder** im Deutschen frei, aber nicht alle grammatischen Möglichkeiten sind auch praktisch verwendbar.
Man kann den Aussagesatz in drei Felder teilen:
1. Das **Vorfeld** enthält:
  das Thema des Satzes (Subjekt),
  ein besonders betontes Wort (Ausdrucksstelle),
  ein Verweiswort (Anschlußstelle), z.B. damals, dort, so.
2. Die **Mitte** bildet die Personalform des Verbs.
3. Im **Nachfeld** können beliebig viele Satzglieder stehen. In erklärenden Texten findet sich das wichtigste, weil betonte Satzglied am Schluß (Ausdrucksstelle). Die erste Stelle im Nachfeld ist eine Schwachstelle.

Der zusammengesetzte Satz

Wir hatten es bisher nur mit einfachen Sätzen zu tun. Doch vor allem im geschriebenen Deutsch bestehen viele Sätze aus zwei oder mehreren Teilsätzen. Man kann sich den Vorgang des Zusammenwachsens zweier Sätze gut vorstellen: Er kommt morgen. Ich habe Geburtstag. Der Zusammenhang der beiden Sätze ist so eng, daß wir den Inhalt in **einem** Satz auszudrücken bestrebt sind: Er kommt morgen, denn ich habe Geburtstag. Er kommt morgen, weil ich Geburtstag habe.
Die beiden zusammengesetzten Sätze vertreten unterschiedliche Typen. Im ersten Beispiel ist die Verbindung noch nicht so fest, daß man sie nicht mehr lösen könnte. Das Bindewort „denn" stellt zwar einen Zusammenhang zwischen den beiden Sätzen her; doch sie weisen den Bau selbständiger Sätze auf (die Personalform ist an zweiter Stelle). Wir könnten den Beistrich durch einen Strichpunkt, ja sogar durch einen Punkt ersetzen. Zusammengesetzte Sätze dieses Typs nennt man **Satzreihe**.

Die Satzreihe (Parataxe)

Ursprünglich wurden inhaltlich zusammengehörende Sätze wohl nur durch die Tonführung verbunden. Der Ton wurde gehoben, wenn man noch etwas anfügen wollte: „Sie kam herein, die Tür flog zu."
Diese Ausdrucksweise findet sich häufig in der gesprochenen Sprache, sie wird aber auch als Stilmittel verwendet, wenn man Ereignisse, Vorgänge oder Zustände knapp nebeneinanderstellen will: Die Bremse versagte, das Unglück war geschehen. – Die Sonne schien, die Blumen blühten. Blitze zuckten, Donner rollten.
Sätze können durch Wiederholung des Einleitewortes verbunden werden: *Umsonst* alles Streben, *umsonst* alle Mühe.

Bindewörter wie: halb – halb, bald – bald, teils – teils sind nichts anderes als erstarrte Wiederholungen.

Neben diesen lose aneinandergereihten Sätzen gibt es solche, die durch nebenordnende Bindewörter verknüpft sind.

Bei der **anreihenden Satzreihe** werden die einzelnen Sätze mit *und, auch, außerdem, überdies, ferner* und anderen verknüpft: Er lag im Bett, und ich konnte ihn nicht besuchen. Sie hatten mit einem Erfolg gerechnet, und wir haben ihnen diesen Sieg geraubt.

Da das Bindewort *und* keinen Satzgliedwert hat, steht die Personalform des Verbs auch im zweiten Teilsatz an zweiter Stelle. Vor diesem *und*, das zwei vollständige Sätze verknüpft, steht immer ein Beistrich.

Der Geschäfts- und Kanzleistil liebt die Spitzenstellung der Personalform, und so kommt es zu einer Gliedfolge, die man „Satzdreh" nennt: „Gestern erhielt ich Ihren geschätzten Brief, und möchte ich Ihnen mitteilen ..." Appellieren Sie an Ihr Sprachgefühl, fragen Sie sich, ob Sie je so sprechen! Das persönliche Fürwort muß vorgezogen werden, damit das Zeitwort die ihm gebührende zweite Stelle einnehmen kann, also: „Gestern erhielt ich Ihren Brief, und *ich habe* mich sehr darüber gefreut."

Um nur ja die Verdrehung des „und"-Satzes zu ermöglichen, schieben manche ein überflüssiges und obendrein papieren wirkendes Fürwort ein: Die Lieferung wird morgen eintreffen, und wird dieselbe Sie voll zufriedenstellen. Der Antrag wurde von mir begutachtet, und wird derselbe an die zuständigen Stellen weitergeleitet.

Was soll denn hier *derselbe*? Entweder man schreibt: „Ich habe den Antrag begutachtet, und er wird an die zuständigen Stellen weitergeleitet", oder man wiederholt das Subjekt überhaupt nicht: „Die Lieferung wird morgen eintreffen und Sie zufriedenstellen."

Bei der **entgegenstellenden Satzreihe** wird mit *aber, doch, jedoch, sondern* und anderen verknüpft: Ich glaube nicht mehr an einen Erfolg, aber ich will es noch einmal versuchen. Wir wollten uns in der Diskothek treffen, doch Karin ist nicht erschienen. Er braucht mich nicht, sondern ich brauche ihn.

Bei der **begründenden Satzreihe** wird mit *denn, nämlich* und anderen Konjunktionen verknüpft: Ich bleibe daheim, denn ich fühle mich nicht wohl. Die Brieftasche sitzt ihm locker, er hat nämlich einen Haupttreffer gemacht. Das Bindewort *nämlich* muß hinter die Personalform gestellt werden.

Bei der **folgernden Satzreihe** wird mit *deshalb, daher, darum, folglich* und anderen verknüpft: Du bist mein Freund, darum will ich dir nichts verschweigen. Er hat gute Beziehungen, deshalb bekommt er die Stelle.

Bei der **ausschließenden Satzreihe** wird mit *oder, sonst, entweder – oder* und anderen verknüpft: Du fügst dich in die Gemeinschaft, oder wir schließen dich aus. Entweder Sie bezahlen die Rechnung, oder wir wenden uns an einen Rechtsanwalt. Durch die Einleitung des ersten Satzes mit *entweder* wird die Ausschließung des einen Satzinhalts durch den Inhalt des anderen Satzes noch verstärkt.

Eine Art der Satzreihe ist die **Zusammenfassung gleichwertiger Hauptsätze**: Ich stand auf dem Bahnhof und erwartete meine Frau. Er trat unaufgefordert ins Zimmer und schrie mich an.

Das beiden Satzteilen gemeinsame Subjekt (ich, er) wird aus sprachökonomischen Gründen nur einmal gesetzt.

Eine eigentümliche Stellung nehmen die Schaltsätze (**Parenthesen**) ein. Ihre Einschaltung beeinflußt den Bau des unterbrochenen Satzes nicht: Der letzte Hagel – es war der ärgste seit Jahren – hat die gesamte Obsternte vernichtet. Sein brutales Vorgehen – er kannte meine Schwierigkeiten – brachte mich in arge Bedrängnis.

Das Satzgefüge (Hypotaxe)

Ein Satzgefüge entsteht dadurch, daß sich von zwei inhaltlich zusammengehörenden Sätzen einer dem anderen als Gliedsatz unterordnet: Zeig mir! Was hast du da? Den zweiten dieser Sätze kann man als Ergänzung zum Zeitwort des ersten betrachten, und damit hat man ein Satzgefüge: Zeig mir, was du da hast.
Es kann auch ein Wort des ersten Satzes, das die Verbindung mit dem zweiten Satz herstellt, in diesen hineingezogen werden. So wurde aus dem hinweisenden *das* unser heutiges Bindewort *daß*: Ich hoffe das: Du kommst! Ich hoffe, daß du kommst. Oder: Weißt du das? Er lebt in Frankreich. Weißt du, daß er in Frankreich lebt?
Mit Ausnahme des Prädikates können alle Satzglieder und auch die Gliedteile durch einen vollständigen Satz ausgedrückt werden:
Wir verstehen *deine Bedenken* (Objekt im vierten Fall).
Wir verstehen, *daß du Bedenken hast* (Objektsatz).
Alle *über fünf Jahre bei uns tätigen* Angestellten erhalten eine Zulage (Beifügung).
Alle Angestellten, *die über fünf Jahre bei uns tätig sind,* erhalten eine Zulage (Beifügesatz).
In einem Satzgefüge unterscheidet man zwischen dem über- und dem untergeordneten Satz. Beide sind voneinander abhängig.
Die meisten untergeordneten Sätze beginnen mit einem Einleitewort; es kann ein Fürwort, ein Umstandswort oder ein unterordnendes Bindewort sein. Die Personalform des Zeitwortes rückt dann an das Ende des Satzes: Ich habe noch nie ein Lied gehört, *das* mich trauriger *machte.* Ich habe ihm geschrieben, *worüber* er sehr froh *war.* Ich glaube nicht, *daß* du recht *hast.*
Sammeln sich im untergeordneten Satz mehrere Zeitwortformen, dann weiß man oft nicht, wie man sie ordnen soll: Schreibe mir, ob du wirst kommen dürfen; ob du wirst dürfen kommen; ob du kommen dürfen wirst. Nur der letzte Versuch ist richtig.
Also nicht: Sie weiß nicht, ob sie soll einkaufen gehen. Er überlegt noch, ob er kann zusagen. Wenn ich will zurechtkommen, muß ich mich beeilen.
Sondern: ... ob sie einkaufen gehen soll; ... ob er zusagen kann; wenn ich zurechtkommen will ...
Das abgewandelte Hilfszeitwort *werden* gehört in eingeleiteten Gliedsätzen ans Ende: Wenn ich abfahren *werde* ...; wenn er wieder gesund sein *wird* ...; als er in die Stadtverwaltung berufen *wurde* ...
Nur die abgewandelten Formen von *haben* werden nach vorne gedrängt, wenn sich im Perfekt oder im Plusquamperfekt die Zeitformen häufen: Wenn ich auch nicht *habe* mitreden dürfen ... Wenn das auch längst *hätte* getan werden sollen ...
Manche lassen beim Schreiben ein Hilfszeitwort im Gliedsatz weg, sei es, daß es ihnen überflüssig scheint, sei es, daß sie nachlässig sind: Wie sehr er auch alles durchsucht, den Paß konnte er nicht finden. Heißen muß es *durchsucht hatte.* Nachdem er alles durchsucht und auf den Paß nicht gestoßen war ... Nein, denn das Hilfs-

zeitwort *war* kann nicht das ausgelassene Hilfszeitwort *hatte* vertreten; also: durchsucht *hatte* und nicht gestoßen *war*.

Anders ist es, wenn ein Hilfszeitwort zweimal in der gleichen Form auftreten müßte. In diesem Fall kann man sich das Wiederholen sparen, ja es würde sogar schwerfällig wirken. Nachdem er ihn im Park getroffen und nach vielen Jahren wieder einmal mit ihm gesprochen *hatte* ...

Ich weiß nicht, ob ich kommen und dir bei der Arbeit helfen *soll*. Sobald du überall bekannt und mit den Verhältnissen vertraut *bist* ...

Ist der Gliedsatz **nicht eingeleitet**, gibt es folgende Erkennungsmittel: Bedingende Gliedsätze, bei denen das einleitende *wenn* oder *falls* fehlt, haben die Personalform in Spitzenstellung: Befolgst du meinen Rat, bleibt dir sicher einiges erspart (statt: Wenn du meinen Rat befolgst ...).

Ebenfalls Spitzenstellung der Personalform haben Gliedsätze, die gewöhnlich mit *ob* eingeleitet werden. Man wußte nicht, *war es Zufall oder Absicht* (statt: ... ob es Zufall oder Absicht war).

Ein weiteres Erkennungsmittel: Gliedsätze, die Gedachtes, Gehörtes, Angenommenes und ähnliches wiedergeben, haben die Personalform an zweiter Stelle (Gliedstellung des Hauptsatzes): Er dachte, er *könne* die Arbeit noch erledigen. Ich glaube, er *ist* verreist. Diese Satzform ist oft gefälliger als die Einleitung mit *daß*: Ich glaube, daß er verreist *ist*.

Das umfangreiche Satzgefüge (die **Periode**) bietet mannigfaltige Möglichkeiten, wenn man imstande ist, die Teilsätze zu einer geschlossenen, überschaubaren Gedankeneinheit zusammenzubinden. Gute Schriftsteller, wie Adalbert Stifter, Gottfried Keller oder Thomas Mann, konnten das, und sie können es noch heute, wie eine Periode aus der „Blechtrommel" von Günter Grass zeigt:

„Die Fähigkeit, mittels einer Kinderblechtrommel zwischen mir und den Erwachsenen eine notwendige Distanz ertrommeln zu können, zeigte sich kurz nach dem Sturz von der Kellertreppe fast gleichzeitig mit dem Lautwerden einer Stimme, die es mir ermöglichte, in derart hoher Lage anhaltend und vibrierend zu singen, daß niemand es wagte, mir meine Trommel, die ihm die Ohren welk werden ließ, wegzunehmen; denn wenn mir die Trommel genommen wurde, schrie ich, und wenn ich schrie, zersprang Kostbarstes: ich war in der Lage, Glas zu zersingen."

Unverständlich wird ein Satzgefüge dann, wenn man die Teilsätze zerreißt und so verschachtelt, daß sich nicht mehr herausfinden läßt, was zusammengehört. Wir entnehmen solch eine vertrackte Konstruktion dem Buch „Sprachleben und Sprachschäden" von Theodor Matthias und wünschen gute Unterhaltung:

„Diese beschränkte Anfechtung wird übrigens auch nur zu einem Ziele führen, wenn nicht auch bei Beseitigung des Abkommens, doch immer weil das Rechtsgeschäft bestehen bleibt, das die Schuld begründet, die gesetzliche Befugnis zur Aufrechnung, die für den Fall des Konkurses nach § 47, Absatz I der Konkursordnung von gewissen sonst geltenden Voraussetzungen unabhängig ist, bestehen bleibt, also nur dann, wenn während an sich wegen der Natur der Forderung oder der Schuld die Kompensation aus Gründen, die nicht durch § 47 a. a. O. beseitigt werden, unzulässig wäre, durch jenes Abkommen dieselbe vollzogen oder ihre künftige Vollziehung vereinbart oder die Natur der Forderung oder der Schuld mit der Wirkung des Eintritts der Kompensabilität geändert worden wäre."

Die Arten untergeordneter Sätze

Es gibt zwei Möglichkeiten, untergeordnete Sätze zu unterscheiden und einzuteilen: erstens nach der Art des Einleitewortes, und zweitens nach der Rolle, die der untergeordnete Satz im Satzgefüge spielt.
Nach der Art des Einleitewortes unterscheidet man: Relativsätze, indirekte Fragesätze und Konjunktionalsätze.

Relativsätze werden mit den Relativpronomen *der, die, das, wer, was* und mit den Umstandswörtern *wo, womit, wodurch, worauf, wovon, wovor* und so weiter eingeleitet. Sie beziehen sich meist auf ein Substantiv oder Pronomen des übergeordneten Satzes: Dies ist das Buch, *das* ich mir schon lange wünsche. Eine Frau, *die* etwas auf sich hält, ...
Manche Relativsätze beziehen sich auf den ganzen vorangehenden Satz: Du begreifst noch immer nicht, *worauf* es ankommt. Weil er immer aufrichtig ist, *was* ich ihm hoch anrechne, ...
Indirekte Fragesätze werden eingeleitet mit: *ob, wer, was, was für ein, wo, woher, wann, wie, warum* und so weiter. Der indirekte Fragesatz ist von einem Hauptsatz abhängig und läßt sich durch geringe Wortumstellungen in einen direkten Fragesatz zurückverwandeln: Ich weiß nicht, *ob ich fahren soll.* (=Ich weiß nicht: Soll ich fahren?) Sage mir, *wer das getan hat.*
Konjunktionalsätze werden mit unterordnenden Bindewörtern eingeleitet: *daß, da, weil, wenn, obwohl, als, nachdem* und anderen. Ihm ist klar, *daß* er einen Fehler begangen hat. *Da* ich dich gut kenne, will ich dir vertrauen.

Die zweite Art der Einteilung der untergeordneten Sätze hält sich an den Satzgliedwert. Subjekt, Objekte und Umstandsangaben können als vollständige Sätze auftreten; man nennt sie **Gliedsätze**: Ich weiß *von deiner Not.* Ich weiß, *daß du in Not bist.* Hier ist das Präpositionalobjekt zu einem Objektsatz geworden.
Auch die Beifügung als Gliedteil kann zu einem Satz werden: *Bellende* Hunde beißen nicht. Hunde, *die bellen,* beißen nicht. Man nennt untergeordnete Sätze, die eine Beifügung ausdrücken, **Beifüge-** oder **Attributsätze**.
Der **Subjektsatz** bildet das Subjekt des Hauptsatzes: *Daß alle Menschen sterben müssen,* kann von niemandem widerlegt werden. *Was er behauptet hat,* war eine Unverschämtheit. Die Rolle des Gliedsatzes können wir uns klarmachen, wenn wir den Gliedsatz in ein Satzglied verwandeln: *Seine Behauptung* war eine Unverschämtheit.
Der **Objekt-** oder **Ergänzungssatz** drückt eine Ergänzung zum Prädikat des Hauptsatzes aus: Sie verloren an einem Tag, *was sie mühsam erarbeitet hatten.*
Der Objektsatz wirkt hier geschmeidiger als das entsprechende Satzglied: Sie verloren an einem Tag das mühsam Erarbeitete. Er behauptet, *daß er krank sei.*
Alle Arten von Ergänzungen, auch die Gleichsetzungsglieder, können in der Form eines Gliedsatzes auftreten.
Ein **Adverbial-** oder **Umstandssatz** ist ein Gliedsatz, der eine Umstandsangabe für den übergeordneten Satz ausdrückt. Sicherlich ist Ihnen noch die vereinfachende Einteilung in Orts-, Zeit-, Art- und Begründungsangaben erinnerlich. Die Gliedsätze werden entsprechend bezeichnet. **Orts-** oder **Lokalsätze** sind selten; sie werden meist mit *wo, woher, wohin, soweit* eingeleitet: *Wo Friede herrscht,* dort zieht Wohlstand ein. *Soweit das Auge reicht,* dehnen sich fruchtbare Felder.

Zeit- oder **Temporalsätze** drücken Gleichzeitigkeit, Vorzeitigkeit oder Nachzeitigkeit, bezogen auf die Zeit des Haupt- oder übergeordneten Gliedsatzes, aus. Sie beginnen zum Beispiel mit *als, während, sobald, wenn, nachdem, bevor, ehe: Sobald er ankommt*, beginnen die Verhandlungen (Gleichzeitigkeit). *Nachdem er angekommen war*, begannen die Verhandlungen (Vorzeitigkeit). *Ehe er sich entscheidet*, will er mit dir verhandeln (Nachzeitigkeit).

Anlaß zu Fehlern gibt *nachdem*. Es drückt immer Vorzeitigkeit aus: Nachdem er gegessen hatte, trank er ein Glas Wein. Er verließ die Stadt, nachdem er seine Angelegenheiten geregelt hatte.

Zuerst regelte er also seine Angelegenheiten, dann fuhr er ab. Manchmal wird *nachdem* aber zur Einleitung von Begründungssätzen verwendet, was im süddeutschen Sprachraum einem umgangssprachlichen Gebrauch entspricht. Nachdem er schon einmal hier ist, wollen wir alles von ihm hören. Nachdem ich kein Geld habe, kann ich nicht auf Urlaub fahren. Ich will meine Stellung wechseln, nachdem ich zu schlecht bezahlt werde.

Hier müßte das begründende *da* oder *weil* stehen, nachdem kein zeitlicher Zusammenhang vorliegt, nein, *weil* keiner vorliegt.

Die wichtigsten Formen der **Art-** oder **Modalsätze** sind:

1. die eigentlichen Modalsätze, die meist mit *indem* oder *ohne daß* beginnen: Er grüßte, *indem er sich verbeugte, ... ohne daß er sich erhob,* sowie

2. die Vergleichssätze, die Gleichheit oder Ungleichheit feststellen: *Wie man in den Wald hineinruft*, so schallt es heraus. Die Reise ist anstrengender, *als wir gedacht haben.* Wir erinnern Sie daran, daß *wie* bei Gleichheit und *als* bei Ungleichheit zum Einsatz kommt. *Anders* verlangt demnach energisch das *als*: Sie sahen anders aus, *als ich sie mir vorgestellt hatte.*

Beim Vergleich mit etwas Nichtwirklichem verwendet man häufig *als ob*; das Zeitwort steht im Konjunktiv II: Er tut, *als ob er unschuldig wäre.* Sie schrie, *als ob sie von Sinnen wäre* (oder: als wäre sie von Sinnen).

Die dritte Form der Modalsätze sind die **Folge-** oder **Konsekutivsätze**: Sie war so schön, *daß sie ihn betörte.* Unsere Wohnung ist so klein, *daß wir keinen Gast unterbringen können.*

Die **Begründungs-** oder **Kausalsätze** enthalten den Grund für das im Hauptsatz Gesagte und werden mit *weil* oder *da* eingeleitet. Manche haben vor *weil* wahre Scheu, weil sie meinen, es sei nicht ganz gesellschaftsfähig und *da* wirke vornehmer. *Weil* sollte man immer dann vorziehen, wenn der Gliedsatz hinter dem Hauptsatz steht; vor allem, wenn *deshalb, darum* auf den Kausalsatz hinweist: Er tat es deshalb, *weil* er ..., nicht: da er ...

Wird der begründende Gliedsatz nicht betont und deshalb vorangestellt, wählt man *da*: *Da er vorwärtskommen will*, arbeitet er sehr fleißig.

„*Obwohl er hätte bleiben können*, gab er seinen Posten auf.“ Dem Mann wurde also eingeräumt, seinen Posten zu behalten, aber er ging. Man bezeichnet solche Sätze, in denen etwas eingeräumt wird, als **Einräumungssätze** (lateinisch **Konzessivsätze**). Andere Einleitewörter dieser Gruppe sind: *wenngleich, obschon, obgleich, wenn auch, wennschon* usw. *Trotzdem* ist gerade dabei, vom Hauptsatz in den Gliedsatz überzuwechseln: Er hat nur wenig erreicht, trotzdem verliert er nicht den Mut. *Trotzdem er nur wenig erreicht hat*, verliert er ...

Der unterordnende Gebrauch von *trotzdem* findet sich in der Literatur und setzt sich auch in der täglichen Rede immer mehr durch. Das Einleitewort wird in diesem Fall auf der zweiten Silbe betont (trotzdém).

Die **Absichtssätze (Finalsätze)** nennen den Zweck, die Absicht oder das Ziel einer Handlung. Einleitewörter sind *daß* und *damit*. Nach Imperativ sowie Präsens, Perfekt oder Futur im Hauptsatz steht das Zeitwort des Absichtssatzes im Indikativ: Heize bitte ein, *daß wir nicht frieren.* Wir sparen, *damit wir uns ein Haus bauen können.*

Nach dem Präteritum und dem Plusquamperfekt fordert die Standardsprache im Finalsatz den Konjunktiv I: Maria Theresia führte in Österreich die Schulpflicht ein, *damit die Bildung allgemein verbreitet werde.* Das Heer hatte kapituliert, *daß die Not nicht noch weiter um sich greife.*

Statt eines Absichtssatzes wird häufig eine satzwertige Nennformgruppe mit *um zu* gewählt; davon später.

Die **Bedingungssätze (Konditionalsätze)** geben die Voraussetzung an, unter der etwas getan wird oder sich ereignet. Gewöhnlich beginnen sie mit *wenn*, nur selten mit *falls, sofern. Wenn du dir Mühe gibst,* muß es dir gelingen. *Falls er zu uns kommt,* werde ich ihm meine Meinung sagen. Oft wird nur die Möglichkeit ausgedrückt: Wie schön wäre es, *wenn du mitfahren könntest!*

Daneben gibt es auch noch Bedingungssätze der Nichtwirklichkeit; die Voraussetzung wird als nicht realisierbar aufgefaßt: *Wenn ich ein Vöglein wär',* flög ich zu dir ...

Wenn-Sätze sind aber nicht immer konditional, sondern manchmal auch temporal: Wenn der Sommer kam, fuhren sie aufs Land. Hier kann man *wenn* nicht durch *falls*, sondern durch *sobald* ersetzen.

Die **Beifügesätze (Attributsätze)** dienen wie alle Beifügungen zur näheren Bestimmung eines Wortes und antworten auf die Frage: *Was für ein?* Einleitewort ist meist ein bezügliches Fürwort. Auf der Brücke sah ich den Mann, *der mich liebt.*

Beifügesätze können nicht nur durch ein Relativpronomen, sondern auch durch ein bezügliches Umstandswort (wo, wann, wie) oder durch eine Konjunktion eingeleitet werden: Die Stadt, *wo ich geboren wurde* ... Die Stunde, *wann er zurückkommen wird,* ...

Eine weitere Möglichkeit, Beifügesätze einzuleiten, bietet *daß*: Die Behauptung, *daß* er Fabrikbesitzer in Amerika sei, war falsch. *Daß* kann freilich auch fehlen, meist zum Vorteil des Satzes: Die Behauptung, er sei Fabrikbesitzer in Amerika ...

Im allgemeinen müssen Attributsätze zu dem Wort gestellt werden, dem sie beigefügt sind. Geschieht das nicht, kann Kurioses herauskommen: „Er hängte das Foto unter ein Stilleben, das er von seiner Braut geknipst hatte." O weh, da hat jemand von seiner Braut ein Stilleben angefertigt! „Mit einer Leidenschaft liebte er sie, die ihn ganz verzehrte." Armer Mann, der in eine Menschenfresserin vernarrt ist.

Freilich soll man diese Regel nicht zu eng auffassen; Partizipialformen oder Verbzusätze können zwischen Beziehungswort und Attributsatz stehen, ohne den Sinn des Satzgefüges zu gefährden, zum Beispiel: Ich habe das Buch schon gelesen, das du mir gestern geliehen hast.

Er las aufmerksam den ganzen Brief, der ihn an so viele schöne Jugendjahre erinnerte und vertraute, liebevolle Worte enthielt, die ihm in seiner Einsamkeit wohltaten, durch. Dieses *durch* läßt entschieden zu lange auf sich warten, es wandert besser vor den ersten Attributsatz.

Zu viele ineinandergeschobene Attributsätze machen den Stil häßlich und undurchsichtig. Wir wollen es Ihnen an einem drastischen Beispiel zeigen: „Diejenigen, die den Termin, der für die Wahlen, durch die die Abgeordneten, die unsere Partei, die die Interessen der Kleinviehzüchter vertritt, leiten, gewählt werden, ausgeschrieben ist, versäumen, verlieren ihr Mitbestimmungsrecht."

Zeitungsberichte weisen manchmal auch da einen untergeordneten Satz auf, wo sinngemäß ein neuer Hauptsatz oder eine Verbindung mit *und* stehen müßte: „Ein Auto überfuhr die Schülerin Margit X, die beklagenswerterweise tot war." Beklagenswert ist auch der Satz, wonach ein totes Kind überfahren wurde.
„Ein Blitz schlug in die Scheune, die lichterloh brannte." Der Blitz schlug wohl kaum in eine bereits brennende Scheune! Der Fehler liegt darin, daß man eine Gleichzeitigkeit ausdrückende Beifügung setzt, wo es sich um eine erst später eintretende Folge handelt.

Satzwertige Wortgruppen

Er verstand *zu blenden*. Zu der Nennform mit „zu" können ergänzende Glieder treten: Er verstand es, *die Leute mit seinem Charme zu blenden.*
Auf diese Weise bildet sich eine Nennformgruppe, die sich aus dem übrigen Satz herauslöst und den Wert eines Satzes gewinnt. Sie wird durch einen Beistrich vom übrigen Satz getrennt, wenn sie nicht als Subjekt in Spitzenposition steht.
Franz verließ drohend den Saal. Franz verließ, *allen Anwesenden mit seiner Rache drohend*, den Saal. Hier hat das Mittelwort der Gegenwart eine Wortgruppe um sich gesammelt. Auch diese Wortgruppe hebt sich deutlich vom übrigen Satz ab. Man spricht von einer satzwertigen Mittelwortgruppe.
Bei den satzwertigen **Nennform-** oder **Infinitivgruppen** kann man in Zweifel kommen, ob der Infinitiv mit *zu* oder mit *um zu* richtig ist: Er war zu aufgeregt, *um* die Prüfung *zu* bestehen. Oder nur: ... zu aufgeregt, die Prüfung *zu* bestehen. In finaler Bedeutung ist *um* immer erforderlich; es drückt den Zweck, die Absicht aus: Er ging in die Stadt, *um* einzukaufen. Sie heiratete, *um* nicht länger allein *zu* sein.
Erforderlich ist die Infinitivgruppe mit *um zu* auch dann, wenn ein bestimmtes Ziel zwar angestrebt, aber wider Erwarten nicht erreicht wird: Er hat ihr das Problem dreimal erklärt, *um* dann *einzusehen*, daß sie es nie verstehen würde. Habe ich deine Hose mit soviel Sorgfalt gebügelt, *um* nun deine Vorwürfe *zu* hören?
Bei diesen stilistisch sehr vorteilhaften satzwertigen Wortgruppen muß jedoch eine Bedingung erfüllt sein: Der Hauptsatz und die Wortgruppe müssen dasselbe Subjekt haben. Beachtet man das nicht, entstehen Fehler: Der Arzt schickte ihn aufs Land, um sich zu erholen. Im Hauptsatz ist *der Arzt* Subjekt, in der Nennformgruppe soll es der Kranke sein. Die Nennformgruppe ist hier also nicht möglich, wir müssen einen Gliedsatz bilden: Der Arzt schickte ihn aufs Land, damit er sich erhole.
Auch wenn zwei einander folgende Ereignisse sich nicht unmittelbar bedingen, ist der Infinitivsatz unkorrekt: Er begann seine Studien in Heidelberg, um sie in München zu beenden. Im Sommer trocknen manche Flüsse Italiens aus, um im Herbst Hochwasser zu führen.
Solche Teilsätze können nur mit *und* verbunden werden: Er begann seine Studien in Heidelberg und beendete sie in München. Oder man bildet zwei Hauptsätze: Im Sommer trocknen manche Flüsse Italiens aus; im Herbst führen sie Hochwasser.
Möglich ist dagegen der weiterführende Gebrauch von *um zu*, wenn sich kein störendes Mißverhältnis zu einer finalen Erwartung ergibt: Finster und unbe-

zwingbar zog sich die Mauer den Berg hinauf, um schließlich im Dunst zu verschwinden.

Es hat sich eingebürgert, auch das Grund-Folge-Verhältnis mit *um zu* auszudrücken: Sie weiß doch zu wenig, um helfen zu können. Er hat zu viele Schulden, um kreditfähig zu sein.

In den meisten Konsekutivsätzen ist *um* jedoch entbehrlich; man läßt es daher besser weg: Du warst zu feige, mir die Wahrheit zu sagen. Wir haben keine Zeit, zu dir zu kommen.

Überflüssig ist *um* nach Wörtern, die neben *genug* stehen, und überflüssig ist es auch, wenn *so* auf das Folgende hinweist: Er ist alt *genug* zu wissen, was sich gehört. Sie hätte Geld *genug*, sich besser zu kleiden. Ich besitze nicht *so* viel, dir helfen zu können. Du bist doch nicht *so* dumm, das zu glauben.

Die satzwertigen **Mittelwort-** oder **Partizipialgruppen** beziehen sich meist auf das Subjekt des Hauptsatzes: *Auf dem Gipfel angekommen,* brach er vor Erschöpfung zusammen.

Alleinstehende Partizipien sind selten, etwa in: *Gesetzt,* er wandert aus ... *Davon abgesehen,* daß ...

Gerade bei den Partizipialgruppen stellt man oft unversehens falsche Beziehungen her: Kaum geboren, wanderten seine Eltern nach Amerika aus. Vor Schmerzen stöhnend, entfernte der Arzt ihre Mandeln.

Wo liegt der Fehler? Wortgruppe und Hauptsatz haben verschiedene Subjekte. Man muß also Gliedsätze bilden: Er war kaum geboren, als seine Eltern auswanderten. Sie stöhnte vor Schmerzen, als ihr der Arzt die Mandeln entfernte.

Zusammenfassung

Sätze neigen dazu, sich zu verbinden. Man nennt die Formen:

1. Satzreihe (Parataxe)
Zwei Hauptsätze sind unverbunden oder durch ein nebenordnendes Bindewort (mit Beistrich) verbunden:

> anreihend: *und*
> begründend: *denn*
> entgegensetzend: *aber*
> ausschließend: *oder*

2. Satzgefüge (Hypotaxe)
Einem Hauptsatz ist mindestens **ein** Satz untergeordnet.
> Ein Gliedsatz vertritt ein Satzglied des übergeordneten Satzes.
> Ein Beifügesatz (Attributsatz) vertritt eine Beifügung des übergeordneten Satzes.
Meistens beginnen untergeordnete Sätze mit einem Einleitewort (Bindewort oder bezüglichem Fürwort). Die Personalform des Verbs steht dann am Schluß.
Die untergeordneten Sätze kann man einteilen:
> nach dem Einleitewort (Relativsätze, indirekte Fragesätze, Konjunktionalsätze),
> nach der Aufgabe für den übergeordneten Satz (Gliedsatz, Attributsatz).

Die **Gliedsätze** stellen dar:
Subjektsatz
Objektsatz
Adverbialsatz

Bei den **Adverbialsätzen** unterscheidet man:

Einleitewörter:

Orts- oder Lokalsatz	wo, woher, wohin, soweit
Zeit- oder Temporalsatz	nachdem, als, bis, ehe
Art- oder Modalsatz	wie, indem
Begründungs- oder Kausalsatz	weil, da
Folge- oder Konsekutivsatz	daß
Einräumungs- oder Konzessivsatz	obwohl, obgleich
Absichts- oder Finalsatz	damit, (auf) daß
Bedingungs- oder Konditionalsatz	wenn, falls

Satzwertige Wortgruppen
1. Nennform- oder Infinitivgruppe
2. Mittelwort- oder Partizipialgruppe

Zur Rechtschreibung und Zeichensetzung

Sie teilen gewiß mit uns die Ansicht, daß eine einheitliche deutsche Standardsprache vorteilhaft ist, weil sie es jedem ermöglicht, sich im gesamten Sprachraum zu verständigen. Diese Gemeinsprache braucht aber auch ein einheitliches Schriftbild. Die Buchdrucker bemühten sich schon früh, für die Schreibung der Wörter allgemein verbindliche Regeln zu finden; denn sie hatten Interesse daran, daß ihre Bücher in den verschiedenen Gegenden des deutschsprachigen Raumes gelesen, verstanden und also verkauft werden konnten. Doch erst von 1850 an wurden in den einzelnen deutschen Ländern amtliche „Regel- und Wörterverzeichnisse" herausgegeben, an die sich die Setzer, die Behörden, die Lehrer und die Schüler halten mußten. Eines dieser Bücher, das „Orthographische Wörterbuch der deutschen Sprache" von Konrad Duden – es erschien 1880 zum ersten Mal –, verdrängte allmählich die anderen Rechtschreibbücher und wurde schließlich das maßgebende Regelbuch. Im Jahr 1901 strebte dann eine von den Regierungen Deutschlands, Österreichs und der Schweiz einberufene „Orthographische Konferenz" weitere Vereinheitlichungen an.

Obgleich die Rechtschreibung nicht von der Sprache selbst entwickelt worden ist, haben in vieljähriger Arbeit mühsam aufgestellte Regeln einen Sinn; denn wenn jeder so schriebe, wie es ihm beliebt, könnten wir uns schriftlich kaum verständigen. Ob die Regeln immer einleuchtend und praktisch sind, ist umstritten. An Reformversuchen hat es in den letzten Jahren nicht gefehlt, aber man hat sich bis jetzt noch nicht auf Veränderungen oder Vereinfachungen einigen können. Der „Duden – Rechtschreibung der deutschen Sprache und der Fremdwörter" ist daher das allgemein verbindliche Regelbuch geblieben. In Österreich gilt, vor allem an den Schulen, zusätzlich das „Österreichische Wörterbuch".

Die Großschreibung

Zunächst das Auffallendste der deutschen Schreibweise: Wir verwenden große Anfangsbuchstaben weit häufiger als andere Sprachen. Dagegen ist in letzter Zeit viel polemisiert worden; die Großschreibung wurde als erschwerend, veraltet, ja sinnlos hingestellt. Ohne Zweifel erfordert sie gewisse Übung und ist schwieriger als die durchgehende Verwendung von Kleinbuchstaben.

Aber hat nicht gerade diese deutsche Eigenart der Großschreibung auch ihre Vorteile? Da es vorwiegend Hauptwörter sind, die durch den großen Anfangsbuchstaben ausgezeichnet werden, heben sich die Dingnamen und Begriffe aus der Fülle der anderen Wörter heraus. Das Großschreiben der Anfangsbuchstaben ist ein Mittel der Hervorhebung, das der farblose schriftliche Ausdruck gut brauchen kann.

Selbstverständlich ist Ihnen allen der Großbuchstabe am Anfang eines Satzes. Wann ist ein Satzanfang gegeben? Nach einem Punkt, einem Frage- oder Ausrufezeichen. Mit großem Anfangsbuchstaben beginnt auch jede direkte Rede.

Was muß man noch groß schreiben? Jedes Hauptwort, alle hauptwörtlich gebrauchten Wörter und die Höflichkeitsform der Anrede (Sie, Ihr), in Briefen und briefähnlichen Mitteilungen auch das vertrauliche Du, Dein, Ihr, Euer und so weiter. Beigefügte Eigenschaftswörter werden mit großem Anfangsbuchstaben geschrieben, wenn sie mit dem Hauptwort zu einem festen Begriff verschmolzen oder Teil des Eigennamens sind. Ein neues Land, aber **die** Neue Welt, das Tote Gebirge, die Österreichischen Bundesbahnen, das Neue Testament, die Neue Zürcher Zeitung. Schwierig wird es jetzt: shakespearescher Dramatik oder Shakespearesche Dramatik? Die karolingische Renaissance oder die Karolingische Renaissance? Wie entscheiden Sie? – Es ist nicht ganz leicht: Wird ein Personenname zum Eigenschaftswort, ist er dann mit großem Anfangsbuchstaben zu schreiben, wenn er „die persönliche Leistung oder Zugehörigkeit" (Duden) ausdrückt. Also: Shakespearesche Dramatik, Goethesche Gedichte, die Einsteinsche Relativitätstheorie, die Josefinischen Reformen. Klein schreibt man eigenschaftswörtlich gebrauchte Eigennamen dann, „wenn sie die Gattung bezeichnen oder wenn sie aussagen, daß etwas nach einer Person benannt worden ist oder ihrer Art, ihrem Geist entspricht" (Duden). Also: Er schrieb Werke von shakespearescher Dramatik; wir lebten in mozartischer Heiterkeit.

Auf die Großschreibung ist vor allem bei der hauptwörtlichen Verwendung anderer Wortarten zu achten, zum Beispiel bei der des Zeitwortes: das Lesen und das Schreiben, das Dargebotene, das Versprochene, das Vorgefallene, ein Liebender. Diese Fälle sind klar; überhaupt ist der Artikel ein ziemlich sicherer Hinweis auf die Großschreibung. Manchmal verbirgt sich der Artikel allerdings in einem Vorwort: zum Arbeiten, beim Lesen, sich aufs Trinken verlegen, vom Schwimmen kommen. Der Artikel kann aber auch ganz fehlen: mit Bangen, sein Jammern und Wehklagen, ohne Murren.

Die Nennformergänzung wird klein geschrieben: lesen lernen, schwimmen üben, tanzen gehen. Als hauptwörtlicher Begriff wird aufgefaßt: Verstecken spielen.

Auch bei Eigenschaftswörtern ist der Artikel eine gewisse Hilfe: das Gute, das Böse, das Schönste des Abends, die Alten und die Jungen (aber: alt und jung vergnügt sich auf dem Jahrmarkt).

Oft fehlt der Artikel, und man wird unsicher. Groß schreibt man Eigenschaftswörter dann, wenn sie allein stehen und stark gebeugt sind: aus Flüssigem und Festem, mit Altem und Neuem, er liebt Modernes und Ungewöhnliches.

Auch nach *viel, nichts, etwas, einiges, allerlei, wenig, manches* und dergleichen werden Adjektive groß geschrieben: etwas Neues, nichts Schönes, wenig Gutes, manches Hoffnungsvolle, allerlei Dummes. In allen diesen Fällen ist aus dem Eigenschaftswort ein Hauptwort geworden: etwas Neues ist eben *das* Neue, und manches Hoffnungsvolle *das* Hoffnungsvolle. Unbestimmte Für- und Zahlwörter werden dagegen nicht zu Hauptwörtern, auch wenn ein Artikel vorangeht: *nichts* (oder *etwas*) anderes, der eine, der andere, die beiden. Selbst *der einzelne* schreibt man klein: „Jeder einzelne lebt im Ganzen des Staates" – hier ist *das Ganze* Hauptwort. Im großen und ganzen (wie?) finden wir uns bis hierher ganz gut zurecht.

Die Groß- und Kleinschreibung der Zahlwörter ist besonders schwierig; oft werden sie klein geschrieben, wenngleich der bestimmte Artikel davorsteht. Er war der erste, der sich meldete (der Reihe nach). Aber: Er ist der Erste in seiner Klasse (dem Rang nach).

Der erste beste; die ersten zwei holen die Bälle; das erste, was sie sagte; morgens ist es mein erstes, die Zähne zu putzen; er kam als erster an.

Groß zu schreiben ist hingegen: am Ersten des Monats; vom nächsten Ersten an; die böse Sieben; ein Drittel; das letzte Viertel; ich fahre mit dem Zweier, der Zwei (Straßenbahnlinie); er ist in den Dreißigern; ein Zwölfer, eine Zwölf; ein Dritter war Zeuge; die Ersten werden die Letzten sein.

Sie war die Letzte beim Wettkampf; sein Letztes hergeben.

Hingegen: Er ist der letzte, dem ich vertraue; das letzte, was ich mir kaufen würde; bis zum letzten kämpfen.

Substantivierte Umstandswörter sind: das Heute, das Gestern; es gab ein Drunter und Drüber; erwäge das Für und Wider; das Kind war ihr Um und Auf; aber: ihr ein und alles (Zahlwörter).

Einige schwierige Fälle: Viel Ähnliches; dies und ähnliches; nichts Neues; von neuem, aufs neue und auf ein neues (abermals), aber: Er ist auf Neues (Neuigkeiten) gespannt; Glückwünsche zum neuen Jahr. Der folgende, das folgende (=folgendes), aber: das Folgende (später Erwähnte); wir geben Ihnen folgendes bekannt; aus, mit, nach, von, in folgendem; aus, mit, nach, von, in *dem Folgenden.*

Im wesentlichen bleibt immer klein, ferner alle gebräuchlichen Verbindungsarten von *wenig:* Ich mußte mit wenigem auskommen, aber das wäre das wenigste.

Es ist das beste, wenn wir schlafen gehen. Hier darfst du nur das Beste verwenden. Das *beste* läßt sich durch „am besten“, „gut“, „vorteilhaft“ ersetzen, also durch Eigenschaftswörter; *das Beste* hingegen ist „die beste Ware“ oder „die besten Mittel“, also ein Hauptwort. Wir haben das Schlimmste überstanden (was?, die größte Schwierigkeit, Anstrengung, also ein Hauptwort). Das schlimmste (falsch, unrichtig) ist, daß viele *viel* viel zu oft groß schreiben: Wer *vieles* bringt, nimmt *vieles* weg; mit vielen kämpft er um vieles.

Im allgemeinen, im übrigen, im besonderen werden mit kleinen Anfangsbuchstaben geschrieben, aber das Allgemeine im Gegensatz zum Besonderen wird mit Großbuchstaben geschrieben. Eines Besseren belehren, die Wendung zum Besseren. Wir wünschen Ihnen für die Groß- und Kleinschreibung das Beste (Hauptwort). Wenn Sie jetzt noch in Zweifel kommen, ist es das beste oder am besten, im Wörterbuch nachzuschlagen und sich nicht zum besten halten zu lassen.

Die Kleinschreibung

Was wird regelmäßig mit kleinem Anfangsbuchstaben geschrieben? Erstens Vorwörter, die von Hauptwörtern abstammen, wie: *laut, kraft, um ... willen;* dann die Umstandswörter, die einst Hauptwörter waren: *anfangs, morgens, abends, nachts.* Das *s* ist meist ein verläßlicher Hinweis.

Achten Sie auch auf den kleinen Anfangsbuchstaben bei ehemaligen Hauptwörtern in formelhaften Verbindungen: Er ist an allem *schuld;* in *bezug* auf (aber: mit Bezug auf); mir wird *angst* und *bange;* ich habe *recht;* er ist mir *feind;* sie hält gut *haus;* gib *acht.* Diese Wörter werden nicht mehr als Hauptwörter empfunden. Unterscheiden Sie, bitte, aber auch Folgendes: es nimmt mich *wunder* – was *Wunder;* zuzeiten – zu Zeiten meines Vaters; von seiten der Behörde – von unserer Seite; er hat unrecht – ihm ist kein Unrecht geschehen.

Eigenschaftswörter, Partizipien und Umstandswörter werden trotz vorangehendem bestimmten Artikel oder Vorwort + Artikel klein geschrieben, wenn man sie durch ein einfaches Eigenschaftswort, Partizip oder Umstandswort ersetzen kann: Ich grüße ihn aufs herzlichste (wie?, herzlich); aufs tiefste erschüttert sein; bis ins unendliche (immerfort) diskutieren (aber: ich möchte ins Unendliche, in die Ewigkeit versinken); es ist ihm ein leichtes; mir scheint es das gegebene, am richtigsten, am sichersten; des näheren, vor kurzem, bis ins kleinste, bei weitem, seit langem, im kleinen, über ein kleines, von klein auf, um ein beträchtliches, als nächstes, im geheimen, im stillen, im übrigen.

Sehr häufig geschehen Fehler bei den folgenden Redensarten: beim alten lassen, auf dem laufenden bleiben, im klaren sein, im ungewissen lassen, im reinen sein, ins klare/reine kommen, im trüben fischen, im dunkeln tappen, auf dem trockenen sitzen, den kürzeren ziehen, im argen liegen, im verborgenen bleiben.

Eigennamen, denen -isch angehängt ist und die keine feststehenden Bezeichnungen sind, werden klein geschrieben (amerikanischer Kaugummi, österreichische Gemütlichkeit, italienische Musik); diejenigen mit -er dagegen groß (Pinzgauer Pferde, Nürnberger Lebkuchen, Schweizer Käse, Braunschweiger Wurst).

Länge und Kürze des Vokals

Große Schwierigkeiten bereitet die deutsche Rechtschreibung bei der Bezeichnung von Länge und Kürze der Selbstlaute. Die **Länge** kann verschieden bezeichnet werden: durch stummes *h*, bei *i* durch folgendes *e*, bei *a*, *o* und *e* durch Verdoppelung des Vokals. Häufig wird aber die Länge eines Selbstlautes nicht kenntlich gemacht. Stellen wir diese Möglichkeiten zusammen:

Sahne, fahren	Saal, Haar	Faden, Schale
stehlen, hehr	Beere, Heer	Gebet, her
ihm, ihrer	Stiel, Miene	Stil, Mine
Rohr, hohl	Moos, Moor	holen, Tor
Kuh, Stuhl	–	nur, Natur
Ähre, Mähre	–	wäre, Märe
Föhre, gewöhnen	–	Öl, Empörung
Gebühr, führen	–	fügen, Übel

Aus dieser Übersicht können Sie ersehen, daß man keine allgemeingültige Regel aufstellen kann. Die betonten Vokale der Wörter auf der rechten Seite werden genauso lang gesprochen wie die der Wörter auf der linken Seite und in der Mitte, und doch fehlt jede Längenbezeichnung. Hier hilft nur die Erfahrung oder das Wörterbuch. Umgelautete Doppelvokale gibt es nicht; es heißt daher Saal – Säle, Haar – Härchen.

Doppelmitlaute sind stets ein Zeichen für **Kürze** des vorangehenden Selbstlautes: Lippe, Latte, hoffen, retten, Koffer, surren, still.

Doppeltes *k* wird durch *ck* ersetzt: Zucker, keck. Für doppeltes *z* steht *tz*: Katze, Spitze. Beachten Sie aber den langen Vokal bei *Haken* gegenüber *Hacke*, bei *erschrak* gegen *erschrecken*, bei *spuken* gegen *spucken*, bei *blöken* gegen *Blöcke*, bei

Luke gegen *Lücke* und bei den oft schlecht ausgesprochenen Wörtern *ekeln, Makel, quaken, Friederike.*
Fremdwörter kennen in der Regel kein *ck* (Paket, Tabak, Takt, Fabrik, Respekt, Rakete), gelegentlich allerdings *kk: Mokka.* Stark eingedeutschte Wörter fremder Herkunft weisen schon *ck* auf, etwa *Baracke, Attacke* oder *Frack.*
Sicher haben Sie in der Volksschule gelernt: Nach *l, n, r,* das merke ja, steht nie *tz* und nie *ck.* Also: stürzen (er stürzte), Sturz, Arzt, Erker, Mark; stelzen (er stelzte), Kalk; schwänzen (er schwänzte), Kranz, Henker, unken.

Die s-Schreibung

Die Schrift unterscheidet s, ss und ß. Den stimmhaften s-Laut schreibt man immer mit einfachem *s.* Stimmhaft ist der Laut, wenn die Stimmbänder im Kehlkopf schwingen. Dieses Schwingen läßt sich leicht feststellen: man braucht nur die Hand an den Kehlkopf zu legen und spürt zum Beispiel bei *Hase, Rose, reisen* das Vibrieren der Stimmbänder. Bei *hassen, Rosse* und *reißen* schwingen die Stimmbänder nicht, der s-Laut ist stimmlos. Für diesen stimmlosen Laut verwenden wir zwar alle drei Zeichen (s, ss, ß), doch *s* steht nur vereinzelt im Auslaut (*los*), ansonsten wird stimmloses *s* mit *ss* oder *ß* bezeichnet. Doppel-*s* steht nur im Wortinneren, und zwar zwischen zwei Selbstlauten, deren erster **kurz** sein muß. Beispiele: *hassen, rasseln, hissen, Messe.*
Tritt aber an die Stelle des zweiten Selbstlautes ein Mitlaut, wird *ß* daraus: *raßle* nicht, er *haßt, hißt; Gäßchen.*
Gelangt die Ableitungssilbe *-nis* durch eine Beugungsendung ins Wortinnere, muß verdoppelt werden: Zeugnis – Zeugnisse, Erkenntnis – Erkenntnisse.

das und daß

Das scharfe *ß* steht:
1. am Wortende (nach langem und kurzem Selbstlaut): er saß, das Maß, er verließ; Schluß, Kuß, Schuß.
2. im Wortinneren nur nach langem Selbstlaut: grüßen, rußen, Füße, Straße.
3. vor einem Mitlaut: er mußte, Gäßchen, wäßrig (aber: wässerig).

Daß das *das* das *daß* verdrängt, sollte nicht vorkommen! Wenn *dieses, welches* oder *es* an seine Stelle treten kann, handelt es sich um das Fürwort *das. Das* ist betrüblich. Das Kind, *das* (welches) *das* (es) getan hat.
Wenn diese Ersatzwörter nicht in den Satz passen, haben wir es mit dem Bindewort *daß* zu tun: Er weiß, daß ich krank bin. Daß er kein Geld hat, erzählt er keinem.

th und ph

th ist in deutschen Wörtern nicht mehr gebräuchlich; nur in älteren Büchern kann man noch „Thür und Thor" lesen. Und wie steht es mit Elisabeth, Theodor, Martha und ihren Verwandten? Das sind Eigennamen aus dem Hebräischen und Griechischen, in denen oft die traditionelle Transkription mit *th* und *ph* beibehalten wird. Ebenso kann man in deutschen Namen, wie Walther, Günther, Berthold die ältere Form mit *h* und die jüngere ohne *h* finden. Sprachgeschichtlich unberechtigt aber ist *h* in Berta, Herta.

In Fremdwörtern gibt es freilich noch viele *th*: Theater, Bibliothek, Apotheke, Thermometer, Thron, Athlet, Thema, Rhythmus, Asthma, Theke.

In alten Ortsnamen ist *th* manchmal noch erhalten, etwa in Joachimsthal, Bayreuth und Rothenburg.

Wollen Sie modern und fortschrittlich sein, dann bitte: Filosofi, Fosfor, Fänomen, Sfäre. Die Regelbücher haben jedoch diese Schreibung noch nicht anerkannt. Fremdwörtern, die nicht eingedeutscht sind, läßt man daher besser ihr ursprüngliches Gewand. Foto, Telefon und Grafik haben sich schon durchgesetzt. Namen führen selten *ph*, etwa Stephan (neben Stefan), Sophie; Josef hat sich der neueren Zeit schon angepaßt.

Die Umlaute

„Bitte viermal leuten." Oder „läuten"? Gar mancher leidet an diesem Zweifel, weil *äu* und *eu* gleich gesprochen werden. Hier gibt es eine gute, sehr einfache Regel: Wenn ein Grundwort vorhanden ist, das mit *a* oder *au* geschrieben wird, steht der Umlaut. *Läuten* ist abgeleitet von *laut*, also *äu*. Ähnlich: Saat – säen, sagen – unsäglich, Fahrt – Gefährte, Raum – räumen, haben – behäbig.

Und damit es nicht zu langweilig wird, ein paar Ausnahmen: Überschwang – überschwenglich, Hand – behende, grauen – greulich (aber: grau – gräulich). Durchbleuen hat nichts mit blau zu tun, sondern stammt von einem alten Zeitwort mit der Bedeutung „schlagen".

Andere orthographische Fragen

Eine alte Fehlerquelle ist *d* in Umstands- und Mittelwörtern. Handelt es sich um das Partizip Präsens, darf *d* nicht fehlen: *handelnd*. Partizipien des Perfekts enden nie auf *d*. Daher: die schneidendste Kälte, aber die gelungensten Witze; das rasendste Tempo, aber die übertriebensten Vorwürfe.

Ziehen Sie die einfache Form des Mittelwortes heran. Finden Sie dort ein *d*, dann muß es beibehalten werden, auch wenn das Wort eine Endung bekommt; *schneidend*, aber *gelungen; rasend*, aber *übertrieben*. Also: die verheerendsten Folgen und der verlogenste Mensch; die quälendsten Sorgen und die erlesensten Früchte.

Man hat beschlossen, von drei zusammentreffenden gleichen Mitlauten einen wegzulassen, aber nur, wenn ein Vokal folgt: Schiffahrt, Falleine, Fettopf, Wollieferant, vollaufen, Schwimmeisterschaft.

Ist der nächstfolgende Buchstabe hingegen ein Konsonant, müssen Sie auch den dritten Mitlaut schreiben: Gotttreue, Fetttropfen, Sauerstoffflasche, Betttruhe.

Bei Silbentrennung kommen auch vor Vokalen immer alle drei Mitlaute zu Ehren: Fett-topf, Fall-leine. Nur Mit-tag, den-noch, Drit-teil bilden Ausnahmen. Der dritte Mitlaut hat auf alle Fälle Platz, wenn ihm *ck* oder *tz* vorausgeht: Stückkauf, Rückkehr, Schatzzimmer, Satzzeichen.

Silbentrennung

Die **Silbentrennung** darf nicht willkürlich erfolgen. Im allgemeinen können Sie nach den Sprechsilben trennen: lü-gen, ar-bei-ten, des-we-gen.
Ableitungen und Zusammensetzungen werden am besten in ihre Bestandteile zerlegt: Ge-wohn-heit, Ver-spre-chen, Regen-schirm-ständer, Molkerei-produkte. Wenn Sie nicht nach Wortteilen trennen, kann dies zu peinlichen Mißverständnissen führen: Spargel-der, Nachteil-zug, bein-halten, Urin-stinkt.
Manchmal besteht eine Silbe nur aus einem einzigen Laut; dann darf sie nicht abgetrennt werden: nicht Ü-ber-mut, E-le-ment, sondern Über-mut, Ele-ment.
Ein einzelner Mitlaut zwischen Vokalen kommt auf die neue Zeile: heu-te, ge-hen, sä-gen. Das gilt natürlich auch für Nachsilben, die mit einem Vokal beginnen (-ung, -ig, -in, -isch). Sie nehmen bei der Trennung den Mitlaut des Grundwortes auf die nächste Zeile mit: Nei-gung, hei-lig, Lehre-rin, lau-nisch.
Von **zwei** Mitlauten wechselt nur einer die Zeile: ren-nen, haf-ten, mer-ken.
Stehen drei Mitlaute beisammen, dann ist nur der letzte abzutrennen: kämp-fen, rülp-sen.
tz, sp, pf, dt können Sie in jedem Wort zerlegen: Kat-ze, Es-pen-laub, schimp-fen, Städ-te und so weiter, dagegen dürfen *st* und *ph* nur ganz selten getrennt werden.
Nicht: Wes-ten-tasche, rüs-ten, sondern: We-stentasche, rü-sten, Mei-ster, Re-staurant; Ste-phan. Versuchen Sie einmal *Dienstag* zu trennen. Wie? Dien-stag? Nein, sondern Diens-tag, auch Donners-tag, denn hier handelt es sich nicht um zusammengehöriges *st*, sondern um ein Genitiv-s.
ck wird als *k-k* getrennt: Ak-ker, Schrek-ken, Schnek-ke.
Wor-auf, wor-über, dar-auf, hin-aus, her-ein, hier-auf. Hier ist nach Wortteilen zu trennen. Steht ein Zwischenlaut, gehört er zur vorhergehenden Silbe.

Zusammenschreibung

Zusammengesetzte Zeitwörter in der Nennform mit *zu* sind zusammenzuschreiben: abzugeben, wegzulaufen, überzutreten, zusammenzukommen, verlorenzugehen.
Oft haben sich ein Hauptwort und ein Zeitwort verbunden und bilden ein einziges Wort: achtgeben, haushalten, standhalten, teilnehmen, eislaufen, radfahren, maschineschreiben usw.
Wenn der nichtverbale Teil vom Verb getrennt wird, schreibt man ihn in der Regel klein: ich nehme teil, er gibt acht, sie hält haus, er steht kopf. Für *radfahren* gilt laut Duden folgendes: ich fahre Rad, bin radgefahren. Das Österreichische Wörterbuch gibt an: ich fahre rad/ fahre Rad; ich bin radgefahren/ bin Rad gefahren.
Kommt man in Zweifel, ob Zeitwort und Hauptwort bereits miteinander verschmolzen sind, ist die getrennte Schreibung vorzuziehen. Noch keinen einheitlichen Begriff bilden die Fügungen: Auto fahren, Schi laufen, Ball spielen, Seil ziehen, Atem holen. Freilich kann man auch hier ein einziges Hauptwort bilden: es tut mir beim Atemholen weh, beim Schifahren wird uns warm, vom Ballspielen erhitzt sein usw.
Zu einem einzigen Wort sind manche Hauptwörter in Verbindung mit *zu* geworden:

zugrunde gehen, zunutze machen, zustatten kommen, zutage fördern, zuwege bringen, zuteil werden, zuschulden kommen lassen.

Ähnlich gebildet sind: abhanden kommen, außerstande sein, imstande sein, vonstatten gehen, vonnöten sein. Dagegen trennt man: außer acht lassen, in acht nehmen. *Derselbe* ist ein Wort, *der gleiche* aber wird getrennt. Die Fügung „aufgrund" wird meist zusammengeschrieben, „auf einmal" wird jedoch getrennt, ebenso „zu Hause", aber: mein Zuhause.

Mitunter besteht zwischen Zusammen- und Getrenntschreibung ein Bedeutungsunterschied: auseinandersetzen = erklären; auseinander setzen = getrennt setzen; zusammenfahren = aufeinanderstoßen, erschrecken; zusammen fahren = miteinander fahren.

Zur Schreibung von Fremdwörtern

Fremdwörter sind in ihrer Schreibung wetterwendisch wie Apriltage. Wörter, die sehr häufig in den Mund genommen und dadurch abgeschliffen werden, gleichen sich den deutschen Wörtern an. Aus *Bureau* wurde *Büro*, und aus *Sauce* wurde *Soße*. Schreibt man aber Fotöl, Schurnalist oder Garasche, wird man ausgelacht. Das heißt also: Wörter, die wir durchaus noch als fremd empfinden, behalten ihre fremde Schreibweise, daher *Fauteuil, Journalist, Garage, Foyer* und *Feuilleton*. Der Duden gestattet allerdings die eingedeutschten Formen *Rollo, Kautsch, Schofför*. Sonderbar ist, daß die Fremdwörter nicht gleichmäßig eingedeutscht werden. Während in Österreich *Portier* wie ein deutsches Wort ausgesprochen wird, legt der Deutsche Wert auf französische Artikulation, ebenso bei *Pensionist, Saison* etc. Umgekehrt verhält es sich zum Beispiel bei *Parfum*, das in Deutschland meist als *Parfüm* ausgesprochen wird.

Für *c* schreiben wir bei stark eingedeutschen Wörtern *z* oder *k*, je nachdem, wie wir es aussprechen: Konsul, Zensor, Kaiser, Allianz, Adjektiv, Inspektor.

In manchen Fremdwörtern ist *c* bis heute geblieben: *Clique, Clown, Couplet* usw. Der deutschen Sitte, nach kurzem Vokal den Mitlaut zu verdoppeln, müssen sich gebräuchliche Fremdwörter beugen, und so kommt es zu *Kontrolle*, zu *speziell, originell* und ähnlichem.

Die Trennung der Fremdwörter ist zum Teil recht schwierig. Zusammengesetzte Fremdwörter werden wie die deutschen Wörter nach Sprechsilben zerlegt, zusammengesetzte nach ihren Bestandteilen, die oft schwer zu erkennen sind: Päd-agoge, Atmo-sphäre, Inter-esse.

Geben Sie *gn* nie auseinander, man trennt Si-gnal, Si-gnatur, Ma-gnet, Ma-gnesit.

Die Satzzeichen

Die Verwendung von Satzzeichen ist kein Sport einiger Sprachliebhaber, sondern ein wesentliches Mittel zur Gliederung eines Textes. Satzzeichen sind optische Behelfe, um die Sprachmelodie und den Sprachrhythmus anzudeuten und den Leser durch den Irrgarten von Wörtern, Satzteilen und Sätzen zu führen. Bis zu einem gewissen Grad ist die Zeichensetzung Gefühlssache; nur der wird hinter das Geheimnis kommen, der Einfühlungsgabe und feine Ohren hat. Zeichensetzung ist aber auch Sache des sprachlichen Taktes und vor allem ein Gebot der Nächstenliebe. Man muß den Leser auch einmal Luft holen lassen, und das gewährleistet der Punkt.

Der Punkt

Findet sich ein **Punkt**, senkt man die Stimme, wie auf einer Rettungsinsel steht man da. Der Punkt ist, ähnlich wie das Ausrufezeichen, von großer Entschlossenheit; er vollzieht, was sein muß, und läßt nicht mit sich handeln. Punktum. Er trennt einen Satz vom anderen, einen Gedanken vom nächsten. Allerdings sind die Gedanken mancher Schreiber sehr kurzatmig. Wie markig und originell wirkt es, wenn man viele Punkte zu setzen weiß!

„Er kam. Ich wußte alles. Alles. Denn er kam nur selten. Ganz selten! Viel Mut. Himmel! Es ging ums Ganze. Die Sinne schienen mir zu schwinden."

Andere wieder verfallen ins gegenteilige Extrem, sie behandeln den Punkt wie eine rationierte Mangelware.

Weggelassen wird der Punkt nach Überschriften, Anschriften, Unterschriften, Datumsangaben sowie in Buchtiteln, auch wenn es sich um ganze Sätze handelt, da sie ja durch ihre Stellung schon deutlich herausgehoben sind. Kein Punkt steht auch bei allen als Wörter gesprochenen Abkürzungen: Pkw, NATO, Unicef und nach Abkürzungen der Maße, Gewichte, Himmelsrichtungen und Münzbezeichnungen: m (für Meter); S, DM (für Schilling und Deutsche Mark); SO (für Südosten).

Abkürzungen, die im vollen Wortlaut gesprochen werden, verlangen aber einen Punkt: i.A. (im Auftrag), a.D. (außer Dienst), a.a. (ad acta), u.a. (und anderes).

Drei Punkte hintereinanderzusetzen ist taktisch klug. In heiklen Situationen ist man galant und höflich, in allen anderen spart man zumindest viel Geist. Überdies vermutet jeder ganz Ungeheuerliches hinter dem, was man gelassen verschwiegen hat ...

Der Beistrich (Komma)

Der Beistrich, das Komma, hat vor allem die Aufgabe, einen Satz grammatisch zu gliedern.

Für die Beistrichsetzung gibt es viele Regeln, von denen hier nur die wichtigsten angeführt werden können.

Ein Beistrich steht:

1. Zwischen zwei vollständigen Hauptsätzen:

Er war sehr beunruhigt, denn er hatte seine Stellung verloren. Das ändert sich auch dann nicht, wenn Hauptsätze mit „und" verbunden werden:

Sie haben sich ganz auseinandergelebt, und da sind Versöhnungsversuche zwecklos.

2. Zwischen Haupt- und Gliedsatz:
Er verirrte sich, weil es neblig war.
3. Zwischen zwei Gliedsätzen:
Er kam in die Stadt, die er, obgleich seine Eltern dort wohnten, jahrelang gemieden hatte.
4. Zwischen unverbundenen gleichartigen Satzteilen:
Im letzten Urlaub wanderten, badeten, lasen und spielten wir sehr viel.
5. Zwischen gleichgeordneten Eigenschaftswörtern:
Sie durchwachte eine lange, bange Nacht.
6. Meist vor der Nennform mit „zu" und einer näheren Bestimmung; immer vor der Nennform mit „um zu" oder „ohne zu":
Sie war vorsichtig genug, ihm nicht zu trauen. Er ging weg, um einzukaufen. Er log, ohne zu erröten.
7. Bei Mittelwortgruppen mit einer näheren Bestimmung:
Vor Kälte zitternd, wartete er auf mich. In Wien angekommen, begab er sich ins Hotel.
8. Vor und nach einem nachgestellten Beisatz:
Hans Huber, Direktor der Krankenkasse, ist gestern gestorben.
9. Nach Aus- und Anrufen:
Oh, wie weh tat das! Fritz, komm her!

Bei Aufzählungen, die mit *wie* angeschlossen werden, bleibt es dem Schreibenden überlassen, ob er Beistriche setzt oder nicht:
Großstädte(,) wie Paris, London und New York(,) können Sie mit dem Flugzeug in wenigen Stunden erreichen.
Weitere Beispiele sollen Ihnen helfen, mit den Beistrichregeln vertraut zu werden:
Ich komme morgen zu dir, denn ich habe mit dir zu reden (zwei Hauptsätze). Ich komme morgen zu dir (Hauptsatz), wenn es dir angenehm ist (Gliedsatz).
Wird in einen Hauptsatz ein Gliedsatz eingeschoben, ist er zwischen Beistriche zu setzen:
Er war gestern, wenn ich nicht irre, zu Hause.
Beistriche stehen auch dann, wenn ein Gliedsatz zwischen zwei Hauptsätze eingeschoben ist und der zweite Hauptsatz mit „und" beginnt:
Ich komme morgen zu dir, falls du Zeit hast, und wir werden gemeinsam zu Abend essen.
Daß vor *und* kein Beistrich steht, ist ein Ammenmärchen; er wird dann gesetzt, wenn der mit *und* eingeleitete Satz vollständig ist, also Prädikat und Subjekt enthält.
Gleichgeordnete Eigenschaftswörter:
Er war ein alter, dicker, mürrischer Mann. Aber: Es gab gut zubereiteten *grünen Salat*. Im ersten Satz kann man zwischen die Eigenschaftswörter „und" stellen, daher die Beistriche; im anderen aber bildet „grün" eine Begriffseinheit mit „Salat", „gut zubereitet" ist die nähere Bestimmung dazu. – Ebenso: ein liebenswürdiger *alter Herr*; aber: nach langem, schwerem Leiden.
Vor „und zwar", „und das" und ähnlichen Satzanschlüssen müssen Sie immer einen Beistrich setzen:
Er kommt, und zwar noch heute. Er wahrt seinen Standpunkt, und das mit Recht.
Ein Beistrich steht in der Regel vor oder nach der erweiterten Nennform mit *zu*:
Man kennt seine Gewohnheit, *wie ein Betrunkener* zu lärmen. Sie kamen, *sich zu*

erholen. Es macht ihm nichts aus, *uns* warten zu lassen. *Anstatt* zu arbeiten, sitzt er den ganzen Tag herum.

Der erweiterten Nennform fehlt der Beistrich nach Zeitwörtern wie *sein, haben, brauchen, pflegen*: Sie haben nichts zu verlieren. Sie brauchen heute nicht zu kommen. Er pflegt jeden Tag in die Stadt zu fahren.

Haben, pflegen und *brauchen* gelten hier als Hilfszeitwörter. Bei einer Reihe von Verben kann der Schreibende durch das Setzen oder Weglassen eines Beistrichs zum Ausdruck bringen, ob er das einleitende Verb hilfszeitwörtlich oder als Vollverb aufgefaßt wissen will: Er *verspricht* ein guter Jurist zu werden (= dürfte einer werden). Aber: Er *verspricht* (= gibt das Versprechen), sich zu bessern. Sie *versuchten* diese Aufgabe zu lösen (= wollten sie lösen). Aber: Sie *versuchten* (machten den Versuch), diesen schweren Stein wegzuwälzen. Er *glaubte* mich damit zu täuschen. Aber: Er *glaubte*, mich schon einmal gesehen zu haben.

Ähnlich schwankend ist die Beistrichsetzung bei den Wörtern *anfangen, aufhören, beginnen, bitten, fürchten, helfen, hoffen, vermögen, wissen, wünschen.* Hier hängt es also jeweils von der Beurteilung des Sachverhaltes ab, ob man einen Beistrich setzt oder nicht. Wenn allerdings der Wortinhalt dieser Zeitwörter durch „fest", „sehr", „zuversichtlich", „bestimmt", „immer wieder" und ähnlichem nachdrücklich betont wird, dann ist es eindeutig, daß sie als selbständige Prädikate aufgefaßt sind. Die erweiterte Nennform muß dann durch einen Beistrich abgerückt werden: Wir hoffen zuversichtlich, ihn heute zu erreichen. Er glaubte fest, dich noch anzutreffen. Ich fürchte sehr, mich auch diesmal zu täuschen. Er wünschte dringend, Sie zu sprechen. Sie versuchten immer wieder, uns zu überrumpeln.

Wenn die erweiterte Nennform das Subjekt vertritt, erübrigt sich das Komma: *Jemanden so zu erschrecken* ist nicht ungefährlich.

Die nichterweiterte Nennform verlangt in der Regel keinen Beistrich: Er begann *zu murren. Zu lachen* hatten wir nichts.

Wenn ein hinweisendes Wort, etwa *es, das, daran,* auf die vorangestellte Nennform deutet, muß man auch bei der einfachen Nennform einen Beistrich setzen: Zu verdienen, *das* war sein einziges Ziel. Aufzugeben, *daran* hatte wohl niemand gedacht. Die Kraft dieser hinweisenden Wörter geht aber verloren, wenn die Nennform nachgestellt ist. Der Beistrich fällt daher weg: Er liebt *es* zu schweigen. Ich denke nicht *daran* fortzugehen.

Folgen mehrere Nennformen, steht ein Komma: Hör doch auf, *zu weinen* und *zu klagen.*

Vor einfachen Vergleichen steht kein Beistrich: Er war so tüchtig wie sein Bruder. Sie ist größer als ich.

Wenn aber der Vergleich in einem ganzen Satz durchgeführt wird, muß ein Beistrich gesetzt werden: Er ist größer, als ich dachte. Sie ist nicht so reich, wie du glaubst.

Der Strichpunkt

Der Strichpunkt, auch **Semikolon**, ist mehr als ein Beistrich und weniger als ein Punkt; deshalb hat er Daseinsberechtigung. Helfen Sie bitte mit, daß er sein Leben nicht zu elend fristen muß!

Ist ein Satz lang, kann ich ihn dort durch einen Strichpunkt unterteilen und dem Leser eine Ruhepause gönnen, wo ein Beistrich zu wenig wäre, ein Punkt aber den Gedankengang an unrichtiger Stelle abschnitte. Der Strichpunkt trennt und verbindet zugleich.

Man sollte ihn vor *denn* setzen; denn das Bindewort „denn" knüpft zwei Sätze eng aneinander, leitet aber doch einen neuen Gedanken ein. Viele setzen ihn auch vor *indessen, dennoch, trotzdem, darum, doch.* Beispiele:

Der Herr vom Ministerium hatte keine Ahnung von unseren Verhältnissen; wer hätte ihn auch unterrichten sollen? – Er wußte sich zu verstellen und tat es auch in diesem Fall; aber ich kannte seine Art zur Genüge und ging nicht darauf ein. – Allgemein weiß man, daß er für den Posten, der ihm übertragen wurde, nicht taugt; dennoch wurde gerade er unter allen Bewerbern ausgewählt. – Er lebte von den Almosen seiner Verwandten und Bekannten, obwohl auch sie nicht reich waren; doch das bekümmerte ihn nicht.

Das Ausrufezeichen

Wie trefflich ist das **Ausrufezeichen!** Einem Ausruf, einem Befehl, einem Verbot oder einer Aufforderung wird Nachdruck durch ein ! verliehen. Wie ein kräftiger Schlag auf die Schulter rüttelt es uns auf und spricht uns unmittelbar an. Doch beachten Sie: Ein Mittel wirkt nur dann, wenn es nicht zu oft verwendet wird. Nicht alle Geisteskinder sind so bedeutsam, daß sie der Welt mit Fanfarenstößen verkündet werden müßten.

Am häufigsten ist das Ausrufezeichen hinter der Briefanrede; man findet es aber auch hinter der Schlußformel, obgleich schwer einzusehen ist, was es dort zu suchen hat. Doch der Mensch ist ein treuer Diener seiner Gewohnheiten: „Meine besten Empfehlungen!" – „Viele Grüße!" – „Hochachtungsvoll!" Zwischen Grußformel und Unterschrift ist kein Satzzeichen nötig.

Das Fragezeichen

Wissen Sie, wann ein **Fragezeichen** steht? Natürlich, am Ende eines jeden Fragesatzes. Richtig, aber achten Sie darauf, daß es ein direkter Fragesatz ist; denn bei indirekten Fragen ist das Fragezeichen nicht berechtigt:

Er fragte mich, ob mein Onkel zu Hause sei. Sie wollte wissen, ob ich Zeit hätte.

Ein mit genügend Nachdruck vorgebrachter Fragesatz kann zum Ausruf werden: Hat man schon so eine Frechheit gehört! Hast du nicht schon genug Geld ausgegeben! – Auch innerhalb des Satzes kann ein Fragezeichen stehen: „Was nun?" rief er aus.

Der Doppelpunkt

Der **Doppelpunkt** ist wie ein Tor, das sich weit öffnet und den Blick in neue Bezirke freigibt. Er bereitet uns auf kommendes vor, denn er will sagen: Achtung, paß auf! – Wo steht ein Doppelpunkt? Immer vor der direkten Rede und zwischen Sätzen, deren einer aus dem anderen hervorgeht. Während der Punkt trennt, hat der Doppelpunkt überleitenden Charakter, besonders wenn mit kleinem Anfangsbuchstaben fortgesetzt wird:
Und er wußte: heute noch mußte er sie sprechen. Immer wieder kann man es erfahren: die Gesellschaft schätzt vor allem den Höflichen. Sein Leichtsinn, seine Faulheit und seine Verschwendungssucht: das waren die Gründe seiner Verarmung.
Nur wenn eine Rede beginnt, muß man nach dem Doppelpunkt mit großem Anfangsbuchstaben fortfahren. Er fragte mich: „Kennst du das Lied?"
Der Doppelpunkt kann den Sinn eines Satzes ändern. In Goethes „Dichtung und Wahrheit" heißt es: „Was man in der Jugend wünscht, hat man im Alter die Fülle."
Ein Boshafter machte daraus: „... hat man im Alter: die Fülle."

Der Gedankenstrich

Der **Gedankenstrich** – ein Strich, der zwei Gedanken trennt, der einen Satzteil in geziemender Entfernung vom anderen hält – ist erstaunlich vielseitig und zeigt, was Menschenwitz bei einiger Übung erreichen kann. Der Gedankenstrich läßt sich innerhalb eines Satzes verwenden – gewissermaßen als Ersatz für eine Klammer –, aber auch nach einem Punkt, um gedankliche Ferne des nächsten Satzes auszudrücken. – Mit dem Gedankenstrich vertragen sich andere Satzzeichen recht gut:
„Sie verreisen noch heute – so sagten Sie doch –, weil Sie morgen schon ..." – „Ich glaube – hoffentlich mit Recht! –, daß Sie ..." – „Paul rief ihm zu – er war sehr aufgeregt –: ‚Schnell' ..."
Der Gedankenstrich hat Sinn für Stimmung und Poesie; er läßt sanft verklingen. Der Dichter flüstert uns damit ins Ohr: Das laß jetzt nachhallen in dir; ist das nicht tief und schön? Bedenklich ist die Verwendung des Gedankenstrichs an Stelle guter Gedanken.

Der Bindestrich

Ein naher Verwandter des tüchtigen Gedankenstrichs ist der **Bindestrich**. Wo sein Vetter trennt, aufschiebt oder Unausgesprochenes andeutet, verbindet er als liebevoller Kuppler, was ursprünglich nicht zusammengehört und sich dennoch gefunden hat: die sozial-liberale Koalition, Straßenbahn- und Autobusbetriebe, Karl-Maria-von-Weber-Straße und so weiter.
Wie dankenswert, daß der Bindestrich unverdauliche Brocken stückweise genießbar macht! Doch damit hat er noch nicht ausgedient. Die Ökonomie des Schreibens

ist seine Erfindung; er spart Silben und Wörter ein, wo er nur kann, am Ende, am Anfang einer Zusammensetzung oder beide Male: Wald- und Wiesenkräuter, Waldkräuter und -blumen, Waldkräuter- und -blumentee.

Dankbar nehmen wir den Bindestrich auch dort an, wo er zwei Eigenschaftswörter verbindet, die gemeinsam, als Einheit, einem Hauptwort beigefügt sind: die nebelig-düstere Landschaft, das dumpf-verschwommene Gefühl.

Man will in diesem Fall nur eine einzige Vorstellung hervorrufen, braucht aber zwei Eigenschaftswörter dazu, die gewissermaßen übereinandergelegt werden. Gebeugt wird nur das zweite Wort.

Auch beim Zusammentreffen dreier Selbstlaute stellt sich der Bindestrich zur Verfügung: Kaffee-Ersatz, Tee-Ernte.

Noch trefflicher bewährt sich der Bindestrich bei vertrackten Ausdrücken, die aus ganzen Sätzen oder Satzfragmenten bestehen: Das Noch-nie-Dagewesene dieser Leistung auf dem Ganze-Satzteile-Verkoppelungsgebiet und das Nicht-aufhören-Können bringt den Leser an den Rand des Fast-verzweifelt-Seins.

Die Anführungszeichen

Die **Anführungszeichen** – auch unter dem Namen „Gänsefüßchen" bekannt – sind fast so vielseitig wie der Gedankenstrich. Schon in der Schule lernt man, daß sie nicht allein, sondern in Paaren auftreten und eine direkte Rede kennzeichnen. Er rief: „Hilfe!" Er fragte: „Was soll das bedeuten?" Die direkte Rede kann auch unterbrochen werden; vergessen Sie dabei aber nicht, die Anführungszeichen rechtzeitig zu schließen und wieder aufzumachen und den eingeschobenen Satz zwischen Beistriche zu stellen: „Ich komme", sagte er, „warte auf mich."

Dabei ist zu beachten: der Beistrich steht immer außerhalb der Anführungszeichen; Punkt, Ausrufezeichen und Fragezeichen stehen, sofern sie zur direkten Rede gehören, innerhalb der Anführungszeichen.

Wird in einen zitierten Satz eine wörtlich angeführte Rede eingeschoben, verwendet man dafür halbe Anführungszeichen:

Mein Bruder fragte mich gestern: „Erinnerst du dich noch, wie Onkel Paul sagte: ‚Musik ist geordneter Lärm', als wir Platten spielten?"

Werden – vor allem in wissenschaftlichen Arbeiten – Ausdrücke oder Sätze aus einem anderen Werk übernommen, so setzt man sie in Anführungszeichen, man „zitiert" und gibt damit kund, daß man ein fremdes Gericht auftischt.

Außerdem kann man durch die Anführungszeichen ein Wort herausheben. Gewiegte Schreiber wissen mit „Gänsefüßchen" viel zu erreichen; sie sagen scheinbar Höflichkeiten, doch um das „scheinbar" zu unterstreichen, zitieren sie:

Mein Herr, Ihre „ehrenhafte" Haltung ist mir hinlänglich bekannt! Was Sie an „Kunstwerken" geliefert haben, ist überwältigend!

Man spart damit ein *sogenannt* und ist nicht direkt auffällig geworden.

Manche Autoren meinen, den „Dingen" auf den „Grund" zu gehen, wenn sie ihre „Ausdrücke" und „Eindrücke" auf diese Weise deutlich „hervorheben" und so jedes Wort in seiner „letzten Tiefe" und der von uns oberflächlich übergangenen „Bedeutung" bloßlegen, ohne zu merken, wie sie das an sich brauchbare Mittel durch die massenhafte Verwendung entwerten.

Der Apostroph

Als **Auslassungszeichen** bekannt ist's Häkchen, auch **Apostroph** genannt. Es wird verwendet, wo Buchstaben ausgelassen werden:
Er war's. Ich kann's beschwören.
Falsch ist der Apostroph bei Verschmelzungen von Vorwort und Artikel (nicht: auf's, an's, über's, sondern: *aufs, ans, übers, vors, hinters* usw.). Falsch ist ein Apostroph auch beim Wesfall; man schreibt: *Vaters* Jacke, *Hubers* Gasthaus, *Meiers* Witwe (und nicht: Huber's Gasthaus).
Dichter verkürzen gerne: er würd', wenn er käm', wollt' er; die Freud', der Fried' und die Red' – ein wichtiges Hilfsmittel also für Poeten, die sonst schwer zu Maß und Reim kommen.
Fällt *e* nach Doppel-*s* weg, setzt man einen Apostroph: ich lasse, ich *lass'* dir Zeit; ich hasse, ich *hass'* dich.
Kein Apostroph wird beim Imperativ gesetzt: laß! trink! bleib!

Wie die Satzzeichen dem Schreiber helfen, seine Sätze übersichtlich und verständlich zu machen, auch wenn sie lang sind, zeigt uns eine Stelle aus den „Erdachten Gesprächen" von Paul Ernst:
„Buddha: Noch einen Augenblick! Wenn du ein Kaufmann wärst und wärest zu mir gekommen und hättest gesagt: ‚So und so, Kaufleute müssen sein, und ich erfülle meinen Beruf gern, aber ich möchte auch dein Wort hören', so hätte ich dir geantwortet: ‚Behalte deine Reichtümer, denn Kaufleute müssen sein, und du erfüllst diesen Beruf gern, und du hast offenbar Zeit genug, dich mit dem dir angemessenen Höheren zu beschäftigen; aber sei reich, als ob du nicht reich wärest.' "

Zusammenfassung der wichtigsten Rechtschreibregeln

Großschreibung	Kleinschreibung
1. Ableitungen mit den Nachsilben -tum, -schaft, -ung, -heit, -keit, -igkeit, -nis u. a.:	Ausgangswörter
der Reichtum, die Erbschaft, die Rechnung, die Krankheit, die Fröhlichkeit, das Wagnis	reich, erben, rechnen, krank, fröhlich, wagen
2. Der Infinitiv als Nomen	**Der Infinitiv des Verbs**
mit Artikel: das Baden	Wir gehen baden.
mit besitzanzeigendem Fürwort: dein Lachen	lachen
mit hinweisendem Fürwort: dieses Lärmen	Nicht lärmen! die Angst zu lärmen
mit unbestimmtem Fürwort: Kein Turnen! Alles Reden half nichts.	Wir wollen turnen. Er will reden.
mit Präposition und Artikel: beim Turnen; vom Rudern	Ich möchte rudern.
mit gebeugtem Adjektiv: lautes Singen; langsames Gehen	laut singen; langsam gehen
3. Die Partizipien als Nomen	**Die beiden Partizipien des Verbs**
Partizip I mit Artikel/Pronomen: der Unwissende	Er ging unwissend an die Arbeit.
Partizip II mit Artikel/Pronomen: das Erreichte; jeder Gefangene	Er hat alles erreicht. Er ist gefangen.
4. Das Adjektiv als Nomen	**Das Adjektiv als Satzglied/Beifügung**
mit Artikel: der Alte; die Armen und die Reichen; das Notwendige	alt und jung; arm und reich, notwendig

mit Pronomen: dieses Rot	Das Kleid ist rot.

bei alles, etwas, nichts, viel:
   alles Gute; etwas Liebes; nichts
   Wichtiges
	Alle guten Wünsche. Er kann lieb
	sein. Das ist wichtig.

als Teil eines Eigennamens oder ei- nes festen Begriffes: das Rote Kreuz; Silberne Hochzeit	rote Kreuze; eine silberne Schüssel

Geographische Namen auf -er:
   Salzburger Schüler
	Geographische Namen auf -isch:
	   westfälische Höfe

5. Zeitangaben

als Nomen mit Artikel:
   der Morgen; eines Morgens; des
   Abends
	als Adverb:
	   morgens, abends, nachts, mittags;
	   heute morgen; morgen abend;
	   gestern nacht; bis morgen

mit Pronomen: dieser Abend	
mit Präposition (+ Artikel): zu Mittag; am Nachmittag	

6. Zahlwörter

Sie stehen für ein Nomen:
   ein Vierer (= Note); ein Sechser
   (Würfel); dieser Achter; die Null
	Zahlwörter als Satzglied/Beifügung:
	   Wir sind vier. Wir vier. Diese drei.
	   Es hat null Grad.

–	Stundenangaben:
	   Es ist/schlägt acht (Uhr).
	   Wir kommen um neun.

Ordnungszahlwörter:
   bei der Abfahrt der Erste (= Sie-
   ger);
   Ich bin der Zweite (= dem Rang
   nach).
   Er war der Letzte (= Schlechteste).
   Die Letzten werden die Ersten
   sein.
	Er fuhr als erster (= der Reihe
	nach).
	Ich bin der zweite (der Reihe
	nach).
	Er war der letzte (in der Reihe).

Bruchzahlwörter als Nomen:
   ein Drittel des Geldes; ein Achtel
   (vom) Rahm; ein Viertel (von der)
   Butter; diese Viertelstunde
	Als Zahlwort, beigefügt:
	   ein achtel Liter Rahm;
	   eine viertel/dreiviertel Stunde

7. Unbestimmte Pronomen

–	der einzelne; alle; keiner; kein ein- ziger; etwas anderes; alles andere; die meisten; viele; jedermann

Die Dehnung

Ein langgesprochener Vokal kann durch ein Dehnungszeichen angezeigt sein.

Kennzeichnung	Keine Kennzeichnung
1. Die Kennzeichnung durch stummes h: nehmen, die Abnahme, hohl, Höhle	der Name, nämlich, die Qual, quälen, holen, die Erholung
2. Die Kennzeichnung durch e nach i (ie): ergiebig, er liest, wiederholen, die Wiedergabe	lila, erwidern, der Widerstand, widerspiegeln
3. Die Kennzeichnung durch Doppelvokal: die Seele, seelisch, der Saal, verheerend, vermoost, ausbooten	die Säle, verboten, (glück)selig, erschwerend

Die Verdoppelung von Konsonanten (Mitlauten)

Nach einem kurz gesprochenen betonten Vokal wird der Konsonant verdoppelt, wenn kein weiterer Konsonant folgt.

1. Der Konsonant wird zweimal geschrieben: die Hütte, die Hölle, der Knappe	**Einfacher Konsonant nach langem Vokal:** die Hüte, die Höhle, der Knabe, heizen
das Schaff, fallen, gellen	**Einfacher Konsonant vor einem zweiten Konsonanten:** der Schaft, falten, selten, gelten
2. Für Doppel-k und Doppel-z werden ck und tz geschrieben: der Stock, die Katze	**In Fremdwörtern kk und zz:** Sakko, Mokka; Skizze, Intermezzo
3. Bei Verbformen gilt für die Verdoppelung die Schreibweise des Infinitivs: kommen, er kommt; hallen, es hallt	halten, es hält

Die s-Schreibung

1. Einfaches s kann stehen:	3. Scharfes s (ß) kann stehen:
am Wortanfang: der Sand, sagen im Wortinneren (stimmhafte Aussprache): beweisen, emsig, bremsen am Wortende (stimmlose Aussprache): das Gras, das Los, los! lies! das Ergebnis, der Bus	im Wortinneren nach langem Vokal: die Straße, rußen, spaßen am Wortende nach langem und nach kurzem Vokal (für ss): der Stoß, der Fluß am Ende der Stammsilbe vor einer Nachsilbe: das Gäßchen, ein bißchen bei Verben vor Konsonant (t): mußte, wußte, du läßt, er faßt
2. Doppel-s (ss) steht	4. Wechsel von ss und ß
zwischen zwei Vokalen, wenn der vorangehende Vokal kurz gesprochen wird: das Messer, die Gasse, wissen bei den Endsilben -(n)is und -us im Plural: die Ereignisse, die Busse, die Zirkusse	ß wird zu ss im Wortinneren: die Nuß – die Nüsse, der Haß – des Hasses ss wird zu ß: fassen – er faßt (vor Konsonant!); müssen – ich muß (ß am Wortende); er ließ (ß am Wortende)

Der Umlaut

Umlaute sind: ä, ö, ü, äu. Der Umlaut tritt in der Regel dort auf, wo ein Ausgangswort den entsprechenden einfachen Vokal enthält.

1. Der Umlaut von a:	Ausnahmen:
der Händler (handeln); der Ständer (Stand); wählen (Wahl); zählen (Zahl)	behende (Hand); überschwenglich (Überschwang); Schenke (Schank); Eltern (alt)
2. Der Umlaut von au:	Ausnahmen:
das Gebäude (Bau); veräußern (außen); läuten (laut)	schneuzen (Schnauze)

Zusammenfassung der Beistrichregeln

Beispiel	Regel (verkürzt)		Beispiel
	Beistrich steht:	**Kein** Beistrich steht:	
ein lustiger, gemütlicher Abend	Bei Aufzählung von Wörtern gleicher Wortart	Vor festen Begriffen; vor aufzählendem „und"	frischer grüner Salat; ein neues österreichisches Erzeugnis Er ist gesund und munter.
Der Abend war lustig, aber/doch anstrengend. Ich gehe nicht allein, sondern mit meiner Freundin.	Vor entgegenstellenden Konjunktionen	Bei anreihenden Konjunktionen im einfachen Satz	Die Straße ist schmal und kurvenreich. Sowohl Erich als auch seine Schwester kommen. Weder Erich noch seine Schwester kommt. Du kannst schreiben oder telefonieren.
Herbert, komm her! Mutter, hörst du mich?	Bei der Anrede	–	
Hm, schmeckt gut! Ja, ich höre dich.	Bei Ausrufen, Bejahung/Verneinung	–	
Gerhard ist nicht so geschickt, wie wir geglaubt haben. Das ist ja noch besser, als wir gehofft haben.	Bei vollständigen Vergleichssätzen	Bei einfachen Vergleichen	Ich bin älter als du. Er ist nicht so groß wie ich.
Das Spiel war zu Ende, und wir gingen heim.	Bei der Hauptsatzreihe (= zwei vollständige Hauptsätze)	Wenn die Hauptsätze ein Satzglied gemeinsam haben	Dr. Hummer fährt auf Urlaub und kommt erst in drei Wochen wieder.
Ich mache, was du für richtig hältst. Wer den Schaden hat, braucht für den Spott nicht zu sorgen.	Zwischen über- und untergeordneten Sätzen	–	
Wir essen, um zu leben, aber wir leben nicht, um zu essen.	Bei satzwertigen Infinitivgruppen	Bei einfachem Infinitiv	Er versteht zu genießen.

Wie komme ich zu einem guten Stil?

„Guter Stil ist Begabung!" Mit diesen Worten wird in der Regel das Streben nach gutem sprachlichem Ausdruck als vergebliches Bemühen hingestellt. Man hat seine Schreibgewohnheiten, von denen man nicht abgehen will, und überlegt daher selten: Ist es auch gut so, wie ich schreibe? Auf Rechtschreibfehler wird mit dem Finger gezeigt, stilistische Mängel aber hält man für unwesentlich.

Wir wollen Ihnen nun zeigen, daß es neben den grammatischen Fehlern auch Stilfehler gibt, die ein Schreiber vermeiden sollte. Wir möchten Ihnen bewußtmachen, wie reich und vielfältig die Sprache ist und wie lebendig der Ausdruck werden kann, wenn man sich darum bemüht.

Machen Sie sich das Schreiben nicht zu leicht! Man irrt, wenn man glaubt, alles aus dem Handgelenk schütteln zu können. Nicht immer ist das erste Wort auch das beste. Wie schwer sich der rechte Ausdruck finden läßt, wissen wir von den Meistern der Sprache, die sich oft tagelang abgemüht haben, einem Satz die rechte Form und den rechten Klang zu geben. Viele Menschen scheuen solche Mühe; sie betrachten die Sprache als bloßes Verständigungsmittel, mit dem sich ihre Gedanken an den Mann bringen lassen. Sie versuchen nicht, ein treffendes Wort oder eine wohldurchdachte Formulierung zu finden, sondern schreiben kritiklos nieder, was sie an fertigen Formeln parat haben. Solche Menschen aber – sie haben ein liederliches Verhältnis zur Sprache – verzichten auch auf persönliches Denken.

Die Kenntnis der sprachlichen Grundgesetze ist Voraussetzung für eine gute sprachliche Ausdrucksweise. Dabei dürfen wir aber nicht stehenbleiben; denn fruchtbar werden diese Kenntnisse erst, wenn man das Erlernte anwendet und sich kritisch mit Gesprochenem und Geschriebenem auseinandersetzt.

Haben Sie schon einmal sprachlichen Trugschlüssen nachgespürt? Man begegnet ihnen leider überall, im Gespräch, auf Anschlägen, in Briefen, Büchern, Reden und nicht zuletzt in den Tageszeitungen. Hat man sich einmal daran gewöhnt, auf Ausdruck und Stil zu achten, liest man mit anderen Augen und festigt in kurzer Zeit sein Sprachgefühl. Als Prüfstein schreiben wir einige Sätze auf, deren grobe grammatische und stilistische Verstöße Sie aufspüren sollen.
(Verbesserungsvorschläge finden Sie im Lösungsteil, Seite 197.)

1. Wir sind in der Lage, das Buch von Dr. Kunz, Vorsitzender des Vereines für Geschichtsforschung, anbieten zu können.
2. Wenn er nur um zwei Zehntelsekunden schneller laufen würde wie voriges Mal, könnte er diesmal siegen.
3. Ob er das getan hat, kann niemand mit gutem Gewissen behaupten.
4. In der Straßenbahn spüre ich plötzlich lastendes Gewicht auf meinem rechten Fuß. „Entschuldigen Sie vielmals", sagt jemand und drängt nach vorne.
5. Aus der Besprechung einer Freilichtaufführung: „Eindrucksvoll war der Schauplatz des operndramatischen Geschehens, da über den östlichen Hügeln ein herrlicher Mondaufgang stand."
6. Vom selben Kritiker: „Die Donna Anna der Sängerin L.W. zeigte großes Format und ist in den letzten drei Jahren noch beträchtlich gewachsen."
7. Aufregend ist der Sportteil einer Zeitung: „Bunt wie das Weiß der Hausherren und

das Rot der Gäste, die sich in prächtiger Verfassung präsentierten, war das Spiel der alten Rivalen."

8. Bisweilen scheint auch die Polizei zu Scherzen aufgelegt zu sein: „Ein Grenzbewohner hat unerlaubt geschmuggelt, doch die größere Hälfte der geschmuggelten Ware konnte sichergestellt werden."

9. Die Friedhofsverwaltung einer größeren Stadt gab eines Tages bekannt: „Die gestern Verstorbenen kommen wegen Überlastung des Personals erst Dienstag zur Beerdigung."

10. Der Heiratsmarkt ist eine unerschöpfliche Fundgrube für Sprachtorheiten: „Wo ist der liebevolle Gatte, der so wie ich unter der Einsamkeit leidet?"

11. „Suche auf diesem Wege für junge Dame mit tadelloser Vergangenheit, da passende Gelegenheit nicht vorhanden, Ehebekanntschaft mit ..."

12. Ein Buch, das richtiges Deutsch zu lehren vorgibt, empfiehlt folgenden Satz für eine Vereinsrede: „Das Banner soll ein weithin sichtbares Symbol für eure Zusammengehörigkeit und eine stille Mahnung an uns Frauen sein, die wir dann allein zu Hause sitzen, damit der Uhrzeiger nicht gar zu weit vorrückt."

13. Er hätte sich im Grabe umgedreht, wenn er das erlebt hätte.

14. Er besaß eine große Fertigkeit, falsche Banknoten nachzuahmen.

15. Viele lesen leidenschaftlich gern Romanhefte, die „unheimlich" spannend sind. Vergönnen wir uns einige Kostproben: „Er deutete mit ungeheurem Zeigefinger zum Fenster hinaus. Sie aber besaß vor ihrer Trennung eine nicht geringe Befürchtung ... Die grauen Pflastersteine des Hofes gähnten unheimlich herauf. Plötzlich fiel der Schatten eines Mannes in die kleine Stube und klopfte sogar an die Scheiben ... Es lag nicht an ihrem modigen Kleide, daß sie heute so fröhlich war, an ihr selbst lag es. Ihre rotblonde Überpflegtheit kapitulierte ..." Angesichts solcher Sprachgewalt kapitulieren auch wir.

Das Papierdeutsch

Zufällig haben wir einen Brief in die Hand bekommen, der für sich sprechen soll; so echt und wirkungsvoll könnte man ihn nicht erfinden:

„Der auf hiergerichtliches Ersuchen vom 11.9. ... von dortiger Stelle zu Zahl Rü 233/56 dem gefertigten Pflegschaftsgerichte zur Einsicht übermittelte Band Signatur II 199.025 Bundesgesetzblatt für die Republik Österreich, Jahrgang 1953, Teil 1 wird nach Einsichtnahme und Dienstgebrauch mit der Bekanntgabe übermittelt, daß der übermittelte Band erst jetzt entbehrlich wurde und rückgemittelt werden kann."

Ähnliche Mißgeburten findet man bisweilen auch in der Zeitung:

„Derzeit werden Verhandlungen über eine durch die erhöhten Kosten notwendig gewordene Erhöhung der gegenüber den übrigen Preisen stark zurückgebliebenen Strompreise unter Einschaltung aller Ministerien geführt."

Haben Sie jemals einen solchen Satz gesprochen? Oder unterhält sich jemand auf diese Weise mit seinen Freunden? Nein! Sie haben aber oft ähnliches gelesen. – Es gibt Leute, die nur Papier zu sehen brauchen, schon vergessen sie ihren guten Geschmack und ihren Wortschatz, mit dem sie sich sonst so wacker durchs Leben schlagen, und schreiben: betreffs ... und in Anbetracht ..., vermittels ... und unter Zuhilfenahme von ...

Das Papierdeutsch hat seine Heimat in den Kanzleien. Von dort wanderte es zu den Kaufleuten, die es hegten und pflegten. Schließlich nahmen sich auch die Zeitungen seiner an, machten es bekannt und verbreiteten es. Der Papierstil ist breitspurig und unschön, er beschreibt genau, aber mechanisch und umständlich: Geschriebenes muß in Anbetracht der besonderen Umstände unter größtmöglicher Verumständlichung und im Hinblick auf die besonderen Zwecke ein Höchstmaß an Würde besitzen. Daher hat es zu heißen: „Ich habe Mitteilung gemacht, und die Arbeit gelangte zur Durchführung. – Ich habe beim Hauptpostamt eine Postanweisung zur Aufgabe gebracht. – Die alten Preise kommen in Wegfall, die neuen kommen am 1. d. J. zur Erhebung." – Etwas gelangt zur Erledigung oder wird einer Erledigung zugeführt. Neue Bestimmungen kommen zur Anwendung. In allen diesen Fällen wird ein schlichter Sachverhalt, der sich mit einem Zeitwort ausdrücken ließe, gestreckt und aufgebläht. Gefälliger und angemessener klingt sicherlich: Wir erledigen etwas, wir führen es durch, man wendet neue Bestimmungen an. Streckformen (*zur Durchführung bringen* statt *durchführen*) sind nur dort berechtigt, wo es darauf ankommt, den Anfang oder das Ende eines Vorganges genau zu bezeichnen. Es stehen dann sinnvoll einander gegenüber:

reden – zum Reden bringen, bewegen – in Bewegung setzen, einstürzen – zum Einsturz bringen u.ä.

Im Papierdeutsch wird kaum ein Zeitwort in seiner anschaulichen Bedeutung verwendet. Wenn ich etwas „zur Bereinigung bringe", *bringe* ich nichts; wenn ich eine „Entscheidung fälle", *fälle* ich nichts; wenn ich mich mit jemandem „ins Benehmen setze", *setze* ich mich nirgendwo hin. Bei „rechnen" wird nicht *gerechnet*, bei „eintreten" *tritt* niemand *ein*, „unterziehen" hat nichts mehr mit dem einfachen Zeitwort *ziehen* gemeinsam, „ersuchen" nichts mit *suchen*, und „einreichen" wurde überhaupt erst in einer Kanzlei geboren. Für *sein* setzt man „befinden", für *keine Zeit haben* „über keinerlei Zeit verfügen", für *können* „in der Lage sein", und *der Bau kostet* nicht etwas, sondern „die Bausumme beziffert sich auf ..."

Wörter wie: hinsichtlich, gegebenenfalls, erforderlichenfalls, anläßlich, betreffs, mittels, vermittelst, in Bälde, zur Gänze, in Kürze, ausweislich, bezüglich, antwortlich, vollinhaltlich, vorbehaltlich, zuzüglich, abzüglich, seitens, zwecks, seinerseits stammen aus dem Dunstkreis des Amtsschimmels. Bei Gericht heißt es nicht: *Er wurde mit einem Stock geschlagen / mit einer Waffe bedroht*, sondern: „vermittelst eines Stockes / vermittelst einer Waffe".

Nach der Verordnung ... klingt viel zu harmlos, dafür gewichtiger: „Nach Maßgabe der Verordnung ..." *Zwei Jahre?* Nein: „Auf die Dauer von zwei Jahren ..." *Tausend Mark* ist anscheinend unklar, klar hingegen „ein Betrag von tausend Mark", und noch klarer „ein Betrag in der Höhe von tausend Mark". *Oder* ersetzt man fälschlich durch „beziehungsweise": Kraut bzw. Rüben, Mutter bzw. Tochter.

Vorsicht bei der *Zweck*-Inbetriebnahme! Sie ist eine Aktiengesellschaft, mit deren Erzeugnissen sich jedes Wort sinnvoll verlängern läßt: Schweine zu Schlachtzwecken, Kühe zu Milchzwecken, Hennen zu Legezwecken, Häuser zu Wohnzwecken, Wasser zu Trinkzwecken und Waschzwecken und Brennstoff zu Hausbrandzwecken.

Auch andere Produkte dieses *Betriebes* verändern den Sinn der Wörter nicht, tragen aber etwas vom Geist der neuen Zeit in die alten Tischlereien und Schlossereien, aus denen Tischlereibetriebe und Schlossereibetriebe werden. Es gibt Molkereitriebe, Fremdenverkehrsbetriebe, Gastwirtschaftsbetriebe, Landwirtschaftsbetriebe, ja sogar drei-, vier- und fünf-Kuh-haltende Betriebe.

Die *Nahme* hat keinen guten Leumund, sie ist ein grundfalsches Hauptwort, das seinen redlichen Vater, das Zeitwort „nehmen", nicht nur verleugnen, sondern sogar verdrängen möchte. Allein ist sie nicht lebensfähig, hilft aber mit, mehrstöckige Hauptworthäuser zu bauen, die uns die Aussicht verstellen: Inanspruchnahme, Inangriffnahme, Inbetriebnahme, Bezugnahme, Einsichtnahme, Rücksichtnahme, Vornahme, Bedachtnahme. Einbrecher stehlen nicht mehr, sie suchen „unter Mitnahme von ..." das Weite. Ich habe als Kind mit einer Stahlfeder geschrieben, später mittels oder vermittelst einer Füllfeder, jetzt aber schreibe ich nur noch unter Zuhilfenahme eines Kugelschreibers.

Ganz im Sinne der Zweckinbetriebnahme-AG wirken auch Hauptwörter wie „Menge" und „Material": Kohlenmengen, Wassermengen, Nahrungsmittelmengen, Stoffmengen; Brennmaterial, Baumaterial, Papiermaterial, Menschenmaterial, Schülermaterial (!).

Sehr oft taugt ein Amt *leistungsmäßig* und ein Geschäft *verkaufsmäßig* herzlich wenig, und das mit Recht. *Mäßig* ist nämlich durch eine sinn- und gedankenlose Verwendung so heruntergekommen, daß man sich scheuen sollte, die Wörter damit zu verzieren: arbeitsmäßig, bodenmäßig, milchmäßig, anbaumäßig, protokollmäßig, schwerpunktmäßig, maschinenmäßig, fertigungsmäßig, ideenmäßig usw.

Haben Sie schon einmal das Märchen von den *Beinhaltungen* gehört? Es war einmal ein lustiges, aber schlichtes Völkchen von Zeitwörtern: halten, geben, schießen, sehen und andere. Sie erzeugten ein stolzes Geschlecht von Hauptwörtern: Inhalt, Gabe, Schuß, Sicht. Da kam der böse Amtsschimmel und fraß die Hauptwörter alle auf. Dann sprang und hüpfte er wie toll und verlor einige Pferdeäpfel: ich inhalte, du inhaltest; ich gabe, du gabest; ich schusse, du schußt; ich sichtige ... Die Wörter waren alle nackt und von scheußlichem Aussehen; deshalb bedeckte der Amtsschimmel die Blößen schnell mit einigen Vorsilben und Vorwörtern, und so heißt es heute: beinhalten, Verausgabung, Bevorschussung, Beabsichtigung. Nur „tätigen" gefiel ihm, und deshalb können wir „Einkäufe tätigen" und von „Tätigungen" sprechen.

Der Papiermensch fühlt sich erst richtig wohl, wenn er dem Zeitwort eine Vorsilbe gestiftet hat: fragen wird zu anfragen oder rückfragen, liefern zu anliefern, bringen zu erbringen, sehen zu ersehen, lassen zu belassen, heizen zu beheizen, zeigen zu aufzeigen, erstatten zu rückerstatten. Man erwartet keine Antwort, sondern sieht der Rückantwort hochachtend entgegen; man bittet um Rückübermittlung und schließt mit Ersuchen um Gegenäußerung.

Bekämpfen Sie Wortungeheuer: Autoreparaturwerkstättenbetriebe, Kleinhandelshöchstpreise, Zuckerrübenfütterungsverbot, Anstaltsverpflegungsverteilung. Sie müssen diese Riesenwörter zerschlagen und aus den Teilen Wortgruppen oder Sätze bilden: Höchstpreise im Kleinhandel, Verbot der Fütterung von Zuckerrüben, ...

Weil es Bandwürmer gibt und weil manchmal „tunlichste Beschleunigung" angezeigt scheint, erdachten findige Köpfe die Akü-Sprache: Sie waren von der IFADA enttäuscht? Dann fahren Sie zur SPOGA, vielleicht kommen Sie dort auf Ihre Rechnung! – Was das ist? Nun, das ist doch wirklich sonnenklar: Die Internationale Fachausstellung der Damenhutindustrie und die Internationale Fachmesse für Sportartikel, Campingbedarf und Gartenmöbel. – „Nehmen Sie gefl. z. K., daß z. Z. b. a. wtrs. lt. § 5 StAnpG. u. § 2o LStDV wie aus dem ho. Schreiben hervorgeht, nur prov. Bewilligungen erteilt werden."

Der gefl. Komm.-R. u. der titl. O.Reg.R. werden höfl. gebeten, ihre notleidende Muspra (zu empfehlende Abk. f. *Muttersprache*) nicht ganz zu vergessen.

Warum gilt der Papierstil bei vielen Leuten als „ein vornehmer“? Weil er sich grundlegend von der lebendigen Rede unterscheidet und weil er viel umständlicher und breitspuriger ist. Die Arbeit war hart – sie war eine harte; die Hitze ist groß – sie ist eine große; die Krankheit war schwer – sie war eine schwere.

An der Tür eines Arbeitsamtes prangte folgender „gemeinverständliche“ Anschlag: „Die vor Arbeitsantritt oder Erkrankung oder anderweitigen Abmeldungen vom Arbeitslosenunterstützungsbezug stattfindenden Behebungen der Arbeitslosenunterstützung beim Finanzamt können ausnahmslos Montag bis Freitag nur von 8 bis 12 Uhr vormittags vorgenommen werden.“ Nur nichts einfach sagen! Von wem kann nun eigentlich die Arbeitslosenunterstützung behoben werden? In welcher Beziehung stehen Erkrankung und Abmeldung?

Aus einer Rechtsanwaltskanzlei, einem Hilfsarbeiter geschrieben: „Da im Zuge der mit der Wechselseitigen Versicherung geführten Vergleichsverhandlungen, welche daran scheiterten, daß der Einwand erhoben wird, daß Sie von der Familie Richter, als Sie am 3. Juni verletzt wurden, im Zuge der zu diesem Zeitpunkt durchgeführten Arbeiten entlohnt wurden, sohin ein Arbeitsunfall vorliegt und demzufolge ein Schmerzensgeld gemäß 332 ASVG nicht gegeben ist, fordert Ihre Rechtsschutzversicherung, die Danubia Versicherungs-AG eine eidesstättige Erklärung, daß Sie die Arbeiten am 3. Juni kostenlos und ohne Entlohnung durchgeführt haben; demnach übermittle ich in der Anlage die von meiner Kanzlei vorbereitete eidesstättige Erklärung mit dem Ersuchen, diese dann zu unterfertigen und meiner Kanzlei rückzumitteln, wenn Sie tatsächlich für die von Ihnen am 3. Juni durchgeführten Arbeiten keine Bezahlung erhalten haben. Hochachtungsvoll ...“

„Übersetzen“ Sie bitte folgende Sätze ins Deutsche:

1. Die Beteiligung am Preisausschreiben war eine sehr große.
2. Meine Rückkehr von einer längeren Dienstreise und die Wiederaufnahme der Sprechstunden wird durch ein Inserat zur Anzeige gebracht werden.
3. Gegen die Ablehnung der Zulassung zur Ausstellung ist ein Einspruch nicht zulässig.
4. Die Nichtbefolgung dieser Anordnung zieht Bestrafung nach sich.
5. Tiefbewegt erfüllen wir – innerhalb weniger Monate zum dritten Male – die traurige Pflicht, unsere Mitglieder von dem am 2. März erfolgten Ableben unseres Vereinspräsidenten, des Herrn Meier, hierdurch in gebührende Kenntnis zu setzen.
6. Wir verfügen nicht über so große Papiermengen, um auch für Übungszwecke solches zur Ausgabe bringen zu können.
7. Vorbehaltlich der Fortsetzung Ihrer Tätigkeit als Gutachter erhalten Sie zu den derzeit laufenden Bezügen in bezug auf Verordnung II,(1)b zuzüglich einen Betrag in der Höhe von öS 1500.–.
8. Wir geben der Hoffnung Ausdruck, daß Sie in Bälde die Gelegenheit ergreifen werden, sich von unseren Weinen eine Kostprobe zuzuführen. Wir verleihen schon heute unserer Gewißheit Ausdruck, daß Sie umfangreiche Bestellungen tätigen werden.

(Verbesserungen im Lösungsteil auf Seite 198)

Die Schaumschläger und Phrasendrescher

Das schlichte Sprichwort „Reden ist Silber, Schweigen ist Gold" klingt im Munde des Schaumschlägers etwa so: „Es ist eine erwiesene Tatsache, die von allen Einsichtigen auch immer wieder hervorgehoben wird, daß selbst ein unüberlegtes Wort – gewissermaßen aus dem Augenblick geboren – von großem faktischem Wert sein kann. Über jeden Zweifel turmhoch erhaben ist aber der altbewährte und doch immer wieder neue Grundsatz, daß ein wohlüberlegtes Dosieren der Worte, endlich eine Steigerung bis zu einem zurückhaltenden und vornehmen gänzlichen Stillschweigen eine frappante Erfolgswirkung haben kann."
Wenn ich etwas schreiben will, muß ich auch etwas zu sagen haben. Es gibt aber Leute, die Worte für Gedanken verkaufen; und es gibt Dumme, die diesen Schwindel nicht merken, Gutmütige, die sich nicht dagegen wehren.

Wortaufwand

Ein Jemand, der nicht viel von Politik versteht, soll über die gegenwärtige Weltlage schreiben, denn seine Zeitung braucht dringend einen vielsagenden, zwei Spalten langen Leitartikel. Der Schaumschläger überlegt kurz und gebiert folgenden Gedanken: Die politische Lage ist gespannt, und weil sie gespannt ist, wird sie noch gespannter werden. Und schon flimmert es auf dem Bildschirm: „Wenn wir die jüngsten Ereignisse betrachten und einen Blick auf die augenblickliche Weltlage werfen, so zeichnet sich unfehlbar – freilich noch schattenhaft – folgendes düstere Bild ab: Die östliche Sphäre ist nach einiger Zeit der Stagnation zu einer gewissen Aktivität auf dem diplomatischen und propagandistischen Sektor erwacht, so daß sich für die Diplomatie der westlichen Sphäre unwillkürlich das Problem erhebt, die dringlichsten Anliegen auch vom eigenen Standpunkt aus in Angriff zu nehmen. Das Wissen um die Belange im Raume der Wirtschaft steht dabei unsichtbar hinter allen Koordinations- und Integrationsbestrebungen ..." Das Ergebnis: Die Weltlage ist augenblicklich unübersichtlich und gespannt.
Wie wird so etwas gemacht? Man setze für die bestimmten Ausdrücke unbestimmte und allgemeine und rühre alles „unter Beigabe" von Fremdwörtern zu einem Brei. Bei festlichen Gelegenheiten garniere man mit einigen Zitaten oder Umschreibungen aus den schönen Künsten und Wissenschaften. Eine leckere Speise! Man wird aber krank davon, denn blauer Dunst schädigt den Charakter und beständiges Geistreichtun den Geist.

Redewendungen

Durcheinandergewürfelte bildhafte Vergleiche werden oft zum Verhängnis, wenn sie als Zeilenfüller und Gedankenersatz hingeschrieben werden. So kommt es denn, daß vor dem Fußballspiel die *Kanonen* in höchsten Tönen vom Sieg *sprechen*, bald darauf aber *die Flinte ins Korn werfen*; oder daß „verbrecherische Umtriebe *mit eiserner Faust im Keime zertreten* werden".
Lächerlich ist auch, wenn einer „wie ein Blitz aus heiterem Himmel bei (!) der Tür *hereingeschneit* kommt" (ein schneiender Blitz?) oder „mit einem gräßlichen

Fluch auf den Lippen das Zeitliche *segnet.*" Alt ist der Zahn der Zeit, der schon manche Träne getrocknet hat und auch über diese Wunde Gras wachsen lassen wird.

Ausgelaugte Redensarten wie die vom eisernen Besen, der alles kehrt, von der starken Faust, vom Standpunkt, auf dem man steht, vom Kind, das mit dem Bade ausgegossen wird, von der Bildfläche, auf der man erscheint und von der man wieder verschwindet, von den Hebeln, die alle in Bewegung gesetzt werden, von den Kinderschuhen, in denen etwas steckt, vom roten Faden, der sich hindurchzieht, bis hin zum Mantel der Nächstenliebe – müssen allesamt herhalten, den Ausdruck „geistreich und interessant" zu machen.

Sprachmoden

Wie es Kleidermoden und Haarmoden gibt, gibt es auch Sprachmoden. Manche Wörter und Wortverbindungen werden plötzlich als besonders schick empfunden und so oft in den Mund genommen, daß sie schal und geschmacklos werden. Eine kleine Kostprobe vom gegenwärtigen Stand: abwegig, untragbar, verheerend, unerfindlich, ganz groß, genau!, normal, einmalig, glatt, hochgradig, voll und ganz, hemmungslos, vordringlich; verankern, gestalten, sich erübrigen; Rechnung tragen, grundsätzliche Erwägungen, wichtiger Faktor, auf dem Sektor der Kultur, im Rahmen der Gesetze, im Raum der Erziehung, Fragen anschneiden, großes Format, nackte Wahrheit, unausbleibliche Folgen, weitestgehende Klärung, einer Lösung zuführen, der Brustton der Überzeugung, konstante Bosheit, am laufenden Band, zum Tragen kommen, zielführende Maßnahmen. Er gibt sich nicht unlässig, das ist steil, echt irre. Der Abend war wahnsinnig gut, verdammt schön.

Jetzt aber bin ich restlos fertig; ich bin restlos begeistert; ich bin restlos verbittert. „Hast du dein Geld verbraucht?" – „Restlos!" (Restlos läßt sich vollinhaltlich durch hundertprozentig ersetzen, teilweise auch durch irrsinnig.) – Die Aussicht war super; die Aufführung war super, sein Aussehen war super. „Hast du gut gegessen?" – „Super!" (Zur freien Wahl: fabelhaft, eminent, phänomenal oder phantastisch.)

Wesentliche Bausteine des Phrasenstils sind verbliebene Bruchstücke klassischer Halbbildung: Den Totogewinnern hat Fortuna ihr Füllhorn ausgeschüttet; einem Boxer werden herkulische Kräfte zugetraut; ein Eifersüchtiger bewacht wie ein Zerberus seine „bessere Hälfte"; bei einer Straßensammlung hat man seinen Obolus entrichtet.

Anstelle des direkten Ausdrucks wählt der Phrasendrescher gern gezierte Umschreibungen: Ein hübsches Mädchen ist ein „Ausbund an Schönheit", Wien ist die „Perle am Donaustrand". Einen schönen Sopran nannte ein Kritiker „Exzeß an Leuchtkraft der Mittel", und eine Schauspielerin kann man besonders originell als „strahlenden Stern am Theaterhimmel" bezeichnen (der Himmel läßt sich nach Bedarf auswechseln). Neben der gebrauchsfertigen Ware an bildhaften Vergleichen und gängigen Redensarten liebt der gedankenlose Schreiber nichtssagende Doppelausdrücke und Zusätze: „Ich habe *bereits schon* gefrühstückt; ich *pflege gewöhnlich immer* um diese Zeit zu frühstücken." – „*Schon gleich zu Beginn ...*" – „*Aber dennoch* ist es zu spät." Auch die erwähnte „stattgefundene Versammlung" gehört hierher. Dazu noch: die *angestellte* Untersuchung, die *getroffene* Vorkehrung, die *erfolgte*

Bekanntmachung, die *eingetretene* Verzögerung, die *erhaltene* Mitteilung. Die Mittelwörter sind überflüssig.

Eine alte Stilregel lautet: Sage nichts mit zwei Wörtern, wofür ein Wort genügt. Die vom Parteivorsitzenden *gehaltene* Rede sagt nicht mehr als die Rede des Parteivorsitzenden.

Die Fremdwörter

„Fremdwörter sind unentbehrlich, denn für viele fehlt ein passender deutscher Ausdruck. Sie erfassen feine Bedeutungsunterschiede und bereichern unseren Wortschatz. Die wissenschaftlichen Fachsprachen sind ohne Fremdwörter nicht denkbar." So sagen die einen. Dagegen die anderen: „Fremdwörter verderben unseren guten deutschen Ausdruck. Sie sind unanschauliche Sprachformeln, Gaukler, die absichtlich den Sinn verdunkeln. Sie zeugen von Gefallsucht, halten doch viele das Ausländische für vornehm."

Wer hat recht? Wir begegnen täglich einer Unzahl von Fremdwörtern. Überlegen wir, welche brauchbar und nützlich, welche unentbehrlich sind.

Lächerlich ist es, an Fremdwörtern zu rütteln wie: Religion, Natur, Kultur, Musik, Melodie, Phantasie, Harmonie, Literatur, Lyrik, Regierung, Technik, Elektrizität, Charakter, sozial und anderen.

Fremdwörter ermöglichen uns bisweilen, den Ausdruck abzustufen. *Methode* ist kein gewöhnliches „Verfahren", *Problematik* nicht einfach „Fragestellung", *Bürokratie* bedeutet nicht soviel wie „Beamtenschaft", eine *Theorie* ist keine „Lehrmeinung", „unanschaulich" ist nicht dasselbe wie *abstrakt* und das *Argument* mehr als ein „Grund". *Rationalismus* ist etwas anderes als „Vernunftherrschaft" oder „Vernünftelei", *Existentialismus* ist nicht irgendeine „daseinsbedingte Lehre", sondern eine bestimmte philosophische Richtung.

Imponierwörter

Oft werden Fremdwörter allerdings gedankenlos verwendet oder mit dem Hintergedanken, „imponieren" zu können. Entbehrlich sind zum Beispiel die sogenannten Bummelfremdwörter, die bedenkenlos Dutzende deutscher Wörter verschlucken und unseren Ausdruck verwässern.

Da ist etwa *interessant*. Es ist interessant, was als interessant empfunden werden kann: ein Buch, ein Film, ein Gesicht, ein Mann, eine Reise, eine Nachricht, eine Konstruktion, ein Geschäft – das alles und noch viel mehr kann interessant sein. *Interessant* erspart das Nachdenken, sagt dafür aber auch nichts aus. Wie ist ein interessantes Buch? Ist es anregend, unterhaltsam, spannend, aufregend, ergreifend, ungewöhnlich, geistreich, neuartig, lebendig geschrieben, lehrreich, merkwürdig?

Wer wird sich denn anstrengen, das ist ja *direkt* lächerlich. Er hat direkt das Gegenteil behauptet; er hat es mir direkt ins Gesicht gesagt; er hat mich direkt betrogen; er hat mich direkt abgewiesen; er hat es direkt zugegeben; er hat die Waren direkt verkauft, und wir bitten Sie in direkter Rede: Setzen Sie überall ein passendes deutsches Wort dafür ein! Wer *direkt* so intensiv verwendet, verzichtet darauf, etwas anschaulich zu sagen.

Auch *intensiv* ist solch ein Bummelwort; es kann eindringlich, kräftig, scharf, heftig, eifrig, andauernd, unentwegt, ununterbrochen, sehr stark, gründlich, aufmerksam und vieles andere bedeuten.

Für ein gedankenlos verwendetes *absurd* stehen zur Verfügung: sinnlos, widersinnig, unsinnig, unverständlich, unvernünftig, närrisch, albern, haarsträubend, lächerlich.

Was *funktioniert* nicht alles: das Herz, der Staubsauger, die Ehe, das Auto, der Sohn, die Verdauung und der Wecker. *Konstatieren* Sie nichts; feststellen, behaupten, erklären, wahrnehmen, beobachten, sehen, nachweisen, überprüfen sind treffender. Es gibt kaum etwas, das nicht *koordiniert, integriert* und *modifiziert* wird.

Manche Zeitungsschreiber lieben das Fremdwort über die Maßen und putzen ihre Artikelchen gar schön damit auf: „Gewisse Modifikationen der Ressortzuständigkeit machen X. Y. zum Koordinator aller konjunkturbildenden Faktoren." Sie schreiben von Exzedenten, Insurgenten, Renetenten, Intransigenten, Malkontenten, Proponenten; Dotationen, Deputationen, Kollisionen, Infiltrationen, Eskalationen; sie proklamieren, reduzieren, revidieren, kompensieren, komprimieren, kollidieren, reprobieren, absorbieren, konsolidieren, resorbieren, existieren, perhorreszieren, banalisieren, paralysieren, demonstrieren und kapieren nicht, daß sie ihre Leser damit konsternieren.

Wenn es nur die Fremdwörter sind, die beweisen sollen, wie gelehrt ein Schreiber ist, dann ist es um die Wissenschaft meist schon übel bestellt. Die Gedanken steigen in die Gefilde der Abstraktion: „Nach Revision des Emotionalen ist der rationale Metaphysiker auf ein diskursiv-analytisches Konzept orientiert, er transzendiert immanente Imponderabilien aus der Totalität unserer individuellen Perzeption und amalgamiert sie in einer objektiv-spirituellen Sphäre."

Ein kluger Mensch wollte einfacheren Geistern den Begriff „Temperament" klarmachen und schrieb: „Temperament ist die aus der konstanten Proportion von Irritabilität und Spontaneität resultierende totale psychische Proprietät eines ‚Naturindividuums' ".

Das automatische Schnellformulierungssystem

0 konzentrierte	0 Führungs-	0 -struktur
1 integrierte	1 Organisations-	1 -flexibilität
2 permanente	2 Identifikations-	2 -ebene
3 systematisierte	3 Drittgenerations-	3 -tendenz
4 progressive	4 Koalitions-	4 -programmierung
5 funktionelle	5 Fluktuations-	5 -konzeption
6 orientierte	6 Übergangs-	6 -phase
7 synchrone	7 Wachstums-	7 -potenz
8 qualifizierte	8 Aktions-	8 -problematik
9 ambivalente	9 Interpretations-	9 -kontingenz

(Aus: W. Ulrich, Linguistik für den Deutschunterricht. Braunschweig 1977 [Westermann])

Das System funktioniert ganz einfach: Denken Sie sich eine dreistellige Zahl und suchen Sie dann die entsprechenden Wörter aus jeder Spalte!

Zum Beispiel: 243 = permanente Koalitionstendenz. Wer diesen Ausdruck verwendet, kann sicher sein, daß ihn zwar niemand versteht, er aber für sehr gescheit gehalten wird.

Gegen Ende des 19. Jahrhunderts wurde eine große Zahl überwiegend französisch-lateinischer Wörter eingedeutscht.

Nach dem Vorbild älterer Verdeutschungen wie Redensart, Statthalter, Vollmacht, Zufall, Gewissen, Nachahmung – es sind jeweils Ableitungen oder Zusammensetzungen – schlug man zum Beispiel vor:

Richtschnur (für Norm), *beurkunden* (für dokumentieren), *Bittschrift* (für Petition), *Fassungsvermögen* (für Kapazität), *Fahrgast, Reisender* (für Passagier), *Anordnung, Einrichtung, Aufstellung* (für Arrangement). *Schriftleiter* und *Schriftleitung* sollten Redakteur und Redaktion, *Spielleiter* und *Spielleitung* Regisseur und Regie ersetzen; für Saison erfand man *Spielzeit*, für Tournee *Gastspielreise*.

Schon diese kleine Auswahl zeigt Ihnen, daß viele Verdeutschungen gut gewählt sind und die Sprache bereichert haben; Sie erkennen aber auch: die Fremdwörter wurden deshalb nicht verdrängt, sondern bekamen einen besonderen Bedeutungsakzent.

Wer glaubt, er schriebe allein deshalb gut, weil er keine Fremdwörter verwendet, der irrt ebenso wie der *Poseur* (Wichtigtuer, sich geziert gebender Mensch, Effekthascher, Schauspieler; Sie merken: die Eindeutschungen haben einen anderen Stilwert als das Fremdwort), also wie der Poseur, der seine Geistlosigkeit hinter Fremdwort-Anhäufungen zu verbergen glaubt.

In persönlichen Briefen, die sich mehr an Herz und Gemüt wenden, wird man meist das stimmungsvollere und anschaulichere deutsche Wort dem Fremdwort vorziehen. Wo es erforderlich ist, einen Sachverhalt präzise darzustellen, bieten sich Fremdwörter an, besonders solche, die Bestandteil einer Fachsprache sind.

Allgemein gilt: Ob man Fremdwörter setzt oder vermeidet, ist keine Frage der Weltanschauung, sondern eine des Stilgefühls.

„Die Muttersprache zugleich reinigen und bereichern ist das Geschäft der besten Köpfe. Reinigung ohne Bereicherung erweist sich öfters geistlos ...

Der geistreiche Mensch knetet seinen Wortstoff, ohne sich zu bekümmern, aus was für Elementen er bestehe; der geistlose hat gut rein sprechen, da er nichts zu sagen hat" (Goethe).

Unser Wortschatz

„Man sieht oft etwas hundertmal, tausendmal, ehe man es zum allerersten Male wirklich sieht" (Christian Morgenstern). Wer aufgeschlossen beobachtet, dem wird deutlich werden, daß er zur Schilderung seiner Eindrücke vor allem den Lebensträger der Sprache, das **Zeitwort**, braucht.

„Der Zugführer *trillerte* abermals – ein Pfiff – die Maschine *stößt* weiß zischende Dämpfe aus ihren Zylindern und *streckt* ihre eisernen Sehnen, und der Kurierzug *braust* mit wehender Fahne und doppelter Geschwindigkeit durch den Forst" (Gerhart Hauptmann).

Zeitwörter tragen Leben und verbreiten Stimmung über den ganzen Satz. Johann Gottfried Herder hat ausgerufen: „Verbum! Leben! Handlung! Leidenschaft!" In literarischen Texten lebt etwas von diesen Kräften. Wem die Sprache gleichgültig ist, der weiß nichts von der Kraft des Zeitwortes; er begnügt sich mit ein paar Wörtern, die ihm in allen Lebenslagen weiterhelfen. Was wird nicht alles *gemacht*: Walter hat das große Geld gemacht; Fritz hat ein neues Gartenhaus gemacht; sie haben einen Ausflug gemacht; seine Frau hat eine Torte gemacht; sie hat einen Seufzer gemacht.

Beim schlechten Beobachter *geht* alles: Er geht ins Geschäft, und das Geschäft geht; er geht auf Urlaub; die Uhr geht; der Zug geht; das Schiff geht; ein Hund geht vorbei; ein Kind, eine dicke Frau, ein Greis, ein Reporter, ein Lastträger, sie alle gehen. Dabei haben wir gerade für *gehen* einen reichhaltigen Vorrat lebendiger Zeitwörter: laufen, hasten, fegen, flitzen, rennen, hetzen, sausen, heranpreschen, rasen, stürmen, eilen, schreiten, stapfen, wandeln, trotten, torkeln, trippeln, humpeln, schlurfen, schlendern, sich schleppen, trampeln, tänzeln, watscheln, hinken, hopsen, latschen, springen, bummeln, lahmen, zotteln, zuckeln.

Will ich anschaulich schreiben, darf ich mich nicht etwa mit dem Zeitwort *sehen* zufriedengeben, sondern ich muß das eine besondere Wort aufstöbern, das meine Beobachtung scharf wiedergibt: schauen, bemerken, entdecken, gewahren, betrachten, blicken, beobachten, lugen, spähen, äugen, blinzeln, schielen, starren, stieren, gaffen, glotzen, gucken, sichten, lauern, mustern.

Wache Sinne verlangt auch das **Hauptwort**. Es soll die Dinge genau bezeichnen, nicht nur eine verschwommene Vorstellung erzeugen. Ein *Haus* ist zum Beispiel ein Gehöft, ein Hof, ein Gut, eine Kaserne, ein Mietshaus, eine Kate, eine Hütte, eine Baracke, ein Blockhaus, ein Landhaus, eine Villa, ein Neubau, ein Geschäftshaus, ein Gartenhaus.

Ein *Witz* kann ein Spaß, ein Ulk, ein Scherz, ein Jux, ein Einfall, ein Geistesfunke, ein Kalauer, eine Witzelei oder eine Zote sein.

Mit den Hauptwörtern benennen und ordnen wir die Welt und fassen verschiedene Erscheinungen und Gedanken in einem Begriff zusammen. Überschriften oder kurze Erlebnisnotizen lassen sich knapp und genau in die Form von Hauptwortreihen bringen, wie etwa: Ein Ansatz zur Theorie der modernen Kunst.

Während eine Schilderung das Zeitwort braucht, damit sie Leben erhält, kommt es bei einem sachlichen Bericht und bei der Darstellung von Denkvorgängen darauf an, Hauptwörter zu setzen, deren Bedeutung genau festgelegt ist oder festgelegt werden kann.

Was das **Eigenschaftswort** leistet, haben wir an der Textprobe aus Thomas Manns Erzählung „Der Tod in Venedig" gesehen. Doch nicht jeder Schreiber weiß mit dem Eigenschaftswort umzugehen. Wenn es nur dazu verwendet wird, ein paar dürre Sätze ein wenig aufzuputzen, dann schadet es mehr, als es nützt. Ein gut gewähltes Hauptwort, das allein steht und für sich sprechen muß, wirkt meist genauer und anschaulicher als ein Hauptwort mit beigefügtem Eigenschaftswort. Es gibt ja nicht nur „knorrige Eichen", „mächtige Burgen" und „liebliche Täler"! Der Satz „Das Tal liegt in der Morgensonne" sagt mehr und sagt es überzeugender, als wenn es hieße: „Das schöne, liebliche und anmutige Tal liegt in der milden, warmen Morgensonne".

Entbehrlich, meist sogar ärgerlich sind Eigenschaftswörter, die an ein Hauptwort geleimt sind und sich kaum noch von ihm trennen lassen: der reine Zufall, der blasse Neid, der bittere Ernst und die bittere Notwendigkeit, der gesunde Menschenverstand, die dunkle Ahnung, die unausweichlichen Folgen, die brennende Frage, die vollendete Tatsache.

Das Eigenschaftswort muß treffen und überraschen und darf vor allem nicht abgegriffen sein. Welche Eigenschaftswörter gebrauchen Sie zum Beispiel von folgenden, die alle einem *faulen* Menschen zugeschrieben werden können: flau, lässig, müßig, schläfrig, stumpf, träge, arbeitsscheu, bleiern, bummelig, saumselig, schlaff und schlapp, gleichgültig, verdrossen, lahm.

Ein *dicker* Mann kann behäbig, beleibt, breit, drall, feist, vierschrötig, plump, schwerfällig, fett, fleischig, gedrungen, gedunsen, aufgebläht, ungeschlacht, stattlich, wohlgenährt sein.

Eigenschaftswörter können urteilen und bewerten (ein untrüglicher Geschmack, ein schändlicher Undank), sie können das Gefühl ansprechen (die tobenden Wellen des Sees, die tolle Willkür), sie wirken aber besonders, wenn es gelingt, die Phantasie anzuregen oder verschiedene Vorstellungen miteinander so zu verbinden, daß sie sich gegenseitig ergänzen: Sie deckte ihre *bemooste* Vergangenheit auf. – Er hörte dem *gläsernen* Gesang der Zikaden zu. – Der *gutmütige* Dunst der Tiere erfüllte den Raum.

Stilmittel

Gesprochene Sprache ist lebendige Sprache. Aussagesätze werden im Gespräch von Fragen, Ausrufen und Aufforderungen abgelöst. Wir ziehen die persönliche Aussprache der brieflichen Verständigung gewöhnlich vor, weil sie klarer und unmißverständlicher ist. Die gesprochene Sprache können Sie am ehesten dann ersetzen, wenn Sie in natürlichem Gesprächston schreiben. Luthers Schriften wurden nur deshalb so rasch verbreitet, weil er sie in der Sprache des Volkes geschrieben hat. Die Streitschriften Lessings sind mit Rede und Gegenrede gespickt und haben gerade dadurch seine Gegner so vernichtend getroffen. In unmittelbarer Redesprache hat Goethe „Die Leiden des jungen Werthers" geschrieben: „Wie froh bin ich, daß ich weg bin! Bester Freund, was ist das Herz des Menschen? Dich zu verlassen ... von dem ich unzertrennlich war, und froh zu sein! Die arme Leonore! Und doch war ich unschuldig. Konnt' ich dafür, daß eine Leidenschaft in dem armen Herzen sich bildete? Und doch – bin ich ganz unschuldig? Habe ich nicht ihre Empfindungen genährt? ... Ich will, lieber Freund, ich verspreche dir's, ich will mich bessern ..."

Wie lange und gern Sie auch Musik hören, Sie lernen dabei kein Instrument spielen. Genauso lernen Sie auch vom Lesen allein nicht gut schreiben. Versuchen Sie einmal eine kleine Niederschrift von Erlebtem und Beobachtetem! Machen Sie es wie ein Fotograf, der immer auf der Jagd nach Motiven ist und der seine mehr oder weniger gelungenen Bilder sorgsam in ein Album klebt: Legen Sie ein Heft an, in dem Sie Ihre Eindrücke, Gedanken, Erlebnisse, Reisen festhalten! Versuchen Sie einmal eine Straßenkreuzung, ein spielendes Kind mit Worten aufs Papier zu bannen!

Der Vergleich und die Metapher

Der **Vergleich** ist ein wesentliches Mittel, die Anschaulichkeit zu steigern. Ein richtiger Vergleich hat nichts mit den stehenden Bildern und Phrasen gemeinsam, vor denen wir gewarnt haben; er bringt das Erlebte näher und zwingt zum Innehalten. Immer neu geschaffen und erdacht, kann er nicht wie eine Schablone bei jeder Gelegenheit verwendet werden. Einige Beispiele: „Die Gassen sind nach allen Richtungen wie hineingerissene Furchen und die Plätze wie ein Zurückweichen des Gedränges, wo man wieder Luft gewinnt" (aus Adalbert Stifters Skizze „Vom Sankt-Stephansturme").
Beim Vergleich werden zwei Bildbereiche aufgebaut, ein Grundbereich und ein Vergleichsbereich. Beide haben etwas gemeinsam.
Eine andere Art des bildhaften Ausdrucks ist die **Metapher**. Sie wissen schon lange, was man darunter versteht, fremd ist Ihnen vielleicht nur der Name: Wir *feuern* jemanden an, wir *bemänteln* etwas, wir müssen etwas *auslöffeln*, man *beweihräuchert* uns, wir *pfeifen* auf etwas, wir *schlagen* uns mit jemandem *herum*. Hier ist kein Vergleich mehr nötig, das Bild ist im Begriff selbst enthalten. Viele Metaphern sind allerdings schon abgenützt und alltäglich geworden. Es nützt eben auch hier nicht viel, Fertigware zu übernehmen. Nur eigenes Gefühl und eigene Gedanken schaffen Frisches und Unverbrauchtes. Wieder ein paar Beispiele: „Selbst durch die Teile der Stadt *läuft* hier und da ein graues Schimmern, sie wird immer größer und *streckt* ihre Glieder, sie gleichsam im Morgenschlummer *dehnend*, über Hügel und Täler hinaus ..." (Stifter) – „Endlich *fließt* mein durch allerlei Trubel *gestörtes Wässerlein* wieder so ruhig, daß auch die leichten Briefblätter darauf *schwimmen* können wie üblich" (Gottfried Keller an Theodor Storm).

Die Antithese

Weniger von der bildhaften Vorstellung als vom Denken geformt ist ein Stilmittel, das unseren Ausdruck klar und anschaulich macht: die Gegenüberstellung oder **Antithese**. Zwei gegensätzliche Begriffe werden einander gegenübergestellt, miteinander verglichen; ein Begriff beleuchtet den anderen.
Die Antithese umgrenzt scharf und führt durch eine geistvolle Umkehrung oft zu Überraschungen, die den Stil auflockern und beleben. Mit Vorliebe wirft der gewandte Redner seinen Zuhörern Antithesen an den Kopf, weil sie, kurz und einprägsam, nie die Wirkung verfehlen. „Liebe, nicht Haß will ich säen!" – „Nicht Wohlstand – Not und Elend wird über euch kommen!" – „Er ist überall und nirgends."
Von Lessing stammt der Satz: „Jede scharfsinnige Untersuchung läßt sich in eine Antithese kleiden." Stellen wir uns die Frage: Worin unterscheidet sich ein Phantast von einem Lügner? Der Phantast hält sich nicht an die Wirklichkeit, dafür um so mehr an seine eigenen Gedanken. Seine Vorstellungen entsprechen oft nicht den Tatsachen. Der Lügner dagegen kennt die Tatsachen, täuscht jedoch seine Mitmenschen. Die Antithese Friedrich Nietzsches: „Der Phantast leugnet die Wahrheit vor sich, der Lügner nur vor anderen."
Zu Ihrer Anregung und zum Überdenken einige Beispiele. Bekannt ist der Satz, den Julius Cäsar beim Anblick eines elenden Alpenstädtchens ausgesprochen haben soll: „Ich möchte lieber der Erste hier als der Zweite in Rom sein." Zu geflügelten

Worten sind geworden: „Wir leben nicht, um zu essen, wir essen, um zu leben." – „Das strengste Recht ist das größte Unrecht."
Lessing gab zu einem Buch Gottscheds, den er nicht besonders schätzte, folgendes Urteil ab: „Und dieses Buch enthält Neues und Gutes; aber das Gute ist nicht neu und das Neue ist nicht gut."
– „Die Menschen durchleben jetzt alle zuviel und durchdenken zuwenig." (Nietzsche)

Zusammenfassung

Unter „**Papierdeutsch**" oder „Kanzleistil" versteht man den schwerfälligen Hauptwortstil und lange, unübersichtliche Sätze.
Übertriebener und umständlicher **Wortaufwand** bewirkt keinen guten Stil. Die schlanke Ausdrucksweise ist die stilistisch beste.
Fremdwörter als Fachausdrücke sind zur genauen Benennung von Gegenständen und Sachverhalten unentbehrlich. Modisch bedingt und angeberisch, mitunter bewußt vernebelnd wirken Fremdwörter des frei verfügbaren Wortschatzes. Sie sind durch genauere deutsche Wörter ersetzbar.
Es gibt viele bedeutungsähnliche Wörter (**Synonyme**). Gerade gute Schriftsteller bemühen sich oft und lange um den passenden Ausdruck. Der **bildhafte Ausdruck** ist eindrucksvoller als der abstrakte.
Besondere **Stilmittel** sind der **Vergleich,** die **Metapher** und die **Antithese.**

Sprachgeschichtliche Plauderei

Die Bedeutung und Herkunft von Wörtern

Was ist Reißmatthias, was eine Ofentüre, eine Zanktippe? Zum einen soll es ein Scherz sein, ein Kalauer; zum anderen ist es das schätzenswerte Streben, Unverständliches durch Verständliches zu ersetzen. Fremd klingende Wörter werden einem bekannten Wort so angenähert, daß man sich dabei etwas denken kann. Hier erlitten Rheumatismus, Ouvertüre und Xanthippe diese gewaltsame Umdeutung. Ähnlich ist aus *calembour* – was auf französisch „Wortspiel" heißt – im Anklang an die lausitzische Stadt Kalau ein *Kalauer* geworden. Das folgende nimmt natürlich kein Mensch mehr ernst: sukzessive – schluckzessive, melancholisch – maulhängkolisch, Amen – am End, Zigeuner – Ziehgauner. Wenn ich aber etwas *ratzekahl* fresse, denke ich schon nicht mehr an radikal; und die *Schattenmorelle* ist eine Eindeutschung für Château-morelle.

Im Umdeuten von Fremdwörtern zeigt sich der Mutterwitz des Volkes. Der *Mutterwitz* ist übrigens kein Witz, denn unser heutiges Wort *Witz* bedeutete früher „Verstand, Klugheit, Weisheit".

Als Wilhelm Tell mit der *Armbrust* durch die Gegend zog, hatte diese brauchbare Waffe gerade ihren schönen deutschen Namen erhalten. Mit dem lateinischen *arbalista*, das aus arcubalista (Wurfmaschine, Wurfbogen) entstanden war, wußte man nichts anzufangen; so wurde daraus treffend die Armbrust, die „im Arm getragen und an der Brust gespannt wird".

Einfach scheint die Sache beim *Amtsschimmel*: Wir denken entweder an den Schimmelpilz, der fingerdick auf unerledigten Akten wächst, oder wir sehen einen alten, müden Klepper, auf dem ein obrigkeitlicher Amtsbote reitet. Eigentlich müßte es so sein, dennoch stimmt es nicht. Erinnern Sie sich noch an den „Schimmel", den Sie in der Schule als Vorlage verwendet haben? In den Kanzleien gab es früher etwas Ähnliches, die sogenannte Schimmelakte, die Muster und Vorbild für alle Akten war. Dieser *Schimmel* leitet sich vom lateinischen *similis* (ähnlich) ab.

Wie ein Ding zu seinem Namen kommt, ist oft *unter aller Kanone*, was nichts mit Kanonen zu tun hat, sondern von der lateinischen Wendung *sub omni canoni* (unter jeglichem Maßstab) stammt.

Den *Kater*, der sich unweigerlich einstellt, wenn man wie ein Bürstenbinder Bockbier getrunken hat, haben wir nicht dem braven Hauskater zuzuschreiben, sondern wahrscheinlich Leipziger Studenten, die ihn aus *Katarrh* geformt haben. Der *Katzenjammer*, der an die nächtliche Musik der Katzen erinnert, mag bei dieser Umdeutung mitgeholfen haben.

Nun müssen wir aber für die *Bürstenbinder* eine Lanze einlegen; es ist nämlich Erfindung, daß gerade sie solche Säufer seien. Die Schuldigen sind auch hier die Studenten, die früher in den sogenannten *Bursen* lebten und als Bewohner der Bursen *Burschen* genannt wurden. Man sagte ihnen nach, daß sie viel *bürschten* (zechten); das veränderte sich zu bürsten, und einer, der viel bürstete, wurde Bürstenbinder genannt. Warum wird *Bockbier* so geschätzt? Nach dem Weihnachtsbock freuen sich die Biertrinker auf den Osterbock, dann auf den Pfingstbock und so fort, und

damit man ja glaubt, daß es ein echter Bock sei, wird auf Faß und Flasche das wohl-
getroffene Konterfei eines Ziegenbocks geklebt. Es hat dort aber nichts verloren.
Schon zu Kaiser Maximilians Zeiten war das „Ainbeckisch Bier" (aus Einbeck bei
Hannover) überall geschätzt. Wie man heute ein Glas Pilsner verlangt, zogen
damals Bierkenner den Eimbock vor. Besonders der Herzog von Bayern war verses-
sen darauf, und als schließlich ein Münchner Braumeister hinter das eimbockische
Geheimnis kam, brauten die Münchner den begehrten Trank selbst und nannten
ihn schlicht und einfach *Bockbier.*

Tiernamen

Daß *Schmetterlinge* Milch- und Sahnediebe seien, glauben wir heute nicht mehr.
Früher hat man ihnen aber nachgesagt, sie verkörperten fliegende Hexen, die den
Schmetten (Milchrahm) stehlen. Diese Meinung war sehr verbreitet, heißt es doch
auch im Englischen *butterfly.*
Wie jedes anständige Tier gebraucht auch der *Maulwurf* sein Maul zum Fressen
und nicht, wie man glauben könnte, zum Aufwerfen der Erde. Dazu nimmt er seine
schaufelförmigen Grabfüße. Seinen Namen hat er von dem alten Wort *molte* (Erde),
er ist also ein „Erdaufwerfer". Der *Maulesel* wurde nicht wegen seines breiten Mau-
les so benannt, sondern in ihm steckt das lateinische *mulus*, das schon Esel bedeutet. (Auf ein lateinisches Wort geht auch die *Maulbeere* (morum) zurück. Nur die
Maulschelle ist echt, sie ist ein schallender Schlag auf den Mund.)
Man sagt zwar, ein *Windhund* läuft so schnell wie der Wind, sein Name hat damit
aber nichts zu tun. *Wind* bezeichnete einen slawischen Volksstamm (Wenden) und
später eine Hunderasse; zur Verdeutlichung hat man *Hund* dazugesetzt. Ähnlich
erging es dem *Lindwurm*; *lint* war allein schon soviel wie Schlange; als das nicht
mehr verstanden wurde, hängte man -*wurm* an. Auch bei *Rentier, Walfisch* und
Damhirsch genügte ursprünglich der erste Wortteil. Die falsche Schreibung „Renn-
tier" entstand durch Anlehnung an „rennen".
Die *Schmeißfliege* leitet ihren Namen von dem Zeitwort *smeizen* her (beschmieren,
beschmutzen). Diese große, lästige Fliege legt ja bekanntlich ihre Eier, die man für
Kot hielt, gerade dort ab, wo man sie nicht haben möchte.
Haben Sie schon einmal ein *Murmeltier* murmeln gehört? Wahrscheinlich nicht,
denn Bergmäuse murmeln nicht; ihre lateinische Bezeichnung (mus montis) klingt
nur so. Ein vorsichtiger Mensch hat -*tier* nachgestellt, um Verwechslungen vorzu-
beugen.
Die *Grasmücke* frißt zwar Mücken, ist aber keine Mücke, sondern ein kleiner Vogel,
dessen zweiter Wortteil auf das Zeitwort *smiegen* zurückgeht. Daher sollte das Tier-
chen eigentlich „Grasschlüpfer" heißen.
Die *Heuschrecke* ist weder so nervös, daß sie alle Augenblicke erschrickt, noch
erschreckt sie jemanden; sie springt nur. *Schrecken* bedeutete früher springen. In
manchen Mundarten sagt man heute noch: ein Glas schrickt (springt), und damit
gekochte Eier nicht springen, soll man sie mit kaltem Wasser begießen, also
abschrecken.
Dem *Pferd* sieht es heutzutage niemand mehr an, daß es drei selige Väter hat, einen
griechischen, einen keltischen und einen lateinischen: *para* (griechisch) – *ve* (kel-
tisch) – *redus* (lateinisch) nannte man ein Postpferd im Dienst auf Nebenlinien. Daraus wurde das Lehnwort *Pferd.*

Zum Abschluß dieses Ausfluges in die Zoologie noch ein Wort über den *Werwolf*. Der Werwolf weiß selber nicht, was er eigentlich ist. Er hat etwas von einem Wolf und von einem Mann, ist also ein zwiespältiges Wesen wie seine Kollegen aus den südlichen Gegenden, die Sphinx und der Minotaurus. *Wer* bedeutet Mann und ist ein altes deutsches Wort, das in *Wergeld* und zusammengezogen auch in *Welt* enthalten ist (*wer-alt* bedeutet Menschenalter, Menschengeschlecht, später Erde, Weltall).

Wenn Sie noch nicht wissen, wie der Werwolf gebeugt wird, können Sie das aus einem der „Galgenlieder" von Christian Morgenstern lernen:

Ein Werwolf eines Nachts entwich
von Weib und Kind und sich begab
an eines Dorfschullehrers Grab
und bat ihn: „Bitte, beuge mich!"

Der Dorfschulmeister stieg hinauf
auf seines Blechschilds Messingknauf
und sprach zum Wolf, der seine Pfoten
geduldig kreuzte vor dem Toten:

„Der Werwolf," sprach der gute Mann,
„des Weswolfs, Genitiv sodann,
dem Wemwolf, Dativ, wie mans nennt,
den Wenwolf, – damit hats ein End."

Dem Werwolf schmeichelten die Fälle,
er rollte seine Augenbälle.
„Indessen," bat er, „füge doch
zur Einzahl auch die Mehrzahl noch!"

Der Dorfschulmeister aber mußte
gestehn, daß er von ihr nichts wußte.
Zwar Wölfe gäbs in großer Schar,
doch „Wer" gäbs nur im Singular.

Der Wolf erhob sich tränenblind –
er hatte ja doch Weib und Kind!!
Doch da er kein Gelehrter eben,
so schied er dankend und ergeben.

Manchmal geht auf keine Kuhhaut, was alles mit dem gleichen Wort bezeichnet wird!

1. Das *Kohl*gemüse haben wir, wie die meisten Gemüsearten, von den Römern übernommen. Aus *caulis* wurde Kohl.
2. Den *Kohl*rabi (cavoli rape, mundartlich cauliravi) haben wir etwas später von den Italienern kennengelernt.
3. Der *Kohl*dampf stammt aus der Gaunersprache und wurde über die Soldatensprache zu einer allgemein verständlichen Bezeichnung für Hunger. Der erste Bestandteil leitet sich von *Koller* (wütender Hunger) her.
4. Die *Kohl*meise frißt keinen Kohl. Ihr Name kommt von „Kohle" wegen des dunklen Köpfchens.
5. Den *Kohl*, den einer redet, dürfen wir nicht in denselben Topf werfen wie das Gemüse, denn er stammt aus dem Hebräischen (qol = Stimme, Rede). Daher sagt man statt „dummes Zeug reden" (oder „Blech reden", „heiße Luft reden") auch *ankohlen*.

Für die oben erwähnte *Kuhhaut* sollte eigentlich *Pergament* stehen, das in der kleinasiatischen Stadt Pergamon schon sehr früh aus Ziegen-, Schaf- und Kalbshäuten erzeugt wurde. Wenn also etwas auf keine Kuhhaut geht, dann hat es nicht einmal auf einem Pergamentbogen von der Größe einer Kuhhaut Platz.

Ein *Beispiel* ist keine Spielerei, sondern eine lehrhafte Erzählung oder ein Gleichnis. Im Englischen *spell* (Zauberspruch) ist das Wort noch lebendig. Auch im *Kirchspiel* steckt dieses -*spiel*. Man verstand darunter den Bezirk, in dem die Verkündigung einer Kirche gehört wurde.

Wenn man beim Kartenspielen an einem Abend die Hälfte seines Gehaltes verspielt, so ist das ein *kostspieliges* Vergnügen und eine leichtsinnige Verschwendung. Tatsächlich bedeuten *kostspielig* und *verschwenderisch* dasselbe: Das alte Eigenschaftswort *spildec* ist zu „verschwenderisch" geworden.

Gift war ursprünglich eine Gabe, das erkennen wir noch deutlich an der *Mitgift* (Brautgabe); englisch *gift* heißt „Gabe, Geschenk".

Ein Mädchen mit großer Mitgift kam viel leichter *unter die Haube*, die der Braut früher anstelle des Jungfernkranzes am Hochzeitstag als Zeichen ihres neuen Standes aufgesetzt wurde.

Wer aber nur auf Mitgift aus ist, dem geschieht recht, wenn er *einen Korb bekommt* und *durchfällt*. Der Korb, der einem heute nur noch bildlich überreicht wird, stammt aus den mittelalterlichen Minnebräuchen. Man glaubt, die Entstehung dieser Redensart etwa so erklären zu können: Die Ritter schlugen oft die gewagtesten Wege ein, um zu ihrer Angebeteten zu gelangen. Bisweilen waren die Frauen entgegenkommend und ließen an einem Seil einen Korb vom Fenster hinab, in dem der Ritter hochgezogen wurde (Körbe gab es genug, man brauchte sie nämlich zum Aufziehen der Lebensmittel). War aber den Frauen das Liebesgeflöte zuwider, nahmen sie einen Korb, der einen losen Boden hatte, und der liebesschmachtende Ritter „fiel durch". Später wurde der Korb in anderer Form verwendet: Die Umworbene, die nichts mehr von ihrem Verehrer wissen wollte, sandte ihm einen Korb mit bestimmten Blumen und Kräutern, die abweisende Bedeutung hatten.

Die *Flitterwochen* haben nichts mit Tand und Flitterwerk zu tun, sondern heißen so nach dem alten Zeitwort *flittern* (liebkosen).

Der *Pantoffelheld*, dieses traurige Symbol des Duldens und Schweigens, der eine

Gardinenpredigt nach der anderen über sich ergehen läßt, wird von seiner Frau nicht etwa mit Pantoffeln beworfen, sondern mit viel härteren Gegenständen. „Pantoffelheld" erklärt sich aus einem alten Hochzeitsbrauch: Nach der Hochzeit trachtete jeder der Neuvermählten, dem anderen auf die Füße zu treten. Wem dies zuerst gelang, dem war nach altem Aberglauben die Herrschaft in der Ehe gesichert; der Unterlegene stand unter dem Pantoffel. Die *Gardinenpredigt* ist ein Verweis, den die Frau ihrem Gatten unter vier Augen, meist beim Schlafengehen, erteilte. Die Gardine war der Vorhang des Ehebettes.

Ein Pantoffelheld sollte sich nicht mit *Herr* anreden lassen, denn das bedeutet „der Erhabenere" oder der „Vornehmere"; es ist der Komparativ von *hehr* (vornehm, erhaben, stolz).

Der Vorsichtige, der die Frauen nicht an sich herankommen läßt, ist ein *Hagestolz*, ein alter, eingefleischter Junggeselle, der aber weder hager noch stolz zu sein braucht. Früher war er ein „Hagbesitzer". Im Gegensatz zum älteren Sohn der Familie, der den Hof erbte, erhielt der jüngere, der Hagestolz, nur ein eingefriedetes Grundstück, das zu klein war, um eine Familie ernähren zu können (*hag* = Grundstück, *stalt* = Besitzer).

Ein *Friedhof* war ursprünglich, ähnlich wie der Hag, ein umfriedetes, eingezäuntes Grundstück. Später war es der Platz, an dem einem Verfolgten Ruhe und Schutz gewährt wurden. In den süddeutschen Mundarten heißt es jetzt noch *Freithof*; an *Frieden* angelehnt wurde Friedhof daraus.

Obwohl die Sündflut alle Menschen außer Noah wegen ihrer Sünden vernichtete, hat sie doch nichts mit Sünde zu tun, sondern ist eine *Sintflut*, eine alles umfassende, eine allgemeine Flut.

Daß wir das *Wetterleuchten* „Wetterleuchten" nennen, leuchtet heute jedem ein; dennoch stand einst für leuchten *leichen*, was tanzen und hüpfen bedeutete. Man wollte damit sagen, daß die Blitze in der Ferne tanzen, daß es blitzt, ohne zu donnern; es war also ein „Wettertanz" oder ein „Wetterspiel".

Mit *Leiche* bezeichnete man einst den Leib oder Körper allgemein, man ging also immer mit seiner Leiche. Ebenso war es früher ein leichtes, seinen eigenen *Leichnam* zu beschauen, weil Leichnam nur eine dichterische Umschreibung für Körper war. In ähn-*lich* und g-*leich* ist derselbe Stamm enthalten. *Leib* war einmal soviel wie Leben, deshalb ist auch das Leibgedinge oder die Leibrente nicht für den Leib, sondern für das Leben. *Beileibe* heißt: bei meinem Leben, und der *Leibhaftige* ist einer, der Leben hat.

Bei *schlechthin* klingt noch die alte Bedeutung „einfach, eben" mit, die auch in „schlecht und recht" vorhanden ist. Das Einfache bekommt immer erst im Laufe der Zeit den Beigeschmack des Minderwertigen. Vergleichen Sie: *einfältig* oder *albern*, das im Althochdeutschen *alawari* hieß, was „freundlich, wohlwollend" bedeutete. *Wahnsinn* ist „ohne Sinn", denn *wahn-* ist „leer von ...".

Der *Meineid* ist ein falscher Eid (nach dem althochdeutschen Wort *mein* = falsch; auch englisch *mean* bedeutet „falsch").

Redewendungen

Jetzt aus dem Stegreif ein paar Redewendungen: Der *Stegreif* ist der Steigbügel; wenn jemand aus dem Stegreif spricht, so spricht er unvorbereitet, gleich einem Reiter, der etwas erledigt, ohne abzusitzen.

Morgenstund' hat Gold im Mund. Haben Sie schon einmal darüber nachgedacht, warum die Jungfer Morgenstund' ihr Gold ausgerechnet im Mund trägt? Hat sie Goldzähne? Der *Mund* der Morgenstunde ist kein Mund, wie auch der Vormund keiner ist. Das alte Wort *munt* bedeutete Hand, später auch Schutz. Die Morgenstunde hat also Gold in der Hand.Wenn jemand sein *Schäfchen ins trockene* gebracht hat, dann hat er etwas geborgen, was in Gefahr war. Meist denkt man dabei an einen Hirten, der bei Unwetter ein verirrtes Schaf in den Stall bringt. Manche allerdings glauben, daß *Schäfchen* ein Mißverständnis sei und es *Schepken* (plattdeutsche Form von „Schiffchen") heißen müßte. Es soll ein Fischer gemeint sein, der sein Schiffchen bei Sturm an Land zieht.

Zu Paaren treiben – das zwingt das Bild einer langen Reihe Gefangener auf, die je zwei und zwei dahinstapfen. Es sind aber keine Paare gemeint; das alte Wort *barn* ist der Futtertrog, zu dem man die Haustiere treibt.

Der Rang, den ich einem ablaufe, ist ein *Rank*, das heißt die Krümmung eines Weges, den ich abschneide, um das Ziel schneller zu erreichen. Ich bin also listiger als der andere, eine Bedeutung, die in „Ränke" noch erhalten ist.

Etwas *hinter die Ohren schreiben* geht auf eine alte Rechtspraxis zurück. Bei wichtigen Anlässen, zum Beispiel beim Setzen von Grenzsteinen, wurden Knaben, die als Zeugen dabei waren, geohrfeigt, damit ihnen das Bedeutsame der Handlung unvergeßlich bleibe. Wenn ich dagegen jemanden *übers Ohr haue*, dann will ich ihn betrügen; eine Redensart, die aus der Fechtersprache stammt.

Habe ich nichts zu essen, *nage ich am Hungertuch.* „Hungertuch" nannte man ursprünglich das Tuch, das in der Fastenzeit über den Altar gebreitet wurde und ständig zum Fasten ermahnen sollte. *Nagen* war früher „nähen"; das vorgefaßte Bild von einem Halbverhungerten, der an einem alten Lappen kaut, müssen wir also aufgeben.

„Verflucht und zugenäht" war der Ausruf der Fechter, wenn sie einen Schmiß abbekommen hatten, der sofort genäht werden mußte.

Auf dem letzten Loch pfeift, wer keinen höheren Ton mehr hervorbringen kann, wer mit seiner Kunst am Ende ist.

Die *Sauregurkenzeit* stammt aus der Berliner Kaufmannssprache. Die sauren Gurken, die die Berliner so gerne essen, werden im Juli und August eingelegt. Während dieser Monate gibt es nur magere Einkünfte, weil es die Ferien- und Urlaubszeit ist.

Manche reisen mit *Kind und Kegel.* Kegel war im Mittelhochdeutschen das Kind der Kebse, der Nebenfrau. Wer also mit Kind und Kegel reist, reist im wörtlichen Sinne mit ehelichen und unehelichen Kindern.

Und was soll der *Nürnberger Trichter*? Er geht auf den Nürnberger Dichter Georg Philipp Harsdörffer zurück, der 1647 eine Poetik veröffentlichte: „Poetischer Trichter. Die Teutsche Dicht- und Reimkunst, ohne Behuf der lateinischen Sprache, in sechs Stunden einzugießen".

Ein *Eiland* ist kein Land, wo es Eier gibt, sondern ein Auland, ein Wasserland, eine Insel. Ein *Eigenbrötler* ist ein Sonderling, der sein Brot selbst bäckt. In *durchbleuen* steckt nicht blau, sondern das alte Zeitwort *bliuwen* (schlagen).

Der *Eisvogel* ist ein Eisenvogel, weil er bläulich schillert wie das Eisen. Das *Eisbein* wird nicht aufs Eis gelegt, sondern ist das Schienbein des Schweines mit dem ansitzenden Fleisch. Aus dem *Bein* – dem Knochen also – wurden Knochenschlittschuhe hergestellt, und so erhielt die Speise den Namen „Eisbein" oder „Eisknochen". Das *Elfenbein* ist Elefantenbein.

„Hombre de bigote" war in Spanien ein Mann, der einen Knebelbart trug und damit seine ernste Wesensart ausdrückte, im Französischen jedoch ein Mann von abergläubischer Frömmigkeit (*bigot*); in der Schreibung an *Gott* angelehnt, wurde im Deutschen *bigott* daraus.

Das *Weichbild* einer Stadt ist weder weich, noch ist es ein Bild; es war vordem das Recht einer Siedlung, das Ortsrecht. *Weich* ist soviel wie selbständige Siedlung (vgl. Braunschweig), *bilde* ist Recht (vgl. Unbill). Wenn einer *flöten geht*, dann bläst er auf keiner Flöte, es wird ihm auch nichts geblasen, sondern er macht *Pleite* (hebräisch *peleta*). Das Wort kam von Portugal über Holland zu uns, in Amsterdam hieß es schon im 17. Jahrhundert: „Dat Geld ist fleuten gahn."

Der *Bernstein* ist ein Brennstein. *Bernen* ist die niederdeutsche Form von *brennen*.

Schnaps war ursprünglich ein Schluck, ein Mundvoll; *schnapsen* daher schlucken.

Backfische sind junge Fische, die gerade so groß sind, daß es schade wäre, sie ins Wasser zurückzuwerfen; ihr zartes Fleisch schmeckt gebacken am besten. Im Anklang an *Baccalaureus* (= niederer akademischer Grad) nannte man Studenten und später halbwüchsige Mädchen Backfische.

Wenn einer wie ein *Berserker* um sich schlägt, dann kämpft er wie ein in Bärenfell gehüllter Krieger. Heute ist es ein Schimpfwort, früher war es ein Ehrenname.

Manche Mutter sagt von ihren Kindern, sie seien *Rangen*; diese uns heute nicht mehr einsehbare Bezeichnung für unbändige Kinder stammt von einem ursprünglich derben Schimpfwort, das auf *Range* – „Mutterschwein" – zurückgeht.

Der *Lungenbraten* ist kein Stück der Lunge, sondern ein Lendenstück, also ein Lendenbraten, gebildet nach dem lateinischen *lumbulus*, die Lende.

Der *Prügeljunge* war ursprünglich ein Knechtlein, das Holz zu machen hatte. Im 17. Jahrhundert gab es an den Fürstenhöfen Prügelknaben, die jene Schläge erhielten, die eigentlich die Prinzen verdient hatten. Sie waren die *Sündenböcke*. Nach Moses (3,16) hat Aaron einen Ziegenbock mit allen Sünden Israels beladen und ihn zu den Dämonen in die Wüste gejagt.

Die *Dusche* (Tropfbad) kommt aus dem Italienischen (doccia) und hat über das französische *douche* ihr heutiges Aussehen erhalten. Die *Tusche* stammt aus dem französischen (*toucher* = berühren, im übertragenen Sinn: Druckerschwärze auftragen). *Tusch* ist ein slawisches Wort und bedeutet Schlag, Stoß, Lärm.

Eigennamen

Schon im Römischen Reich war *Cäsars* Name ein Ehrentitel für jeden Herrscher, und unser *Kaiser* ist nichts anderes als ein Cäsar. Cäsar hat in *Karl* (dem Großen) ein Gegenstück. Karl hat einigen slawischen Völkern das Wort für „König" gegeben (tschechisch *kral*).

Aber nicht nur die Großen haben der Nachwelt ihre Namen als Bezeichnungen vererbt. Der alte Schlemmer *Lucullus* hat wohl kaum gedacht, daß man noch nach Jahrtausenden bei einem lukullischen Mahle schwelgen wird. Der reiche *Mäcenas* war beispielhaft freigebig; er unterstützte die römischen Dichter Horaz und Vergil so reichlich, daß auch wir von einem Mäzen sprechen, wenn einer die Künste fördert.

Die drakonische Strenge ist ein Vermächtnis des alten *Drako*, der 624 vor Christus in Athen ein überaus strenges Gesetzbuch verfaßt hat. *Drako* heißt Lindwurm und steckt in „Drache".

In unsere Monatsnamen ist eine ganze Gesellschaft von Göttern und Kaisern einge-gangen: Im März steckt der Kriegsgott *Mars*, im Mai der Gott der Fruchtbarkeit, *Majus*; *Janus*, der Gott des Sonnenlaufes, gab dem Januar, die Göttin *Juno* dem Juni den Namen. Gaius *Julius* Cäsar erhielt den Juli, sein Nachfolger *Augustus* den August zugewiesen.

Jupiter, die oberste römische Gottheit, lebt dagegen nur in den jovialen Menschen weiter (der Wesfall von Jupiter ist *Jovis*). Den panischen Schrecken und die Panik verdanken wir dem Hirtengott *Pan*, der bisweilen überraschend auftauchte und die Hirten erschreckte.

Um das Jahr 360 vor Christus starb in Kleinasien der Fürst *Mausollos*, dem seine hinterbliebene Gemahlin ein prächtiges Grabmal errichten ließ. Noch heute legt das Mausoleum davon Zeugnis ab. – Der arme *Lazarus* hat uns zu den Lazaretten ver-holfen. In Venedig wurde im 15. Jahrhundert nach ihm ein Spital für Aussätzige benannt, das in der Nähe der Kirche Santa Maria di Nazareth stand; aus Lazarus und Nazareth wurde venezianisch *lazareto*.

Auch in der Silhouette steckt ein Eigenname. Die billigen Schattenrisse, die man sich anstelle eines Gemäldes anfertigen ließ, wurden nach dem sparsamen Finanz-minister *Silhouette* (gestorben 1757) benannt.

Der französische Arzt *Guillotin*, der das Fallbeil verbesserte, ist bekannt und berüchtigt genug.

Jean *Nicot* führte einst den Tabak in Paris ein; von ihm erhielt das Nikotin seinen Namen.

Der Wiener Fiaker kommt aus Paris und verdankt sein Dasein dem heiligen *Fiacre*: In Paris konnte man seit 1640 im Hotel Saint Fiacre Lohnkutschen mieten.

Haben Sie schon einmal etwas verballhornt, also „verschlimmbessert"? Wenn ja, dann haben Sie dem Lübecker Buchdrucker Johann *Ballhorn* (gestorben 1573) nachgeeifert; in den verschiedenen Ausgaben des Lübecker Rechts, die er gedruckt und als „vermehrt und verbessert" herausgegeben hat, häuften sich die Fehler immer mehr.

Bitte sprechen Sie Draisine nicht vornehm französisch aus, Sie lassen ja auch Ihren eigenen Namen nicht gerne verunglimpfen. Der biedere badische Forstmeister Karl von *Drais* hat dieses Fahrzeug erfunden und 1817 in Mannheim vorgeführt. Es war ursprünglich ein Zweirad mit Sattel, das man durch Abstoßen vom Boden fortbe-wegte.

Das Lynchen und die Lynchjustiz „verdanken" wir dem amerikanischen Friedens-richter John *Lynch*. – Hauptmann James *Boycott* wurde als erster boykottiert. Boy-cott war Gutsverwalter in der irischen Grafschaft Majo. Er peinigte die Arbeiter bis aufs Blut, dafür sprach 1880 die irische Landliga ihren Bann gegen ihn aus. Boycott ging an diesem Boykott zugrunde.

Die Morsezeichen gehen auf Samuel *Morse*, das Hertz (Hz) auf den deutschen Physi-ker Heinrich *Hertz* zurück, das Volt ist nach dem Italiener Alessandro Graf *Volta* benannt.

Münzen

Ein kleiner Geldexkurs: *Taler* ist eine Abkürzung. Seit 1519 wurde in Joachimsthal eine Silbermünze geprägt, die man *Joachimsthaler* nannte; die Kurzform Taler war bald gebräuchlich. Der *Dollar* ist auch ein Taler. *Silbergulden* ist eigentlich ein

Widerspruch, denn ein Gulden war, wie der Name schon sagt, eine Goldmünze. *Schilling* geht auf das althochdeutsche Wort *scilling* zurück (vgl. auch englisch *shilling*), das bei den Ostgoten den römischen Solidus bezeichnete, den sie als Schmuck sehr schätzten. Nach diesem Vorbild wurden später Münznamen wie Silberling und Pfennig (früher Pfenning) gebildet. *Pfennig* hängt vielleicht mit lateinisch *pannus* zusammen, was ein Stück Tuch oder Lappen bedeutet hat. Stoffe waren ein beliebtes Tausch- oder Zahlungsmittel. Der *Groschen* war einst aus Silber oder Gold und hieß „der Dicke", *denarius grossus*. Aus *gros* formte die böhmische Kanzlei *grosch*, und der böhmische Groschen wurde Vorbild für alle übrigen. *Mark* ist mit „merken" verwandt, denn sie leitet sich von dem Merkzeichen, dem Stempel ab, den die Behörde in die Münze prägte. Auf dem *Rappen* war früher ein Rabenkopf.

Jetzt aber Schluß! Ich bin müde. Ich zurre meine *Hängematte* und lege mich hinein. Der Hängematte merkt es niemand mehr an, daß sie von den Indianern stammt (*hamaca*), so schön haben wir sie eingedeutscht.

Lösungen

Zum Hauptwort

Eiswaffeln en gros; die Lohnzettel; Fräulein, Kleinode und Kleinodien, Muskeln, Vormunde oder Vormünder, Kameras, Nudeln, Papierbogen, Brückenbögen (auch Brückenbogen), Razzias und Razzien;
Spesen ist ein Mehrzahlwort, Schlagwörter (im Lexikon), Schlagworte (der Werbung), Erlasse, österr.: Erlässe, das Band – die Bänder, der Band – die Bände, Reiterinnen, Sättel; Unglücke, besser: Unglücksfälle; Vordrucke, Eindrücke;
Fieber ist ein Einzahlwort, der Bund – die Bünde, das Bund – die Bunde; Ergebnisse; *Tod* ist ein Einzahlwort. In dichterischer Sprache jedoch: viele Tode sterben.

Die Zwiebel, der Gummi, der oder das Katheder, der (auch das) Liter, der Teller, die Butter; der Spektakel (Lärm), aber das Spektakel (Schauspiel), das Barock oder der Barock(stil), der Magistrat, der Tunnel, die Kartoffel, das Sofa, das Radio, der Kommentar, der Schutzschild, das Geschäftsschild; die Kiefer (Nadelbaum), aber der Kiefer (Schädelknochen); das Dock, der Bereich, das Versäumnis, das Bündel, der Monat.

Erde, Sonne, Heide, Linde, Frau haben früher im Singular schwach gebeugt.
... des Mains; London; von Florenz; Winklers Gasthaus; des „Richters von Zalamea"; des Existentialismus; des „Ulmer Sparvereins"; zu den „Meistersingern" oder zur Oper „Die Meistersinger von Nürnberg"; des Spessarts; des alten Goethe.
Dem Herzen; mit Eiern; Würstel mit Senf; mit Kartoffeln. Die *Speisekarte* ist vorzuziehen.

Zum Eigenschaftswort

heißes Wasser = Beifügung; brennt heiß, ist heiß, ist leidend; ist gesund geworden, lang ist = Artangabe; weiße Ostern = Beifügung; war nichtssagend, hat sich willig gestellt = Artangabe; liebenswürdiger Mensch = Beifügung.
... war tief und nachhaltig; war ein englisches; ist erstklassig; ist mehr schön als gut; ist mehr hoch als breit; war mehr verregnet als sonnig.
... langem, schwerem; einem großen und einem kleinen; schlechtem, kaltem Wetter; österreichischer und schweizerischer; armem; nach langem, ödem; durchtanzten und durchzechten; trübem und fahlem; des Guten und Rühmlichen.
... gutes Deutsch; zu niedrigen Preisen (Preise sind nicht billig); tiefgefühltes Beileid, hochgeehrter Herr; weitestgehendem und größtmöglichem Entgegenkommen
... geschätzten Kunden; die bewährten Erzeugnisse ... hochachtungsvoll.
... als Honig; wie er; als von seinem; sparsamer als; wie im vorigen; keinen so wie; dümmer, als; anders, als ich es erwartet; als ihn; reicher als er. – London ist größer als Paris; Hamburg ist größer als Hannover.

Zum Fürwort

... trafen ihn, geht ihm, erzählte uns, bei ihm, von seinem Unfall, seinem Fahrrad, kam ihm, blendete ihn, von sich.
Ich Dich, zu Dir, wirst Dich, mich wiedersiehst, erwarte mich, will mir – ich Sie, zu Ihnen, Sie werden sich, wenn Sie mich, erwarten Sie mich.

Wes ist die alte Form von *wessen*. Was für eine Arbeit; was für Schuhe; was für eine Wurst; was für einen Anzug. – Ich habe erhalten. Ich gehe morgen ... Wir sind unser ... es kann nichts ... Mein Brief, ich habe ... – Diese (Lokomotive), jenes (Auto); die (oder diejenige) Oper, die ...
... seine Promotion, besser: Ich gebe meine Promotion bekannt; die Stimme des Tenors; das Auto meiner Schwester.
Woran liegt es; womit kann ich dienen; wogegen soll Darmol; wovon wurde gesprochen.
Im ersten Satz gefällt mir das Haus gut, im zweiten die Tatsache, daß er sich ein Haus gekauft hat. 1. ... das Fest, an das; 2. richtig; 3. ... die Karten, mit denen; 4. richtig.
Dafür oder dagegen; dagegen oder gegen ihn; ich spende etwas dafür. – Er begab sich in dasselbe Hotel wie sonst; am selben Abend vor einem geschlossenen Kreis, dem ... angehörte. – Hubers essen das gleiche Brot, sie kaufen beim selben Bäcker.
(Wer nicht in jedem Satz mindestens einen Fehler gefunden hat, tut gut daran, das Kapitel über das Fürwort noch einmal zu lesen.)

Zum Zahlwort

Erstklassige Restaurants; hundert(und)ein Sekunden oder hundertundeine Sekunde; bei *Stunden* ebenso; dank der Qualität (Qualität bedeutet schon Güte); alle Fachgeschäfte ...
Begleitung zweier, dreier Herren; von zwei, drei Herren; dieser zwei, drei Herren.
Alle Tage; die ganze Arbeit; alle Wiesen; alle Leute; die ganze Stadt; alle Äpfel.
Viele Tausende; Hunderte Verletzter; Tausende vertriebener Menschen; der Erste im Staat; der fünfte Tag; jeden Fünfzehnten; der dritte.
Die *letzten drei* Seiten ein und desselben Buches, aber *die drei letzten* Seiten verschiedener Bücher. *Die letzten zwei* Radfahrer sind der vorletzte und der letzte ein und desselben Rennens; *die zwei letzten* Radfahrer die jeweils letzten zweier verschiedener Rennen.

Zum Zeitwort

Ich saß oben ... Es wurde Dämmerung, es wurde Nacht; ich schaute ... suchte ... wurde (ward) mir nicht zuteil ... war es mir gar seltsamlich ... als sei ... ich fühlte ... ich zählte ... endlich dämmerte ... hingen ... sprang ich auf ... stieg ... hatte ich ...
kochend – gekocht, arbeitend – gearbeitet, verhandelnd – verhandelt, überfahrend – überfahren, abstoßend – abgestoßen, liebend – geliebt, ereignend – ereignet, mitteilend – mitgeteilt, spielend – gespielt, übergebend – übergeben.
er steche – er stäche, er treffe – er träfe, er komme – er käme, er fliege – er flöge, er

verliere – er verlöre, er lebe – er lebte, er saufe – er söffe, er sei – er wäre, er verzeihe – er verziehe, er wirke – er wirkte, er lasse – er ließe, er trage – er trüge, er habe – er hätte, er bringe – er brächte, er schlage – er schlüge, er müsse – er müßte, er sterbe – er stürbe, er brauche – er brauchte, er könne – er könnte, er denke – er dächte.

Das sei sehr fraglich. Wie sie ihm bereits gesagt habe, zögen die Eltern ... Da sei sie ... Aber vielleicht könnten sie sich ... sehen. Sie habe einen Besuch vor ... wohne, und werde ... benützen. Er könne sie ... erwarten, wo sie umsteige. Sie fragte, ob er Zeit haben werde.

du flichtst – er flicht, du fichtst – er ficht, du ißt – er ißt, du sprichst – er spricht, du gibst – er gibt, du nimmst – er nimmt, du wäschst – er wäscht, du läßt – er läßt, du hebst – er hebt, du rätst – er rät, du stößt – er stößt. – flicht! ficht! iß! sprich! gib! nimm! wasch(e)! lasse oder laß! heb(e)! rat(e)! stoß!

können – konnte – gekonnt; sollen – sollte – gesollt; dürfen – durfte – gedurft; mögen – mochte – gemocht; müssen – mußte – gemußt; wollen – wollte – gewollt.

Hilfszeitswörter der Aussage.

fahren lassen, nicht gekonnt, tauchen dürfen, rauchen sollen; sie hat mich nicht gemocht, er hat nicht gedurft, mitgehen wollen.

ich erschreckte, ich habe erschreckt; ich erschrak, ich bin erschrocken; er verleidete uns, er hat uns verleidet; sie litt, sie hat gelitten; du hängtest, du hast gehängt; hingen viele Spiegel, sind (haben) gehangen.

Für abgeschlossene Handlungen das Präteritum; einzelne Tatsachen, vor allem wenn sie in der Gegenwart weiterwirken, drückt man im Perfekt aus.

gefahren war und ...; angekommen war ...; das ich je gehabt habe ...

Er hat eine ... es scheint uns ... sie brät ... er rät mir ... man hält ...

Bezüglich sind: vergessen, suchen, tadeln, unterlassen, kämmen, verschenken, führen, abholen, versäumen, zerreißen, unterdrücken;

unbezüglich sind: regnen, lachen, schwimmen, denken, fahren (auch bezüglich), sitzen;

rückbezüglich sind: schämen, beeilen, angewöhnen;

nicht rückbezüglich: eilen, spielen, prahlen, verweilen.

Verteidigen, überzeugen und *langweilen* können sowohl bezüglich als auch rückbezüglich gebraucht werden.

Zum Umstandswort

Hinten Augen; zu mir herauf; von rückwärts fahrenden Autos; der Krebs bewegt sich rückwärts (ohne *nach*!); nicht weggeworfen; hinaufkletterte; herüber; der Antrag kann nicht als begründet ... ; finden keine Sprechstunden statt.

Zu Anfang des Monats; wieder / neuerlich durchgefallen; ungefähr 55 Jahre; die Verhältnisse hier gleichen denen dort, wie ich schon in meinem letzten Brief schrieb.

Ob wir scheinbar oder anscheinend im Frieden leben, muß jeder selbst entscheiden, das ist Ansichtssache. – Er ist anscheinend ein tüchtiger Kaufmann. – Wahrscheinlich ist sie sehr ehrlich und aufrichtig. Sehr günstiges Angebot ...; warst natürlich nicht zu Hause. Natürlich ist mein Urlaub ...

... unsere Angelegenheiten nur teilweise; nicht offen stehen. „Wir werden großzügig über die wiederholten Angriffe auf den vorläufigen Bürgermeister hinwegsehen, obwohl es eigentlich Amtsbeleidigungen sind." ... hindern, an der Versammlung teilzunehmen; leugnen, die Tat begangen zu haben; raten ab, das Flugzeug zu benützen. – Lassen Sie keinen Fehler ... zu. Und jetzt einen recht schönen Gruß Ihnen allen.

Zum Vorwort

Während des Urlaubs; wegen des Regens; mit einer Zahlkarte. Um meiner Stellung willen; statt des Mantels; trotz den oder der Bemühungen; längs des Waldes oder dem Walde; diesseits des Flusses; ohne den Vater; ungeachtet der Anordnung; entgegen dem Befehl; gemäß der Anweisung; innerhalb des Klosters; oberhalb des Bahnhofs; nächst dem Schloß; samt der Familie; wider die Abmachungen; der Bequemlichkeit halber; inmitten ihrer Freundinnen; ungeachtet des schlechten Wetters; ohne alle Kenntnis; binnen einer Woche, zweier Wochen; neben dich; hinter mich; des Bruders wegen; gegenüber dem Rathaus; seit dem letzten Herbst; entgegen seinem besseren Wissen.
Wobei hast du dich verletzt; womit hast du dich geschnitten; wovon lebst du; wodurch bist du aufmerksam geworden? – Durch meinen Bruder, durch ein Telegramm; für meinen Vater, für eine Partei; gegen den Zeugen; gegen Mißstände; um meine Mutter; um meine Stellung.
Ohne dich; ohne einander; durch dich (sie, ihn, euch, sie); für sie und wider ihn; um dich; an mir; an mich halten; neben mir; vor mich hin; zu meiner Schwester; in unserem Dorf.
Zum Beispiel: Über dem Haus steht ein Unstern; ich werfe den Ball über das Haus. Über den Häusern stehen Rauchfahnen; der Wind brauste über die Häuser hin. Der Krug steht auf dem Tisch, ich stelle ihn auf den Tisch. Er fährt hinter mir; stelle dich hinter mich.
Zwischen ihnen, wegen einem bißchen Regen (auch: eines bißchen Regens); vom Lehrer getadelt; ohne dich, ein Drama über Napoleon; an den Wörthersee; auf dem Boden; an Magengeschwüren; zum Gasthaus und zur Aussichtsterrasse; für Büroangestellte und Küchenpersonal. In unserem Lager; an einem Brett; nach dem Kaffee; aus dem Keller; für diese Strecke.

Zum Bindewort

Es gefiel ihm zwar ..., aber er wollte; desto wohler fühlte ich mich; sowohl teuer als auch qualitativ; entweder ab oder rufe; teils muß ich ihr recht geben, teils scheint ... Ich fürchte, ihr habt mich nicht richtig verstanden; ..., weil er in Europa; ..., weil sie nicht gerne; ..., daß er das Engagement bekommt.
Meine Hühner legen keine Eier, meine Kühe geben keine Milch. Herr Maier verbringt die Freizeit auf dem Fußballplatz, Frau Maier im Kosmetiksalon.

Zur Schärfung des Sprachgefühls

1. Wir sind *in der Lage*, das Buch von Dr. Kunz, *dem Vorsitzenden* unseres Vereines, *anzubieten*.

2. Wenn er nur schneller *liefe als* voriges Mal ...

3. *Daß* er das getan hat ...

4. Man braucht nur *einmal* zu *entschuldigen*; man kann aber *vielmals* bitten.

5. Ein „Mondaufgang, der steht", ist eigentlich ein Mondaufstand.

6. Wenn die Sängerin weiter so wächst, kommt sie im nächsten Jahr nicht mehr durch den Bühneneingang!

7. Es gibt kein buntes Weiß und kein buntes Rot!

8. ... hat geschmuggelt (schmuggeln ist immer unerlaubt); es gibt keine „größere" Hälfte, Hälften sind immer gleich.

9. Die Verstorbenen ... *werden beerdigt.*

10. Ein „Gatte" ist schon verheiratet, also: der liebevolle Mann...

11. Der Kausalsatz bezieht sich leider auf „Vergangenheit". Der Maid im weißen Tugendkleid fehlt's oft nur an Gelegenheit.

12. Die Frauen sitzen doch nicht deswegen allein zu Hause, damit die Uhr nicht vorrückt! Die Mahnung geht an die Männer; der Finalsatz ist falsch bezogen – man muß einen neuen Satz bilden.

13. Wenn er das erlebt hätte, wäre er nicht im Grabe!

14. Wahrscheinlich hat er richtige Banknoten nachgeahmt!

15. Ein Zeigefinger kann nicht „ungeheuer" sein; sie aber fürchtete sich vor der Trennung ... Pflastersteine können nicht gähnen (unpassende Metapher); ein Schatten kann nicht klopfen; „modig" ist eine falsche Wortbildung, es muß „modisch" oder „modern" heißen; nicht die „Überpflegtheit" kapituliert, sondern sie selber.

Papierdeutsch

1. Am Preisausschreiben haben sich viele beteiligt.

2. Ich werde meine Rückkehr von der Dienstreise und den Beginn der Sprechstunden in einem Inserat anzeigen.

3. Wenn Sie zur Ausstellung nicht zugelassen werden, können Sie keinen Einspruch erheben.

4. Wer diese Anordnung nicht befolgt, wird bestraft.

5. Tiefbewegt geben wir bekannt, daß unser Vereinspräsident, Herr Meier, am 2. März gestorben ist. So beklagen wir innerhalb weniger Monate den Tod dreier Mitglieder.

6. Wir haben nicht genug Papier, um es auch für Übungen auszugeben.

7. Wenn Sie Ihre Tätigkeit als Gutachter fortsetzen, erhalten Sie nach Verordnung II (1),b eine Zulage von öS 1500.-.

8. Wir hoffen, daß Sie sich bald von der Güte unseres Weines überzeugen. Sicherlich werden Sie dann bestellen.

Besser reden – sicher überzeugen

von Mag. Roman Hofmeister

Einleitung

Wie fühlen Sie sich, wenn Sie mit einem Bekannten oder einem Freund über ein Thema sprechen, das Sie bewegt und von dem Sie glauben, daß es auch für Ihren Gesprächspartner interessant ist? Sind Sie gehemmt oder haben Sie das Gefühl, „schlecht" zu reden? Fragen Sie sich überhaupt, wie Sie reden? Nehmen Sie nicht vielmehr an, daß Ihr Zuhörer Sie so akzeptiert, wie Sie sind? Vielleicht fällt Ihnen bei Ihrem Bekannten die eine oder andere Redewendung auf, die er immer wieder gebraucht, Verlegenheitsworte oder Floskeln, wie sie in den einzelnen Gegenden üblich sind („oder?", „hast mi" und ähnliches); und wenn Sie darauf achten, werden Sie wahrscheinlich auch bei sich selbst derartige Wendungen erkennen, die häufig an der betreffenden Stelle gar keinen Sinn ergeben. Aber stört das Ihr Gespräch? Ich nehme an, Sie werden das verneinen – es sei denn, die Redewendung folgt so häufig, daß sie bereits unangenehm wirkt. Und doch gibt es auch Alltagsgespräche, in denen das Reden nicht mehr ganz so leichtfällt: Wenn etwa die Kinder Ihrer Nachbarn stets um die Mittagszeit die geräuschvollsten Spiele entwickeln, so werden Sie nicht gleich einen Beschwerdebrief schreiben. Mit den Nachbarn allerdings so zu reden, daß diese nicht gleich abblocken, sondern Ihnen Verständnis entgegenbringen, stellt bereits erhöhte Ansprüche an Ihre Redekunst. So wird ein ununterbrochener Redeschwall kaum angebracht sein, während Ihr Verhalten, das dem Gegenüber Gelegenheit zum Reagieren gibt, sehr erfolgreich sein kann. – Und wie argumentieren Sie, wenn Sie auf einem Flohmarkt eine alte Autohupe erstehen, aber nur halb so viel für sie zahlen möchten, wie der Händler verlangt?
In solchen und ähnlichen Fällen kommt dem Reden eine besondere Stellung zu, und doch ist Ihre Hemmschwelle hier vermutlich noch relativ niedrig.
Woher kommt dann aber die Scheu, eine richtige Rede zu halten? Was hindert Sie daran, sich dabei ebenso zu fühlen wie in einem Privatgespräch?
Allein von seiten des Verstandes kann diese Frage wohl kaum beantwortet werden: Tatsächlich fühlt man sich, wenn man mit Bekannten spricht, eben anders, als wenn man eine Rede hält, bei der man auf die Aufmerksamkeit mehrerer Leute angewiesen ist. Das beginnt bereits dann, wenn man einen Witz erzählt und alle Anwesenden zuhören – kommt er an oder nicht? Die psychologische Seite ist hier offenbar sehr verschieden von der logischen – die Seele reagiert anders, als der Verstand es vorsieht. Wir müssen daher mit unserer psycho-logischen Verfassung leben, sie akzeptieren und uns damit beschäftigen, um die Unbefangenheit beim Reden (wieder) zu erlangen.
Damit ist es aber noch nicht getan. Denn nicht nur Sie haben Gefühle beim Sprechen, auch Ihre Zuhörer empfinden etwas – sie fühlen sich angeregt, begeistert, verstanden, oder aber empört, peinlich berührt, und schlimmstenfalls sogar gelangweilt. Von beiden Seiten entstehen Wirkungen, von Ihrer Seite wie auch von der der Zuhörer. Die Wirkungen entstehen aufgrund des gesprochenen Wortes, der Inhalte, der Satzgestaltungen, der Betonungen, aber auch aufgrund Ihrer Stimme, Ihrer Gestik. Letztlich kommen noch zahlreiche Umfeldfaktoren hinzu: der Raum, in dem Sie sprechen, seine Größe, Akustik, Beleuchtung, Raumtemperatur, die Frische der

Luft, der Geräuschpegel von außen, Gerüche und anderes mehr, das Sie nicht oder nur teilweise beeinflussen können.

Daneben gibt es Faktoren, die Ihren Redeerfolg begünstigen und die durch Sie durchaus beeinflußbar sind – zum Beispiel die Art der Unterlagen, die Sie den Zuhörern aushändigen, die optische Aufbereitung Ihres Themas und anderes. Im voraus gleich ein Wort zu den Unterlagen: Schüchterne Redner können sich entlasten, indem sie Unterlagen ausgeben, die die Aufmerksamkeit der Zuhörer von ihrer eigenen Person etwas abziehen, ohne daß dadurch die Wirkung der Rede beeinträchtigt wird. Überdies hat der Redner damit Gelegenheit, seine Hände zu beschäftigen – ein nicht unwesentlicher Faktor für die Selbstsicherheit.

Die erfolgreiche Rede ist kein Zufall, die mißlungene kein Schicksal. Auf nahezu alle für den Erfolg Ihrer Rede wesentlichen Faktoren können Sie Einfluß nehmen und grundsätzliche Fehler, wie etwa eine Rede vor dem „falschen" Publikum, vermeiden – vor Zuhörern also, die an Ihrer Rede von vornherein kein Interesse haben (oder haben können) oder deren Interesse hauptsächlich darin besteht, darauf zu warten, gegen Ihre Äußerungen protestieren zu können. Dieser Fehler wird Ihnen, solange Sie nur „für den Hausgebrauch", das heißt bei Familienfeiern oder im Freundeskreis sprechen, natürlich kaum passieren. Die Gefahr, sich einem unbarmherzigen Publikum auszuliefern, steigt sprunghaft bei öffentlichen Reden, das sind im besonderen Meinungsrede, Sachvortrag und Vorlesung – weshalb professionelle Redner auch über eine Reihe von Methoden verfügen, mit derartigen Schwierigkeiten fertigzuwerden.

Selbstverständlich sollen Sie auch in den Werkzeugkasten des Profis sehen – doch Vorsicht! Gefährliche Instrumente sind nur für den Spezialisten geeignet!

Besonders für Situationen, in denen Sie vor größerem Publikum , in einer besonderen Lage (etwa als Arbeitssuchender in einem Vorstellungsgespräch) oder unter anderen außergewöhnlichen Bedingungen sprechen müssen, soll Ihnen dieser Teil des Buches eine Hilfestellung bieten. Die folgenden Kapitel entsprechen dabei den Bereichen, die für den Erfolg Ihrer Rede ausschlaggebend sind und die Sie daher schon bei den Vorbereitungsarbeiten berücksichtigen müssen, nämlich

– Ihr Wohlbefinden als Redner,
– Ihre Redeumgebung,
– Ihr Publikum, und natürlich
– Zielsetzung und
– Inhalt Ihrer Rede.

Ihr Ziel als Redner

Beginnen wir mit dem, was Sie vermutlich vorrangig interessieren wird: Wie redet man erfolgreich? Nein, ich korrigiere mich: Wie reden *Sie* erfolgreich! Sicherlich haben Sie den rhetorischen Trick dieses Einstiegs gleich durchschaut: wir sind gewissermaßen direkt ins Thema gesprungen, mit einem „Paukenschlag", ohne lange Vorrede, ohne Erläuterungen, und unmittelbar an Sie gerichtet. Ihnen bleibt als Hörer (Leser) nicht einmal Zeit, sich auf den Redner und sein Thema einzustellen. Sie werden schlagartig gefordert, selbst der Schutz eines unpersönlichen „man" wird Ihnen genommen durch eine Ausgangsprämisse, die Ihnen einfach unterstellt wird: „...was Sie vermutlich vorrangig interessieren wird". Das „vermutlich" ist nur anstandshalber eingefügt, es ist nur ein rhetorisches Element. Es folgt ein scheinbarer Rückzug mit „ich korrigiere mich". Hätte ich Sie herausfordern wollen, wäre die Formulierung auch schärfer möglich gewesen, ohne daß Sie es als besonders unhöflich empfunden hätten, etwa „ich korrigiere", ohne „mich". Und dann die Betonung des nächsten Satzes mit einem Rufzeichen, das aufmuntern soll – Sie sehen, bereits in wenigen Sätzen läßt sich eine Menge rhetorischer Mittel unterbringen.

Aber immer mit der Ruhe, es soll ja nicht schon mit der ersten Seite alles erledigt werden. Nehmen wir die Fragestellung wieder auf und verschaffen wir uns zunächst einen Überblick, um dann die einzelnen Punkte genauer zu besprechen.

Die Frage ist also die: Was sind die Charakteristika einer erfolgreichen Rede?

Eine Rede soll dann als erfolgreich gelten, wenn sie

– Zuhörer findet,
– das Interesse der Zuhörer weckt und behält,
– ihren Zweck (worin immer dieser auch besteht) erfüllt,
– dazu beiträgt, daß sich die Zuhörer ein positives Bild vom Sprecher machen, und
– Redner und Zuhörer zufrieden entläßt.

Sollte Ihnen hier das eine oder andere Kriterium für Redeerfolg noch fehlen und Sie das Bedürfnis überkommen, etwas zu ergänzen, so ist dies auch ganz im Sinn einer Rede, die vor allem anregen will, keinesfalls aber dazu verpflichtet, am Ende mit dem Sprecher (Autor) stets einer Meinung zu sein.

Denn auch das ist ein Schritt zum Redeerfolg: Stehen Sie hinter Ihren Aussagen, ohne zu versuchen, sie anderen aufzuzwingen. Sagen Sie nur, wovon Sie überzeugt sind, und vermeiden Sie Reden, bei denen Ihnen das nicht möglich ist. Die schönsten Formulierungen und die eindrucksvollste Darstellung können einen halbwegs sensiblen Zuhörer nicht über einen Widerspruch hinwegtäuschen, der aus Ihrem Inneren kommt.

Finden Sie Zuhörer

Es gibt zahlreiche Formen der Rede, bei denen der Redner seine Zuhörer nicht erst finden muß, weil diese mehr oder minder verpflichtet sind, der Rede beizuwohnen. Denken Sie an die Pflichtschule, verpflichtende Lehrveranstaltungen auf Hochschulen, Betriebsversammlungen und ähnliches. An Zuhörern mangelt es bei diesen Anlässen nicht, es gibt Publikum, aber hört dieses Publikum auch zu? Ist es nur körperlich anwesend, oder findet der Redner tatsächlich Zu-Hörer? Die Aufforderung „Finden Sie Zuhörer" gilt daher auch für jene Reden, wo Sie als Redner damit scheinbar kein Problem haben, weil Ihr Publikum sich ohnehin einfinden muß. Bemühen Sie sich auch während der Rede, Zuhörer zu finden! Denn Reden, die Sie selbst lediglich heil überstehen möchten, machen niemandem Spaß. Daß Ihnen die Rede selbst Spaß macht, ist jedoch eine Grundvoraussetzung dafür, daß sie gut wird (außer bei Trauerreden).

Von Leuten, die berufsmäßig viel reden müssen, ist manchmal zu hören, daß sie das Reden als schwere Arbeit empfinden oder mittlerweile so abgestumpft sind, daß sie keine Freude mehr daran haben. Das ist durchaus verständlich, denn hier ist auch oft die Zuhörerschaft nicht besonders an der Rede interessiert. Erinnern Sie sich an Ihre eigene Schulzeit – sicherlich gab es Lehrer, denen Sie mit Begeisterung zugehört haben, auch in den sogenannten trockenen Fächern. Was hat diese Lehrer von jenen unterschieden, durch deren Stunden Sie sich ebenso gequält haben wie diese Lehrer selbst?

Sie werden einige gemeinsame Merkmale erfolgreicher Redner feststellen: Humor, Freude am Publikum, Freude an der Sache, Freude an der Darstellung und an der Kommunikation, und dazu noch etwas: ein hohes Fachwissen, das auch heiklen Fragen problemlos standhält.

Ohne Schwierigkeiten finden Sie auch dann Zuhörer, wenn Sie deren Anliegen ansprechen, wenn Sie sie „am Nerv" treffen, gleichgültig, ob in einer Pro- oder Kontra-Position. Selbstverständlich ist eine Kontra-Position während der gesamten Rede und einer vielleicht anschließenden Diskussion nicht jedermanns Sache; doch um ernst genommen zu werden, ist es tatsächlich oft von nachrangiger Bedeutung, ob Sie mit den Zuhörern einer Meinung sind.

Zurück zum Begriff des Anliegens der Zuhörer. Ob freiwillig oder nicht ganz freiwillig, für alle Zuhörer einer Rede gibt es einen Anlaß, anwesend zu sein, und ein Anliegen. Der Anlaß ist durch äußere Umstände gegeben, das eigentliche Anliegen ist den Zuhörern häufig selbst nicht bewußt. Gehen wir davon aus, daß kaum jemand freiwillig über einen längeren Zeitraum wortlos und mit eingeschränkter Bewegungsfreiheit zuhört, ohne zumindest bestimmte Erwartungen zu haben. Jemand, der zur Kirche geht, hofft, daß er sich von der Predigt des Pfarrers angesprochen fühlt, daß er etwas zu hören bekommt, das ihn betrifft. Wie entwickelt sich jedoch Ihre Aufmerksamkeit, wenn Sie sich mit Ihren Gefühlen angesprochen fühlen, und wie entwickeln sich Ihre Einstellungen dem Redner gegenüber? – Sie werden dann vermutlich gerne bereit sein, dem Redner längere Zeit und auch in Zukunft zuzuhören.

Erfolgreiche Redner finden deshalb Zuhörer, weil sie diese Zuhörer kennen, als Menschen mit allen ihren Gefühlen annehmen und ihnen etwas zu sagen haben. Sie versuchen nicht, den Zuhörern etwas aufzuschwatzen, sie zu überreden oder gar niederzureden, sondern sie versuchen, ihnen ein Gefühl von Wohlbehagen zu vermitteln, auch wenn es um heikle und schwierige Themen geht. Der Zuhörer soll immer das Gefühl haben, daß der Redner zu ihm, von und mit ihm spricht. Als Seminarleiter sind Sie mit den verschiedensten Lebenseinstellungen, Erfahrungshorizonten, Ängsten, Hoffnungen und Erwartungen konfrontiert, von denen Sie nur zum Teil wissen und die Ihnen meist größtenteils verborgen bleiben. Je unterschiedlicher die Gruppenzusammensetzung ist, desto schwieriger wird es für Sie, das richtige Wort an alle zu finden. Und wenn Sie nicht zum wetterwendischen Opportunisten geboren sind, müssen Sie sich damit abfinden, auch hie und da auf unangenehmen Widerstand zu stoßen. Wenn Sie an sich die Forderung stellen, das immer zu vermeiden, überfordern Sie sich. Sie müssen allerdings als Redner auch lernen, mit Konflikten umzugehen. Ein gut gelöster Konflikt führt letztlich auch zum Redeerfolg. Alle Redner, die täglich sprechen müssen, möglicherweise immer denselben oder einen ähnlichen Text, vielleicht sogar immer vor demselben oder dem gleichen Publikum (wie Lehrkräfte und Verkäufer), unterliegen einem besonderen Druck. Sie „haben" Zuhörer, müssen jedoch deren Zu-Hören Tag für Tag neu erringen. Je nach Position hängt ihr beruflicher Erfolg vom Erfolg der Rede ab, denn ein unzufriedenes Publikum rächt sich nicht nur durch Zeichen von Langeweile, sondern auch durch zukünftiges Fernbleiben. Für diese Gruppe von Rednern sind die folgenden Grundsätze von besonders existentieller Wichtigkeit, doch natürlich seien sie allen künftigen Rednern ebenso ans Herz gelegt:

– Bleiben Sie glaubwürdig. Sie können niemanden auf Dauer hinters Licht führen.
– Zeigen Sie sich menschlich. So verzeiht man Ihnen Fehler, sprechenden Automaten hingegen kaum.
– Variieren Sie Ihre Ausdrucksweise und Ihre Präsentationsform.
– Gestatten Sie sich, humorvoll zu sein. Das heißt natürlich nicht, daß Sie abgedroschene Scherze immer wieder zum besten geben sollen – damit schaden Sie sich nur. Humorvoll zu sein heißt, auch über sich selbst lachen zu können (etwa bei Pannen).
– Lernen Sie, Niederlagen nicht allzu persönlich zu nehmen. Wenn Sie etwas stark betroffen macht, überlegen Sie, welches Ihrer Bedürfnisse dadurch verletzt wurde – um zu erkennen, wo Ihre schwachen Stellen sind.
– Nehmen Sie jede Ablehnung als Chance, Ihre Argumentations- und Präsentationskraft zu verstärken, und lernen Sie mit Ablehnung umzugehen.

Verkäufern sei natürlich an dieser Stelle zu Vorsicht geraten. Wenn ein Kunde ein Gespräch nicht fortführen möchte, müssen Sie das respektieren. Sie sollten allerdings auch nicht zu früh aufgeben. Bedenken Sie nur: Einem Kunden gegenüber können Sie nicht recht behalten. Recht behalten zu wollen, kann gerade zu jenem Effekt führen, den Sie nicht möchten, nämlich zur Verweigerung des Kaufes.

Wecken Sie Aufmerksamkeit und Interesse

Für den Bereich der Reden sowie den der Werbung gibt es eine bewährte Erfolgsformel: die AIDA-Formel. A steht für Aufmerksamkeit, I für Interesse, D für das Erwecken von Wünschen (engl. *desire* = Wunsch) und A für Aktion bzw. Handeln im

Sinn des Redners. Aufmerksamkeit erregen heißt, Gefühle zu wecken. Angesprochen werden Gefühle dann, wenn es um etwas geht, wovon sich der Zuhörer betroffen fühlt, oder um etwas, das ihm nützen beziehungsweise schaden könnte. Freude und Angst sind wohl die wichtigsten Triebfedern für jede Aufmerksamkeit, aber auch für die jeweilige Interpretation von Wahrnehmungen. Wahrnehmungen ergeben sich in erster Linie durch Sehen, Hören, Riechen, Schmecken, Tasten – doch gibt es, wie man annehmen könnte, nicht nur eine „objektive" Wahrnehmung, sondern auch eine „subjektive": das „objektiv" Vorhandene wird von den Sinnen uminterpretiert.

Was bedeutet das nun für Sie als Redner? Sie müssen darauf achten, was die Zuhörer wahrnehmen können. Das klingt zwar sehr simpel, doch wenn Sie Aufmerksamkeit erregen, dann ist es Ihnen eben genau gelungen, dem Hörer (dem Empfänger) Reize in einer Intensität zu übermitteln, die ihn bewegt, sich Ihnen zuzuwenden. Daß die Form der Zuwendung in Ihrem Sinn ist, daß also der Empfänger Ihren Impuls so erhalten hat, wie Sie das beabsichtigten, ist damit allerdings noch nicht gesichert.

Professionelle Redner verstehen es nicht nur, Aufmerksamkeit zu erregen, sondern auch, die Wirkung der erlangten Aufmerksamkeit für ihre Zwecke einzusetzen. Das bedeutet, daß sie nach der Aufmerksamkeit auch noch Interesse bei den Zuhörern finden.

Überlegen Sie, wie Redner in verschiedenen Situationen Aufmerksamkeit erlangen. Wie gehen Lehrer vor, wie verhalten sich Manager, Moderatoren, Festredner, Vertreter? In irgendeiner Form müssen sie alle versuchen, aufzufallen, ohne daß dies peinlich wird. Es muß einen „Auftritt" geben, und je gelungener dieser Auftritt ist, desto leichter wird es dem Redner, mit seinem Publikum umzugehen. Wenn Sie als Redner auf Ihr Publikum warten müssen, werden Sie kaum von vornherein einen gesicherten Stand haben. Beachten Sie daher grundsätzlich:

– Das Publikum sollte anwesend sein, bevor Sie auftreten (wenn Ihre Rede nicht gerade aus einer Gesprächssituation heraus entsteht).
– Sie sollten die Möglichkeit zu einem effektvollen Auftritt haben. Effektvoll kann der Auftritt kaum sein, wenn Sie aus einer Ecke kommen, die vom Publikum nicht eingesehen wird.
– Wenn Sie Ihre Stellung bezogen haben, sollte jeder Zuhörer Sie sehen können.
– Sorgen Sie für ausreichende Beleuchtung. Bei Fest- oder Betriebsreden werden Sie zwar kaum im Scheinwerferlicht stehen, Sie sollten aber unbedingt vermeiden, im eigentlichen Sinn des Wortes im Schatten zu bleiben.

Um als Redner Aufmerksamkeit durch Ihr Auftreten als Redner zu erlangen, stehen Ihnen mehrere Möglichkeiten offen: Optische Mittel, akustische und andere Mittel, die im folgenden kurz erläutert seien, können die Wirkung Ihres Auftritts erheblich steigern.

Optische Mittel

Optische Mittel können Sie in vielfacher Hinsicht einsetzen, einerseits durch die Gestaltung des Raumes, durch Scheinwerfer sowie generell durch Einsetzen von Licht, aber auch durch die Kleidung. Die Uniformen der Polizei, die einheitliche Kleidung von Verkäufern, der Talar des Richters – sie dienen dazu, den Funktionsträger unmittelbar kenntlich zu machen. Es erleichtert diesem damit, sich durchzusetzen, das heißt, die Aufmerksamkeit auf sich zu ziehen. Noch ein anderer Faktor ist bei dieser Art der Gestaltung wesentlich: Wo immer Sie optische Mittel einsetzen, müssen diese der Situation angemessen sein, das heißt zu den Zuhörern, zu deren Erwartungen von Ihnen als Redner, zur räumlichen und sozialen Umgebung „passen", in der Sie Ihre Rede halten. Zusätzlich müssen Sie auch noch berücksichtigen, in welcher Rolle Sie auftreten. Ein falscher Einsatz optischer Mittel behindert nicht nur Ihren Auftritt, sondern die gesamte Rede und ihre Wirkung.

Akustische Mittel

Der Einsatz akustischer Mittel ist besonders in der Werbung zu einem beliebten Gestaltungsprinzip geworden: Ein bestimmtes Leitmotiv schafft die vorgesehene Stimmung. Es wird Ihnen im allgemeinen nicht möglich sein, derart wirkungsvolle akustische Mittel passend einzusetzen, während das altbewährte Gläserklirren vor der Rede stets passend, weil einfach und wirksam ist. Eine grundlegende Tatsache sollten Sie jedoch auch während Ihrer Rede berücksichtigen: Ihr akustisches Instrument Nummer eins ist Ihre Stimme, und mit ihr können Sie ebenfalls Stimmungen erzeugen, durch Tonhöhe, Lautstärke und Stimmführung.
Geschulte Redner machen manchmal genau das Gegenteil dessen, was allgemein als Aufmerksamkeitserreger angesehen wird: sie sprechen nicht laut, sondern leise – aber auch nicht zu leise. Dabei ist wichtig, daß sie deutlich sprechen.
Deutlich zu sprechen bedeutet,

– keine Silben zu „verschlucken",
– den Mund beim Sprechen so zu öffnen, daß die Vokale voll tönen können,
– Betonungen richtig zu setzen, sowie
– die richtige Sprechgeschwindigkeit zu wählen.

Die deutlichste Aussprache ist jedoch vergebens, wenn sich der Redner nicht um folgende Punkte bemüht, die zur Verständlichkeit einer Rede erheblich beitragen:

– um einen logischen Satzaufbau,
– das Bilden von einfachen Sätzen anstelle von „Schachtelsätzen", sowie darum,
– erforderlichenfalls Wiederholungen und in jedem Fall
– oft genug und an den richtigen Stellen Pausen zu machen.
– Stellen Sie nicht nur rhetorische Fragen, sondern auch – den Umständen angepaßt
– ganz konkrete Fragen an den einen oder anderen Zuhörer.

Andere Aufmerksamkeitserreger

Sonstige Mittel, um Aufmerksamkeit zu erregen, sind beispielsweise,

– von einer anderen Person angekündigt zu werden,
– überraschende Gesten zu machen,
– den Standort zu wechseln, und vieles andere mehr.

Wie sieht es nun, nachdem Sie Aufmerksamkeit erlangt haben, mit dem Interesse aus?

Denken Sie an die Werbung – was findet Ihr Interesse? Das, was Sie persönlich berührt, sei es, weil es Sie direkt betrifft oder von einem ästhetischen Gesichtspunkt aus anspricht.

Das Interesse heterogener, das heißt unterschiedlichst zusammengesetzter Zuhörergruppen zu erlangen und zu erhalten, ist besonders schwierig. Dabei sind gerade berufsmäßige Redner wie etwa Lehrer immer wieder mit diesem Problem konfrontiert, für die es daher meist nur darum geht, einen Minimalpegel an Interesse zu halten, und das gelingt am ehesten dann, wenn die Rede für den Zuhörer einen Unterhaltungswert besitzt, gewissermaßen als Zusatznutzen.

Als gelegentlicher Redner streben Sie natürlich an, ein Höchstmaß an Interesse zu wecken. Doch dazu gehört es unter anderem, zu erkennen, was Ihre Zuhörer unterhält. Die Unterhaltung ist ein wichtiges Mittel, mit dem Sie Ihre Zuhörer gewinnen können, und das größte Reservoir an Möglichkeiten für die Unterhaltung der Zuhörer liegt in Ihnen selbst – in Ihrem Auftreten und der Lebendigkeit, die Sie dem gesprochenen Wort verleihen.

Um herauszufinden, was den Zuhörer interessiert, müssen Sie sich mit ihm beschäftigen. Sie müssen sich für ihn interessieren, um für ihn interessant sein zu können. Sie müssen wissen, was er spricht, wenn er über Sie spricht, oder, wie Luther es formuliert hat, Sie müssen den Leuten „aufs Maul schauen". Wenn die Zuhörer lachen, müssen Sie wissen, worüber gelacht wird – über Sie, oder über das, was Sie zum Belachen präsentiert haben. Für Gelegenheitsredner ist diese intensive Beschäftigung mit den Zuhörern vielleicht nicht so wichtig – sie kennen ihr Publikum ohnehin in den meisten Fällen sehr gut. Es gibt zwar immer wieder Redner, denen es schon genügt, eine Rede halbwegs gut „über die Bühne gebracht" zu haben; es ist zu keinen unangenehmen Ereignissen gekommen, und es gab wenigstens Höflichkeitsapplaus. Wer jedoch eine gute Rede halten und nicht an seinem Publikum „vorbeireden" will, der sollte seine Zuhörer genau kennen und deren Reaktionen einschätzen können.

Wirken Sie überzeugend

Reden sollte Menschen verbinden. Wenn Sie als Redner auftreten, in welcher Funktion auch immer, werden Sie zumindest unbewußt versuchen, die Zuhörer in irgendeiner Form zu beeindrucken.

Denn nicht nur durch logische, einleuchtende Argumentation und Ihre anerkannte Autorität überzeugen Sie Ihr Publikum, sondern in erster Linie auf der Sympathieebene. Wenn Sie Gemeinsamkeiten schaffen – sei es durch äußeres Verhalten (Kleidung, Sprache etc.), in Werten und Vorstellungen oder in den Bedürfnissen, so werden Sie nicht nur die Sympathie, sondern auch das notwendige Vertrauen Ihrer Zuhörer gewinnen.

Sie wirken umso überzeugender, je mehr Sie

– als Experte angesehen werden,
– den Eindruck erwecken, daß Sie ohne Hintergedanken sprechen,

– klare Folgerungen aussprechen,
– konkrete Vorschläge machen, wenn Sie Mißstände angesprochen haben,
– als Letzter sprechen, falls mehrere Ansichten zur Entscheidung stehen,
– auf besondere Merkmale und Bedürfnisse des Publikums eingehen.

Überlegen Sie daher von vornherein, welches Bild die Zuhörer von Ihnen haben, ob Sie dieses Bild bestätigen, verstärken oder verändern wollen. Ihre Rede ist unter anderem dann erfolgreich, wenn sie Ihr Image verändert, das Bild also, das sich andere Menschen von Ihnen machen. Eine Rede gibt Ihnen Gelegenheit, dieses Bild zu verändern. Verfallen Sie aber nicht dem Irrtum, eine einzelne Rede könnte Wunder wirken! Es dauert lange, ehe Menschen bereit sind, das Bild, das sie von anderen haben, zu verändern. Als Redner werden Sie dann Ihr Image verbessern, wenn es Ihnen gelingt, bei Ihren Zuhörern positive Empfindungen wachzurufen, sie zu amüsieren, ohne daß Ihre Äußerungen als albern abgetan werden, sie innerlich zu erheben, erschauern zu lassen, oder etwa im beruflichen Bereich, sich unter Ihrer Leitung geborgen zu fühlen. Aber an dieser Stelle sei gewarnt vor Unechtem, Angelesenem, Unverdautem. Verwenden Sie Zitatenbücher mit äußerster Vorsicht; wenn Sie Zitate einsetzen, sollten Sie auch den Zusammenhang kennen, in dem sie stehen. Wenn Sie den Zusammenhang wissentlich ignorieren und das Zitat in einem ganz anderen Sinn als dem ursprünglichen einsetzen wollen, sollten Sie deutlich machen, daß Sie den Zusammenhang im Original sehr wohl kennen. Gleiches gilt für Fremdwörter. Setzen Sie Fremdwörter nur dann ein, wenn es keinen entsprechenden Begriff in Ihrer Muttersprache gibt und natürlich nur, wenn Sie das Fremdwort in seiner genauen Bedeutung kennen. Falsch eingesetzte Fremdwörter geben Sie der Lächerlichkeit preis, und ein Zuviel an Fremdwörtern schadet zwar vielleicht nicht Ihrer Überzeugungskraft als Autorität, aber möglicherweise jener als Mensch.

Zum Image gehört nicht nur die Rede selbst, sondern auch die Wahl der Umgebung, in der Sie die Rede halten, die Art, wie Sie dem Publikum vorgestellt werden (vorausgesetzt, dies paßt in den Rahmen der Rede), und Ihr Erscheinungsbild. Sie haben kaum eine Chance, in einer unpassenden Umgebung oder in unpassender Kleidung eine wirkungsvolle Rede zu halten, gleichgültig, um welches Thema es sich handelt. Wenn Sie als Betriebsrat vor aufgebrachten Arbeitern reden sollen, wird dazu ein Luxushotel kaum die geeignete Kulisse abgeben. Als Firmenchef werden Sie eine hochrangige Delegation ausländischer Geschäftspartner kaum in Ihren saloppen Blue Jeans im Stammbeisel um die Ecke richtig von der Bedeutung Ihres Unternehmens überzeugen können. Beim Verkauf von Kanalräumungsgeräten werden Sie mit Anzug und Krawatte Schwierigkeiten haben, beim Verkauf von Versicherungen wiederum sollten Sie auf jeden Fall gut gekleidet sein. Äußere Erscheinung und Umfeld müssen abgestimmt sein, wenn Sie erfolgreich reden wollen. Wenn Sie als Künstler auftreten möchten und langes Haar tragen, wird ein autoritärer Ton in Ihrer Rede eher befremdlich wirken.
Ein Vergleich mit dem Theater sei hier kurz gestattet: In guten Inszenierungen ist alles aufeinander abgestimmt – Kleidung, Haartracht und Kulissen, sowie Text, Tonlagen und Pausen. Eine Bußpredigt wird durch eine verdunkelte Kirche und ernste Musik in ihrer Wirkung wesentlich erhöht, eine Festrede dagegen braucht Licht und frohe Musik. Und wenn Sie in der Deutschstunde den Erlkönig vorlesen wollen, wird ein trüber Novembertag geeigneter sein als heller Sonnenschein. Glauben Sie, daß Sie dadurch der Sache schaden? Eine gute Darstellung kann niemals

schädlich sein. Wenn Sie die Situation so unpassend finden, daß Sie sich nicht getrauen, eine gute Darstellung „aufzuführen", verbessern Sie Ihre Lage durch eine schlechte, lieblose Präsentation auch nicht. Ein guter Redner lebt sich in die Situation ein, er schafft Stimmungen, bevor er zu reden beginnt, oder verschafft sich einen wirkungsvollen Auftritt.

Vielleicht meinen Sie jetzt, das beträfe Sie doch nicht. Sie möchten doch ohnehin nur gelegentlich jemandem zum Geburtstag gratulieren, eine Weihnachtsansprache halten oder eine interne Schulung veranstalten – wozu dieser Aufwand? Eine Antwort ist die, daß heute immer mehr gezwungen ist, als Redner aufzutreten, wer nicht ganz im Schatten stehen will – es ist also nützlich, im vorhinein zu überlegen, wie Sie in bestimmten Situationen Wirkung erreichen können, da Sie sich plötzlich und unerwartet in der Rolle des Redners finden können. Wer dann nicht davor zurückschrecken muß, seine eigene Stimme zu hören, weil er sich bereits darauf eingestellt hat, der hat viel gewonnen.

Wichtig ist aber auch, daß die Zuhörer das Gefühl haben, Ihre Rede füge sich harmonisch in die Situation ein. Das heißt, Sie sollten weder zu lang noch zu kurz reden; werden Sie (in einem Seminar etwa) um Ihre Meinung gefragt, so sollten Sie kein zweites Referat halten, sondern lediglich in angemessener Form Stellung nehmen. Angemessen wiederum bedeutet, weder zu bescheiden noch überheblich, selbstsicher, aber nicht arrogant zu reden. Überlassen Sie es anderen, einzelnen Ihrer Punkte nachzufragen, erläutern Sie nur dann im Detail, wenn es für das Verständnis Ihrer Meinung nach unbedingt notwendig ist. Wenn Sie dagegen aufgefordert werden, eine Rede zu halten, beispielsweise durch andere Teilnehmer an einem mehrtägigen Seminar, die Sie ersuchen, die Dankesrede an den Leiter zu richten, holen Sie die grundlegenden Meinungen der Teilnehmer ein, um wirklich im Namen aller sprechen zu können. Ihr Image wird eher durch eine zu lange Rede geschädigt als durch eine zu kurze, es sei denn, Ihre Rede besteht aus einem einzigen Satz. Wenn Ihnen gar nichts einfällt, sollten Sie diese Rede grundsätzlich verweigern!

Gute Reden haben die erforderliche Länge – eine Länge, die erforderlich ist, um die Argumente präzise darzulegen, Gefühle wachzurufen und das, was in Erinnerung bleiben soll, einzuprägen – kurz, die angestrebte Redewirkung zu erreichen. Je besser die Rede strukturiert ist, desto kürzer kann sie sein. Eine gute Rede ist unter anderem daran zu erkennen, daß sie den Zuhörern nicht als überflüssig, sondern als notwendig erscheint.

Und entkrampfen Sie die Situation, ehe Sie zu reden beginnen. Sie riskieren nur dann eine Imageverschlechterung, wenn Sie Reden in unpassender Form oder zur unpassenden Zeit halten. Gute Reden werden gehalten, wenn ihre Zeit gekommen ist.

Bleiben Sie verständlich

Einen guten Eindruck hinterläßt zweifellos derjenige Redner, der seinen Zuhörern stets verständlich ist. Vier wichtige Prinzipien gibt es, die die Verständlichkeit einer Rede steuern:

– **Einfachheit** statt Kompliziertheit (klare, kurze Sätze und anschauliche Erklärungen),

– **Gliederung** und **Ordnung** statt unübersichtlicher Zusammenhanglosigkeit (äußere Übersichtlichkeit und innere Folgerichtigkeit),
– **Prägnanz** statt Weitschweifigkeit (kurz und bündig, aufs Wesentliche beschränkt), und
– **zusätzliche Anregung** statt trockener Sachlichkeit (direkte Rede, lebensnahe Beispiele, Fragesätze etc.).

Bestimmen und verfolgen Sie Ihr Ziel

Häufig wird von Rednern die Form der Präsentation mit dem Inhalt verwechselt, und der Inhalt der Rede mit dem Ziel. Insbesondere Laien glauben, nur dann „ehrlich" zu sein, wenn sie unverblümt sagen, was sie denken – und zwar so, wie sie denken, nämlich in Form und Wortwahl von grober Ungeschliffenheit, ohne jene Worte zu vermeiden, die vielleicht vorbelastet sind und die zu ungewollten Überreaktionen bei den Zuhörern führen können. Beispiele hierfür gibt es immer wieder auch bei Rednern, die alles andere als Laien sind, wenn sie glauben, keine Rücksichten mehr nehmen zu müssen.

Unbedachtheit in der Wortwahl hat schon so manche Politikerkarriere zerstört. Jede Gesellschaft hat ihre Achillesfersen, ihre Tabus. Wenn Sie als Redner Tabus ansprechen wollen, tun Sie dies mit Vorsicht und im Bewußtsein, sich auf ein gefährliches Gelände zu wagen. Denn Sie erreichen Ihr Ziel nur dann, wenn Sie

– es kennen und
– die Mittel und Wege, die zu Ihrem Ziel führen, bewußt wählen, indem Sie
– Hindernisse und Schwierigkeiten realistisch einschätzen.

Möglicherweise haben Sie nun beim Lesen gestockt, weil unterstellt wurde, daß Sie Ihr Ziel nicht kennen könnten. Nun, wie genau kennen Sie Ihre Redeziele tatsächlich? Wissen Sie genau, was Sie erreichen möchten? Zweifellos kennen Sie Ihr vordergründiges Ziel – ob Sie aber nur eine lästige Pflicht erfüllen wollen und sich später darüber wundern, daß es den Zuhörern wie Ihnen ergangen ist, ist eine andere Sache.

Daher: Werden Sie sich darüber klar, was Ihre Ziele sind, wenn Sie sich in die Position des Redners begeben, um die Instrumente der Rhetorik gezielt einsetzen zu können. Und: Setzen Sie sich positive Ziele! Selbst als professionellem Redner gelingt es Ihnen auf Dauer nicht, dem Publikum etwas vorzumachen. Ihre innere Unlust überträgt sich auf Ihre Zuhörer, und damit ist Ihre Rede mißlungen. Welche Position immer Sie innehaben, Ihre Zuhörer verdienen es, von Ihnen ernst genommen zu werden, ebenso wie Sie als Redner Anspruch darauf haben, daß man Ihnen Gehör schenkt. Aber dieser gegenseitige Anspruch auf Achtung beginnt bei Ihnen und bei der Art, wie Sie mit der Rede umgehen. Je mehr Freude Sie selbst an der Rede haben, desto größer ist die Chance, daß auch Ihre Zuhörer daran Freude haben. Wenn Sie keine Freude haben, werden Sie als aufmerksamer Beobachter Ihrer selbst sehr bald bemerken, daß Sie beginnen, Redefehler zu machen, beispielsweise, indem Sie zu „leiern" beginnen, indem Sie unangebrachtes Pathos an den Tag legen oder ähnliches. Wenn Sie nicht wissen, was Sie eigentlich mit Ihrer Rede wollen und zusätzlich auch keine Lust haben, werden Sie Ihre Rede bestenfalls überstehen, sie wird Ihnen aber höchst unwahrscheinlich gelingen. Ist der Anlaß Ihrer Rede ein trauriger, so sollten Sie nur dann reden, wenn Sie aufgrund Ihrer sozialen Position dazu verpflichtet sind oder wenn es von Ihnen erwartet wird. Wählen Sie aber die inhaltlichen Elemente der Rede so, daß Sie selbst davon bewegt werden, ohne Gefühle heucheln zu müssen.

Um das „Ziel" einer Rede zu präzisieren und zu demonstrieren, seien hier zwei Gruppen von Rednern genauer betrachtet, für die das Redeziel scheinbar eindeutig, in Wirklichkeit jedoch besonders schwierig zu formulieren ist: Lehrer und Verkäufer. Beide müssen Tag für Tag sprechen, vor einem Publikum, das sie häufig gar nicht hören will, aber entweder hören muß oder auf sie angewiesen ist.

Fallbeispiel Lehrer

Sie wissen vermutlich aus eigener Erfahrung, daß jene Lehrer die geringsten Schwierigkeiten mit ihren Schülern haben, die ihren Lehrstoff lebendig und verständlich darstellen können und die darüber hinaus sympathisch sind. Daß Sie sympathisch wirken, können Sie bei Erstbegegnungen nur teilweise beeinflussen; bei länger andauernden Kontakten gibt es ausreichend Gelegenheiten, einen falschen ersten Eindruck zu korrigieren.

Ich weiß, daß ich mich nun auf ein gefährliches Gebiet begebe. Jetzt wird es vielleicht Leser geben, die nicht nur aufmerksam sind, sondern auch kritisch – „Schon wieder ein Besserwisser. Der sollte einmal ein ganzes Jahr vor einer Bande aufmüpfiger Schüler reden!". Als engagiertem Redner werden Ihnen ähnliche Situationen immer wieder begegnen, wobei Sie mir als Autor gegenüber einen wesentlichen Vorteil und einen wesentlichen Nachteil haben:

– Sie können auf Einwände reagieren und argumentieren.
– Sie müssen sich einer eventuellen Konfrontation stellen.

Ich muß nun einerseits versuchen, Sie zu überzeugen, andererseits aber auch Ihre möglichen Gegenargumente erahnen und auf diese (vorwegnehmend) antworten. Zurück zur Ausgangssituation: Angenommen, Sie sind Lehrer an einer Pflichtschule, Sie reden also zu Schülern, die Sie seit längerer Zeit kennen und deren Eigenheiten Ihnen nicht verborgen geblieben sind.
Formulieren wir nun Ihre möglichen Ziele: Die offiziellen Ziele könnten sein,

– den Schülern dauerhaftes Wissen für das Leben mitzugeben,
– die Schüler zu befähigen, erforderliche Prüfungen zu bestehen, und
– sie so weit zu disziplinieren, daß ein ungestörter Unterricht möglich ist.

Die inoffiziellen Ziele, die Ihnen vielleicht sogar wichtiger sind, könnten dagegen darin bestehen,

– einen erträglichen Beruf auf Dauer auszuüben,
– bei den Vorgesetzten „gut angeschrieben" zu sein,
– ein gutes Verhältnis zu den Eltern der Schüler zu haben, und
– von den Schülern nicht mit Angriffen und Anfeindungen behelligt zu werden.

Wenn Sie den Weg, der zu diesen Zielen führt, näher untersuchen, werden Sie entdecken, daß er für die offiziellen und die inoffiziellen Ziele ähnlich ist: Sie müssen ganz einfach Ihr Publikum interessieren. Und das setzt voraus,

– daß Sie sich selbst für Ihr Gebiet interessieren,
– Ihr Publikum, das heißt Ihre Schüler kennen, und
– daß Sie dort ansetzen, wo Ihr Publikum steht. Sie müssen seine Sprache sprechen.
Sie müssen lernen, diese Sprache spielerisch in Ihren Vortrag einzubauen, möglicherweise als Kontrast zu hochgestochenen Fachbegriffen.

Es gibt Berufsgruppen, die davon zu leben scheinen, eine dem Laien unverständliche Fachsprache zu verwenden. Machen Sie als Lehrer das Gegenteil dessen und sprechen Sie so, wie es Ihre Schüler verstehen und gerne hören, und entwickeln Sie aus diesen Erläuterungen den Fachbegriff. Wenn Sie die Muttersprache unterrichten – warum erläutern Sie diese nicht anhand der gesprochenen Sprache? Wer die einzelnen Fälle aufzählen kann, beherrscht noch lange nicht die Sprache. Wer aber die Sprache beherrscht, kann daraus rasch lernen, die Fälle abzuleiten.
Lassen Sie die Struktur anhand des Lebendigen erkennen und von ihm ableiten – mit Freude erinnere ich mich an Unterrichtsstunden, wo der Inhalt anschaulich vermittelt wurde, an den Naturkundeunterricht etwa, wo die Hausübung in die Natur führte, zum Blättersammeln und Tierebeobachten. Ich denke aber auch an ein Gespräch, das ich mit einem frustrierten Gymnasiasten über Goethe führte, den dieser nur als „widerlichen Klassiker" kannte, ohne etwas vom aufrührerischen, modernen Menschen, vom sensiblen Denker, vom Frauenhelden Goethe zu wissen. Wer ist schuld daran, wenn sich Schüler im Deutschunterricht langweilen? Goethe? Darum: Erreichen Sie Ihre Ziele als Lehrer, indem Sie die Ziele Ihrer Schüler erreichen – den Unterricht nicht überstehen zu müssen, sondern Interessantes zu erfahren.

Fallbeispiel Verkäufer

Ihr Ziel als Verkäufer ist eindeutig – oder? Sie wollen verkaufen, möglichst viel, möglichst das, wofür Ihnen am meisten Provision winkt, und das in möglichst kurzer Zeit. Als Verkäufer sind Sie darauf trainiert, sich mit Ihrem Kunden zu beschäftigen; Sie wissen, wo man ansetzen muß, um zu verkaufen, und vielleicht hat man Ihnen sogar beigebracht, wie Sie den Fuß richtig in die Türe stellen – auch im symbolischen Sinn; wie Sie also verhindern, daß der Kunde ohne Kauf das Geschäftslokal verläßt.
Ob Sie damit auf Dauer erfolgreich sind? Ein guter Grundsatz für Verkäufer lautet: Die beste Methode ist, keine Methode zu haben.
Der gute Verkäufer denkt an den Nutzen seines Kunden, er verkauft ihm nur das, was für ihn von Vorteil ist. Glauben Sie, daß er damit „in Schönheit stirbt"? Durchaus nicht, denn er wird dabei selbst immer erfolgreicher, er lernt immer mehr von seinem Kunden, weil er immer gewandter im Umgang mit ihm wird.

Die Bedingungen für ein erfolgreiches Verkaufsgespräch sind folgende:

– Sie verkaufen nur Produkte oder Leistungen eines Unternehmens, von dem Sie selbst überzeugt sind.

– Sie wissen, daß Sie an den Produkten und Leistungen Ihres Unternehmens mitgestalten müssen, um erfolgreich zu bleiben.

– Sie wissen, daß Ihre Rede nur ein Ziel hat: den Kunden von jenem Produkt zu überzeugen, das ihm (und nicht Ihnen) den größten Nutzen bringt.

Denken Sie nun an Ihre Verkaufsreden. Auch Sie als Verkäufer gehen einkaufen. Wie empfinden Sie dabei das Verhalten und die Reden Ihrer Kollegen? Lieben Sie es, wenn jemand auf Sie einredet und dabei im Grunde nur eines sagt: Kaufen Sie endlich, damit ich meine Provision kassieren und mich dem nächsten Kunden widmen kann. Sind Sie begeistert, wenn ein Verkäufer Sie belehrt und erklärt, daß Sie das Einrichten Ihrer Wohnung am besten ihm überlassen sollten, weil Sie ohnehin nichts davon verstehen? Oder wenn er Ihnen gar seine politischen Ansichten, schlechte Witze und dergleichen aufdrängt?

Sie erreichen auch als Verkäufer nur dann Ihr Redeziel, wenn Sie *mit* dem Kunden sprechen, und nicht auf ihn einreden.

Noch eine fast persönliche Bitte an alle Verkäufer: Verschonen Sie Ihre Kunden mit dem vordergründigen Lob, das in viel zu vielen Verkaufstrainings gelehrt wird, loben Sie es nicht, daß Ihr Kunde gekauft hat.

Jede Rede hat das Ziel, beim Zuhörer etwas zu erreichen, im schlechtesten Fall für den Redner: die Geduld der Zuhörer sicherzustellen und Mißfallensäußerungen zu vermeiden. Im schlechtesten Fall für den Hörer wird Manipulation, also Beeinflussung des Zuhörers in einer bestimmten Richtung angestrebt. Es gibt Redner, denen automatisch unterstellt wird, daß sie die Zuhörer manipulieren wollen. Wenn Sie zu dieser Gruppe von Rednern gehören, überlegen Sie, wie Sie mit diesem Vorurteil fertig werden, wenn Sie es wirklich als Vorurteil sehen und Ihre Redlichkeit unter Beweis stellen möchten.

Bekanntlich aber genügen Worte nicht für den Wahrheitsbeweis. Erwarten Sie nie, mit Worten allein zu überzeugen. Sie überzeugen in einer konkreten Redesituation mit Ihrem gesamten Auftreten, also auch mit dem nichtsprachlichen Teil Ihrer Rede, wie Körpersprache, Mimik, Gestik und Tonfall. Und Sie widersprechen sich selbst nicht nur durch unhaltbare Schlußfolgerungen und unstimmige Beweisführung, sondern auch durch falsche Halbtöne, die ein sensibler Zuhörer heraushört, durch übertriebenes Pathos, durch auffällige Manipulationsversuche.

Auffällig sind für den geschulten Hörer alle Tricks, die angelernt sind, selbstverständlich auch jene, die Sie in diesem Buch finden. So ist es für Sie vielleicht gar schädlich, wenn ich Ihnen gewisse Empfehlungen mache? Nein. Die Tips sind nur dann für Sie schädlich, wenn Sie sie anwenden, ohne mit ihnen einverstanden zu sein, ohne sie verinnerlicht und mit Ihrer Persönlichkeit „durchtränkt" zu haben.

Ich empfinde es als besonders unbehaglich, Verkäufern ihr erst kürzlich absolviertes Verkaufstraining anzumerken. Diese Verkäufer machen alles perfekt – man spürt die Mühe, mit der sie nach den richtigen Formulierungen suchen, mit der sie versuchen, ruhige Antworten zu geben und doch alle neuen Tricks anwenden möchten, wie ein Anfänger beim Schilauf, der bei der ersten kleinen Abfahrt sein Können zeigen will und dann trotzdem im Schnee landet.

Sie können Ihr Redeziel nur dann erreichen, wenn es wirklich Ihr persönliches Ziel ist, das Sie mit den Zielen Ihrer Zuhörer in Einklang bringen, und nicht das einer Institution, an der Sie gar kein Interesse haben.

Entlassen Sie zufriedene Zuhörer

Fragen Sie sich jetzt: Warum schon wieder die Zuhörer? Geht es denn nur um die Zuhörer? Ja, es geht nur um diese – vor allem dann, wenn Sie die Zuhörer zu einer Handlung in Ihrem Sinn veranlassen möchten. Bei schlechten Rednern sind die Zuhörer zufrieden, wenn die Rede nicht zu lange dauert, aber das kann doch wohl nicht Ihr Ziel sein. Bemühen Sie sich um die Zuhörer, beobachten Sie deren Körpersprache, versuchen Sie, Echo zu bekommen, unterhalten Sie, erschüttern Sie, kämpfen Sie um jeden Augenkontakt, jede Ermunterung aus dem Publikum, jede Zustimmung. Das ist sicherlich nicht immer leicht. Es gibt passionierte Miesmacher, die es schaffen, jegliche gute Laune versiegen zu lassen und die jeden Versuch, die Stimmung des Publikums zu heben, zum Scheitern bringen wollen. Sie werden einen unzufriedenen Zuhörer in einer Gruppe ignorieren können, vielleicht auch zwei; wenn Sie aber allgemeines Mißfallen und Widerstand spüren, beeinträchtigt das Ihre Stimmung als Redner mit Sicherheit. Sie können nun beginnen, sich „einzuigeln" und Ihre Rede oder Ihr Seminar dennoch zu Ende führen. Das heißt aber nichts anderes, als daß Sie mit Anstand verlieren möchten. Besser wird es sein, die Herausforderung anzunehmen.

Als Verkäufer sind Sie mehr oder minder gezwungen, mit Ablehnungen zu rechnen. Wie gehen Sie damit um? Vermutlich werden Sie antworten, daß Sie hier ja keine Rede im eigentlichen Sinn halten, sondern nur ein Verkaufsgespräch führen, bei dem Ihr Gesprächspartner antwortet. Dann hätten Sie unter einer Rede einen Monolog verstanden, wo nur einer spricht und die anderen zuhören. Aber Dialoge, Redesituationen also, wo beide Partner sprechen, zuhören und antworten, unterliegen ebenso den Gesetzen der Rhetorik und Dialektik.

Nehmen wir an, Sie beginnen Ihr Verkaufsgespräch mit einem Monolog, nämlich mit der Präsentation Ihrer Produkte. Nun müssen Sie feststellen, daß Ihr Gesprächspartner damit nicht einverstanden ist. Was tun? Sie wechseln die Form des Gespräches, indem Sie versuchen, Ihren Zuhörer zum Gesprächspartner zu machen – was bei einem Verkaufsgespräch von Anfang an sinnvoll gewesen wäre.

Wie können Sie den Zuhörer bei einer Rede einbeziehen? Beispielsweise so, wie wir das hier gemacht haben. Wir haben argumentiert, mögliche Gegenargumente angeführt und auf diese erwidert. Reagieren Ihre kritischen Zuhörer auch darauf nicht positiv, so ist es Ihnen offensichtlich noch nicht gelungen, die wahren Gründe der Ablehnung zu erfassen. Sie können dann entweder weitere Gegenargumente testen oder aber direkt in den Dialog einsteigen. Die gefährlichste Methode wäre die, Ihre vermeintlichen oder tatsächlichen „Gegner" direkt anzusprechen. Versuchen Sie eher, Äußerungen aus dem gesamten Publikum zu erhalten, indem Sie möglichst klare, beantwortbare Fragen stellen – echte Fragen, auf die Sie auch wirklich Antworten haben möchten, keine „rhetorischen" Fragen. Sie dürfen Ihr Publikum auch nur dann ohne Möglichkeit zur Rückmeldung entlassen, wenn dies aus der Situation heraus nicht anders möglich ist oder offenkundig kein Bedürfnis danach besteht, weil das Publikum sich zufrieden zeigt. Auch eine aufgesetzte, überflüssige Diskussion schadet durch die Minderung des Gesamteindrucks der Wirkung einer Rede. Wenn Sie über einen längeren Zeitraum hinweg sprechen, nutzen Sie die Pausen für gezielte Fragen an das Publikum, einerseits um zu überprüfen, was vom Inhalt verstanden wurde, andererseits, um die Stimmung zu erkennen. Untersuchen Sie vor allem auch, in welchem Ausmaß Sie den in Sie gesetzten Erwartungen entsprechen.

Zufriedenheit wird bei längeren Reden, insbesondere bei Seminaren, nicht unwesentlich durch die Pausengestaltung beeinflußt – besteht die Möglichkeit, zwischendurch einmal einen Kaffee zu trinken, eine Zigarette anzuzünden, so wird auch das Zuhören angenehmer. Wenn Sie die Aufmerksamkeit des Publikums dagegen stundenlang strapazieren, riskieren Sie, auch durchaus positiv gestimmte Zuhörer gegen sich einzunehmen.

Sachliche Grundlagen einer Rede

Nach diesen grundsätzlichen Überlegungen wollen wir uns nun den Instrumenten der Rede zuwenden, zunächst ihren sachlichen Grundlagen.

Gut zu reden ist weitgehend erlernbar, so wie es auch vermeidbar ist, sich bei einer Pflichtrede bloßzustellen. Das Erlernen des Handwerks der Rede, ganz zu schweigen von dem der Kunst der Rede, setzt aber voraus, daß Sie sich konsequent mit den Instrumenten befassen. Einen Redeberater heranzuziehen, Musterreden abzuschreiben und herunterzulesen kann zwar einfach und praktisch erscheinen, zielführend ist es mit Sicherheit nicht. Wehe Ihnen, wenn dann im ungeeignetsten Moment das Nachschlagwerk fehlt; und wehe Ihnen, wenn Ihre Zuhörer die Musterrede schon kennen! Sehen Sie Musterreden nur als Anregungen und Lehrbeispiele an, und keinesfalls als fertige Vorlagen Ihrer zu haltenden Reden. Die Gefahr einer Bloßstellung ist groß. Wenn Sie eine vorgedruckte Musterrede halten, gestehen Sie im Grunde genommen bereits eine Todsünde des Redners ein: Sie haben keinen inneren Antrieb zur Rede, Sie haben eigentlich nichts zu sagen – und möglicherweise auch gar keine Lust zu reden. Das Ergebnis kann bestenfalls eine überstandene Situation sein.

Vorbereitungsarbeiten

Die erfolgreiche Rede beginnt mit einer guten Vorbereitung. So selbstverständlich es erscheint: Klären Sie genau ab, worüber Sie reden wollen oder sollen, und überlegen Sie, ob Sie für dieses Thema die nötige Kompetenz, das heißt ausreichendes Hintergrundwissen für mögliche Rückfragen und kritische Anmerkungen der Zuhörer haben. Ein verfehltes Thema kann auch durch rhetorische Mittel nicht mehr gerettet werden. Falls Sie über entsprechende Kompetenz verfügen, können Sie improvisieren oder zumindest bei einer anschließenden Diskussion offene Fragen klären. Ist Ihre einzige Grundlage jedoch die am Papier – möglicherweise gar von einem professionellen Redenschreiber – vorbereitete Rede, bleibt Ihnen als einziger Rettungsanker nur mehr die Hoffnung auf das Vergehen der Zeit, während Sie konsequent am Publikum vorbeireden.

Fühlen Sie sich in diesem Zusammenhang an Redner erinnert, die Ihnen täglich in den Medien begegnen? Es ist schlimm, aber leider eine Tatsache, daß Zuhörer immer wieder mißachtet werden, indem Redner die Anliegen ihres Publikums, in ihrem vorgefertigten Text verhaftet, ignorieren.

Der erste Grundsatz für die Vorbereitung einer Rede ist also:
Beschäftigen Sie sich intensiv mit dem Thema der Rede.
Zweiter Grundsatz:
Klären Sie genau ab, vor welchem Publikum Sie die Rede halten sollen.
Dritter Grundsatz:
Erkundigen Sie sich nach dem Umfeld der Rede (Raumgestaltung etc.).

Das Thema

Sich mit dem Thema der Rede zu beschäftigen bedeutet,

- die vom Auftraggeber der Rede sowie von der Zuhörerschaft erwarteten inhaltlichen Elemente zu klären,
- einen Arbeitstitel zu wählen,
- Materialien und Daten zum Inhalt zu sammeln und zu ordnen,
- die wichtigsten Thesen zu erarbeiten,
- einen zugkräftigen Titel zu wählen,
- das Material im Sinn eines Aufbaus der Rede zu gliedern,
- Argumente und Beweise zu finden sowie
- nach Gegenargumenten und deren Widerlegungen zu suchen.

Bevor Sie die Rede ausformulieren, sollten Sie eine Zwischenkontrolle machen:

- Ist etwas zu kurz gekommen?
- Stimmen die Proportionen der einzelnen Abschnitte?
- Ist der Aufbau logisch? Ist ein „roter Faden" erkennbar?

Für die Stoffsammlung bieten sich als Ausgangsbasis allgemeine Lexika an, möglichst Enzyklopädien, in denen Sie einen größeren Überblick über das Themengebiet erhalten und nicht nur eine kurze Erläuterung zu einem Stichwort. Diese Nachschlagwerke führen Sie dann auch über Literaturhinweise zu Fachbüchern aus dem Themengebiet.
Versäumen Sie darüber hinaus nie, aktuellste Stellungnahmen aus Fachzeitschriften oder sonstigen Veröffentlichungen mit einzubeziehen. Besonders lebendig wird jede Rede durch eine Darstellung eigener Erfahrungen oder durch anschauliche Beispiele.

Das Publikum

Die vorbereitenden Erhebungen über Ihr Publikum müssen sich auf sein soziales Umfeld und seinen Wissensstand zum Thema erstrecken.
Wenn Sie noch unsicher sind, sollten Sie es nach Möglichkeit vermeiden, vor einem Publikum zu sprechen, das Ihnen unbekannt ist – unbekannt hinsichtlich seiner grundsätzlichen Lebenseinstellungen, seiner sozialen Verhaltensweisen, seiner Erwartungen, Motive, Bedürfnisse und seines Wissensstandes.
Wenn Sie, aus welchem Grund auch immer, gezwungen sind, vor einem unbekannten Publikum zu sprechen, versuchen Sie zumindest, einige Grundinformationen zu erhalten.
Wenn Sie zu einem Thema engagiert sprechen, sollten Sie zumindest wissen, ob Freunde oder Gegner im Publikum sitzen. Ein leidenschaftlicher Antimilitarist sollte beispielsweise informiert sein, ob er vor Gesinnungsgenossen oder vor Milizoffizieren spricht. Eine Selbstverständlichkeit? Durchaus nicht. Wenn ein Redner vor dem falschen Publikum spricht oder das falsche Publikum anspricht, so trägt er selbst Schuld an seinem Mißerfolg.

Umfeldfaktoren

Das Wissen um die Umgebung der Rede erleichtert die Vorbereitung der Präsentation: Müssen Sie sich darauf einstellen, mit Mikrophon zu sprechen, können Sie Darstellungshilfen verwenden wie zum Beispiel Overhead-Projektoren oder Flip-Charts (das sind große Papierblöcke auf einem Präsentationsständer)? Wie ungestört kann Ihre Rede ablaufen? Es macht einen großen Unterschied, ob das Publikum auf Bank- oder Sesselreihen sitzt, die Ihnen zugewendet sind (wie in einem Theater oder Kino), oder ob es Ihnen an Gasthaustischen teilweise den Rücken zukehrt und während Ihrer Rede beim Servierpersonal Bestellungen macht.

Beide Situationen lassen sich bewältigen, Sie müssen lediglich Ihre Rede darauf abstimmen. In Ihre Vorbereitung können Sie auch noch das Element Licht einbauen: Wie ist die Beleuchtung des Raumes? Wesentlich schwieriger ist es mit der Raumtemperatur. Unterschätzen Sie nicht den Einfluß einer angenehmen Temperatur auf die Stimmung der Zuhörer. Die gleiche Rede in gleich perfekter Präsentation kann bei unterschiedlicher Raumtemperatur völlig unterschiedliche Wirkungen haben. Zu hohe oder zu niedrige Temperaturen erzeugen beim Publikum von vornherein unangenehme Gefühle; Nervosität und Ungeduld sind latent vorhanden, so daß die Aufmerksamkeit vor allem für die wichtigen Zwischentöne einer Rede fehlt. Daher wiederum: Bemühen Sie sich um Ihr Publikum. Wenn Ihr Publikum an Umfeldbedingungen leiden könnte wie eben an unangenehmem Raumklima, schlechter Luft, unbequemen Sitzgelegenheiten und ähnlichem, sollten Sie schon im vorhinein alles in Ihrer Macht Stehende versuchen, diese Leiden zu mildern. Sollte Ihnen nichts dergleichen möglich sein, so sollten Sie während der Rede wenigstens diese Faktoren ansprechen, in kürzeren Abständen Pausen machen und sich bei Ihrer Rede doppelt anstrengen.

Wenn Sie die Chance haben, Ihre Redeumgebung mitzugestalten, so nutzen Sie sie, und stellen Sie Bedingungen. Wenn Sie in einem Gasthaus sprechen, sind dies etwa folgende:

- abgetrennte Räume, die gegen Störungen abgesichert und
- keine Durchgangsräume sind (ich habe schon Vortragsräume gesehen, die andere Gäste durchqueren mußten, um zum WC zu kommen),
- keine Störungen durch Servierpersonal, während Sie reden,
- bequeme Sitze, die dem Redner zugewendet sind,
- die richtige Raumtemperatur und ähnliches.

Geeignete Umfeldgestaltung erleichtert Ihnen Ihre Aufgabe als Redner erheblich. Während der Rede noch mit den Widrigkeiten der räumlichen Gegebenheiten kämpfen zu müssen, beeinträchtigt selbst einen professionellen Redner. Zu negativen Umfeldfaktoren, wie etwa in provisorischen Vortragssälen bei Kurzveranstaltungen, kommt beispielsweise die Beeinträchtigung durch Zigarettenrauch hinzu. In Kursen ist es längst üblich, während des Vortrages nicht zu rauchen, während in Gasthäusern praktisch kein Rauchverbot durchsetzbar ist. Für Sie als Redner bedeutet das möglicherweise eine Beeinträchtigung durch Augenbrennen und Hustenreiz. Wenn Sie dem nicht vorbeugen können, müssen Sie mit diesen Einflüssen rechnen und können nur die negativen Auswirkungen etwas eindämmen, indem Sie etwa kürzere Pausenintervalle machen, öfter lüften und ein Glas Wasser parat haben. Wenn es die Situation erlaubt, versuchen Sie, die Umfeldfaktoren so zu gestalten, wie Sie sie für Ihre Rede brauchen, aber selbstverständlich, ohne die Zuhörer zu verärgern. Es liegt an Ihrem Feingefühl und Geschick, unerwünschtes Verhalten der Zuhörer von vornherein zu vermeiden.

Nun gibt es aber Redesituationen, in denen das Umfeld durch den Redner nicht beeinflußbar ist – beispielsweise bei einem Vorstellungsgespräch. Hier kann es Ihnen leicht passieren, daß Sie in eine Umgebung kommen, die für Ihre Überzeugungsarbeit denkbar ungünstig ist, etwa wenn Sie in unbequemer Höhe und Position vor einem fremden Schreibtisch sitzen müssen, wenn das Telefon permanent klingelt, wenn Sie Ihre Ausführungen vor Leuten machen müssen, die an sich unbeteiligt sind, die sich aber über Sie zu amüsieren scheinen. Voraussichtlich wird es nur professionellen Rednern gelingen, unangenehme Umfeldsituationen als dramaturgisches Element in ihre Rede einzubauen. Dafür ist mindestens erforderlich, sich darauf einstellen zu können oder aber bereits sehr abgebrüht zu sein.

Auch im Alltag kommt es immer wieder vor, daß Sie unter Umständen, die Ihnen unangenehm sind, zum Reden aufgefordert werden. Wenn Sie beispielsweise in einem Bus über sehr private Dinge sprechen sollen oder über Angelegenheiten, die zumindest eine differenzierte Darstellung verlangen, und Sie keine Zuhörer möchten, so haben Sie nur zwei Möglichkeiten: Entweder Sie versuchen, die Umwelt zu vergessen und sich ganz privat zu fühlen, oder aber Sie erklären in aller Deutlichkeit, daß Sie das Gespräch nicht in der Öffentlichkeit fortsetzen möchten.

Zusammenfassend läßt sich sagen:

– Reden Sie bei ungeeigneten Umfeldbedingungen nur dann, wenn es sich nicht vermeiden läßt.
– Bauen Sie die Umfeldbedingungen nach Möglichkeit in Ihr Redekonzept ein.
– Als professioneller Redner: Trainieren Sie gezielt das Reden unter Bedingungen, in denen Ihre Redebereitschaft und -fähigkeit beeinträchtigt ist oder in denen die Empfangsbereitschaft und Konzentrationsfähigkeit des Zuhörers beeinträchtigt sind.

Hilfsmittel bei der Rede

Wenn Sie am Telefon entscheidende Fragen klären möchten, so werden Sie vermutlich einen Stichwortzettel vorbereiten, auf dem die wichtigsten Punkte vermerkt sind. Auch zu einer Diskussionsveranstaltung werden Sie vielleicht einige Notizen mitbringen, damit Sie nicht Ihre gesamte Aufmerksamkeit auf das richten müssen, was Sie sagen möchten, um es nicht zu vergessen. Mit einem Stichwortzettel in der Hand können Sie dagegen zuhören und dennoch an der entscheidenden Stelle Ihre Ansichten zum Ausdruck bringen.

Ein Stichwortzettel – er wird später noch ausführlicher behandelt – genügt jedoch sicherlich nicht mehr als einzige Unterlage für eine größere Rede.

Doch auch jenes Hilfsmittel, das früher ausschließlich dafür verwendet wurde und dem Redner den Wortlaut seiner Rede vor Augen hielt, verliert zunehmend an Bedeutung: das Redemanuskript, das heute von zusätzlichen Präsentationshilfen ergänzt, wenn nicht gar ersetzt wird.

Nur noch selten können Sie heute als Redner darauf hoffen, daß Ihnen ein Rednerpult zur Verfügung steht. Dafür können Sie im allgemeinen andere Hilfsmittel vorfinden, die Ihnen die Präsentation wesentlich erleichtern.

Die wichtigsten dieser Hilfsmittel sind Overhead-Projektor und Flip-Chart. Der Overhead-Projektor, mit dem Sie einen auf Folien geschriebenen Text an die Wand werfen, bietet Ihnen im Vergleich mit dem Manuskript folgende Vorteile:

– Sie können die anschaulichsten Präsentationshilfen vorbereiten und zum Vortrag mitbringen.
– Sie haben die Gliederung Ihrer Rede jederzeit vor Augen.
– Sie konzentrieren die Aufmerksamkeit Ihrer Zuhörer auf das (Schrift-)Bild.
– Sie unterstützen durch die Verbindung von Wort und Bild die Gedächtnisarbeit der Zuhörer.
– Sie können praktisch nicht steckenbleiben, wenn Sie die wesentlichen Inhalte der Rede auf Overhead-Folien vorbereitet haben.
– Sie vermindern Ihre Nervosität, indem Sie die Aufmerksamkeit des Zuhörers auf das Overhead-Bild lenken.

Besonders lebendig wird Ihr Vortrag dann, wenn Sie entweder auf leeren Folien zusätzliche Erläuterungen geben oder vorbereitete Folien während der Rede ergänzen. Durch einen weiteren Vorteil des Overhead-Projektors können Sie beim Schreiben dennoch dem Publikum zugewandt bleiben.

Der Flip-Chart ist ein großer Papierblock auf einem Tragegestell. Sie können als Redner wiederum Präsentationspapiere vorbereiten, aber auch bereits Gesagtes wie auf jeder anderen Tafel erläutern und demonstrieren.

Die Vorteile des Flip-Chart gegenüber der herkömmlichen Schultafel sind die:

– Statt Kreide werden farbige Filzstifte verwendet, mit unterschiedlichen Schriftstärken, so daß das Bild differenzierter gestaltet werden kann.
– Die Hände bleiben dadurch sauber.
– Es gibt keine Beeinträchtigung der Stimme durch Kreidestaub.
– Ein Nachteil im Vergleich mit dem Overhead-Projektor ist der, daß Sie beim Schreiben dem Publikum den Rücken zukehren.

Eine interessante Kombination ist der Einsatz von Stimme, Licht und Bild als Gesamtheit, indem Sie nämlich das Gesagte durch eine vorbereitete Folie an die Wand werfen oder mit einem zusätzlichen Scheinwerfer ein Flip-Chart-Blatt beleuchten. Sie erreichen so mit einfachsten Mitteln hohe Aufmerksamkeit der Zuhörer.

Anders formuliert: Es ist schlichtweg ein Fehler, beim Reden auf Präsentationshilfen zu verzichten. Selbst, wenn Sie sehr gut reden können, erleichtern Sie mit Präsentationshilfen Ihrem Publikum, aufmerksam zu sein und sich die wesentlichen Punkte Ihrer Rede zu merken.

Neben den genannten Hilfsmitteln, die praktisch in allen Vortragsräumen zur Verfügung stehen, gibt es noch zahlreiche weitere Präsentationshilfen, die immer mehr an Bedeutung gewinnen, vor allem Videovorführungen. Es würde zu weit führen, alle diese Hilfsmittel für verschiedene Bereiche und Zwecke im einzelnen zu erläutern. Tatsache ist, daß vielleicht mit Ausnahme von privaten Gelegenheitsreden kein guter Redner mehr darauf verzichtet, seine Rede durch optische Hilfsmittel in ihrer Wirkung zu verstärken.

Psychologische Grundlagen

Eine erste psychologische Grundlage für Ihre Rede wurde bereits mit dem vorigen Kapitel geschaffen: Sie wurden auf die sachliche Ebene der Rede hingeführt, auf Redevorbereitung, Materialsammlung, Umfeldfaktoren und Präsentationshilfen, und damit vielleicht etwas von Ihren Sorgen, Ängsten und vom Lampenfieber abgelenkt. Und das ist bereits die erste Voraussetzung für eine gute Rede:

Überwinden Sie Unsicherheit und Nervosität

Es gibt ein sicheres Mittel, um die Nervosität eines anderen noch zu erhöhen: Raten Sie ihm, nicht nervös zu sein. Weder anderen noch sich selbst können Sie auf diese Art helfen, Nervosität zu überwinden. Überwunden werden können seelische Belastungserscheinungen nur dann, wenn man ihre Wurzeln kennt und daran arbeitet. Was sind also die Wurzeln für Unsicherheit und Nervosität?

Diese Frage ist nicht rhetorisch gemeint, sondern direkt an Sie gerichtet. Warum fühlen Sie sich unsicher und nervös, wenn Sie reden sollen? Säßen wir bei einem persönlichen Gespräch, so würden Sie vielleicht die Angst vor der Bloßstellung nennen, Angst davor, Unsinn zu reden, stecken zu bleiben, ausgelacht zu werden, Angst, daß die Stimme versagt, Angst davor, im Mittelpunkt der Aufmerksamkeit zu stehen und so weiter. Woher kommen diese Ängste? Psychoanalytiker würden vielleicht fragen, welche Kindheitserlebnisse zu diesen Ängsten geführt haben, was uns die Unbefangenheit genommen hat. Die Frage ist, ob es Ihnen tatsächlich hilft, zu wissen, woher Ihre Ängste stammen. Sie müssen vor allem einen Weg finden, wie Sie diese Ängste überwinden können.

Es gibt einen alten Schülertrick für Prüfungssituationen, in denen der Schüler Angst vor dem Lehrer hat: Stell dir den Prüfer in einer lächerlichen Situation oder in der Sporthose vor. Zu erkennen, daß auch das Publikum immer nur aus Menschen mit Fehlern und Schwächen besteht, kann die Angst vor dem Sich-Bloßstellen rasch herabsetzen.

Daher folgende Empfehlungen, wie Sie Unsicherheit und Nervosität überwinden können:

- Halten Sie sich vor Augen, daß Sie sprechen, um das Publikum von etwas zu überzeugen oder von etwas, das Sie selbst interessiert, zu informieren – und nicht, um zu zeigen, wie aufgeregt Sie sind. Konzentrieren Sie sich nicht auf Ihre Nervosität.
- Konzentrieren Sie sich stattdessen auf den Zuhörer, seine Wünsche und Bedürfnisse.
- Bereiten Sie sich gut auf die Rede vor und entlasten Sie sich durch Präsentationshilfen.
- Finden Sie eine bequeme Körperhaltung und beschäftigen Sie Ihre Hände.
- Atmen Sie gut durch, bevor Sie sprechen, und vergessen Sie auch während der Rede nicht darauf, zu atmen.

– Üben Sie eine feste, sichere Stimmführung, denn wenn Sie merken, daß Ihre Stimme unsicher wirkt, werden Sie selbst tatsächlich unsicher.

– Setzen Sie am Beginn Ihrer Präsentation eher in tieferer Stimmlage an, und zwar so laut, daß jeder Zuhörer Sie verstehen kann.

– Sprechen Sie anfangs eher langsam und machen Sie Pausen.

– Helfen Sie sich durch eine gute Vorbereitung des Redebeginns.

– Unterstützen Sie Ihr körperliches Wohlbefinden durch entsprechende Kleidung.

– Suchen Sie den Augenkontakt mit Zuhörern, die Ihnen offensichtlich positiv gegenüberstehen und Sie ermuntern.

– Wenn Sie wissen, daß Sie zu Schweißausbrüchen neigen, sollten Sie nicht nur auf den hellen Sommeranzug verzichten, sondern auch ein Taschentuch bereithalten und keine Scheu haben, Ihre Stirn oder Hände zu trocknen. Sie wirken so wesentlich weniger nervös, als wenn der Schweiß in Bächen von der Stirne rinnt.

– Denken Sie immer daran: Üblicherweise liegt dem Publikum daran, von Ihnen zu hören, und nicht, auf Sie loszugehen. Eingangsnervosität bei einer Rede kennt jeder und übergeht jeder. Stehen Sie zu Ihrem Lampenfieber, akzeptieren Sie es und nehmen Sie es als natürliche Reaktion hin. Damit werden Sie es rasch überwinden.

Steuern Sie die Gefühle Ihrer Zuhörer

Die Gefühle Ihrer Zuhörer sind der Boden, auf den Ihre Worte fallen. Wenn Sie Ihr Publikum nicht für sich gewinnen können, so besteht dieser „Nährboden" mindestens in Bedauern oder in Triumphgefühlen seitens der Zuhörer.

Erfolgreich reden Sie daher nur dann, wenn Sie diese Grundlage so geschaffen haben, wie Sie Ihrer Rede von Nutzen ist. Dabei gibt es eine Unzahl von Faktoren, die Sie nicht beeinflussen können, von deren Existenz Sie aber wissen müssen und die Sie nur indirekt einschätzen können. Indirekt heißt: über Verhaltensformen des Publikums, beispielsweise an der Art der Unterhaltung vor Beginn der Rede oder an körpersprachlichen Signalen, aber auch an der Art, wie Sie begrüßt werden und wie man Ihren Auftritt als Redner zur Kenntnis nimmt. Dabei müssen Sie aber auch vorsichtig sein, um nicht Vorurteilen zu erliegen.

Beschäftigen wir uns zunächst mit jenen Faktoren, die Sie als Redner weder wissen noch beeinflussen können. Einerseits geht es dabei um die gesamte psychische und soziale Entwicklung eines Menschen, seine Lebenseinstellung, seine Motive, seine Verhaltensnormen und anderes mehr, also um die Grundstruktur seiner Persönlichkeit. Als Redner können Sie hier nur jenes Spektrum berücksichtigen, das in einer gegebenen Gesellschaft als normal gilt.

Es kann Ihnen allerdings passieren, daß Sie mit unerwartetem Verhalten in Ihrem Publikum fertig werden müssen, wo Sie weder mit Schlagfertigkeit noch mit den üblichen psychologischen Tricks den gewünschten Erfolg erzielen. Derartige Probleme können Sie nur mehr mit Hilfe der übrigen Zuhörer lösen. Hüten Sie sich vor Alleingängen als Redner, wenn beispielsweise ein Zuhörer permanent stört. Suchen Sie Verbündete unter den anderen Zuhörern, sorgen Sie dafür, daß die Störungen durch die Zuhörer selbst beseitigt werden.

Die andere Ebene ist die Situation, aus der die Zuhörer zu Ihrer Rede kommen, die persönlichen Probleme, die sie mitbringen, unmittelbar vorangegangene Erlebnisse in der Familie, auf dem Weg zu Ihrer Rede, und anderes mehr. Ein guter Redeeinstieg, wie ich ihn einmal gehört habe: „Beginnen wir damit, meine Damen und Herren, daß Sie nun ankommen. Machen Sie nochmals den Weg von zu Hause hierher ..."

Je nachdem, wie schwierig und langwierig der Hinweg der Zuhörer war, sollten Sie ein derartiges „Ankommen" am Beginn Ihrer Rede ermöglichen.

Selbstverständlich können Sie als Redner nicht alle Probleme Ihrer Zuhörer lösen. Sie schaffen aber für sich und das Publikum eine gute Ausgangsposition, wenn Sie deutlich zeigen, daß Sie die ganze Persönlichkeit des Angesprochenen akzeptieren und ansprechen möchten.

Wenn die Zuhörer versammelt sind und Sie mit Ihrer Rede beginnen, ist es Ihre erste Aufgabe, aus den einzelnen Personen eine ganze Gruppe zu formen. Was heißt das nun?

Ihre Zuhörer müssen zum Publikum werden, sie müssen sich nicht nur mit Ihnen, sondern auch miteinander wohl fühlen. Um das zu ermöglichen, muß das Gefühl von Fremdheit schwinden, und dieses Gefühl schwindet dann, wenn die Zuhörer einander bekanntgemacht werden. Das kann auf verschiedene Art und Weise geschehen:

– bei Seminaren und Kursen durch eine Vorstellungsrunde, in der jeder der Anwesenden sich vorstellt;
– bei privaten Reden, wo die Teilnehmer einander nicht kennen, durch ein Vorgestelltwerden durch den Redner und Gastgeber. Sorgen Sie dafür, daß die Beteiligten füreinander ansprechbar werden, indem Sie beim Vorstellen Informationen geben, die Ansatzpunkte für Gespräche sein können;
– bei Großveranstaltungen können Sie den Zuhörern das Gemeinsame der Anwesenheit klarmachen und so eine sogenannte „Wir-Gruppe" schaffen.

Nachdem Sie bei Ihren Zuhörern ein „Wir"-Bewußtsein geschaffen haben, stimmen Sie sie auf das Thema ein, wiederum zunächst auf der Gefühlsebene. Das erreichen Sie beispielsweise durch Geschichten, Beispiele, Vergleiche oder ähnliches.

Beobachten Sie während Ihrer Rede aufmerksam die Reaktionen der Zuhörer. Achten Sie nicht nur auf Zustimmung und Ablehnung, sondern auch auf andere Äußerungen von Befindlichkeiten, wie Ungeduld, Langeweile, Nervosität, Gereiztheit, Unaufmerksamkeit. Versuchen Sie, im Publikum Ihre „Frühwarner" zu erkennen, also jene Personen ausfindig zu machen, die aufgrund ihrer Sensibilität oder ihrer deutlichen Körpersprache als erste Stimmungen des Publikums signalisieren.

Als berufsmäßiger Redner sollten Sie über ein großes Repertoire an „Stimmungsmachern" verfügen, als Gelegenheitsredner sollten Sie sich sorgfältig vorbereiten und überlegen, wie Sie Stimmungen erzeugen, verstärken oder verändern können. Überlegen Sie, was Sie sagen oder wie Sie sich verhalten wollen, wenn ...

Selbstverständlich verlangen unangenehme Situationen mehr Vorbereitung als ein gutgelauntes, motiviertes Publikum. Suchen Sie für Ihre Vorbereitung einen „advocatus diaboli", einen Anwalt des Teufels – jemanden, der Ihnen Ihre schönsten und liebsten Argumente angreift –, um Wege zu finden, wie auch schwierige Redesituationen bewältigt werden können.

Alles, was sich bewähren soll, muß an den denkbar schwierigsten Situationen getestet werden. Wenn Sie Wirkungen erzielen wollen, müssen Sie Ihre Formulierungen testen. Es gibt kaum „neutrale" Inhalte, die in jeder möglichen Formulierung die gleiche Wirkung erzielen, denn jede Formulierung verstärkt eine bestimmte Art, die Aussage zu hören. Wollen Sie die Aussage sachlich verstanden wissen? Dann vermeiden Sie alles, was wertend interpretiert werden könnte. Wollen Sie Handlungen herbeiführen? Dann formulieren Sie so, daß diese Handlungen dem Zuhörer schmackhaft gemacht werden. Wollen Sie, daß der Zuhörer für Sie und Ihre Situation Verständnis hat? Dann senden Sie „Ich-Botschaften". Möchten Sie ihm klarmachen, wie Sie zu ihm stehen? Dann entscheiden Sie, welchen Bewußtseinszustand Sie in ihm ansprechen wollen (nach Eric Berne: das „Eltern-Ich", das „Erwachsenen-Ich" oder das „Kindheits-Ich"). Dazu ein Beispiel aus der Verkehrserziehung: Angenommen, Sie sind Fahrschullehrer. Sie erläutern das Verhalten in komplizierten Verkehrssituationen.

a) Sie wollen den Sachverhalt auf der rein sachlichen Ebene erläutern, und sagen: *Die Straßenverkehrsordnung verpflichtet den Lenker eines Fahrzeuges, das Fahrzeug jederzeit rechtzeitig zum Stehen bringen zu können. Der Bremsweg eines Autos ist abhängig von der Geschwindigkeit, dem Straßenbelag, dem Zustand der Reifen und der Bremsbeläge und kann folgendermaßen berechnet werden ...*
b) Sie wollen appellieren: *Berücksichtigen Sie bei der Wahl Ihrer Fahrgeschwindigkeit immer, daß Sie jederzeit Ihr Auto zum Stehen bringen können müssen. Dazu müssen Sie den Bremsweg richtig einschätzen können ...*
c) Sie wollen Verständnis für Ihre eigene Situation wecken: *Ich muß mit Ihnen nun ein Thema besprechen, das jeder Inhaber eines Führerscheins im Schlaf beherrschen muß ...*
d) Sie sprechen über Ihre Beziehung zum Fahrschüler:
– auf der sachlichen Ebene (zum „Erwachsenen-Ich"): *Das Wissen um den Bremsweg und den richtigen Sicherheitsabstand ist eine Grundlage für sicheres Fahren.*
– belehrend, mahnend (zum „Eltern-Ich"): *Sie müssen über die Berechnung des Bremsweges Bescheid wissen, sonst gefährden Sie sich und andere.*
– aggressiv, aufsässig (zum „Kindheits-Ich"): *Wollen Sie wie viele andere nichts vom Bremsweg wissen und ohne Sicherheitsabstand dahinrasen?*

Sie sehen, man kann gleiche Inhalte auf unterschiedlichste Art und Weise bringen: sachlich, belehrend, vorwurfsvoll, sorgenvoll. Inhalte werden auch auf unterschiedlichste Weise verstanden. Daraus entstehen Kommunikationsprobleme, Mißverständnisse, Aneinander-Vorbeireden.

Als Redner müssen Sie alle diese Gefahren kennen. Sie können jedoch nicht allen unerwünschten Wirkungen vorbeugen, denn diese liegen häufig auch in der Persönlichkeit des Zuhörers begründet; in seinen Voreinstellungen, in dem, was er hört, weil er es so hören will, oder weil er etwas hört, ehe Sie ein Wort gesagt haben. Besonders kritisch ist die Lage für Sie, wenn Sie in einer Form angekündigt worden sind, die die Zuhörer bereits gegen Sie eingenommen hat, noch bevor Sie zu sprechen begonnen haben.

Reden ist also wesentlich mehr, als sich vor einem Publikum aufzustellen und logisch aneinandergereihte Sätze zu produzieren. Reden im umfassenden Sinn verlangt den Einsatz aller psychologischen, rhetorischen, dialektischen und kinesischen Mittel – das Duden-Fremdwörterbuch (3. Auflage, 1974) verrät dazu folgendes:

Psychologie: „1. Wissenschaft von den Erscheinungen und Zuständen des bewußten u. unbewußten Seelenlebens. 2. einer inneren Gesetzmäßigkeit entsprechende Verhaltens-, Reaktionsweise."

Rhetorik: „1. Wissenschaft von der kunstmäßigen Gestaltung öffentlicher Reden ... 2. Redebegabung, Redekunst."
Dialektik: „1. innere Gegensätzlichkeit. 2. philosophische Arbeitsmethode, die ihre Ausgangsposition durch gegensätzliche Behauptungen ... in Frage stellt und in der Synthese beider Positionen eine Erkenntnis höherer Art zu gewinnen sucht. 3. die Fertigkeit, den Diskussionspartner in Rede u. Gegenrede zu überzeugen ..." (Anmerkung: die letztere Bedeutung war gemeint)
Kinesik: „Wissenschaft, die sich mit der Erforschung nichtverbaler Kommunikation (z.B. Gestik, Mimik) befaßt."
Gestik: „Gesamtheit der Gesten als Ausdruck der Psyche."
Mimik: „Gebärden- und Minenspiel des Gesichts ... als Nachahmung fremden und eigenen seelischen Erlebens."

Mit allen diesen und weiteren Elementen müssen Sie sich als professioneller Redner vertraut machen, um jene Wirkungen zu erzielen, die Sie erzielen möchten. Bei der Gelegenheitsrede im Familienkreis werden Sie vieles davon unbewußt anwenden, einfach aufgrund der Vertrautheit mit Ihrer Umgebung. Für diese Art der Rede genügt es auch, wenn Sie auf einzelne Aspekte aufmerksam gemacht werden. Sie müssen sich allerdings davor hüten, sich nun alle psychischen Vorgänge bei der Rede immer bewußt werden zu lassen, damit es Ihnen nicht ergeht wie dem Tausendfüßler in der Fabel, der nach der Bewunderung eines anderen Tieres für die Koordination seiner tausend Füße anfängt, darüber nachzudenken, und plötzlich nicht mehr gehen kann.
Anregungen und Wissenshintergründe müssen Teil Ihrer Gesamtpersönlichkeit werden, damit Sie Ihnen Nutzen bringen. Ein guter Weg zu diesem Ziel ist beispielsweise, diese Überlegungen als Check-Liste bei Redevorbereitungen zu verwenden, um aus Fehlern zu lernen oder richtiges Verhalten Ihrerseits zu stärken und zu trainieren. Während der Rede sollten Sie sich nur jene Aspekte bewußt machen, die Sie gerade brauchen können und die Sie nicht in Ihrer Präsentation verwirren.

Achten Sie auf die Sprache des Körpers

"Die Körpersprache zeigt, was Schweigen verhüllen soll." Unsere Aufforderung, auf Ihre Körpersprache zu achten, soll Sie dazu anregen, das gesprochene Wort mit der nicht in Worte zu fassenden Sprache des Körpers in Übereinstimmung zu bringen. Die Sprache des Körpers wirkt unmittelbar auf den Betrachter, er interpretiert sie instinktiv richtig.

Blickkontakt

Lassen Sie den Augenkontakt zu Ihren Zuhörern nie abreißen; wenn Sie zu einem größeren Publikum sprechen, lassen Sie Ihren Blick regelmäßig über alle Zuhörer wandern – nicht zu flüchtig, aber auch nicht ruckartig.
Sorgen Sie dafür, daß sich alle Zuhörergruppen von Ihnen angesehen fühlen, damit sie sich auch angesprochen fühlen.

Mimik

Wenn Sie eine komische Begebenheit erzählen, dabei aber bis zuletzt eine eisige Miene aufsetzen, wird die Sache Ihren Zuhörern nur noch halb so lustig erscheinen. Stehen Sie dagegen beim Vortragen eines ernsten Problems freudestrahlend vor dem Publikum, so wird man Ihr Problem mit Sicherheit weniger ernst nehmen: denn die Lippen sprechen nicht allein, der Gesichtsausdruck wirkt oft einprägsamer als jedes Wort.

Gestik

Stehen Sie locker vor den Zuhörern und wechseln Sie ruhig das Standbein – Sie brauchen nicht steif auf beiden Beinen zu stehen. Neigen Sie den Oberkörper leicht nach vorne – das betont den Zuhörerbezug. Halten Sie sich auch nicht krampfhaft am Rednerpult fest – freies Stehen verleiht mehr Sicherheit.

Wohin jedoch mit den Händen? Wer stehend sprechen will, weiß oft nicht, was er mit ihnen tun soll – sie mit dem Kugelschreiber zu beschäftigen, ist keine besonders gute Lösung, denn das kann das Publikum und Sie auch ablenken. Auch vom Verstauen der Hände in den Hosentaschen ist grundsätzlich abzuraten; stemmen Sie dagegen die Fäuste in die Seiten, so riskieren Sie es, einen brutalen Eindruck zu machen. Besser, als die Arme hängen zu lassen (und an einen Schüler, der gerade geprüft wird, zu erinnern), ist es, beide Hände mit den Handrücken nach oben aufeinanderzulegen – diese Haltung hat außerdem den Vorteil, daß man aus ihr heraus spontan gestikulieren kann.

Denn während Sie sprechen, sollten Sie auch durch Gesten das Gesagte unterstreichen, hervorheben und verdeutlichen. Dabei gelten zwei wichtige Regeln:

– Machen Sie weite Armbewegungen (das strahlt Sicherheit aus).
– Setzen Sie zuerst die Geste ein und dann das Wort – nicht umgekehrt!

Interpretieren Sie die Körpersprache der Zuhörer

Bei den Zuhörern haben Sie meist nur die Körpersprache als Anhaltspunkt für das Erkennen von Stimmungen und Einstellungen. Es muß Ihnen gelingen, richtig zu interpretieren, um zu erkennen, wo Sie eine gewünschte Wirkung noch nicht erreicht haben oder wo Aussagen erläutert, abgewandelt oder abgeschwächt werden sollten. Manche Menschen gefallen sich allerdings darin, ein „Pokerface" zu zeigen und ihre Gefühle zu verbergen. Positiv gestimmte Zuhörer dagegen versuchen, Ihnen ihre Stimmung möglichst eindeutig und ehrlich zu vermitteln; sie zeigen, was ihnen gefällt, wo sie zustimmen oder widersprechen würden, wo sie zweifeln, was sie weniger interessiert und wo sie etwas nicht verstehen. Für einen guten Redner sind offene, positive Zuhörer kein schweigendes Gegenüber, er spricht nicht in einen anonymen Zuschauerraum hinein, sondern zu Menschen, die ständig mit ihm in Kontakt sind, über ihren Gesichtsausdruck, ihre Gesten, ihre gesamte Persönlichkeit. Der aufmerksame Redner „hört" ständig zu, während er spricht – und damit erreicht er, daß er verstanden wird und sich die Zuhörer verstanden fühlen. Andererseits ist es gerade für einen guten Redner verwirrend, desinteressierten oder ablehnenden Zuhörern gegenüberzustehen. Es kann ihm passieren, daß er in den Augen der Zuhörer zu sensibel reagiert, wenn er Störungen anspricht, von denen die Zuhörer selbst noch nichts wissen, weil sie „gar nichts gegen den Redner haben"; es kann ihm nachgesagt werden, daß er „das Gras wachsen hört".

Wenn Sie in die Lage kommen, sich vom Publikum abgelehnt zu fühlen, sollten Sie zumindest unterscheiden können, ob die Ablehnung oder das Desinteresse Ihre Person oder das Thema betrifft.

Nehmen Sie die Körpersprache der Zuhörer zunächst als Signal und versuchen Sie nach Möglichkeit, außerhalb der eigentlichen Redesituation die Lage zu klären, etwa in Pausen. Sprechen Sie diese leicht mißzuverstehenden Signale nicht zu früh an, Sie könnten ansonsten Probleme haben, die wachgerufenen Geister nicht mehr loszuwerden. Versuchen Sie auch, die Signale zu steuern, indem Sie rhetorische Mittel anwenden: eine Änderung der Sprechgeschwindigkeit, einen Wechsel der Präsentationsform, einen anderen Tonfall, Rückfragen und anderes mehr. Wenn sinnvoll und möglich, fragen Sie die Zuhörer um ihre Meinung zum einen oder anderen Punkt. Sie können auch vorsichtig Ihre Beobachtungen erläutern: „Ich glaube, bei Ihnen ... zu bemerken. Sehen Sie das auch so, oder irre ich mich?" – Dazu jedoch wieder eine Warnung: Glauben Sie nicht blind den Antworten, die Sie darauf bekommen. Das Publikum ist häufig nicht bereit, sich auf eine Diskussion mit Ihnen einzulassen. Gerade dann, wenn sie eher desinteressiert oder unzufrieden sind, die Ablehnung aber nicht so stark ist, daß eine Konfrontation gewünscht wird, möchten Zuhörer oft nur in Ruhe gelassen werden. Zweifellos bleibt Ihnen dann lediglich die Möglichkeit, nach einer Pause einen neuen Anlauf zu nehmen.

Die Kommunikation zwischen Ihnen und Ihren Zuhörern findet also permanent statt – beide Seiten interpretieren das Verhalten und die körpersprachlichen Signale des anderen, und beide reagieren in irgendeiner Form darauf. Das gilt selbstverständlich nicht nur für Reden vor Publikum, sondern auch für Gespräche, Verhandlungen und Diskussionen. Ein bewußter Umgang mit der eigenen Körpersprache und vorsichtige Interpretationen der Körpersprache des anderen verbessern die Verhandlung. Sie erleichtern dem aufmerksamen Beobachter darüber hinaus, Unwahrheiten zu erkennen.

Wann immer Kommunikationselemente nicht aufeinander abgestimmt wirken, besteht die Gefahr von „Übertragungsstörungen" oder des Eindruckes der Unglaubwürdigkeit. Es gibt, wie bereits dargestellt wurde, von Ihrer Persönlichkeit abhängige Wirkungselemente, die Sie beeinflussen können und sollen, wie Mimik und Gestik, Haartracht und Kleidung sowie Stimmführung und Sprache im allgemeinen. Es gibt aber auch Faktoren, die Sie als gegeben hinnehmen müssen, und die in die Gesamtgestaltung bewußt miteinbezogen werden sollen – Ihr Aussehen, Ihr Stimmvolumen und der Klang Ihrer Stimme. Wenn Sie sich über diese Wirkungen im klaren sind, hindert Sie letztlich nichts mehr daran, erfolgreich zu reden.

Atmen Sie richtig

Der Atem steuert nicht nur Ihr Stimmvolumen und den Klang Ihrer Stimme, sondern auch Ihr körperliches und seelisches Wohlbefinden.

Wie schaffen es Neugeborene, ohne Ermüdung und Heiserkeit stundenlang zu schreien, ohne je nach Luft zu schnappen?

Sie haben die richtige Atemtechnik noch nicht verlernt, bei der der Schwerpunkt auf der **Ausatmung** liegt. Reden ist tönendes Ausatmen; die Atemnot unserer Zeit ist eine „Ausatmungsnot". Man rät uns, „tief Luft zu holen" vor einer schwierigen Aufgabe, doch dieser Rat kann auch zu Verspannungen führen. Die wichtigsten Regeln für eine richtige Atemtechnik sind daher:

– vor Beginn der Rede nicht zusätzlich Luft zu holen, sondern lediglich, bevor Sie das Rednerpult einnehmen, einmal gut durchzuatmen,
– nicht zu viele Wörter in einem Atemzug zu sprechen und
– in der normalen Stimmlage kleine Abschnitte zu sprechen und zu warten, bis sich die Luft von selbst ergänzt hat.

Richtige Atmung führt zu einer Minderung der Nervosität, einem Gefühl von Sicherheit und nicht zuletzt zu einer klaren, voll tönenden Stimme.

Das Redemanuskript

Nachdem nun die Grundlagen einer Rede besprochen sind, widmet sich dieses Kapitel dem, was bei Gesprächen über Reden immer das zentrale Thema zu sein scheint: dem Redemanuskript. Wer immer veranlaßt ist, eine Rede zu halten, denkt vorwiegend daran, wie er das Thema bearbeiten wird, was er sagen soll – kurz, wie er zum Inhalt seiner Rede, seines Vortrags, seines Referates kommt. Denn die Sorge, *wie* sie dem Publikum die Redeinhalte vermitteln werden, plagt zukünftige Redner meist wesentlich weniger als die, *was* sie überhaupt sagen sollen. So werden Musterreden gesucht und bereits gehaltene Reden von ähnlichen Anlässen hervorgeholt, und ist das Manuskript fertig, gilt die Vorbereitung als abgeschlossen. Sie jedoch wissen bereits, daß damit noch nicht allzuviel gewonnen ist, da eine Rede bekanntlich nicht nur aus Inhalten, sondern auch aus deren Vermittlung besteht.

Bevor wir uns nun diesem Kernthema zuwenden, soll eine bereits mehrfach geäußerte Warnung wiederholt werden: Verwenden Sie nicht blind Musterreden, lassen Sie sich durch diese auf keinen Fall verleiten, wichtige Inhalte wegzulassen oder gar unwichtige Teile zu präsentieren. Musterreden sind für Sie nur dann hilfreich, wenn Sie sich anregen lassen. Verwenden Sie keine Formulierungen, die bei Ihnen unecht wirken, weil sie überhaupt nicht zu Ihnen passen. Reden Sie lieber, wie Ihnen der „Schnabel gewachsen ist".

Vermeiden Sie möglichst alles, was Ihnen neu und ungewohnt ist. Wie Sie bei der Rede keine neuen Schuhe, kein neues Kleid und keinen neuen Anzug tragen sollten, wenn Sie sich darin noch nicht wohlfühlen, sollten Sie auch Ihnen ungeläufige Formulierungen eher vermeiden. Letztlich verhindern diese, daß Sie frei sprechen können; Sie müssen sie entweder auswendig lernen oder vom Blatt lesen. Und beides wirkt aufgesetzt, wenn nicht sogar peinlich.

Lassen Sie uns mit den Vorarbeiten beginnen.

Die Stoffsammlung

Vergegenwärtigen Sie sich noch einmal die Voraussetzungen, die gegeben sein müssen, ehe Sie beginnen können, Stoff für den Inhalt Ihrer Rede zu sammeln:

- Klarheit über das Thema der Rede,
- Klarheit über Ihr Redeziel und
- möglichst umfassendes Wissen über die Zuhörer.

Die Ideensammlung

Sie können Ihre Ideensammlung auf verschiedenste Art und Weise beginnen, etwa indem Sie Fachartikel zum Thema lesen, insbesondere Enzyklopädien, und indem Sie beginnen, allein oder im Gespräch mit anderen zu überlegen, welche inhaltlichen Bereiche abgedeckt werden sollen. Stehen Ihnen mehrere „Mit-Denker" zur Verfügung, können Sie beispielsweise ein sogenanntes Brainstorming veranstalten, indem Sie fragen, was den Anwesenden zu einem bestimmten Thema einfällt. Oder aber Sie spielen „Brainwriting" – ein Spiel, bei dem Sie die Ideen der Teilnehmer auf Kärtchen schreiben lassen, die dann für alle sichtbar aufgelegt oder an die Wand geklebt werden und als Basis weiterer Kreativitätsansätze verwendet werden können. Auch dabei sind Ihrem Einfallsreichtum keine Grenzen gesetzt. Sie können einzelne Worte als Grundlage für Assoziationsketten verwenden („Was verbinden Sie mit dem Begriff ...?"), Sie können analytisch vorgehen – wie immer es Ihrem Temperament und Ihrer Denkweise entspricht.

Eine weitere Methode ist der Ideen-Stammbaum. Ausgehend von einem Grundbegriff oder einer Grundidee werden Verästelungen gebildet. Nehmen wir beispielsweise an, Sie müssen als Firmenchef eine Rede halten. Anlaß ist die 25jährige Betriebszugehörigkeit des Geehrten, die Rede findet im Rahmen eines Abendessens statt, Teilnehmer sind der Jubilar, dessen Familie, die Führungskräfte Ihres Betriebes und die Kollegen aus der Abteilung des Mitarbeiters. Ein möglicher Ideenstamm könnte etwa vom Begriff der Ehrung ausgehen. Erste Äste: Ausbildung, berufliche Entwicklung, Arbeitsbereich, bisherige Ehrungen; persönliche Entwicklung, Erwartungen des Geehrten und anderes zu seiner Geschichte. Nun verästeln wir weiter, zum Beispiel den Umgang mit Menschen: mit Kollegen, ihm Unterstellten, Vorgesetzten, Beratern, bei Firmenseminaren, mit Kunden, Lieferanten, neu eintretenden Mitarbeitern, in der Arbeitnehmervertretung und als Vereinsmitglied. Soweit Sie es für erforderlich halten, können Sie (auch bei nur einem Teil der Begriffe) weitere Äste „wachsen" lassen.

Es gibt noch zahlreiche andere Kreativitätsmethoden, mit denen Sie die Inhalte Ihrer Rede entwickeln können. Noch ein Tip dazu: Wenn Sie Ihre Stichwortsammlung erstellt haben, lassen Sie die Ideen möglichst noch reifen und ergänzen Sie die Sammlung im Verlauf der folgenden Tage.

Ist die Ideensammlung fertiggestellt, setzen Sie Prioritäten, indem Sie die Ideen gliedern; in Punkte, die Sie unbedingt ansprechen müssen, Punkte, die Sie für weniger wichtig erachten, und Punkte, die Sie nur zur Abrundung brauchen.

Der Fragenkatalog

Anders als bei einer Rede, deren Themen Sie weitgehend selbst bestimmen und gestalten können, verhält es sich bei Vorstellungsgesprächen, Konferenzen und ähnlichem: Hier dürfen Sie sich auf keinen Ideenstammbaum verlassen, sondern müssen vielmehr gezielt nach einem Fragenkatalog vorgehen.

Für ein Vorstellungsgespräch etwa wird die Vorbereitung auf folgende Punkte, zu denen Sie Fragen stellen und Ihre Meinung äußern können, sinnvoll sein:

– Welcher Art ist die Beschäftigung, für die Sie sich bewerben? Ist die **Arbeit** interessant und abwechslungsreich? Haben Sie bereits Erfahrungen auf diesem Gebiet?
– Welche **Entwicklungsmöglichkeiten** bestehen für Sie? Vielleicht sehen Sie mit der Übernahme der Stelle für Sie persönlich Entwicklungsmöglichkeiten verbunden, die auch für den Betrieb von Nutzen sein können?
– Welche **Sicherheiten** bietet die Stelle, wie gesichert ist der Arbeitsplatz? (Fallen Sie allerdings bei dieser Frage nicht mit der Tür ins Haus, Sie könnten indiskret wirken!)

– Die Frage nach dem vorgesehenen **Gehalt** ist berechtigt und legitim. Sie ist verknüpft mit Informationen zu freiwilligen sozialen Leistungen, Altersversorgung, etwaigem Bonus und anderen **außergewöhnlichen Leistungen.**
– Welche **Befugnisse** und welcher Handlungsspielraum werden Ihnen eingeräumt? Sie sollten diese Frage auf jeden Fall klären, in bezug auf den grundsätzlichen Rahmen Ihrer Freiheiten jedoch eher vorsichtig sein.
– Welche **Fortbildungsmöglichkeiten** gibt es? (Diese Frage sollten Sie erst stellen, wenn Sie von der Existenz solcher Maßnahmen wissen.)
– Fragen Sie nach der **Zielsetzung** des Unternehmens. Ist die Unternehmensphilosophie mit Ihren eigenen Zielen vereinbar?

Bedenken Sie, daß auch das Unternehmen, bei dem Sie vorsprechen, im Verlauf des Gesprächs ganz bestimmte Informationen zu gewinnen sucht. Seine leitenden Zielsetzungen für das Gespräch werden sein,

– sich ein konkretes Bild von Ihnen zu machen,
– das Unternehmen und sein Arbeitsgebiet vorzustellen,
– sich ein Urteil zu bilden und
– eine Entscheidung zu treffen.

Besonders, wenn Sie sich auf Konferenzen oder Verhandlungen vorbereiten, wird der folgende Fragenkatalog nützlich sein:

– Was will ich erreichen?
– Wie muß ich argumentieren?
– Welche Einwände habe ich zu erwarten?
– Wie kann ich ihnen entgegentreten und sie entkräften?

Aufbau der Rede

Nach dem Abschluß der (ersten) Kreativitätsphase, der Ideensammlung, gliedern Sie die Ideen für ihre Reihenfolge in der Rede. Jede Rede hat vier Standardelemente:

– Begrüßung und Einleitung,
– Hauptteil und
– Schluß;

wobei der Hauptteil wiederum – je nach Thema und Zielsetzung – unterschiedlich gegliedert werden kann. Im Abschnitt „Argumentation" finden Sie die wichtigsten Argumentationspläne, die den Ablauf Ihrer Rede im Hauptteil bestimmen.
Am Schluß stehen Zusammenfassung, Würdigung und (gegebenenfalls) Verabschiedung. Insbesondere bei Einleitung und Schluß müssen Sie sich auf die Formulierungen konzentrieren, denn an diesen Stellen der Rede steht weniger der Inhalt im Vordergrund als die Form.
Eine schlechte Einleitung erschwert die Präsentation im Hauptteil, ein schlechter Abschluß beeinträchtigt die Wirkung der Rede und führt möglicherweise sogar zu

einer peinlichen Situation – wenn für die Zuhörer nicht erkennbar ist, daß die Rede bereits beendet ist.

Wenden wir uns der Gliederung im Hauptteil zu. Die wirkungsvolle Rede verlangt einen bewußten Einsatz der dramaturgischen Höhepunkte. Diese können gesetzt werden durch verblüffende Tatsachen, besondere Leistungen oder scherzhafte Begebenheiten, alle jene inhaltlichen Elemente also, die geeignet sind, die Aufmerksamkeit der Zuhörer (erneut) zu erhöhen. Der Redner kann die dramaturgischen Akzente beliebig setzen:

a) kontinuierliche Steigerung der Dramatik (der Spannung): Die inhaltlichen Elemente werden so lanciert, daß der Höhepunkt stufenweise und systematisch erreicht wird.

b) Beginn mit dem dramaturgischen Höhepunkt: Durch diesen Aufbau soll die Aufmerksamkeit der Zuhörer schlagartig geweckt werden.

Geeignet ist diese Form der Gliederung vor allem für kurze Reden oder dann, wenn zumindest Zwischenspitzen noch folgen können.

c) ein Auf und Ab von dramaturgischen Elementen mit dem Höhepunkt in der Mitte der Rede: Nach dem Höhepunkt besteht entweder eine weitere Erwartungshaltung des Publikums, wenn es den Höhepunkt als solchen nicht erkannt hat, oder die allgemeine Aufmerksamkeit sinkt deutlich, nachdem ohnehin das Wichtigste gesagt ist, so daß das Folgende untergeht. Dieses Gestaltungsprinzip kann also am wenigsten empfohlen werden.

Ausformulierung

Wenn Ihr Manuskript so weit gediehen ist, daß Sie den Inhalt im großen und ganzen erarbeitet haben und die Gliederung des Hauptteils feststeht, können Sie mit der Ausformulierung beginnen.

Als professioneller Redner werden Sie sich vielleicht mit der Stichwortliste und der Gliederung begnügen können; als Gelegenheitsredner oder für den Fall, daß Ihre Rede veröffentlicht werden soll, müssen Sie ein Manuskript anfertigen. Auch als geübter Redner tun Sie gut daran, wichtige Passagen in Ihrer Rede auszuformulieren, insbesondere Einleitung und Schluß. Wenn Sie in einer Reihe mit anderen Rednern sprechen, kann es sein, daß Sie die Einleitung finden, indem Sie an das anknüpfen, was ein Vorredner gesagt hat. Aber auch diese Möglichkeit sollten Sie in Ihre Ausarbeitung einbauen. Sie erkennen bereits, daß Ausformulierungen nicht zu Einschränkungen werden dürfen, sondern Hilfen bleiben müssen, um die Zuhörer möglichst wirkungsvoll anzusprechen, und Hilfen, um eigene störende Redegewohnheiten zu ändern.

Die Ausarbeitung des Manuskripts dient folgenden Zwecken:

– der logischen Darstellung der Inhalte, insbesondere dem Verdeutlichen der Argumentationsstruktur,
– dem Einbauen rhetorischer Figuren,
– dem Ausarbeiten griffiger Formulierungen und
– als Grundlage für Präsentationshilfen (beispielsweise für Overhead-Folien).

Argumentation

Ziel jeder Argumentation ist es, den Zuhörer von der Richtigkeit eines Sachverhaltes zu überzeugen, vom Nutzen eines Produktes, von der Bedeutung eines Lehrinhaltes, von der Richtigkeit einer Auffassung etc. Je stärker Ihre Argumente und Ihre Beweisführung zur Sache sind, desto eher können Sie Ihren Zuhörer für sich gewinnen, sei es in der Rede, der Verhandlung oder in der Diskussion.

Der Kunde will von Ihnen als Verkäufer für die besondere Qualität des Produktes, das Sie ihm empfehlen, Argumente; Ihre Schüler fordern von Ihnen Argumente dafür, warum sie bei schönem Wetter im Klassenzimmer sitzen und den Lehrstoff aufnehmen sollen, der sie eigentlich nicht interessiert.

Wenn Sie sehen, wie Argumentation in der Praxis aussieht, müssen Sie feststellen, daß diese mit geistiger Überzeugungsarbeit oft nichts zu tun hat. Lafontaine schreibt in einer seiner Fabeln: „La raison du plus fort est toujours la meilleure". Frei übersetzt in unserem Sinn: Das Argument des Stärkeren ist immer das bessere. Sie können Ihren Schüler selbstverständlich auch zu überzeugen suchen, indem Sie ihm androhen, daß er bei schönem Wetter anwesend und aufmerksam sein muß, weil er ansonsten eine Strafe bekommt, bei Prüfungen durchfällt und so weiter. Sie können auch einen Arbeitnehmer von der Richtigkeit Ihrer Anweisungen überzeugen, indem Sie ihm mit Kündigung drohen, wenn er Ihren Willen nicht erfüllt. Das Argument „Macht" ist in der Praxis weiter verbreitet, als zugegeben wird.

Diese Art der Argumentation ist allerdings nicht gemeint, wenn wir hier von Argumentation in Reden sprechen. Gemeint ist geistige Überzeugungsarbeit.

Das Grundschema einer erfolgreichen Argumentation führt

– vom themen- und situationsbezogenen Einstieg
– über logische, konsequente Einzelabschnitte
– zur Zielaussage.

Wie Sie sich dieser Zielaussage nähern, hängt wiederum vom Thema ab – grundsätzlich stehen Ihnen folgende Argumentationspläne zur Verfügung:

1. Der Aufsatzplan:
Aus den Argumenten, die gleichrangig nebeneinanderstehen, folgt zwingend die Zielaussage.
– *Die Sache ist die ...* (Einleitung)
– *Als besonders wichtig erscheint mir ...*
– *Außerdem darf man nicht übersehen, daß ...* } (Hauptteil)
– *Schließlich muß man auch bedenken, daß ...*
– *Darum bin ich dafür, daß ...* (Schluß)

2. Die Kette:
Die Zielaussage folgt hier nicht aus mehreren gleichrangigen Argumenten (wie beim Aufsatzplan), sondern aus der streng logischen oder zeitlichen Entwicklung eines Gedankenablaufs.
– *Dies und jenes ist so und so ...*
– *Das aber führt dazu, daß ...*
– *Wenn es aber so ist, daß ...*
– *dann folgt daraus ...*
– *Darum müssen wir ...*

3. Vom Allgemeinen zum Besonderen:
Ziel dieser Argumentation ist es, den allgemeinen Grundsatz, von dem ausgegangen wurde, zu widerlegen.
– *In der Regel sieht man die Sache so und so ...* (Ausgangsannahme)
– *Doch unsere Erfahrung hat gezeigt, ...* (Widerspruch)
– *Denn zum einen ...* ⎫
– *Und zum anderen ...* ⎬ (Begründung)
– *Deshalb muß konsequenterweise ...* (Schlußfolgerung)

4. Der Vergleich:
Zwei gegensätzliche Ansichten werden referiert, bevor die eigene Ansicht zum Ausdruck gebracht wird.
– *A meint ..*
– *Das wird begründet mit ...*
– *B meint dagegen ...*
– *mit der Begründung ...*
– *Beide Auffassungen überzeugen nicht, weil ... Ich fordere stattdessen ...*

5. Der Kompromiß:
Hier sollen die Gemeinsamkeiten zweier Positionen herausgearbeitet werden.
– *A meint ...*
– *B hält dagegen ...*
– *Beide sind sich einig, daß ...*
– *Gerade dort sollte man auch ansetzen, denn ...*
– *Daraus ergibt sich die Folgerung ...*

6. Die Ausklammerung:
Eine geäußerte Ansicht wird als abwegig hingestellt.
– *Wir reden dauernd von ...*
– *Dabei geht es immer wieder um ...*
– *Darauf kommt es aber gar nicht an, denn ...*
– *Vielmehr geht es um ...*
– *Daher muß ...*

Haben Sie für Ihr Thema das geeignete Modell gefunden, so ist der nächste Schritt, die Richtigkeit Ihrer Prämissen und der logischen Schlußfolgerungen, die Sie gebrauchen, zu überprüfen.

a) Prämissen

Prämissen sind Ausgangsannahmen, die stillschweigend oder ausdrücklich bei einer Argumentation vorausgesetzt werden. Prämissen, die Sie als unanzweifelbar voraussetzen, müssen auch vom Zuhörer akzeptiert werden. Im Altertum wurde vor allem den Sophisten vorgehalten, mit den Prämissen zu spielen, um damit absurde Aussagen zu begründen. Ein bekanntes Beispiel hierfür ist jenes vom Läufer Achilles und der Schildkröte – wenn die Schildkröte Vorsprung hat und sich mit jedem Schritt der Abstand zwischen dem Läufer und der Schildkröte halbiert, wird er sie nie überholen. Ja, wenn. Tatsächlich halbiert sich der Abstand aber nicht ...

Gekonnte Manipulation geschieht über die Prämissen. Der Zuhörer wird verleitet, bestimmte Prämissen nicht anzuzweifeln, um dann mit unentrinnbaren oder unentrinnbar scheinenden logischen Schlüssen gefangen zu werden.

Bereits mit den Prämissen legen Sie sich auf eines der drei folgenden Argumentationsmuster fest, dem jeweils die Prämissen entsprechen (nicht zu verwechseln mit den oben dargestellten Argumentationsplänen oder -modellen, die nur das Schema eines möglichen Gedankenablaufs darstellen, während es hier um die Beschaffenheit der Argumente selbst geht):

1. Plausibilitätsargumentation:
Durch das Verwenden von Pauschalaussagen und einleuchtenden, nicht weiter hinterfragten Aussagen des „gesunden Menschenverstandes" wirkt diese Art der Argumentation unmittelbar überzeugend.
Zum Beispiel: *Es ist doch ganz natürlich, daß ... – Allein Ihr Hausverstand sagt Ihnen ... – Wer würde bestreiten wollen, daß ...*

2. Moralisch-ethische Argumentation:
Sie besteht darin, anerkannte Verhaltensmuster als verpflichtend hinzustellen. Indem der Redner so seine „Anständigkeit" unter Beweis stellt, wird das Annehmen seiner Meinungen für die Zuhörer erleichtert.
Unser Verantwortungsbewußtsein läßt es nicht zu, daß ... – Allein schon die Gerechtigkeit verlangt, daß ... – Jeder anständige Mensch wird einsehen, daß ...

3. Rationale Argumentation:
Sie ist die Argumentation im eigentlichen Sinn, indem sie durch logisch gültige Schlußfolgerungen und empirische Beweisführung (Gesetze, Statistiken und anderes) zu überzeugenden Behauptungen zu gelangen sucht und Denkfehler in der Argumentation anderer aufzeigt.

Ein Beispiel:
„Jeder Staat braucht zur Selbstverteidigung eine Armee. Und: Jeder Staat kann seine Bürger verpflichten, Dienste im allgemeinen Interesse zu erbringen." Sind Sie Staatsbürger? Dann sind Sie folglich zum Militärdienst verpflichtet!
Wenn Sie mit dieser Schlußfolgerung nicht einverstanden sind, hätten Sie bereits der ersten Prämisse widersprechen müssen. Damit kommen Sie auf eine andere Argumentationsebene. Beispielsweise könnte die Fragestellung dann lauten: Welche Art von Bedrohung gibt es für einen wehrlosen Staat? Es kann durchaus geschehen, daß Prämissen einander gegenüberstehen, die nicht mehr logisch entscheidbar sind, die lediglich durch Tatsachen widerlegt werden können. Der Philosoph und Wissenschaftstheoretiker Karl Popper verlangt, daß Hypothesen so formuliert werden, daß sie prinzipiell widerlegt werden können. Nicht-entscheidbare Prämissen sind zwar grundsätzlich widerlegbar, aber eben nur mehr durch Tatsachen. Können Sie sich als Redner mit Ihren Zuhörern nicht über die Prämissen einigen, haben Sie letztlich keine Möglichkeit mehr zu einer erfolgreichen Kommunikation.
Die Konflikte zwischen den Generationen beruhen fast ausschließlich auf unterschiedlichen Prämissen zur Art der Lebensführung; private Probleme haben ihren Ursprung in unterschiedlichen Prämissen, die die Erwartungen der Beteiligten betreffen, und unvereinbare Interessen beruhen oft auf unterschiedlichen Auffassungen und Voraussetzungen zu den eigenen Rechten.

Wenn Sie überzeugen wollen, dann überzeugen Sie sich zunächst, daß Sie von Prämissen ausgehen, die als Prämissen auch von Ihren Zuhörern akzeptiert werden. Nehmen wir als Beispiel ein betriebswirtschaftliches Fachseminar. Sie wollen als Referent davon überzeugen, daß eine bestimmte Methode für die Unternehmensführung förderlich ist. Sie können davon nur dann überzeugen, wenn Ihre Zuhörer nicht glauben, ohnehin im Besitz der besten Methode für jenen Zweck zu sein, den Ihre Methode erreichen will. Sie können nur jenen Zuhörer überzeugen, der die grundsätzliche Bereitschaft hat, sich überzeugen zu lassen. Jemand, der Ihnen nur geduldig zuhört, kann zwar versuchen, zu Ihnen freundlich zu sein, er läßt sich deshalb aber noch lange nicht überzeugen. Vielleicht können Sie ihn zu etwas überreden, wofür er Ihnen später gram ist, wenn er nicht bis dahin vom Nutzen des Neuen überzeugt ist. Das ist vielleicht auch einer der hauptsächlichen Unterschiede zwischen einem guten und einem schlechten Verkäufer. Der gute Verkäufer versucht, die Ansichten seines Kunden (dessen Prämissen für den Kauf also) herauszufinden, und setzt auch bei diesen an, um sie entweder zu entkräften oder ausgehend von diesen Prämissen sein Produkt anzupreisen.

Nicht jedes Produkt eignet sich für alle Kunden in gleichem Maß. Wenn ein Autoverkäufer ein älteres, konservatives, schon etwas gebrechliches Ehepaar zum Kauf eines Sportwagens überredet, geht er bestenfalls von seinen eigenen Prämissen aus: daß ein Sportwagen jedermanns Traum sein muß und daß jeder, der sich einen leisten kann, auch einen besitzen sollte. Er denkt damit aber nicht für den Kunden und übernimmt so eine Verantwortung, die ihn eigentlich drücken müßte.

Haben Sie aus den letzten Worten eine Prämisse herausgelesen? Es ist dies die (ethische) Prämisse, von der jeder Redner ausgehen sollte, nämlich, daß Überzeugungsarbeit in der Rede auch Verantwortung für den Überzeugten bedeutet.

b) Logik

Was heißt „logisch"? Logisch heißt: folgerichtig. Von der Grundlage einer oder mehrerer Prämissen ausgehend, muß die Schlußfolgerung richtig sein.

Logische Ableitungen können entweder Schlüsse vom Allgemeinen zum Besonderen (Deduktionen), vom Besonderen zum Allgemeinen (Induktionen) oder Schlüsse aufgrund der Ähnlichkeit (Analogien) sein. Ein logischer Schluß aus zwei Prämissen heißt Syllogismus.

Beispiele:

– Deduktion: Alle Verkehrsmittel belasten die Umwelt durch Schadstoffe (sprich: Was ein Verkehrsmittel ist, belastet die Umwelt durch Schadstoffe). Ein Fahrrad ist ein Verkehrsmittel. Ein Fahrrad belastet daher die Umwelt durch Schadstoffe.
– Induktion: Personenkraftwagen verursachen Schadstoffe. Lastkraftwagen verursachen ... Omnibusse verursachen ... Motorräder ... (das heißt: Bisher konnte man immer feststellen, daß Fahrzeuge Schadstoffe verursachen.) Daher belasten Fahrzeuge immer die Umwelt durch Schadstoffe.

Sicherlich haben Sie bemerkt, daß die Schlüsse zwar logisch gültig, aber die Schlußfolgerungen falsch waren. Sie wurden falsch, weil die Prämissen falsch oder unvollständig waren.

Falsche oder unzureichende Prämissen anzunehmen und dann richtig zu schließen, ist ein beliebtes Mittel der Manipulation. Akzeptieren Sie daher auch, wenn Sie selbst Zuhörer sind, Aussagen nur dann, wenn Sie die Richtigkeit der Prämissen nicht anzweifeln. Als Redner sollten Sie überprüfen, ob Ihre Prämissen einer Prüfung standhalten können. Besonders problematisch ist die Haltbarkeit von Prämissen dann, wenn unzureichende Datengrundlagen vorhanden sind, so daß Sie ein „Nehmen wir an ..." vorausschicken müssen – und diese Annahme dann obendrein nicht zutreffend ist.

Rhetorische Figuren

Redefiguren sind sprachliche Stilmittel, die Sie zur Verstärkung der Redewirkung einsetzen können und sollen.

Bei der Verwendung rhetorischer Figuren sollten Sie jedoch darauf achten, daß Sie sie kreativ (und nicht schematisch) einsetzen, denn ihre Aufgabe ist es, zum Inhalt passend das Verständnis und die Aufmerksamkeit zu erhöhen.

Ein Stilmittel, das Ihnen auf diesen Seiten schon häufig begegnet ist, ist – ? Die **rhetorische Frage**, die unmittelbar darauf, im nächsten Satz, beantwortet wurde. Die Absicht war hier nicht, Ihre Antwort herauszufordern. Andererseits können rhetorische Fragen den echten Fragen sehr nahekommen in dem Sinn, an Sie zu appellieren, über einen Aspekt nachzudenken. Wenn Sie solche echten Fragen während Ihrer Rede stellen, ohne aufgrund der Situation eine Antwort erwarten zu können, sollten Sie nicht nur eine kurze Denkpause einplanen, sondern auch eine „Entwarnung" geben, indem Sie die Zuhörer auffordern, diesen Gedanken alleine weiterzuverfolgen, etwa mit der Formulierung „Ich glaube, dieser Aspekt ist es wert, weiterverfolgt zu werden, auch wenn wir jetzt zum nächsten Themenschwerpunkt übergehen."

Wo ich auf etwas besonders hinweisen wollte, habe ich wiederholt, manchmal in anderen Worten – ich habe also repetiert.

In diesem letzten Satz stecken gleich zwei rhetorische Mittel: die **Wiederholung** und der bewußte Einsatz von **Fremdwörtern**, eine bewußte Verfremdung.

Sie können auch Mißklänge schaffen, indem Sie bewußt einen Stilbruch begehen, etwa indem Sie einen hochgestochenen Textteil durch Dialektausdrücke auf den Boden zurückholen. Politiker huldigen häufig dem **Euphemismus**, das ist die Beschönigung eines Sachverhaltes. Da heißt zum Beispiel die Inflation „Preisanpassung", Arbeitslose sind „Beschäftigungspotentiale", und als „nicht ganz richtig" wird dargestellt, was eigentlich völlig falsch ist.

Sie können, um die Dramatik zu erhöhen, auch **übertreiben**, indem Sie Superlative verwenden, und Sie können „understatement" betreiben, also auffällig **untertreiben**, um die Aufmerksamkeit der Zuhörer wach zu halten.

Beim **Vorgriff** weisen sie auf die Punkte Ihrer Rede hin, die noch kommen (sollen), beim **Rückgriff** erinnern Sie an bereits Gesagtes.

Manchmal sind **Anspielungen** wirkungsvoll, besonders, wenn sie mit etwas **Ironie** verbunden sind.

Wollen Sie die Zuhörer schrecken, können Sie überraschend eine **direkte Anrede** einflechten: „Wie sehen Sie die Sache, Herr Meier?"

Anspielungen haben stark suggestive Wirkung („Hier dürfte wohl jeder verstehen, was das bedeutet.")

Die **Contradictio in adjecto**, der Widerspruch in sich, besteht in der Unvereinbarkeit zweier zusammengeordneter Ausdrücke („beredtes Schweigen") und wirkt meist verblüffend.
Die **Litotes** ist die vorsichtige Bejahung durch eine doppelte Verneinung („nicht unschön"), die **Meiosis** hebt durch Untertreibung auf meist ironische Weise etwas besonders hervor („Er ist nicht gerade ein Held").
Achten Sie bei Ihrer Rede darauf, zu welchen Formulierungen Sie neigen. Das kann einerseits ein wesentliches, unverkennbares Stilelement Ihrer Reden sein, könnte aber auch monoton und damit störend wirken.

Formulierungen für den Redebeginn

Mit einem guten Redebeginn fesseln Sie Ihre Zuhörer, bei einem schlechten Beginn müssen Sie erst nach und nach Pluspunkte sammeln und besonders darauf achten, weitere Fehler zu vermeiden. Die nachstehenden Formulierungsbeispiele können lediglich als Anregungen zum Finden eigener, dem Zweck jeweils angepaßter Ausdrucksweisen dienen. Vermeiden Sie stereotype Formulierungen, binden Sie Situation und Zuhörer in das ein, was Sie sagen, und zwar bereits mit den ersten Sätzen. Geben Sie sich weder zu unterwürfig noch arrogant, weder zu kalt und sachlich, noch zu emotionell. Lassen Sie aber die Zuhörer immer spüren, daß Sie Gefühle haben – das vermittelt menschliche Wärme und macht sympathisch.
Folgende Faktoren können Einfluß auf die Anfangsformulierungen haben:

a) Sie hatten einen Vorredner:
– Beginnen Sie niemals mit Kritik an diesem Vorredner. Deuten Sie höchstens an, daß Sie andere Standpunkte erläutern werden.
– Loben Sie jedoch nur dort, wo Sie es ehrlich meinen.
– Binden Sie alle relevanten inhaltlichen Elemente aus Vorreferaten in Ihre Rede ein. (Dazu wird es notwendig sein, daß Sie sich Notizen auf Ihrem Manuskript oder einem gut gegliederten Erinnerungszettel machen.) Sie erweisen dadurch einerseits den Rednerkollegen Referenz und erhöhen deren Akzeptanz, andererseits werden dem Publikum Gesamtzusammenhänge besser bewußt.
Formulierungsbeispiele:
– *Ich möchte mit meinem Referat zum Thema ... mit dem beginnen, was mein Vorredner bereits hervorgehoben hat. – Mein Vorredner hat Ihnen, meine sehr geehrten Damen und Herren, bereits etwas von dem nahegebracht, was ich nun näher und im einzelnen erläutern möchte. – Es ist schwierig, nach einem derart beeindruckenden Referat zu sprechen, und es ist mir eine Ehre, Ihnen nun meine Ansicht zu diesen Dingen nahelegen zu dürfen.*

b) Sie wurden vorgestellt:
– Danken Sie für das Vorstellen und ergänzen Sie dieses, soweit es Ihnen notwendig erscheint. Dies wird insbesondere dann der Fall sein, wenn das Publikum zum Verständnis mehr über Ihre Person wissen muß.
– Machen Sie sich nie kleiner, als Sie vorgestellt worden sind. Sie können auch durch verbindende Worte dem Publikum näherkommen:
– *Ich danke ... für das freundliche Vorstellen und die ehrenden Worte. Damit Sie wissen, welche Erwartungen Sie in mich setzen können, darf ich noch ergänzen ...*

c) Sie müssen sich selbst vorstellen oder sind dem Publikum bekannt:
– Gehen Sie mit einigen Sätzen auf Redesituation und Thema ein:
– *Ich stehe vor Ihnen als Sprecher meines Lehrgangs. Die Kollegen haben mich ersucht, Ihnen im Namen aller zu danken für ...*
– *Das Thema dieses Seminars ist vielen von Ihnen bereits bekannt, zum Teil auch vertraut. Ich bin mir dessen bewußt, daß Sie Vorwissen mitbringen, und werde die Ihnen grundsätzlich bekannten Punkte nur dort ansprechen, wo meiner Erfahrung nach häufig Irrtümer bestehen. Irrtümer zu beseitigen, Wissen abzusichern und neues Wissen zu erlangen, das sind die wesentlichen Anliegen ...*
– *Wir haben einen besonders erfreulichen Anlaß, der uns zusammengeführt hat: deinen ... Geburtstag. Erfreulich für dich und für uns, die wir dir als deine Gäste gratulieren dürfen ...*
Natürlich können Sie die Anrede und Begrüßung des Publikums auch einmal ganz weglassen oder in die Einleitung einbauen – wichtig ist, daß der Beginn Ihrer Rede nicht zu lang, sondern kurzweilig wird.

Formulierungen für die Einleitung

Nach einer Begrüßung des Publikums, dem Sie als Redner nun bekannt sind, geht es darum, den richtigen Einstieg in Ihr Thema zu finden.
Sollen Sie etwa eine Rede anläßlich der Beförderung eines Kollegen halten, so können Sie entscheiden, ob Ihre Rede beginnen soll

– mit einer **ernsten** Einleitung *(Pro Jahr werden in den österreichischen Betrieben rund 50.000 Personen befördert ...)*
– **historisch** *(Lassen Sie mich, meine Damen und Herren, einen kurzen Rückblick auf die Entwicklung unserer Abteilung geben ...)*
– **humorvoll** *(Wer kennt ihn nicht, den Retter von Abteilung A?)*
– mit einem **Zitat** *(Das Wichtigste im Leben eines Mannes sei der Beruf, sagte einmal...)*
– mit einem **persönlichen Ereignis** *(Als ich vor zehn Jahren in diesen Betrieb eintrat, war Herr Meier ...)*
– mit einem **aktuellen Ereignis** *(Sie alle wissen, meine Damen und Herren, aus welchem Anlaß wir uns hier zusammengefunden haben ...)*
– mit einem **Anknüpfungspunkt** *(Auch bei diesem herrlichen Sonnenschein gibt es für uns eine noch freudigere Tatsache, nämlich die Ehrung ...)*
– mit einer **rhetorischen Frage** *(Was ist wohl schwieriger und verdienstvoller, meine Damen und Herren, als das, was Herr Meier ...)*
– **provokativ** – Vorsicht mit dieser Art der Einleitung! Sie ist nur selten und nur in Frageform anzuraten!
– mit einer **Kontra-Einleitung** *(Es gibt eine schlechte Eigenschaft von Herrn Meier, die ich Ihnen nicht vorenthalten möchte ...)*
– mit einem **Zuhörerkompliment** *(Ich freue mich über die Anteilnahme, die Sie alle dem freudigen Ereignis des heutigen Tages entgegenbringen ...)*
– mit einer **Demonstration** *(Diese Perle, meine Damen und Herren, hat ähnliche Eigenschaften wie Herr Meier ...)*
– mit einem **Vergleich** *(In jedem Bereich des menschlichen Lebens werden jene Menschen ausgezeichnet, die sich durch umsichtiges und verläßliches Handeln um ihre Mitmenschen verdient gemacht haben. So ist auch Herrn Meier nun endlich ...)*

Üben Sie auch die Überleitung von den Einleitungsworten zum Hauptteil. Falls organisatorische Klärungen erforderlich sind, bauen Sie diese möglichst nicht in die Rede ein, sondern erledigen Sie die Organisation, bevor Sie mit der Rede beginnen. Die Rede muß als „Gesamtwerk" zu Ihren Zuhörern kommen, die Aufmerksamkeit muß ungebrochen sein. Werden Sie kurz nach Beginn der Rede erheblich gestört, scheuen Sie nicht davor zurück, Ihre Rede neu zu beginnen, allerdings mit anderen Worten.

Formulierungen für den Redeschluß

„Der erste Eindruck entscheidet, und der letzte bleibt!"
Die Formulierungen für den Redeschluß haben folgende Aufgabe:

– den Redeinhalt zusammenzufassen und
– abzurunden,
– ein Signal für das Ende der Rede zu geben und
– Handlungsimpulse für die Zuhörer zu setzen.

Es ist kein Versehen, daß der Aspekt „Signale für das Ende der Rede" in die Mitte gerückt ist. Das Ende der Rede ist eine Tatsache, die sich im Gefühl der Zuhörer von selbst einstellen sollte. Sie können nicht wie im Film das Wort „Ende" an die Tafel schreiben, es sei denn im Scherz.
Vermeiden Sie zum Abschluß der Rede unter allen Umständen

– negative Formulierungen,
– Floskeln wie „Das wärs" und
– Aussagen, die angesichts der Stimmung der Zuhörer oder deren Verhalten keinesfalls passend sind („Ich danke für Ihre Aufmerksamkeit", wenn Sie während der Rede immer wieder gestört wurden oder Teilnehmer deutliche Zeichen von Unaufmerksamkeit gegeben haben).

Wie immer Ihnen zumute ist, versuchen Sie, Haltung zu bewahren, so daß Sie zu einem „ordentlichen" Abschluß kommen.
Bei vielen Seminaren ist es üblich geworden, sogenannte „Rückkoppelungsrunden" zu machen und vor allem zum Abschluß eine Stellungnahme aller Beteiligten einzuholen. Wenn Sie den Eindruck haben, daß eine derartige Rückkoppelungsrunde vorwiegend negative Ergebnisse bringen könnte, sollten Sie darauf verzichten.
Folgen Sie niemals stur einem Schema, Sie verstärken so vielleicht nur latent vorhandene negative Gefühle der Zuhörer.
Als Verkäufer sollten Sie ein negativ verlaufenes Verkaufsgespräch nicht abrupt beenden, sondern zumindest so weit abrunden, daß weitere Gespräche ohne Ressentiments möglich sind. Das fällt Ihnen dann wesentlich leichter, wenn Sie sich auf die Probleme Ihres Kunden konzentriert haben und damit seine Weigerung als sein eigenes Problem ansehen, nicht als das Ihre. Sie werden sich dann auch eher mit dem beschäftigen, was er wirklich braucht. Vielleicht möchte er Ihr Produkt kaufen und kann es sich nur nicht leisten? Oder er weiß, daß Ihr Produkt nichts taugt – dann müssen Sie alles daran setzen, daß das von Ihnen vertretene Unternehmen die Produkte verbessert.

Als Abteilungsleiter, der gezwungen ist, ein tadelndes Gespräch mit einem Mitarbeiter zu führen, sollten Sie sich den Abschluß im voraus besonders gut überlegen – es sei denn, Sie sind entschlossen, das Arbeitsverhältnis unter allen Umständen aufzulösen. Aber selbst dann hat jener Mitarbeiter ein Recht darauf, in seiner persönlichen Würde geachtet zu werden. Zorn, Ärger und Enttäuschung sind durchaus menschlich und dürfen auch zum Ausdruck gebracht werden – aber sie dürfen nicht zur persönlichen Vernichtung eines anderen führen. Um das zu vermeiden, können und sollten Sie sogenannte „Ich-Botschaften" senden, in denen Sie Ihren Ärger als *Ihren* Ärger bezeichnen.

Bedenken Sie die unterschiedliche Wirkung, die Sie erzielen, wenn Sie sagen „Sie ärgern mich zu Tode", oder wenn Sie sagen „Ich ärgere mich gerade sehr über Sie". Im ersten Fall ist es ein persönlicher Vorwurf, im zweiten Fall zunächst eine Darstellung eines eigenen seelischen Zustandes. Im ersten Fall wird die natürliche Reaktion entweder ein Abbruch der Kommunikation, ein Angriff oder eine Entschuldigung sein, im zweiten Fall besteht zumindest die Möglichkeit, daß durch eine Frage des Kommunikationspartners das Gespräch eröffnet wird; er muß sich zwar betroffen, aber nicht unmittelbar angegriffen fühlen.

Es sei nochmals wiederholt: Schließen Sie Gespräche und Reden niemals negativ ab. Die Rede so zu beenden, daß ein unangenehmer Nachgeschmack bleibt, gelingt zwar auch berufsmäßigen Rednern immer wieder, ist aber nichtsdestoweniger ein Fehler. Wenn Sie nichts mehr sagen können, um dem Gespräch doch noch eine Wende zu geben, drücken Sie zumindest aus, daß Sie derzeit keine anderen Schlüsse ziehen können und das Gespräch unter allen Umständen wieder aufnehmen wollen.

Besonders gefährlich sind in dieser Hinsicht Gespräche am Telefon. Wenn Sie sehr wütend sind und Ihrem Gesprächspartner Grobheiten an den Kopf werfen, kann er den Hörer einhängen und die Kommunikation schlagartig unterbrechen. Damit wird Ihnen ein durch und durch negativer Redeabschluß aufgezwungen. Die Rede am Telefon hat völlig andere Gesetzmäßigkeiten, denen wir anschließend noch einen eigenen Abschnitt widmen wollen.

Zurück zu den Formulierungsbeispielen für den Redeschluß:

a) Zusammenfassung:
Ich halte folgende der dargestellten Punkte für so wichtig, daß ich sie noch einmal kurz zusammenfassen und in Erinnerung rufen möchte ... (Vielleicht unterstützt durch eine Folie oder Flip-Chart ?) – *Gehen wir nochmals die wichtigsten Aspekte dieses Themas durch ... – Wir haben mit ... begonnen, sind dann auf ... zu sprechen gekommen, woraus sich folgende Schlüsse ergeben haben ... – Fassen wir abschließend kurz zusammen ...*

b) Abrundung (Hinterlassen Sie einen guten Gesamteindruck):
Es war mir ein Anliegen, mit/ zu Ihnen zu sprechen, und ich danke Ihnen für das Gespräch. – Es war mir eine Ehre, zu Ihnen sprechen zu dürfen, und ich hoffe, Ihre Erwartungen nicht entäuscht zu haben. Für eventuelle Fragen stehe ich Ihnen nun anschließend in der Diskussion gerne zur Verfügung. – Lassen Sie mich abschließend noch sagen: eine Laudatio auf Sie, sehr geehrte Frau Direktor, zu halten, war für mich nicht nur eine Aufgabe, die ich gerne erfüllt habe, sondern die mir sogar ein echtes Bedürfnis war: Ihnen diese Worte zu sagen, die Sie diese Würdigung schon längst verdient hatten.

c) Signale für das Ende der Rede:
Nach dem Abschluß darf ich Sie bitten, sich noch rege an der Diskussion zu beteiligen.
– Ich habe Ihnen nun alles gesagt, was mir am Herzen lag, und möchte Ihnen für Ihre Aufmerksamkeit danken.
(Sagen Sie nicht: „Ich möchte Sie nicht länger belästigen". Es wäre schlimm für Sie und die Zuhörer, wenn Sie sie tatsächlich belästigt hätten. Sagen Sie auch nicht, Sie möchten nicht länger aufhalten. Vermeiden Sie in jedem Fall negative Äußerungen!)

d) Handlungsimpulse für die Zuhörer:
Ich denke, daß sich aus dem Gesagten für Sie einige Fragen ergeben haben, die wir in der anschließenden Diskussion besprechen werden. – Sie haben hier vielleicht einiges erfahren, das Sie nun auf Ihre Situation übertragen müssen, damit Sie einen Nutzen aus dem Gesagten ziehen können. Dazu habe ich Ihren Unterlagen eine Maßnahmenliste beigefügt, in die Sie eintragen können, welcher Themenbereich Sie zu welchen Maßnahmen für sich angeregt hat.
– Wenn wir nun schließen, soll doch das Gesagte nicht vergessen und vergangen sein.
– Wir hatten zwar ein unangenehmes Gespräch, aber ich möchte mit Ihnen weiterhin konstruktiv zusammenarbeiten. Ich hoffe, es ist mir gelungen, Ihnen in unserem Gespräch das zu vermitteln, daß ich Ihre Mitarbeit sehr wohl schätze, daß ich aber in der besprochenen Angelegenheit Ihre übliche Verläßlichkeit vermißt habe und dadurch enttäuscht war. Wenn Probleme auftreten, sollten wir rechtzeitig darüber reden, ehe Schaden entsteht. – Wie wollen wir weiter vorgehen? Darf ich Sie anrufen, oder melden Sie sich bei mir?

Aufbereitung des Manuskripts für die Präsentation

Das Manuskript soll Ihnen helfen, den Inhalt vollständig, in logischer Abfolge und in guten Formulierungen zu präsentieren. Am Manuskript können Sie feilen und verbessern, das gesprochene Wort hingegen steht ein für allemal im Raum, mit allen Fehlern und Mängeln, aber auch mit aller Lebendigkeit und Menschlichkeit, die durch Fehler spürbar werden – denn auch Perfektion kann kalt und leblos wirken. Der schüchterne und unsichere Redner neigt dazu, seine Rede vom Blatt zu lesen. Dadurch wird der Erfolg der Rede in mehrfacher Hinsicht beeinträchtigt:

– Der Redner kann sein Publikum nicht oder nur unzureichend beobachten und somit dessen Verhalten kaum richtig einschätzen;
– Langeweile macht sich schneller breit, da er so kaum Stimmungen schaffen kann, und
– er wird dazu neigen, auf das Blatt hin zu sprechen, was die Verständlichkeit herabsetzt.
– Der Redner wird kaum als Redner empfunden, sondern eher als Vorleser. Damit verliert die Rede auch an persönlicher Note – denn vorlesen könnte das Manuskript jeder:
– und so wirkt er durch das Kleben am geschriebenen Wort auch wenig überzeugend.

Vermeiden Sie daher so weit als möglich das Vorlesen Ihrer Rede. Es spricht nichts dagegen, daß Sie einzelne Passagen vorlesen, bei denen es auf eine wortgetreue Wiedergabe ankommt, ansonsten sollten Sie aber möglichst frei sprechen. Frei sprechen könnte bedeuten, daß Sie Ihre Rede auswendig lernen müssen – das ist weder sinnvoll noch im allgemeinen zumutbar. Sie müssen Ihr Manuskript also so aufbereiten, daß Sie die wesentlichen Erinnerungspunkte stets zur Hand haben.

Wie Sie das Manuskript am besten aufbereiten, hängt von mehreren Faktoren ab:

a) Sie haben keine Möglichkeit, Präsentationshilfen zu verwenden oder möchten darauf verzichten:

– bereiten Sie einen Stichwortzettel vor;
– markieren Sie in Ihrem Manuskript die wichtigen Stichwörter;
– schreiben Sie Ihr Manuskript einseitig und in übersichtlicher Form, mit möglichst großem Zeilenabstand und in möglichst großer Schrift;
– heben Sie besondere Formulierungen hervor (etwa für den Beginn oder die Verabschiedung);
– sehen Sie vor, daß Sie alle Manuskriptseiten leicht finden können und keine Verwechslungen möglich sind;
– üben Sie, durch einen raschen Blick auf das Manuskript die richtigen Stellen und Ansätze zu finden;
– üben Sie, regelmäßig vom Manuskript aufzusehen, um nicht auf den Blickkontakt zu vergessen;
– sehen Sie Pausen vor (die Sie in das Manuskript einzeichnen) – etwa durch Fragen an das Publikum –, in denen Sie auch Zeit finden, die nächsten Sätze zu überlegen.
– Am besten eignen sich lose Manuskriptblätter für die Präsentation. Sorgen Sie dafür, daß diese nicht durch Luftzug weggetragen werden können, aber dennoch beweglich bleiben, etwa durch einen Briefbeschwerer oder eine Klammer.

b) Ihnen stehen Präsentationshilfen zur Verfügung:

Bereiten Sie in diesem Fall zusätzlich zum Manuskript folgende Präsentationsblätter vor:
– Darstellung der Gliederung Ihrer Rede,
– zu jedem Abschnitt Einzelblätter mit den wichtigsten Begriffen,
– soweit passend und möglich, Bilder und Graphiken zum Thema.
– Wenn Sie Ihre Rede spontan durch Beispiele ergänzen wollen, die Sie auf Ihr Publikum (das Sie bei der Vorbereitung noch nicht kennen) abstimmen möchten, so bereiten Sie eine gut gegliederte Beispielsammlung vor, aus der Sie später auswählen.
– Eine Darstellung des gesamten Textes auf Folien ist zwar ungewöhnlich, aber durchaus möglich, wenn die Schrift groß genug ist, daß die Zuhörer beim Lesen keine Schwierigkeiten haben.
– Versehen Sie Ihre Folien mit Ordnungsnummern, damit Sie sie auch rasch finden, wenn Sie den Ablauf der Rede und mit ihr den Präsentationsablauf spontan ändern. Ein Inhaltsverzeichnis muß jederzeit griffbereit sein. Selbst gute Reden und Vorträge leiden darunter, wenn der Redner nach Unterlagen sucht.

Der Stichwortzettel

Wenn Sie nur mit einem Stichwortzettel gewappnet vor das Publikum treten können oder wollen, so sollte dieser folgendermaßen aufgebaut sein:

- Nennung des Themas,
- Einleitung und Erläuterung des Themas,
- Haupt- und Nebenstichworte,
- Schluß.

Die eigentliche Ausformulierung geschieht beim Sprechen selbst – für Ungeübtere ist es daher sehr zu empfehlen, möglichst viele Stichwortzettel anzufertigen und vielleicht sogar – zur Beruhigung – Einleitung und Schluß wörtlich aufzuschreiben. Ein gut vor- und aufbereitetes Manuskript, insbesondere, wenn es durch Folien ergänzt wird, gibt Ihnen als Redner ein Gefühl von Sicherheit und hilft Ihnen über Anfangsnervositäten hinweg.

Je mehr Sie zu Nervosität neigen, desto besser müssen Ihre Redeunterlagen sein. In diesem Fall beschränken sich die Schwierigkeiten auf den richtigen Beginn – und selbst den können Sie vorformulieren. Ist Ihre Nervosität so stark, daß Sie Angst haben, sich zu versprechen, zu stottern, die Stimme versagen zu fühlen, dann üben Sie Standardsätze, indem Sie diese bewußt „aufführen", laut und leise und in den unterschiedlichsten Tonlagen sprechen.

Daß Redner am Beginn ihrer Rede nervös sind, verzeiht man nahezu als eine Selbstverständlichkeit. Bei berufsmäßigen Rednern berührt das zwar etwas eigenartig, macht aber dennoch meist sympathisch. Wenn die Nervosität während der ganzen Rede nicht abnimmt, mag das zwar auf manchen Zuhörer unangenehm wirken, kann aber bei einem interessanten Thema den Redeerfolg nicht wesentlich beeinträchtigen. Falls Sie sehr nervös sind, hüten Sie sich jedenfalls vor spontanen Reden, spontanen Ergänzungen zu ihrer Rede oder gar vor Stegreifreden, denn dann laufen Sie tatsächlich Gefahr, steckenzubleiben und keine Worte mehr zu finden.

Die Stegreifrede

Spontan und aus dem Stegreif gut zu reden, ist meist nur möglich, wenn die Nervosität bereits überwunden ist, da sonst die Denkfähigkeit und das sprachliche Ausdrucksvermögen blockieren – das Sprechdenken, wie es die Stegreifrede verlangt, ist somit fast unmöglich gemacht. Wenn Sie immer wieder Stegreifreden halten müssen oder damit rechnen können, in diese Lage zu kommen, sollten Sie folgendes trainieren:

- Werden Sie schlagfertig.

Das können Sie üben, indem Sie harmlose Situationen provozieren, in denen Sie Schlagfertigkeit beweisen müssen, etwa im Kreis Ihrer Familie. Wenn sie unfreiwillig Zeuge von Gesprächen anderer werden (etwa in öffentlichen Verkehrsmitteln, Warteräumen etc.), dann kommentieren Sie für sich die Aussagen, die gemacht werden, und überlegen Sie, was Sie selbst an der einen oder anderen Stelle erwidert hätten. Auch durch das Lesen von Theaterstücken, insbesondere von Komödien, können Sie Schlagfertigkeit erwerben.
- Lernen Sie, rasch Inhalte zu finden und zu strukturieren.

Sie können Ihre Kreativität entwickeln, indem Sie beispielsweise bewußt Assoziationsketten (Verknüpfung von Vorstellungen) entwickeln, wann immer Ihnen ein Thema einfällt. Für jeden Menschen gibt es Gelegenheiten zu Stegreifreden, je nachdem, in welchem beruflichen und sozialen Umfeld er sich bewegt, so daß er seine möglichen Themen sogar mit großer Wahrscheinlichkeit kennt.

Gehen Sie solche Situationen in Gedanken immer wieder durch, indem Sie diese Themen besprechen, Inhalte suchen, Assoziationsketten bilden; Formulierungen suchen, die humorvoll, bissig, ironisch, unbeteiligt und aggressiv sind. Je häufiger Sie in dieser Weise trainieren, desto sicherer werden Sie in Ihren Antworten. Jedes noch so harmlose Gespräch ist für Sie eine Gelegenheit, Ihre Schlagfertigkeit zu trainieren!

Hier einige Situationen, die Sie zu Übungen anregen könnten:

– Sie werden als Schwarzfahrer in der Straßenbahn erwischt. Was sagen Sie? (Verzichten Sie aber bitte auf eine praktische Anwendung Ihrer Schlagfertigkeit!)
– Sie werden in einem Supermarkt zu Unrecht des Diebstahls bezichtigt. Wie verteidigen Sie sich?
– Sie werden von einem Polizisten wegen überhöhter Fahrgeschwindigkeit angehalten. Was antworten Sie, wenn er fragt, warum Sie zu schnell gefahren sind?

Sie können zahlreiche derartige Situationen finden, Sie können aus Filmen lernen und sich Verhaltensweisen, die Ihnen gefallen, merken.

In einem fortgeschritteneren Stadium sollten Sie versuchen, bestimmte „Redeziele" zu erreichen, das heißt nicht nur Situationen zu bewältigen, sondern sie zu steuern. Sie könnten beispielsweise anstreben, bei harmlosen Vergehen wie der geringfügigen Überschreitung der erlaubten Parkzeit in einer Kurzparkzone nicht bestraft zu werden.

Üben Sie die Formulierungen mit verschiedenen Satzbetonungen und analysieren Sie die unterschiedlichen Wirkungen. Nehmen wir als Beispiel Ihr (hoffentlich nur unwesentliches) Überziehen der Parkdauer, zu der Sie folgenden Satz äußern: „Ich habe die Zeit übersehen." Was betonen Sie? Das *Ich*, das *habe*, *die Zeit*, oder das *übersehen*? Haben Sie den Satz wie eine Frage formuliert? Wenn Sie das *Ich* betonen, gestehen Sie einen persönlichen Fehler und übernehmen die Verantwortung für etwas. Mit einem betonten *habe* legen Sie ein Geständnis ab; betonen Sie dagegen *die Zeit*, geben Sie zu Verstehen, daß Sie sehr wohl davon wußten, in einer Kurzparkzone zu stehen, und betonen Sie *übersehen*, so möchten Sie jegliche Unterstellung einer bösen Absicht zurückweisen. Wenn Sie ungeschoren davonkommen wollen, wird eine Satzmelodie in Richtung Frage eher problematisch sein. Wenn Sie üben, sollten Sie immer überlegen, wie Sie in der Rolle des anderen reagieren würden. Welches Verhalten und welche Formulierungen würden Sie als Polizist erwarten, über welche würden Sie sich ärgern, welche würden Sie milder stimmen?

Wenn Sie zu Unrecht des Diebstahls bezichtigt werden, haben Sie zweifellos ganz klare Vorstellungen vom Ausgang dieser Situation: Sie wollen vor jedem, der den Vorfall bemerkt hat, sofort rehabilitiert werden. Wie gehen Sie vor, damit Sie nicht nur recht behalten, sondern dieses Ziel auch wirklich prompt erreichen? Sammeln Sie zur Übung für diese Situation ein Repertoire an Redeanfängen und -abschlüssen.

Telefongespräche und Reden am Telefon

Das Telefongespräch hat Strukturen, die vom Gespräch im direkten Kontakt deutlich verschieden sind und die Sie für eine erfolgreiche Rede beachten müssen:

– Sie können die Körpersprache des Zuhörers nicht beobachten und können seine Stimmung nur über den Ton seiner Stimme einschätzen, das heißt Sie müssen hohes akustisches Einfühlungsvermögen besitzen.
– Sie kennen die Umgebung nicht, in der er sich befindet.
– Sie wissen nicht, wer noch zuhört (zum Beispiel per Lautsprechereinrichtung).
– Ihr eigenes ausschließliches Präsentationsmittel ist Ihre Stimme.
– Sie müssen vermehrt darauf achten, sich unmißverständlich auszudrücken, da Sie den Sinn Ihrer Aussage nicht durch Gesten unterstreichen können.
– Sie können jederzeit mit technischen Störungen konfrontiert werden; es kann geschehen, daß das Gespräch durch technische Mängel abrupt beendet wird. Sie müssen daher so sprechen, daß auch bei einem unvermittelten Abbruch keine gefährlichen Mißverständnisse bestehen bleiben können – etwa, indem Sie die Satzaussage möglichst an den Satzanfang rücken, das heißt das Wichtigste zuerst sagen.
Besonders groß ist die Gefahr des Unterbrochenwerdens derzeit noch bei Telefonaten, die vom Auto- oder Zugtelefon aus geführt werden. In diesen Fällen sollten Sie mit Ihrem Gesprächspartner gleich eingangs klarstellen, daß es Unterbrechungen geben kann, und wer dann versucht, den anderen zu erreichen.
– Der Zuhörer kann das Gespräch abbrechen, ohne daß Sie es verhindern können,
– und er kann völlig geistesabwesend sein und dennoch den Anschein erwecken, Ihnen aufmerksam zuzuhören.
– Sie können nicht kontrollieren, ob wichtige Redeinhalte notiert werden.

Bei Telefongesprächen ergeben sich daher folgende Grundsätze für Ihre Redeweise:

– Hören Sie aufmerksam auf Art und Form der Antworten des Gesprächspartners und achten Sie auf den Klang seiner Stimme, auf Lautstärke, Tonfall, emotionale Färbung und dergleichen. Bauen Sie in relativ kurzen Abständen Punkte ein, an denen Ihr Gesprächspartner antworten kann, damit Sie sich orientieren können, wieweit er Ihnen folgen kann. Die einfachste, aber störendste Art ist die Frage „Verstehen Sie mich?" – Wenn der andere Sie nicht verstanden hat, aber Sie verstehen möchte, wird er normalerweise ohnehin nachfragen. Wenn Sie vermuten, daß er, aus welchen Gründen immer, nicht nachfragen will, verbessern Sie die Kommunikation durch eine andere Fragestellung, beispielsweise „Habe ich mich verständlich ausgedrückt?" Noch besser sind Kontrollfragen, die Ihnen eine unmittelbare Überprüfung des Verständnisses ermöglichen, wie etwa „Was werden Sie also in dieser Angelegenheit unternehmen?".
– Fragen Sie bei vertraulichen Gesprächen, ob der Gesprächspartner frei sprechen kann. Ein einfaches Ja oder Nein kann in fast jeder Situation geantwortet werden.
– Fragen Sie, ob Sie mit Ihrem Telefonat stören oder ob Ihr Gesprächspartner unter Zeitdruck steht.
– Vermeiden Sie am Telefon Gespräche über Dinge, die im Falle des Mithörens für Sie fatale Folgen haben könnten. Bei Autotelefonen besteht übrigens sogar die Gefahr, von Dritten abgehört zu werden.

– Persönliche Konflikte eignen sich kaum dafür, am Telefon gelöst zu werden. Für kritische Situationen reicht das gesprochene Wort allein nicht aus; selbst Versprecher können zu schwerwiegenden Mißverständnissen führen, und bei unbedachten Äußerungen merken Sie es oft erst zu spät, wie betroffen der andere ist.

– Sprechen Sie so, daß es einprägsam wirkt. Was sich der andere merken soll oder muß, sollte wiederholt werden. Wenn es sich um besonders wichtige Dinge handelt, müssen Sie ihn entweder fragen, ob er mitschreibt, oder ihn dazu auffordern – und zwar am besten, indem Sie fragen „Haben Sie etwas zum Schreiben zur Hand?" oder „Können Sie sich etwas notieren, darf ich Ihnen die Information durchgeben?"

– Wenn Sie feststellen, daß ein Telefongespräch schärfer zu werden beginnt und Sie keine Formulierungen finden, die eine konstruktive Fortsetzung des Gesprächs ermöglichen, oder aber wenn Sie bemerken, daß Sie einer seelischen Belastung ausgesetzt sind, die Sie zu unbedachten Äußerungen verleiten könnte, so versuchen Sie, das Gespräch mit verbindlichen Worten zu unterbrechen, etwa indem Sie sagen: „Mir fehlen im Augenblick die geeigneten Worte. Darf ich Sie zurückrufen? Wie lange sind Sie noch erreichbar?" oder „Ich bin von dem, was Sie gesagt haben, so stark betroffen, daß ich erst ruhiger werden muß, um das Gespräch sinnvoll weiterführen zu können. Darf ich Sie etwas später wieder anrufen?"

– Unterbricht Ihr Gesprächspartner das Telefonat, indem er auflegt, müssen Sie entsprechend reagieren:
Liegt Ihnen selbst an der Fortführung des Gesprächs, so lassen Sie etwas Zeit verstreichen und rufen Sie wieder an.
Liegt die Fortsetzung des Gesprächs vorwiegend im Interesse Ihres Gesprächspartners – dann warten Sie, daß er wieder anruft.
In persönlichen Gesprächen mag das Hörerauflegen als Ausdruck heftiger Erregung, von Wut bis zu starker Enttäuschung, gerade noch angehen. Völlig unakzeptabel ist diese Methode jedoch im Verkehr mit Geschäftspartnern.
Bei Anrufen allerdings, die durch eine schlichte Erklärung abzubrechen Ihnen nicht gelingt oder die Sie unzumutbar belästigen würden (wie etwa bei Anrufen von Werbefirmen oder gar Terroranrufen) ist diese Art von Abbruch eine selbstverständliche Notwehrmaßnahme – es sei denn, Sie wollen Ihre Eloquenz auch in solchen Situationen unter Beweis stellen.

– Legen Sie alle Gefühle in die Stimme. Signalisieren Sie über die Stimme deutlich, was Sie empfinden, und vermeiden Sie Unstimmigkeiten in Ihren Worten und dem Klang Ihrer Stimme. Ein tonloses, lustloses „Ich freue mich, daß Sie anrufen" läßt wenig Freude beim anderen aufkommen.

– Trainieren Sie für Telefonate besonders Ihre Schlagfertigkeit und Wendigkeit.

Die Präsentation

Auch wenn in den vorangegangenen Kapiteln bereits vieles zur Präsentation gesagt wurde, soll diesem wichtigen Aspekt der Rede ein eigenes Kapitel gewidmet werden. *Präsentation* meint hier nicht nur den Vortrag, sondern jede Art der Realisierung eines Redeinhalts, sei es in Gesprächsführung, Verhandlung, Diskussion oder ähnlichen Situationen. Alle Präsentationen haben den gleichen Zweck: die Inhalte sollen möglichst störungsfrei beim Zuhörer ankommen. Störungsfrei bedeutet dabei, daß der Zuhörer die Rede so auffassen sollte, wie sie von Ihnen gemeint ist. Ob jene Wirkungen erzielt werden, die Sie beabsichtigen, hängt nicht unbedingt vom störungsfreien Empfang der Botschaft ab. Gute Präsentation bedeutet also, dem Zuhörer

– auf ihm verständliche und leicht faßbare Weise,
– die ihn zum Zuhören und zur Zustimmung motiviert,
– einen Inhalt zu übermitteln,
– und zwar in einer Form, in der das gesprochene Wort eine tragende Rolle spielt,
– die Gesamtwirkung aber auch von anderen Faktoren in wesentlicher Weise abhängig ist.

Präsentationen, bei denen Sie Umfeld und Form selbst bestimmen können

Bei derartigen Präsentationen haben Sie alle Trümpfe in der Hand, indem Sie viele der für den Erfolg Ihrer Rede wesentlichen Einflußfaktoren von Anfang an unter Kontrolle haben – nutzen Sie die Unterstützung durch Umfeldfaktoren stets so weit wie möglich!

Gute Bedingungen für den Zuhörer

Schaffen Sie zunächst gute Bedingungen für den Zuhörer, wie bequeme Sitzgelegenheiten, gute Sicht auf Sie als Redner, Präsentationshilfen, geeignete Unterlagen und Bedingungen, um mitzuschreiben, wenn das im Rahmen dieser Rede sinnvoll oder notwendig ist; gute Beleuchtung – möglichst Tageslicht –, luftzugfreie Räumlichkeiten mit angenehmer Temperatur, Pausengetränke, bei Übernachtungen Zimmer mit entsprechendem Standard, und so weiter.

Ist der Raum zu groß oder mit schlechter Akustik, dann sehen Sie eventuell eine durch Mikrophon und sinnvoll angebrachte Lautsprecher unterstützte Präsentation vor. Der Zuhörer muß sich während der Rede körperlich wohl fühlen können, und das verlangt eben

– ausreichend Platz und Bewegungsfreiheit,
– bequemes Sitzen, das auch ein längeres Ausharren ermöglicht,

– gute Sicht- und Hörbarkeit des Redners,
– angenehmes Raumklima und
– gute Unterlagen.

Gute Bedingungen für Sie als Redner

Sie brauchen als Redner vor allem Präsentationshilfen, die es Ihnen ermöglichen, den Inhalt Ihrer Rede in geeigneter Form besonders wirkungsvoll zu vermitteln. Wählen Sie jene Hilfsmittel, die Ihnen die für den Zweck der Rede geeignetste Art der Präsentation von Unterlagen gewähren – ob nun Videoband, Overhead-Folien, Photos, Plakate, Diapositive oder anderes.

Die Akustik des Raumes muß so sein, daß Sie mit Ihrer üblichen Stimmstärke sprechen können und nicht schreien müssen. Es muß Ihnen möglich sein, mit allen Zuhörern Blickkontalt zu halten. Wenn Sie (etwa an einem Rednerpult) stehen und ermüden könnten, sollten Sie die Möglichkeit haben, sich zu setzen. In den meisten Präsentationsräumen fehlt diese Möglichkeit allerdings. Wenn Sie in nicht erhöhter Position sitzen, wird es wiederum schwierig sein, den Blickkontakt aufrechtzuerhalten – Sie haben dann selbst bei mittelgroßen Gruppen ohne Mikrophon bereits akustische Probleme. Sorgen Sie auch dafür, daß Sie den Overhead-Projektor, falls Sie ihn benötigen, stehend bedienen können, und daß es Ihnen möglich ist, auf Folien zu schreiben, ohne sich stark bücken zu müssen – das ist nicht nur für Sie unangenehm, es kann auch auf das Publikum komisch wirken.

Überprüfen Sie die Beleuchtung und den Lichteinfall bei Sonnenschein: Ist ein Overhead-Bild dann noch lesbar? Wenn Sie auf Flip-Chart schreiben wollen und das Geschriebene während Ihrer ganzen Rede sichtbar bleiben soll, können Sie Präsentationstafeln vorbereiten lassen oder zumindest dafür sorgen, daß Sie die beschriebenen Charts für die Zuhörer sichtbar an die Wand heften können. Vereinbaren Sie, wenn nötig, Hilfe für das Anbringen der Blätter. Wenn Sie diese Arbeit selbst übernehmen müssen, stört das den Ablauf der Rede erheblich. Außerdem kann diese Art der Unterbrechung Sie aus dem Konzept bringen, besonders wenn andere Störungen hinzukommen, wie etwa Zwischenfragen.

Grundsätzlich gilt: Schaffen Sie sich eine Umfeldsituation, in der Sie sich wohlfühlen, mit der Sie im Idealfall sogar vertraut sind, beispielsweise, indem Sie eine Verhandlung in Ihren eigenen Räumen führen oder in einem Restaurant, wo man Sie kennt.

Sie sollten darauf bestehen, die Verhandlung dort zu führen, wo Ihnen die nötigen Präsentationshilfen zur Verfügung stehen, etwa wenn Sie anhand eines Videofilmes etwas beweisen oder dokumentieren möchten.

Präsentationen, bei denen Sie keinen Einfluß auf das Umfeld haben

In den meisten Fällen wird Ihnen, wenn Sie reden wollen (oder müssen), allerdings nur ein eingeschränkter Einfluß auf das Redeumfeld gestattet sein, Sie können vielleicht einige grundsätzliche Wünsche zu Hilfsmitteln äußern, doch die meisten Umfeldfaktoren müssen Sie als gegeben hinnehmen. Leider sind diese meist denkbar ungünstig – es bleibt Ihnen nichts anderes übrig, als sich darauf einzustellen. Haben Sie aber den Mut, psychische Beeinträchtigungen durch diese Faktoren (wie schlechtes Licht oder miserable Luft) anzusprechen, gleichgültig, ob sich diese bei Ihnen selbst einstellen, oder ob Sie sie beim Publikum bemerken. Wenn Sie feststellen, daß ein Weiterarbeiten unter den herrschenden Umständen nicht mehr möglich ist, konzentrieren Sie den Rest Ihrer Rede auf das Wesentliche und schließen Sie ab. Das Publikum wird es Ihnen danken, wenn Sie sich um seine Nöte kümmern.

Nehmen wir aber an, Sie können schon im vorhinein mit den schlechtesten Bedingungen für das Publikum und für Sie rechnen und sich darauf einstellen, unter ungünstigen Voraussetzungen eine dennoch gute Rede halten zu müssen. Gibt es keinen Vortragstisch, keine Möglichkeit, sich das Manuskript gut lesbar zurechtzulegen, und keine Präsentationshilfen, so liegt es an Ihnen, Ihre Kunst als Redner zu entfalten. Suchen Sie in verstärktem Maß die Nähe zu Ihrem Publikum. Bewegen Sie sich im Raum, seien Sie allen gegenwärtig. Sprechen Sie so, daß die Konzentration nie nachläßt, motivieren Sie die Zuhörer ununterbrochen, indem Sie sie verstärkt einbinden. Sie werden bemerken, daß damit das Reden zur Schwerarbeit wird, und Sie sollten sich auch nicht überfordern. Ungeeignete Bedingungen erfordern Kraft. Unter solchen Umständen die Rede in vollem Ausmaß „durchzuziehen", kann auch zur Überanstrengung der Zuhörer führen. Der Grundsatz „Weniger ist mehr" gilt hier verstärkt.

Besonders bei Verhandlungen sind Sie häufig ungeeigneten oder sogar unangenehmen Umfeldbedingungen ausgesetzt – das kann sogar in der Absicht des Verhandlungspartners (bzw. -gegners) liegen, um Sie einzuschüchtern. Das einzige Mittel, um den Nachteil solcher Bedingungen wettzumachen – der letztlich in der Beeinträchtigung Ihres Wohlbefindens besteht – ist, sich auf die Sache zu konzentrieren und sich selbst gegen den Verhandlungspartner zu mobilisieren, der Ihnen derartige Verhandlungsbedingungen zumutet.

Ein ungeeignetes Umfeld ist auch bei sehr vielen Redeveranstaltungen anzutreffen, die mit einer Diskussion enden und wo Sie Zuhörer und Diskussionsteilnehmer in einer Person sind. Ihre Zuhörer sind einerseits der oder die Redner, andererseits das Publikum. Üblicherweise werden Sie, wenn Sie nicht gerade in der letzten Reihe sitzen, einem Teil des Publikums den Rücken zukehren. Umso wichtiger ist daher, daß Sie von allen Anwesenden verstanden werden und zu diesem Zweck folgende Regeln beachten, ehe Sie sich zu Wort melden:

– Sie wissen, was Sie sagen wollen.
– Sie bringen den Inhalt in eine strukturierte Form.
– Sie unterscheiden zwischen Fragen und Meinungsäußerungen.
– Sie schließen mit einem Handlungsimpuls oder formulieren Ihre Erwartungen, geben jedenfalls ein Signal für das Ende Ihrer Wortmeldung.

Störungen und Fehlerquellen

Störungen während der Rede

Wer redet, muß mit Störungen rechnen. Störungen können die verschiedensten Ursachen haben:

- Feindseligkeit zwischen Redner und Veranstalter,
- Desinteresse der Zuhörer,
- Proteste gegen Inhalte der Rede;
- sie dienen manchem Zuhörer dazu, sich in den Mittelpunkt zu rücken,
- oder aber auch, aktive Teilnahme zu demonstrieren (wenn Zwischenfragen und -rufe auch als Störungen im weiteren Sinn bezeichnet werden können) und vieles andere mehr.

Nicht nur als berufsmäßiger Redner sollten Sie lernen, mit Störungen umzugehen. Der erfolgreiche Umgang mit Störungen verlangt zwei Voraussetzungen:

- das richtige Erkennen der Ursache und
- Gewandtheit sowie Geistesgegenwart bei der Behebung.

Störungsformen

Störungen treten in den unterschiedlichsten Formen auf, und üblicherweise wächst die Intensität, wenn sie nicht beseitigt werden.

Eine erste Form stellt die **Unaufmerksamkeit** dar, die sich als Unkonzentriertheit, Nervosität, Ungeduld oder Langeweile bemerkbar macht, in einer Steigerungsstufe verbunden mit Kopfschütteln, Verweigern von Blickkontakt, Spielen mit den Unterlagen, Kritzeln, Unterhaltung mit dem Sitznachbarn und so weiter.

Auch **Wortmeldungen** sind in gewissem Sinn Störungen Ihres Redeflusses, andere allerdings als **Zwischenrufe**, Verlassen des Raumes oder andere heftige Unmutsäußerungen.

Wenn Sie plötzlich bemerken, daß Sie immer mehr den Kontakt zum Publikum verlieren, daß niemand mehr Ihrem Blick antwortet, Sie das Gefühl haben, vor einem leeren Raum zu sprechen – spätestens dann müssen Sie reagieren. Sie müssen zunächst versuchen, herauszufinden, was hinter diesen Störungen steht.

Interpretation und Behebung von Störungen

Störungen setzen im Normalfall unter Streß, was wiederum bedeutet, daß die Denk- und Reaktionsfähigkeit herabgesetzt ist. Sie müssen also gerade in einer Situation, die für Sie schwierig ist, mit eingeschränkten persönlichen Fähigkeiten arbeiten, wenn Sie nicht darauf trainiert sind, solche Situationen ruhig und überlegen zur Kenntnis zu nehmen.

Durch die Auswirkungen von Streß ist der Blick für Möglichkeiten meist eingeschränkt, es besteht eher die Neigung zu vorschnellen Urteilen und unbegründeten Annahmen.

Legen Sie sich daher eine gewisse Systematik für die Vorgangsweise zurecht, indem Sie beispielsweise Vermutungen über Ihre Zuhörer anstellen (Welche nehmen Ihnen gegenüber eine positive, welche eine neutrale und welche eine ablehnende Haltung ein?) – Doch Vorsicht: das Verhalten der Zuhörer muß sich erstens nicht zwingend auf Ihre Person beziehen und kann sich während einer Rede auch durchaus ändern. Es ist nur natürlich, wenn Sie dazu neigen, den ablehnenden Zuhörern intellektuelle Fähigkeiten abzuerkennen, dennoch werden Sie hier häufig unrecht haben.

Sie können nun den nächsten Schritt zur Interpretation der Störungsursachen tun, indem Sie festzustellen versuchen, aus welcher der eben unterschiedenen Gruppen die Störungen kommen, um anschließend die Ursache für die Störung durch die jeweilige Gruppe ausfindig zu machen. Doch auch hier ist Vorsicht geboten: Lassen Sie sich nicht auf die falsche Spur locken! Unaufmerksamkeit macht sich auch nach einer durchzechten Nacht bemerkbar, die Räumlichkeiten können zu unruhigem Sitzen verleiten, und wenn ein Zuhörer den Raum verläßt, so hat das wirklich nicht immer mit Ihnen zu tun.

Ist es jedoch wahrscheinlich, daß Sie jemanden beleidigt oder übergangen haben, so werden Sie sich wohl um diesen Zuhörer bemühen. Könnte die Ursache darin liegen, daß Sie durch zu rasche Präsentation Ihre Zuhörer überfordert haben: dann geben Sie Beispiele, machen Sie öfter Wiederholungen und Pausen. Übrigens wird gerade in diesem Fall eine vergewissernde Frage an die Zuhörer kein Fehler sein.

Wenn Sie allerdings das Gefühl haben, daß Sie die Zuhörer unterfordert haben, so straffen Sie den Text.

Nehmen Sie direkten Blickkontakt an Stellen mit besonders einleuchtenden, stichhaltigen Argumenten auf, wenn Sie das Gefühl haben, abgelehnt zu werden.

Besonders für Zwischenfragen und Zwischenrufe sollten Sie gut gewappnet sein.

Ihnen ungelegene Zwischenfragen können Sie entschärfen, indem Sie

– das angesprochene Thema aufschieben (*Ich werde darauf noch zurückkommen – Das zu erläutern, würde den Rahmen dieses Vortrags sprengen* etc.)
– oder die Wendetaktik gebrauchen (*Gewiß, Sie haben recht, aber ...*).

Vor allem bei Zwischenrufen ist das bewährteste Gegenmittel Schlagfertigkeit – und dafür ist es notwendig, gut vorbereitet zu sein, denn Sie können nicht jedem Rufer erwidern: „Erst denken, dann reden!"

Wenn Sie vor einem Publikum sprechen, mit dem Sie es nur selten zu tun haben, so können natürlich verschiedene Tricks ganz wirksam sein, für die eine Interpretation der Lage nicht erforderlich ist – beispielsweise, daß Sie bei nächster Gelegenheit das Thema wechseln, sich auf Autoritäten zurückziehen oder mit sogenannten „Killerphrasen" argumentieren (*Das war schon immer so. – Das ist erwiesen. – Wir machen das seit Jahren mit großem Erfolg – Das hat sich tausendmal bewährt. – In diesem Punkt muß ich Sie bitten, auf meine Erfahrung zu vertrauen* und so weiter).

Doch wie alle Tricks „ziehen" auch diese nur, solange sie nicht durchschaut werden. Sie müssen bedenken, daß immer mehr Zuhörer das übliche Repertoire der bewährten Beruhigungsfloskeln bereits kennen. Wenig Chancen werden Sie mit diesen Tricks außerdem bei einem Publikum haben, das Sie sehr gut kennt, etwa als seinen

Lehrer oder Vorgesetzten. Wenn Sie stets die gleiche „Show abziehen", werden Sie bestenfalls gelangweilte Mienen ernten oder gar den Protest „Nicht schon wieder!" Grundsätzlich gilt: Zustimmende Zwischenrufe herausfordern, ablehnende übergehen oder schlagfertig erwidern.

Sollten Sie trotz aller Versuche keine Besserung der Situation feststellen können, müssen Sie nach anderen Interpretationen suchen und entsprechend reagieren. Haben Sie auch damit keinen Erfolg, bleibt Ihnen als letzter Ausweg nur noch die Frage an das Publikum. Dabei sollten Sie, wie schon mehrmals erwähnt, in Form einer Ich-Botschaft das Problem ansprechen. Stellen Sie das Problem aus Ihrer Sicht dar und ersuchen Sie um Hilfe; erläutern Sie die Interpretationen, die Sie für die Situation gefunden haben, und bitten Sie um Stellungnahme. (Nach einer derartigen Runde sollten Sie eine Pause machen, um dann erholt fortsetzen zu können.)

Störungen können jedoch auch durch denjenigen hervorgerufen werden, der in der Pause am erholungsbedürftigsten ist: durch den Redner selbst. Treten nämlich während der Rede körperliche Probleme auf, sind Sie auf das Verständnis des Publikums angewiesen.

Sind Ihre körperlichen Probleme offensichtlich krankheitsbedingt, können Sie üblicherweise mit diesem Verständnis rechnen. Falls Ihnen übel wird, Sie sich übergeben müssen oder vielleicht sogar ohnmächtig zusammenbrechen, ist allerdings zu vermuten, daß Sie nicht schon vor Beginn der Rede darauf geachtet haben, ob Sie sich überhaupt in der Lage dazu fühlen, eine Rede zu halten. Überdies könnte beim Publikum der Verdacht aufkommen, Sie seien alkoholisiert.

Verlassen Sie daher möglichst frühzeitig mit einer knappen Entschuldigung den Raum, wenn Sie merken, daß Sie über Ihre körperlichen Probleme die Kontrolle zu verlieren drohen und die Rede nicht mehr beenden können. Leiten Sie dann entweder in eine reguläre Pause über, oder brechen Sie die Rede ab.

Neben diesen ernsten Problemen gibt es noch andere, die sehr unangenehm wirken, wenn das Publikum sie bemerkt, vom Magenknurren über Aufstoßen bis zu Blähungen. Wenn Sie feststellen, daß diese Probleme nicht mehr zu verbergen sind und die Möglichkeit, die Rede zu unterbrechen, besteht, sollten Sie sie wahrnehmen. Die genannten Schwierigkeiten erregen beim Publikum sehr leicht Heiterkeit. Können Sie sie weder verbergen noch die Rede unterbrechen (was jedoch kaum der Fall sein wird), so erläutern Sie Ihre Schwierigkeiten humorvoll und bitten Sie um Entschuldigung. Eine offene Entschuldigung ist besser als das Heucheln, es gäbe keine Schwierigkeiten.

Fehlerquellen

Fehler, die Sie bei der Rede unbedingt vermeiden sollten, lassen sich zusammenfassen als Vorbereitungs-, Argumentations- und Präsentationsfehler.

Unterscheiden Sie grundsätzlich zwischen Fehlern, die noch vor oder während der Rede beseitigt werden können und solchen, die während der Rede nicht mehr korrigierbar sind und daher nur als Lerngrundlage für weitere Reden dienen können.

Während der Rede müssen solche Fehler so weit als möglich vertuscht werden – oder mit einer ehrlichen Entschuldigung angesprochen werden.

Vorbereitungsfehler

Vorbereitungsfehler können einerseits durch den Veranstalter verursacht werden, andererseits durch den Redner selbst. Für Veranstalter typische Fehler sind etwa eine falsche Zielgruppenansprache oder Teilnehmerauswahl nach finanziellen Gesichtspunkten, falsche Informationen an den Redner, was sein Publikum betrifft, sowie Schaffen ungeeigneter Umfeldbedingungen.
Wenn Sie derartige Fehler erkennen, überlegen Sie, ob und in welcher Form diese Ihre Rede beeinflussen, ob Sie die Zuhörer darauf hinweisen müssen, daß Sie über sie falsch informiert wurden und Ihre Rede daher nur teilweise ihr Ziel erfüllen kann – oder ob Ihr Wissen es Ihnen ermöglicht, das Referat spontan so umzustrukturieren, daß Ihr Text auch für die nun Anwesenden geeignet ist.

Übliche Vorbereitungsfehler von seiten des Redners sind bereits zur Genüge zur Sprache gekommen – Fehler wie schlechte Themenaufbereitung oder schlechte Unterlagen. Der wohl schwerwiegendste Fehler, der einem Redner unterlaufen kann, ist die unzureichende Vorbereitung auf sein Thema. Sich mit dem Redestoff nicht ausführlich befaßt zu haben und darum nicht „sattelfest" zu sein, kann nicht nur zu einer leichten Blamage, sondern auch zum Vorbeireden am Publikum und schlimmstenfalls zu einem völligen Mißerfolg Ihrer Rede führen.
Doch zu den Vorbereitungsfehlern zählt es auch, wenn der Redner übermüdet zur Veranstaltung kommt.
Jeder Vorbereitungsfehler kann als Mißachtung des Publikums ausgelegt werden. Nehmen Sie sich daher genügend Zeit für Ihr Thema!

Argumentationsfehler

Zu einer guten Vorbereitung zählt natürlich das Erarbeiten der geeigneten Argumentationsstrategie. Fehler in der Argumentation sollten von vornherein ausgeschlossen werden – Fehler wie falsche oder zweifelhafte Prämissen, ungültige logische Schlüsse und zusammenhanglose, unbeweisbare oder gar widerlegbare Behauptungen.
Bemerkt das Publikum Argumentationsfehler, so kann es passieren, daß Sie sehr unangenehme Rückfragen erhalten oder Störungen anderer Art provozieren, auf die Sie dann spontan reagieren müssen – was bei besserer Vorbereitung zu vermeiden gewesen wäre.
Überprüfen Sie daher Ihre wichtigsten Argumente sehr sorgfältig und wenn möglich mit Hilfe anderer. Ihre Argumente müssen ehrlich sein, Sie müssen wirklich meinen, was Sie sagen. Aber vielleicht haben Sie von diesen Ausführungen erwartet, zu erfahren, wie Sie überzeugend argumentieren können, ohne es ehrlich zu meinen? Leider ist auch das möglich; man kann Ehrlichkeit natürlich vorspiegeln, so daß der Betroffene erst sehr viel später bemerkt, daß er getäuscht worden ist. Tatsächlich ist es aber so, daß die begabtesten und glaubwürdigsten Lügner im Augenblick der Präsentation oft selbst von dem überzeugt sind, was sie sagen.
Oft läßt sich ein über die Art der Argumentation eingetretenes Unbehagen durch scheinbar völlig logische Argumente überlisten. Wenn Sie nicht belogen werden wollen und Ansätze suchen, wie Sie Lügen entdecken können, so achten Sie darauf, ob Prämissen haltbar, Argumente logisch gültig, Inhalte zusammenhängend und

Präsentationsformen (Körpersprache, Stimme und Tonfall etc.) zusammenstimmend und glaubwürdig wirken. Wenn Ihnen dann immer noch ein persönliches Unbehagen bleibt, seien Sie vorsichtig: Es könnte sein, daß Ihr Gefühl etwas erkennt, das der Verstand noch nicht enträtseln kann.

Präsentationsfehler

Die häufigsten Präsentationsfehler sind jene, bei denen das Publikum über- oder unterfordert wird, indem der Redner entweder zu schnell oder zu langsam, zu laut oder zu leise, zu aggressiv oder zu verhalten spricht, indem er zu viele oder zu wenige Erläuterungen gibt, und nicht zuletzt, indem zu wenige unterstützende Elemente für die Aufmerksamkeit, zu wenig Licht, zu wenige optische Reize im allgemeinen vorhanden sind.

Präsentationsfehler können weitgehend während der Rede behoben werden, wenn im Publikum jemand sitzt, der Ihnen hilft, das Geschehen zu steuern. Sie können mit dieser Person Zeichen vereinbaren, die Ihnen signalisieren, was Sie falsch machen oder was Sie verändern müssen.

Diese Zeichen dürfen natürlich, falls sie von anderen Zuhörern bemerkt werden, keineswegs störend wirken. Ihr Helfer sollte also so sitzen, daß Sie ihn und seine Zeichen möglichst gut im Blick haben, er aber ansonsten kaum bemerkt wird.

Zu den Präsentationsfehlern zählen die Mängel beim Sprechen, wie etwa Versprecher oder Stottern. Es kann jedem passieren, daß er sich verspricht oder einen Satz nur verdreht herausbringt; das ist weiters kein Problem. Wenn Sie sich aber in einer Form versprechen, die den Zuhörern als zweideutig erscheinen könnte (bei einem „Freudschen Versprecher" zum Beispiel sprechen Sie ungewollt aus, was Sie eigentlich denken), dann sollten Sie darauf eingehen.

Dabei gilt: Wer sich entschuldigt, gesteht etwas ein. Entschuldigen Sie sich in diesem Fall nicht, sondern erläutern Sie möglichst unbefangen, wie Sie es sich erklären, daß es zu diesem Versprecher kommen konnte. Ist der Versprecher auch in seiner Zweideutigkeit harmlos und lediglich Anlaß zur Heiterkeit, so lachen Sie ruhig mit – Sie machen sich eher lächerlich, wenn Sie, um nicht lächerlich zu wirken, eiserne Miene bewahren, als wenn Sie über einen Fehler selbst mitlachen können.

Eine weitere Gruppe von Präsentationsfehlern sind Ungeschicklichkeiten bei der Rede: Wenn Sie das Mikrophon fallen lassen, stolpern, das Manuskript verlieren oder Ihr Trinkglas umstoßen, so versuchen Sie nicht, durch besondere Ernsthaftigkeit und Strenge zu verhindern, daß das Publikum schmunzelt – schließlich kann dergleichen jedem passieren. Wenn Sie stattdessen bemerken: „Hoffentlich entfällt mir der Text nicht so wie das Mikrophon", gewinnen Sie Ihr Publikum weit eher für sich.

Rednerfallen

In gefährliche Fallen zu stolpern, kann bei einer Rede durchaus passieren. Um Redefehler, die sich daraus ergeben könnten, zu vermeiden, sei hier besonders auf die häufigsten Fallen hingewiesen.

Sie können dazu führen, daß der Redner in ernste Schwierigkeiten kommt, die von der leichten Abneigung der Zuhörer bis hin zu tätlichen Auseinandersetzungen reichen können.

Reizwörter

Reizwörter sind sogenannte vorbelastete Wörter, die bereits in einer ganz bestimmten Richtung Assoziationen auslösen und so zu unmittelbaren Reaktionen bei jenen führen, die das Wort hören. Derartige Reizwörter sind, ähnlich den vorbelasteten Symbolen, besonders im sozialen und politischen Bereich zahlreich. Bleiben wir bei den Symbolen: viele, die aus dem Altertum stammen, wurden politisch mißbraucht, denn ihre ursprüngliche Bedeutung war ideologiefrei – jedenfalls im politischen Sinn. Denken Sie an das Hakenkreuz – ein altes persisches Sonnenzeichen; an Hammer und Sichel, an Runen, die germanischen Schriftzeichen und vieles mehr. Auch Farben sind symbolisch besetzt, in unterschiedlichen Kulturkreisen variieren die Bedeutungen beträchtlich – so gilt Weiß etwa in China als Farbe der Trauer. Die harmlose rote Nelke kann man, wenn man anderer Gesinnung ist, kaum auf den Tisch stellen, auch wenn man sie noch so sehr liebt – zumindest dann nicht, wenn man offiziellen Besuch erwartet.

Und wie es vorbelastete Symbole gibt, so gibt es auch vorbelastete Begriffe. Je näher Ihre Rede im Bereich der Gesellschaftspolitik, der Philosophie oder der Politik angesiedelt ist, desto eher laufen Sie Gefahr, unbewußt ein Reizwort zu verwenden und damit Reaktionen hervorzurufen, die Sie nicht beabsichtigten. Sollen Sie daher eine Rede in einem Milieu oder einem Land halten, dessen Symbole und Reizwörter Ihnen nicht bekannt sind, so lassen Sie Ihre Rede unbedingt durch einen Ihnen wohlgesinnten neutralen Kenner der Szene überprüfen.

Selektive Wahrnehmung

Paul Watzlawick untersucht in seinen Büchern immer wieder die Frage, was denn Wirklichkeit sei, was tatsächlich und objektiv existiere (unter anderem in „Wie wirklich ist die Wirklichkeit?"). Er stellt zahlreiche Situationen dar, in denen Menschen aus unterschiedlichen Gesellschaftsbereichen und -schichten oder verschiedenen Völkern völlig unterschiedliche Wahrnehmungsstrukturen haben und die Wirklichkeit unterschiedlich erleben. Die Wirklichkeit entsteht nämlich in uns selbst, und was wir wahrnehmen, ist so individuell wie wir selbst.

Nehmen Sie eine unterschiedliche Gruppe von Zuhörern für Ihre Rede, so unterschiedlich, wie die Leser dieses Buches es sein könnten.

Nehmen wir an, in der Gruppe sitzen ein Herrenschneider, eine Friseurin und Kosmetikerin, eine Physikotherapeutin, ein Professor für Germanistik, eine Managerin und ein Automechaniker. Was, glauben Sie, werden die einzelnen Personen vorwiegend an Ihnen bemerken? Der Schneider vermutlich Ihren Anzug, die Friseurin Ihren Seitenscheitel und Ihren Teint, die Physikotherapeutin die Koordination Ihrer Bewegungen, der Professor Ihre Wortwahl und die Rechtschreibfehler in den Unterlagen, die Managerin vielleicht Ihren Präsentationsstil und Ihre Argumentationsstrategien, und der Automechaniker könnte finden, daß Sie reichlich Theorie bringen.

Machen Sie den Test in Ihrem Bekanntenkreis, wenn dort unterschiedliche Berufe vertreten sind – zeigen Sie ein konkretes Bild oder ein Photo mit verschiedensten Gegenständen und fragen Sie, was jeder als erstes, als zweites und als drittes bemerkt. Es wird kaum geschehen, daß Sie gleiche Antworten bekommen. Die Wahrnehmung ist – von Lebens- und Weltanschauungen abhängig – unterschiedlich.

Wenn Sie daher unterschiedliche soziale Gruppen zu Ihrer Rede erwarten, müssen Sie eine Sprech- und Darstellungsweise wählen, die die selektive Wahrnehmung der unterschiedlichen Gruppen berücksichtigt: Sie müssen, um bei unserem Beispiel zu bleiben, ebenso für den Germanistik-Professor wie für die Friseurin verständlich sein – alle sind sie Ihre Zuhörer und haben Anspruch darauf, von Ihnen angesprochen zu werden.

Falsche Zielgruppenansprache

Es kommt immer wieder vor, daß sich durch die falsche Ankündigung einer Rede ein Publikum einfindet, das nicht Ihre erwünschte Zielgruppe ist. Durch den mittlerweile intensiven Seminarbetrieb und die dahinterstehenden wirtschaftlichen Interessen ist das manchmal von den Veranstaltern durchaus mitkalkuliert, und der Redner muß nun mit einer Situation fertigwerden, die er nicht selbst verursacht hat. Aber auch die richtige Zielgruppe kann falsch angesprochen werden: durch falsche Werbemedien, unpassende Sprechweise sowie falsche thematische Schwerpunkte. Es kann außerdem geschehen, daß die Teilnehmer lediglich den Titel der Veranstaltung gelesen und nicht auf den weiteren Inhalt geachtet haben, so daß sie nun einer Rede oder einem Seminar beiwohnen, von der oder dem sie sich falsche Vorstellungen gemacht haben. Wenn Sie als Redner bemerken, daß Sie eine Zielgruppe vor sich haben, die der geplanten Zielgruppe nicht entspricht, haben Sie praktisch keine Rückzugsmöglichkeit mehr. Sie müssen rasch entscheiden,

– mit welchen Folgen der selektiven Wahrnehmung Sie rechnen müssen,
– welche Argumente Sie weglassen oder hinzufügen müssen,
– welche Formulierungen Sie nicht verwenden sollten,
– welche sprachlichen Veränderungen Sie im allgemeinen machen sollten,
– welche Reizwörter sich ergeben könnten und möglichst gestrichen werden sollten.

Falls Sie für Ihr unerwartetes Publikum „overdressed" sein sollten, also zu gut angezogen sind, wird das ein eher geringes Problem sein – als Mann können Sie sich im Verlauf der Rede Erleichterung verschaffen und Ihr Sakko ablegen, die Krawatte lockern und ähnliches. Problematischer ist es, wenn Sie ungepflegt wirken, weil Sie beispielsweise als Vetreter einer Umweltschutzgruppe in salopper Kleidung und mit langer Mähne vor Managern stehen, anstatt wie erwartet vor Gesinnungsgenossen zu sprechen. Zeigen Sie nun Stil – sich mit der Bemerkung zurückzuziehen, Sie hätten sich im Vortragsraum geirrt, mag zwar die bequemste Lösung sein, könnte aber Ihnen und Ihrer Sache weit eher schaden. Versuchen Sie daher, aus Ihrer Lage das Beste zu machen und aus scheinbaren Nachteilen einen Nutzen zu ziehen. Die einfachste Möglichkeit, Pannen zu verschleiern, ist die, sie als für Ihre Zwecke beabsichtigt hinzustellen!

Zwar werden Sie mit Ihrer ursprünglichen Rede kaum Ihr Ziel erreichen – auch, wenn Sie vorsichtshalber darauf hinweisen, daß Ihr Manuskript einer anderen Zielgruppe zugedacht war. Wollen Sie die Rede ordnungsgemäß abwickeln, beschränken Sie sich auf die Sachargumente des Umweltschutzes und versuchen Sie vor allem, auf den Nutzen hinzuweisen, den eine Zusammenarbeit von Unternehmen und Umweltschützern bringen könnte, insbesondere welche Profitmöglichkeiten.

Wenn es Ihnen bei einem Fachseminar passiert, daß Sie sich auf Laien vorbereitet haben und dann erkennen müssen, daß Sie Experten vor sich haben, die teilweise mehr Wissen mitbringen als Sie selbst, werden Sie um eine Umstrukturierung der Rede nicht umhinkommen. Wenn Ihre fachliche Basis dann nicht ausreicht, können Sie Ihr Gesicht nur wahren, wenn Sie sich unauffällig zurückziehen, beispielsweise, indem Sie einzelne Themenbereiche zur Diskussion stellen und damit die Zuhörer aktiv werden lassen.

Unpassende Sprechweise

Jede Gesellschaftsschicht, sogar jede Kleingruppe hat ihr eigenes „Sprachspiel". Die Sprache ist nicht nur für Professor Doolittle aus Bernhard Shaws „Pygmalion" ein wichtiges Sozialmerkmal.

Fast alle Berufsgruppen haben ihren eigenen Jargon, so verwenden etwa die Ärzte griechische und lateinische Begriffe, EDV-Experten Englisch und Psychologen Fachausdrücke unterschiedlichster Herkunft – überlagert werden diese Berufssprachen zusätzlich von Soziolekten und Dialekten.

Was ist geschehen, wenn Sie in der Muttersprache der Zuhörer gesprochen haben und dennoch nicht verstanden worden sind?

Sehr wahrscheinlich haben Sie dann die falsche Art zu sprechen gewählt – Ihre Vorliebe für guten Ausdruck hat Sie zu „geschraubtem" Stil mit möglichst vielen Schachtelsätzen verleitet, der Wunsch nach Genauigkeit hat zur Verwendung allzuvieler Fachausdrücke und Fremdwörter geführt, und das Bedürfnis nach lockerem Auftreten hat Sie in einen dem Publikum unbekannten Soziolekt verfallen lassen – Sie haben sich so ausgedrückt, wie es nur von einer kleinen Gruppe von Menschen verstanden wird.

Mit einem den Zuhörern fremden Sprachspiel schaffen Sie automatisch Distanz. Es kann zwar sein, daß Sie durch den Prestigewert Ihrer Ausdrucksweise in der Achtung der Zuhörer steigen, und wenn das Ihr Redeziel ist, kann es sein, daß Sie es erreichen. Wenn Sie aber sachlich überzeugen möchten, wenn Sie Inhalte vermitteln wollen, sollten Sie die Sprache so verwenden, daß sie auch Ihren Zuhörern verständlich ist. Dialektausdrücke sollten Sie außerdem nur dann verwenden, wenn Sie sicher sein können, daß alle Ihre Zuhörer sie verstehen. Falls Sie diese Begriffe zur Färbung der Sprechweise als rhetorisches Mittel einsetzen, müssen Sie sie zumindest erläutern.

Redefehler können und werden in Reden immer wieder auftreten, das ist ganz natürlich. Sie sollten nur nicht in Versuchung kommen, sie als unvermeidlich anzusehen. Jede neue Rede ist eine neue Herausforderung.

Zehn wichtige Regeln
für den Erfolg Ihrer Rede

Vor der Rede

1. Reden Sie nur, wenn Sie auch etwas zu sagen haben.

– Halten Sie nur Reden, deren Thema Ihnen von vornherein klar ist und für die Sie über ausreichendes Hintergrundwissen verfügen.
– Sprechen Sie möglichst nur in einem sozialen Rahmen, der Ihnen entspricht, und nur in sozialen Rollen, die Sie mit Überzeugung erfüllen können.
– Sicherheit beim Reden beginnt mit guter Vorbereitung und guten Präsentationsunterlagen. Wenn Sie wissen, daß Sie etwas zu sagen haben, werden Sie die natürliche Anfangsnervosität rasch überwinden.

2. Bereiten Sie sich gründlich vor.

– Beginnen Sie Ihre Redevorbereitung damit, daß Sie Ihr Redeziel klar und sich selbst gegenüber ehrlich formulieren. Versuchen Sie dabei zu ergründen, ob Sie damit auch die Ziele der Zuhörer erreichen können, oder in welchem Ausmaß Sie diese Ziele verletzen würden.
– Versuchen Sie, Freude an Ihrer Rede zu finden. Ist der Anlaß Ihrer Rede ein trauriger, so suchen Sie Inhalte, von denen Sie auch selbst bewegt werden. Zeigen Sie Gefühle ehrlich, die Sie bei Ihrer Rede haben.
– Entwickeln Sie Ideen zum Redeinhalt zuerst kreativ und dann systematisch. Die Kreativität liefert die Basis für den Inhalt, die Systematik sichert eine vollständige Behandlung des Themas.
– Musterreden können keine Vorlage für garantiert erfolgreiche Reden sein, selbst wenn sie noch so brilliant formuliert sind. Verwenden Sie Musterreden immer nur als Anregungen für Ihre eigenen Reden. Wenn Sie Formulierungen aus Musterreden verwenden, müssen diese zu Ihnen und zu Ihrem Redestil passen.
– Trainieren Sie Ihr Ausdrucksvermögen, indem Sie gleiche Aussagen in unterschiedlicher Form darstellen. Suchen Sie für jede Formulierung mindestens drei, vier andere gute Formulierungen, wenn Sie das Manuskript ausfeilen. Überprüfen Sie die Wirkung einzelner Formulierungen auf „Testzuhörer".
– Manchmal heiligt der Zweck die Mittel. Scheuen Sie sich nicht, harmlose Inhalte durch eine gute Ausformulierung und auffällige Darstellung aufzuwerten. Nicht jede Situation verlangt bedeutungsvolle Inhalte. Gibt der Anlaß wenig Inhalt her, so verbessern Sie die Ausführung.
– Testen Sie die richtige Länge Ihrer Rede. Bereiten Sie „Zwischen-" und „Notausgänge" vor für den Fall, daß Sie bemerken, daß das Publikum zu ermüden oder sich gar zu langweilen beginnt.

3. Reden Sie für den Zuhörer.

– Reden Sie für den Zuhörer, reden Sie ein „Du" an. Jeder hört besonders aufmerksam zu, wenn von ihm selbst die Rede ist. Versuchen Sie immer, sich vorzustellen, was der Zuhörer erwartet und was er hören möchte, und wie er Ihre Rede am besten verstehen kann.

– Entkrampfen Sie die Situation zwischen Redner und Zuhörern, und geben Sie den Zuhörern ein Gefühl von Nähe. Das erreichen Sie unter anderem dadurch, daß Sie engen Blickkontakt halten, daß Sie durch Ihre Körpersprache Sympathie signalisieren, und indem Sie sich im Sprachspiel Ihrer Zuhörer bewegen.

– Berücksichtigen Sie die Gefühle Ihrer Zuhörer. Sie sind der Boden, auf den Sie Ihre Worte „säen".

– Fesseln Sie, indem Sie Gefühle ansprechen. Je stärker Sie Gefühle wecken, desto größer ist die Aufmerksamkeit des Publikums. Negative Gefühle sollten Sie allerdings nur dann wecken, wenn es vom Inhalt der Rede her, aus einer bestimmten Situation heraus oder für das Redeziel unumgänglich ist, aber selbst dann in einer Form, die den Menschen in seinem Selbstwertgefühl nicht beeinträchtigt, sondern stärkt.

– Verbessern Sie Ihr Image als Redner und Mensch, indem Sie sich darum bemühen, daß sich Ihre Zuhörer wohlfühlen können.

– Sorgen Sie dafür, daß Ihre Zuhörer zu einer Gruppe werden, das heißt daß sie ein „Wir-Gefühl" entwickeln und sich in dieser Gruppe wohlfühlen. Gelingt Ihnen das, so sind Sie nur mehr in halbem Maß mit unterschiedlichsten Eigeninteressen konfrontiert.

– Ihr Zuhörer verdient für seine Aufmerksamkeit zumindest, unterhalten zu werden. Können Sie diese Unterhaltung nicht bieten, könnte es passieren, daß der Zuhörer sich diese selbst verschafft, indem er sich über Sie amüsiert.

– Steigern Sie das Interesse an Ihrer Rede, indem Sie bereits in der Einleitung Hinweise auf den Inhalt geben und so Erwartungshaltungen schaffen.

– Verzichten Sie keinesfalls auf eine Mitgestaltung des Redeumfelds, wenn sie Ihnen ermöglicht wird. Legen Sie dem Veranstalter Ihre Vorschläge und Forderungen möglichst konkret vor.

4. Argumentieren Sie überzeugend.

– Verwenden Sie neue Methoden beim Reden oder beim Argumentieren nur dann, wenn Sie diese so ausreichend geübt haben, daß sie Ihnen vertraut sind und nicht mehr gekünstelt wirken. Eine Methode, der man die Methode anmerkt, ist schlecht – mit den Worten Wilhelm Buschs: „Man merkt die Absicht und man ist verstimmt."

– Bleiben Sie in Ihren Folgerungen logisch, vermeiden Sie logische Brüche in Ihrer Argumentation und überprüfen Sie, in welchem Ausmaß Ihre Prämissen unanfechtbar oder zumindest für Ihr Publikum akzeptabel sind.

– Achten Sie auf Ihre Prämissen – versuchen Sie nicht, Menschen mit ganz anderen Prämissen auf der Basis Ihrer eigenen zu überzeugen. Zeigen Sie die Differenzen auf und sprechen Sie über die Grundlagen sowie die Möglichkeiten einer Klärung. Überzeugen Sie, wenn nötig, durch Heranziehen geeigneter Tatsachen an Stelle rein logischer Argumente.

– Verwenden Sie keine aus Zitatenbüchern angelernten Zitate. Alles lediglich Angelesene wirkt jedenfalls unecht. Um echt und ehrlich zu wirken, müssen Sie es sich erst zu eigen machen und durch Ihre Persönlichkeit prägen.

5. Gewinnen Sie Selbstsicherheit und stehen Sie zu Ihrem Lampenfieber.

– Schaffen Sie sich vertraute Situationen, um selbstsicher auftreten zu können. Trainieren Sie aber auch Selbstsicherheit in Situationen, die überraschend oder ungewohnt sind.
– Überwinden Sie Unsicherheit und Nervosität bei einer Rede, indem Sie sich bewußt auf die Zuhörer und deren Bedürfnisse konzentrieren.
– Üben Sie, mit fester Stimme und konsequenter Stimmführung zu sprechen. Dazu sollten Sie sich Techniken aneignen, wie sie auch bei der Ausbildung von Sängern, vor allem um einen Ton zu halten, unterrichtet werden.
– Stärken Sie als professioneller Redner Ihre Stimme, indem Sie permanent üben. Haben Sie von Natur aus eine leise Stimme, ist das nur teilweise Schicksal – Training gleicht vieles aus. Sie könnten beispielsweise einem Freizeitsängerclub beitreten, um Ihre Stimme zu entwickeln.
– Lernen Sie spontanes Reden, indem Sie sich selbst trainieren, schlagfertig zu sein, rasch und kreativ Inhalte zu einem Thema zu finden, diese einfach zu strukturieren und in unterschiedlichen Formulierungen zu präsentieren.
– Stehen Sie zu Ihrem Lampenfieber, akzeptieren Sie, daß Sie am Beginn einer Rede möglicherweise noch nicht ganz eingestimmt sind.
– Atmen Sie vor Ihrer Rede einmal tief durch, verzichten Sie jedoch auf das Luftschnappen vor dem Sprechen – die Stauluft, die dadurch entstehen würde, führt nur zu Verspannungen.

Während der Rede

6. Sprechen Sie verständlich und möglichst frei.

– Versuchen Sie nicht, anders zu wirken, als Sie sind. Sprechen Sie die Sprache, die Sie gewohnt sind, aber sprechen Sie auch so, daß Ihre Zuhörer Sie verstehen. Nur dann, wenn durch Ihre Sprachgewohnheiten die Rede für die Zuhörer unverständlich würde, sollten Sie davon abweichen. In diesem Fall sollten Sie grundsätzlich an einer Veränderung Ihrer Sprachgewohnheiten arbeiten.
– Präsentieren Sie nicht für sich selbst, sondern für die Zuhörer. Berücksichtigen Sie deren sozialen und intellektuellen Hintergrund, ihre Auffassungsgabe und ihre Ziele. Wählen Sie eine den Zuhörern verständliche Sprache. Nicht Sie sind überlegen, wenn Sie eine unbekannte Sprache sprechen, sondern derjenige Zuhörer, der Sie dennoch versteht. Und wenn er Sie nicht versteht, haben Sie ohnedies nichts gewonnen. Überlegenheit gewinnen Sie nur dann, wenn Sie die Sprache der Angesprochenen beherrschen.

– Ihr Redemanuskript darf nicht zum Korsett werden, das Sie einschränkt. Trainieren Sie auch für Situationen, wo Sie durch Erläuterungen, Zwischenfragen und Ergänzungen den Text so weit verlassen müssen, daß er für einige Passagen nicht mehr verwendbar ist. Sie müssen auch solchen Situationen gewachsen sein.

7. Halten Sie Blickkontakt, setzen Sie Mimik und Gestik ein.

– Suchen Sie den Augenkontakt mit positiven, aufmunternden Zuhörern. Damit sorgen Sie einerseits für Ihre eigene gute Stimmung, andererseits ermuntern Sie diese Zuhörer auch zu mehr Aktivität bei anschließenden Diskussionen.
– Präsentieren Sie so, daß Sie von den Zuhörern gut gesehen werden und möglichst mit jedem Zuhörer Blickkontakt halten können. Das erreichen Sie im Normalfall stehend, wodurch auch die akustische Verständlichkeit der Rede verbessert wird.
– Lächeln Sie die Zuhörer nur dann an, wenn Ihr Lächeln echt ist. Vermeiden Sie ein Lächeln, das nur durch Mundverzerrungen zustandekommt.
– Sagen Sie möglichst nichts, woran Sie nicht selbst glauben. Für den aufmerksamen Zuhörer ist zumindest Ihre Körpersprache verräterisch, es sei denn, Sie sind ein perfekter Schauspieler.

8. Nutzen Sie Hilfsmittel für die Präsentation.

– Entlasten Sie sich in psychischer und sachlicher Hinsicht durch den Einsatz von Präsentationshilfen bei der Rede, und verbessern Sie damit die Wirkung Ihrer Rede auf mehrfache Weise.
– Nutzen Sie alle geeigneten dramaturgischen Elemente für die Präsentation: Hintergrund, Umfeld, Stimme, Musik und alle sonstigen Darstellungsinstrumente.

9. Machen Sie Pausen.

– Machen Sie beim Sprechen Pausen, damit sich das Ohr erholen kann.
– Überfordern Sie die Zuhörer nicht. Auch das interessierteste Publikum braucht Pausen, auch die interessanteste Rede kann menschliche Bedürfnisse nicht ausschalten.
– Dehnen Sie Ihre Rede nicht mehr als nötig. Überlängen ermüden nur. Haben Sie zu einem Thema nichts mehr zu sagen, ist es besser, die Pause zu verlängern oder gleich eine Diskussion anzuschließen.

10. Bewahren Sie auch bei Störungen und Pannen die Ruhe.

– Bearbeiten Sie Störungen der Rede offen, ohne Ressentiment und mit dem ehrlichen Versuch der Lösung.
– Störungen bieten Ihnen die Chance, den Kontakt zum Publikum zu verbessern. Als aufmerksamer Redner müßten Sie Störungen bereits in einem frühen Stadium erkennen, durch Zeichen von Unruhe, Langeweile, „Abschalten". Je früher Sie Störungen zu beheben suchen, desto erfolgreicher kann Ihre Rede werden.

- Solidarisieren Sie sich mit Ihrem Publikum gegen eine ungeeignete Umgebung der Rede. Weigern Sie sich, Fehler des Veranstalters als eigene zu verantworten, geben Sie aber eigene Fehler bei der Vorbereitung zu.
- Bauen Sie unangenehme und unvermeidliche Umfeldfaktoren als dramaturgische Elemente in Ihre Rede ein.
- Interpretieren Sie Störungen nie einseitig, legen Sie sich eine Check-Liste für die Beurteilung zurecht, die verhindert, daß Sie vorschnell urteilen und damit die falschen Maßnahmen setzen.
- Störungen sind Probleme aller Beteiligten einer Rede, also die des Redners wie die des Publikums. Bedürfnisse des Störenden wurden nicht erfüllt, der Redner ist in seiner Arbeit beeinträchtigt. Es ist nun Ihre Aufgabe, die Störung zu beseitigen. Lernen Sie daher, mit Störungen umzugehen. Da Sie bei der Arbeit mit Störungen auch häufig der Kritik ausgesetzt sind, müssen Sie mit Kritik umzugehen wissen.
- Argumentieren Sie bei Störungen dem Störenden gegenüber niemals so, daß Sie seine Persönlichkeit angreifen. Wenn Sie „persönlich" werden, haben Sie kaum mehr die Chance zur Bereinigung des Konflikts.
- Gestehen Sie Redefehler ein, die unübersehbar und nicht beseitigbar sind. Scheuen Sie nicht davor zurück, sich zu entschuldigen.
- Es ist eine Stärke, über sich selbst lachen zu können. Wenn Ihnen während der Rede ein Fehler unterläuft, der das Publikum zum Lachen bringt, lachen Sie am besten mit. Kommentieren Sie, wenn Ihnen eine schlagfertige und humorvolle Formulierung einfällt.

Glossar

AIDA-Formel:

eine Gedächtnisstütze und Anleitung zum wirkungsvollen Aufbau einer Rede. Die in dieser Formel abgebildeten Elemente sind: Aufmerksamkeit erregen (A), Interesse schaffen (I), Definition der Grundgedanken (D), Abschluß (A).

Analogie:

Ähnlichkeit. Ein Analogismus ist ein Schluß aufgrund der Analogie, das heißt Schluß von einem Gegenstand auf einen anderen ähnlichen Gegenstand. Rhetorische Schlüsse sind in den allermeisten Fällen Wahrscheinlichkeitsschlüsse. Wie der wissenschaftliche Beweis duch Induktion und Deduktion, so wird der rhetorische Beweis durch das rhetorische Schlußverfahren (Enthymen) und Beispiel geführt.

Angst:

Fritz Riemann spricht von vier Grundformen menschlicher Angst:

– Angst vor der Selbsthingabe (Ich-Verlust, Abhängigkeit),
– Angst vor der Selbstwerdung (Ungeborgenheit, Isolierung),
– Angst vor der Wandlung (Vergänglichkeit, Unsicherheit),
– Angst vor der Notwendigkeit (Endgültigkeit, Unfreiheit).

Aus diesen Grundstrukturen der Angst entwickeln sich individuelle Erlebnisformen von Situationen.

Atemtechnik:

Ausgehend von der Erkenntnis, daß der Atem bedeutende Wirkungen auf das seelische Erleben hat, werden Atemtechniken auch im Bereich der Rhetorik eingesetzt – einerseits um das Stimmvolumen zu verbessern, andererseits um innere Unruhe und Lampenfieber zu bekämpfen. Die angestrebten Wirkungen werden durch unterschiedliche Formen des Atems (Brust- und Bauchatmung, Atemgeschwindigkeit etc.) erzielt.

Attribute-Listing:

eine Kreativtechnik, bei der durch eine systematische Suche nach Variationsmöglichkeiten neue Möglichkeiten der Problemlösung bzw. Inhaltsvarianten gefunden werden.

Brainstorming:

Bei dieser Kreativmethode werden im Rahmen einer Arbeitsgruppe durch Zuruf unstrukturiert Ideen gesammelt, die im Anschluß systematisch auf ihre Problemlösungsqualität hin untersucht werden. Grunsätzlich ist jede Idee zugelassen und gewünscht, je unkonventioneller desto besser. Während der Kreativphase ist keine Kritik und keine Analyse erlaubt, analysiert wird erst nach Abschluß dieser Phase.

Brainwriting:

Die kreativen Gedanken einer Arbeitsgruppe werden in unstrukturierter oder auch strukturierter Form schriftlich geäußert und im Anschluß analysiert. Die Vorteile dieser Methode gegenüber dem Brainstorming sind einerseits, daß der Moderator weniger technische Probleme hat (Schreibgeschwindigkeit, Präsentation) und daß sich andererseits auch Gruppenteilnehmer äußern müssen/können, die sonst im Hintergrund bleiben.

Deduktion:

Ableitung eines Schlusses bzw. einer Aussage (These) aus anderen Aussagen (Hypothesen) kraft logischer Schlußregeln. Eine Aussage kann aufgrund ihrer Form wahr sein, dann ist sie jedoch immer wahr. Ein Schluß kann aufgrund seiner Form logisch gültig sein, daß heißt aber noch nicht, daß er wahr ist. Wenn die zugrundeliegenden Aussagen (Prämissen) nicht wahr sind, kann ein logisch richtiger Schluß auch inhaltlich falsch sein.

Dialektik:

die Kunst, gut zu argumentieren. Zur Dialektik (im alten Wortsinn) gehört die Kunst des Problemerkennens, der Argumentfindung und die Kunst der Gedankenführung. Dialektische Formen sind jene Elemente, die überzeugen sollen.

Flip-Chart:

Präsentationsgestell zum halten eines großen Papierblocks, auf dem mit Filzschreibern geschrieben wird. Das Arbeitsmittel Flip-Chart ist zu einer nahezu unentbehrlichen Hilfe bei allen Gruppenarbeiten und Präsentationen geworden.

Gedächtnis:

Es gibt drei Formen, in denen das Gehirn eine Information speichert: Im Ultrakurzzeitgedächtnis wird die Information nur Sekunden gespeichert und erlischt sofort durch Überlagerung mit neuen Informatioen; im Kurzzeitgedächtnis speichert das Gehirn für Minuten und löscht den Inhalt, wenn Wiederholungen und Sinnverbindungen ausbleiben; im Langzeitgedächtnis wird für Stunden bis Jahre gespeichert, der Inhalt bleibt vorhanden, wird jedoch überdeckt, wenn Wiederholung und Anwendung ausbleiben.

Induktion:

logischer Schluß von einer Einzelaussage/einem Einzelereignis zum Allgemeingültigen, zur Hypothese bzw. Theorie.

Kinesik:

Lehre von der Körpersprache (Mimik, Gestik). Körpersprache ist ein wesentliches Element jeder Rede, bei der der Redner in irgendeiner Form gesehen werden kann; dabei ist es für den Redner wichtig, den Blickwinkel des Betrachters zu kennen, um seine körpersprachlichen Mittel richtig einsetzen zu können (z. B. Großaufnahme im Fernsehen, Gesamtbild im Theater, Teil des Körpers verdeckt etc.).

Kreativmethoden:

Dazu zählen Morphologischer Kasten, Morphologisches Tableau, Problemlösungsbaum, Attribute-Listing.

Massenphänomene:

kollektive Verhaltensweisen einer Mehrzahl von Menschen, die gekennzeichnet sind durch Konformisierung der Gruppe (der einzelne handelt ausschließlich in der Gruppe, macht bzw. sagt Dinge, die ihm ansonsten fremd sein können), schwer berechenbare Reaktionen, Ausschaltung kritischer Reflexionen, Potenzierung des Bedürfnisses des einzelnen Menschen zum Leiden oder zur Gewalt, Anonymität des einzelnen und latente Gegnersuche.

Moderation:

eine Form der Gruppenarbeit, bei der unter Anleitung eines sich neutral verhaltenden Moderators, der lediglich den Gruppenprozeß steuert, unter Einsatz von Moderationsmitteln auf effiziente Art und Weise Ergebnisse erzielt werden sollen, die durch das Einbeziehen von Betroffenen als Beteiligten auch umgesetzt werden.

Moderationsmittel:

Mittel zur erfolgreichen Gestaltung einer Gruppenarbeit (Pinwand, Moderationskärtchen etc.). Es gibt für die professionelle Moderation sogenannte Moderationskoffer, die alle wichtigen Hifsmittel für die Moderation enthalten (mit Ausnahme der Präsentationswände, die in gutausgestatteten Seminarräumen ohnehin vorhanden sind oder aber leicht improvisiert werden können).

Morphologische Methoden:

Diese Kreativmethoden (Morphologischer Kasten und Morphologisches Tableau) bauen auf Strukturen und Zusammenhänge sowie deren Anlyse auf. Die Einzelelemente wie auch die Zusammenhänge werden separat und im Zusammenhang analysiert, um neue Erkenntnisse und Möglichkeiten für die Lösung eines Problems, neue Produkte neue Ideen etc. zu finden.

Multi-Media-Präsentation:

Durch Einsatz mehrerer Präsentationsmedien (z. B. Overhead-Folien, Flip-Chart, Moderationswand etc.) wird ein Sachverhalt anschaulicher, einprägsamer, abwechslungsreicher und damit auch für das Publikum interessanter dargestellt.

Multi-Media-Show:

Bei dieser Präsentationsform werden zwei oder mehrere audiovisuelle Medien zur Darstellung eines Sachverhalts eingesetzt (z. B. Musik, Video-bild oder Videowand mit mehreren Bildern, ergänzt durch gesprochene Texte).

Multivision:

Einsatz von zwei oder mehreren visuellen Medien zur Darstellung (z. B. Videowand, Overhead-Projektion, Computerbild, Fotos etc.).

Overhead-Projektor:

Lichtwerfer, der ein Bild von einer Plastikfolie auf eine Leinwand bzw. auf eine helle Wand wirft. Die übertragene Grundlage stammt von einer beschriebenen bzw. bedruckten Plastikfolie oder aber über ein Zusatzgerät, das den Bildschirm-Inhalt zeigt, von einem Computer.

Physiognomik:

Lehre vom Zusammenhang zwischen körperlichen Eigenschaften und Charkter. Es wird ein statistischer Zusammenhang zwischen körperlichen Erscheinungsformen und dem Charakter eines Menschen angenommen. Statistisch heißt, daß eine größere Häufigkeit von gewissen Charaktereigenschaften bei Menschen eines bestimmten Typus gegeben ist als bei anderen. Da es sich um tiefverwurzelte Empfindungen handelt, prägen sich aus dieser Vermutung teilweise sehr gefährliche Vorurteile.

Pinwand:

Präsentationswand, die das Anbringen von Präsentationsmaterialien mittels Stecknadeln erlaubt, entweder in Form einer Wandbeschichtung (z. B. Korkplatten) oder in mobiler Form auf einem Gestell.

Problemlösungsbaum:

eine analytische Kreativtechnik, die mit Begriffsverästelungen arbeitet. Ziel ist die umfassende Analyse aller Inhalte, die in einem Begriff enthalten sind.

Raumatmosphäre:

Wirkungselemente des Raumes auf Redner und Zuhörer, insbesondere Größe, Form, Raumhöhe, Licht, Luft, Geruch, Temperatur, Lärm, Akustik.

Redefiguren:

sprachliche Gestaltungsformen der Rede, um Inhalte in entsprechender Verstärkung zu vermitteln.

Rhetorik:

die Kunst, gut zu reden. Ihrem eigentlichen Wesen nach ist Rhetorik Streitrede; „rhetorisch" ist nur die auf praktische Wirkung, das heißt auf Auslösung einer Handlung gerichtete Rede. Rhetorik dient weniger der Information als der Suggestion. Der Hörer soll der vom Redner vertretenen Sache „anhängen".

Transaktionsanalyse:

eine von Eric Berne entwickelte psychologische Theorie, die auf drei Kommunikations- bzw. Selbstempfindungsebenen aufbaut: dem Eltern-Ich, dem Kindheits-Ich und dem Erwachsenen-Ich. Das Eltern-Ich verhält sich positiv oder negativ autoritär (fürsorglich, mahnend, strafend), das Kindheits-Ich positiv oder negativ emotional (verspielt, ärgerlich, aggressiv), das Erwachsenen-Ich sachlich und rational.

Vier-Ohren-Theorie:

Kommunikationsmodell von Friedemann Schulz von Thun, wonach jede Nachricht vier Seiten hat: die Sachebene, die Selbstoffenbarungsebene, die Beziehungsebene und die Apellebene. Die Kommunikation wird nach dieser Theorie dann verbessert, wenn alle vier Seiten einer Nachricht vom Empfänger gehört werden.

Überblick über unterschiedliche Formen angewandter Rhetorik

Indikator	Rede	Gruppenarbeit	Diskussion	Verhandlung
Ziele	Präsentation Überzeugung einer Veranstaltung etc.	Schulung Konfliktlösung	Überzeugen Thema erörtern	Ergebnis
Übliche Methoden	Vortrag	Vortrag Plenumsarbeit Kleingruppen- arbeit	Kurzvortrag Streit- gespräch	gemeinsames ziel- orientiertes Gespräch
rhetorische und dialektische Elemente	Vortrags- technik rhetorische Figuren Argumentation in der Rede Gestik und Mimik audiovisuelle Hilfsmittel	Gruppen moderation Kreativ- techniken audiovisuelle Hilfsmittel	dialektische Argumente	vorrangig sach- orientierte Argumentation dialektische Verfahren zur Über- zeugungs- technik
handelnde Personen	Redner Zuhörer evtl. Veranstalter	Moderator/ Seminarleiter Gruppenteil- nehmer Seminar- begleiter	Moderator Diskussions- gegner	Verhandlungs- parteien Berater

Briefe schreiben – problemlos und erfolgreich

von Dr. Andreas Wolkerstorfer

Vorwort

„Briefe schreiben" – das scheint auf den ersten Blick ein Thema zu sein, das nur mehr in Büchern zu finden ist, die wir als veraltet oder überflüssig zur Seite legen. Und doch ist die Welt, die zunehmend und unübersehbar von telekommunikativen Strukturen überwuchert wird, noch lange keine Welt, in der keine Briefe mehr geschrieben werden brauchen: Auch in den wesentlichen Bereichen der Geschäftswelt und des Alltags erledigt man nach wie vor viele Angelegenheiten brieflich.

Sicherlich werden Sie, wenn ein Schrank, den Ihr Tischler vor zwei Tagen geliefert hat, in seine Bestandteile zerfällt, zunächst zum Telefonhörer greifen und Ihre Beobachtung mitteilen. Antwortet der Tischler allerdings ungerührt mit einer Rechnung oder gar mit einer Mahnung, werden Sie ihm Ihre Beschwerde schriftlich vorbringen, also eine sogenannte Mängelrüge abfassen – nicht zuletzt, um einen Beleg zu haben, warum Sie die Rechnung nicht bezahlen. – Können Sie sich vorstellen, daß es Arbeitssuchende gibt, die alle jene Stellenangebote außer acht lassen, für die ein Bewerbungsschreiben mit Lebenslauf erforderlich ist? Wahrscheinlich nicht. Dennoch empfinden viele oft eine Befangenheit, in geschäftlichen Angelegenheiten zur Feder zu greifen (oder sich an die Schreibmaschine zu setzen), selbst dann, wenn schon ein knapper Brief ein Schritt zum Erfolg wäre.

Diese Schreibhemmung müßte aber keineswegs sein, da sich auch diese Fähigkeit – wie jede andere – erlernen läßt. Dieser Teil des Buches bringt Voraussetzungen und Beispiele, die es Ihnen erlauben, das Briefeschreiben rationell und wirkungsvoll zu gestalten. Sein Ziel wäre erreicht, wenn er dazu beiträgt, die – begründete oder unbegründete – Distanz zum Schriftverkehr zu verringern und Ihre Lust auf eine individuelle Briefgestaltung zu wecken, so daß auch Ihr Sinn für Humor in Ihren zukünftigen Briefen keine untergeordnete Rolle mehr spielen wird.

Allgemeines

Ursprünglich bezeichnete der Ausdruck „Briefsteller" jemanden, der im professionellen Sinn Briefe erstellte, die den Zwecken eines Auftraggebers dienen sollten. Wer es sich leisten konnte, ließ seine Briefe – oft auch in privaten Angelegenheiten – von einem Berufs-Briefsteller schreiben. Diese Briefsteller mußten sich natürlich nicht in jedem einzelnen Fall einen von Grund auf neuen Text oder Stil einfallen lassen, vielmehr lebten sie von dem Wissen, daß Briefe von der Art, wie sie für ihre Auftraggeber geschrieben werden sollten, bereits geschrieben waren und von ihnen, der speziellen Situation des Auftraggebers angepaßt, nur mehr abgeschrieben werden mußten.

Daraus entwickelten sich zwei Merkmale des Briefverkehrs, die die heutige Bedeutung von „Briefsteller" zur Folge hatten.

Erstens: Briefe haben bestimmte gleichbleibende Bestandteile (Briefkopf, Anrede, Schlußteil), deren Gestaltung in einer Anleitung beschrieben werden kann. Und zweitens: Es gibt Situationen, aus denen heraus in ihrer Form stets gleichbleibende Briefe geschrieben werden, und diese Muster-Briefe sind es schließlich, die unter die heutige Bedeutung von „Briefsteller" fallen.

Briefsteller sind also Anleitungen zum Abfassen formvollendeter Briefe, und sie halten Musterbriefe für eine Vielzahl möglicher Anlässe bereit. Die Blütezeit der Briefsteller im deutschsprachigen Raum war das Barock, wo man auf kunstreiche Ausschmückung des Ausdrucks größten Wert legte, was etwa in Harsdörffers *„Teutschem Secretarius"* (1656) und in C. Stielers *„Der allzeit fertige Secretarius"* von 1673 nachzulesen ist. Den Umschwung zu einem natürlichen Briefstil bewirkten nicht zuletzt die Briefsteller von Gellert (*„Briefe, nebst einer praktischen Abhandlung von dem guten Geschmack in Briefen"*, 1751) und C.P. Moritz (1793). Seither sind umfassende Briefsteller im Abnehmen begriffen, sie werden durch spezielle, auf bestimmte Bereiche zugeschnittene Anleitungsbücher ersetzt. Aber auch das Briefeschreiben selbst, aus dem Leben unserer Großeltern nicht wegzudenken, wird verlernt, die Kunst des Briefeschreibens geht verloren.

Nun, wozu Briefe schreiben?

Der Zweck von Briefen

Grundsätzlich erfüllt jeder Brief, gleich von welchem Schreiber an welchen Empfänger gerichtet, zwei Aufgaben: er teilt etwas mit und hält dieses Mitgeteilte gleichzeitig fest.

Doch überlegen Sie, wie viele Funktionen der Sprache Sie mit einem Brief realisieren können: an- und nachfragen, antworten, bitten, entschuldigen, rechtfertigen, mahnen, beschimpfen, beweisen, widerlegen, zusammenfassen und so fort. Mit einem Brief können Sie jemandem Glückwünsche übermitteln, Sie können dem Empfänger Ihren Dank sagen oder ihn überraschen – indem Sie das tun, was Sie sich vielleicht schon lange vorgenommen, aber immer wieder hinausgeschoben haben:

einem Ihrer Bekannten oder einem Jugendfreund zu schreiben, mit diesem das Gespräch wiederaufzunehmen, das womöglich nur aus Trägheit oder wegen einer ungerechtfertigten Schreibhemmung abgerissen ist.

Zunächst einige Bemerkungen über das, wodurch der erste Eindruck zustandekommt, den Sie vom überraschenden Brief eines verschollen geglaubten Schulfreundes gewinnen:

Die äußere Form des Briefes

Briefpapier

Für die Größe des Briefpapiers gibt es folgende Normformate:
A4 = 210 x 297 mm (Ganzbrief),
A5 = 148 x 210 mm (Halbbrief), und
A6 = 105 x 148 mm (Postkarte).
Die vielfältigen elektronischen Schreibsysteme und ihre Drucker verlangen oft eine bestimmte Papierqualität. Aber auch, wenn Sie Briefe mit der mechanischen Schreibmaschine schreiben, sollten Sie beim Einkauf auf gute Qualität des Papiers achten, die ein gleichmäßiges Aufnehmen der Typenanschläge garantiert, so daß ein klares Schriftbild entstehen kann.

„Unruhige" Rückseiten oder gar von bestimmten Typen wie dem Punkt herrührende Durchlöcherungen des Briefpapiers sind ebenso Bestandteil der äußeren Form des Briefes wie Seitenaufteilung (Seitenspiegel), Zeilenabstand etc. und bestimmen daher den ersten Eindruck, den der Empfänger von Ihrem Brief erhält – die äußere Form von Briefen nimmt so nicht unerheblich Einfluß auf die Wirkung, die Ihr Brief hat.

Bestandteile des Briefes:

– Briefkopf (Name des Absenders, Firmenname)
– Anschrift des Empfängers
– Bezugszeichen (bei vorgedrucktem Briefpapier)
– Angabe des Datums
– Stichwort- oder „Betreff"-Zeile
– Anrede
– Brieftext
– Schlußformel
– Unterschrift
– Diktatzeichen, Anlagenvermerke
– eventuell Postskriptum („Nachschrift")

Die einzelnen Bestandteile sollten deutlich voneinander abgehoben sein, was durch eine oder mehrere Leerzeilen erreicht wird, oder aber durch Einrücken (bei Datum und Schlußformel).
Der Brieftext selbst wird durch Absätze untergliedert.

Es ist heute nicht mehr üblich, den Betreff durch einen entsprechenden Ausdruck („Betreff: " oder „Betrifft: ") einzuleiten, – die stichwortartige Inhaltsangabe steht (meist auch nicht mehr unterstrichen) ohne Einrückung am linken Rand über der Anrede (der ja auch kein „Anrede: " vorangestellt wird).
Bei der Anschrift des Empfängers (auch auf dem Briefumschlag) ist es angebracht, die Anrede oder den Titel in einer Zeile mit dem Namen zu schreiben, also:

Herrn Walter Fink
Bahnhofsplatz 2
4020 Linz

oder

Herrn
Direktor Dr. Martin Wolf
Akademiestraße 24
7500 Karlsruhe

Das in einer Extrazeile stehende „An" kann dabei durchwegs eingespart werden. Auf dem Briefumschlag zwischen Name und Anschrift eine Leerzeile einzuschalten, vergrößert die Übersichtlichkeit der Adresse:

Herrn Ing. Hans Fink
Beleuchtungsstudio

Neubaugasse 10
1070 Wien

Die Wahl der Anrede- und Schlußformeln ist – besonders in geschäftlichen Briefen – durch Konventionen festgelegt, und den richtigen Ton schon in der Anrede zu treffen, ist für einen erfolgreichen Brief unumgänglich:
„Denn es ist zu einem galanten briefe nicht eben allzeit vonnöthen, daß man etwas sonderliches und künstliches ersinne; sondern die freye und ungezwungene manier deren sich ein cavalier bedienet, und mit einem worte, der artige zug, mit welchem er seinen brief anfänget, fortführet und schlüsset, ist das fürnehmste, was ihn von gemeinen geistern unterscheidet, und seine schreib-art galant, und allen leuten beliebt und angenehm machet."
(Erdmann Neumeister, *„Die Allerneueste Art, Zur Reinen und Galanten Poesie zu gelangen"*, 1707)

Die Anrede – ein Ausdruck der Höflichkeit, der den Briefempfänger in eine freundliche und aufnahmebereite Stimmung versetzen soll – steht gewöhnlich in der dritten Zeile nach der „Betreff"-Zeile und wie diese am linken Rand.
Das Ausrufezeichen nach der Anrede ist gegenüber dem Komma zurückgetreten. Setzen Sie ein Komma nach der Anrede, so wird das folgende erste Wort des Brieftextes klein geschrieben.
In privaten Briefen und in Briefen, die in familiären Belangen geschrieben werden, entspricht die Anrede zumeist den Begrüßungsformeln, die in der gesprochenen

Sprache verwendet werden, jedenfalls erfolgt sie zwanglos. In Geschäftsbriefen und Briefen an Ämter und Behörden wird es den Erfolg Ihrer Briefe nicht vermindern, wenn Sie sich an die Konventionen halten, die sich unter anderem aus einer gesellschaftlichen Rangordnung ergeben.

In Briefen an Ämter oder in Geschäftsbriefen, die Sie an keinen bestimmten Bearbeiter adressieren, ist ein „sehr geehrte Damen und Herren" nie falsch; diese förmliche Version lautet jedoch, wenn Sie sich an einen bestimmten Empfänger wenden, „Sehr geehrter Herr Stein" oder „Sehr geehrte Frau Dr. Blumenfels". Weniger förmlich ist „Sehr verehrte Frau Blumenfels" oder „Lieber Herr Stein".

Die Anrede richtet sich ganz nach der Stellung des Empfängers, dessen Bedeutung für den Briefschreiber und danach, ob man mit dem Empfänger schon längere Zeit korrespondiert oder erstmalig mit ihm in Verbindung tritt.

Schon längere Zeit mit jemandem korrespondiert zu haben, reicht aber nicht in allen Fällen aus, die Anrede zwangloser zu gestalten. Selbst wenn Sie jedes Jahr beim Finanzamt ein Ansuchen um Steuersenkung einreichen, können Sie auch nach zehn Jahren den zuständigen Bearbeiter nicht mit „Lieber Hans" anschreiben, sondern bleiben besser beim „Sehr geehrter Herr Scheffel" – selbst dann, wenn Sie mit diesem auch privat bekannt sind.

Hier entscheidet die Situation, und diese ist eine geschäftliche. Briefe werden in der Regel abgelegt, und es könnte sein, daß ein anderer Bearbeiter die Unterlagen übernimmt – spätestens dann zeigt sich der Vorteil der konventionellen Anrede.

Als Schlußformel haben sich folgende Formen herausgebildet und durchgesetzt: als förmliche Varianten:

„Hochachtungsvoll",
„Mit vorzüglicher Hochachtung",
„Mit bester Empfehlung";

als weniger förmlich bis zwanglos:

„Mit freundlichen Grüßen", „Mit freundlichem Gruß",
„Beste Grüße von ...", „Mit herzlichen Grüßen" und so fort.

Im privaten Brief ist die Schlußformel nur selten auf diese Weise vom Brieftext abgetrennt. Wünsche und Grüße gehen vielmehr bereits in die abschließenden Sätze ein. Es muß wohl nicht extra betont werden, daß in Geschäftsbriefen eine gewisse Übereinstimmung in der Wahl von Anrede und Schlußformel bewahrt werden sollte.

Ein in formaler Hinsicht vorbildlicher Brief (hier ohne Bezugszeichen und Diktatzeichen – diese ergeben sich aus der innerbetrieblichen Organisation und haben auf dem vorgedruckten Briefpapier ihren genauen Platz) sieht so aus:

Stefan Macheiner
Brandauerstraße 7
5023 Salzburg

An die Allianz-Versicherungsgesellschaft
Vorfeld 21
5010 Salzburg   Salzburg, 2. 5. 1992

Feuerversicherung/Vers.-Schein Nr. 12345

Sehr geehrte Damen und Herren,

in Übereinstimmung mit Paragraph 5 Ihrer Versicherungsbestimmungen erlaube ich mir, zu dem obigen Versicherungsvertrag folgenden Schaden anzumelden und bitte Sie, mir einen angemessenen Betrag zu erstatten.

Gestern vormittag gegen 11 Uhr löste sich aus einem mir unerklärlichen Grund der Schlauch zum Gasherd in unserer Küche. Das durch den Auslaßstutzen strömende Gas wurde entzündet, bevor die beiden Flammen am Gasherd erloschen. Die einen halben Meter hohe Flamme erreichte die Vorhänge an den Küchenfenstern, die sogleich in Flammen aufgingen. Meine Gattin hat die Gefahr erkannt und sofort den Haupthahn abgestellt, so daß ein größerer Schaden verhindert werden konnte.

Als Zeugen nenne ich den Hauswart, Herrn Hans Steiner.

Folgender Schaden wurde angerichtet:
a) zwei Paar Küchenvorhänge (Leinen) verbrannt   öS 3.400,–
b) ein Küchenschrank – Tür und Seitenteile angebrannt   öS 5.600,–
c) Küchendecke und Wände durch Rauch und Wasser beschädigt,
   Instandsetzungskosten schätzungsweise   öS 9.000,–
                                                          ————————
                                                          öS 18.000,–

Mit freundlichen Grüßen und bestem Dank im voraus

                                   Stefan Macheiner

Briefgestaltung

Um erfolgreiche Briefe zu schreiben, müssen wir uns im klaren sein, was wir schreiben wollen oder müssen. Davon – ob wir etwa einen Sachverhalt genau beschreiben wollen, ob wir ein Erlebnis packend schildern wollen, etc. – hängt zunächst ab, welchen Stil wir wählen.

Denn „... *daß es in der Schreibart hauptsächlich auf die Art zu denken ankomme; und daß ein Scribent in seinen Schriften, wo nicht seine Gemüthsbeschaffenheit, zum wenigsten doch die Fähigkeit seines Verstandes abschildere"*, das betont schon im Jahre 1730 der Dichter Johann Christoph Gottsched in seinem „*Versuch einer Critischen Dichtkunst"*. Weiter heißt es dort:

„Denn kein Mensch kann besser schreiben, als er vorher gedacht hat. Ein wüster und leerer Kopf kann gar nichts; ein verwirrter nichts ordentliches; ein schläfriger nichts lebhaftes; ein finsterer Geist nicht deutlich; ein niederträchtiges Gemüth nicht edel, ein närrischer Phantast nicht vernünftig schreiben. (...) Der Kopf muß erst recht in die Falten gerücket, von Unwissenheit, Irrthümern und Vorurtheilen befreyet, mit Wissenschaften, Liebe der Wahrheit und Erkenntniß des Guten erfüllet werden: so wird hernach die Feder schon von sich selbst folgen."

Neben dem inhaltlichen Kriterium der Relevanz (nichts Überflüssiges schreiben) ist für die Briefgestaltung ein knapper Stil das wichtigste.

Briefe, die sich in ausufernden Abschweifungen verlieren, werden kaum den Erfolg haben, den Sie sich wünschen. Sie können die Relevanz und Knappheit Ihres Stils prüfen, indem Sie den Brieftext mit der „Betreff"-Zeile vergleichen: Die Betreffzeile soll als stichwortartige Inhaltsangabe beziehungsweise als Titel das enthalten, was der Brief in ganzen Sätzen formuliert. Knappheit bedeutet nämlich nicht, auf ganze Sätze zu verzichten. Ein Briefwechsel wie der folgende, wohl einer der kürzesten überhaupt, ist nur dann möglich, wenn die Briefpartner einander gut kennen und beide um die Situation des anderen und die näheren Umstände ihrer Briefe wissen: Ein Student schreibt an seinen Vater: „Wo bleibt das Geld?" – Die Antwort des Vaters kann sich auf ein einziges Wort beschränken: „Hier!"

Als Briefschreiber die Situation, in der der Briefwechsel stattfindet, richtig einzuschätzen, ist also für den Erfolg Ihres Briefes unumgänglich. Dazu gehört nicht nur die genaue Kenntnis Ihrer eigenen Lage, sondern auch der des Empfängers – versuchen Sie daher, Ihren Brief auch aus der Perspektive des Empfängers zu lesen: Der erfolgreiche Briefschreiber berücksichtigt den Wissensstand des Empfängers; im voraus versucht er, die Reaktionen des Empfängers abzuschätzen. Zu diesen beiden Strategien – zu fragen, an wen schreibe ich?, und, wie kann ich meine Absicht am besten formulieren? –, kommt dann noch ein wesentlicher Punkt hinzu: der Umgang mit der deutschen Sprache. Fehlerfreies Deutsch, dem sich der erste Teil dieses Buches widmet, ist für das Briefeschreiben eine unumgängliche Voraussetzung, ebenso die Vermeidung verbrauchter Redensarten und billiger Schlagworte.

Schreiben Sie in ganzen Sätzen – lassen Sie die Verben in ihrer finiten Form zu Wort kommen (also: „Ich setze voraus, daß Sie von unserem Vorhaben wissen ..." an Stelle von „In bezug auf die Voraussetzung Ihres Wissens von ..."), um nicht in den als „Kanzleistil" verrufenen trägen Sprachgebrauch zu verfallen.

Gerade auch, wenn Sie an Ämter und Behörden schreiben, dürfen Ihre Briefe lebendig und verständlich sein – immerhin sind es auch dort „nur" Menschen, die Ihre Briefe lesen.

Etwas Humor kann Ihren Briefen übrigens nicht schaden. Mit Humor sind hier keine Witze oder Späße gemeint, sondern eine gewisse Haltung des Briefschreibers, die etwas Distanz zu den Angelegenheiten erfordert, in denen korrespondiert wird. Das Gegenteil von Distanz wäre Verbissenheit, und die damit einhergehende Humorlosigkeit ist oft eine Hauptursache der Schreibhemmung.

Für Briefe mit Humor ist auch eine gewisse Distanz zum Perfektionsstreben angesagt. „Perfekte" Leute zählen oft auf hundertprozentige Sicherheit – Briefschreiber mit Humor dagegen können auch einmal mit Anstand verlieren.

Für längere oder kompliziertere Briefe ist es vorteilhaft, vor dem Schreiben einen stichwortartigen Entwurf zu machen. Dieser kann etwa auf dem Brief, den Sie beantworten wollen, erfolgen, indem Sie die wichtigsten Punkte unterstreichen und am Rand des Briefes in Stichworten festhalten, wie Sie diese Punkte beantworten werden.

Oder Sie listen zunächst Ihre Gedanken in einer losen Reihe von Stichworten auf, notieren passende Formulierungen dazu – und in einem zweiten Schritt numerieren Sie die einzelnen Punkte in der Reihenfolge, in der Sie sie im Brief behandeln wollen. Sinngemäß entspricht dann jeder Punkt einem einzelnen Absatz. Die Gliederung des Briefes in Absätze ist vor allem auch für den Empfänger von Vorteil, weil er sich, wenn er Ihren Brief beantwortet, die einzelnen Punkte nicht erst „auseinanderdividieren" muß.

Bei Briefen in besonders schwierigen Angelegenheiten oder bei gespannter und problematischer Beziehung zum Empfänger kann es zudem zielführend sein, den Brief auch im endgültigen Wortlaut zu entwerfen. Sie können ihn dann – versetzen Sie sich auch in die Lage des Empfängers! – noch einmal durchlesen und kleinere Korrekturen anbringen, bevor Sie eine Reinschrift anfertigen.

Familiäre und private Briefe

Besonders ausführlich widmeten sich die „Briefsteller" aus vorigen Jahrhunderten dem Verfassen privater Briefe, vor allem dem von Liebesbriefen. Neben anregendem Lesestoff stellen diese Briefsteller heute vor allem Dokumente der sozialen Verhältnisse und der Wertvorstellungen dar, und sie spiegeln natürlich Umgangsformen und Gepflogenheiten des Briefwechsels wider.

Im folgenden Abschnitt, der sich persönlichen Briefen widmet, finden sich allerdings keinerlei Muster für Liebes-, Abschieds-, Reisebriefe und dergleichen – hier gilt die Regel: Schreiben Sie nicht anders, als Sie reden würden, denn der Brief dient ja dazu, Sie selbst sozusagen in Papierform beim Empfänger zu vertreten – es ist also schlicht unmöglich, Ihnen Muster für Briefe zu Ihren persönlichen Angelegenheiten bereitzustellen.

Doch es gibt eine Reihe von Anlässen, bei denen Sie als Privatperson zur Feder greifen, um etwa Glück zu wünschen, Einladungen zu verfassen oder Beileid auszusprechen – in diesen Fällen sind die Möglichkeiten von Form und Inhalt eingeschränkter, weshalb hier Grundsätzliches zu förmlichen privaten Briefen zur Sprache kommen soll.

Einladungen

Einladungen erfolgen meist auf einer vorgedruckten Karte oder einer Briefkarte,bei der entweder unter dem Namen und der Anschrift des Absenders die Einladung gedruckt wird, etwa: „... gibt sich die Ehre, am 12. Juni 92 um 20 Uhr zu seiner Sponsionsfeier einzuladen" – oder aber in weniger formellen Zusammenhängen mit der Hand geschrieben wird („ ... lädt Dich zu seiner Geburtstagsfeier am 6. November 92 um 17 Uhr herzlich ein").

Der Text der Einladung wird bei Hochzeitsfeiern vorgedruckt, an nähere Verwandte werden noch ein paar Zeilen mit der Hand hinzugefügt, um die Einladung nicht allzu förmlich zu belassen – wie zum Beispiel „Nach der kirchlichen Trauung laden wir Dich und Walter herzlich zum Festbuffet ein".

Vergessen Sie nicht, den Empfänger zu bitten, Ihre Einladung zu beantworten, wenn Sie zwecks genauerer Vorbereitung die Zahl der Gäste wissen möchten. Das althergebrachte „U. A. w. g." (um Antwort wird gebeten) wird dabei aber doch besser durch einen ganzen, der Situation angemessenen Satz zu ersetzen sein, etwa: „Bitte teilen Sie uns mit, ob Sie kommen werden" oder „Wir bitten Sie, uns bald zu antworten".

Und vergessen Sie als Empfänger von Einladungen nicht, diese zu beantworten oder Ihre Absage mitzuteilen. Solche Antworten beginnen selbstverständlich stets mit dem Ausdruck des Dankes für die empfangene Einladung.

Glückwünsche

Aus den vielfältigen Anlässen, Glückwünsche zu schreiben (zum Geburtstag oder Namenstag, zu Weihnachten und Neujahr, zur Verlobung und Vermählung, zur Geburt eines Kindes, zum Muttertag, zur Silbernen und Goldenen Hochzeit, zur Beförderung, Auszeichnung, zum Dienst- oder Firmenjubiläum, zu einer bestandenen Prüfung und so fort) seien einige wenige herausgegriffen:

Lieber Erwin,

erst gestern habe ich von Karl R., den ich zufällig getroffen habe, erfahren, daß Du die Meisterprüfung mit Auszeichnung abgelegt hast. Ich gratuliere! Aus eigener Erfahrung weiß ich, was es heißt, sich neben dem Beruf auf eine so umfassende Prüfung vorzubereiten. Deine Gewissenhaftigkeit und Dein Fleiß haben sich eben wieder einmal bewährt.
Ich freue mich aufrichtig über Deinen Erfolg und wünsche Dir einige Tage Erholung und Entspannung.

Dein Michael

Sehr geehrter Herr Doktor Weissenbrock,

es war sehr freundlich von Ihnen, mich zu Ihrer Promotion einzuladen. Wegen einer dringlichen Geschäftsreise konnte ich jedoch leider nicht an der akademischen Feier teilnehmen; ich hätte Ihnen gerne zum erfolgreichen Abschluß Ihres Studiums gratuliert. Der Doktorgrad ist ja nicht ein Titel wie viele andere, sondern das äußere Zeichen für ausdauernde und zielbewußte geistige Arbeit. Für Ihre künftige Tätigkeit wünsche ich Ihnen viel Freude und Erfolg.

Herzliche Grüße
Johann Schnell

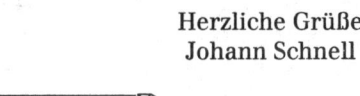

Im Fall von Geburtstagswünschen weiß der Empfänger gewöhnlich selbst, den wievielten Geburtstag er begeht, muß also von Glückwunschschreibern nicht darauf aufmerksam gemacht werden, gerade wenn der Schreiber entscheidendere Entwicklungen aufgreifen kann:

Sehr geehrter Herr Kassbach!

Sie können heute auf einen Lebensabschnitt zurückblicken, der ganz im Zeichen harter und zielstrebiger Arbeit gestanden ist, der Ihnen aber auch Erfolge gebracht hat, auf die Sie mit Recht stolz sein können.

Ich erinnere mich noch gut an das kleine Geschäft, wie Sie es vor 25 Jahren übernommen haben: heute ist Ihr Name weit über die Landesgrenzen hinaus bekannt. Ich habe Sie in den vergangenen Jahren als einen sehr ehrlichen und hilfsbereiten Menschen schätzen gelernt und hoffe, noch oft mit Ihnen zusammenarbeiten zu dürfen.

Gesundheit, weiteren Erfolg und eine fröhliche Geburtstagsfeier wünscht Ihnen

Ihr Franz Mellmann

Allgemein und förmlich werden die Glückwünsche ausfallen, wenn Sie im Namen mehrerer schreiben, etwa, wenn Sie als Innungsmeister einem Ihrer Bäcker gratulieren:

Lieber Kollege Frischer,

im Namen der Salzburger Bäcker darf ich Ihnen zu Ihrem fünfzigsten Geburtstag herzlich Glück wünschen. Wir freuen uns besonders, einem Mitglied gratulieren zu dürfen, das durch die hervorragenden „Mozart-Kipferl" den Salzburger Bäckern internationalen Ruf eingebracht hat. Wir wünschen Ihnen weiterhin gute Gesundheit und viel Erfolg.

Namens der Bäcker-Innung grüßt Sie
Karl-Friedrich Meister

Glückwünsche zur Hochzeit erfolgen gewöhnlich als Antwort auf die Einladung zur Hochzeitsfeier. Der Glückwunsch richtet sich dabei an den Teil des Brautpaars, mit dem man bekannt oder befreundet ist, und schließt den anderen Teil im Text mit ein. Sind beide gleichermaßen bekannt, lautet die Adressierung „Herrn und Frau ...", und das Paar wird je nach gegenseitiger Bekanntschaft angesprochen.

Liebe Frau Steiner,

die überraschende Anzeige Ihrer Vermählung hat mich sehr erfreut. Selbstverständlich wäre ich der Einladung zu Ihrer Hochzeit gern gefolgt, doch leider war ich – wie Sie inzwischen ja wohl wissen – zu diesem Zeitpunkt in Brasilien.

Jetzt, nachdem ich zurückgekehrt bin, habe ich endlich Gelegenheit, Ihnen ein kleines Geschenk zu senden, das Ihnen in Ihrer neuen Wohnung hoffentlich Freude macht.

Mit guten Wünschen für Sie und Ihren Mann
verbleibe ich

Ihre Monika Siebert

Sehr geehrter, lieber Herr Hauser,

zu Ihrer Vermählung sende ich Ihnen und Ihrer verehrten Frau Gemahlin meine aufrichtigen Wünsche für eine glückliche gemeinsame Zukunft.

Ihr ergebener Heimo Vogl

Zur Geburt eines Kindes könnte der Glückwunsch lauten:

Liebe, geehrte gnädige Frau, lieber Herr Zoller!

Mit freudiger Anteilnahme hörten wir von der Geburt des kleinen Dieter. Zu dem glücklichen Ereignis gratulieren wir Ihnen herzlich!

Mit den besten Wünschen für das Wohlergehen der Mutter und das Gedeihen des Kindes bleibe ich mit freundlichen Grüßen auch von meiner Frau

Ihr Ferdinand Margreiter

Gratuliert der Vorgesetzte von Herrn Zoller und verbindet den Glückwunsch mit einem Geschenk, so schreibt er:

Lieber Herr Zoller,

ich habe mit großer Freude von der Geburt Ihres Sohnes gelesen und beglückwünsche Sie und Ihre Frau von Herzen zur Geburt des ersten Kindes. Von den Mitarbeitern der Abteilung habe ich schon gehört, daß Ihre Frau die Geburt gut überstanden hat und daß Ihr kleiner Sohn ein Sonntagsjunge ist.
Das beiliegende Sparbuch für Ihren Sohn soll den Grundstock zu einem Sparkonto legen, von dem er später zu hoffentlich vielen erfreulichen Gelegenheiten etwas abheben kann.

Mit herzlichen Grüßen für Sie und Ihre nunmehr vergrößerte Familie,

Ihr Daniel Ammann

Beileidsbriefe

Vermeiden Sie nach Möglichkeit vorgedruckte Beileidskarten. Für einen Beileidsbrief wird auch kein schwarz umrandetes Papier verwendet, denn dieses benützt der Trauernde für Traueranzeige und Danksagung. Der Beileidsbrief wird mit der Hand geschrieben, der Name des Verstorbenen wird nicht genannt, denn die Hinterbliebenen wie etwa die Witwe wissen, wie der Verstorbene heißt. Den Briefumschlag läßt man nicht durch die Frankiermaschine laufen – er erhält eine Briefmarke.

Der Beileidsbrief will vor allem Trost bieten, indem er mit einfachen Worten die Beziehung zum Verstorbenen vergegenwärtigt, ohne das tragische Geschehen durch Übertreibung zu dramatisieren.

Sehr geehrte Frau Schmidt!

Die Nachricht vom Tod Ihres Mannes hat mich tief bewegt. Ich habe meinen treuesten Geschäftsfreund verloren. Dreißig Jahre habe ich mit Ihrem Gemahl zusammengearbeitet, nie gab es Ärger oder unangenehme Auseinandersetzungen.

Ihr Mann hinterläßt einen wohlgeordneten Betrieb; vielleicht finden Sie ein wenig Trost darin, daß schon in wenigen Jahren Ihr Sohn das Lebenswerk seines Vaters weiterführen kann.

Es ist mir eine selbstverständliche Freundespflicht, Ihnen mit Rat und Tat zur Seite zu stehen.

In aufrichtiger Trauer
Ihr Franz Schneider

Sehr geehrte gnädige Frau,

bestürzt und mit tiefem Mitgefühl habe ich die Mitteilung vom plötzlichen Tod Ihres Mannes erhalten. Ich möchte Ihnen meine Anteilnahme zu diesem Verlust aussprechen, der Sie und Ihre Kinder getroffen hat. Sie dürfen überzeugt sein, gnädige Frau, daß die Güte und Tatkraft, die den Verstorbenen auszeichneten, allen jenen, die ihn näher kannten, unvergeßlich bleiben werden.

Ich hoffe von Herzen, daß Ihre Kinder Ihnen Trost und Freude sind; sie werden Ihnen helfen, über den unersetzlichen Verlust hinwegzukommen.

Mit ergebenen Grüßen
Ihr Karl-Peter Weidmann

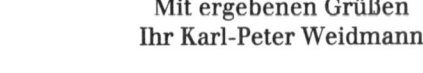

Schreiben Betriebsangehörige einen Beileidsbrief an die Frau des verstorbenen Vorgesetzten, könnte dieser Brief lauten:

Sehr geehrte gnädige Frau,

die Nachricht vom Heimgang Ihres Mannes, unseres verehrten und hoch geachteten Betriebsleiters, hat uns sehr bewegt. Wir haben in ihm einen gütigen Freund verloren, der durch seine Gerechtigkeit und Hilfsbereitschaft unser aller Herzen gewonnen hatte. Sein Andenken werden wir in Ehren halten.
Wir sprechen Ihnen unsere tiefste Anteilnahme aus.

Hans-Joachim Wender, Prokurist,
im Namen aller Betriebsangehörigen

Die förmliche Kondolenz im geschäftlichen Bereich beschränkt sich meist auf wenige Worte:

Zum Tode Ihres Geschäftsführers, Herrn Dr. Hans Wöhrle, sprechen wir Ihnen unsere Anteilnahme aus.

Mit vorzüglicher Hochachtung
Schiffmann & Co.

Da ausführlichere Kondolenzschreiben jedoch sicherlich persönlicher aufgenommen werden, entsprechen sie auch dem Anlaß besser.

Sehr geehrter Herr Kappacher,

mit großem Bedauern haben wir die Nachricht vom Tod Ihres Geschäftsführers erhalten. Es ist uns ein Bedürfnis, Ihnen zu diesem Verlust unsere Anteilnahme auszusprechen.
Obwohl es schwierig sein wird, eine diesem tatkräftigen und unternehmerischen Mann gleichwertige Persönlichkeit zu finden, hoffen wir, daß es Ihnen im Interesse Ihres Hauses und Ihrer Geschäftsfreunde gelingen möge.
Wir bedauern den Verlust auch deshalb, weil uns über die geschäftlichen Belange hinaus persönliche Interessen mit dem Verstorbenen verbunden haben.

Mit besten Empfehlungen
Schiffmann & Co.

Wird der Beileidsbrief nicht im Namen der Firma verfaßt, so steht es Ihnen frei, ob Sie den Bezug zur Firma besonders hervorheben oder nicht.

-------✎-------

Sehr geehrter Herr Direktor,

zum Tode Ihrer verehrten Frau Gemahlin möchte ich Ihnen mein Beileid aussprechen. Noch vor einem Monat, beim Betriebsausflug unserer Firma, konnte ich mich angeregt mit ihr unterhalten. Ihr unerwarteter Heimgang hat mich daher umso mehr bewegt.

In Hochachtung
Ihr ergebener
Gerhard Baar

Sehr geehrte Frau Jung,

Erlauben Sie, daß ich Ihnen mein tiefempfundenes Beileid zum Ableben Ihres Mannes ausspreche.
Ich mußte in den letzten Tagen oft an Sie und Ihre Kinder denken.

In aufrichtiger Anteilnahme
Ihr Kurt Loferer

-------✎-------

Die Beantwortung von Beileidsbriefen erfolgt durch Danksagungen, die etwa vier Wochen nach der Beerdigung geschrieben werden. Üblich sind dabei vorgedruckte Danksagungen mit etwa folgendem Text:

-------✎-------

Für die vielen Beweise herzlicher Anteilnahme und die zahlreichen Blumen- und Kranzspenden anläßlich des Heimgangs unserer lieben Mutter,

Frau Elisabeth Kramer,

sagen wir allen unseren Dank.

Geschwister Kramer und Angehörige
Bregenz, September 1992

-------✎-------

Im geschäftlichen Bereich fällt die Danksagung etwas förmlicher aus:

Für die zahlreichen Beileidsbezeugungen zum Tode unseres Geschäftsführers,

Herrn Direktor Heinrich Willhelm,

sprechen wir unseren aufrichtigen Dank aus.

Steinle & Steinle GmbH
Baustoff-Großhandel

gez. Martin Steinle
Geschäftsführer

Erfolgt die Danksagung nicht im Namen der Angehörigen oder im Namen einer Firma, wird man wohl kaum vorgedruckte Karten oder Briefe verwenden, sondern in einem persönlicheren Ton schreiben, der auf den einzelnen Beileidsbrief eingeht:

Sehr geehrter, lieber Herr Schneider,

Ihre trostreichen Worte zum Tode meines lieben Mannes, der so lange Jahre Ihr Mitarbeiter und Freund sein konnte, haben mir sehr wohl getan. Ich danke Ihnen dafür von Herzen.

Nicht nur der Mensch, mit dem ich ein Leben aufgebaut und geteilt habe, ist von mir gegangen. Ich habe auch den Vater meiner Kinder verloren, für die ich nun allein die Verantwortung trage.

Daher ist es mir ein Bedürfnis, Ihnen für die Hilfsbereitschaft zu danken, die Sie mir entgegenbringen und die mir meine Aufgabe erleichtert.

Mit Dank für Ihre gütige Anteilnahme

Ihre Ursula Schmidt

Im geschäftlichen Bereich wiederum wird man eine Danksagung auch für einen veröffentlichten Nachruf schreiben:

Sehr geehrter Herr Schreiber,

haben Sie vielen Dank für den liebenswürdigen Nachruf, den Sie anläßlich des Ablebens unseres Geschäftsführers, Herrn Direktor Heinrich Willhelm, im Namen des Bundesverbandes veröffentlicht haben. Ihre Worte sind eine gerechte Würdigung der Leistungen dieses herausragenden Mannes.

Mit freundlichen Grüßen
Steinle & Steinle GmbH
gez. Martin Steinle

Die heikle Angelegenheit

Die bisher angesprochenen Fälle zeichneten sich vor allem durch eines aus: Als Briefe in privaten Angelegenheiten waren ihre Form und ihr Inhalt erwartbar, durch Konventionen festgelegt; die Briefe hatten die Aufgabe, den Empfänger in seiner Situation zu bestärken. In gewissem Sinn reglementiert ist auch noch jene besondere Art privater, aber förmlicher Briefe, die durch die Schrift einer Sache besonderen Nachdruck verleihen sollen, wie etwa einer Entschuldigung.

Angenommen, Ihr Sohn hat eine Fensterscheibe im Nachbarhaus eingeschlagen und sich daraufhin zusätzlich so verhalten, daß er den Ärger Ihres Nachbarn erregte. Da Sie diesen Nachbarn jedoch nach wie vor nicht persönlich kennen, weil dieser es vorgezogen hat, sich auf dem Weg über die Hausverwaltung zu beschweren, schreiben Sie ihm vielleicht lieber, anstatt zu telefonieren:

Sehr geehrter Herr Schroff,

wir haben mit unserem Sohn über Ihre Beschwerde gesprochen. Er hat zugegeben, daß er sich von einer Gruppe von Kindern dazu anstiften hat lassen, „als Mutprobe" eine Fensterscheibe einzuschlagen, und daß er Sie als den Besitzer dieser Fensterscheibe daraufhin auch noch beleidigt hat. Für das Verhalten unseres Sohnes möchten wir uns bei Ihnen entschuldigen und werden Ihnen selbstverständlich die Scheibe ersetzen – bitte senden Sie uns die Rechnung des Glasers.

Christian sieht ein, daß er nicht richtig gehandelt hat, er wird sich selbst noch bei Ihnen entschuldigen. Natürlich hätte er es gleich tun sollen, aber Sie wissen ja vielleicht, wie schwer es einem Kind fällt, „Entschuldigung" zu sagen, auch wenn es einen Fehler einsieht. Bitte tragen Sie unserem Sohn die Sache nicht nach.

Mit nachbarlichem Gruß
Fritz und Rosmarie Gruber

Es gibt darüber hinaus jedoch Angelegenheiten, die Ihr besonderes Feingefühl erfordern – nicht nur in geschäftlichen Belangen.

Auch in privaten Briefen besteht manchmal die Notwendigkeit, die zur Verfügung stehenden Mittel der Sprache so einzusetzen, daß sie ein ganz bestimmtes Ziel verfolgen, ohne dieses Ziel allzu offensichtlich in den Vordergrund zu rücken.

Es gibt verschiedene Strategien, die Ihnen in solchen Fällen dienlich sein können.

Dazu gehört zum einen eine ganz bestimmte Einstellung: Gehen Sie davon ab, alles mit einem Schlag erledigen zu wollen!

Schwierige Angelegenheiten gestalten sich oft langwierig und erfordern mehrere Schritte.

Zum anderen gibt es eine Reihe von Vorgangsweisen, die Sie Ihrem Zweck unterordnen können.

– Stellen Sie Ergänzungsfragen statt Entscheidungsfragen!

Das bedeutet, daß Sie dem Briefpartner die Möglichkeit geben, freiwillig an einer Lösung mitzuarbeiten, und ihn nicht vor Alternativen stellen, die er nur noch ablehnen oder akzeptieren kann.

Angenommen, ein Erbschaftsstreit droht, weil Sie sich übervorteilt fühlen. Wenn Sie sich an den Betreffenden, von dem Sie einen Ihnen zustehenden Betrag zu erhalten hoffen, mit der Frage „Zahlst Du nun oder nicht?" wenden, so wird das Ergebnis kaum befriedigend, in jedem Fall aber von einer unangenehmen Stimmung begleitet sein.

Schildern Sie dagegen Ihre Lage und fragen daraufhin, wie der andere sie einschätzt, was er an Ihrer Stelle tun würde, was er Ihnen raten könnte, ob er glaubt, daß sich eine Lösung finden ließe und wie diese aussehen könnte, ... so erreichen Sie mit Sicherheit mehr.

Denn dahinter steht folgende Strategie:

– dem Briefpartner ein „Darüber-hinaus" zu ermöglichen.

Das heißt, erfragen Sie weniger, als erreicht werden soll – Sie geben dem anderen dadurch die Möglichkeit, „freiwillig" jene Richtung einzuschlagen, in die Sie ihn lenken wollen. Und das wiederum steht im Zusammenhang mit einer nächsten Strategie:

– sich auch einmal dümmer zu stellen, als man ist – wenn man damit rechnen kann, daß der Briefpartner mit seinem Wissen Eindruck machen will.

Sie brauchen nicht immer alles sagen, was Sie wissen. Wenn Sie jemandem die Gelegenheit geben, in der Position des Überlegeneren zu antworten, wird er Ihnen möglicherweise tatsächlich mehr erzählen, als Sie schon gewußt haben.

– Stellen Sie eine „Parallelfrage".

Diese besonders wirksame Strategie bedient sich einer einfachen Gesetzmäßigkeit, sie funktioniert nach folgendem Schema:

Sie wollen etwas erreichen oder erwerben, über das der Briefpartner verfügt. Fragen Sie nun direkt nach dieser Sache, so steigt deren Preis, da Sie Ihr Interesse zeigen. Fragen Sie dagegen Ihren Briefpartner, ob er Ihnen die Adresse des Herrn X ermitteln könnte, von dem Sie gehört zu haben glauben, daß er diese Sache besitzt oder darüber verfügt, so wird er um seinen eigenen Vorteil fürchten: mit großer

Wahrscheinlichkeit wird er Ihnen antworten, das könne er schon machen, aber auch er selbst wäre in der Lage, das Gewünschte anzubieten ...

– Vermeiden Sie es, globale Feindbilder zu errichten und zu verallgemeinern.
Wer Ihnen in einer Sache nicht entgegenkommt, muß noch lange nicht Ihr persönlicher Feind sein. Hüten Sie sich also davor, die verhärteten Fronten zu akzeptieren, die Ihnen jemand „anbietet", weil die Angelegenheit sie erwartbar macht.
Dazu gehört es, daß Sie Sachliches (wie etwa die Entscheidungen in einer Erbschaftsangelegenheit) nicht mit Persönlichem vermischen. Oder wenn es Sie ärgert, daß ein guter Bekannter sich Ihnen gegenüber plötzlich nachlässig verhält und dann auch noch versehentlich mit dem Auto, das Sie ihm geliehen haben, einen Unfall verursacht, so ist das noch lange kein Grund, dies als Anlaß dafür zu nehmen, ihm sein Verhalten insgesamt vorzuwerfen. Wenn Sie sich über jemandes persönliches Verhalten Ihnen gegenüber ärgern oder dadurch beunruhigt sind, sollten Sie dieser Angelegenheit besser einen eigenen Brief widmen, als auf die nächstbeste Gelegenheit zu warten, in der der vorwurfsvolle Ton gerechtfertigt erscheint.

– Dennoch ist es ratsam, Probleme nicht zu isolieren und sie dadurch als Probleme zu fixieren. Stellen Sie Beziehungen her zu gemeinsamen Interessen, um derentwillen eine Verfeindung schade wäre, erwähnen Sie das bisherige gute Verhältnis und daß Sie nicht gewillt sind, es wegen einer solchen Angelegenheit zu gefährden. Zeigen Sie sich davon überzeugt, daß sich eine gemeinsame Lösung finden läßt.

Der Geschäftsbrief

Von den vielen einzelnen Schritten, die von einer ersten Planung zum erfolgreichen Geschäftsabschluß führen, wird ein Großteil schon allein deshalb schriftlich durchgeführt, um Ausmaß und Bedingungen der geschäftlichen Unterhandlung schriftlich und damit für alle Beteiligten verbindlich fixiert zu haben.

Anfordern von Artikelinformation

Die Anfrage ist rechtlich unverbindlich, mit ihr werden meist mehrere potentielle Lieferer gleichzeitig angeschrieben, um verschiedene Angebote vergleichen zu können.

Bei allgemeineren Anfragen, etwa im Zuge einer Geschäftseröffnung, bittet man um Kataloge, Preislisten, Muster oder auch um den Besuch eines Vertreters.

Wenn Sie aber eine gezielte Anfrage machen, sollten Sie Ihre Anforderungen an den Artikel genau darlegen, um dem Angebotsteller Rückfragen zu ersparen. Genügt für eine allgemeine Anfrage meist eine Postkarte, wird man für eine gezielte Anfrage einen Brief schreiben.

In der „Betreff"-Zeile steht bei der gezielten Anfrage der gewünschte Artikel.

Linzer Wochenblatt
Hauptplatz 17
4020 Linz   Linz, 1. 4. 1992

Josef Heinzl
Büromaschinenhandel

Herrengasse 5
1010 Wien

Textverarbeitungssysteme

Sehr geehrte Herren,

wir haben Ihre Anzeige in der „Presse" gelesen und sind so auf Ihren Vertrieb von Textverarbeitungssystemen aufmerksam geworden.

Wir modernisieren zur Zeit unsere Redaktion und beabsichtigen, auf ein möglichst rationelles Textsystem umzustellen.

Senden Sie uns daher bitte Ihre Prospekte, damit wir uns informieren können. Es ist uns auch angenehm, wenn uns Ihr Vertreter besucht.

Mit freundlichen Grüßen

Linzer Wochenblatt
gez. Hans Postl

Auch Kostenvoranschläge für Dienstleistungen können mit einer Anfrage eingeholt werden. Wurde ein Kostenvoranschlag zunächst nur mündlich gemacht, ist es vorteilhaft, diesen in den Auftrag aufzunehmen.

Hans Graf
Brunnleiten 3
7033 Herrenberg   Herrenberg, ...

Herrn
Malermeister Ludwig Streicher
Alte Landstraße 15
7080 Aalen-Unterkochen

Sehr geehrter Herr Streicher,

im Anschluß an unsere gestrige Unterredung in meiner Wohnung und den von Ihnen aufgestellten Kostenvoranschlag beauftrage ich Sie, folgende Arbeiten in meiner Wohnung auszuführen:

1. Dispersionsanstrich der Decke und der Wände in der Küche, im Vorraum und im Badezimmer,
2. Ausbessern von Decke und Wänden im Badezimmer gemäß Absprache sowie
3. Lackieren der Fenster und Fensterstöcke in Küche und Badezimmer.

Die Kosten für die Arbeiten haben Sie für 1. mit DM ... , für 2. mit ... und für 3. mit DM ... veranschlagt. Sie haben zugesagt, am 5. März mit den Arbeiten zu beginnen. Bitte rufen Sie mich vor Beginn der Arbeiten an, damit ich Sie über die Hinterlegung des Wohnungsschlüssels informieren kann.

Mit freundlichen Grüßen
Hans Graf

Hier noch eine persönlicher gehaltene Anfrage, auf die auch das Angebot entsprechend lebendig ausfällt:

Friedrich Dachler
Gmainerstraße 40
6020 Innsbruck

Firma
Hans Pressl
Mosterei und Gartenbau
Ebereschenweg 5
4910 Ried i. I.

Sehr geehrte Herren!

Als alter Innviertler besuche ich öfters meine Verwandten im Hag in Ried und bekomme dort jedes Mal Ihren vorzüglichen Apfelsaft vorgesetzt. Ich muß sagen, daß ich einen so ausgezeichneten Apfelsaft noch nirgends sonst bekommen habe – was es in den Geschäften zu kaufen gibt, ist in der Regel völlig undiskutabel.

Daher wäre es ein großer Wunsch von mir, Ihren Apfelsaft in der mir von meinen Verwandten her bekannten Qualität beziehen zu können. Natürlich weiß ich nicht, ob es sich für Sie überhaupt lohnt, Ihre Ware so weit zu verschicken, und ob da noch ein für beide Seiten interessanter Preis herauskommt! Daher wäre ich Ihnen sehr dankbar, wenn Sie mir mitteilen könnten,
ob Sie überhaupt an einer Lieferung interessiert sind,
wenn ja, welche Mindestabnahmemenge Sie fordern würden,
welchen Inhalt Ihre Flaschen haben,
wie der Preis pro Flasche angesetzt würde, und
wie die Frachtkosten geregelt würden.
Ich würde mich sehr freuen, eine günstige Nachricht von Ihnen zu erhalten, und bin

mit freundlichen Grüßen
Ihr F. Dachler

Süßmosterei Hans Pressl
Ebereschenweg 5
4910 Ried i. I.

Herrn
Friedrich Dachler
Gmainerstraße 40
6020 Innsbruck

Besten Dank für Ihre freundliche Anfrage vom 9. 3. 1992. Leider komme ich erst heute zur Beantwortung, da ich gerade von einer Kur zurückgekommen bin.

Ihr Wunsch, von uns Apfelsaft zu beziehen, wird wohl an den Transportkosten scheitern. Bei Stückgutversand werden auf die Flasche etwa 16 Schilling Fracht kommen. Wenn Sie öfter hier in Ried zu Besuch sind, nehme ich an, daß Sie mit dem Wagen kommen. Bestimmt können Sie dann etwas zuladen.

Die handelsübliche Flasche Apfelsaft (1l) kostet öS 18,-, ab 20 Flaschen öS 15,-.

Zur Übersicht lege ich Ihnen meine Preisliste bei, aus der Sie alles ersehen können.

Falls Ihnen mein Vorschlag zusagt, teilen Sie mir bitte den Termin für Ihren Besuch mit. Ich kann Ihnen dann die Ware ins Hag anliefern.

Mit freundlichen Grüßen!
Hans Pressl

Angebot

Auf eine gezielte Anfrage wird mit einem Angebot geantwortet.

Das Angebot enthält alle geforderten Angaben, also

– Beschreibung der Artikel (eventuell Abbildungen oder Muster)
– Preis (plus Verpackungs- oder Versandkosten)
– Lieferzeit
– Zahlungsbedingungen

Ein Angebot ist rechtlich verpflichtend; der Unternehmer muß so liefern, wie er angeboten hat – allerdings gilt das Angebot nur eine bestimmte Zeit lang, die er (wie auch den Gerichtsstand) im Angebot festhalten kann. Will sich der Lieferer durch sein Angebot nicht binden, so kann er das durch eine Vorbehaltsklausel („unverbindlich", „soweit der Vorrat reicht" etc.) festhalten.

Uhrenfabrik Hans Gilly
Fürstenallee 17
6000 Frankfurt

Peter Hofer
Uhrenhandlung
4204 Reichenau i. M. 45

Uhren-Angebot

Sehr geehrter Herr Hofer,

Ihrer Anfrage vom … haben wir mit Freude entnommen, daß Sie sich für unsere Markenuhren interessieren, und übersenden Ihnen wunschgemäß unseren illustrierten Katalog sowie die neue Preisliste.

Die verschiedenen Modelle unserer Taschen- und Armbanduhren finden Sie im Katalog ausführlich beschrieben.

Die neuesten Modelle unserer Tischuhren sind im Katalog besonders herausgestellt. Sie haben sicherlich schon selbst bemerkt, daß sich das Interesse immer mehr gerade auf diese Uhrenform verlagert.

Die Modelle mit den Nummern 1 – 12 können wir sofort liefern, die übrigen etwa vier Wochen nachdem wir Ihren Auftrag erhalten haben. Unsere Lieferbedingungen sind in der Preisliste enthalten. Die Preise gelten ab Werk; es handelt sich um Netto-Preise zuzüglich 11% Mehrwertsteuer. Die Verpackung berechnen wir nicht. Bei der Bezahlung kommen wir Ihnen gern entgegen: Wir bieten Ihnen ein Ziel von 60 Tagen.

Um Ihnen zeitraubende Arbeiten bei der Bestellung zu ersparen, legen wir eine Bestellkarte bei.

Mit freundlichen Grüßen
Uhrenfabrik Gilly
gez. Heinz Zeiger, Verkaufsleiter

Anlagen: 3

Fritz Nömeyer & Co
Installationsbetrieb für Gas-, Wasser- und Elektroanlagen
Kurfürstenstraße 34
8000 München   17. 7. 1992

Herrn Dr.med. Heinz Bein
Gampusgasse 12
8000 München

Lichtanlage

Sehr geehrter Herr Dr. Bein,

Ihrem Wunsch gemäß übersenden wir Ihnen hiermit einen Kostenvoranschlag für die gewünschte Lichtanlage.

Mit den Arbeiten können wir voraussichtlich drei Tage nach Auftragserteilung beginnen. In der Zwischenzeit werden wir die erforderlichen Teile und Werkstoffe beschaffen. Wir könnten also am 21. 7. mit den Arbeiten beginnen, sofern wir morgen Ihren Auftrag erhalten. Vom Lieferwerk erhalten wir soeben die Nachricht, daß die „Klemmsio"-Beleuchtungskörper bei sofortiger Zusage pünktlich geliefert werden können.

Was die Zahlungsbedingungen betrifft, so bitten wir, wegen unserer hohen Barauslagen mit folgender Regelung einverstanden zu sein:

1. 50% des Rechnungsbetrages sofort nach Fertigstellung,
2. den Rest nach 30 Tagen, ohne Abzug.

Wir hoffen, daß wir Sie mit unserer Arbeit zufriedenstellen werden, und danken für Ihren Auftrag im voraus.

Mit freundlichen Grüßen
Fritz Nömeyer

Im Sinne eines Angebots verbindlich ist auch eine Kaufzusicherung, die (stellvertretend für den Kaufvertrag) brieflich erfolgt – wie etwa beim Kauf von Fahrzeugen, wo nicht immer an Ort und Stelle ein Kaufvertrag unterschrieben werden kann:

Herrn Heinrich Schiff
Hauptplatz 12
4072 Alkoven

Sehr geehrter Herr Schiff,

nach unserer mündlichen Vereinbarung verkaufen Sie mir Ihr Motorrad BMW 650, Motor-Nr. 45829, Baujahr 1978, um öS 35.000,– (fünfunddreißigtausend) und erklären, daß die Maschine fahrbereit und ohne Schaden ist. Wie wir besprochen haben, wird der Sachverständige Herr Dipl.-Ing. Feistenauer das Motorrad überprüfen. Fällt sein Urteil zufriedenstellend aus, zahle ich die öS 35.000,– sofort aus.

Mit besten Empfehlungen
Otto Kurve

Bestellung

Erfolgt die Bestellung nicht durch Bestellkarte, sondern brieflich, ist es für den Überblick und eine rasche Orientierung günstig, die Artikelangaben durch eine vor- und eine nachgestellte Leerzeile hervorzuheben. Die Betreffzeile bezieht sich auf das Angebot, von dem aus die Bestellung erfolgt, also etwa „Ihr Angebot vom 17. 7. 1992 – unsere Bestellung":

Sehr geehrte Damen und Herren,

wir möchten von Ihrem Angebot modern gestalteter Halogenstandlampen der Marke „Ultralight plus" Gebrauch machen –
bitte liefern Sie uns:

10 Ultralight schwarz, Art.-Nr. 34589
15 Ultralight rot, Art.-Nr. 34596 sowie
25 Transformatoren, Art.-Nr. 47289 K 43.

Mit bestem Dank im voraus und freundlichen Grüßen

Ferdinand Stöhr
Lichthaus

Eine (noch unverbindliche) Zusage kann auch mit der Bitte um Nachkalkulation verbunden werden.

Ihr Angebot „Anhängeetiketten"

Sehr geehrter Herr Struber,

mit Freude haben wir Ihr Angebot über die von uns benötigten Etiketten zur Kenntnis genommen. Da Ihr Angebot uns als das attraktivste erscheint, werden wir den Auftrag wahrscheinlich an Sie vergeben.
Es haben sich jedoch noch einige Änderungen ergeben. Wir möchten nicht auf 100 Gramm, sondern auf 170 Gramm drucken. Die Papierqualität „Merkur" wollen wir jedoch beibehalten.

Wir bitten Sie deshalb um eine Nachkalkulation!

Mit freundlichen Grüßen
Arnold Meister

Sollten Sie zum Widerruf einer Bestellung genötigt sein, so wird es – schon um das Verhältnis zur Lieferfirma nicht unnötig zu trüben, weil diese Ihre Widerrufgründe erraten muß – günstig sein, wenn Sie Ihre Gründe angeben.

Unsere Bestellung vom 3. 1. 1992

Sehr geehrte Damen und Herren,

wie wir heute erfahren haben, befindet sich unser Kunde, dem wir die bei Ihnen bestellten Kupferrohre liefern wollten, in erheblichen finanziellen Schwierigkeiten. Aus diesem Grund hat er heute den Auftrag, den er uns erteilt hatte, zurückgenommen.
Wir müssen daher unsere oben genannte Bestellung widerrufen, da wir derzeit keine Verwendungsmöglichkeit dafür sehen und hoffen, daß ihnen dadurch keine allzu großen Unannehmlichkeiten entstehen.

Gern werden wir zu einem späteren Zeitpunkt wieder auf Ihre Firma zurückkommen und bitten in diesem Fall um Ihr Verständnis.

Mit freundlichen Grüßen
Stoll & Co

Natürlich kann es auch Gründe geben, aus denen eine Firma die Bestellung ablehnt:

Ihre Bestellung vom 21. 8. 1992

Sehr geehrter Herr Schulze,

leider können wir Ihre oben genannte Bestellung nicht durchführen.
Die Gründe dürften Ihnen bekannt sein. Seit über einem halben Jahr sind bei uns noch zwei Rechnungsbeträge für den Druck von je 5000 Prospekten von Ihnen zu begleichen.

Bevor diese offenen Beträge nicht bei uns eingegangen sind, werden wir Sie nicht beliefern können.

Wir bedauern, Ihnen keinen positiven Bescheid geben zu können.

Mit freundlichen Grüßen
Druckerei Hoffmann

Abbestellung und Stornierung

Sie hatten auf eine Werbeaktion des „Oberneukirchner Tagblattes" hin diese Zeitung befristet auf drei Monate abonniert. Allerdings mußten Sie in dieser Zeit feststellen, daß Sie doch lieber die „Oberschlierbacher Nachrichten" lesen würden – und bestellen das Blatt wieder ab.

Oberneukirchner Tagblatt
Verwaltung
Hauptplatz 3
4181 Oberneukirchen   15. 3. 1992

Sehr geehrte Damen und Herren,

auf Ihre Werbeaktion im Dezember hin habe ich Ihr geschätztes Blatt vorläufig auf drei Monate abonniert. Die Lokalnachrichten, für die von Ihrer Redaktion stets gewissenhaft recherchiert wird, haben mich sehr interessiert. Da der Schwerpunkt meines Interesses jedoch eher auf kulturellem Gebiet liegt, für das Sie verständlicherweise nicht in gleichem Maße Platz zur Verfügung haben, bestelle ich hiermit Ihr Tagblatt wieder ab.

Mit freundlichen Grüßen,
Hannes Luger

Oder Sie schreiben:

Sehr geehrte Damen und Herren,

Ihr Tagblatt, das mir seit dem 14. 12. zugestellt wird und dessen gut gestaltete Witzseite mir seitdem jeden Tag einen fröhlichen Morgen bereitet hat, möchte ich nun wieder abbestellen.

Mit freundlichen Grüßen, ...

Mahnungen

Mahnschreiben haben die (fast immer unangenehme) Aufgabe zu erfüllen, noch Ausstehendes einzufordern, beim Empfänger an eine vergessene Pflicht zu erinnern.

Vorgedruckte Mahnschreiben, wie sie etwa für die Erinnerung an abgelaufene Entlehnfristen im Bibliothekswesen verwendet werden, etwa

Sehr geehrter Leser,

die Bibliothek ersucht um umgehende Retournierung des (der) unten angeführten Druckwerke(s); die Entlehnfrist ist abgelaufen.
Verfasser ...
Titel ...
Signatur ...
Datum der Entlehnung ...,

eignen sich jedoch kaum für Mahnungen im geschäftlichen Bereich, die Sie besser brieflich erledigen.
Zunächst ein Mahnschreiben, das eine ausstehende Lieferung einmahnt:

2. Mahnung

Unsere Bestellung vom 1. 4. 1992

Sehr geehrte Damen und Herren,

obwohl Sie uns die Lieferung von 1000 Stück Herrenhemden bis zum 10. 6. 1992 schriftlich zugesichert hatten, haben wir die Ware bis heute nicht erhalten. Auch auf unser erstes Mahnschreiben vom 1. 7. haben Sie unverständlicherweise nicht reagiert. Daher sind wir gezwungen, Ihnen eine letzte Nachfrist bis zum 25. 7. 1992 zu setzen.

Wir haben die Erweiterung unserer Angebotspalette bereits in mehreren Zeitungsanzeigen bekanntgemacht. Wenn Sie die gesetzte Frist nicht einhalten, werden wir einen Deckungskauf vornehmen, um weiteren Schaden abzuwenden. Sollten uns dadurch Mehrkosten entstehen, werden wir Ihnen diese in Rechnung stellen.

Mit freundlichen Grüßen

Kaufhof GmbH
gez. Anton Schedel
Einkaufsleiter

Für Mahnungen wegen noch offener Rechnungen hat die Kunst des Formulierens einen unüberschaubaren Artenreichtum hervorgebracht. Mahnungen erfolgen meist in zwei, drei Schritten, bevor das Stichwort „Inkassobüro" fällt. Möglicherweise aber sind auch Mahnungen der folgenden Art von Erfolg:

Mahnung

Sehr geehrte Damen und Herren,

eine schnelle Lieferung wurde von uns erwartet und erfüllt. Wir erwarten dafür fristgerechte Bezahlung unserer Rechnungen.

Folgende Rechnung steht zur Zahlung offen:
Nr. 385629 vom 31. 8. 1992
Betrag: DM 8.900,–
Fällig am 14. 9. 1992

Sollte der Betrag nicht bis zum 3. Oktober 1992 bei uns eingegangen sein, werden wir unser Inkassobüro mit dem Einzug beauftragen.

Mit freundlichen Grüßen
Druckerei Hoffmann

Da man in den meisten Fällen den Kunden nicht verlieren will, müssen die Schritte auf dem Weg der Mahnung behutsam erfolgen und wohlüberlegt sein. Ein Erfolgsrezept ist: persönliche Mahnschreiben statt Formbriefen! Bei persönlichen Mahnschreiben kann zwischen einem stets nachlässigen Zahler und einem ansonsten gewissenhaften Kunden unterschieden werden. Die Frage, ob der Kunde mit der gelieferten Ware unzufrieden war oder ob andere Gründe für sein Nichtzahlen vorliegen, wird den Kunden eher veranlassen, zu antworten (oder zu zahlen) als eine hartnäckige Folge von unpersönlichen Mahnungen.

Unsere Lieferung vom 15. 4. 1992

Sehr geehrter Herr Wöger,

vor sechs Wochen lieferten wir Ihnen 100 Kartons Kopierpapier „Lunarin". Sind Sie mit der Ware zufrieden? Uns interessiert Ihr Urteil.
Möglicherweise haben Sie unsere Rechnung verlegt, wir senden Ihnen deshalb eine Kopie. Wir bitten Sie, den Rechnungsbetrag auf unser Konto ... zu überweisen.

Mit freundlichen Grüßen
Papierfabrik Auwerk
Wendelin Brunner
Verkaufsleiter

Ein nächstes Mahnschreiben kann nach weiteren Gründen für den Zahlungsverzug fragen und gleichzeitig die Bestimmtheit der Forderung mit Nachdruck formulieren.

Sehr geehrter Herr Wöger,

seit zehn Wochen ist unsere Rechnung vom 15. 4. 1992 offen, und auch auf unsere Anfrage hin haben Sie bisher nichts von sich hören lassen. Wir sind der Meinung, daß die Ware nun bezahlt werden sollte.
Bedenken Sie bitte, daß auch wir Verpflichtungen haben, denen wir nur dann nachkommen können, wenn unsere Warenlieferungen rechtzeitig bezahlt werden.
Wir fordern Sie daher nochmals auf, den Rechnungsbetrag auf unser Konto ... zu überweisen.

Papierfabrik Auwerk
gez. Wendelin Brunner, Verkaufsleiter

Verhält sich der Kunde weiterhin ruhig und bleibt die Zahlung aus, werden in weiteren Mahnschreiben Mahngebühren verrechnet und wird mit der aufwendigen Prozedur der gerichtlichen Einziehung gedroht.
Mit einem kleinen Trick funktioniert die folgende Mahnung:

Sehr geehrter Herr Einbaum!

Wir haben Ihnen am 25. 3. 1992 ein „Boskop"-Apfelbäumchen geliefert. Zwei Monate haben Sie nichts von sich hören lassen. Bitte überweisen Sie uns doch umgehend den fälligen Betrag von öS 5000,–.

Hochachtungsvoll
Baumschule Korb

Der Trick besteht darin, daß der angeführte Betrag bedeutend höher ist als der tatsächlich ausstehende Betrag. Wodurch sich der Kunde angeregt fühlen wird, den Betrag zu korrigieren – oft allein dadurch, daß er diesen einzahlt.

Mängelrüge

Wenn Sie mit einer erhaltenen Lieferung unzufrieden sind und daher die Rechnung nicht oder nicht sofort bezahlen möchten, so werden Sie Ihre Gründe der Lieferfirma in einer Mängelrüge mitteilen – und zwar noch vor dem Empfang einer Mahnung, denn auch ein privater Käufer ist verpflichtet, eine Ware unverzüglich zu prüfen.

Ihr Ärger über eine mangelhafte Ware ist zwar gerechtfertigt – dennoch sollten Sie ihn auch bei der Reklamation nicht überschäumen lassen, denn Ihr Ton beeinflußt die Reaktion des Lieferanten!

Grundsätzlich muß eine Reklamation folgende Punkte enthalten:

– Bestellnummer
– einen Hinweis, daß Sie die Ware erhalten haben
– eine genaue Beschreibung der Mängel der Ware
– Ihre Wünsche in bezug auf das weitere Geschehen

Dabei gilt folgendes: Wollen Sie vom Kaufvertrag zurücktreten, so muß die Ware an den Lieferanten zurückgesendet werden. Wollen Sie die beschädigte Ware behalten, so können Sie Preisnachlaß verlangen.

Haben Sie die Rechnung bereits bezahlt, halten Sie dies in Ihrem Schreiben fest.

Sehr geehrter Herr Holzmann,

die von Ihnen am 6. 3. 1992 gelieferte und von mir bezahlte Kleiderablage in meiner Diele weist beträchtliche Mängel auf:

1. Die Längsstreben haben sich verzogen und teilweise aus den Vertiefungen der Seitenteile gelöst. Offenbar ist das Holz bei der Verarbeitung zu frisch gewesen.

2. Die Bankhakenösen sind mit zu kurzen Schrauben befestigt worden, so daß sich eine Öse bereits gelockert hat.

Ich bitte Sie, die Mängel innerhalb der nächsten beiden Wochen zu beheben. Stimmen Sie bitte den Zeitpunkt der Arbeiten telefonisch mit mir ab.

Anton Schedel

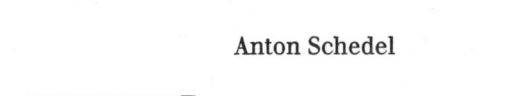

Ist eine Behebung der Mängel nicht möglich, wird die Mängelrüge mit einer Forderung nach Schadenersatz verbunden:

Sehr geehrte Herren,

in meiner Bestellung vom 2. Dezember 1991 hatte ich ausdrücklich schwarze Wandlampen mit Scherengelenk angegeben. Ich war daher sehr überrascht und enttäuscht, als ich heute Ihre Sendung mit gewöhnlichen, feststehenden Schreibtischlampen erhielt, von denen ich noch genügend auf Lager habe.

Aus Zeitgründen mußte ich mich nun hier in Linz eindecken.

Ich lege eine Rechnungskopie bei. Für die Differenz zwischen Ihrem Listenpreis und dem hier bezahlten Preis in Höhe von öS 1.998,– per Stück plus 20% Mehrwertsteuer mache ich Sie ersatzpflichtig. Ich darf Sie bitten, mir den Betrag gutzuschreiben.
Ihre Sendung mit gewöhnlichen, feststehenden Schreibtischlampen steht zu Ihrer Verfügung.

Hochachtungsvoll
Hans-Peter Christian

Hugo Reinlich
Gartenweg 10
4000 Düsseldorf

Firma Gustav Jedermann
Zenonstraße 33
4000 Düsseldorf

Sehr geehrte Firmenleitung,

Ihr Installateur, Herr Friedrich, hat mir am 12. September dieses Jahres einen Heißwasserspeicher „Elektro 2000" Nr. 38787 angeschlossen. Schon nach vierzehntägigem Betrieb ist der Speicher nicht mehr betriebsfähig.
Ich muß daher von Ihrem Garantieversprechen Gebrauch machen und Sie ersuchen, so bald als möglich das schadhafte Gerät zu überprüfen, auszutauschen oder aber auf jeden Fall den Mangel gründlich zu beseitigen.

Hochachtungsvoll
Hugo Reinlich

Sollten Sie den beanstandeten Artikel im Zuge der Mängelrüge zurückschicken (etwa bei Falschlieferung): Vergessen Sie nicht, die Rechnungsnummer anzugeben, falls diese von der Lieferfirma storniert werden soll.

Auftragsbestätigung und Rechnung Nr. 873487 vom 3. 3. 1992
Bestell Nr. 6787687, Gitterbett

Sehr geehrte Damen und Herren,

am 15. 3. habe ich das bei Ihnen bestellte Gitterbett am Frachtenbahnhof Linz abholen wollen. Zunächst habe ich die Nachnahmegebühr bezahlt. Als ich aber das Bett in meinen Wagen schaffen lassen wollte, wurde die Verpackung so beschädigt, daß

Teile der Bemalung zerkratzt worden sind. Da meiner Meinung nach die Beschädigung durch die Unachtsamkeit der Bahnbediensteten geschehen ist, habe ich die Annahme verweigert. Sie werden das Bett mit einer Schadensschilderung der Bahn zurückerhalten.

Nach wie vor möchte ich das Bett gerne bei Ihnen kaufen; ich habe deshalb einen Lieferschein mit Umtauschwunsch beigefügt.

Mit freundlichem Gruß
Maria Glinzinger

Beanstandungen und Beschwerden gibt es nicht nur in geschäftlichen Angelegenheiten. So etwa mußte Ludwig van Beethoven mit dem Kopisten seiner Symphonien abrechnen, als dessen Leistung über das Abschreiben hinausging. Beethoven an Wilanek:

Dummer eingebildeter eselhafter Kerl!

Mit einem solchen Lumpenkerl, der einem das Geld abstiehlt, wird man Komplimente machen? Statt dessen zieht man ihn bei seinen eselhaften Ohren. Schreibsudler! Dummer Kerl! Korrigieren Sie Ihre durch Unwissenheit, Übermut, Eigendünkel und Dummheit gemachten Fehler, dies schickt sich besser, als mich belehren zu wollen, denn das ist gerade, als wenn die Sau die Minerva belehren wollte.

Beethoven

Aus heutiger, psychologisch orientierter Sicht wäre hierzu zu sagen: Der Abschreiber wird als „dummer Kerl" angesprochen – also wird er an seinen Verstand gerichtete Argumente abblocken.

Deshalb: Beginnen Sie Beschwerden mit der Feststellung des – wenn auch nur ehemaligen – guten Verhältnisses und wenden Sie sich damit an die Vernunft des Empfängers – etwa, indem Sie nach seiner Sicht der Angelegenheit fragen. Beschimpfungen werden zwar immer eine Wirkung haben, aber in den seltensten Fällen die gewünschte.

Honorarnote

Für Dienstleistungen verschiedenster Art, die nicht in einem Angestelltenverhältnis entlohnt werden, verfaßt man Honorarnoten.

Diese enthalten:

– Art und Umfang der Tätigkeit oder des Auftrages
– den vereinbarten Bezahlungsmodus
– die erstellte Rechnung
– Angabe der Zahlbarkeit

Dabei ist es für den Empfänger von Vorteil, wenn die erstellte Rechnung vom übrigen Text abgesetzt ist. Die Betreffzeile lautet „Honorarnote", sie kann durch genauere Angaben ergänzt werden.

Honorarnote

Sehr geehrter Herr Schneider,

für die Tätigkeit im Garten Ihres Anwesens Brunnleiten 11 erlaube ich mir nachstehenden Betrag in Rechnung zu stellen, der sich (laut unserer Vereinbarung) aus folgenden Teilen zusammensetzt:

Rasenmähen	(12 Std. á öS 100,–)	öS 1.200,–
Schneiden der Hecken	(20 Std. — " —)	öS 2.000,–
Aufräumearbeiten	(10 Std. — " —)	öS 1.000,–
		öS 4.200,–

Ich bitte um Überweisung des Betrages auf das Konto ...

Mit bestem Dank im voraus und freundlichen Grüßen

Paul Michel Graslos

Honorarnote

Sehr geehrter Herr Prof. Schweigsam!

Ich erlaube mir für die Erstellung der Datenbank „Studienabgänger-Statistik" gemäß unserer Vereinbarung DM 2.000,– zu verrechnen und bitte mir den Betrag inkl. 14% Mwst. (DM 280,–) auf das Konto Nr... zu überweisen.
Gerne werde ich weitere Statistik-Aufträge für Ihre Fakultät übernehmen.

Mit freundlichen Grüßen
Karl Stejskal

Bewerbungsschreiben

Stellengesuche und Stellenanzeigen

Die Zeitung ist der Schauplatz für den ersten Schritt auf dem Weg zu einem Arbeitsplatz. Angenommen, Sie suchen als Absolvent der Hauptschule eine Lehrstelle als Augenoptiker und geben folgendes Stellengesuch in die Zeitung:

Augenoptiker-Ausbildungsplatz gesucht. Hauptschüler, 16 Jahre, mit guten Zeugnissen, sucht ab Herbst 1989 eine Lehrstelle. Besonders gute Kenntnisse in Physik und Biologie.

Gut ist die Formulierung „Augenoptiker-Ausbildungsplatz gesucht" deshalb, weil Sie ja keinen Ausbildungsplatz als Augenoptiker suchen (der Sie erst werden möchten). Auch beginnt das Inserat mit dem Wichtigsten, dem Schlagwort „Augenoptiker", an dem sich der Interessent orientiert, ob er die weiteren Angaben des Stellengesuches lesen wird. Dennoch fehlt am Ende der Anzeige etwas: die Angabe, an wen ein Interessent sich wenden soll. Vergessen Sie also nicht, Ihr Stellengesuch mit dieser Angabe zu schließen. Sind Sie telefonisch nicht erreichbar, dann geben Sie die Annonce unter Chiffre auf.
Weniger erfolgreich dürften Stellengesuche der folgenden Art sein:

Junger Mann, 25 Jahre, sucht Arbeit jeder Art bei gutem Lohn. Führerschein B, C vorhanden. Zuschriften erbeten an ...

Der junge Mann drängt sich und seine Arbeitssuche in den Vordergrund, anstatt zu sagen, was er einem Arbeitgeber bieten kann, beziehungsweise welche Ausbildung oder Erfahrung er einsetzen kann. Da der Arbeitgeber diese Angaben in anderen Annoncen finden kann, wird er bei diesem jungen Mann nicht erst nachfragen. Annoncen dieser Art werden also eher unbeantwortet bleiben.
Ein Stellengesuch sollte neben den Angaben über Ihr Alter, die derzeitige (oder letzte) Berufstätigkeit und Ihre Berufserfahrung auch beinhalten, zu welchem möglichen Termin Sie die Stelle antreten können. Gut aufgebaut und formuliert sind etwa die folgenden Anzeigen:

Gebrauchsgrafiker
31, Buchdruckfachmann, Atelier- und Agenturerfahrung, fotografische Kenntnisse, erfahrener Typograph, sucht schwierige Aufgaben! Bitte schreiben Sie an ...

Werkstoffprüfer, 35, Berufsausbildung: Qualit.-Prüf.-Physik, Kenntn.: Metallographie, Ultraschall, QS-Systemaufbau, statische Prüf.-Method., sucht entsprechende Stelle im Raum Bremen, Tel ...

Chefsekretärin, 37 Jahre, vertraut mit sämtlichen Sekretariats- und Organisationsaufgaben, mit steuerrechtlichen und juridischen Kenntnissen, sucht neuen Aufgabenbereich. Eintrittstermin gemäß Vereinbarung. Zuschriften erbeten an ...

Wenn Sie als Arbeitssuchender kein Inserat aufgeben möchten, bleibt die Zeitung meist dennoch der Ort, an dem sich erste Weichen für Sie stellen – wenn Sie den Stellenangebote-Teil durchblättern.

Die folgenden Anmerkungen zu Stellenanzeigen werden daher für Sie auch dann von Interesse sein, wenn Sie selbst keine Arbeitsstelle zu vergeben haben – denn auch *wie* ein solches Inserat formuliert ist, gibt Aufschluß über seinen Verfasser, an den Sie sich ja immerhin im nächsten Schritt mit Ihrer schriftlichen Bewerbung wenden.

Über die ganz besonderen Anforderungen, die an Sie gestellt werden, gibt etwa die folgende Annonce bestens Aufschluß:

WER
bereits sein
BE-
werbungsschreiben an uns mit
TALENT
gestaltet, kann wohl auch für unsere Marketingabteilung ein
GE-
winn sein. Denn für diese
SUCHT
unser Haus in verantwortungsvoller Position
eine kreative, kontaktfreudige Person,
gewinnend im Umgang mit Menschen und
stilsicher im Text- und Layoutbereich.

Wenn
SIE
das sind, so schreiben Sie uns bitte
über sich und Ihre Fähigkeiten einen aussagekräftigen Kurztext
von 12 Zeilen zu je 60 Anschlägen!

Verlag XY, Salzburg

Stellenanzeigen haben heute nur mehr selten sprachlogische Mängel, wie etwa die folgende –

MAGD
für Landwirtschaft, welche auch melken kann, wird bei guter Entlohnung
aufgenommen am Steindlgut in Grödig.

– die eher als Witz über selbstmelkende Landwirtschaften aufgefaßt werden wird, als daß sie zu einem Bewerbungsschreiben anregen wird.

Stellenanzeigen beinhalten folgende Punkte, meist in dieser Reihenfolge:

– Angabe über Arbeitgeber (Firma, Institution)
– sucht ... (Angabe der Berufsbezeichnung)
– Ausbildung als ...
– mit Erfahrung in ... – zum ... (Datum des Eintritts)/ehestmöglich/...

- für ... (Aufgabenbereich)
- Lohn
- Bewerbungsunterlagen (Bewerbungsschreiben, Lebenslauf, Zeugniskopien) an ...

Sowohl Arbeitgeber als auch die Berufsbezeichnung können als Schlagwortzeile dienen, je nachdem, wie mehr Werbewirkung erwartet werden kann.

CHEFSEKRETÄRIN
für Industriebetrieb in Stuttgart für sofort oder später gesucht. Erwünscht ist mehrjährige Erfahrung als Sekretärin, Beherrschung der französischen Sprache sowie Kenntnisse in Englisch.
Geboten werden Vertrauensstellung und Selbständigkeit auf interessantem Arbeitsgebiet, gutes Betriebsklima und angemessene Vergütung.
Ihre Bewerbung richten Sie bitte an ...

Hier ist das Hauptaugenmerk auf die Art der Tätigkeit gerichtet, ebenso im folgenden Inserat:

GEPRÜFTE APOTHEKENHELFERIN od. DROGISTIN gesucht. Erfahrung im pharmazeutischen Großhandel erwünscht. Maschinschreibkenntnisse unbedingt erforderlich. Ganztagsbeschäftigung. Vorzustellen: Samstag 18. 1. 1992 zwischen 9 und 11 h. Ludwigsapotheke, Tel ...

Ist das Unternehmen sehr bekannt, so kann sich die Anzeige auf einen kürzeren Text beschränken:

TRACHTEN JEDERMANN
sucht junge, tüchtige Verkäuferin.
Dekorationskenntnisse erwünscht, leistungsorientierte Entlohnung. Tel ...

Stellenanzeigen mit detaillierten Angaben erleichtern es Ihnen, ein entsprechendes Bewerbungsschreiben zu verfassen – Sie können eher abschätzen, was von Ihnen erwartet wird, wenn es heißt:

WIR sind ein **Großhandelsunternehmen** in der Stadt Graz und suchen zum baldigsten Eintritt

EINEN TÜCHTIGEN MITARBEITER

für das Aufgabengebiet Warenübernahme, Kommissionierung, Warenausgabe usw.

SIE sind zwischen 25 und 35 Jahre alt, haben technisches Verständnis und Lagererfahrung und sind gewillt, Eigenverantwortung zu übernehmen.

Wir bieten leistungsgerechte Bezahlung, ein freundliches Betriebsklima und freuen uns über Ihren Anruf: Tel ..., Frau Stadler.

Schwimmbad-Sauna-Ausstattungs GesmbH, Freinbergstraße 12, 6100 Darmstadt

Daß im folgenden Unternehmen Wert auf Genauigkeit und Vollständigkeit gelegt wird, kann man schon aus der Annonce ersehen:

Wir sind ein **dynamisches Unternehmen** mit 35 Mitarbeitern. Zu unseren langjährigen Kunden zählen vor allem renommierte Restaurationsbetriebe.
Wir suchen zum ehestmöglichen Eintritt einen

KÄLTE-KLIMA-TECHNIKER

mit mindestens fünfjähriger Berufserfahrung. Bewerber mit Erfahrungen in der Gerätegeneration JG/ Kl 89Z werden bevorzugt.

Wir erwarten:
– Mittlere Reife
– Erfahrung in der Computerklimatechnik
– Willen zur Weiterbildung
– Freundlichen Umgang mit unseren Kunden
– Bereitschaft zu Reisen mit Übernachtung

Wir bieten:
– Vierzehn Monatsgehälter
– Betriebliche Weiterbildungsmaßnahmen
– Firmeninterne Aufstiegsmöglichkeiten

Ihre vollständigen Bewerbungsunterlagen senden Sie bitte an:
Kälte-Klima Schedel, z.Hd. Herrn Kirchtag.

Die Bewerbung

Vor dem Verfassen eines Bewerbungsschreibens sollten Sie in Ruhe überlegen, was Sie in die Bewerbung aufnehmen wollen. Notieren Sie diese Punkte auf einem Entwurfsblatt; schauen Sie, welche Punkte in der Stellenanzeige angesprochen werden und ob Sie diese mit dem Bewerbungsschreiben auch beantworten. Wiederholen Sie im Bewerbungsschreiben nichts, was aus den Zeugniskopien oder dem Lebenslauf ersichtlich ist. Punkte, die in der Bewerbung nicht fehlen dürfen, sind:

– berufliche Entwicklung
– Kenntnisse und Fähigkeiten
– persönliche Stärken und Interessensgebiete
– Grund der Bewerbung

Beim Ausformulieren dieser Punkte werden diese durch Absätze voneinander abgehoben. Jeder Punkt bildet einen eigenen Absatz.
Der Schlußsatz formuliert Ihre Erwartung einer Antwort (etwa: „In Erwartung Ihrer geschätzten Antwort verbleibe ich hochachtungsvoll, ...") oder den Wunsch nach einem Vorstellungsgespräch (etwa: „Ich würde mich über Ihre Einladung zu einem persönlichen Vorstellungsgespräch freuen"). Gerade beim Formulieren Ihrer Erwartung kann ein „Zuviel des Guten" (etwa: „Mit Freude und gespannter Erwartung

sehe ich Ihrer hochgeschätzten Antwort entgegen") das gewünschte Ziel verfehlen. Vermeiden Sie in Bewerbungsschreiben auf jeden Fall Redewendungen wie „Bezug nehmend auf ..." oder „Hiermit möchte ich mich höflichst bewerben" und andere leere Formeln sowie umgangssprachliche Formulierungen („Auf Ihr Stellenangebot will ich mich hiermit bewerben ...").

Auch prahlerischer Stil ist kaum ratsam, und Übertreibungen rächen sich spätestens beim Vorstellungsgespräch.

Ein einfaches Bewerbungsschreiben könnte lauten:

Heidemarie Lackner
Stollenweg 5
4100 Ottensheim

Textil Günther
Landstraße 44
4040 Linz

Ihre Anzeige vom 5. August 1992 in den „OÖN"
Bewerbung als Verkaufsleiter

Sehr geehrte Damen und Herren,

mit großem Interesse habe ich Ihre Anzeige in den „Oberösterreichischen Nachrichten" gelesen.

Wie Sie aus den beiliegenden Unterlagen ersehen können, bringe ich alle Voraussetzungen für die ausgeschriebene Position einer Verkaufsleiterin mit.

Ich würde mich freuen, wenn Sie mich zu einem persönlichen Vorstellungsgespräch einladen.

Mit freundlichen Grüßen
Heidemarie Lackner

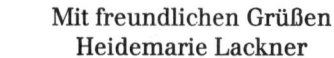

Die Betreff-Zeile enthält die Angabe, wo Sie auf das Stellenangebot gestoßen sind. Sie können auch in umgekehrter Reihenfolge formulieren: „Bewerbung als Verkaufsleiter – Ihr Inserat vom ..." Die in DIN A4 ausgefertigten Unterlagen, die Sie unter „Anlagen" auflisten, sollten in der dort angegebenen Reihenfolge mitgeschickt werden, eventuell in einer Klarsichtmappe, jedenfalls aber ungeknickt, also im DIN A4-Format.

Schicken Sie eine solche Mappe, so wird das Bewerbungsschreiben in einem Umschlag in diese Mappe gelegt.

Ein ausführlicheres Bewerbungsschreiben kann Angaben über berufliche Entwick-

lung und Ausbildung aufnehmen, wenn Bewerbungsunterlagen nicht einzeln gefordert sind. Auch die Erwähnung von Referenzen findet hier Platz.
Frühere Arbeitgeber, die Sie dabei nennen, sollten Sie vorher auf jeden Fall davon informieren, daß Sie sie als Referenzen angeben möchten.

Sehr geehrter Herr Wagner,

Ihre Anzeige vom 5. Juni in der „Frankfurter Rundschau" habe ich mit großem Interesse gelesen, denn ich kann die Anforderungen erfüllen.
Bisher arbeitete ich bei zwei großen Transportfirmen, bei Hannemann in Wiesbaden und bei Klötzl in Heidenheim. In Wiesbaden fuhr ich im Fernverkehr einen 6-Tonner, in Heidenheim einen Hanomag-Diesel.
Zur Zeit bin ich in ungekündigter Stellung, möchte aber aus familiären Gründen gerne nach Salzburg übersiedeln. Mein Chef weiß von dieser Absicht, er will mir nicht hinderlich sein und ließe mich nach einer vierzehntägigen Kündigungsfrist ziehen.
Ich bin gelernter Autoschlosser und erwarb mir durch zwei Jahre Arbeit in der Werkstätte Moosbacher in Freilassing, Salzburger Straße 45, die nötigen praktischen Kenntnisse, so daß ich kleinere Motorschäden beheben und Ersatzteile jederzeit einbauen kann.
Meine Zeugnisse weisen mich als einen verläßlichen Fahrer aus, der seinen Wagen sorgfältig pflegt.
Herr Konrad, der Chef des Antiquitätengeschäftes in Wiesbaden 1, Moranengasse 1, hat mich wiederholt für Transporte wertvoller Möbel angefordert, er kennt meine Fahrweise und wird gerne über mich Auskunft geben. Telefonisch ist er unter ... erreichbar.

Ich bin jederzeit bereit, mich persönlich vorzustellen.

Hochachtungsvoll
Rainer Sporn

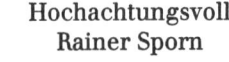

Bewerbungsschreiben sind nicht unbedingt dann wirkungsvoll, wenn sie Ihnen gefallen, sondern vor allem, wenn der Arbeitgeber daraus ersehen kann, was er von Ihnen erwarten kann. Seine Erwartungshaltung ist im Stellenangebot bereits formuliert – gehen Sie daher auf dieses ein. Ungeschickt ist es, in vorformulierten Bewerbungsschreiben nur den Namen des Empfängers und das Datum einzusetzen, um die Angelegenheit ohne großen Aufwand hinter sich zu bringen. Immerhin werden Sie, wenn Sie an der Stellung interessiert sind und sie bekommen, zunächst so eingeschätzt, wie es die Informationen Ihrer Bewerbung zulassen. Also:

Sehr geehrte Damen und Herren,

mit Interesse habe ich Ihr Inserat im „Kurier" vom vergangenen Wochenende gelesen.
Ich verfüge über gute Warenkenntnisse im gesamten Damenbekleidungs-Bereich. Dies gilt in gleichem Maß für modische wie für klassische Ware.
Meine Eignung für die ausgeschriebene Stelle können Sie aus den beigelegten Unterlagen ersehen. Von meinen bisherigen Arbeitgebern wurde mir immer wieder bestätigt, daß ich zuverlässig bin, über Verkaufstalent verfüge und einen guten Umgang mit Kunden pflege.
Der Grund meiner Bewerbung liegt darin, daß ich in Ihrem Unternehmen größere Aufstiegschancen, etwa zur Abteilungsleiterin, sehe.
Mein frühestmöglicher Eintrittstermin wäre der 1. Juli 1992.

Mit freundlichen Grüßen
Herma Zobel

Anlagen:
Lebenslauf
Lichtbild
Arbeitszeugnisse (3)

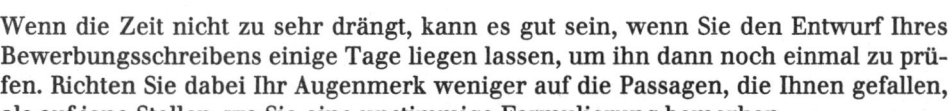

Wenn die Zeit nicht zu sehr drängt, kann es gut sein, wenn Sie den Entwurf Ihres Bewerbungsschreibens einige Tage liegen lassen, um ihn dann noch einmal zu prüfen. Richten Sie dabei Ihr Augenmerk weniger auf die Passagen, die Ihnen gefallen, als auf jene Stellen, wo Sie eine unstimmige Formulierung bemerken.
Lesen Sie Ihre Bewerbung auch mit den Augen des Empfängers und versetzen Sie sich in die Situation des Vorstellungsgespräches: Welche Fragen könnte man Ihnen stellen? Welche Sachverhalte sind aus Ihrem Schreiben nicht oder nur teilweise ersichtlich?
Erst nach dieser Prüfung werden Sie in Ruhe ein Bewerbungsschreiben abschicken, das Sie nicht mit sorgenvollen Gedanken verfolgen müssen.

Ihre Anzeige in der „Presse" vom 7. 4. 1992
Fremdsprachenkorrespondentin

Sehr geehrter Herr Schiefer,

den Anforderungen, die Sie an eine Fremdsprachenkorrespondentin stellen und die aus Ihrem Inserat ersichtlich sind, entsprechen meine nachweisbaren Fähigkeiten. Ich beherrsche die englische und die französische Sprache in Wort und Schrift. In beiden Sprachen verfüge ich zusätzlich über gute Kenntnisse der Wirtschaftssprache und bin in der Lage, diese auch zu stenographieren.

Wegen eines Konkurses meines letzten Arbeitgebers vor zwei Monaten wäre ich in der Lage, die Stelle sofort anzutreten.

Freuen würde es mich, wenn Sie mich nach Prüfung meiner beiliegenden Unterlagen zu einem Vorstellungsgespräch einladen.

Mit freundlichen Grüßen
Margret Schneemayer

Bewerbung um eine Ausbildungsstelle als Bürokaufmann

Sehr geehrte Damen und Herren,

für die Ausbildungsstelle als Bürokaufmann, die Sie in Ihrer Anzeige in der „Rhein-Main-Zeitung" vom 15. 5. 1992 anbieten, möchte ich mich gern bewerben.

Ich besuche zur Zeit – mit gutem Erfolg – den polytechnischen Lehrgang, den ich im Sommer dieses Jahres abschließen werde.

Wie Sie aus den beiliegenden bisherigen Zeugnissen ersehen können, bin ich besonders in jenen Fächern gut, die für meinen Berufswunsch von Bedeutung sind.

Im letzten Sommer war ich für die Firma Seidler als Aushilfe tätig und hatte dadurch Gelegenheit, mich mit dem Berufsbild des Bürokaufmanns in der Praxis bekannt zu machen.

Ich würde mich freuen, wenn Sie mir die Chance böten, mich persönlich bei Ihnen vorzustellen.

Mit freundlichen Grüßen
Heimo Zuckermantel

Anlagen:
Lebenslauf
Lichtbild
Zeugnisse

Bewerbungen um eine Ausbildungsstelle erfolgen nicht immer aufgrund eines Stellenangebotes. Aber auch die sogenannten „blinden" Bewerbungsschreiben sollten immer eigens aufgesetzt werden.

Anfrage wegen eines Ausbildungsplatzes

Sehr geehrte Damen und Herren,

im Sommer dieses Jahres beende ich meine schulische Ausbildung mit der fünften Klasse der Handelsakademie. Meine Leistungen waren bisher immer gut, so daß ich auch einen guten Abschluß erwarten kann. Da ich besonders in Mathematik gute

Leistungen gezeigt habe, möchte ich gern den Beruf einer Bürokauffrau mit dem Schwerpunkt Buchhaltung erlernen.

Falls Sie in Ihrem Unternehmen noch einen Ausbildungsplatz frei haben, würde ich mich über eine Nachricht sehr freuen und Ihnen umgehend meine kompletten Bewerbungsunterlagen zusenden.

Mit freundlichen Grüßen

Birgit Friedmann

Eine ausführliche Begründung für Ihre Bewerbung kann nie schaden.

Auf keinen Fall werden Sie es bei der Einleitung belassen, das Arbeitsamt hätte Sie auf diese mögliche Ausbildungsstelle verwiesen, sondern werden auch persönliche Gründe anführen.

Bewerbung um eine Ausbildungsstelle als Druckereifacharbeiter

Sehr geehrte Damen und Herren,

das hiesige Arbeitsamt hat mir, auch aufgrund eines Eignungstests, geraten, mich bei Ihnen um eine Ausbildungsstelle zu bewerben.

Im Sommer dieses Jahres werde ich mit dem polytechnischen Lehrgang meine schulische Ausbildung beenden. In den Anlagen übersende ich Ihnen meine bisherigen Zeugnisse, aus denen hervorgeht, daß ich bisher immer gute bis befriedigende Leistungen erzielt habe.

Ich strebe den Beruf des Druckereifacharbeiters an, weil ich großes handwerkliches Geschick habe und schon mehrfach in den Ferien in einer Druckerei gearbeitet habe. Dabei habe ich mir auch Grundkenntnisse im Fotosatz angeeignet.

Ich würde mich freuen, wenn Sie meine Bewerbung berücksichtigen könnten.

Mit freundlichen Grüßen
Edmund Binder

Anlagen:
Lebenslauf
Lichtbild
Zeugniskopien (3)

Sorgfalt in der Gestaltung der Anlagen trägt wesentlich zum ersten Eindruck bei, den Ihr künftiger Arbeitgeber von Ihnen erhält. Zeugniskopien müssen dabei nicht beglaubigt sein, es genügt eine einfache Photokopie. Das Lichtbild kann an den Lebenslauf geheftet werden, wird aber besser auf ein Extrablatt geklebt, das Ihren Namen trägt.

Lebenslauf

Ist für Ihre Bewerbung ein Lebenslauf erforderlich, so stehen Ihnen für die Gestaltung dieses „curriculum vitae" mehrere Möglichkeiten zur Verfügung:

– Lebenslauf in Form eines Aufsatzes
– Lebenslauf in tabellarischer Form, sachlich gegliedert
– Lebenslauf in tabellarischer Form, zeitlich gegliedert

Die letzte Variante ist sicherlich die am häufigsten anzutreffende. Sie bietet den schnellsten Überblick und entlastet den Verfasser: er braucht sich nicht mit der Ausformulierung ganzer Sätze zu plagen.
Eine Ausnahme bildet hier der Lebenslauf von Schulabgängern. Er wird der bisherigen Kürze des zusammenzufassenden Lebens wegen am besten in Form eines Aufsatzes verfaßt.

Lotte Gruber
Hildmannplatz 3
4020 Linz

Lebenslauf

Am 5. August 1978 wurde ich als zweites Kind der Eheleute Fritz und Berta Gruber in Gallneukirchen geboren. Mein älterer Bruder Gernot erlernt zur Zeit den Beruf des Automechanikers.
Nach vier Jahren Volksschule in Gallneukirchen trat ich 1988 in die Hauptschule 2 in Linz ein. Aufgrund meiner bisherigen Leistungen rechne ich mit einem guten Abschluß. Meine Stärken sind Deutsch, Mathematik und Physik.

Außer über Stenographiekenntnisse verfüge ich über gute Maschinschreibkenntnisse. Beides habe ich an der Volkshochschule Linz erlernt, wo ich auch einen Schneiderkurs absolviert habe.

Linz, 10. 1. 1992   Lotte Gruber

Beim zeitlich gegliederten Lebenslauf in tabellarischer Form stehen alle Zeitangaben in der Zeile unter dem jeweiligen Stichwort („Schulbildung", ...).
Achten Sie dabei auf einheitliche Schreibung dieser Angaben, insbesondere wenn Sie Monatsangaben machen. Schreiben Sie also entweder „Jan. – Okt.", „Jan. 1983 – Dez. 1986" oder „1983 – 1986" und so fort; vermengen Sie keinesfalls verschiedene Schreibweisen.

Für eine Bewerbung als Mode-Verkäuferin könnte der Lebenslauf so aussehen:

Lebenslauf

Name:	Gerda Haslauer
Geburtsort:	Hallein
Geburtsdatum:	12. 9. 1960
Wohnort:	Hohenstaufenstraße 10,
	5020 Salzburg
Familienstand:	ledig

Schulbildung:

1966 – 1970	Volksschule in Hallein
1970 – 1974	Hauptschule in Hallein
1974 – 1975	Polytechnischer Lehrgang Hallein

Berufsausbildung:

1975 – 1978	Ausbildung zur Textilverkäuferin
	bei der Firma Thalhammer in Salzburg
	mit dem Schwerpunkt „Junge Mode"
1978 – 1983	Verkäuferin bei Thalhammer
1983 – 1992	Verkäuferin bei Jeans-Modenhaus Fürst, Hallein

Besondere Kenntnisse und Fähigkeiten:	Individuelle Kundenberatung;
	Versiertheit in allen Modetrends;
	Schneiderkenntnisse

Hallein, 13. Mai 1992   Gerda Haslauer

Bei der sachlich gegliederten Form des tabellarischen Lebenslaufes stehen die Zeitangaben in der rechten Spalte:

Lebenslauf

Name:	Klaus Muster
Geburtsdatum:	4. 3. 1963
Geburtsort:	Hallstatt
Wohnort:	Äußerer Stein 9
	8010 Graz
Schulbildung:	1969 – 1973 Volksschule
	1973 – 1979 Hauptschule und Polytechnikum

	1979 – 1981 Berufsschule
Berufsausbildung:	1981 – 1983 kaufmännisch Auszubildender
	bei der Firma Kaiser, Golling
Berufspraxis:	1983 – 1986 Bürokaufmann bei der Firma Kaiser
	seit November 1986 Sachbearbeiter
	bei der Firma Numo AG, Salzburg
Besondere Kenntnisse	
und Fähigkeiten:	Englisch in Wort und Schrift
	Lieferabwicklung
	Mahnwesen

Salzburg, 20. Juni 1992   Klaus Muster

Eine erfolgreiche Bewerbung endet mit einem Anstellungsvertrag, der meist in Briefform erfolgt und auf den der künftige Angestellte ebenfalls brieflich antwortet. Dazu ein Beispiel:

Ihre Bewerbung als Werbeassistent

Sehr geehrter Herr Prossl,

wir beziehen uns auf Ihre Bewerbung und Ihre Vorstellung in unserem Haus und bestätigen Ihnen, daß wir bereit sind, Sie in unsere Dienste zu nehmen. Ihre Einstellung als Assistent unserer Werbeabteilung erfolgt am 1. April 1992.

Sie erhalten ein monatliches Bruttogehalt in Höhe von öS 14.000,-.
Als einmalige Sonderleistung gewähren wir Ihnen am 10. Juli dieses Jahres   öS 10.000,- Umzugsgeld.

Die ersten drei Monate Ihrer Tätigkeit in unserem Haus gelten als Probezeit, in der es beiden Parteien freisteht, das Dienstverhältnis jeweils zum Monatsende aufzulösen. Nach Ablauf der Probezeit werden wir Ihr Gehalt vereinbarungsgemäß überprüfen und Ihren Leistungen entsprechend erhöhen.

Für eine Auflösung des Anstellungsverhältnisses ist die gesetzliche Kündigungsfrist maßgebend, das heißt, die Kündigung kann jeweils sechs Wochen vor Quartalsende zum Vierteljahresschluß erfolgen.

Wir bitten um Ihre Bestätigung.
Für Ihre Arbeit in unserem Haus wünschen wir Ihnen guten Erfolg.

Mit freundlichen Grüßen
Kälte-Klima Steiner
gez. Ing. Hans Steiner

Meine Einstellung als Werbeassistent

Sehr geehrter Herr Ing. Steiner,

Sie waren so freundlich, mir mit Ihrem Brief vom 28. Februar meine Einstellung als Werbeassistent zum 1. April 1992 zuzusichern .

Mit den in Ihrem Brief genannten Bedingungen bin ich einverstanden.
Ich freue mich auf unsere Zusammenarbeit und werde mein Bestes tun, um Ihren Anforderungen gerecht zu werden und meine Leistungen ständig zu steigern.

Mit vorzüglicher Hochachtung
Karl Prossl

Selbstverständlich muß der Arbeitgeber allen Bewerbern antworten, schon um die Bewerbungsunterlagen zurückzusenden.
Eine abschlägige Antwort wird in jedem Fall mit dem Ausdruck des Dankes für die Bewerbung eingeleitet.

Sehr geehrter Herr Kocher,

ich danke Ihnen für Ihr Bewerbungsschreiben, das ich mit großem Interesse gelesen habe.
Leider war jedoch der für Sie in Betracht kommende Arbeitsplatz bereits vergeben, als Ihr Brief eintraf. Ich sende Ihnen daher die mir überlassenen Unterlagen zu meiner Entlastung zurück und wünsche Ihnen Erfolg bei Ihrer nächsten Bewerbung.

Mit freundlichen Grüßen
Karl Bronner

Anlagen: 4

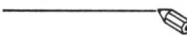

Arbeitszeugnis

Die Mühe, die der Arbeitnehmer beim Verfassen des Bewerbungsschreibens hat, hat der Arbeitgeber beim Ausstellen eines Arbeitszeugnisses – jedenfalls dann, wenn er es nicht bei einer einfachen Arbeitsbestätigung belassen will, sondern wenn auch die Vorzüge des Angestellten im Arbeitszeugnis aufscheinen sollen.
Da Arbeitszeugnisse besonders dafür geschaffen sind, zwischen den Zeilen gelesen zu werden, sollte besonders ein Punkt nicht fehlen: der Grund, warum das Arbeitsverhältnis aufgelöst wird.

Zeugnis

Herr Ludwig Hartl, geboren 1950 in Wien, trat 1971 bei uns als Werbefachmann ein. Durch sein umfassendes Wissen – er beherrscht lückenlos die Literatur seines Faches – wurde er bald der tüchtigste und wertvollste Angestellte unserer Verkaufsabteilung. Als wir 1976 den Kundendienst modernisierten, übertrugen wir ihm den Ausbau einer eigenen Werbeabteilung.

Da er die Voraussetzungen für Kundenwerbung aus der Praxis kennt und Organisationstalent mit Ideenreichtum verbindet, gelang es ihm in kurzer Zeit, unseren Umsatz um 35 Prozent zu steigern. Seine Menschenkenntnis und sein offenes, heiteres Wesen erleichterten ihm die Auswahl der Mitarbeiter. Die vier Angestellten seiner Abteilung und weitere acht ihm unmittelbar unterstellte Reisende führte er sicher und beriet sie so sachkundig, daß sie vertrauensvoll seinen Weisungen folgten.

Änderungen im Verkaufsgeschehen hat Herr Hartl immer sofort erkannt und seine Werbemethoden auf den neuen Kundenkreis abgestimmt. Er bewies damit Zielstrebigkeit und Ausdauer und ließ sich durch vorübergehende geringere Erfolge nicht entmutigen.

Herr Ludwig Hartl ist ehrlich und zuverlässig, er setzte seine Arbeitskraft rückhaltlos für unser Unternehmen ein.

Er verläßt uns auf eigenen Wunsch.

Bregenz, 1. 9. 1992   Norbert Lohe
                                                     Lederfabrik

Stets wird es besser sein, die Tätigkeitsbereiche und Leistungen eines Angestellten im Zeugnis aufzulisten, als pauschale Wendungen (wie „war sehr bemüht", „immer pünktlich", „zuvorkommendes Betragen") zu benützen, die entweder gar nichts aussagen oder schlicht das Gegenteil verbergen sollen. Jedenfalls dürfen solche allgemeinen Wendungen nicht alle anderen Angaben ersetzen. Vielmehr sind diese für das Arbeitszeugnis von tragender Bedeutung. Das gilt natürlich auch für Ausbildungszeugnisse:

Zeugnis

Herr Fritz Gura, geboren am 12. 8. 1969 in Augsburg, war bei uns seit dem 1. 9. 1985 als Auszubildender zum Einzelhandelskaufmann beschäftigt.

Im on-the-job-Verfahren wurde er mit allen wesentlichen Arbeiten seines Sachgebietes vertraut gemacht.

Er durchlief dabei die Abteilungen Verkauf, Ankauf, Lager, Buchhaltung und Kostenrechnung (Kalkulation).

Herr Gura erwies sich als fleißig und äußerst lernwillig. Seine Leistungen wie seine persönliche Führung waren stets untadelig.

Der Schwerpunkt seiner erworbenen Kenntnisse liegt eindeutig auf dem Gebiet der Kostenrechnung.

Aus firmeninternen Gründen können wir Herrn Gura nicht ins feste Beschäftigungsverhältnis übernehmen.

Wir wünschen ihm für seinen weiteren beruflichen Weg viel Erfolg.

Kiel, 23. 8. 1992   Stiller & Öhler

Ausbildungszeugnisse können aber auch einfacher ausfallen:

ZEUGNIS

Frau Heike Glinz, geboren am 23. 9. 1969 in Ainring, absolvierte vom 1. 9. 1989 bis zum 31. 12. 1992 eine Ausbildung als kaufmännische Angestellte.

Ihr Schwerpunkt und Hauptaufgabenbereich lag in der Buchhaltung. Dabei hat Frau Glinz besondere Kenntnisse im Bereich des Mahnwesens und der Fakturierung erlangt, sie verfügt zudem über große Sicherheit im Umgang mit diversen EDV-Systemen.

Stuttgart, 31. 12. 1992

Für die Formulierung wird es auch darauf ankommen, für welchen Zweck ein Arbeitszeugnis ausgestellt werden soll. Brauchbare Zeugnisse lassen sich auch kurz formulieren, wobei längere beweisen, daß vom Aussteller nicht nur auf schnellstem Wege einer Pflicht nachgekommen wurde. Entscheidend wird immer der Ton sein, in dem Arbeitszeugnisse abgefaßt werden. Hier ein Vergleich von kürzerer und ausführlicher Variante:

Herr Hans Schmidt, geboren am 23. 11. 1960, war seit April 1988 als freier Übersetzer für unsere Modezeitschrift tätig. Seine Aufgabe erstreckte sich auf Übersetzungen, fremdsprachige Korrespondenz und Textgestaltung.

In dieser Zeit hat sich Herr Schmidt als zuverlässiger und wendiger Mitarbeiter bewährt; sein sicheres Sprachgefühl, in Verbindung mit seiner vielseitigen Begabung, dürfte für jede Arbeitsgemeinschaft eine wertvolle Bereicherung sein.

Herr Schmidt verläßt uns aus familiären Gründen.

ZEUGNIS

Herr Hans Schmidt, geboren am 23. November 1960 in Bonn, war vom 1.April 1988 bis zum 1. Juli 1992 in unserer Werbeabteilung beschäftigt.
Bis Ende 1989 war er als Werbeassistent für die Mitarbeit an der Gestaltung unserer Anzeigen und Prospekte eingesetzt. Von 1991 an verfaßte er selbständig Kurznachrichten und Artikel. Darüber hinaus redigierte er umfangreichere Fachaufsätze und wirkte bei der Gestaltung entsprechender werbewirksamer Sonderdrucke mit. Herr Schmidt überarbeitete auch zusammen mit unserer Übersetzungsabteilung technische Übersetzungen, vornehmlich in englischer Sprache. Die im Rahmen dieser Tätigkeit zusätzlich anfallenden Arbeiten wie Korrespondenz und Überwachung von Druckausführungen hat er stets gewissenhaft wahrgenommen.

Allen ihm übertragenen Arbeiten hat sich Herr Schmidt mit großem Fleiß gewidmet, so daß wir immer sehr zufrieden waren. Dank seinem offenen Wesen haben wir ihn auch als angenehmen Mitarbeiter schätzen gelernt.

Der Austritt aus unseren Diensten, den wir sehr bedauern, erfolgt aus seinem eigenen Entschluß. Für die Zukunft begleiten Herrn Schmidt unsere besten Wünsche.

Die Ausführlichkeit von Arbeitszeugnissen hängt natürlich auch davon ab, wie lange und in welcher Stellung jemand in einem Betrieb tätig war. Für einen langjährigen, zuletzt leitenden Angestellten wird ein entsprechend eingehendes Zeugnis ausgestellt werden:

Herr Stefan Postl, geb. am 5. 11. 1947 in Graz, war nach Abschluß seiner Lehrzeit seit 1966 bei uns als kaufmännischer Angestellter beschäftigt. Er ist also 26 Jahre in unserem Betrieb tätig gewesen.
Da er sich schon in den Anfangsjahren durch eine besondere Arbeitsfreudigkeit auszeichnete, wurde er zunächst Assistent in unserer Verkaufsleitung, die ihm dann vor 15 Jahren zur selbständigen Leitung übertragen worden ist.
Herr Postl hat diesen Posten die ganze Zeit hindurch zu unserer größten Zufriedenheit innegehabt. Es ist im wesentlichen sein Verdienst, daß sich die Verkaufserfolge unseres Betriebes ständig gesteigert haben.

Wir haben diese Leistungen nicht nur mit entsprechenden Gehaltszahlungen, sondern auch mit der Bestellung zum Handlungsbevollmächtigten und später mit der Erteilung der Prokura honoriert.
Sein Verhalten war stets tadellos, Herr Postl zeichnet sich vor allem als großzügiger und hilfsbereiter Mitarbeiter aus.
Herr Stefan Postl ist ein versierter Finanzfachmann, der die einschlägigen Transaktionen stets mustergültig durchgeführt hat.
In seiner Arbeit war er entschlußfreudig, beharrlich und überlegt; seine Menschen-

führung im Betrieb und sein Kontakt mit Geschäftsfreunden und Behörden waren vorbildlich.

Herr Postl verläßt uns auf eigenen Wunsch, da ihm die Möglichkeit geboten wird, Vorstandsmitglied in einem bekannten Unternehmen zu werden und seine Fähigkeiten in einem größeren Rahmen einzusetzen.
Für diesen Weg wünschen wir ihm viel Erfolg.

Traunstein, im September 1992   Promann AG
                                                  gez. Dr. Erwin Zauner

Für den Fall, daß sich ein Arbeitnehmer im Einverständnis mit dem Arbeitgeber auf die Suche nach einem neuen Arbeitsplatz macht, wird der Arbeitgeber ein Zwischenzeugnis ausstellen, das der Arbeitnehmer in seine Bewerbungsunterlagen aufnehmen kann. Hier ist es besonders wichtig, den Grund für seine Entscheidung in das Zeugnis aufzunehmen.

ZWISCHENZEUGNIS

Herr Alfred Kocher, geb. am 4. 8. 1967 in Tamsweg, ist in unserem Betrieb als kaufmännischer Angestellter beschäftigt.
Er befindet sich zur Zeit in ungekündigter Stellung. Aus familiären Gründen wird er jedoch Tamsweg verlassen und bewirbt sich daher um einen auswärtigen Arbeitsplatz.
Wir bescheinigen aus diesem Anlaß, was seine Leistungen und die Führung in unserem Betrieb betrifft, folgendes:

Herr Kocher hat die von ihm zu erledigenden Arbeiten stets zu unserer vollen Zufriedenheit ausgeführt. Er war pünktlich und ist seinen Pflichten stets mit größtem Fleiß nachgekommen.
Sein Verhalten in unserem Betrieb war einwandfrei. Er hat sich in den Betriebsablauf gut eingefügt und gegenüber der Geschäftsleitung und seinen Mitarbeitern stets den richtigen Ton gefunden.
Hervorzuheben ist, daß Herr Kocher in finanziellen Angelegenheiten, die er zu erledigen hatte, immer korrekt war.

Wir haben mit Bedauern von der Notwendigkeit seines Arbeitsplatzwechsels erfahren und wünschen ihm alles Gute für seine weitere Berufsentwicklung.

Saalfelden, 31. 8. 1992   Ludwig Kronstein & Co.

Das Telefax

Mitteilungen auf schnellstem Wege

In manchen Fällen werden schriftliche Dokumente oder Bestätigungen äußerst rasch benötigt. Der übliche Postweg kann dabei schon zuviel Zeit in Anspruch nehmen. Das Telefax hat schon seit geraumer Zeit Einzug in den Büroalltag gehalten, und in vielen Fällen das Telex bereits abgelöst.

Das **Telex** (der Fernschreiber) existiert zwar noch in einigen Unternehmen, hat aber einige Nachteile gegenüber dem **Telefax:**

Die einzelnen Buchstaben oder Zeichen müssen in einem bestimmten Telex-Modus, welcher generell der Schreibmaschinentastatur entspricht, übertragen werden. Bei manchen Fernschreiben, etwa aus dem Ausland, können aber einige Zeichen nicht dekodiert werden, da sie in unserer Sprache nicht existieren.

Das Telefax hat den Vorteil, daß beliebige Schriftstücke, mit der Maschine oder von Hand geschrieben, sowie graphische Darstellungen oder Skizzen übertragen werden können.

Wie funktioniert das Telefax?

Beim Telefaxen handelt es sich um eine Art „Fernkopieren", wobei ein Sende- und ein Empfangsgerät benötigt werden. Das Dokument wird in feine Bildlinien und -punkte unterteilt, welche über das Fernsprechsystem gesendet werden. Die Verrechnung erfolgt wie beim Telefon nach den beanspruchten Zeitimpulsen.

Wie sieht eine Telefax-Vorlage aus?

Der Kopf des Blattes enthält:
– das Firmenlogo beziehungsweise die Adresse des Senders
– Name und Adresse des Empfängers
– Telefax-Nummer
– Datum
– Seitenzahl
– Betreff

Die Angabe der Seitenzahl ist wichtig. Es kann leicht eine Seite verloren gehen oder die Reihenfolge durcheinandergebracht werden.

Wer verwendet ein Telefax?

Telefaxe finden vor allem in der Geschäftswelt Verwendung. Gerade aus der Betriebsorganisation ist das Telefax als Kommunikationsmittel nicht mehr wegzudenken. Die rasche Bestätigung einer Bestellung zum Beispiel verkürzt die Dauer des gesamten Geschäftsabschlusses. Mittels des digitalen Fernsprechsystems können Telefaxe heute schon innerhalb von 15 Sekunden übermittelt werden.

Um in Europa ein einheitliches Format und allgemeingültige Richtlinien zu erstellen, werden zwischen der Postverwaltung und den Herstellern in der CCITT (Comité Consultativ Télégraphique et Téléphonique) Verhandlungen geführt. Schließlich ist das Ziel aller die möglichst rasche Informationsübermittlung.

A&M

Andreas & Dr. Müller
Verlagsbuchhandel Gesellschaft m.b.H.

TELEFAX

Hans-Seebach-Straße 10
A-5023 Salzburg
Telefon 0662/643500 Serie
Telefax 0662/6435002

Empfänger: _____

zu Handen: _____   Datum: _____

Mitteilung von: _____   **Es folgen ____ Blatt.**

Bitte sofort an Empfänger weiterleiten. Sollten die Seiten nicht ordnungsgemäß angekommen sein, so informieren Sie uns bitte unverzüglich. Vielen Dank!

Betrifft:

Schreiben an Ämter und Behörden

Was ist es, das den Umgang mit Ämtern und Behörden so unangenehm und beschwerlich macht?
Meist liegt die Hauptschwierigkeit allein schon in der Kompliziertheit der Angelegenheit, die zwischen Ihnen und der jeweiligen Behörde geregelt werden soll. Die Kompliziertheit steigert sich bisweilen zu einer völligen Undurchschaubarkeit; Anzahl und Ausmaß von geforderten Vordruckformularen, Ansuchen und Fragebögen steigen, und nur durch ein langwieriges Hin und Her kann die Sache gelöst werden. Daher: Bemühen Sie sich gerade in Schreiben an Ämter und Behörden um einen klaren Stil, der die Sachverhalte aus Ihrer Sicht darlegt. Zwei Orientierungspunkte sind dabei stets:

– Klärung der infragestehenden Sachlage, soweit das für den Fall notwendig ist, und
– klare Formulierung Ihres Anliegens in der jeweiligen Angelegenheit.

Schreiben an Behörden werden auch „Eingaben" genannt; sie gliedern sich in:

– Anzeigen (Meldungen, Anmeldungen wie etwa die Eröffnung eines Gewerbes)
– Ansuchen (Bitten um Änderung einer Sachlage und ähnliches)
– Gesuche (zum Beispiel die Bewerbung um einen Posten bei der Behörde)
– Anträge
– Berufungen und Beschwerden

Da bei den meisten dieser Eingaben bestimmte Bedingungen (wie Beilagen, Stempelmarken etc.) zu erfüllen sind, ist es empfehlenswert, vor dem Abfassen des Schreibens bei der zuständigen Stelle nachzufragen, welche formalen Richtlinien eingehalten werden müssen – Sie ersparen sich mit dieser Frage nicht zuletzt ein weiteres Schreiben, mit dem Sie die geforderten Unterlagen Ihrer Eingabe nachschicken, deren Bearbeitung sich somit verzögert.
Bei der postalischen Übermittlung einer Eingabe ist die Form des „Einschreibens" zu empfehlen, damit Sie einen Nachweis für den Zeitpunkt der Eingabe haben.
Verschiedene Formen der Eingaben können mit oder ohne Anrede erfolgen. Wird auf persönliche Anrede verzichtet, dann entfällt meist auch die Grußformel.

Finanzamt

Eine der größten Hemmschwellen im Verkehr mit Ämtern stellt sicherlich die (oft ungerechtfertigte) Angst vor der Amtsgewalt dar.
Doch auch in einem Finanzamt sind die Beamten immer nur Menschen, die auf Ihre Anliegen und Eingaben in entsprechender Weise reagieren – zugegeben, natürlich abhängig von den gesetzlichen Grundlagen, aber eben auch davon, wie Sie diese Anliegen formulieren.

Solange Sie nicht als notorischer Steuerhinterzieher bekannt sind, haben Sie tatsächlich kaum etwas zu befürchten – und selbst die Notwendigkeit einer Stundung der Einkommenssteuer ist noch lange kein Grund zur Panik.

Vorausgesetzt natürlich, Sie treffen den richtigen Ton. Je präziser Sie Ihren Antrag formulieren, desto höher ist die Wahrscheinlichkeit, daß der Sachbearbeiter positiv reagiert: Nicht nur eine vollständige „Betreff"-Angabe (die etwa die Steuernummer enthält), sondern auch exakte Situationsschilderungen erleichtern dem Angestellten, der nicht erst in den Akten zu blättern braucht, die Sache. Folgen darauf die Tatsachen in der zeitlichen Reihenfolge, Ihre Formulierung des Antrages und schließlich die Begründung für Ihr Ansuchen, so steht einem Gewähren Ihres Antrages nicht mehr viel im Weg.

Ein Antrag auf Stundung der Einkommenssteuer kann folgendermaßen aussehen:

Bernhard Zöchbauer
Hauptplatz 18
4020 Linz

Finanzamt Linz
Einkommenssteuerstelle
Postfach 222
4040 Linz   Linz, 2. 9. 1992

Steuernummer 387/89236
Stundung der Einkommenssteuer-Abschlußzahlung 1992
Einkommenssteuerbescheid vom 1. 5. 92

Sehr geehrte Damen und Herren,

laut Einkommenssteuerbescheid 1992 muß ich innerhalb eines Monats eine Summe von öS 28.705,– entrichten.

Diese Summe kann ich nicht auf einmal auslegen – meine flüssigen Mittel sind durch dringende Renovierungen an meinem Haus in der Freinbergstraße völlig erschöpft. Um alle Arbeiten durchführen lassen zu können, habe ich sogar bei der Bürgerbank einen Kredit in Höhe von öS 250.000,– aufnehmen müssen.

Ich bitte Sie deshalb, mir meine Steuerschuld zu stunden und folgende Teilzahlungsregeln zu akzeptieren:

1. Rate	sofort	öS 15.705,–
2. Rate	1. 10. 1992	öS 3.000,–
3. Rate	1. 11. 1992	öS 7.000,–
4. Rate	1. 01. 1993	öS 3.000,–
		öS 28.705,–

Den Betrag der ersten Rate habe ich heute auf das angegebene Postscheckkonto überwiesen.

Sollte mich in den nächsten Tagen kein Einwand von Ihnen erreichen, gehe ich davon aus, daß Sie mit meinem Vorschlag einverstanden sind.

Mit bestem Dank für Ihr Verständnis!

Hochachtungsvoll,
Bernhard Zöchbauer

Bei Beschwerdeeingaben an das Finanzamt ist es üblich, die Anrede wegzulassen.

An das Finanzamt Wiener Neustadt
...

Einspruch gegen den Einkommenssteuer-Bescheid vom 10. Mai 1992

Gegen den obenbezeichneten Bescheid erlaube ich mir Einspruch zu erheben, und zwar aus folgendem Grund:
Ich habe meine Weberei erst am 15. August 1991 übernommen.
Da ich in diesem Jahr wegen der großen Anlaufkosten keinen Gewinn erzielen werde, bitte ich, von der Festsetzung von Einkommenssteuer-Vorauszahlungen für das Jahr 1992 abzusehen.

Andreas Schiff

An das Finanzamt Hannover
...

Beanstandung meiner Einkommenssteuererklärung (St.-Nr. 576/2986)

Ihrem Schreiben vom 3. 10. 1992 entnehme ich, daß Sie meine diesjährige Steuererklärung mit jener vom Vorjahr verglichen haben und dabei feststellen mußten, daß ich den Posten „Einnahmen aus Privatunterricht" vergessen hätte.

Ich habe allerdings in diesem Jahr keine Privatstunden erteilt.

Dr. Hannes Bürger

Ist Ihnen der Bearbeiter Ihrer Steuererklärung jedoch bekannt, wird es angebracht sein, Ihre Eingabe persönlich an diesen zu richten.

Auch das Ansuchen um Stundung wird dadurch persönlicher aufgenommen:

Antrag auf Stundung der Einkommenssteuer

Sehr geehrter Herr Dr. Thaler,

ich bitte Sie, mir die am 10. Oktober fällige Einkommenssteuer für das 3. Quartal 1992 zu stunden.

In den letzten beiden Monaten hatte ich fast ausschließlich Aufträge für Behörden auszuführen, wofür ich bis heute keine Zahlung erhalten habe. Mein verfügbares Geld benötige ich für Lohn- und Gehaltszahlungen. Bis zum 1. November sind mir aber größere Zahlungen zugesagt worden. Wenn das Geld eingegangen ist, werde ich den Steuerbetrag sofort entrichten.

Ich bitte Sie, die Fälligkeit der Zahlung bis zum 2. November 1992 aufzuschieben.

Mit freundlichen Grüßen
Hans Postl

Auch die Bitte um Verlängerung der Frist für einen Steuertermin richten Sie besser persönlich an den Bearbeiter Ihrer Steuererklärungen.

Einkommenssteuer 1992

Sehr geehrter Herr Dr. Thaler,

ich bin mit meiner Jahresabschlußrechnung leider noch nicht fertig.
Vor sechs Wochen wurde ich mit einer schweren Magenkolik ins Krankenhaus eingeliefert, weshalb ich die Einkommenssteuererklärung nicht termingerecht vorlegen konnte.

Ich bitte Sie daher, die Frist um die Dauer meines Krankenhausaufenthaltes – also um sechs Wochen – zu verlängern.

Mit freundlichen Grüßen und bestem Dank im voraus,

Hans Postl

Verwaltungsbehörden

Eingaben an Bau-, Gewerbe- und andere Behörden erfolgen nur selten ohne vorherige direkte Absprache mit der jeweiligen Behörde. Für die meisten zu regelnden Angelegenheiten liegen ohnehin Vordrucke auf. Ist auch das nicht der Fall, gibt es dennoch keinen Grund, Ihre Eingabe im Kanzleistil zu verfassen – vielmehr werden Sie die Zeitwörter im Aktiv einsetzen und auch den Nominalstil („zum Nachweis meiner Absicht des Eröffnens ...") vermeiden.

Ich beantrage die Genehmigung zur Berufsausübung im Einzelhandel.

Begründung:
Ich beabsichtige, in Wels eine Feinkosthandlung zu eröffnen. Zum Nachweis der erforderlichen Sachkunde für den Einzelhandel überreiche ich anliegend die beglaubigte Ablichtung des Zeugnisses über die bestandene Kaufmannsgesellenprüfung.

Ich übersende weiter eine beglaubigte Ablichtung des Zeugnisses der Firma Mondrian, wonach ich seit der bestandenen Prüfung mehr als drei Jahre im Lebensmittelhandel tätig war.

Hochachtungsvoll
Karl Holl

Bei der Schilderung des Sachverhaltes ist es immer sinnvoll, die Bearbeiter der Materie, die Sie bereits kontaktiert haben, namentlich zu erwähnen.

Änderung des Firmennamens

Sehr geehrter Herr Brunner,

als Ergänzung unserer persönlichen Unterredung teile ich Ihnen hiermit schriftlich mit, daß ich das Geschäft meiner verstorbenen Ehefrau, das unter ihrem Mädchennamen – Söberl – bekannt ist, übernommen habe.
Um den bisherigen Kundenkreis nicht zu verlieren, halte ich es für sinnvoll, den Namen Söberl beizubehalten und ihm nur meinen Familiennamen Ponstingl voranzustellen:
Kurzwaren Ponstingl-Söberl.
Ich bitte Sie, mir hierfür die Genehmigung zu erteilen.

Mit freundlichen Grüßen
Peter Ponstingl

Wichtig ist auch hier, das Anliegen so präzise wie möglich zu formulieren – dafür ein weiteres Beispiel:

Eine Firma, die in Auflösung begriffen ist, erhält ein Schreiben der Handelskammer, das kurz angebunden und im Befehlston die Löschung der Firma aus dem Handelsregister einmahnt, ohne sich dabei um die näheren Umstände dieser Firma zu kümmern.

Da die Angelegenheit nach einem Mißverständnis aussieht – so jedenfalls erscheint es der Firma nach ihrem gegenwärtigen Wissensstand – lautet das Antwortschreiben der Firma:

✎ ——————————

Dr. Johann Schenker
Weißstraße 12
4755 Zell a. d. Pram

An die Kammer der gewerblichen Wirtschaft
4020 Linz

Löschung unserer Firma im Handelsregister

Sehr geehrter Herr Kirchhoff,

vielen Dank für Ihre freundliche Erinnerung, zu der ich mir erlauben darf, folgendes anzumerken:

Daß eine Firma, die nicht mehr besteht, zu gegebener Zeit im Handelsregister gelöscht wird, ist uns bekannt. Da wir es gewohnt sind, derartige Angelegenheiten gewissenhaft und pünktlich zu erledigen, haben wir uns bereits im Januar 1991 mit dem Büro unseres Hausnotars, Herrn Dr. Norbert Gellert, wegen der Löschung unserer Firma telefonisch in Verbindung gesetzt.

Vom Büro Dr. Gellert wurde uns damals mitgeteilt, daß eine Löschung im Handelsregister erst dann Sinn hätte, wenn sämtliche schwebenden Geschäfte abgewickelt seien. Es wäre daher durchaus nichts Ungewöhnliches, daß Firmen erst viele Jahre nach Einstellung ihres Betriebes auch im Handelsregister gelöscht werden.

Wir halten diese Auskunft für einleuchtend und richtig, und werden daher eine Löschung beantragen, sobald es uns nach unserer Beurteilung der Abwicklungssituation angemessen erscheint.

Soweit uns bekannt ist und wir aus der Auskunft des Büros Dr. Gellert entnehmen konnten, gibt es keine bestimmte Frist, in der eine in Abwicklung befindliche Firma im Handelsregister gelöscht werden muß. Insofern ist uns auch der Sinn Ihres Schreibens nicht ganz klar. Wir bitten daher um nähere Erläuterung.

Mit freundlichen Grüßen!
Schenker AG
gez. Dr. Johann Schenker

—————————— ✎

Hier eine Anfrage an das Elektrizitätswerk, in der vom Ärger des Schreibers über eine viel zu hohe Rechnung nicht die geringste Spur zu bemerken ist:

Alexander Hohenweiler
Fuchsweg 1
5101 Bergheim

Salzburger Elektrizitätswerke
Postfach 666
5010 Salzburg

Zählernummer 9876543
Anfrage

Sehr geehrte Damen und Herren,

seit etwa vier Monaten steigen meine Stromrechnungen unverhältnismäßig. Das irritiert mich insbesondere, weil ich in den letzten Monaten keine weiteren Elektrogeräte angeschlossen habe. Der Stromverbrauch müßte jetzt eher sinken, da ja bereits die wärmere Jahreszeit angebrochen ist und ich seit zwei Monaten nicht mehr heize.

Kann man prüfen, worauf der hohe Stromverbrauch zurückzuführen ist? Vielleicht ist ein Zuleitungskabel defekt, und es entstehen Schleichströme, die ich nicht kontrollieren kann.
Für Ihre Bemühung danke ich Ihnen im voraus.

Mit freundlichen Grüßen
Alexander Hohenweiler

Eingaben an Gerichte

Bei komplizierten und schwerwiegenden juristischen Angelegenheiten wird man sich vor einer Eingabe beim zuständigen Gericht an einen Rechtsanwalt wenden und dessen Ratschläge einholen.
In vielen Angelegenheiten wird jedoch sogar ein einfaches Schreiben genügen, um eine Mitteilung verbindlich und ohne weitere Verhängnisse machen zu können.
Ist es Ihnen etwa nicht möglich, eine Vorladung einzuhalten, und müssen Sie um einen anderen Termin bitten, so brauchen Sie die „Sache" nur zu erwähnen. Unvorteilhaft wäre es, in einem solchen Schreiben bereits in der „Sache" zu argumentieren, etwa ein begangenes Delikt zu bestreiten ...

Meine Vorladung wegen Nichtbeachtung des Vorrangs

Sehr geehrte Herren,

leider muß ich Ihnen mitteilen, daß ich aus geschäftlichen Gründen in den nächsten Tagen nicht in Wien bin und deshalb nicht bei Ihnen vorsprechen kann. Am 1. Juli bin ich jedoch wieder zurück. Geben Sie mir bitte die Möglichkeit, nach diesem Tag bei Ihnen vorzusprechen.

Mit freundlichen Grüßen
August Strobl

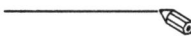

Sind Sie als Zeuge geladen, jedoch verhindert, der Verhandlung beizuwohnen, werden Sie sich beim zuständigen Gericht entschuldigen:

Zeugenaussage

In Sachen   Walter Kastell
              8000 München

gegen   Friedbert Anzenberger
              8900 Augsburg

wegen   Forderung

bin ich als Zeuge am 1. September 1992 geladen.

Aus der beiliegenden ärztlichen Bescheinigung ist ersichtlich, daß ich nach einer schweren Operation gehunfähig bin. Ich werde daher der Verhandlung fernbleiben müssen.

Hochachtungsvoll
Hans Meniskus

Ein erfolgloses Mahnverfahren mündet in eine gerichtliche Klage gegen den Schuldner. Diese wird gewöhnlich von einem Inkassobüro vorgenommen, kann aber auch vom Kläger selbst eingereicht werden.

Amtsgericht Linz
Streitgericht   10. 1. 1992

Klageantrag

in Sachen   Elektro Stadler GesmbH, Hofstadt 13, 4020 Linz

gegen   Joachim Strobel, Fadingerstraße 2, 4020 Linz,

wegen   Forderung.

Wir erheben Klage wegen einer Forderung in Höhe von öS 14.640,– , fällig am 10. Juni 1991. Wir beantragen, den Beklagten dazu zu verurteilen, den fälligen Betrag an uns zu zahlen und die Kosten des Rechtsstreits zu tragen.
Wir haben dem Beklagten am 10. Mai 1991 einen Vorverstärker verkauft (Lieferschein und Rechnungskopie liegen bei). Der Schuldner hat jedoch bis heute nicht bezahlt. Gerichtsstand nach unseren Lieferbedingungen ist Linz; die Bedingungen wurden vom Beklagten bei der Bestellung anerkannt. Wir haben den Schuldner wiederholt, zuletzt am 15. 12. 1991, vergeblich aufgefordert zu zahlen.
Wir sehen uns nunmehr gezwungen, Klage zu erheben.

                                        Stadler GesmbH
                                        gez. Harald Stadler
Anlagen: 2

In der Anlage werden die Kopien der Unterlagen eingereicht, aus denen die Geschäftsabwicklung ersichtlich ist. Der Beklagte erhält in der Folge zuerst einen Mahnbescheid und schließlich einen Vollstreckungsbescheid, gegen die er jeweils Einspruch erheben kann. Etwa folgendermaßen:

Joachim Strobel
Fadingerstraße 2
4020 Linz   30. 2. 1992

Amtsgericht Linz
Streitgericht
4020 Linz

**Einspruch gegen Vollstreckungsbescheid zum Mahnbescheid
Gerichtsakte A X 497/34 vom 25. 2. 1992**

Herr Harald Stadler, Hofstadt 13, 4020 Linz, hat gegen mich Vollstreckungsbescheid beantragt. Die Forderung von öS 14.640,– ist nicht gerechtfertigt, deshalb lege ich Einspruch ein.

Begründung:

Am 3. August 1991 suchte ich die Firma Stadler auf, um für den schadhaft gelieferten Vorverstärker die Garantie in Anspruch zu nehmen. Es war nur ein Lagerarbeiter zugegen, der mir zusicherte, daß er kommen und den Schaden ansehen werde. Als ich am 10. September 1991 von der Firma Stadler aufgefordert wurde, die Schulden zu bezahlen (um den Schaden anzusehen, war jedoch noch niemand gekommen), habe ich die Firma aufgesucht und mit der dortigen Aushilfe, Herrn Paul Kraml, nach Schilderung meiner Lage vereinbart, daß ich den Betrag nicht zahlen muß.

Gleichzeitig mit diesem Einspruch beantrage ich die Einstellung der Zwangsvollstreckung.

Joachim Strobel

Aus einleuchtenden Gründen kann diesem Einspruch natürlich nicht stattgegeben werden. Die Firma Stadler beantragt daher die Vollstreckung:

Amtsgericht Linz   20. 4. 1992
Gerichtsvollzieher

In Sachen Stadler/ Strobel

Hiermit erhalten Sie die vollstreckbare Ausfertigung des Urteils des Landesgerichtes Linz vom 15. 2. 1992, Aktenzeichen ... und eine beglaubigte Abschrift des Titels. Bitte stellen Sie die Abschrift dem Antragsgegner zu.

Gleichzeitig beauftrage ich Sie, beim Antragsgegner wegen folgender Forderung zu vollstrecken:

1. Hauptforderung	öS 14.640,–
2. 0,8% Zinsen/Monat = 11 Monate	öS 1.288,32
3. Kosten gemäß Kostenfestsetzungsbeschluß	öS 1.500,–
4. Porto	öS 125,–
	öS 17.553,32

Bitte senden Sie mir die Abschrift des Pfändungsprotokolls. Hinweis: Herr Strobel besitzt eine wertvolle Gesteinssammlung, die sich in seiner Wohnung befindet.

Harald Stadler

Herr Strobel wird also gepfändet. Leider ist der Gerichtsvollzieher jedoch zu eifrig und pfändet mit der Gesteinssammlung gleich auch noch die Stereoanlage.

Herr Strobel ist allerdings Musiker, und so gehört dieses Gerät zu seiner notwendigen Ausrüstung – die Pfändung ist also nicht statthaft. Er erhebt neuerlich Einspruch, und diesmal ist er im Recht:

In Sachen Stadler/ Strobel

erhebe ich **Einspruch**

gegen die Pfändung vom 14. 5. durch den Gerichtsvollzieher, Herrn Scharfer.

Auf Antrag von Herrn Harald Stadler hat der Gerichtsvollzieher wegen einer Forderung von 14.640,– öS bei mir eine Gesteinssammlung und eine Stereoanlage gepfändet. Die Pfändung der Stereoanlage ist jedoch nicht zulässig, da ich sie für meinen Beruf als Musiker dringend benötige.

Beweise:
Pfändungsprotokoll
Bestätigung der Musikschule Linz, Fr. Christine Hell

Ich beantrage ferner, die Zwangsvollstreckung so lange einzustellen, bis eine Entscheidung über meinen Einspruch gefällt worden ist.

Joachim Strobel

In dieser Angelegenheit hätte wohl auch ein Rechtsanwalt für Herrn Strobel die Pfändung nicht verhindern können – selbst wenn er ihn sicherheitshalber beauftragt hätte.

Joachim Strobel
Fadingerstraße 2
4020 Linz

Herrn
Dr. Christian Hawlicek
Rechtsanwalt
Raimundsplatz 25
4020 Linz

Vertretung in einem Rechtsstreit

Sehr geehrter Herr Dr. Hawlicek,

anliegend sende ich Ihnen einige Unterlagen zu dem in unserem gestrigen Gespräch besprochenen Fall. Ich freue mich, daß Sie mich vor Gericht vertreten wollen.

Mit freundlichen Grüßen
Joachim Strobel

Anlagen: 5

Eine Strafanzeige gegen Unbekannt wird zunächst bei der Polizei direkt oder telefonisch erstattet. An Stelle des Protokolls, das die Polizei daraufhin aufnimmt und das unterschrieben wird, kann auch vereinbart werden, daß die Anzeige schriftlich nachgereicht wird. Eine solche Anzeige sollte den Tatbestand so vollständig wie möglich enthalten.

Anzeige gegen Unbekannt

Heute früh gegen halb acht Uhr stellte ich fest, daß eine Fensterscheibe meines Warenlagers auf der Hofseite des Hauses Halleiner Landesstraße zertrümmert worden ist.

Bei der Überprüfung der Lagerbestände ergab sich, daß außer einigen Kleidungsstücken eine Trockenhaube, Marke Dry 45 plus, fünfzehn Rührmaschinen Philips XL und eine Büroschreibmaschine, Marke Universal, gestohlen worden sind.

Rückfragen im Haus und in der Nachbarschaft haben zu keinen Anhaltspunkten über die Täter geführt, der Einbruch wurde von niemandem bemerkt.

Ich habe angeordnet, an den Tatspuren nichts zu verändern, damit die polizeilichen Ermittlungen nicht beeinträchtigt werden.

Ich bestätige ferner mein heutiges Telefongespräch mit Herrn Kriminalkommissar Oberlechner, den ich von dem Vorfall unterrichtet habe.

Hans Postl

Ein Angestellter der Firma Schatz ist mit dem Geld durchgegangen. Auch eine knapp formulierte Strafanzeige muß alle entscheidenden Sachverhalte und Daten enthalten:

Anzeige gegen Herbert Brandl
Steinweg 7
8900 Augsburg

Ich bringe folgenden Vorfall zur Kenntnis:

Der bisher in meinem Betrieb als Auslieferer beschäftigte Herbert Brandl hat in der vergangenen Woche Kundengelder in Höhe von DM 11.000,– , die er auftragsgemäß kassiert hat, nicht abgeliefert. Der Versuch, die Angelegenheit außergerichtlich zu bereinigen, ist leider nicht möglich, da der derzeitige Aufenthaltsort von Herrn Brandl unbekannt ist.

Ich erstatte wegen dieses Vorfalls **Strafanzeige** mit der Bitte, die erforderlichen Schritte einzuleiten.

Wieder muß sich jemand ärgern:
Herr Nagl entdeckt, daß ein von ihm patentierter Artikel von anderer Seite wirtschaftlich genutzt wird. Er erhebt daher Klage wegen Patentverletzung:

Klageantrag

in Sachen	Hans Nagl
	Am Berg 12
	6100 Darmstadt
gegen	Ing. August Strobl
	Brunnenweg 1
	6200 Wiesbaden
wegen	Patentverletzung

Der Beklagte verkauft seit mehreren Monaten eine billige, minderwertige Verbindungsklemme unter dem Namen „Ökofix". Ich bin der Erfinder des hochwertigen Verbindungsklemmensystems „Ökofix", für das ich ein Patent erhalten habe (Patentnr. ... vom ...).
Der Name des Artikels ist also gesetzlich geschützt, der Vertrieb minderwertiger Ware unter diesem Namen somit ungesetzlich.

Ich beantrage, den Beklagten auf Unterlassung und Schadenersatz zu verurteilen.

Hans Nagl

Banken und Versicherungen

Der Verlust von Scheckbüchern oder Bankomatkarten muß der Bank ehestmöglich und verbindlich mitgeteilt werden.

An die Bürgerbank
Marktplatz 10
7500 Karlsruhe

Betrifft: Verlust eines Scheckbuches

Sehr geehrte Damen und Herren,

hiermit bestätige ich mein heutiges Telefongespräch mit Fräulein Stieringer, in dem ich Sie von folgendem Vorfall in Kenntnis setzte: Aus dem abgesperrten Schreibtisch meiner Buchhalterin, Fräulein Petra Schneider, ist ein Scheckbuch mit zwölf Formularen Ihrer Bank entwendet worden. Diese Formulare haben die Nummern K 23489 – K 23500.

Bitte sperren Sie diese Schecks sofort. Die Formulare sind nicht von Zeichnungsberechtigten unterschrieben. Die Polizei ist von dem Vorfall bereits unterrichtet.

Mit vorzüglicher Hochachtung
Karl Kunrad

Sollen ein oder mehrere Kontoauszüge richtiggestellt werden, listen Sie die einzelnen Unklarheiten Punkt für Punkt auf. Die Bank kann so der Sache nachgehen, ohne weitere Unstimmigkeiten oder Konfusionen zu erzeugen.

Kontoauszug 14/1 vom 4. 8. 1992, Konto-Nr. 385.098

Bei Prüfung Ihres Kontoauszugs, der mir am 5. 8. zugesandt wurde, stellte ich folgende Abweichungen von meinen Buchungen fest:

1. Am 10. 7. 92 sandte ich Ihnen einen Wechsel über öS 2800,-, fällig am 15. 7. 92 auf Wien zum Einzug.
Diesen Betrag haben Sie mir aber nur mit öS 2700,- gutgeschrieben.

2. Am 18. 7. 92 haben Sie mich mit öS 150,- belastet. Über diesen Posten fehlt mir jegliche Unterlage.

Ich bitte in diesen Punkten um Aufklärung.

Mit freundlichen Grüßen,
Sebastian Leitner

Versicherungen

Für Schadensmeldungen bei Versicherungen liegen Vordrucke auf. Doch die Versicherungsgesellschaft jenes fahrerflüchtigen Lenkers, der Ihren Wagen zerstört hat, werden Sie, nachdem Sie sie herausgefunden haben, direkt anschreiben:

Verkehrsunfall vom 10. 2. 1992
Ihr Versicherungsnehmer Werner Auer

Sehr geehrte Herren,

ich bin Eigentümer eines PKW Marke BMW, Pol.Kz. ..., den ich am 10. 2. 1992 vor meiner Wohnung in der Landstraße 12, 5400 Hallein, parkte. Gegen 14 Uhr befuhr Ihr Versicherungsnehmer Werner Auer, Neue Heimat 34, Hallein, mit seinem PKW (Fiat Panda, Pol.Kz. ...) unsere Straße und kam auf dem regennassen Pflaster ins Gleiten. Er konnte den Wagen nicht abfangen, so daß dieser meinen parkenden PKW rammte. Die ganze linke Seite meines Wagens ist eingedrückt, der linke Scheinwerfer zertrümmert.

Als Zeugen des Unfalls nenne ich

den Hausmeister Reinhard Brunner, Landstraße 13, 5400 Hallein, sowie
die Hausfrau Berta Fischbacher, Bergweg 6, 5431 Kuchl.

Der Unfall ist polizeilich aufgenommen.

Den beschädigten Wagen habe ich der Firma Autohaus Pömmer, 5400 Hallein, zur Reparatur übergeben, wo Sie ihn besichtigen lassen können.
Einen Kostenvoranschlag der Firma Pömmer werde ich in wenigen Tagen erhalten und Ihnen auf Wunsch zusenden.

Hochachtungsvoll
Hans Postl

Die Schilderung des Vorfalls kann auch aus der Strafanzeige ersichtlich sein, wenn Sie eine Kopie derselben an die Versicherungsgesellschaft mitschicken. Wenn Sie an Ihre eigene Versicherung schreiben, so vergessen Sie nicht, Ihre Versicherungsnummer anzugeben, damit die Angelegenheit rascher erledigt werden kann.

Vers.Nr. 7667/ IQ 93
Einbruchsversicherung

Sehr geehrte Herren,

wie aus der beiliegenden Abschrift meiner heutigen Strafanzeige an die Polizeidirektion Wien hervorgeht, sind aus meinem Betrieb Geschäftsgelder in Höhe von öS 80.000,– entwendet worden. Ob sich der Verdacht gegen den Angestellten Christian Oberwagner bestätigen wird, bleibt abzuwarten.

Ich bitte um Ersatz des entwendeten Geldes gemäß den Versicherungsbestimmungen.

Zum Beweis dafür, daß der Betrag in der genannten Höhe aus dem Tresor im Keller unseres Firmenhauses entwendet worden ist, benenne ich meinen Prokuristen, Herrn Zeindl, als Zeugen. Er hat den Geldbetrag am Vorabend in einen Umschlag getan, diesen zugeklebt und in das mittlere Fach des Tresors gelegt, der dann ordnungsgemäß abgeschlossen worden ist.

Mit vorzüglicher Hochachtung
Heinz Ottensamer

Nicht nur im Fall, daß Sie eine Versicherung in Anspruch nehmen müssen, werden Sie Ihr Versicherungsunternehmen kontaktieren – sondern zum Beispiel auch, wenn Sie zu Unrecht eine Mahnung erhalten haben:

Versicherungsschein Nr. 87667554
Ihre Mahnung vom 8. 3. 1992

Sehr geehrte Damen und Herren,

Ihre Mahnung wegen der Versicherungsprämie für das kommende Quartal ist nicht gerechtfertigt, da ich die fällige Prämie pünktlich am 20. 2. 1992 bezahlt habe – ich lege Ihnen in diesem Schreiben die Kopie des Einzahlungsbeleges bei.

Bitte prüfen Sie in Ihrem Haus, wo der Betrag geblieben ist.

Mit freundlichem Gruß
Hans Hauser

Auch, wenn Sie versehentlich mehr als den fälligen Betrag eingezahlt haben, ist das kein unlösbares Problem:

KFZ-Versicherung Nr. 78554
Meine Zahlung vom 7. 3. 1992

Sehr geehrter Herr Horner,

Versehentlich habe ich nicht berücksichtigt, daß ich neuerdings in einer günstigeren Versicherungsstufe bin, und Ihnen per Dauerauftrag noch den früheren Betrag überwiesen. Bitte schreiben Sie mir den überschüssigen Betrag von öS 370,- für das nächste Jahr gut.

Damit Fehler dieser Art in Zukunft nicht mehr passieren können, würde ich Sie bitten, mir ein Formular zur Teilnahme am Lastschriftverfahren zu senden.

Mit freundlichen Grüßen
Ferdinand Lasser

Versicherungsverträge können nur am Ende der festgesetzten Zeit gekündigt werden:

Kündigung unserer Hausratversicherung Nr. 8756946

Sehr geehrte Damen und Herren,

laut Vertrag endet der Versicherungsschutz für unseren Hausrat am 31. 12. 1992. Wir möchten den Vertrag nicht verlängern und kündigen deshalb zu diesem Termin.

Mit freundlichen Grüßen
Ernst Kläpfer

Verträge und Briefe zu Verträgen

Verträge unterscheiden sich von Briefen unter anderem in einem Punkt: Erfüllen Briefe ihre Funktion, indem sie Sachverhalte mitteilen, die – nur zum Zweck des Mitteilens – schriftlich fixiert wurden, so liegt der Schwerpunkt bei Verträgen auf der schriftlichen Fixierung von Sachverhalten, die zwischen den Vertragspartnern vereinbart werden. Eine unvollständige Mitteilung läßt sich in den meisten Fällen ergänzen, ohne Unannehmlichkeiten zur Folge zu haben. Bei Verträgen ist dies anders: unberücksichtigt Gebliebenes wird dem einen oder dem anderen Vertragspartner als Vorteil erscheinen, so daß er einer späteren Ergänzung nicht zustimmt. Vollständigkeit ist daher das oberste Gebot für Verträge – nehmen Sie auch scheinbar selbstverständliche Voraussetzungen in den Vertrag auf, um Lücken, die der Vertragspartner nützen könnte, zu vermeiden.

Angenommen, Sie vermieten eine Wohnung in Ihrem Haus; da Ihnen die monatelange Wohnungssuche Ihres Mieters bekannt ist, nehmen Sie natürlich an, er miete die Wohnung für seine eigenen Wohnzwecke. Nach einiger Zeit müssen Sie jedoch feststellen, daß nicht der Mieter, sondern eine andere Partei in der Wohnung lebt. Ein Satz zum Thema Untervermietung im Mietvertrag hätte genügt, um jetzt über eine Handhabe gegen den Mieter zu verfügen.

Allgemein gilt für Verträge: Fertigen Sie einen Vertragsentwurf an, den Sie mehrere Tage liegen lassen und überdenken können, bevor Sie die endgültige Fassung dem Vertragspartner zur Unterschrift vorlegen. So können Sie fehlende Punkte, die Ihnen noch einfallen, ergänzen, bevor es zu spät dafür ist.

Arbeitsvertrag

Vollständigkeit der zu regelnden Bereiche ist daher beim Abschließen eines Vertrages der wichtigste Punkt, wenn Sie verhindern wollen, daß der Vertragspartner durch die eine oder andere Vertragslücke schlüpft.
Ein Arbeitsvertrag enthält folgende Punkte, die festgelegt werden müssen:

- Beginn des Arbeitsverhältnisses
- Dauer des Arbeitsverhältnisses (bei befristeten Arbeitsverträgen)
- Probezeit (darf nicht mehr als sechs Monate betragen)
- Art der zu verrichtenden Arbeit
- Arbeitszeitregelung
- Höhe von Lohn/ Gehalt/ Provision
- eventuelle Gewinnbeteiligung/ Gratifikation
- vermögenswirksame Leistungen
- zusätzliche Versorgung (Alter, eventuelle betriebliche Krankenkasse, Aufwendungsersatz)

– Regelung für den Krankheitsfall des Arbeitnehmers
– Urlaubsregelung
– Nebenbeschäftigungen
– eventuelles Wettbewerbsverbot
– Vertragsstrafen
– Kündigung
– Ergänzungen

Die einzelnen Punkte müssen nicht vollständig ausformuliert werden. Verbindlich sind auch Verweise auf die gesetzlichen Bestimmungen. Diese wird man etwa beim Thema „Kündigung" anführen, um den endgültigen Vertrag in einer vertretbaren Länge ausfertigen zu können. Dazu ein Beispiel:

Die Firma Metallo GmbH, Landstraße 5, 5500 Bischofshofen,
im folgenden abgekürzt Firma genannt,

und

Herr Hans Haidinger,
geb. am 1. 10. 1959,
Steinweg 10,
5700 Zell am See,

schließen folgenden **Arbeitsvertrag:**

1. Beginn des Arbeitsverhältnisses
Das Arbeitsverhältnis beginnt am 1. 7. 1992 und endet spätestens mit Ablauf desjenigen Monats, in dem Herr Haidinger sein 65. Lebensjahr vollendet, ohne daß es einer Kündigung bedarf, es sei denn, daß zu diesem Zeitpunkt eine neue Vereinbarung abgeschlossen oder vorher eine Kündigung gemäß Abschnitt 12 dieses Vertrages wirksam wird.

2. Arbeitsbereich
Herr Haidinger wird als Planungszeichner angestellt, wobei sich die Firma vorbehält, dem Arbeitnehmer andere Arbeitsbereiche zu übertragen.
Der Arbeitsbereich umfaßt folgende Aufgaben: ....

3. Arbeitszeit
Die wöchentliche Arbeitszeit beträgt derzeit 38 Stunden.
Herr Haidinger ist als leitender Mitarbeiter verpflichtet, Überstunden zu leisten, wenn diese von der Geschäftsleitung angeordnet werden oder für die Erledigung der übertragenen Aufgaben erforderlich sind.

4. Arbeitsentgelt
Das monatliche Bruttogehalt von Herrn Haidinger beträgt anfangs öS ... (in Worten: ... Schilling), wird ab der Bestellung zum leitenden Mitarbeiter auf öS ... erhöht und ist nachträglich am letzten Werktag des Monats zu zahlen.

Die Abtretung der Gehaltsforderung ist ausgeschlossen, es sei denn, daß diese für die Gewährung eines Kleinkredites erforderlich wäre und die Firma der beabsichtigten Gehaltsabtretung zustimmt.

5. Überstundenvergütung
Überstunden werden nur bezahlt, wenn dies von der Geschäftsleitung vorher ausdrücklich zugesichert wurde.
Im Falle der Bezahlung von Überstunden werden die laut Gehaltstarif (Kollektivvertrag) anzusetzenden Zuschläge berechnet.

6. Sonderleistungen
Herrn Haidinger stehen alle Sonderleistungen zu, die die Firma ihren Betriebsangehörigen gewährt. Herr Haidinger erkennt an, daß ihm ein Rechtsanspruch auf Gewährung von Sonderleistungen nicht zusteht, es sei denn, daß dieser Anspruch durch ausdrückliche schriftliche Erklärung der Firma als solcher anerkannt ist.

7. Urlaub
Herr Haidinger hat Urlaubsanspruch auf 28 Werktage im Jahr. Darüber hinaus wird für je fünf Jahre Betriebszugehörigkeit ein Treueurlaub von drei Arbeitstagen gewährt.
Während des Urlaubs darf keine auf Erwerb ausgerichtete Tätigkeit ausgeführt werden.

8. Dienstverhinderung
Ist Herr Haidinger durch Krankheit oder andere Umstände an der Arbeit gehindert, so ist dies der Firma unverzüglich mitzuteilen.
Im Falle einer Krankheit ist spätestens am dritten Tag der Dienstverhinderung ein ärztliches Attest vorzulegen, in dem auch die voraussichtliche Dauer der Erkrankung angegeben sein soll.
Wird Herr Haidinger durch Handlungen eines Dritten arbeitsunfähig, so tritt er bereits jetzt die Ansprüche auf Schadenersatz, die ihm gegenüber dem Dritten oder einer Versicherung wegen des Dienstausfalls zustehen, an die Firma ab, sofern während der Zeit der Arbeitsunfähigkeit die Bezüge weiterhin gezahlt werden.

9. Nebenerwerb
Jede auf Erwerb ausgerichtete Nebentätigkeit ist nur mit vorheriger Genehmigung der Firma gestattet. Dies gilt auch für den Eintritt in den Aufsichtsrat oder ein ähnliches Organ anderer Firmen oder Körperschaften.

10. Verschwiegenheitspflicht
Herr Haidinger ist verpflichtet, über alle ihm bekannten Betriebsvorgänge innerhalb und außerhalb der Firma auch nach seinem Ausscheiden aus den Diensten der Firma Verschwiegenheit zu bewahren.
Dazu gehören neben Geschäfts- und Betriebsgeheimnissen auch persönliche Verhältnisse der Mitarbeiter und Vorgesetzten.

11. Zwischenzeugnis
Die Firma hat Herrn Haidinger auf Verlangen ein Zwischenzeugnis auszustellen, das bei der Aushändigung des endgültigen Zeugnisses zurückzugeben ist.

12. Kündigung – Vertragsstrafe

Das Arbeitsverhältnis kann von beiden Teilen mit einer Frist von drei Monaten am Ende eines Kalenderjahres gekündigt werden. Handelt Herr Haidinger diesen festgesetzten Kündigungsfristen zuwider, so gilt eine Vertragsstrafe von öS ... als vereinbart, die von den letzten zu zahlenden Bezügen abgezogen wird.

Die Kündigung bedarf der Schriftform und ist durch eingeschriebenen Brief zuzustellen.

13. Änderungen – Ergänzungen

Alle Änderungen oder Ergänzungen zu diesem Vertrag bedürfen der Schriftform. Die Geschäftsordnung der Firma gilt als wesentlicher Bestandteil dieses Vertrages.

14. Erfüllungsort

Erfüllungsort dieses Vertrages ist der Sitz der Firma.

15. Besondere Vereinbarungen

In Ergänzung dieses Vertrages wird zwischen den Vertragspartnern zusätzlich vereinbart:

a) Wettbewerbsabrede

Herr Haidinger darf sich nach Beendigung des Arbeitsverhältnisses in dem Geschäftszweig der Firma auf die Dauer von sechs Monaten weder als Angestellter noch als selbständiger Gewerbetreibender betätigen.

Für die Dauer dieses Verbots erhält Herr Haidinger eine jeweils am Monatsende fällige Entschädigung, die 50% der in Abschnitt 4 dieses Vertrages genannten Bezüge ausmacht. Im übrigen gelten für die Wettbewerbsabrede die Bestimmungen des Bürgerlichen Gesetzbuches.

Handelt Herr Haidinger dieser Vereinbarung zuwider, so steht der Firma das Recht zu, eine Vertragsstrafe zu fordern, die zwei Monatsbezüge der durch die Firma an Herrn Haidinger zu zahlenden Entschädigungen umfaßt. Wird diese Vertragsstrafe geltend gemacht, sind weitere Ansprüche der Firma ausgeschlossen.

b) Zum Zweck der Zukunftssicherung wird die Firma Verpflichtungen übernehmen, deren Inhalt und Umfang durch ein besonderes Schreiben Herrn Haidinger bereits mitgeteilt wurden. Es gilt als vereinbart, daß die von der Firma freiwillig übernommenen Verpflichtungen der Zukunftssicherung Bestandteil dieses Vertrages werden.

c) Die im geltenden Kollektivvertrag vorgesehene Weiterzahlung der Bezüge im Krankheitsfall wird zeitlich verdoppelt, wenn die Arbeitsunfähigkeit Herrn Haidingers nicht auf eigenes grobes Verschulden zurückzuführen ist.

d) Erfindungen

Für Erfindungen und Schutzrechte von Herrn Haidinger gelten die für Arbeitnehmer erlassenen gesetzlichen Bestimmungen. Alle dienst- und betriebsverwandten freien Erfindungen, die Herr Haidinger während der Vertragsdauer macht, sind der Firma unverzüglich bekanntzugeben und ihr anzubieten. Die für patentfähige Erfindungen an Herrn Haidinger zu zahlende Vergütung wird von Fall zu Fall durch Sondervereinbarung geregelt.

16. Mündliche Nebenabsprachen

Mündliche Nebenabsprachen sind nicht getroffen worden. Änderungen oder Ergänzungen dieses Vertrages bedürfen der Schriftform.

Bischofshofen, 30. 6. 1992

Metallo GmbH   Hans Haidinger
gez. Ing. Otto Stahl

_____   _____

Arbeitgeber   Arbeitnehmer

Je nach Position des Arbeitnehmers wird sich die Ausführlichkeit eines Arbeitsvertrages ändern.
Ein Volontärvertrag wird – im Unterschied zum vorhergehenden Beispiel – etwa so aussehen:

Volontärvertrag

Zwischen der Buchhandlung Müller, 6143 Mühlbachl (nachstehend Firma genannt), und Herrn Manfred Unger, Rengberg 12, 6143 Mühlbachl, wird folgender Vertrag geschlossen:

1. Die Firma stellt Herrn Unger als Volontär ein.
Das Vertagsverhältnis beginnt am 1. Oktober d. J. und endet am 30. 6. 1993. Einer besonderen Kündigung bedarf es nicht.

2. Während der Dauer des Vertrages erhält Herr Unger die Gelegenheit, sich in sämtlichen Bereichen des Geschäftsbetriebes der Firma mit den anfallenden Arbeiten vertraut zu machen und Einsicht in den Beruf eines Buchhändlers zu gewinnen. Der Volontär ist verpflichtet, die ihm während der Vertragsdauer zum Zwecke seiner Ausbildung aufgetragenen Arbeiten gewissenhaft zu verrichten. Die üblichen Dienststunden des Betriebes hat er einzuhalten.

3. Über die geschäftlichen und betrieblichen Vorkommnisse, von denen der Volontär weiß, hat er nicht nur während der Vertragsdauer, sondern auch nach Beendigung des Volontariats Stillschweigen zu bewahren.

4. Der Volontär erhält monatlich eine Vergütung in Höhe von öS ..., zahlbar am Ende eines jeden Monats.

Mühlbachl, 4. 8. 1992

gez. Karl Müller   Manfred Unger

In Betrieben, für die Tarifverträge gelten, werden Arbeitsverträge abgeschlossen, indem dem Arbeitnehmer eine Bestätigung dieses Tarifvertrages ausgehändigt wird.

Sehr geehrte Frau Schiffermüller,

auf Grund der heute mit Ihnen geführten Besprechung bestätigt Ihnen die unterzeichnende Firma den Abschluß des folgenden Arbeitsvertrages:

1. Mit Wirkung vom 1. Mai d. J. treten Sie als Schreibkraft in unseren Betrieb ein.
2. Das Arbeitsverhältnis unterliegt den Bestimmungen des für uns gültigen Tarifvertrages (Kollektivvertrag). Im Zweifel gilt der im Betrieb vorherrschende Tarifvertrag (Kollektivvertrag) als vereinbart. Wir bitten Sie, Ihren Dienst pünktlich anzutreten, und hoffen auf eine gute Zusammenarbeit.

Hochachtungsvoll
Hugo Kronstein

Diese Bestätigung wird meist im Anschluß an die Einstellungsbesprechung geschrieben und vom Arbeitnehmer mit dem Vermerk „mit dem Inhalt einverstanden" unterschrieben.
Die Bestätigung des Arbeitsverhältnisses in Briefform eignet sich auch für die Einstellung von Aushilfskräften, wobei die Bedingungen und Arbeitsregelungen hauptsächlich mündlich vereinbart werden und nur noch kurz fixiert werden sollen:

Sehr geehrtes Fräulein Stampfer,

ich bestätige Ihnen hiermit die gestern mit Ihnen getroffene Vereinbarung:

Für die Zeit vom 1. 4. 1992 bis zum 31. 7. 1992 werden Sie als Aushilfsverkäuferin in meinem Lebensmittelgeschäft angestellt.
Sie erhalten einen monatlichen Bruttolohn von DM ... , der nachträglich jeweils am Monatsende zu zahlen ist.
Nach Ablauf des obengenannten Zeitraumes kann das Arbeitsverhältnis mit beiderseitigem Einverständnis verlängert werden.

Die anliegende Durchschrift erbitte ich mit dem Vermerk Ihres Einverständnisses zurück.

Mit freundlichen Grüßen
Lorenz Schumann

Auch für eine Detailänderung des Arbeitsvertrages wird man nicht den ganzen Vertrag neu schreiben, sondern Ergänzungen brieflich bestätigen lassen:

Sehr geehrter Herr Schedel,

wir bestätigen hiermit die mit Ihnen getroffene Vereinbarung, daß Ihr Gehalt ab 1. 1. 1993 monatlich öS ... beträgt.

Wir bringen mit dieser Gehaltserhöhung zugleich unsere Anerkennung für Ihre bisherige Mitarbeit zum Ausdruck und hoffen auch auf zukünftige gute Zusammenarbeit.

Mit freundlichen Grüßen
Richard Schoberlechner

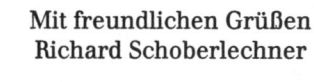

Kaufvertrag

Kaufverträge für Fahrzeuge sind schon allein deshalb notwendig, weil sie bei der Anmeldung des Fahrzeuges der Versicherungsgesellschaft vorgelegt werden müssen.

Volker Herbst, Brunnengasse 5, 5400 Hallein, im folgenden Verkäufer genannt,

und

Ing. Hans Sommer, Landstraße 12, 5020 Salzburg, im folgenden Käufer genannt,

schließen folgenden **Vertrag:**

Aus seinem Besitz übergibt der Verkäufer den PKW Seat-Fiesta mit dem Pol.KZ. HA 8875HA, Fahrgestell-Nr. 1234567, Motornummer 9876543, an den Käufer zu folgenden Bedingungen:

1. Der Kaufpreis beträgt öS 38.000,–

2. Der Wagen ist generalüberholt. Beim Kilometerstand von 80.000 wurde der erste Motor durch einen Austauschmotor ersetzt.

3. Der Wagen wird gekauft wie besehen. Eine Haftung des Verkäufers für irgendwelche nicht sichtbaren oder nicht erkennbaren Mängel wird ausgeschlossen.

4. Der Kaufpreis ist bei der Übergabe des Fahrzeuges in bar zu entrichten.

5. Der Käufer übernimmt den Wagen am 26. 9. 1992. Übergabeort ist das Straßenverkehrsamt Salzburg.

Hallein, den 23. 9. 1992

Volker Herbst   Ing. Hans Sommer

Von einem Kaufvertrag können Sie grundsätzlich zurücktreten, wenn vorher ein Rücktrittsrecht vereinbart worden ist oder wenn es vom Gesetz ausdrücklich zugelassen ist. Dies ist zum Beispiel der Fall, wenn der Lieferant die Ware nicht rechtzeitig liefert.

Franz Veit
Stadtplatz 15
8000 München

München, 15. 8. 1992

Möbelhaus Tucher
Lindenstraße 5
8000 München

Sehr geehrte Damen und Herren,

am 15. 6. 1992 habe ich bei Ihnen ein Jugendzimmer-Einbaumöbel gekauft, das Sie bis spätestens 30. 7. 1992 liefern wollten. Bis heute ist allerdings weder das Möbel eingetroffen, noch haben Sie mir einen neuen Liefertermin mitgeteilt.

Ich setze Ihnen deshalb eine letzte Frist bis zum 30. 8. 1992, nach der ich die Annahme der Einrichtung ablehnen werde.

Mit freundlichem Gruß
Franz Veit

Mietvertrag

Mietverträge können, da die Rechte des Mieters und des Vermieters im Mieterschutzgesetz verankert sind, ohne weiteres selbst aufgesetzt werden, wenn sie zu den folgenden Punkten die nötigen Angaben enthalten:

- Vermieter/ Besitzer des Mietobjekts
- Mieter
- Mietobjekt (Anschrift, genaue Erfassung aller zum Mietobjekt gehörenden Räumlichkeiten (Kellerabteil ...))
- Mietzins
- Betriebskosten (Regelung)
- Beginn des Mietsverhältnisses
- Dauer des Mietsverhältnisses
- Untervermietung
- Übergabebestimmungen (wie bezogen ...)
- Kaution
- Versicherung
- mündliche Absprachen

Das Anfertigen eines brauchbaren Vertrages, der nur noch unterschrieben werden braucht, ist von dem eines Arbeits- oder Kaufvertrages nicht sehr verschieden:

Mietvertrag

Zwischen Herrn Theodor Hofer als Hauseigentümer und Frau Christine Wandler als Hauptmieterin wird folgender Mietvertrag abgeschlossen:

Vermietet wird im Haus Pestalozzigasse 32, 4073 Wilhering, die Wohnung im ersten Stock, bestehend aus vier Zimmern, Bad, Vorraum, Abstellraum und Balkon. Die Wohnung wird als Erstbezug in einwandfreiem Zustand übernommen.
Das Mietverhältnis beginnt am 1. 6. 1992 und wird vorläufig auf die Dauer von fünf Jahren abgeschlossen. Eine Untervermietung ohne Zustimmung des Hauseigentümers ist nicht gestattet.
Der Mietzins beträgt öS 5000,– monatlich und wird Ende jedes Monats an den Hauseigentümer überwiesen.
Die Mieterin trägt die Kosten des auf das Mietobjekt anfallenden Anteils an Heiz- und Warmwasserkosten und schließt eine Haushaltsversicherung ab. – Bei der Schlüsselübergabe erlegt die Mieterin eine Kaution in Höhe von öS 10.000,– in Form eines Sparbuches bei der Tresor-Bank; diese Kaution kann für allfällige Reparaturen nach Auflösung des Mietsverhältnisses aufgewendet werden.
Mündliche Absprachen wurden nicht getroffen.

Wilhering, 25. 4. 1992

Theodor Hofer   Christine Wandler

Treten in der gemieteten Wohnung Schäden oder Mängel auf, so ist der Mieter verpflichtet, den Vermieter sofort davon zu benachrichtigen. Reagiert dieser allerdings nicht in der Weise darauf, die Mängel in einer entsprechenden Zeit zu beheben, so kann der Mieter die Miete angemessen herabsetzen. Vergißt der Mieter allerdings auf eine derartige Mängelanzeige, so kann er unter Umständen auch das Recht verlieren, die Miete von sich aus zu mindern und Anspruch auf Schadenersatz zu erheben.

Entscheidend ist, daß die Mängel genau beschrieben werden:

Tanja Auer
Arnoldstraße 5
4600 Wels

Hausverwaltung
Wohnanlage Arnoldstein, z.Hd. Herrn Brunner
Arnoldstraße 10
4600 Wels   10. 4. 1992

Sehr geehrter Herr Brunner,

nach der Sturmnacht vom 8. auf den 9. April ist in unserer Wohnung ein erheblicher Schaden entstanden. Durch die Außenwand ist Wasser in das Wohnzimmer und in mein Arbeitszimmer eingedrungen und hat auf der gesamten Nordfront die Tapete abgelöst. Die Feuchtigkeit hat offensichtlich auch noch einen Schaden auf den Dielen des Parkettbodens verursacht.

Bitte veranlassen Sie, daß diese Dinge so schnell wie möglich in Ordnung gebracht werden.

Mit freundlichem Gruß
Tanja Auer

Da der Vermieter auf diese Mängelanzeige nicht reagiert, kann die Mieterin nun nach einer Mahnung die Miete entsprechend herabsetzen, oder aber die Mängel selbst beseitigen lassen.

Nachdem nach der Mahnung – die eingeschrieben aufgegeben wurde – eine entsprechende Frist vergangen ist, wird der Vermieter von der Mietverminderung verständigt.

Sehr geehrter Herr Brunner,

da Sie weder auf meine Mängelanzeige noch auf meinen letzten Brief reagiert haben, werde ich ab sofort die Miete von öS 4000,– auf öS 2000,– reduzieren.

Durch das eingedrungene Wasser hat sich inzwischen in beiden Zimmern an drei Wänden die Tapete gelöst. Auf dem Fußboden befindet sich bereits Schimmel, der nicht entfernbar ist, so daß diese beiden Zimmer für mich nicht mehr bewohnbar sind.

Ich fordere Sie nochmals auf, die Schäden sofort beheben zu lassen. Wenn Sie das nicht innerhalb der nächsten Tage veranlassen, sehe ich mich gezwungen, selbst einen Bauunternehmer, einen Malermeister und einen Innenausstatter zu beauftragen und Ihnen die Rechnung zu schicken.

Mit freundlichem Gruß
Tanja Auer

Wird Ihnen Ihre Wohnung im Rahmen der geltenden Mieterschutzbestimmungen gekündigt – so etwa, weil der Vermieter sie für ein Familienmitglied benötigt (in jedem Fall muß er bei der Kündigung seine Gründe angeben) –, so können Sie dagegen Einspruch erheben.

Franziska Schauer
Sebastian-Stief-Gasse 2
5000 Köln

Hedwig Ortl
Sebastian-Stief-Gasse 2
5000 Köln   14. 5. 1992

Sehr geehrtes Fräulein Ortl,

am 1. Oktober wird mein Sohn Friedrich von einem mehrjährigen Aufenthalt in den Vereinigten Staaten zurückkehren. Da er anschließend bei uns wohnen will, benötige ich die im Augenblick von Ihnen gemieteten beiden Zimmer im zweiten Stock dieses Hauses. Ich kündige deshalb das Mietverhältnis zum 15. September 1992.

Mit freundlichen Grüßen
Franziska Schauer

Fräulein Ortl, die eigentlich Anspruch darauf hat – auch als Untermieterin! – als „Frau Ortl" angeschrieben zu werden, ist von der Kündigung entsetzt: sie beabsichtigt zwar selbst einen Wohnungswechsel, doch die Wohnung, in die sie ziehen wird, ist frühestens im Jänner des nächsten Jahres beziehbar. Sie bittet daher um Aufschub der Kündigung:

Ihre Kündigung vom 14. 5. 1992

Sehr geehrte Frau Schauer,

ich erhebe gegen die von Ihnen ausgesprochene Kündigung des Mietverhältnisses Einspruch. Wie Sie wissen, habe ich vor, eine Garçonniere zu beziehen, die allerdings erst im Jänner nächsten Jahres bezugsfertig ist. Ich müßte, wenn Sie Ihre Kündigung nicht zurücknehmen, innerhalb von vier Monaten mit meinem gesamten Hausstand zweimal umziehen. Dies ist auch im Sinne des bürgerlichen Gesetzbuches eine unannehmliche Härte. Bitte nehmen Sie deshalb die Kündigung zum 15. 9. zurück.

Mit freundlichen Grüßen
Hedwig Ortl

Schenkungsverträge

Schenkt Ihnen jemand Blumen, so ist es eher unwahrscheinlich, daß Ihnen diese wieder streitig gemacht werden. Handelt es sich dabei allerdings um Rosen aus Gold und Platin, wird die Sache schon gefährlicher.

Sind es größere Werte, die ihren Besitzer wechseln, so ist eine vertragliche Fixierung empfehlenswert – nicht nur, um Neidern die Hände zu binden, sondern auch, um unter anderen widrigen Umständen einen Beweis für das Geschenk zu besitzen, weshalb der geschenkte Gegenstand auch genau beschrieben werden sollte.

Schenkungsurkunde

Zu ihrer heutigen Hochzeit mit meinem Sohn, Herrn Thomas Reisinger, schenke ich

Frau Irene Reisinger, geb. Wittibschlager,
Hasenweg 10, 6314 Wildschönau-Niederalm,

einen PKW Ford-Escort, Fahrgestell-Nr. 12345678, pol. Kz. EHE 11111

Wildschönau-Oberalm, 1. Mai 1992

Anselm Reisinger

Vollmachten

Vollmachten werden zu den verschiedensten Zwecken ausgestellt und sollten nicht mißbraucht werden können. Entscheidend sind daher genaue Angaben zu

– Bereichen der Gültigkeit sowie
– Dauer der Gültigkeit.

Zwei Beispiele:

Vollmacht

Als Eigentümer des Grundstückes Mitterlehen 2, 5600 St. Johann im Pongau, eingetragen im Grundbuch von St. Johann, Band 16, Blatt 38, ermächtige ich Herrn Josef Gfrerer, Linzer Bundesstraße 200, 5020 Salzburg, die entsprechenden Grundbuchakten und das Grundbuch einzusehen.

St. Johann, 13. 7. 1992   Herbert Kurz

Generalvollmacht

Ich, Karl Meister, 1000 Berlin, Kärntnerstraße 1, erteile hiermit meiner Gattin Margarethe Meister, geb. Klar,

Generalvollmacht,

mich in allen geschäftlichen Angelegenheiten zu vertreten.
Die Bevollmächtigte ist berechtigt, in meinem Namen Erklärungen gegenüber Gerichten, Behörden und Privatpersonen nach ihrem Ermessen abzugeben.
Diese Vollmacht soll auch über meinen Tod hinausgehen.

Berlin, 3. 6. 1992   Karl Meister

Veraltet ist übrigens die Eingangsformel „Ich, der Unterzeichnete" – es genügt Ihr Name, auch wenn die Vollmacht bei Gericht vorgelegt werden wird:

Prozeßvollmacht

Hiermit erteile ich, Hans Postl, Glockengasse 5, 5753 Saalbach, Herrn Dr. Edmund Wömmer, Brettweg 12, 5020 Salzburg,

Prozeßvollmacht,

mich in dem Rechtsstreit Postl – Strobl in Sachen Patentverletzung vor dem Bezirksgericht Salzburg zu vertreten.

Saalbach, 4. 4. 1992   Hans Postl

Das Ausstellen einer Prozeßvollmacht bedeutet, daß der gerichtliche Schriftverkehr über jene Person läuft, der die Vollmacht erteilt wurde. Sollten Sie das nicht im Sinne haben, müssen Sie eine Terminvollmacht ausstellen.

Neben diesen Vollmachten gibt es noch Post-, Bank- und Verkaufsvollmachten, deren Zeiträume und Bezugsobjekte Sie unmißverständlich angeben sollten, wenn Sie sich vor einem Mißbrauch schützen wollen

Der Leserbrief

Sie hätten nun keine Bedenken mehr, einen Brief zu schreiben, und wissen nur nicht, wem? – Auch als Zeitungsleser haben Sie jederzeit die Möglichkeit, selbst aktiv zu werden, indem Sie sich an die Schreibmaschine setzen und der Redaktion schreiben.

Beim Abfassen eines Leserbriefes stehen Ihnen verschiedene Möglichkeiten offen, für die Sie sich je nach dem Zweck Ihres Briefes entscheiden können:

Der artikelbezogene Leserbrief

Hier bezieht sich der Schreiber auf einen bestimmten Artikel der Zeitung oder Zeitschrift, zu dem er Stellung nimmt, sich um eine Richtigstellung bemüht, ihm zustimmt etc.

Der folgende Leserbrief ist ein Beispiel dafür, wie jemand sich um eine genaue Differenzierung von Sachverhalten bemüht, um daraufhin selbst deutlicher Stellung beziehen zu können:

Bei Familiennamen darf nicht das Los entscheiden

Der Landesverband der Elternvereinigung der katholischen Privatschulen spricht sich entschieden gegen eine Übernahme oder Adaptierung des deutschen Modells zum Namensrecht aus. Danach sollen Eheleute auf Wunsch auch nach der Eheschließung ihren bisherigen Namen behalten dürfen. Falls sich die Eheleute nicht auf einen gemeinsamen Namen für ihre Kinder einigen wollen, steht es ihnen frei, dem Kind einen Doppelnamen zu geben. Mangels Einigung hierüber entscheidet das Los.

Sie haben am 3. 3. 1992 in Ihrer Zeitung diese Meldung sogar zum Anlaß einer Glosse genommen und darin zur Verteidigung dieser Namenslotterie den „Freund Pimpelhuber" angeführt, „der sich oft wünscht, daß die Lotterie neue Namen verteilt".

Jedoch nicht „Freund Pimpelhuber" ist hier das Problem. Dieser könnte auch nach der derzeitigen Rechtslage einen Antrag auf Namensänderung stellen.

Das Problem ist vielmehr die Familie, die auch nach außen als solche erkennbar bleiben soll. Kann man eine Ansammlung von Personen, bestehend aus einem Vater und einer Mutter mit verschiedenen Familiennamen und Kindern, deren Familienname mangels Einigung der Eltern durch das Los bestimmt wurde, noch als Familie bezeichnen? Was werden Kinder später über ihre Eltern denken, die schon bei der Bestimmung ihres Namens Hilfe bei einer Lotterie suchen mußten.

Dr. K. Hofstatter

Wesentlich parteinehmender gestaltet sich der folgende Leserbrief, der zwar auch auf einen Artikel Bezug nimmt, dies aber nicht mehr auf rein sachliche Weise tut, sondern sich in Verteidigerposition schwingt:

Über Geschmack läßt sich bekanntlich nicht streiten

Sehr geehrter Herr Schimpl! Wir beziehen uns auf Ihre Kritik am Gasthof Schloß Hof in der Rubrik „Essen und Trinken" in den Nachrichten vom 4. 5. 1992.
Recht haben Sie in jedem Fall mit Ihrer Aussage, daß der Gasthof Schloß Hof nie Ihr Lokal war. Mit auch nur ein wenig Ortskenntnis hätten Sie den Wirt Franz Trollner nie als High-Society-Wirt bezeichnet, in dem in Österreich gebräuchlichen Wortverständnis ist mit dieser Bezeichnung ein wohl ganz anderer Typ Wirt gemeint.
Ihre Schwierigkeit, die Speisekarte zu entziffern, ist für mich und einige Bekannte nicht nachvollziehbar. Bis zum heutigen Datum bekamen wir immer, was wir zu lesen glaubten.
Ihre Kritik an der Küche wollen wir unangetastet lassen; über Geschmack, und darum handelt es sich wohl, wollen wir nicht streiten. Uns hat es aber hier immer gut geschmeckt und wird es wohl auch in Zukunft tun.
Anders aber Ihr Kommentar zur Weinkarte: Die Tatsache, daß die gleichen Weinbauern auch in anderen guten Restaurants vertreten sind, spricht nach unserem Verständnis höchstens für das Angebot.
Sehr geehrter Herr Schimpl, nichts gegen Kritik, so sie konstruktiv und berechtigt ist, aber, ehrlich gesagt, unser Restaurantfachmann waren Sie nie!

Prof. Dr. Stein

Eine Person von größerem Bekanntheitsgrad setzt sich hier nicht nur mit hervorragender Stilistik, sondern auch mit raffinierter Rhetorik für den „verrissenen" Koch ein (von dem sie auch gebeten worden sein könnte, dies zu tun). Gut ist zum Beispiel der Einstieg, der ein Einverständnis mit dem Journalisten vorgibt – allerdings in einem Punkt, der sich im nächsten Satz als besonders subtile Falle erweist.

Offener Brief

Wollen Sie nicht nur Ihre Meinung kundtun, sondern erhoffen Sie sich auch von einem verantwortlichen Mitglied der Gesellschaft eine verbindliche Antwort oder Reaktion, so ist die Form des offenen Briefes wohl die geeignetste. Ein Beispiel:

Offener Brief an den Unterrichtsminister

Sehr geehrter Herr Bundesminister, als Wissenschafter erlaube ich mir, Sie darauf hinzuweisen, daß Ihre „Befragung zur Notengebung" absolut ungeeignet ist, die

Meinung der Eltern zu ergründen. Insbesondere ist jener Teil, in dem es um die Schularbeiten geht, wegen der Leichtigkeit einer Manipulation überaus bedenklich. Wodurch wollen Sie verhindern, daß jemand in falsch verstandenem Gehorsam, der bei unseren Behörden vorkommen soll, ein Kreuzchen macht, wodurch ein allfälliges Ja zu Probeschularbeiten in ein Nein umgewandelt wird?

Warum gibt es nur bei dieser Frage kein Kästchen für eine Alternative, die eine solche Fälschung verhindern könnte? Verglichen damit sind die anderen Bedenklichkeiten dieser Befragung harmlos:

– eine zu kurze Frist und Sinnlosigkeit der verspäteten Fristerstreckung,
– Gleichgewicht einer Lehrerstimme mit 20 und mehr Elternstimmen im Schülerforum, wenn es um die Benotung geht.

Es wäre sehr schade, wenn Sie, sehr geehrter Herr Bundesminister, die Antworten dieser Befragung trotz der stümperhaften Durchführung und den undemokratischen Tendenzen zur Entscheidungsfindung heranziehen würden.

Dr. Max Welsch

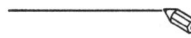

Themenbezogener Leserbrief

Liegt Ihnen ein Thema der Zeit besonders am Herzen und möchten Sie in dieser Sache etwas unternehmen, so kann ein themenbezogener Leserbrief (er ist auf keinen Artikel bezogen; eher fordert er dazu auf, daß die Zeitungen seinem Thema Interesse schenken) dazu geeignet sein.

Sie können die Zeitung dabei in verschiedenem Ausmaß als Meinungsforum benützen:

Sie wollen nicht nur Ihre Meinung sagen, sondern richtiggehend Öffentlichkeitsarbeit betreiben. Dazu zwei Beispiele:

Kein Geld für die Umwelt!

Vor einigen Jahren wurde jener Teil des Staubereichs des Wasserkraftwerkes Urstein, der in die Königseeache reicht, ausgebaggert. Seichte Stellen wurden vertieft und die als Badeplatz beliebten Schotterbänke weggeschaufelt.

Das führte dazu, daß sich die Königseeache noch tiefer in ihr Flußbett grub und die letzten Wasserarme, die den Auwald durchflossen, austrockneten. Einer dieser Altarme war bis dahin ein Laichgewässer für die vom Aussterben bedrohten Gras- und Laubfrösche sowie für die Erdkröte.

Ich sah mich vor ziemlich genau einem Jahr veranlaßt, etwas für die Erhaltung dieses Biotops zu tun und organisierte einen Lokalaugenschein mit einem Biologen (Dr. Jochen), mit dem Zuständigen für Umweltfragen der Gemeinde und einem weiteren Gemeindeabgeordneten. Dabei kam heraus, daß man mit einem kleinen Wasserzulauf das Problem beheben könnte. Bis jetzt, kurz vor der Laichzeit der genannten Lurche, überwand sich die Gemeinde noch nicht, den ca. zehn Meter langen Kanal zu graben.

Ich meine, daß eine Gemeinde wie die unsrige, die sich sonst als umweltbewußt rühmt, einen Recycling-Hof baut und die Straßen verschönert, auch das Geld für weniger öffentlichkeitswirksame Projekte haben sollte.

Mag. Klaus Eibinger

Der Schreiber des letzteren Briefes setzt sich für eine Idee ein – der Autor des nächsten Leserbriefes hingegen ist von der Sache, um die es geht, selbst unmittelbar betroffen:

Ergonomie-Zentrum in Perwang

Als Vater eines behinderten Sohnes begrüße ich grundsätzlich die Entscheidung, in Perwang ein Ergonomie-Zentrum für behinderte Kinder zu errichten. Behinderteneinrichtungen brauchen unbedingt auch die positive Einstellung der Bürger, ansonsten haben sie keine brauchbare Überlebensbasis. Diese positive Einstellung vermisse ich seitens des Gemeinderates. Anders wäre es nicht denkbar, daß die Einrichtungskosten von öS 4.000.000,– von den ortsansässigen Betrieben und Banken „erbettelt" werden müssen. Eine steueraufkommensstarke Gemeinde wie Perwang müßte diese Sozialausgabe locker aus dem Budget finanzieren können.

Bei der derzeitigen Einstellung sehe ich kaum dauerhafte Überlebenschancen für das Ergonomie-Zentrum. Absehbar ist eher ein Dahinwursteln so lange, bis keine Therapeuten mehr bereit sind, dort zu „wursteln". Ein besonderer Dank an alle Betriebe und Banken, die die Errichtung des Ergonomie-Zentrums unterstützen. Im Interesse der betroffenen Kinder und Eltern ist nur zu hoffen, daß meine Prognose nicht eintreffen möge.

S. Frisch

Sie können jedoch auch die Zeitung dazu nutzen, Ihrem Ärger über eine Sache einfach Luft zu machen.
Beachten Sie bei Leserbriefen, daß die Gefahr einer Kürzung besteht – versuchen Sie lieber gleich, sich kurz zu fassen:

Der „Weltverbesserer"

Herr Burgschauspieldirektor Aufmann hat sich als „Weltverbesserer" deklariert. Das ist lobenswert. In diesem Sinne sollte er jedoch nicht versuchen, die klassischen Werke von Shakespeare mit Einschaltungen des Lokaldichters Burini zu verbessern. Die Dramatik von Burini paßt in die Werke von Shakespeare wie Fusel zu edlem Wein.

Peter Schreiber

Um fundiert zu argumentieren, wird man jedoch immer etwas mehr Platz benötigen:

Gehälter in der österreichischen Nationalbank

Am 2. April hörte ich einen fundierten Vortrag eines Soziologen zum Thema „Armut in Österreich". Zwei Tage später las ich Ihren Artikel „Dickhäutig, aber nicht sensibel", der die Sache von einer anderen Seite her beleuchtete. Als Mathematiklehrer griff ich zum Rechner und bedachte folgendes:

Wenn ein „armer Teufel" vom Sozialamt 5000 Schilling im Monat erhält, der Präsident der Nationalbank ca. 8.000.000 Schilling im Jahr, so heißt das, daß der Präsident aus Steuergeldern soviel bekommt wie 130 Arme (!). Weiters: Der österreichische Durchschnittsverdienst liegt bei ca. 15.000 Schilling monatlich. Das ergibt, daß der erwähnte Präsidentengehalt ca. 44mal so hoch ist.

Nun, ein Mensch kann dreimal gescheiter sein, eine viermal längere Ausbildung haben; er kann noch dreimal mehr arbeiten als andere: das ergäbe dann einen zehnmal höheren Gehalt als für den normalen Bürger. Aber wie, bitte, rechtfertigt man einen 44mal höheren Gehalt? Ich finde, wir suchen in unserem Haus Österreich die „Sozialschmarotzer" im falschen Eck!

Ich wünschte mir von allen politischen Parteien für den Sozialkundeunterricht und für den Unterricht in politischer Bildung in unserem Staat mehr gelebtes „Anschauungsmaterial", in dem so häufig verwendete Wörter wie Solidarität, Anstand, Gerechtigkeit, Ehrlichkeit, Teilen, vielleicht auch Scham, konkrete Auswirkungen haben.
Man braucht keine tiefschürfenden Meinungsumfragen, um herauszufinden, warum die Jugend nicht wählen geht, allgemeine Politikverdrossenheit um sich greift und Radikalismus aufkommt.

Mag. Günther Thaler

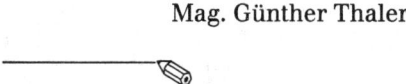

Hier noch ein Beispiel für einen Leserbrief, der seinem Schreiber erlaubt, „Dampf abzulassen".
Doch Vorsicht: Recherchieren Sie genau, wenn Ihre Argumentation sich auf Fakten stützt!

Relationen?

Sehr erfreulich. Salzburgs Schützen, 2553 an der Zahl, erhalten jährlich zwölf Millionen Schilling vom Land. Pro Mann und Nase 4700 Schilling. Für Kleidung, Waffen, Feste.
Salzburgs 45.126 Pflichtschüler scheinen dem Land nicht wert zu sein, pro Hirn 158 Schilling auszugeben. Für fachliche Serviceleistungen, zur Unterstützung der Arbeit mit Medien in den Schulen; zur Bildung des Menschen.
Der aufgeklärte Bürger wird relativieren können und seinen Schluß ziehen. Ob Salzburg wirklich dieses Kulturland ist, das es immer zu sein vorgibt?

Prof. Hans Zeller

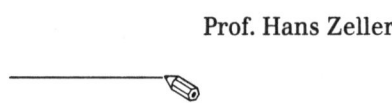

Auch als Schreiber eines Leserbriefes haben Sie nicht immer das letzte Wort:

Nicht zwölf Millionen, sondern nur 175.000

Prof. Hans Zeller schrieb am 8. 5. 1992 in einem Leserbrief von 12 Millionen Schilling, die das Land Salzburg den Schützen als Unterstützung gewährt habe. Richtig ist, daß die Salzburger Schützen im Jahr 1991 selbst für Trachten, für die Ausgestaltung von Vereinshallen, für Geräte und für die Durchführung von Festen und Feiern einen Betrag von 12 Millionen Schilling *ausgegeben* haben. Dem stehen Förderungsbeiträge des Landes von insgesamt 175.000 Schilling gegenüber.

Kuno Frattner
Referat für Heimatpflege

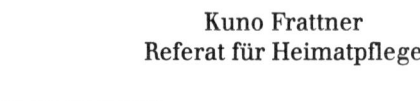

Gute Vorarbeit, besonders das gründliche Recherchieren in der Angelegenheit, zu der Sie Ihre Meinung formulieren wollen, sollten Sie also auch beim Verfassen von Leserbriefen nicht als unwichtigen Schritt beiseite lassen. Andersdenkenden genügt oft ein kleiner Fehler, den sie in Ihrem Leserbrief entdecken, um Ihre ansonsten vielleicht hieb- und stichfeste Argumentation zur Gänze zu verwerfen.
Für die Tonlage, in der Sie einen Leserbrief abfassen, ist die Überlegung entscheidend, an **wen** genau Ihr Schreiben gerichtet ist – ob an die Redaktion der Zeitung oder an den Verfasser, der den betreffenden Artikel gezeichnet hat – und welche Reaktion auf Ihren Brief Sie sich wünschen.
In dem Fall, daß Sie sich an den Autor eines Buches wenden, werden Sie zwar Ihr

Schreiben an den Verlag adressieren, in dem das Buch erschienen ist, Ihren Brief jedoch an den Buchautor selbst richten, – es sei denn, die Angelegenheit beschränkt sich auf Druckfehler, die Ihrer Meinung nach der Verlag zu verantworten hat:

✎————————

An den
Verlag Stein & Beißer
...

Folgenschwere Druckfehler

Sehr geehrte Damen und Herren!

Seit vielen Jahren – fast seit Jahrzehnten – gehöre ich zu den Lesern Ihrer Bücher zur Internationalen Küche und Kochkunst, ohne daß mein Vertrauen in das gedruckte Wort jemals erschüttert worden wäre.
Erst in dem jüngst erschienenen Buch „Schmankerl aus der Naturküche" von Hans Dinkel haben sich drei Druckfehler eingeschlichen, deren einer Dinkels Rezept „Flaumiger Gemüseauflauf" in Richtung Ungenießbarkeit verändert:
Wie in dem Rezept (Seite 156) zu lesen ist, soll dem geschmorten Gemüse, nachdem es gewürzt wurde, die Teigmasse untergemischt werden. Zubereitet wird diese folgendermaßen: „Die Butter schaumig rühren, Dotter und 600 g Milch zugeben, anschließend Eischnee unter die Masse heben." Das Unbehagen über die Konsistenz der Auflaufmasse hielt auch bei ständigem Verlängern der Backzeit an; als ich schließlich, ungeduldig geworden, die Springform öffnete, schwappte mir der „Auflauf" entgegen. Statt Milch muß es wohl heißen: *Mehl*.
Der zweite Druckfehler ist allerdings weniger tragisch, denn selbst Ungeübten wird einleuchten, daß hier etwas nicht stimmen kann: Um eine „Mayonnaise à la campagne" anzurichten, sollte man an Stelle der zwei „sehr alten Eier" wohl besser sehr *kalte* Eier verwenden!
Und daß gerade Herr Dinkel, der sehr zu Recht vor der Schädlichkeit des Raffineriezuckers warnt, für den „Kreolischen Bananentraum" 10 kg Zucker benötigt? Ich habe das Rezept mit 10 g ausprobiert, es schmeckt trotzdem hervorragend.

Sollte der „Naturküche"-Band Ihrer gut gestalteten Kochbuchreihe eine zweite Auflage erleben – was mir gerade angesichts des immer noch steigenden Interesses an der naturnahen Küche sehr gut möglich zu sein scheint – hoffe ich, daß Ihnen meine Bemerkungen von Nutzen sein werden.

Mit freundlichen Grüßen
Annemarie Kogler

————————✎

Mathematik

von Franz Becksteiner

Das Zahlensystem

Unser heutiges Zahlensystem ist ein Positions- oder Stellenwertsystem, das von den Indern entwickelt wurde und über den Vorderen Orient (arabische Ziffern) zu uns kam.
Unter Stellenwertsystem versteht man eine Schreibweise von Zahlen, die jeder Ziffer einen bestimmten Stellenwert im Zahlengefüge zuordnet.
In unserem Zahlensystem wird der Stellenwert einer Ziffer von rechts nach links jeweils verzehnfacht. Je zehn Einheiten werden also zu einer neuen Einheit zusammengefaßt, denn die Grundlage (Basis) für die Schreibweise unserer Zahlen ist die Zahl 10. Davon leiten sich auch die Bezeichnungen Zehnersystem, Dezimalsystem (decem, lat. = zehn) oder dekadisches System (deka, griech. = zehn) ab.
In der folgenden Stellenwerttafel werden Vielfache und Teile der Grundzahl 10 in verschiedenen Schreibweisen dargestellt.

Stellenwerttafel

ganze Zahlen | Dezimalzahlen

$\longleftarrow \qquad \longrightarrow$

Abkürzungen	M	HT	ZT	T	H	Z	E	z	h	t	zt	ht	m
Potenz-schreibweise*	10^6	10^5	10^4	10^3	10^2	10^1	10^0	10^{-1}	10^{-2}	10^{-3}	10^{-4}	10^{-5}	10^{-6}
Zahlen-schreibweise	1 000 000	100 000	10 000	1 000	100	10	1	0,1	0,01	0,001	0,0001	0,00001	0,000001
Bezeichnung	Millionen	Hunderttausender	Zehntausender	Tausender	Hunderter	Zehner	Einer	Zehntel	Hundertstel	Tausendstel	Zehntausendstel	Hunderttausendstel	Millionstel

Festlegung : $10^0 = 1$

* Hinweis: vgl. den folgenden Abschnitt „Potenzen"

Aus der Stellenwerttabelle läßt sich der Zusammenhang von Zehnereinheiten leicht erkennen, zum Beispiel:

$$1\,Z = \quad 10 \quad = 10 \cdot 1 \quad = 10^1 \text{ (gelesen: 10 hoch 1)}$$
$$1\,H = \quad 100 \quad = 10 \cdot 10 \quad = 10^2 \text{ (gelesen: 10 hoch 2)}$$
$$1\,T = 1\,000 \quad = 10 \cdot 10 \cdot 10 = 10^3 \text{ (gelesen: 10 hoch 3)}$$
$$1\,z = \quad 0,1 \quad = \frac{1}{10 \cdot 1} \quad = 10^{-1} \text{ (gelesen: 10 hoch minus 1)}$$
$$1\,h = \quad 0,01 = \frac{1}{10 \cdot 10} \quad = 10^{-2} \text{ (gelesen: 10 hoch minus 2)}$$

Im Zehnersystem kann daher auch jede Zahl als Summe ihrer Zehnerpotenzen dargestellt werden:

$$
\begin{aligned}
4\,927 &= 4 \cdot 10^3 \quad + 9 \cdot 10^2 + 2 \cdot 10^1 + 7 \cdot 10^0 \\
&= 4 \cdot 1.000 + 9 \cdot 100 + 2 \cdot 10 \quad + 7 \cdot 1 \\
&= 4\,000 \quad + 900 \quad + 20 \quad + 7 \\
&= 4\,927
\end{aligned}
$$

$$
\begin{aligned}
4,52 &= 4 \cdot 10^0 + 5 \cdot 10^{-1} + 2 \cdot 10^{-2} \\
&= 4 \cdot 1 \quad + 5 \cdot 0,1 \quad + 2 \cdot 0,01 \\
&= 4 \quad + 0,5 \quad + 0,02 \\
&= 4,52
\end{aligned}
$$

$$
\begin{aligned}
13,016 &= 1 \cdot 10^1 + 3 \cdot 10^0 + 0 \cdot 10^{-1} + 1 \cdot 10^{-2} + 6 \cdot 10^{-3} \\
&= 10 \quad + 3 \cdot 1 \quad + 0 \quad + 1 \cdot 0,01 + 6 \cdot 0,001 \\
&= 10 \quad + 3 \quad + 0 \quad + 0,01 \quad + 0,006 \\
&= 13,016
\end{aligned}
$$

Potenzen

Zur abgekürzten Schreibweise von Produkten gleicher Faktoren kann man die Potenzschreibweise wählen:

Produkte gleicher Faktoren	Potenzschreibweise	Ergebnis
$10 \cdot 10$	10^2	100
$10 \cdot 10 \cdot 10$	10^3	1 000
$\underbrace{10 \cdot 10 \cdot \ldots \cdot 10}_{\text{n gleiche Faktoren}}$	10^n	10^n

Produkte gleicher Faktoren	Potenzschreibweise	Ergebnis
$\dfrac{1}{10} \cdot \dfrac{1}{10}$	10^{-2}	$\dfrac{1}{100}$
$\dfrac{1}{10} \cdot \dfrac{1}{10} \cdot \dfrac{1}{10}$	10^{-3}	$\dfrac{1}{1\,000}$
$\underbrace{\dfrac{1}{10} \cdot \dfrac{1}{10} \cdot \ldots \cdot \dfrac{1}{10}}_{\text{n gleiche Faktoren}}$	10^{-n}	$10^{-n} = \dfrac{1}{10^n}$
$4 \cdot 4 \cdot 4$	4^3	64
$5{,}8 \cdot 5{,}8 \cdot 5{,}8 \cdot 5{,}8$	$5{,}8^4$	$1\,131{,}6496$
$0{,}3 \cdot 0{,}3 \cdot 0{,}3 \cdot 0{,}3 \cdot 0{,}3$	$0{,}3^5$	$0{,}00243$

Jede Potenz besteht aus einer Basis und einem Exponenten, der die Anzahl der gleichen Faktoren angibt.

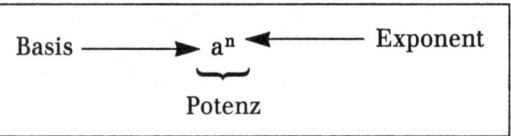

Potenz (a^n)	Basis (a)	Exponent (n)	Sprechweise
10^4	10	4	zehn hoch vier
2^6	2	6	zwei hoch sechs
x^3	x	3	x hoch drei
$(x + 1)^2$	$(x + 1)$	2	x plus eins in Klammer hoch zwei
$\left(\dfrac{3}{4}\right)^5$	$\dfrac{3}{4}$	5	dreiviertel hoch fünf
2^{-3}	2	-3	zwei hoch minus drei

Gleitkommadarstellung

Jede Zahl ungleich Null kann als Produkt einer Grundzahl (als Basis) und einer Zehnerpotenz dargestellt werden:

289,431 besteht aus 2,89431 Hundertern:
$$289,431 = 2,89431 \cdot 10^2$$

14,27 besteht aus 1,427 Zehnern:
$$14,27 = 1,427 \cdot 10^1$$

0,924 besteht aus 9,24 Zehnteln:
$$0,924 = 9,24 \cdot 10^{-1}$$

Bei der normierten Gleitkommadarstellung gibt der positive Exponent der Zehnerpotenz an, um wie viele Stellen das Komma nach rechts zu verschieben ist, um den Ausgangswert zu erhalten.

Ein negativer Exponent zeigt die Verschiebung des Kommas nach links an. Bei der Gleitkommadarstellung steht vor dem Komma üblicherweise nur eine Ziffer, die restlichen Stellen werden nach dem Komma angefügt.

Für das praktische Rechnen ist die Gleitkommadarstellung einer Zahl dann vorteilhaft, wenn diese als Faktor eine wertmäßig hohe Zehnerpotenz enthält:

$$13\ 000\ 000 = 1,3 \cdot 10^7$$
$$600\ 000\ 000 = 6\ \ \cdot 10^8$$
$$170\ 000\ 000\ 000 = 1,7 \cdot 10^{11}$$
$$0,00005 = 5\ \ \cdot 10^{-5}$$
$$0,00089 = 8,9 \cdot 10^{-4}$$

Auch wissenschaftliche Taschenrechner zeigen das Endergebnis in Gleitkommadarstellung an, wenn die Ziffernanzahl des Ergebnisses die Stellenanzahl der Anzeige übersteigt.

So zeigt beispielsweise ein zehnstelliger Taschenrechner die Zahl 45 820 912 740 000 ($= 4,582091274 \cdot 10^{13}$) folgendermaßen an:

4,582091 E 13

E 13 bedeutet, daß das Komma um 13 Stellen nach rechts zu verschieben ist bzw. die Zahl mit 10^{13} multipliziert werden muß.

Nicht alle Taschenrechner verfügen jedoch über die Exponentialform zur Darstellung einer Zahl als Produkt einer Grundzahl und einer Zehnerpotenz. In diesem Fall können nur jene Zahlen eingetippt werden, deren Ziffernanzahl die der Anzeige nicht übersteigt; alle weiteren Ziffern bleiben unberücksichtigt. Es können dann auch nur jene Rechenschritte durchgeführt werden, deren Ergebnisse die Ziffernanzahl der Anzeige nicht übersteigen.

Können Taschenrechner Rechenoperationen nicht durchführen oder sind sie bei der Ausgabe des Ergebnisses überfordert, wird dies im allgemeinen angezeigt (z.B. E für error, engl. Irrtum).

Vorzeichen und Rechenzeichen

Rechenzeichen (+, –, ·, :) zeigen die Verbindung von mathematischen Ausdrücken an. Da zwischen zwei Zahlen bzw. zwei Zahlensymbolen [a, b, (y + 3), (5 z),...] in **einem** Rechenschritt immer nur **eine** Rechenoperation durchgeführt werden kann, kann zwischen ihnen auch stets nur **ein** Rechenzeichen stehen.

Jeder Zahl bzw. jedem Zahlensymbol ist aber auch ein Vorzeichen zugeordnet, das angibt, ob der Zahlenwert positiv (größer als Null) oder negativ (kleiner als Null) ist. Das positive Vorzeichen + wird üblicherweise nicht angeschrieben:

$$+3 = 3 \qquad\qquad (+7) = 7$$

Um Vorzeichen von Rechenzeichen unterscheiden zu können, werden stets Vorzeichen und zugehörige Zahl in Klammern gesetzt.

Bei der Durchführung von Rechenoperationen (Addition, Subtraktion,...) müssen die Vorzeichen berücksichtigt werden.

Merkregeln		
+ (+a) = +a	(+a) · (+b) = +ab	(+a) : (+b) = +(a : b)
+ (–a) = –a	(+a) · (–b) = –ab	(+a) : (–b) = –(a : b)
– (+a) = –a	(–a) · (+b) = –ab	(–a) : (+b) = –(a : b)
– (–a) = +a	(–a) · (–b) = +ab	(–a) : (–b) = +(a : b)

Nach den Rechenzeichen unterscheidet man Rechenarten erster Stufe (Strichrechnungen: Addition, Subtraktion) und Rechenarten zweiter Stufe (Punktrechnungen: Multiplikation, Division).

Treten in einer Rechnung beide Rechenarten auf, gilt für die Reihenfolge der Durchführung:

$$\boxed{\text{Punktrechnung vor Strichrechnung}}$$

Beispiele für Punkt- und Strichrechnungen mit Anwendung der Vorzeichenregeln:

$(-4) + (-7) = -11$ $(+6) \cdot (-4) = -24$ $(+34) : (-2) = -17$
$\ominus$

$(+5) - (-5) = +10$ $(-8) \cdot (-4) = +32$ $(-28) : (-7) = +4$
$\oplus$

$-9 - (+6) = -15$ $(-9) \cdot (+8) = -72$ $(-64) : (+2) = -32$
$\ominus$

$4 - (-5) + (-3) + (+5) = +11$ $(-12) \cdot (+3) : (-4) = +9$
$\oplus \quad \ominus \quad \oplus$ $\ominus \quad \oplus$

$(+4) + (-9) \cdot (+8) - (+10) = -78$ $10 - (-20) : (-5) = +6$

       -72 $+4$

$4 + (-72) - (+10)$ $10 - (+4)$
$\ominus \quad \ominus$ $\ominus$

Zahlenbereiche

Menge und Element

In der Umgangssprache verwendet man das Wort **Menge** in den meisten Fällen in der Bedeutung von „viel(e)". So meint man zum Beispiel mit dem Satz „Eine Menge Leute waren im Hallenbad", daß (sehr) viele Personen das Hallenbad besuchten.
In der **Mathematik** bedeutet jedoch das Wort **Menge** eine Zusammenfassung bestimmter unterscheidbarer Objekte zu einem Ganzen. Diese Objekte werden **Elemente der Menge** genannt.
Die Anzahl der Elemente einer Menge kann endlich und damit abzählbar sein, sie kann aber auch unendlich sein und nur mehr mit Symbolen oder bestimmten sprachlichen Formulierungen beschrieben werden.

Beispiel einer

abzählbaren Menge	**unendlichen Menge**
Die Menge A aller Zahlen zwischen 6 und 20, die durch 5 ohne Rest teilbar sind:	Die Menge B aller Zahlen, die ein Vielfaches der Zahl 3 darstellen und eine gerade Zahl sind:
$A = \{10, 15, 20\}$	$B = (6, 12, 18, 24, ...)$

Ist die Anzahl der Elemente einer Menge (= Mächtigkeit einer Menge) eine angebbare natürliche Zahl, so handelt es sich um eine **endliche Menge**.
Mengen mit unendlich vielen Elementen bezeichnet man als **unendliche Mengen**.

Läßt sich eine unendliche Menge **eineindeutig** (= umkehrbar eindeutig) auf die Menge der natürlichen Zahlen abbilden, d. h. lassen sich die Elemente der Menge prinzipiell durchnumerieren, so heißt diese unendliche Menge „abzählbar unendlich".

Beispiele für abzählbar unendliche Mengen

– die Menge der natürlichen Zahlen $\mathbb{N}$
– die Menge der ganzen Zahlen $\mathbb{Z}$
– die Menge der rationalen Zahlen $\mathbb{Q}$

Läßt sich eine unendliche Menge **nicht eineindeutig** auf die Menge der natürlichen Zahlen abbilden, so heißt diese Menge „nicht abzählbar unendlich".
Ein Beispiel dafür ist die Menge der reellen Zahlen $\mathbb{R}$.

Die Menge der natürlichen Zahlen ($\mathbb{N}$)

Unter den natürlichen Zahlen versteht man die zum Abzählen einzelner Dinge geeigneten ganzen Zahlen 1, 2, 3, 4, 5, ...

Da jede natürliche Zahl einen Nachfolger hat, enthält die Menge der natürlichen Zahlen unendlich viele Elemente. Weil diese Elemente prinzipiell durchnumeriert werden können, ist die Menge der natürlichen Zahlen **abzählbar unendlich**.

Darstellung am Zahlenstrahl

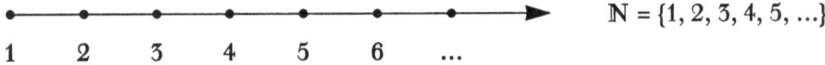

$$\mathbb{N} = \{1, 2, 3, 4, 5, ...\}$$

$$1 \quad 2 \quad 3 \quad 4 \quad 5 \quad 6 \quad ...$$

Jeder natürlichen Zahl wird genau ein Bildpunkt am Zahlenstrahl zugeordnet. Von zwei (beliebigen) Bildpunkten entspricht jeweils der rechts liegende Bildpunkt der größeren, der links liegende Bildpunkt der kleineren Zahl.

Die Menge der natürlichen Zahlen $\mathbb{N}$ setzt sich aus der Menge der geraden natürlichen Zahlen $\mathbb{N}_G$ und aus der Menge der ungeraden natürlichen Zahlen $\mathbb{N}_U$ zusammen.

$$\mathbb{N}_G = \{2, 4, 6, 8, ...\} \qquad \mathbb{N}_U = \{1, 3, 5, 7, ...\}$$

$\mathbb{N}_G$ und $\mathbb{N}_U$ sind also Teilmengen von $\mathbb{N}$, so daß ihre Vereinigungsmenge (Symbol: ∪) wiederum die Menge $\mathbb{N}$ ergibt:

$$\mathbb{N}_G \cup \mathbb{N}_U = \mathbb{N}$$

Mengendiagramm
von $\mathbb{N}$

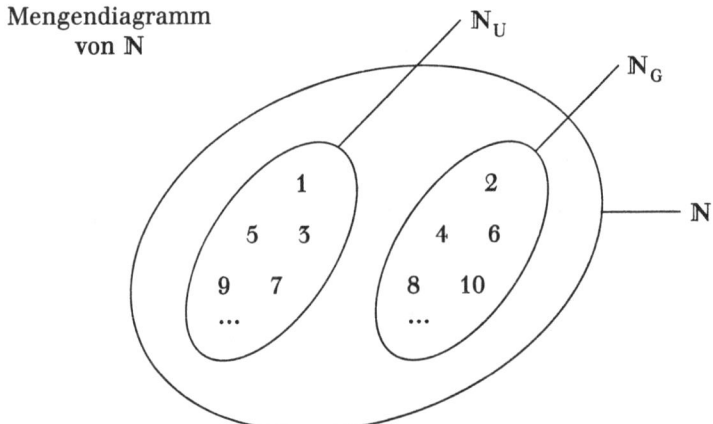

Die Menge der natürlichen Zahlen einschließlich der Zahl Null ($\mathbb{N}_0$)

Die Notwendigkeit, das Fehlen von Elementen in einer Menge durch ein Symbol auszudrücken, führt auf die Zahl Null.

Beispiel:

Ein Trafikant wird am Morgen mit 500 Tageszeitungen beliefert und kann im Laufe des Tages die gesamte Stückzahl verkaufen.

Als Menge veranschaulicht hatte der Kaufmann am Morgen die Menge von 500 Elementen und am Abend die leere Menge.
Die Anzahl der Elemente (die Mächtigkeit dieser „leeren Menge") kann in einem Zahlengefüge durch die Zahl Null angegeben werden.
Durch Hinzunahme der Zahl Null wird der Zahlenbereich der natürlichen Zahlen $\mathbb{N}$ auf $\mathbb{N}_0$ erweitert:

$$\mathbb{N}_0 = \{0, 1, 2, 3, 4, \ldots\}$$

Da $\mathbb{N}_0$ den Zahlenbereich $\mathbb{N}$ umfaßt, kann man die natürlichen Zahlen auch als Teilmenge von $\mathbb{N}_0$ bezeichnen:

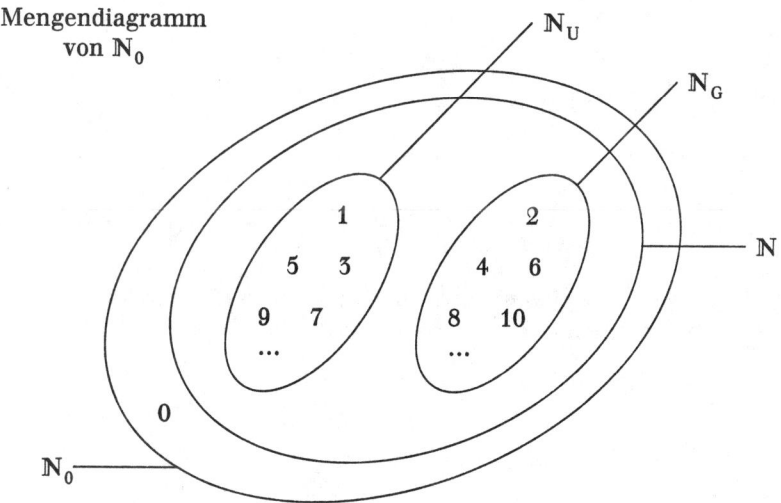

Mengendiagramm von $\mathbb{N}_0$

Die Menge der ganzen Zahlen ($\mathbb{Z}$)

Im Zahlenbereich der natürlichen Zahlen lassen sich unter anderem nicht alle Subtraktionen ausführen.

Beispiel: $\qquad\qquad\qquad 5 - 7 = -2$

Da -2 kein Element der Menge der natürlichen Zahlen ist (mathematische Schreibweise: $\{-2\} \notin \mathbb{N}$), ist bereits diese einfache Subtraktion in $\mathbb{N}$ nicht ausführbar.

Durch die Einführung der negativen Zahlen* -1, -2, -3, -4, ... wird der bisher bekannte Zahlenraum zur Menge der ganzen Zahlen (= $\mathbb{Z}$) erweitert.

$\mathbb{Z} = \{\ldots -3, -2, -1, 0, +1, +2, +3, \ldots\}$

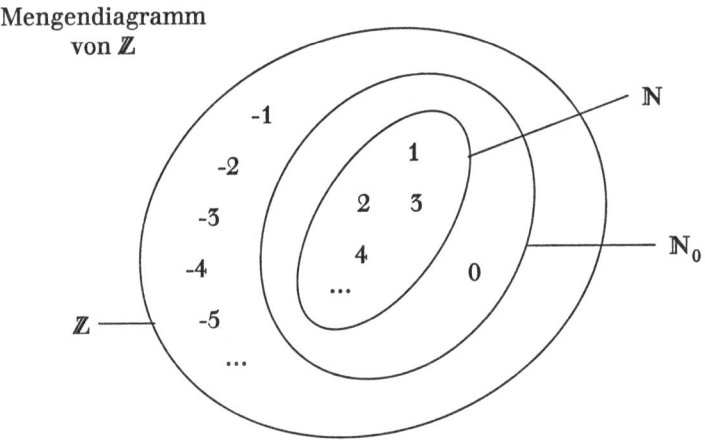

Mengendiagramm von $\mathbb{Z}$

* Hinweis: Negative Zahlen kann man sich etwa als Schulden am Konto (Kontoüberziehung) oder als Temperaturen unter dem Gefrierpunkt (Minusgrade) veranschaulichen.

Die Menge der rationalen Zahlen (ℚ)

Auch in der Menge der ganzen Zahlen lassen sich nicht alle Rechenoperationen eindeutig lösen:

Bereits eine einfache Division wie

$$15 : 6 = 2$$
$$3 \text{ (Rest)}$$

ist in ℤ unlösbar, da das ganzzahlige Ergebnis der Division, die Zahl 2, keine exakte Lösung darstellt.

Das genaue Ergebnis – die Zahl 2,5 – ist aber kein Element der ganzen Zahlen ($\{2,5\} \notin ℤ$).

Erweitert man die Menge der ganzen Zahlen um alle Dezimal- und Bruchzahlen, so nennt man diesen umfassenden Zahlenbereich die Menge der rationalen Zahlen (ℚ).

Deutung von ℚ am Zahlenstrahl

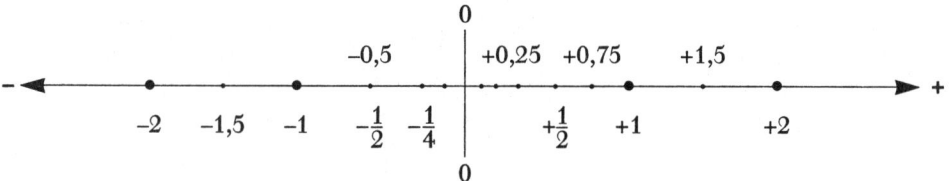

Man erkennt:

(1) Jeder rationalen Zahl ist auf der Zahlengeraden genau ein Punkt zugeordnet.
(2) Zwischen zwei beliebigen rationalen Zahlen liegen noch weitere, unendlich viele rationale Zahlen.

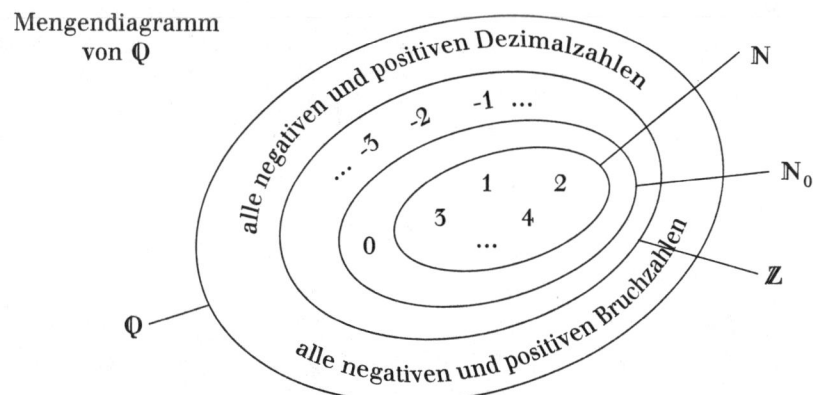

Mengendiagramm von ℚ

Die Menge der reellen Zahlen (ℝ)

Im Bereich der rationalen Zahlen sind alle vier Grundrechnungsarten mit Ausnahme der Division durch Null durchführbar. Das bedeutet, daß man jede rationale Zahl als Quotienten zweier ganzer Zahlen anschreiben kann.
Die Rechenoperation des Wurzelziehens ist jedoch nicht für alle Zahlen aus ℚ (eindeutig) durchführbar: So kann man bereits das Ergebnis von $\sqrt{2}$ nicht exakt angeben, weil die Wurzel „nicht aufgeht".

$$\sqrt{2} = 1{,}4142135\ldots$$

Derartige Zahlen lassen sich nur durch unendliche Dezimalbrüche darstellen und heißen **irrationale Zahlen**. Zur Menge der irrationalen Zahlen zählen $\sqrt{3}$, $\sqrt{5}$, $\sqrt{6}$, ..., $\sqrt[3]{2}$, $\sqrt[3]{3}$, ... und auch die Zahl Pi ($\pi = 3{,}14159\ldots$).
Die irrationalen Zahlen erweitern den rationalen Zahlenbereich zum Zahlenbereich der **reellen Zahlen** ℝ. Mit Ausnahme des Wurzelziehens aus negativen Zahlen können in ℝ alle Rechenoperationen durchgeführt werden.

Mengendiagramm
von ℝ

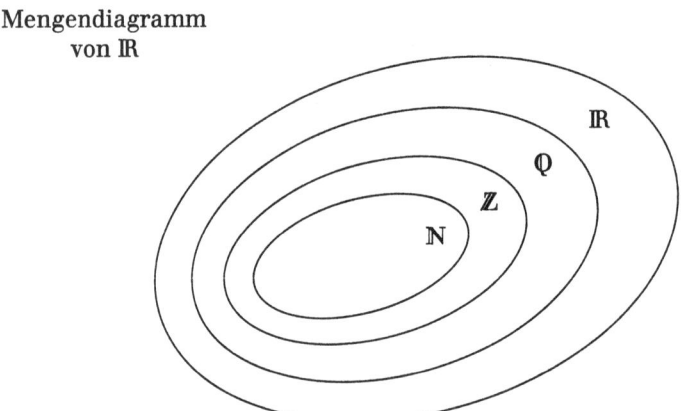

382

Die Grundrechnungsarten

Addition

$$9 \quad + \quad 6 \quad = \quad 15$$

Summand plus Summand gleich Wert der Summe

Rechnungen dieser Art bezeichnet man als **Addition,** das Ausführen dieser Rechnungen als **Addieren** (Zusammenzählen).
Summanden heißen die Zahlen, die addiert werden. Als **Wert der Summe** bezeichnet man das Ergebnis einer Addition.

Die Reihenfolge der Summanden kann beliebig vertauscht werden, ohne daß sich das Ergebnis dadurch ändert. Das Vertauschen von Summanden kann sowohl beim Kopfrechnen als auch beim schriftlichen Addieren Vorteile bringen.
Anhand eines „Rechenbaumes" kann gezeigt werden, daß das Vertauschen der Summanden den Wert der Summe (das Ergebnis) nicht ändert:

$$12 + 6 + 13 = 31$$

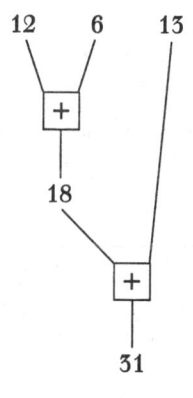 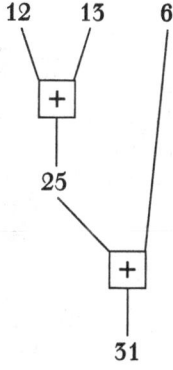 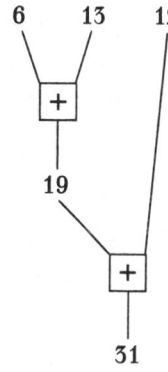

$(12 + 6) + 13 = 31$ $(12 + 13) + 6 = 31$ $(6 + 13) + 12 = 31$

Die Klammern der schriftlichen Rechnung weisen darauf hin, daß zuerst die ersten beiden Summanden zu einer Teilsumme verbunden wurden.

Halbschriftliches Rechnen

Darunter versteht man, daß die einzelnen Summanden im Kopf addiert werden und die Summe (Endergebnis) niedergeschrieben wird.

In den folgenden „Zauberquadraten" (magische Quadrate) soll die Summe jeder Zeile, jeder Spalte und jeder Diagonale gebildet werden.

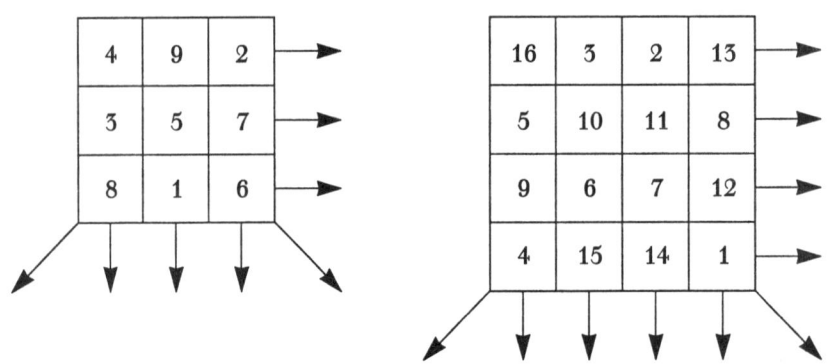

Schriftliches Addieren

Man schreibt die einzelnen Summanden untereinander und beachtet dabei, daß gleiche Stellenwerte genau untereinander stehen.

Beispiel:

Die Zahlen 42, 7 319, 7, 4 380 und 103 sind schriftlich zu addieren.

Zu achten ist auf eine exakte Einteilung der Summanden in Einer, Zehner, Hunderter und Tausender!

Man addiert üblicherweise die Ziffern von unten nach oben, eine Probe in umgekehrter Reihenfolge ist zweckmäßig. Begonnen wird mit dem Addieren der Einerspalte bzw. der am weitesten rechts stehenden Spalte.

T	H	Z	E		Sprechweise
		4	2		
7	3	1	9		Einerspalte: 3, 10, 19, 2[1]
			7		
4	3	8	0		Zehnerspalte: 10, 11, 1[5]
	1	0	3		Hunderterspalte: 2, 5, [8]
11	8_0	5_1	1_2		Tausenderspalte: 4, ⑪

Die Einerziffer jeder Spaltensumme [ ] wird angeschrieben, die davor stehende(n) Ziffer(n) wird (werden) als Summand zur nächsten Spalte addiert. Diesen Übertrag kann man unter der angeschriebenen Einerziffer mit kleinen Ziffern vermerken. Die Summe der letzten Spalte ◯ wird zur Gänze angeschrieben.

Beispiel:

Folgende Längenmaße sind zu addieren:
3 m, 4 dm, 16 m 5 dm, 8 cm, 18 cm, 3 mm

Zwei Lösungsmöglichkeiten bieten sich an:

a) Beim Addieren benachbarter Größen der Zehnerordnung mit der Verwandlungszahl 10 braucht man die verschiedenen Maßeinheiten beim Rechenvorgang nicht
   zu berücksichtigen. Man kann ohne Verwandlung direkt addieren.

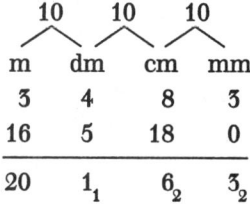

m	dm	cm	mm
3	4	8	3
16	5	18	0
20	1_1	6_2	3_2

Ergebnis
20 m 1 dm 6 cm 3 mm

b) Die Angaben werden in eine bestimmte (zweckmäßige) Maßeinheit umgewandelt
   und anschließend addiert:

Verwandlung der Angaben in

m	dm	cm	mm*
3	30	300	3 000
0,4	4	40	400
16,5	165	1 650	16 500
0,08	0,8	8	80
0,18	1,8	18	180
0,003	0,03	0,3	3
20,163	201,63	2 016,3	20 163

* Hinweis: Werden Maßzahlen in die jeweils kleinste (angegebene) Einheit verwandelt, kann dadurch eine Darstellung in Dezimalschreibweise vermieden werden.

Beispiel:

Laut Fahrplan ist die Ankunft eines Regionalzuges für 18.52 Uhr (= 18 Uhr 52) vor-
gesehen. Wegen Gleisbauarbeiten verzögert sich die tatsächliche Ankunft um 55 Minuten. Wann ist die tatsächliche Ankunft des Zuges zu erwarten?

Beim Addieren von Maßzahlen, die nicht der Zehnerordnung angehören (z. B. Zeitmaße), müssen die einzelnen Einheiten getrennt addiert werden:

h	min
18	52
	55
18	107

107 min = 1 h 47 min

60 min = 1 h

Die tatsächliche Ankunft des Zuges
ist um 19.47 Uhr zu erwarten.

| 19 | 47 |

Subtraktion

$$19 \quad - \quad 7 \quad = \quad 12$$

Minuend minus Subtrahend gleich Wert der Differenz

Rechnungen dieser Art bezeichnet man als **Subtraktion,** das Ausführen der Rechnungen als **Subtrahieren** (Wegzählen). Als **Minuend** bezeichnet man jene Zahl, von der subtrahiert wird (also das „zu Vermindernde"), und **Subtrahend** heißt jene Zahl, die weggezählt wird (das „zu Subtrahierende").

Anhand eines „Flußdiagramms" soll nun gezeigt werden, daß von einer Zahl (Minuend) Subtrahenden in beliebiger Reihenfolge subtrahiert werden können, ohne daß sich der **Wert der Differenz** (das Ergebnis der Subtraktion) ändert:

$(28 - 9) - 6 = 13$

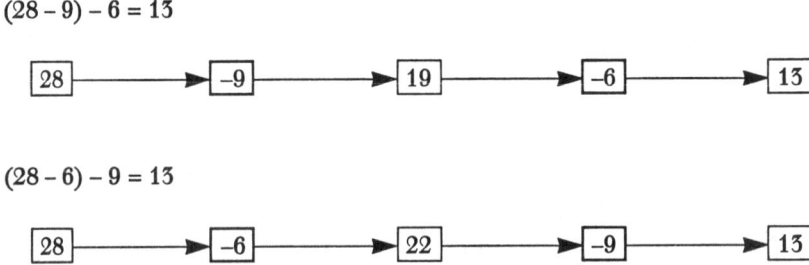

$(28 - 6) - 9 = 13$

Das Vertauschen von Minuend und Subtrahend führt jedoch zu einem anderen Ergebnis:

$$5 - 2 \quad = \quad 2 - 5$$

$$3 \quad \neq \quad -3 \quad (\neq \dots \text{ gelesen: ungleich})$$

Schriftliches Subtrahieren

Beispiel:

Von der Zahl 5 917 ist die Zahl 459 zu subtrahieren.

$$
\begin{array}{r}
5\,917 \\
-\quad 459 \\
\hline
5\,458 \\
{\scriptstyle 0\ 1\ 1}
\end{array}
$$

Sprechweise

Einerspalte: 9 plus 8 gleich 17; 1*
Zehnerspalte: 6 plus 5 gleich 11; 1*
Hunderterspalte: 5 plus 4 gleich 9; 0*
Tausenderspalte: 0 plus 5 gleich 5

Die unterstrichenen Ziffern werden beim Sprechen stärker betont und als Differenz angeschrieben.
Die mit * gekennzeichneten Ziffern geben die Anzahl des jeweils ergänzten Zehners an und werden zur ersten Zahl der nächsten Spalte addiert. Diesen Übertrag kann man (als Gedächtnisstütze) unter der Differenz mit kleinen Ziffern anschreiben.

Beispiel:

$13\,512 - 819 - 2\,502 - 27 = ?$

Verschiedene Lösungsmöglichkeiten bieten sich an:

a) Alle drei Subtrahenden werden vorerst addiert, und anschließend wird deren Summe von 13 512 subtrahiert.

$$
\oplus\left\{\begin{array}{r}
819 \\
2\,502 \\
27 \\
\hline
3\,348
\end{array}\right.
\qquad
\ominus\left\{\begin{array}{r}
13\,512 \\
3\,348 \\
\hline
10\,164
\end{array}\right.
$$

Mathematische Schreibweise dieses Gedankenganges: $13\,512 - (819 + 2\,502 + 27)$

b) Der Minuend und die Subtrahenden werden untereinander angeschrieben. Anschließend ermittelt man durch Kopfrechnen spaltenweise die Summe der Subtrahenden und schreibt die Differenz zur entsprechenden Spalte des Minuenden als Ergebnis an:

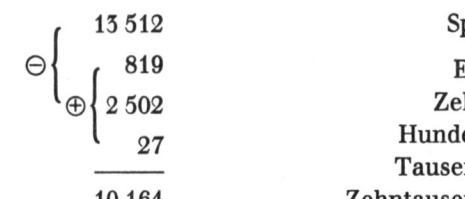

	13 512		Sprechweise

⊖ { 819
⊕ { 2 502
        27
────
10 164

Einerspalte: 7, 9, 18 plus <u>4</u> gleich 22; 2*
Zehnerspalte: 4, 5 plus <u>6</u> gleich 11; 1*
Hunderterspalte: 6, 14 plus <u>1</u> gleich 15; 1*
Tausenderspalte: 3 plus <u>0</u> gleich 3; 0*
Zehntausenderspalte: <u>1</u>

Hinweis: Die Erklärung zu den <u>unterstrichenen</u> wie auch zu den mit * gekennzeichneten Ziffern ist im vorangegangenen Beispiel nachzulesen.

Beispiel:

19 m 17 mm – 7 m 18 mm = ?

Eine Verwandlung der Angaben auf eine gemeinsame Maßeinheit erscheint vorteilhaft.

Maßeinheit m

19 m 17 mm = 19, 017 m
7 m 18 mm =   7, 018 m

19,017 m
– 7,018 m
────
11,999 m

Maßeinheit mm

19 m 17 mm = 19 017 mm
7 m 18 mm =   7 018 mm

19 017 mm
– 7 018 mm
────
11 999 mm

11,999 m = 11 999 mm = 11 m 9 dm 9 cm 9 mm

Hinweis: Beim Subtrahieren benachbarter Größen der Zehnerordnung mit der Verwandlungszahl 10 kann man ohne Maßverwandlung direkt subtrahieren.

Beispiel:

15 dm 8 cm 4 mm – 7 dm 9 cm 5 mm = ?

```
      10    10
     ↗↖   ↗↖
 dm   cm   mm
 15    8    4
– 7    9    5
 ──────────
  7    8    9
```

Ergebnis
7 dm 8 cm 9 mm = 7,89 dm

Beispiel:

Die Differenz von 18 h 23 min 17 s und 5 h 29 min 31 s ist zu bilden.

Zeitmaße unterliegen nicht der Zehnerordnung. Daher müssen – sofern einzelne Subtrahenden größer sind als ihre zugeordneten Minuenden und daher eine direkte Subtraktion nicht ausführbar ist – Maßverwandlungen vorgenommen werden:

18 h 23 min 17 s
− 5 h 29 min 31 s
‾‾‾‾‾‾‾‾‾‾‾‾‾‾

Subtraktionen nicht
direkt ausführbar!

Minuend: 18 h 23 min 17 s
1. Verwandlung: 18 h 22 min 77 s
2. Verwandlung: 17 h 82 min 77 s

Ausführung der Subtraktion:

17 h 82 min 77 s
− 5 h 29 min 31 s
‾‾‾‾‾‾‾‾‾‾‾‾‾‾
12 h 53 min 46 s

Multiplikation

| 18 | x | 4 | = | 72 |

Multiplikand mal Multiplikator gleich Wert des Produktes

oder

Faktor mal Faktor gleich Produkt

Rechnungen dieser Art bezeichnet man als **Multiplikationen.** Zu **multiplizieren** bedeutet, aus zwei oder mehreren **Faktoren** ein **Produkt** zu errechnen.
Jener Faktor, der angibt, welche Zahl vervielfacht werden soll, heißt **Multiplikand;** der Faktor, der angibt, wie oft dieser Multiplikand vervielfacht werden soll, heißt **Multiplikator.**
Die Multiplikation ist eine vereinfachte Addition gleicher Summanden:

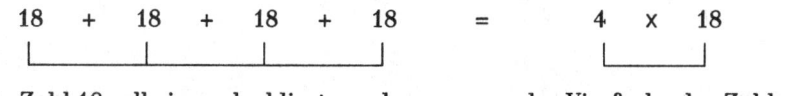

die Zahl 18 soll viermal addiert werden   das Vierfache der Zahl 18

Folgende Rechenregeln und Techniken sind bei einem vorteilhaften Ausführen von Multiplikationen zu beachten:

a) Multiplikationen mit **dekadischen Vielfachen** (10, 100, 1 000, ...) können ohne schriftliche Rechnung ausgeführt werden, indem

$4 \cdot 10 = 40$

bei ganzen Zahlen entsprechend viele Nullen angehängt werden.

$213 \cdot 1\,000 = 213\,000$

1,8 ·	10 =	18	
1,87 ·	10 =	18,7	
2,27 ·	100 =	227	

Bei Dezimalzahlen gibt die Anzahl der Nullen des Multiplikators an, um wie viele Stellen das Komma nach rechts verschoben wird.

31 ·	10 000 =	310 000	
26,3 ·	100 =	2 630	
4,9 ·	1 000 =	4 900	

Hier müssen zuerst Nullen ergänzt werden, um das Komma nach rechts verschieben zu können.

b) Ein Produkt hat den Wert „Null", wenn mindestens ein Faktor gleich Null ist:

$$21 \cdot 0 = 0$$
$$6 \cdot 18 \cdot 0 = 0$$
$$1,3 \cdot 0 \cdot 7,9 \cdot 0 = 0$$

c) Bei einer Multiplikation dürfen die Faktoren beliebig **vertauscht** werden. Der Wert des Produktes ändert sich dadurch nicht:

$$31 \cdot 4 = 4 \cdot 31$$

oder

$$6 \cdot 19 \cdot 9 = 6 \cdot \quad 9 \cdot 19$$
$$= 19 \cdot \quad 6 \cdot \quad 9$$
$$= 19 \cdot \quad 9 \cdot \quad 6$$
$$= 9 \cdot \quad 6 \cdot 19$$
$$= 9 \cdot 19 \cdot \quad 6$$

d) Man multipliziert einen **Klammerausdruck** mit einer Zahl, indem man

– zuerst den Wert der Klammer berechnet und anschließend multipliziert:

$$(3 + 14) \cdot 6 = 17 \cdot 6$$
$$17 \qquad = 102$$

– oder eine Multiplikation mit jeder Zahl in der Klammer durchführt und diese Produkte anschließend addiert:

$$(3 + 14) \cdot 6 = 3 \cdot 6 + 14 \cdot 6$$
$$= 18 + 84$$
$$= 102$$

Hinweis: Wird ein Zahlensymbol oder ein Klammerausdruck mit einem zweiten Faktor multipliziert, muß das Multiplikationszeichen nicht angeschrieben werden:

$$4 \cdot (17 - 5) = 4 (17 - 5) = (17 - 5) 4$$

e) Multiplikation in Verbindung mit Addition und Subtraktion:

Merkregel: Die Multiplikation ist **vor** der Addition und/oder Subtraktion auszuführen.

Beispiel:

In einem Silo lagern 6 Tonnen Getreide. Im Laufe eines bestimmten Tages werden viermal 3 Tonnen aufgefüllt.

Rechnung $\qquad 6 + 4 \cdot 3 = 6 + 12$
$$= 18$$

Darstellung der Rechenfolge durch ein Pfeildiagramm

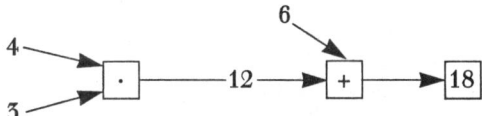

Schriftliches Multiplizieren

Rechentechnik	Erklärung	tatsächl. Rechnung	Gedankengang
312 · 245			
624 . .	1. Teilprodukt der Hunderter	2 mal 312	200 mal 312
1248 .	2. Teilprodukt der Zehner	4 mal 312	40 mal 312
1560	3. Teilprodukt der Einer	5 mal 312	5 mal 312
76440			

Das erste Teilprodukt wird mit dem Hunderter des Multiplikators errechnet. Von rechts beginnend, wird der gesamte Multiplikand mit 2 multipliziert. Die dabei als erstes angeschriebene Zahl 4 steht über der Hunderterstelle des späteren Endproduktes, da mit Huntertern multipliziert wird.

Das zweite Teilprodukt beginnt mit dem Zehner des Multiplikators und steht daher über der Zehnerstelle; es ist also in der zweiten Zeile um genau eine Stelle weiter nach rechts zu verschieben.

Das dritte Teilprodukt beginnt über der Einerstelle und muß gegenüber der vorangegangenen Zeile wiederum genau um eine Stelle nach rechts versetzt werden. Schließlich werden die Teilprodukte addiert.

Vorteilhafte Rechentechniken

– Der Einservorteil

628 · 13
1884
————
8164

Der Multiplikand wird als Teilprodukt des Zehners verwendet (1 mal 628). Als notwendiger Rechengang ist daher nur mehr das Teilprodukt des Einers (3 mal 628) anzuschreiben. In diesem Fall wird unter den Faktoren kein Strich gezogen, da der Multiplikand bereits Summand für die anschließende Addition ist.

125 · 436 = ?

436 · 125
872
2180
————
54500

Durch Vertauschen der beiden Faktoren kann der Einservorteil angewendet werden.

– Treten in den Faktoren Nullen auf, werden die Nullzeilen nicht angeschrieben, sondern für jede ausgelassene Nullzeile wird das nächste Teilprodukt um genau eine Stelle weiter nach rechts verschoben:

	unzweckmäßige	vorteilhafte	
	Rechentechnik		

428 · 306	428 · 306	
1284	1284 ..	Hunderterzeile
000	2568	Einerzeile*
2568	————	
————	130968	
130968		

* Hinweis: Auf Grund der nicht angeschriebenen Nullzeile, die gedanklich bereits um eine Stelle gegenüber der Hunderterzeile nach rechts gerückt ist, wird die Einerzeile um genau zwei Stellen gegenüber der Hunderterzeile nach rechts versetzt angeschrieben.

3412 · 3002	4235 · 1007
10236 ...	29645
6824	————
————	4264645
10242824	

Division

Diese Rechenart kann als Umkehrung (Gegenoperation) einer Multiplikation aufgefaßt werden.
Daher kann eine Division auch zur Kontrolle (Probe) einer Multiplikation dienen und umgekehrt:

18 : 3 = 6

Dividend durch Divisor gleich Wert des Quotienten

Rechnung   Probe   Pfeildiagramm

18 : 3 = 6   6 · 3 = 18

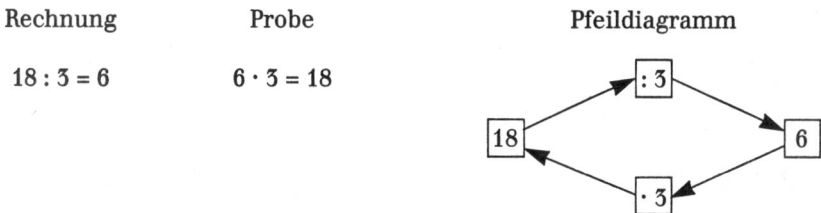

Wird das Ergebnis der Division – der **Quotient** – mit dem **Divisor** (dem Teilenden) multipliziert, erhält man wieder das ursprünglich zu Teilende, den **Dividenden**.

a) Bei einer Division führt das Vertauschen von Dividend und Divisor zu einem anderen Ergebnis:

39 : 3 = 13

3 : 39 ≠ 13 (≠ gelesen: ungleich)

b) Die Division durch Null ist nicht durchführbar, was anhand eines Zahlenbeispiels gezeigt werden kann:

Behauptung:

12 : 0 = 0

Folgerung: Das Ergebnis der Probe müßte 12 ergeben. Jedoch

0 · 0 ≠ 12,

womit die Unrichtigkeit der Behauptung bewiesen ist.

Hinweis: Um in der Arithmetik eine Aussage zu widerlegen, genügt ein geeignetes Zahlenbeispiel.
Umgekehrt kann aber keine Behauptung durch ein geeignetes Zahlenbeispiel als allgemeingültig bewiesen werden!

c) Die Division ist wie die Multiplikation eine Rechenart zweiter Stufe und hat daher **Vorrang** gegenüber einer Rechenart erster Stufe (Addition und Subtraktion), denn es gilt:

$$\boxed{\text{Punktrechnung vor Strichrechnung}}$$

$$4 + 15 : 3 = 4 + (15 : 3)$$
$$= 4 + 5$$
$$= 9$$

$$25 - 9 : 3 + 18 : 2 = 25 - 3 + 9$$
$$= 31$$

Schriftliches Dividieren

Beispiel:

Der Quotient von 2 772 und 6 ist zu berechnen.

$$2\ 772 : 6 = 462$$
$$37$$
$$12$$
$$0$$

Probe: $\dfrac{462 \cdot 6}{2\ 772}$

Von links beginnend, wird im Dividenden die kleinste Zahl gesucht, in welcher der Divisor 6 erstmals ganzzahlig enthalten ist (27), und abgehakt.
6 ist in 27 viermal enthalten, 4 wird im Quotienten und der Rest 3 unterhalb der Einerziffer von 27 geschrieben.
Die nächstfolgende Ziffer im Dividenden (7) wird der Restzahl 3 hintangestellt, woraus sich die Zahl 37 ergibt. 6 ist in 37 sechsmal ganzzahlig enthalten, 6 wird als zweite Ziffer im Quotienten und 1 als Restzahl angeschrieben.
Die nächstfolgende und letzte Ziffer im Dividenden (2) wird der Restzahl 1 hintangestellt, wodurch sich die Zahl 12 ergibt.
6 ist in 12 zweimal enthalten, 2 wird als letzte Ziffer im Quotienten angeschrieben.
Die Restzahl Null zeigt an, daß der Divisor 6 ein ganzzahliger Teiler des Dividenden 2 772 und also ohne Rest enthalten ist.

Beispiel:

23 385 : 67 = ?

23 385 : 67 = 349
  3 28
    605
      2 (Restzahl)

abgekürzte Sprechweise

67 in 233 dreimal; 3 an, 32 Rest
67 in 328 viermal; 4 an, 60 Rest
67 in 605 neunmal; 9 an, 2 Rest

Probe:

$$\frac{349 \cdot 67}{}$$

2094
2443
   2   Restzahl

23385

Ist der Divisor im Dividenden nicht ganzzahlig enthalten und die Division auf eine bestimmte Anzahl von Dezimalstellen auszuführen, setzt man im Quotienten nach der Einerziffer das Komma und ergänzt die Restzahl des Dividenden mit einer Null, um die Dezimalstellen berechnen zu können.

Die folgenden Divisionen sind auf drei Dezimalstellen zu berechnen:

3 : 7 = 5, 142
 10
  30
   20
    6

3 215 : 23 = 139,782
  91
 225
 180
 190
  60
  14

Die Division als Messung oder Teilung

Beispiel:

200 kg Mehl werden in Haushaltsmengen zu je 5 kg abgefüllt. Wieviel Säcke benötigt man?

200 (kg) : 5 (kg) = 40

Man benötigt 40 Säcke.

Divisor und Dividend sind in diesem Beispiel gleiche Größen (das heißt gleiche Einheiten), der Quotient bleibt unbenannt.

Diese Division entspricht der Messung, wie oft 5 kg in 200 kg enthalten sind; sie kann als wiederholtes Subtrahieren aufgefaßt werden.

Beispiel:

200 kg Mehl werden zu gleichen Teilen in 40 Säcke abgefüllt. Wieviel kg beinhaltet jeder Sack?

200 kg : 40 = 5 (kg)

Jeder Mehlsack enthält 5 kg.

Bei dieser Aufgabenstellung sind Dividend und Quotient gleiche Größen. Der unbenannte Divisor (40) gibt an, in wie viele **Teile** der Dividend (200 kg) geteilt wird.

Bruchrechnen

Brüche, Bruchzahlen und Dezimalzahlen

Brüche entstehen bei der Teilung eines Ganzen; sie geben Teilungsverhältnisse an.

Problemstellungen

(1) Ein Längenabschnitt von 1 m soll in 4 gleich lange Teile geteilt werden.

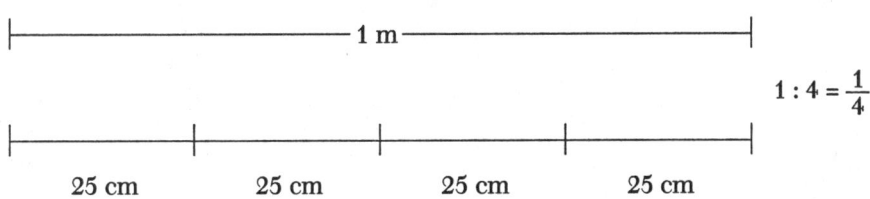

$$1 : 4 = \frac{1}{4}$$

Im Bereich der ganzen Zahlen ist die Teilung von 1 m in 4 Teile erst nach der Maßverwandlung (1 m = 100 cm) möglich – 100 cm : 4 = 25 cm.
Die Bruchschreibweise gibt die nicht durchgeführte Division als Teilungsverhältnis an:

$$\frac{1}{4} \, m$$

(2) 3 quadratische Platten gleicher Größe sollen so geteilt werden, daß 4 gleich große (deckungsgleiche) Figuren entstehen.

Die praktische Durchführung wird durch die nachstehende Abbildung verdeutlicht.
Das Teilungsverhältnis kann durch den Bruch $\frac{3}{4}$ dargestellt werden.

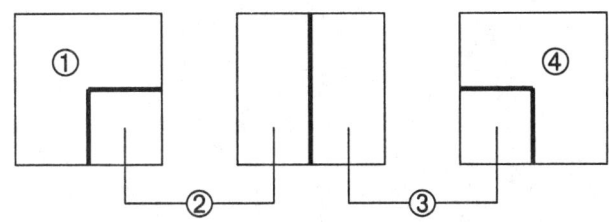

Allgemeine Erklärungen

Jeder Bruch hat die Form $\frac{a}{b}$, wobei die Buchstaben a und b für beliebige Zahlenwerte stehen.

Benennungen:

$$a \longleftarrow \text{Zähler}$$
$$- \longleftarrow \text{Bruchstrich}$$
$$b \longleftarrow \text{Nenner}$$

Der Zähler (a) gibt die Anzahl der zu teilenden Ganzen an.
Der Nenner (b) gibt an, in wie viele Teile geteilt werden soll.
Der waagrechte Bruchstrich ist mit dem Divisionszeichen bedeutungsgleich; $\frac{a}{b}$ kann daher als a : b gelesen werden.
Tritt in einer Rechnung ein Gleichheitszeichen auf, wird es in der Höhe des Bruchstriches Geschrieben

Einteilung der Brüche nach verschiedenen Kriterien

(1) Brüche mit dem Zähler Eins heißen **Stammbrüche:**

$$\frac{1}{2}, \frac{1}{3}, \frac{1}{7}, \dots$$

(2) Brüche, deren Zähler kleiner ist als der Nenner, heißen **echte Brüche:**

$$\frac{2}{3}, \frac{4}{5}, \frac{5}{8}, \frac{7}{10}, \dots$$

(3) Brüche, deren Zähler größer ist als der Nenner, nennt man **unechte Brüche:**

$$\frac{4}{3}, \frac{5}{2}, \frac{10}{6}, \dots$$

Jeden unechten Bruch kann man in eine **gemischte Zahl** verwandeln:

$$\frac{4}{3} = 1\frac{1}{3} \qquad \frac{5}{2} = 2\frac{1}{2} \qquad \frac{10}{6} = 1\frac{4}{6} \dots$$

(4) Brüche mit dem gleichen Zähler und Nenner (Wert gleich Eins) heißen **uneigentliche Brüche:**

$$\frac{3}{3} = 1 \qquad \frac{7}{7} = 1, \dots$$

(5) Verschiedene Brüche mit gleichem Nenner heißen **gleichnamige Brüche:**

$$\frac{2}{7}, \frac{5}{7}, \frac{6}{7}, \ldots$$

(6) Mehrere Brüche mit ungleichem Nenner heißen **ungleichnamige Brüche:**

$$\frac{2}{3}, \frac{5}{7}, \frac{4}{11}, \ldots$$

(7) Ist der Zähler eines Bruches gleich dem Nenner eines anderen Bruches und umgekehrt, nennt man beide Brüche **inverse** oder **reziproke Brüche.**
Das Produkt* zweier inverser Brüche ist immer gleich Eins:

$$\frac{3}{4}, \frac{4}{3} \qquad\qquad \frac{3}{4} \cdot \frac{4}{3} = 1$$

$$\frac{2}{5}, \frac{5}{2} \qquad\qquad \frac{2}{5} \cdot \frac{5}{2} = 1$$

* Hinweis: Siehe den Abschnitt „Multiplizieren von Brüchen" (Seite 405).

(8) Brüche mit den Nenner Null können in der Elementarmathematik nicht weiter gedeutet werden.

(9) Brüche mit dem Nenner 10 oder einer Potenz von 10 (z. B. 100, 1000, …) heißen **Dezimalbrüche:**

$$\frac{3}{10}, \frac{7}{100}, \frac{8}{1000}, \frac{19}{1000}, \ldots$$

(10) Dezimalbrüche kann man direkt als Dezimalzahlen anschreiben:

$$\frac{3}{10} = 0{,}3 \qquad \frac{7}{100} = 0{,}07 \qquad \frac{8}{1000} = 0{,}008 \qquad \frac{19}{1000} = 0{,}019$$

Der Wert eines Bruches

Dividiert man den Zähler eines Bruches durch seinen Nenner, so bezeichnet man das Ergebnis dieser Division als Wert des Bruches:

$$\frac{6}{3} = 2 \quad (6 : 3 = 2) \qquad\qquad \frac{5}{2} = 2,5 \quad (5 : 2 = 2,5)$$

$$\frac{4}{5} = 0,8 \quad (4 : 5 = 0,8) \qquad\qquad \frac{3}{96} = 0,03125 \quad (3 : 96 = 0,03125)$$

Brüche und Bruchzahlen

Brüche, deren Zähler und Nenner ausschließlich durch Zahlen dargestellt sind und deren Wert wieder eine Zahl ist, bezeichnet man als **Bruchzahlen**.

Brüche der Form $\frac{3}{a}$, $\frac{x}{2}$, $\frac{2b}{3}$ usw. sind jedoch keine Bruchzahlen!

Brüche und Dezimalzahlen

Jeder Bruch läßt sich durch die Ausführung der Division $\frac{a}{b}$ als Dezimalzahl anschreiben.
Dabei ergibt sich eine der beiden Möglichkeiten:

1) Mit dem Rest Null bricht die Division ab.

$$\frac{322}{4} = 322 : 4 = \underline{\underline{80,5}}$$
$$020$$
$$0$$

$$\frac{6}{150} = 6 : 150 = \underline{\underline{0,04}}$$
$$600$$
$$0$$

2) Im Laufe der Division wiederholt sich ein Rest, es entsteht eine **periodische Dezimalzahl**.

a) $\frac{5}{3} = 5 : 3 = 1,66...$
$$20$$
$$\diagdown 20$$

Dezimalschreibweise: $1,\dot{6}$ (gelesen: eins Komma sechs periodisch); der Punkt über der 6 gibt an, daß nach dem Komma unendlich oft die Ziffer 6 folgt.

b) $\dfrac{8}{27}$ = 8 : 27 = 0,296296

Periode

80
260
170
$\boxed{8}$0
260
170
usw.

Restfolge: 8, 26, 17; $\boxed{8}$*, 26, 17; usw.

Dezimalschreibweise: 0,$\overset{\bullet}{2}9\overset{\bullet}{6}$ (gelesen: null Komma zwei neun sechs periodisch); die Punkte über 2 und 6 deuten die Periode an.

* Hinweis: Sobald sich eine Restzahl wiederholt, kann der Rechenvorgang beendet werden.

Brüche mit gleichem Zahlenwert

Multipliziert man Zähler und Nenner eines Bruches mit derselben (von Null verschiedenen) Zahl, so ändert sich zwar die Schreibweise, nicht aber der Wert des Bruches. Man nennt diesen Vorgang **Erweitern** eines Bruches.

Beispiel:

Erweitert man den Bruch $\dfrac{3}{4}$ mit der Zahl 6, erhält man folgende Bruchschreibweise:

$$\dfrac{3 \cdot 6}{4 \cdot 6} = \dfrac{18}{24}$$

Dividiert man dagegen Zähler und Nenner durch dieselbe Zahl (ungleich Null), ändert sich der Wert des Bruches ebensowenig – diesen Vorgang bezeichnet man als **Kürzen**.

Vor allem bei Grundrechnungsarten oder Größenvergleichen mit Brüchen ist Erweitern und Kürzen von Brüchen oft vorteilhaft.

Die verschiedenen Schreibweisen $\dfrac{3}{4}$ und $\dfrac{18}{24}$ haben denselben Zahlenwert. Das

zeigt sich durch Kürzen des Bruches $\dfrac{18}{24}$ mit der Zahl 6 :

$$\dfrac{18 : 6}{24 : 6} = \dfrac{3}{4}$$

Auch die Divisionen 3 : 4 = 0,75 und 18 : 24 = 0,75 können als Probe durchgeführt werden.

Hinweis: Das Erweitern und Kürzen von Brüchen ist nicht identisch mit der Multiplikation bzw. Division von Brüchen! Siehe dazu die Abschnitte „Multiplizieren" und „Dividieren von Brüchen" (Seite 405 f).

Addieren und Subtrahieren von Brüchen

(1) **Gleichnamige** Brüche kann man addieren (subtrahieren), indem man die Zähler addiert (subtrahiert) und den Nenner unverändert läßt:

$$\frac{3}{5} + \frac{4}{5} = \frac{3+4}{5} = \frac{7}{5} = 1\frac{2}{5}$$

$$\frac{7}{9} - \frac{5}{9} = \frac{7-5}{9} = \frac{2}{9}$$

(2) **Ungleichnamige** Brüche kann man addieren (subtrahieren), indem man sie zuerst auf einen gemeinsamen Nenner erweitert und anschließend als gleichnamige Brüche addiert (subtrahiert):

$$\frac{3}{4} + \frac{2}{3} = ?$$

Überlegungen

$$\frac{3}{4} = \frac{3 \cdot 3}{4 \cdot 3} = \frac{9}{12}$$

$$\frac{2}{3} = \frac{2 \cdot 4}{3 \cdot 4} = \frac{8}{12}$$

Die Teilnenner 3 und 4 sind zuerst auf einen gemeinsamen Nenner zu bringen. Es ist also eine Zahl zu finden, in der 3 und 4 ganzzahlig enthalten sind. Im gegebenen Beispiel bietet sich die Zahl 12 als gemeinsamer Nenner* an.

Rechnung

$$\frac{3}{4} + \frac{2}{3} = \frac{9+8}{12} = 1\frac{5}{12}$$

* Hinweis: Ist der gemeinsame Nenner die kleinstmögliche Zahl, in der alle Teilnenner ganzzahlig enthalten sind, so nennt man diesen Nenner auch **kleinstes gemeinsames Vielfaches (kgV)**. Das kleinste gemeinsame Vielfache aller auftretenden Teilnenner kann durch das Verfahren der Primfaktorzerlegung bestimmt werden, das jedoch auf Grund des damit verbundenen Zeitaufwandes nicht mehr zeitgemäß ist.

Die Verwendung des kleinsten gemeinsamen Vielfachen ist also nur dann vorteilhaft, wenn dessen Ermittlung ohne größeren Zeitaufwand möglich ist. Dazu ist jedoch Übung im Kopfrechnen und die Kenntnis der Teilbarkeitsregeln (vgl. nachstehende Tabelle) erforderlich.
Andernfalls ist immer das Produkt aller Teilnenner ein gemeinsamer Nenner!

Teilbarkeitsregeln

teilbar durch	Bedingungen	Beispiele
2	alle geraden Zahlen	... –4, –2, 2, 4, 6, ...
3	Ziffernsumme durch 3 teilbar	585 (5 + 8 + 5 = 18)
4	die aus den letzten beiden Ziffern gebildete Zahl ist durch 4 teilbar	336, 4 024, 10 012
5	letzte Ziffer 0 oder 5	40, 295, 10 000, 615
6	gerade Zahl **und** durch 3 teilbar	246, 4 608, 21 024
8	die aus den letzten drei Ziffern gebildete Zahl ist durch 8 teilbar	816, 1 120, 59 408
9	Ziffernsumme durch 9 teilbar	172 566 (1 + 7 + 2 + 5 + 6 + 6 = 27)
11	die alternierende Ziffernsumme* ist durch 11 teilbar	50 237 [5 + (–0) + 2 + (–3) + 7 = 11]
25	die aus den letzten zwei Ziffern gebildete Zahl ist durch 25 teilbar	50, 425, 875, 12 300

* Hinweis: Eine **alternierende Ziffernsumme** (Quersumme) ergibt sich, wenn die Ziffern einer natürlichen Zahl, mit der letzten Stelle beginnend, abwechselnd mit positivem und negativem Vorzeichen versehen und dann addiert werden.

Beispiel:

$$\frac{2}{3} + \frac{3}{4} - \frac{4}{5} + \frac{5}{6} = ?$$

Ein gemeinsamer Nenner der Teilnenner 3, 4, 5 und 6 ist die Zahl 60. Es sind daher vor Ausführung der Rechnung alle Brüche auf den gemeinsamen Nenner 60 zu bringen.

$$\frac{2}{3} \text{ erweitert mit } 20 = \frac{40}{60} \qquad \left(\frac{2 \cdot 20}{3 \cdot 20} = \frac{40}{60}\right)$$

$\dfrac{3}{4}$ erweitert mit 15 = $\dfrac{45}{60}$ $\qquad \left(\dfrac{3 \cdot 15}{4 \cdot 15} = \dfrac{45}{60}\right)$

$\dfrac{4}{5}$ erweitert mit 12 = $\dfrac{48}{60}$ $\qquad \left(\dfrac{4 \cdot 12}{5 \cdot 12} = \dfrac{48}{60}\right)$

$\dfrac{5}{6}$ erweitert mit 10 = $\dfrac{50}{60}$ $\qquad \left(\dfrac{5 \cdot 10}{6 \cdot 10} = \dfrac{50}{60}\right)$

$$\dfrac{2}{3} + \dfrac{3}{4} - \dfrac{4}{5} + \dfrac{5}{6} = \dfrac{40 + 45 - 48 + 50}{60} = \dfrac{87}{60} = 1\dfrac{27}{60} = 1\dfrac{9}{20}$$

$$\left(\dfrac{27 : 3}{60 : 3} = \dfrac{9}{20}\right)$$

Beispiel:

$$\dfrac{4}{3} + \dfrac{3}{4} - \dfrac{5}{6} + \dfrac{3}{7} = ?$$

Für geübte Kopfrechner ergibt sich bereits nach kurzer Überlegung die Zahl 84 als (kleinster) gemeinsamer Nenner.

$$\dfrac{4 \cdot 28 + 3 \cdot 21 - 5 \cdot 14 + 3 \cdot 12}{84} = \dfrac{112 + 63 - 70 + 36}{84} = \dfrac{141}{84} = 1\dfrac{57}{84} = 1\dfrac{19}{28}$$

$$\left(\dfrac{57 : 3}{84 : 3} = \dfrac{19}{28}\right)$$

Beispiel:

$$1\dfrac{1}{2} - \dfrac{3}{4} + 2\dfrac{5}{8} - \dfrac{7}{8} = ?$$

Verschiedene Lösungsmöglichkeiten bieten sich an:

a) Die Angabezahlen werden in unechte Brüche verwandelt und nach dem Erweitern auf einen gemeinsamen Nenner als gleichnamige Brüche addiert bzw. subtrahiert:

$$1\dfrac{1}{2} = \dfrac{3}{2} \qquad\qquad\qquad\qquad 2\dfrac{5}{8} = \dfrac{21}{8}$$

gemeinsamer Nenner aller Teilnenner: 8

$$\dfrac{12 - 6 + 21 - 7}{8} = \dfrac{20}{8} = 2\dfrac{4}{8} = 2\dfrac{1}{2}$$

b) Bruchzahlen, deren Nenner die Zahlen 2, 4, 5, 8 oder 10 bilden, können auch als endliche Dezimalzahlen dargestellt werden:

$\frac{1}{2} = 0{,}5 \quad (1 : 2 = 0{,}5)$
$\qquad\qquad\qquad \frac{3}{2} = 1{,}5$

$\frac{1}{4} = 0{,}25 \quad (1 : 4 = 0{,}25)$
$\qquad\qquad \frac{3}{4} = 0{,}75$

$\frac{1}{8} = 0{,}125 \quad (1 : 8 = 0{,}125)$
$\qquad\qquad \frac{5}{8} = 0{,}625$

$\qquad\qquad\qquad\qquad\qquad\qquad \frac{7}{8} = 0{,}875$

$1{,}5 - 0{,}75 + 2{,}625 - 0{,}875 = 2{,}5$

Multiplizieren von Brüchen

(1) Brüche werden miteinander multipliziert, indem man Zähler mit Zähler und Nenner mit Nenner multipliziert:

$$\overset{\text{mal}}{\frac{4}{5} \cdot \frac{7}{9}} = \frac{28}{45} \qquad \overset{\text{mal}}{\frac{1}{4} \cdot \frac{1}{2}} = \frac{1}{8} \qquad \overset{\cdot\,\text{mal}}{\frac{3}{5} \cdot \frac{5}{3}} = \frac{15}{15} = 1$$
$$\underset{\text{mal}}{} \qquad\qquad \underset{\text{mal}}{} \qquad\qquad \underset{\text{mal}}{}$$

(2) Eine ganze Zahl wird mit einem Bruch multipliziert, indem man die ganze Zahl mit dem Zähler des Bruches multipliziert. Der Nenner des Bruches bleibt dabei unverändert.

$$\overset{\text{mal}}{4 \cdot \frac{3}{7}} = \frac{12}{7} = 1\frac{5}{7}$$

Begründung durch Bruchschreibweise der ganzen Zahl:

$$4 = \frac{4}{1} \qquad \frac{4}{1} \cdot \frac{3}{7} = \frac{12}{7}$$

$$\overset{\text{mal}}{\frac{3}{8} \cdot 24} = \frac{72}{8} = 9$$

$$24 = \frac{24}{1} \qquad \frac{3}{8} \cdot \frac{24}{1} = \frac{72}{8}$$

(3) Eine gemischte Zahl wird mit einem Bruch multipliziert, indem man die gemischte Zahl in einen unechten Bruch verwandelt und anschließend wie in (1) fortsetzt.

$$3\frac{1}{4} \cdot \frac{3}{8} = \frac{13 \cdot 3}{4 \cdot 8} = \frac{39}{32} = 1\frac{7}{32} \qquad 5\frac{4}{5} \cdot 6\frac{2}{3} = \frac{29 \cdot \overset{4}{\cancel{20}}}{\underset{1}{\cancel{5}} \cdot 3} = \frac{116}{3} = 38\frac{2}{3}$$

Dividieren von Brüchen

Zwei Brüche kann man dividieren, indem man den ersten Bruch mit dem Kehrwert*
des zweiten Bruches multipliziert:

a) $\dfrac{5}{6} : \dfrac{3}{4} = \dfrac{5}{6} \cdot \dfrac{4}{3} = \dfrac{20}{18} = 1\dfrac{1}{9}$

b) $1\dfrac{2}{3} : \dfrac{8}{9} = \dfrac{5}{3} \cdot \dfrac{9}{8} = \dfrac{45}{24} = 1\dfrac{7}{8}$

c) $3\dfrac{4}{5} : 2\dfrac{5}{6} = \dfrac{19}{5} \cdot \dfrac{6}{17} = \dfrac{114}{85} = 1\dfrac{29}{85}$

d) $\dfrac{5}{7} : 10 = \dfrac{5}{7} \cdot \dfrac{1}{10} = \dfrac{5}{70} = \dfrac{1}{14}$

e) $10 : \dfrac{5}{7} = \dfrac{10}{1} \cdot \dfrac{7}{5} = \dfrac{70}{5} = 14$

* Hinweis: Den **Kehrwert** eines Bruches erhält man, indem man Zähler und Nenner
vertauscht; er wird auch **Reziprokwert** genannt.
Der Kehrwert von $\dfrac{1}{2}$ etwa ist $\dfrac{2}{1}$, also 2.

Rechnen mit Gleichungen

Mit Hilfe von Gleichungen kann man die Gleichheit zweier Größen ausdrücken. So ist zum Beispiel die Größe 10 gleich der Größe 12 – 2. Diese Tatsache kann man unter Verwendung des Gleichheitszeichens in mathematischer Schreibweise durch 10 = 12 – 2 ausdrücken.
Auch die Verknüpfung von Buchstabengrößen (Zahlensymbolen), etwa
2 (a + b) = 2 a + 2 b,
stellt eine Gleichung dar, was durch einfache algebraische Umformung nachweisbar ist:

Behauptung: 2 (a + b) = 2 a + 2 b
Auflösen der Klammer: 2 a + 2 b = 2 a + 2 b

Gleichheit

Solche Gleichungen drücken nach Ersetzen der Symbole durch Zahlenwerte immer wahre Aussagen aus und heißen **identische Gleichungen.**

Das Prinzip einer Gleichung kann mit dem Gleichgewichtszustand einer Waage verglichen werden:

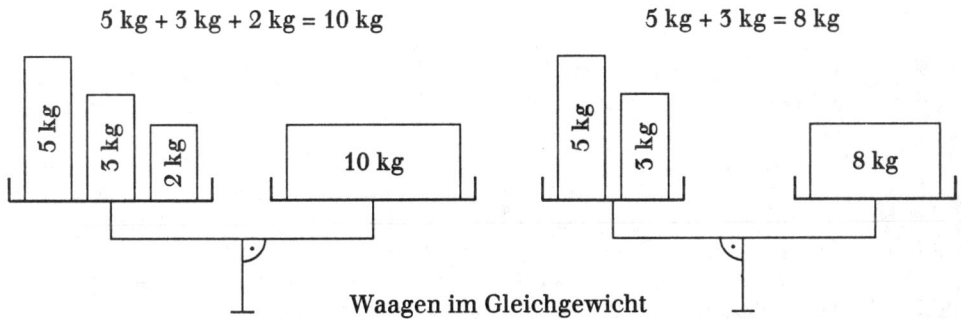

5 kg + 3 kg + 2 kg = 10 kg   5 kg + 3 kg = 8 kg

Waagen im Gleichgewicht

Die Waage bleibt genau dann im Gleichgewicht, wenn die Summe der Gewichte auf beiden Seiten der Waagschale gleich ist. Daher bleibt das Gleichgewicht auch dann erhalten, wenn auf beiden Waagschalen dasselbe Gewicht dazugegeben oder weggenommen wird.

In der Praxis treten in einer Gleichung meist unbekannte Größen auf, die durch eine Rechnung bestimmt werden sollen. Diese Art von Gleichungen nennt man **Bestimmungsgleichungen.**

Für die Gleichung

$$3x - 2 = 10$$

lautet die Fragestellung so: Das Dreifache einer vorerst noch unbekannten Zahl, vermindert um die Zahl 2, ergibt 10. Welche Zahl muß in die Gleichung eingesetzt werden?

Durch probeweises Einsetzen von Zahlen für x ist das Ergebnis – die Zahl 4 – leicht zu finden, und die Probe dazu wird die Richtigkeit bestätigen:

$$3 \cdot 4 - 2 = 10$$
$$12 - 2 = 10$$
$$10 = 10 \ldots \text{wahre Aussage!}$$

Diese einfache Lösungsmethode ist jedoch nur in den wenigsten Fällen anwendbar. Bereits in der Gleichung

$$12x - 0{,}88 = 47$$

kann die Lösung 3,99 für die **Unbekannte x** nur schwer durch probeweises Einsetzen ermittelt werden.
Weniger langwierig wird das Lösen von Bestimmungsgleichungen durch algebraische Umformungen oder Äquivalenzumformungen.

Äquivalenzumformungen

Durch gezieltes Umformen einer Gleichung kann man die unbekannte Größe isoliert auf einer Seite der Gleichung auftreten lassen, so daß die andere Seite der Gleichung die Lösung darstellt.
Äquivalent umformen bedeutet, die Form (Schreibweise) einer Gleichung zu ändern, ohne daß sich dabei etwas an der Gleichheit beider Gleichungsseiten ändert.
Im folgenden werden nun notwendige Rechenschritte aufgezeigt, die zu einem erfolgreichen Lösen von einfachen Bestimmungsgleichungen führen.
Dabei ist es vorteilhaft, rechts neben der Gleichung den Rechenschritt anzugeben, der auf beiden Seiten der Gleichung vorgenommen werden soll, um die Unbekannte schrittweise zu isolieren.

(1) $x - 3 = 27$ $| + 3$ Probe:
   $x - 3 \boxed{+3} = 27 \boxed{+3}$ $x = 30$
          $\underbrace{}_{0}$ $30 - 3 = 27$
        $x = 30$ $27 = 27$

Merkregel: Addiert man in einer Gleichung auf beiden Seiten dieselbe Zahl, so bleibt die Gleichheit erhalten.

(2) $\quad \underbrace{x + 7}_{0} \boxed{-7} = 24 \boxed{-7}$ $\quad \big| -7$

$\quad x = 17$

Probe: $x = 17$
$17 + 7 = 24$
$24 = 24$

Merkregel: Subtrahiert man in einer Gleichung auf beiden Seiten dieselbe Zahl, so bleibt die Gleichheit erhalten.

(3) $\quad \dfrac{x}{7} = 6 \quad \big| \cdot 7$

$\quad \dfrac{x \boxed{\cdot 7}}{7} = 6 \boxed{\cdot 7}$

$\quad x = 42$

Probe: $x = 42$

$\dfrac{42}{7} = 6$

$6 = 6$

Hinweis: $\dfrac{x \cdot 7}{7}$ durch 7 gekürzt = x

Merkregel: Multipliziert man beide Seiten einer Gleichung mit derselben von Null verschiedenen Zahl, so bleibt die Gleichheit erhalten.

(4) $\quad 4x = 10{,}76 \quad \big| : 4$

$\quad \dfrac{4x}{\boxed{4}} = \dfrac{10{,}76}{\boxed{4}}$

$\quad x = 2{,}69$

Probe: $x = 2{,}69$

$4 \cdot 2{,}69 = 10{,}76$

$10{,}76 = 10{,}76$

Hinweise: a) $\dfrac{4x}{4}$ durch 4 gekürzt = x

b) $10{,}76 : 4 = 2{,}69$

Merkregel: Dividiert man eine Gleichung auf beiden Seiten durch dieselbe von Null verschiedene Zahl, so bleibt die Gleichheit erhalten.

Bei vielen Bestimmungsgleichungen ist jedoch ein mehrmaliges Umformen notwendig, um eine unbekannte Größe ausdrücken zu können. Durch häufiges Üben können dabei einfache Rechenschritte im Kopf durchgeführt werden.

(1) $\quad 2x + 5 = 19 \;\big| -5$
$\quad\quad\; 2x = 14 \;\big| : 2$
$\quad\quad\;\; x = 7$

Probe: $x = 7$
$2 \cdot 7 + 5 = 19$
$14 + 5 = 19$
$19 = 19$

(2) $5x - 3 = 2x + 8 \quad | + 3$

$\qquad$ Probe: $x = \dfrac{11}{3}$

$\quad 5x = 2x + 11 \quad | - 2x$

$\qquad 5 \cdot \dfrac{11}{3} - 3 = 2 \cdot \dfrac{11}{3} + 8$

$\quad 3x = 11 \qquad | : 3$

$\qquad \dfrac{55}{3} - 3 = \dfrac{22}{3} + 8$

$\qquad x = \dfrac{11}{3}$

$\qquad \dfrac{55 - 9}{3} = \dfrac{22 + 24}{3}$

$\qquad \dfrac{46}{3} = \dfrac{46}{3}$

Hinweis: vgl. Kapitel „Bruchrechnen"

(3)* $\quad \dfrac{3}{4}x = 6 - x \quad | + x$

$\qquad$ Probe: $x = \dfrac{24}{7}$

$\quad \dfrac{3}{4}x + x = 6$

$\qquad \dfrac{3}{\overset{}{4}_1} \cdot \dfrac{\overset{6}{\cancel{24}}}{7} = 6 - \dfrac{24}{7}$

$\quad \dfrac{3x + 4x}{4} = 6$

$\qquad \dfrac{18}{7} = \dfrac{42 - 24}{7}$

$\quad \dfrac{7x}{4} = 6 \qquad | \cdot 4$

$\qquad \dfrac{18}{7} = \dfrac{18}{7}$

$\quad 7x = 24 \qquad | : 7$

$\qquad x = \dfrac{24}{7}$

* Hinweis: a) vgl. Kapitel „Erweitern und Kürzen von Brüchen"

$\qquad$ b) Die Schreibweisen $\dfrac{3}{4}x$ und $\dfrac{3x}{4}$ sind wertgleich und bedeuten jeweils

$\qquad$ 3 mal x geteilt durch 4.

Eine andere Lösungsmöglichkeit besteht darin, beide Seiten der Gleichung durch Erweitern auf einen gemeinsamen Nenner zu bringen. Im nächsten Rechenschritt kann der gemeinsame Nenner weggelassen werden, was einem Erweitern mit dem gemeinsamen Nenner entspricht.

$\qquad \dfrac{3}{4}x = 6 - x \qquad |$ auf gemeinsamen Nenner bringen

$\qquad \dfrac{3x}{4} = \dfrac{24}{4} - \dfrac{4x}{4} \quad | \cdot 4$

$\qquad 3x = 24 - 4x \quad | + 4x$

$\qquad 7x = 24 \qquad | : 7$

$\qquad x = \dfrac{24}{7}$

(4) $\dfrac{2}{3} x - 10 = \dfrac{5}{6} + \dfrac{2}{3} x$ | auf gemeinsamen Nenner bringen

$\dfrac{4x}{6} - \dfrac{60}{6} = \dfrac{5}{6} + \dfrac{9x}{6}$ | · 6

$4x - 60 = 5 + 9x$ | – 9 x

$-5x - 60 = 5$ | + 60

$-5x = 65$ | : 5

$-x = 13$

Da im allgemeinen bei einer Gleichung immer die Lösung für eine positive Unbekannte zu berechnen ist, führt eine Multiplikation auf beiden Seiten der Gleichung mit (–1) zu einer Umkehr aller Vorzeichen, wodurch sich das negative Vorzeichen von x ändert:

$$-x = 13 \quad | \cdot (-1)$$
$$x = -13$$

Probe: x = –13

$\dfrac{2}{3} \cdot (-13) - 10 = \dfrac{5}{6} + \dfrac{3}{2} \cdot (-13)$

$-\dfrac{26}{3} - 10 = \dfrac{5}{6} + (-\dfrac{39}{2})$ Punktrechnung vor Strichrechnung ausführen

$-\dfrac{26}{3} - 10 = \dfrac{5}{6} - \dfrac{39}{2}$ Vorzeichenregel beachten

$\dfrac{-52 - 60}{6} = \dfrac{5 - 117}{6}$ auf gemeinsamen Nenner bringen

$\dfrac{-112}{6} = \dfrac{-112}{6}$ wahre Aussage

Umformen von Formeln

Eine der wichtigsten Anwendungen der Äquivalenzumformungen ist das Umformen von Formeln.

Ist der Flächeninhalt A eines Trapezes bei gegebenen Parallelseiten a und c und Höhe h zu berechnen, führt das Einsetzen der gegebenen Zahlenwerte in die Flächenformel für Trapeze rasch zum Ziel:

Gegeben: a = 10 cm   Gesucht: Flächeninhalt A
              c = 6 cm
              h = 4 cm

$A = \frac{(a+c)}{2} \cdot h$ Formel zur Berechnung einer Trapezfläche

$A\ (cm^2) = \frac{(10+6)}{2} \cdot 4 = \frac{16}{2} \cdot 4 = 32$

Hinweis: Im vorliegenden Buch finden sich Formeln zur Berechnung von Flächen und Volumina in den Abschnitten „Planimetrie" und „Stereometrie".

Beispiel:

Ist von einem Trapez der Flächeninhalt A, **eine** Parallelseite und die Höhe bekannt, so kann die Berechnung der anderen Parallelseite durch eine Äquivalenzumformung der Flächenformel vorgenommen werden.

Gegeben: $A = 32\ cm^2$

$a = 10\ cm$

$h = \ 4\ cm$

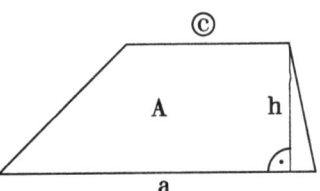

Die Parallelseite c ist zu berechnen!

(1) Allgemeine Trapezformel (Fläche): $A = \frac{(a+c)}{2} \cdot h$

(2) Schrittweises Umformen dieser Gleichung, um die Größe c zu isolieren:

$A = \frac{(a+c)}{2} \cdot h = \frac{(a+c) \cdot h}{2}$ $| \cdot 2$

$2\,A = (a+c) \cdot h$ $| : h$

$\frac{2\,A}{h} = a + c$ $| - a$

$\frac{2\,A}{h} - a = c^*$

* Hinweis: Wenn es vorteilhaft erscheint, kann die Unbekannte auch auf der rechten Seite der Gleichung isoliert werden!

(3) Einsetzen der gegebenen Zahlenwerte in die umgeformte Gleichung:

$c = \frac{2\,A}{h} - a$

$c\ (cm) = \frac{2 \cdot 32}{4} - 10 = \frac{64}{4} - 10 = 6$

Beispiel:

Von einem Rechteck ist die Seite b bei gegebener Seite a und gegebenem Umfang U zu berechnen.

$$U = 2 \cdot (a + b) \mid : 2$$

$$\frac{U}{2} = a + b \qquad \mid - a$$

$$\frac{U}{2} - a = b$$

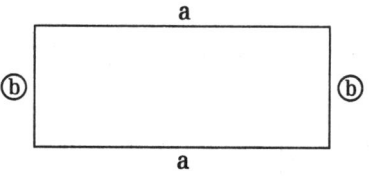

U (Rechteck) = 2 (a + b)

Beispiel:

Von einem Rechteck ist die Seite b bei gegebenem Flächeninhalt A und gegebener Seite a zu berechnen.

$$A = a \cdot b \mid : a$$

$$\frac{A}{a} = b$$

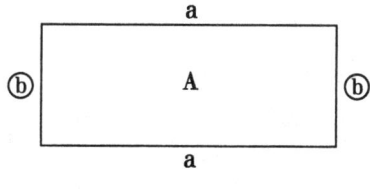

A (Rechteck) = a · b

Beispiel:

Von einem Kreis ist der Radius r bei gegebenem Flächeninhalt A zu berechnen.

$$A = r^2 \pi \mid : \pi$$

$$\frac{A}{\pi} = r^2$$

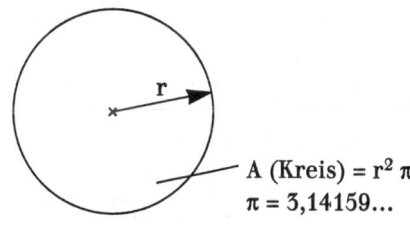

$$A \text{ (Kreis)} = r^2 \pi$$
$$\pi = 3{,}14159...$$

Da laut Angabe der Radius r und nicht dessen Quadrat zu berechnen ist, führt die Äquivalenzumformung des Quadratwurzelziehens* auf beiden Seiten der Gleichung zum Ziel:

$$\frac{A}{\pi} = r^2 \mid \sqrt{} \qquad\qquad \frac{A}{\pi} \dots \text{ Radikand}$$

$$\sqrt{\frac{A}{\pi}} = r \qquad\qquad\qquad \sqrt{r^2} = r$$

* Hinweis: Die Umkehrung des **Potenzierens** (Multiplizieren eines mathematischen Ausdrucks mit sich selbst) nennt man **Radizieren** oder **Wurzelziehen**.
Radikand heißt jener Ausdruck, von dem die Wurzel gezogen werden soll.
Die zahlenmäßige Ermittlung einer Wurzel kann mit einem Taschenrechner erfolgen.

Beispiel:

Von einem Kreissektor ist der Radius r bei gegebenem Flächeninhalt A und gegebenem Zentriwinkel α zu berechnen.

$$A = \frac{r^2 \pi \alpha}{360} \quad | \cdot 360$$

$$360\,A = r^2 \pi \alpha \quad | : (\pi \cdot \alpha)*$$

$$\frac{360\,A}{\pi \alpha} = r^2 \quad | \sqrt{}$$

$$\sqrt{\frac{360\,A}{\pi \alpha}} = r$$

$$A\ (\text{Kreissektor}) = \frac{r^2 \pi \alpha}{360}$$

* Hinweis: Das mehrmalige Durchführen von (gleichen) Rechenschritten – im gegebenen Beispiel die Division durch π und α – kann durch eine einzige Rechenoperation ersetzt werden.

Beispiel:

Von einer Kugel mit gegebenem Volumen V ist der Radius r zu berechnen.

$$V = \frac{4\,r^3 \pi}{3} \quad | \cdot 3$$

$$3\,V = 4\,r^3 \pi \quad | : (4\,\pi)$$

$$\frac{3\,V}{4\,\pi} = r^3 \quad | \sqrt[3]{}\ *$$

$$\sqrt[3]{\frac{3\,V}{4\,\pi}} = r$$

Schnitt einer Kugel durch den Mittelpunkt (Großkreis)

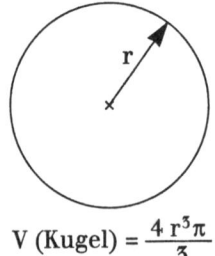

$$V\ (\text{Kugel}) = \frac{4\,r^3 \pi}{3}$$

* Hinweis: Soll von einem Ausdruck eine andere als die Quadratwurzel ermittelt werden, muß diese Forderung durch Anschreiben des jeweiligen Wurzelexponenten ausgedrückt werden. Im gegebenen Fall also durch $\sqrt[3]{}$.
Ausschließlich bei der Berechnung einer Quadratwurzel kann das Anschreiben des Wurzelexponenten 2 entfallen.

Beispiel:

Bei einem Zylinder ist die Oberfläche* O und der Radius r gegeben. Die Zylinderhöhe h ist zu berechnen.

Zylinderschnitt

$O = 2\,r^2\pi + 2\,r\pi\,h \quad |-2\,r^2\pi$

$O - 2\,r^2\pi = 2\,r\pi\,h \quad |:2\,r\pi$

$\dfrac{O - 2\,r^2\pi}{2\,r\pi} = h$

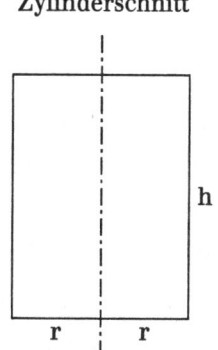

$O\ (\text{Zylinder}) = 2\,r^2\pi + 2\,r\pi\,h$

* Hinweis: Als Oberfläche bezeichnet man in der Geometrie alle Begrenzungsflächen eines Körpers.
Bei einem Zylinder besteht die Oberfläche aus zwei Kreisen ($2 \cdot r^2\pi$) und einem Rechteck ($2\,r\,\pi\,h$). Nähere Erläuterungen dazu im Abschnitt „Kreiszylinder".

Textgleichungen

Ist ein schriftlich oder mündlich formulierter Text in die Sprache der Mathematik zu übertragen, um in weiterer Folge daraus eine bestimmte Größe herzuleiten, so nennt man dieses Übersetzen das Herstellen eines **Gleichungsansatzes**. Man erhält dadurch eine Bestimmungsgleichung, deren Lösung mit den bereits bekannten Regeln zu finden ist. Die Lösung soll jedoch dahingehend überprüft werden, ob sie auch der Forderung des Textes entspricht. Es könnte nämlich sein, daß eine Lösung einer Bestimmungsgleichung deshalb unbrauchbar ist, weil z. B. der Gleichungsansatz falsch erstellt wurde oder weil sie dem praktischen Sachverhalt nicht entspricht.

Beispiel:

In einem Unternehmen mit 180 Beschäftigten arbeiten Lehrlinge (L), Männer (M) und Frauen (F). Die Anzahl der Lehrlinge beträgt um 20 weniger als die der Männer, die Anzahl der Frauen beträgt das Doppelte der Lehrlinge.
Die Anzahl der beschäftigten Männer, Frauen und Lehrlinge ist zu berechnen.

Wählt man für die Anzahl der Männer die Unbekannte x, so kann man die Anzahl der Lehrlinge durch (x – 20) und die der Frauen durch (x – 20) · 2 ausdrücken.
Somit ergibt sich folgender Gleichungsansatz:

(1) $\widehat{M}$ + $\widehat{L}$ + $\widehat{F}$ = Belegschaft

$$\overset{\frown}{x} + (x-20) + \overset{\frown}{(x-20) \cdot 2} = 180 \quad | \text{ Klammern auflösen}$$
$$x + x - 20 + 2x - 40 = 180 \quad | \text{ gleiche Glieder zusammenfassen}$$
$$4x - 60 = 180 \quad | + 60$$
$$4x = 240 \quad | : 4$$
$$x = 60$$

Zahlenmäßige Aufteilung der Beschäftigten:

$$\left.\begin{array}{ll}\text{Männer} & x = 60 \\ \text{Lehrlinge} \quad x - 20 = 40 \\ \text{Frauen} \quad (x-20)\,2 = 80\end{array}\right\} \oplus = 180 \text{ Beschäftigte}$$

(2) Bezeichnet man die Anzahl der Lehrlinge mit x, ergibt sich wohl eine Formänderung hinsichtlich des Gleichungsansatzes, das Ergebnis bleibt jedoch unverändert:

$\widehat{L}$ + $\widehat{M}$ + $\widehat{F}$ = Belegschaft

$$x + (x+20) + 2x = 180$$
$$x + x + 20 + 2x = 180$$
$$4x + 20 = 180$$
$$4x = 160$$
$$x = 40$$

$$\left.\begin{array}{ll}\text{Lehrlinge} & x = 40 \\ \text{Männer} \quad x + 20 = 60 \\ \text{Frauen} \quad 2x = 80\end{array}\right\} \oplus = 180 \text{ Beschäftigte}$$

(3) Entsprechend den Überlegungen in (1) und (2) ergibt sich bei der Wahl von x für die Anzahl der Frauen folgender Gleichungsansatz:

$\widehat{F}$ + $\widehat{L}^*$ + $\widehat{M}^*$ = Belegschaft

$$x + \frac{x}{2} + \left(\frac{x}{2} + 20\right) = 180 \quad | \cdot 2$$
$$2x + x + x + 40 = 360$$
$$4x + 40 = 360 \quad | - 40$$
$$4x = 320 \quad | : 4$$
$$x = 80$$

Frauen $\quad x = 80$

Lehrlinge $\quad \dfrac{x}{2} = 40 \quad \bigg\} \oplus = 180$ Beschäftigte

Männer $\quad \dfrac{x}{2} + 20 = 60$

* Hinweis: Da die Anzahl der Frauen laut Angabe das Doppelte der Lehrlinge beträgt, folgt in gedanklicher Umkehrung daraus für die Lehrlinge, daß ihre Anzahl die Hälfte der der Frauen betragen muß.
Analog folgt für die Männer, daß ihre Anzahl um 20 mehr betragen muß als die der Lehrlinge.
Bei Aufgabenstellungen dieser Art und entsprechender Übung wird man jedoch stets bruchfreie Gleichungsansätze bevorzugen.

Beispiel:

Eine (annähernd) geradlinig ansteigende Seilbahn überwindet bei einer waagrechten Entfernung von 2 km einen Höhenunterschied von 1500 m.
Die Länge der Seilbahnstrecke ist zu berechnen!

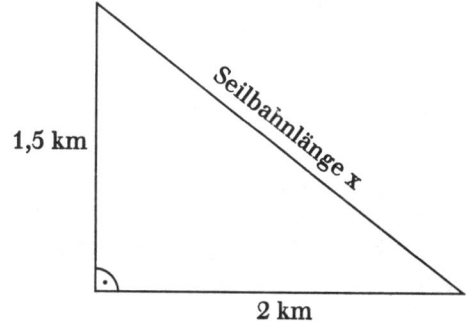

Nach Darstellung der angegebenen Längenmaße in gleicher Benennung (km) führt die Anwendung des pythagoreischen Lehrsatzes* auf den Gleichungsansatz

$$(1,5)^2 + 2^2 = x^2$$
$$2,25 + 4 = x^2$$
$$6,25 = x^2 \mid \sqrt{}$$
$$\pm \sqrt{6,25} = x$$

Da sich die beiden Lösungen der Quadratwurzel einer positiven Zahl ausschließlich durch ihre Vorzeichen unterscheiden (ein positiver und ein negativer Wert), ergeben sich im konkreten Beispiel die Lösungen $x_1 = +2,5$ und $x_2 = -2,5$ (gelesen x eins gleich plus 2,5 und x zwei gleich minus 2,5).
Beide Lösungen sind wohl richtige Ergebnisse der Gleichung, entsprechen aber nicht beide der Fragestellung im Text: Da die Angabe einer Streckenlänge als negative Maßzahl unüblich ist und damit die Lösung $x_2 = -2,5$ ausscheidet, stellt $x_1 = +2,5$ die einzig richtige Lösung dar.
Die Länge der Seilbahnstrecke beträgt also 2,5 km (= 2 500 m).

* Hinweis: vgl. den Abschnitt „Dreiecke: Übersicht" (Seite S. 457 ff)

Proportionen und Maßstabsrechnungen

Um die Zahlenwerte zweier Größen a und b zu vergleichen, kann man ihre Zahlenwerte auch als Division anschreiben und damit ihr Verhältnis angeben:

$$a:b \quad \text{oder} \quad \frac{a}{b}$$

Führt man die Division aus, erhält man als Quotienten den Wert des Verhältnisses.

Verhältnisangabe als Längenvergleich*

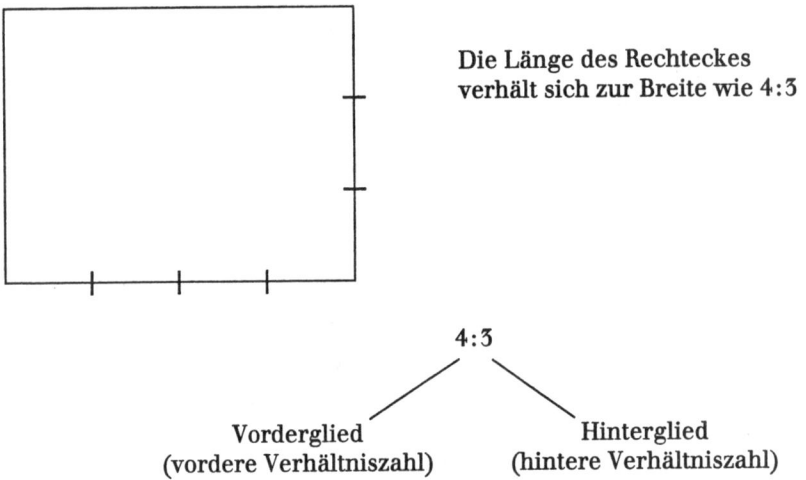

Die Länge des Rechteckes
verhält sich zur Breite wie 4:3

4:3

Vorderglied
(vordere Verhältniszahl)

Hinterglied
(hintere Verhältniszahl)

Verhältnisse bleiben auch dann richtig, wenn man ihre Glieder mit derselben Zahl multipliziert oder durch dieselbe Zahl dividiert:

Verhältnisangabe als Division	Verhältnis erweitert mit 4	Wert des Verhältnisses	Wert des erweiterten Verhältnisses
5:8	20:32	5:8 = 0,625	20:32 = 0,625
9:4	36:16	9:4 = 2,25	36:16 = 2,25

* Hinweis: Die Verhältnisangabe 4:3 sagt nichts über die tatsächlichen Längen im Rechteck aus!

Verhältnisangabe als Division	Verhältnis gekürzt durch 6	Wert des Verhältnisses	Wert des gekürzten Verhältnisses
18:24	3:4	18:24 = 0,75	3:4 = 0,75
42:60	7:10	42:60 = 0,7	7:10 = 0,7

Setzt man zwei Verhältnisse gleich, erhält man eine Proportion (Verhältnisgleichung) der Form:

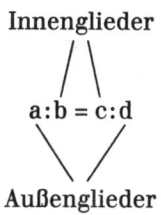

Innenglieder

a:b = c:d

Außenglieder

Richtige Proportionen sind zum Beispiel:

$$5:8 \ = 20:32$$
$$9:4 \ = 36:16$$
$$18:24 = \ 3:4$$
$$42:60 = \ 7:10$$

Um die Richtigkeit einer Proportion zu überprüfen, kann man das Produkt der Außenglieder mit dem Produkt der Innenglieder gleichsetzen, denn für richtige Proportionen gilt:

> Produkt der Außenglieder = Produkt der Innenglieder

Dadurch erhält man die Produktgleichung

> $$a \cdot d = b \cdot c$$

Beispiel:

Die Proportionen 8:13 = 32:52 und 4:7 = 12:20 sind auf ihre Richtigkeit zu überprüfen:

mal

$$8:13 \stackrel{?}{=} 32:52$$

mal

mal

$$4:7 \stackrel{?}{=} 12:20$$

mal

419

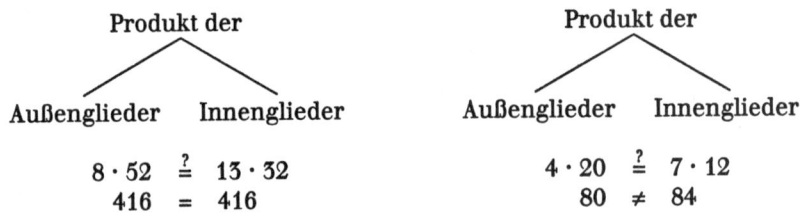

$8 \cdot 52 \overset{?}{=} 13 \cdot 32$	$4 \cdot 20 \overset{?}{=} 7 \cdot 12$
$416 = 416$	$80 \neq 84$
Wahre Aussage, daher richtige Proportion	Falsche Aussage, daher unrichtige Proportion

Kommt in einer Proportion eine Unbekannte (Variable) vor, so kann diese durch Umwandlung der Proportion in eine Produktgleichung berechnet werden:

Beispiele:

$$18 : x = 4 : 20$$
$$4x = 360 \qquad | \text{ Produktgleichung durch 4 kürzen}$$
$$x = \frac{360}{4} = 90$$

$$2,5 : 500 = 10 : x$$
$$2,5x = 5\,000 \qquad | \text{ Produktgleichung durch 2,5 kürzen}$$
$$x = \frac{5\,000}{2,5} = 2\,000$$

Ein **Maßstab** gibt das Maßverhältnis von Strecken in einer Zeichnung (Karte, Plan) gegenüber der tatsächlichen Streckenlänge in der Wirklichkeit an. Der Maßstab zeigt an, ob eine Strecke auf der Zeichnung verkleinert oder vergrößert dargestellt werden soll.
Daher unterscheidet man zwischen Verkleinerungsmaßstäben und Vergrößerungsmaßstäben:

Schreibweise	Bedeutung
M = 1:50 (gelesen: Maßstab eins zu fünfzig) *Verkleinerungsmaßstab*	Jeder Strecke in der Zeichnung entspricht eine fünfzigmal so lange Strecke in der Wirklichkeit, bzw. jeder Strecke in der Wirklichkeit entspricht ein Fünfzigstel dieser Länge in der Zeichnung. Es erfolgt eine **Verkleinerung** der tatsächlichen Streckenlänge.

Schreibweise	Bedeutung
M = 50:1 (gelesen: Maßstab fünfzig zu eins) *Vergrößerungs-maßstab*	Jeder Strecke in der Wirklichkeit entspricht eine fünfzigmal so lange Strecke in der Zeichnung, bzw. jeder Strecke in der Zeichnung entspricht ein Fünfzigstel dieser Länge in der Wirklichkeit. Es erfolgt eine **Vergrößerung** der tatsächlichen Streckenlänge.

M = 1:1 bedeutet, daß eine Strecke in wahrer Länge auf die Zeichnung zu übertragen ist.

	Streckenlänge		Rechnung bei Angabe der Länge in der	
Maßstab	Zeichnung	Wirklichkeit	Zeichnung	Wirklichkeit
M = 1:50	(5 mm) ⟶	250 mm = 25 cm	5 mm · 50	25 cm:50
M = 1:10 000	(9 cm) ⟶	90 000 cm = 900 m	9 cm · 10 000	900 m:10 000
M = 1:1 000 000	(2 dm) ⟶	2 000 000 cm = 200 km	2 dm · 1 000 000	200 km:1 000 000
M = 5:1	2,5 cm ⟵	(5 mm)	2,5 cm:5	5 mm · 5
M = 20:1	50 cm ⟵	(2,5 cm)	50 cm:20	2,5 cm · 20

Ist sowohl die Streckenlänge in der Wirklichkeit als auch die in der Zeichnung bekannt, kann durch eine Division der Maßstab berechnet werden:

Streckenlänge		Rechnung	Maßstab
Zeichnung (Plan)	Wirklichkeit		
8 mm ⟶	4 m	4 000 mm:8 mm = 500	M = 1:500
3 dm ⟵	12 mm	300 mm:12 mm = 25	M = 25:1
14 cm ⟶	70 km	7 000 000 cm:14 cm = 500 000	M = 1:500 000
5,75 dm ⟵	23 cm	57,5 cm:23 cm = 2,5	M = 2,5:1

Hinweis: Die zwischen den Größenangaben von Zeichnung und Wirklichkeit angebrachten Pfeile weisen auf die Art des Maßstabes hin:

⟶ Verkleinerungsmaßstab
⟵ Vergrößerungsmaßstab

Maßstabsberechnungen können mit der Produktgleichung einer Proportion gelöst werden:

Beispiel:

Auf einer Landkarte im Maßstab M = 1:250 000 beträgt die Entfernung zweier Städte in Luftlinie 3,8 cm. Die tatsächliche Entfernung der beiden Städte ist zu berechnen.

Karte
$$\overbrace{1:250\,000 = 3,8:x}$$
$$\underbrace{}_{\text{Wirklichkeit}}$$

Die tatsächliche Entfernung beträgt 9,5 km.

Beispiel:

Der Abstand zweier Geländepunkte wurde mit 192,5 m gemessen und in einen Plan mit 38,5 cm eingezeichnet. Welcher Maßstab wurde gewählt?

Plan
$$\overbrace{1:x = 38,5:19\,250}$$
$$\underbrace{}_{\text{Wirklichkeit}}$$

$$\boxed{192,5 \text{ m} = 19250 \text{ cm}}$$

$$38,5\,x = 19\,250 \quad | : 38,5$$

$$x = \frac{19\,250}{38,5} = 500 \qquad \text{Es wurde der Maßstab M} = 1:500 \text{ gewählt.}$$

Teilungsrechnungen

Beispiel:

Ein Geldbetrag von 4 046 DM soll an 3 Personen A, B und C im Verhältnis 2:5:7 aufgeteilt werden.

	Teile
Person A	2
Person B	5
Person C	7
Summe	14

Der Gesamtbetrag von 4 046 DM*
entspricht 14 Teilen:

1 Teil $\triangleq$ 4 046 DM : 14 = 289 DM

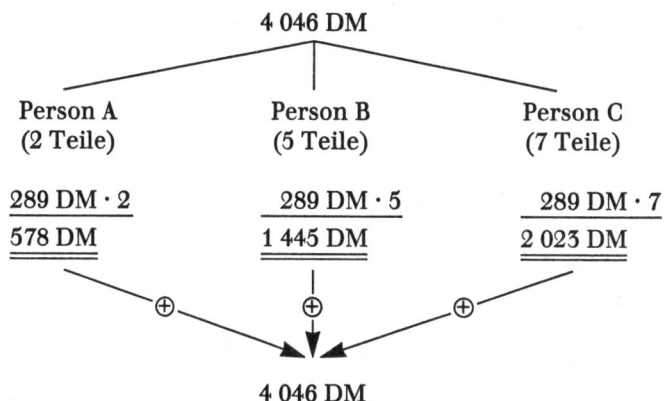

* Hinweis: Zur Veranschaulichung des Sachverhaltes wurde die Benennung DM bewußt angeschrieben.
Im allgemeinen werden bei Nebenrechnungen Benennungen jedoch nicht angeschrieben.

Verkürzte Schreibweise

$$14x = 4046 \quad | : 14$$
$$x = 289$$

A: $289 \cdot 2 = 578$ (DM)
B: $289 \cdot 5 = 1\,445$ (DM)
C: $289 \cdot 7 = 2\,023$ (DM)

Beispiel:

Die vier Gemeinden A (3 584 Einwohner), B (6 272 Einwohner), C (8 064 Einwohner) und D (11 648 Einwohner) beschließen den gemeinsamen Bau einer Sporthalle.
Die Gesamtkosten von 13 200 000 DM werden von den vier Gemeinden im Verhältnis ihrer Einwohnerzahlen getragen.

Die den Gesamtkosten entsprechenden Verhältnisteile ergeben sich aus der **Summe aller Einwohnerzahlen:**

$$3\,584 + 6\,272 + 8\,064 + 11\,648 = 29\,568$$

(1) Lösung mit Hilfe eines Taschenrechners

$$29\,568x = 13\,200\,000 \quad | : 29\,568$$
$$x = 446{,}4285714\underline{285}$$
$$\text{Periode}$$

Der für x errechnete Zahlenwert stellt einen periodischen Dezimalbruch dar.

Taschenrechner mit entsprechender Speicherkapazität berücksichtigen bei den folgenden Multiplikationen diesen periodischen Dezimalbruch, und die Anzeige liefert die exakten Ergebnisse:

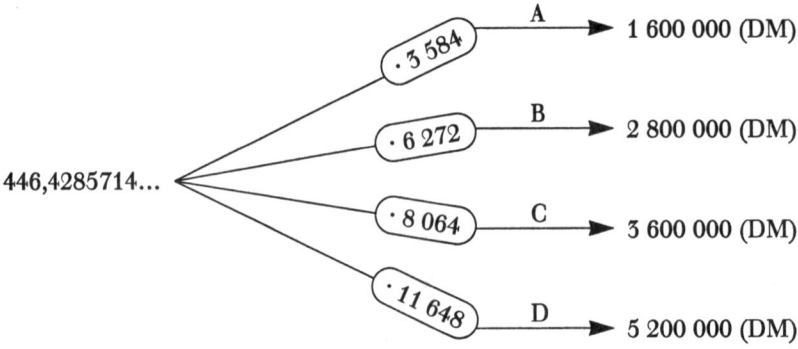

Taschenrechner ohne entsprechenden Speicher rechnen mit der in der Anzeige sichtbaren Ziffernanzahl weiter, wodurch sich bei den Ergebnisanzeigen Ungenauigkeiten ergeben:

zum Beispiel: 446,42857 · 3584 = 1 599 999,995
         usw.

Durch Aufrunden kann das wiederholte Auftreten der Neuner vermieden werden:

1 599 999,995 ⟶ | Aufrundung | = 1 600 000

(2) Lösung ohne Verwendung eines Taschenrechners

Wie aus den Ausführungen in (1) bereits zu erkennen ist, wäre ein Lösungsversuch mit den gegebenen Verhältniszahlen ohne Taschenrechner äußerst zeitaufwendig.

Durch Kürzen der gegebenen Verhältniszahlen lassen sich jedoch die folgenden Rechenschritte wesentlich vereinfachen.

$$
\begin{array}{rrrr}
3\,584: & 6\,272: & 8\,064: & 11\,648 \\
448: & 784: & 1\,008: & 1\,456 \\
56: & 98: & 126: & 182 \\
28: & 49: & 63: & 91 \\
4: & 7: & 9: & 13
\end{array}
\quad
\left.\begin{array}{c}
8 \\ 8 \\ 2 \\ 7
\end{array}\right\} \text{kürzen!*}
$$

Summe aller gekürzten Verhältnisteile: 4 + 7 + 9 + 13 = 33

$$33x = 13\,200\,000 \quad | : 33$$
$$x = 400\,000$$

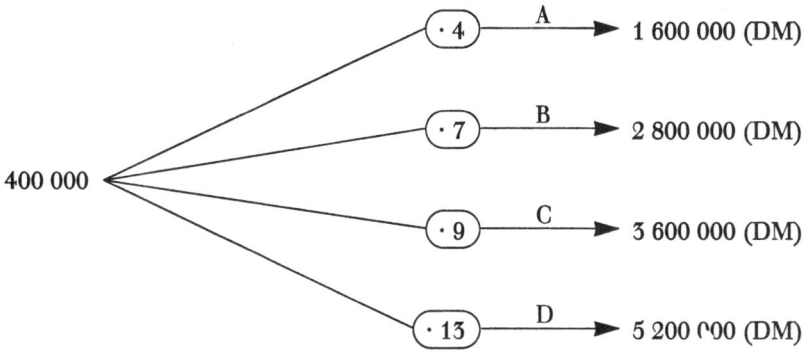

* Hinweis: Kenntnisse der Teilbarkeitsregeln sind beim Kürzen von Verhältniszahlen besonders vorteilhaft (vgl. Tabelle Teilbarkeitsregeln S. 403).

Direkte Schlußrechnungen

Die zahlenmäßige Beziehung zwischen verschiedenen Größen herzustellen, ist häufig erforderlich, wenn mit Hilfe der Mathematik bestimmte Zusammenhänge präzisiert werden sollen. So wird zum Beispiel für einen Kaufmann der Warenumsatz und das damit verbundene Einkommen genauso von Interesse sein wie für einen Landwirt die Anzahl seiner Kühe und die damit zu erwartende Milchleistung.

Wenn ein eindeutiger Zusammenhang zwischen verschiedenen Größen – beispielsweise zwischen Menge und Gewicht* – besteht, kann man mit Hilfe einer Schlußrechnung ermitteln, wie sich eine Größe in Abhängigkeit von der anderen verändert.
Die rechnerische Ausführung kann unter anderem mittels Bruchsatz, Proportion oder einer Zuordnungstabelle erfolgen.

* Hinweis: Im üblichen Sprachgebrauch werden **Masse** und **Gewicht** oft nicht unterschieden.
Die Vergleichsmassen beim Wiegen, also die Ergebnisse einer Wägung, werden als Gewichte bezeichnet.
Detailinformationen zum Verhältnis von Gewicht und Masse im Kapitel „Gewichtsmessung".

Beispiel:

Das Gewicht (G) einer Ware (W) beträgt 5 kg. Auch ohne Rechnung ist einsichtig, daß 2, 3, 4... Artikel (derselben Art) das Zweifache, Dreifache, Vierfache... an Gewicht ergeben. Diese Schlußfolgerung kann man durch eine Wertetabelle oder ein Pfeildiagramm veranschaulichen:

Wertetabelle		**Pfeildiagramm**

Warenmenge	Gewicht in kg
1	5
2	10
3	15
4	20
⋮	⋮

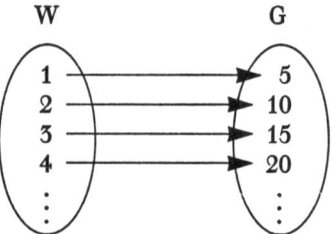

Jedem Element von W (Ware) ist genau ein Element von G (Gewicht) zugeordnet.

Ist im umgekehrten Fall das Gewicht von insgesamt 20 kg für vier (gleichartige) Warenstücke bekannt, kann folgerichtig für die Hälfte, ein Viertel... der gegebenen Warenmenge die Hälfte, ein Viertel... des ursprünglichen Gewichts angegeben werden. Auch diese Zuordnung ist eindeutig.

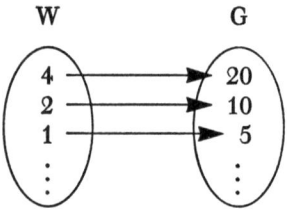

Jedem Element der Menge W ist genau ein Element der Menge G zugeordnet.

Diagramm

Gewicht in kg

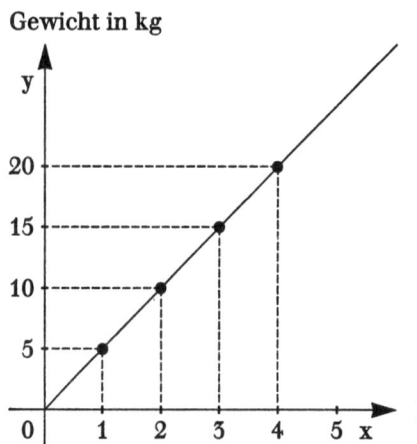

waagrechte Achse (x-Achse):
1 cm ≙ 1 Mengeneinheit (ME)

senkrechte Achse (y-Achse):
1 cm ≙ 5 kg

Dem Diagramm ist zu entnehmen, daß jeder bestimmten Anzahl der Warenmenge genau ein bestimmtes Gewichtsmaß zugeordnet ist **und umgekehrt.** Der Linienzug eines geraden (= direkten) Schlusses ist immer eine Gerade.

Schluß			
von der Einheit auf eine Mehrheit		von einer Mehrheit auf die Einheit	
Angabe	Frage	Angabe	Frage
1 Mengeneinheit (ME) wiegt 5 kg	Wieviel wiegen 2, 3, 4... ME?	...4, 3, 2 ME wiegen ... kg	Wieviel wiegt 1 ME?

Schließt man von der Einheit auf eine Mehrheit bzw. von einer Mehrheit auf die Einheit, erfordern diese Schlußfolgerungen rechnerisch eine Multiplikation bzw. eine Division.

Schließt man von einer Mehrheit auf eine andere Mehrheit, so setzt sich die Rechnung aus einer Division und einer Multiplikation zusammen.

Beispiel:

Das Gewicht von 4 ME beträgt 20 kg. Es ist das Gewicht von 7 ME zu berechnen.

1. Schlußfolgerung: Beträgt das Gewicht von 4 ME 20 kg, so ist das Gewicht von 1 ME ein Viertel von 20 kg, also 5 kg.
2. Schlußfolgerung: Beträgt das Gewicht 1 ME 5 kg, so ist das Gewicht von 7 ME das Siebenfache von 5 kg, also 35 kg.

Zusammenhänge zwischen Warenmenge und zugeordnetem Gewicht werden in direkten oder geraden Schlüssen angegeben.
Die beiden Größen Mengeneinheit oder Gewicht stehen in einem direkten oder geraden Verhältnis zueinander.

Zusammenfassung

Sind bei der Behandlung einer mathematischen Fragestellung die sinngemäßen Schlußfolgerungen

je mehr – desto mehr

oder

je weniger – desto weniger

zulässig, spricht man von einem **geraden (direkten) Verhältnis.**
Die praktische Ausführung einer Schlußrechnung kann mittels Bruchsatz oder Verhältnisgleichung erfolgen.

Das direkte Schlußverfahren funktioniert nach folgendem Schema:

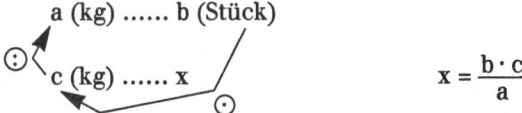

$$x = \frac{b \cdot c}{a}$$

Beispiel:

Ein Pkw verbraucht auf einer Strecke von 260 km 22,1 l Treibstoff. Wie groß ist der Treibstoffverbrauch unter gleichen Voraussetzungen für eine Strecke von 200 km? Die beiden Größen Kilometeranzahl und Treibstoffverbrauch stehen eindeutig in einem direkten Verhältnis, da eine kürzere Strecke auch einen geringeren Treibstoffverbrauch zur Folge hat.

Bezeichnet man die zu berechnende Größe mit x, im gegebenen Beispiel die Literanzahl für eine Fahrstrecke von 200 km, kann der Text als erste Gedächtnisstütze in der Form eines Schlusses angeschrieben werden:

$$260 \text{ km} \ldots\ldots 22{,}1 \text{ l}$$
$$\underline{200 \text{ km} \ldots\ldots x}$$

(1) Die Lösung mittels Bruchsatz (Lösung am Bruchstrich) basiert auf der Umrechnung auf eine Einheit (Literverbrauch auf 1 km), um dann auf eine Mehrheit (Literverbrauch auf 200 km) zu schließen:

$$x = \frac{22{,}1 \cdot 200}{260} = 17 \text{ (Liter)}$$

(2) Die Lösung mittels Verhältnisgleichung beruht auf der Tatsache, daß der Quotient zweier im direkten Verhältnis stehender Größen immer konstant (= gleichbleibend) ist:

Verhältnisschreibweise

$$200:260 = x:22{,}1$$
gelesen: 200 verhält sich zu 260 wie x zu 22,1

Durch Ausmultiplizieren der Innen- und der Außenglieder der Verhältnisgleichung entsteht eine Gleichung mit einer Unbekannten, die man als Produktgleichung bezeichnet:

$$200:260 = x:22{,}1 \qquad \text{Verhältnisgleichung}$$

$$260x = 200 \cdot 22{,}1 \qquad \text{Produktgleichung}$$

$$x = \frac{200 \cdot 22{,}1}{260} = 17 \text{ (Liter)}$$

Beispiel:

Ein Sportler legt auf einer siebentägigen Radtour 574 km zurück. Wie viele Tage wird er bei gleicher Leistung für eine Strecke von 902 km benötigen?

Überlegung: Je länger die Strecke, umso größer der Zeitaufwand.

$$574 \text{ km} \ldots\ldots 7 \text{ Tage}$$
$$\underline{902 \text{ km} \ldots\ldots x}$$

Lösung

am Bruchstrich

$$x = \frac{7 \cdot 902}{574} = 11 \text{ (Tage)}$$

mittels Verhältnisgleichung

$$902 : 574 = x : 7$$

$$574x = 902 \cdot 7$$

$$x = \frac{902 \cdot 7}{574} = 11 \text{ (Tage)}$$

Beispiel:

Eine Pumpe hebt in 2 Stunden 12 m³ Wasser. Welche Wassermenge hebt sie in 5 Minuten?

Überlegung: Je kürzer die Zeit, umso geringer die gehobene Wassermenge.

Nach dem Verwandeln der Zeitangaben in gleiche Einheiten (2 h = 120 min) ergeben sich folgende Lösungsmöglichkeiten:

$$120 \text{ min} \ldots \ldots 12 \text{ m}^3$$
$$5 \text{ min} \ldots \ldots x$$

Lösung

am Bruchstrich

$$x = \frac{12 \cdot 5}{120} = 0,5 \text{ (m}^3)$$

mittels Verhältnisgleichung

$$5 : 120 = x : 12$$

$$120x = 5 \cdot 12$$

$$x = \frac{5 \cdot 12}{120} = 0,5 \text{ (m}^3)$$

Beispiel:

Ein Unternehmen erhält den Auftrag, für eine Autofirma 75 000 gleichartige Ersatzteile anzufertigen. Aus organisatorischen Gründen kann vorerst nur die Maschine A eingesetzt werden, die in der Stunde 500 Ersatzteile anfertigt.
Nach 20 Stunden kann zusätzlich noch mit der Maschine B produziert werden, deren Ausstoß je Stunde 800 Ersatzteile beträgt.
Nach welcher Gesamtzeit ist die Produktion der 75 000 Stück beendet?

Überlegungen

(1) Die Maschine A hat in den ersten 20 Stunden insgesamt 10 000 (20 · 500) Ersatzteile angefertigt. Somit bleibt ein Rest von 65 000 Stück, der von beiden Maschinen (A + B) anzufertigen ist.
Die Maschinen A und B produzieren in der Stunde 1 300 Stück (500 + 800).

(2) Je größer die zu produzierende Stückzahl ist, umso mehr Zeit wird benötigt.

$$1\ 300 \text{ Stück } \ldots\ldots 1 \text{ Stunde}$$
$$\underline{65\ 000 \text{ Stück } \ldots\ldots \text{ x}}$$

$$x = \frac{65\ 000 \cdot 1}{1\ 300} = 50 \text{ (h)} \qquad \text{oder} \qquad 65\ 000 : 1\ 300 = x : 1$$

$$1\ 300x = 65\ 000$$

$$x = \frac{65\ 000}{1\ 300} = 50 \text{ (h)}$$

Die Gesamtproduktion dauert somit 70 Stunden (20 Stunden Maschine A, 50 Stunden Maschinen A + B).

Indirekte Schlußrechnungen

Beispiel:

Ein Regionalzug benötigt für die Strecke zwischen zwei benachbarten Stationen bei einer mittleren Geschwindigkeit von 80 km/h 20 Minuten. In welcher Zeit wird ein Schnellzug bei einer Durchschnittsgeschwindigkeit von 160 km/h dieselbe Strecke zurücklegen?

Auch ohne Rechnung ist einsichtig, daß grundsätzlich eine höhere Geschwindigkeit eine kürzere Fahrzeit mit sich bringt. Man nennt den Zusammenhang zwischen Geschwindigkeit und Zeit einen **ungeraden (indirekten) Schluß.**
Die Zahlenwerte für die Größen Geschwindigkeit und Zeit stehen zueinander in einem ungeraden oder indirekten Verhältnis.

Eine Zuordnungstabelle verdeutlicht den Gedankengang der Lösung am Bruchstrich:

Geschwindigkeiten in km/h	Zeitangaben in min
80	20
1	$20 \cdot 80$
160	$\dfrac{20 \cdot 80}{160}$

: 80 ↓   · 80 ↓

· 160 ↓   : 160 ↓

Bei einer Durchschnittsgeschwindigkeit von 1 km/h würde die Fahrzeit das Achtzigfache betragen, also $20 \cdot 80$. Bei einer Geschwindigkeit von 160 km/h beträgt die Fahrzeit nur $\dfrac{1}{160}$, also: $\dfrac{20 \cdot 80}{160}$

$$80 \text{ km/h} \ldots\ldots 20 \text{ min}$$
$$160 \text{ km/h} \ldots\ldots x$$

$$x = \frac{20 \cdot 80}{160} = 10 \text{ (min)}$$

Die Lösung durch Umwandlung einer Verhältnisgleichung in eine Produktgleichung beruht auf der Tatsache, daß das Produkt zweier im indirekten Verhältnis stehender Größen konstant ist.

```
        mal
  ┌──────────┐
80 km/h ...... 20 min
160 km/h ...... x
  └──────────┘
        mal
```

$$160x = 80 \cdot 20 \qquad | : 160$$

$$x = \frac{80 \cdot 20}{160} = 10 \text{ (min)}$$

Zeichnerische Darstellung durch ein Zeit-Weg-Diagramm

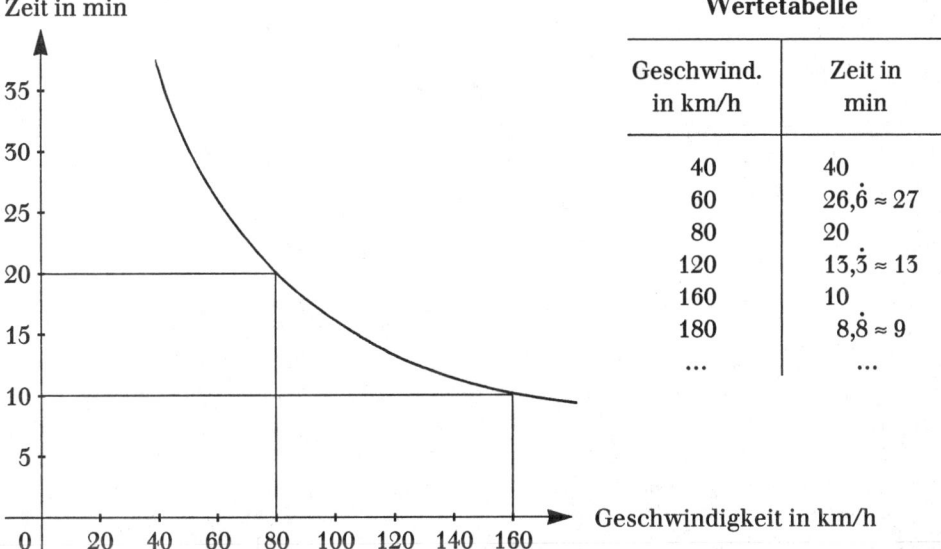

Zeit in min

Geschwind. in km/h	Zeit in min
40	40
60	$26,\dot{6} \approx 27$
80	20
120	$13,\dot{3} \approx 13$
160	10
180	$8,\dot{8} \approx 9$
...	...

Wertetabelle

Geschwindigkeit in km/h

Die graphische Darstellung eines indirekten Schlusses ist immer eine Kurve.

Zusammenfassung

Lassen sich in einer mathematischen Fragestellung die sinngemäßen Schlußfolgerungen

je mehr – desto weniger

oder

je weniger – desto mehr

ziehen, so spricht man von einem **ungeraden oder indirekten Verhältnis.**

431

Das indirekte Schlußverfahren funktioniert nach dem Schema:

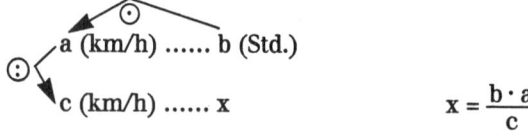

a (km/h) ...... b (Std.)

c (km/h) x

$$x = \frac{b \cdot a}{c}$$

Beispiel:

In einem 180 Seiten umfassenden Buch sind pro Seite 60 Zeilen im Blocksatz gedruckt. Bei der nächsten Auflage soll die Seitenanzahl bei gleichem Inhalt um 20 % verringert werden. Wie viele Zeilen je Seite müssen dann gedruckt werden?

Überlegungen

(1) Die Seitenanzahl der nächsten Auflage muß 144 betragen (20 % von 180 sind 36, 180 – 36 = 144; Kurzform: 180 · 0,8 = 144).

(2) Je geringer die Seitenanzahl, umso größer die Zeilenanzahl je Seite.

     180 Seiten ...... 60 Zeilen je Seite
     144 Seiten x
     ————————————————

Lösung

am Bruchstrich

$$x = \frac{60 \cdot 180}{144} = 75 \text{ (Zeilen/Seite)}$$

mittels Produktgleichung

$$144x = 180 \cdot 60$$

$$x = \frac{180 \cdot 60}{144} = 75$$

Beispiel:

Für eine Ausflugsfahrt mit einem Autobus waren 60 Personen angemeldet. Die Fahrkosten wurden pauschal mit 300 öS je Fahrgast veranschlagt. An der Ausflugsfahrt konnten 10 Personen nicht teilnehmen.
Wieviel betrug der tatsächliche Fahrpreis je Teilnehmer?

Überlegungen

(1) Unter der Annahme, daß sich die 10 abgemeldeten Personen nicht an den Gesamtkosten beteiligen mußten, waren die Buskosten auf die 50 teilnehmenden Fahrgäste aufzuteilen.

(2) Je weniger Personen, umso höher der Fahrpreis je Person.

     60 Personen ...... 300 öS je Person
     50 Personen x
     ————————————————

Lösung

am Bruchstrich

$$x = \frac{300 \cdot 60}{50} = 360 \text{ (öS)}$$

mittels Produktgleichung

$$50x = 60 \cdot 300$$

$$x = \frac{60 \cdot 300}{50} = 360$$

Jeder der 50 teilnehmenden Fahrgäste mußte 360 öS bezahlen.

Beispiel:

In einem Produktionsbetrieb erfordert die Herstellung einer bestimmten Anzahl von Artikel mit 12 gleichartigen Maschinen bei voller Auslastung 60 Stunden. Nachdem alle Maschinen gleichzeitig 20 Stunden in Betrieb gewesen sind, fallen 2 Maschinen wegen eines Schadens aus.
In welcher Zeit können die restlichen Maschinen die Produktion erfüllen?

Überlegungen

(1) Maßgebend ist der Zeitpunkt nach Vollendung der 20. Stunde:

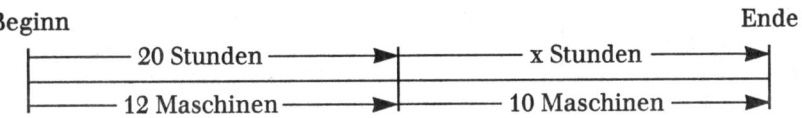

Bei Einsatz aller 12 Maschinen wären diese noch weitere 40 Stunden (60 – 20 = 40) in Betrieb gewesen. Durch den Ausfall der beiden Maschinen muß jedoch die Restproduktion auf die 10 einsatzfähigen Maschinen verteilt werden.

(2) Je weniger Maschinen zur Verrichtung einer bestimmten Arbeit vorhanden sind, umso mehr Zeit wird dafür benötigt.

        12 Maschinen ...... 40 Stunden
        10 Maschinen x

Lösung

am Bruchstrich

$$x = \frac{40 \cdot 12}{10} = 48 \text{ (Stunden)}$$

mittels Produktgleichung

$$10x = 12 \cdot 40$$

$$x = \frac{12 \cdot 40}{10} = 48$$

Die restlichen 10 Maschinen benötigen zur Herstellung der Restproduktion weitere 48 Stunden.

Prozentrechnung

Beim Vergleich von Zahlenangaben ist es häufig zweckmäßig, die gegebenen Zahlen auf eine gemeinsame Grundlage umzurechnen.
Diese als Maßstab dienende Grundlage ist immer das Ganze und wird **Grundwert** genannt; dem Grundwert wird die Zahl 100 zugeordnet.
Einen Teil des Ganzen (des Grundwertes) bezeichnet man als Prozentanteil oder Prozentwert und drückt diesen als **Prozentsatz** in Hundertstel des Ganzen aus. Die Bezeichnung Prozent leitet sich vom Lateinischen pro centum (= für/von hundert) ab und wurde in der italienischen Kaufmannssprache mit den drei Buchstaben $^c t_o$ geschrieben. Daraus entstand das Prozentzeichen %.

> Alle Prozentrechnungen sind als Schlußrechnungen
> im geraden (direkten) Verhältnis zu lösen.

Prozentsatz und Prozentanteil

Beispiel:

Die 500 Mitarbeiter zählende Belegschaft eines Betriebes setzt sich aus 285 Frauen und 135 Männern zusammen. Die restlichen Arbeitnehmer sind Lehrlinge.
Der Prozentsatz der Frauen, Männer und Lehrlinge ist zu ermitteln und zeichnerisch darzustellen.

Überlegungen

(1) Dem Grundwert entspricht die gesamte Belgeschaft: 100 % $\triangleq$ 500 Personen

(2) Die Anzahl der Lehrlinge beträgt 80 (500 – 285 – 135 = 80).

(3) Die Prozentsätze der einzelnen Mitarbeitergruppen können durch direkte Schlußrechnung ermittelt werden.

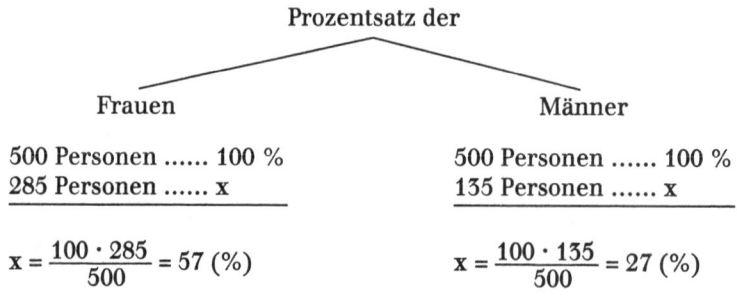

Prozentsatz der

Frauen   Männer

500 Personen ...... 100 %   500 Personen ...... 100 %
285 Personen x   135 Personen x

$$x = \frac{100 \cdot 285}{500} = 57 \ (\%)$$ $$x = \frac{100 \cdot 135}{500} = 27 \ (\%)$$

Der Prozentsatz der Lehrlinge kann (auch als Probe) auf gleiche Art ermittelt werden. Die Summe aller drei Prozentsätze muß 100 % ergeben.

Eine elegantere Lösungsart ist das Ergänzen der bereits errechneten Prozentsätze auf 100 %:

$$100 - (57 + 27) = 16$$

Der Prozentsatz der Lehrlinge beträgt 16 %.

Zeichnerische Darstellungsmöglichkeiten

(1) Darstellung am Prozentkreis

Ein Vollkreis ist in 360° (gelesen: 360 Grad) unterteilt. Die 360° entsprechen dem Ganzen, also 100 %.

a) Man kann die errechneten Prozentsätze durch eine direkte Schlußrechnung als Teile von 360° darstellen und diese als Kreissektoren in einen Vollkreis einzeichnen.

b) Man kann auch die Anzahl aller Mitarbeiter als 360° annehmen und den zahlenmäßigen Anteil der verschiedenen Belegschaftsgruppen als Teile von 360° berechnen.

Anteil der Frauen in Grad

a) 100 % ...... 360°
    57 % x

$$x = \frac{360 \cdot 57}{100} = 205{,}2$$

b) 500 Mitarbeiter ...... 360°
   285 Mitarbeiter x

$$x = \frac{360 \cdot 285}{500} = 205{,}2$$

Anteil der Männer in Grad

a) 100 % ...... 360°
    27 % x

$$x = \frac{360 \cdot 27}{100} = 97{,}2$$

b) 500 Mitarbeiter ...... 360°
   135 Mitarbeiter x

$$x = \frac{360 \cdot 135}{500} = 97{,}2$$

Der Anteil der Lehrlinge in Grad kann durch Ergänzen der bisherigen Ergebnisse auf 360° berechnet werden:

$$360° - (205{,}2° + 97{,}2°) = 57{,}6°$$

Prozentkreis

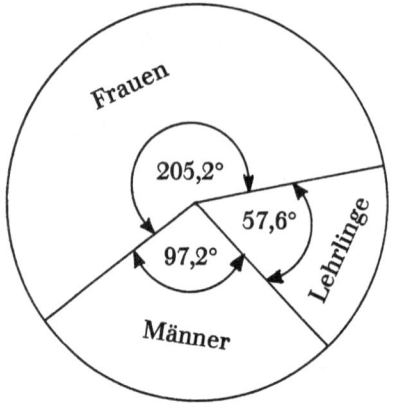

$$100\ \% \triangleq 360°$$
$$1\ \% \triangleq 3,6°$$

$$57\ \% \triangleq 3,6° \cdot 57 = 205,2°$$
$$27\ \% \triangleq 3,6° \cdot 27 = \ \ 97,2°$$
$$16\ \% \triangleq 3,6° \cdot 16 = \ \ 57,6°$$

$$100\ \% \triangleq 3,6° \cdot 100 = 360,0°$$

(2) Darstellung am Prozentstreifen

Für den als Rechteck dargestellten Prozentstreifen wählt man vorteilhafterweise die Länge von 10 Einheiten (z. B. 10 cm):

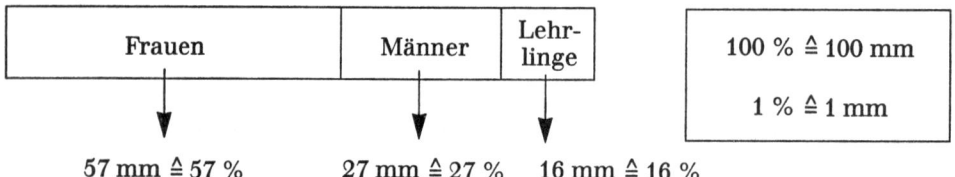

$$100\ \% \triangleq 100\ \text{mm}$$
$$1\ \% \triangleq 1\ \text{mm}$$

57 mm $\triangleq$ 57 %   27 mm $\triangleq$ 27 %   16 mm $\triangleq$ 16 %

Beispiel:

An einem Sportbewerb nahmen 120 Personen teil. 15 % der Teilnehmer erhielten für ihre ausgezeichneten Leistungen Pokale, 55 % der Teilnehmer kleine Warenpreise, und die restlichen Sportler erhielten Urkunden.
An wie viele Personen wurden Pokale, Warenpreise und Urkunden verteilt?

Überlegungen:

(1) Der Prozentanteil der restlichen Teilnehmer beträgt 30 % (100 % – 15 % – 55 %).

(2) Die einzelnen Prozentsätze sind zahlenmäßig als Prozentanteile (Prozentwerte) auszudrücken.

$$100\ \% \triangleq 120\ \text{Personen}$$
$$1\ \% \triangleq \text{„1,2“ Personen}$$

Prozentanteil für	Rechnung			Personenanzahl
Pokale	$15 \cdot 1,2$	=	18	
Warenpreise	$55 \cdot 1,2$	=	66	$\oplus = 120$
Urkunden	$30 \cdot 1,2$	=	36	

Bei bestimmten Prozentsätzen kann der Prozentanteil auch durch eine einzige Division ermittelt werden. Dabei wird dem Grundwert (dem Ganzen) die Maßzahl 1 zugeordnet:

Prozentsatz	10 %	$12\frac{1}{2}$ %	20 %	25 %	$33\frac{1}{3}$ %	50 %
Prozentanteil als Bruchzahl des Grundwertes ausgedrückt	$\frac{1}{10}$	$\frac{1}{8}$	$\frac{1}{5}$	$\frac{1}{4}$	$\frac{1}{3}$	$\frac{1}{2}$

Beispiele:

Prozentsatz	Grundwert	Prozentanteil	Kopfrechnung
10 %	375	37,5	375 : 10
12,5 %	72	9	72 : 8
20 %	55	11	55 : 5
25 %	8 000	2 000	8 000 : 4
$33\frac{1}{3}$ %	93	31	93 : 3
50 %	182	91	182 : 2

Grundsätzlich kann jede Prozentrechnung durch den Schluß über 1 % gelöst werden. Bei bestimmten Prozentsätzen (vgl. obige Tabelle) und „günstigen" Grundwertzahlen wird man jedoch eine direkte Division als Kopfrechnung in Betracht ziehen, um die Lösung zeitsparender zu ermitteln.

Der Grundwert

Beispiel:

Eine Pflichtschule wird von 108 Mädchen besucht, das sind 45 % der gesamten Schüler. Wie viele Knaben besuchen diese Schule?
Wie groß ist die Gesamtanzahl der Schüler?

Da die gesamte Schüleranzahl 100 % beträgt, ist der Prozentsatz der Knaben 55 % (100 – 45).

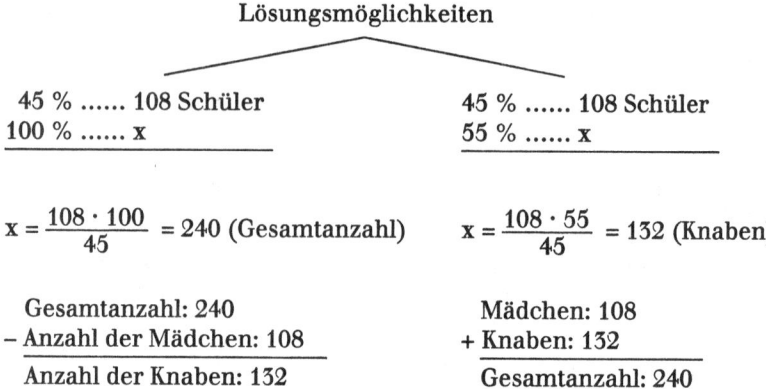

Lösungsmöglichkeiten

45 % ...... 108 Schüler
100 % x

$$x = \frac{108 \cdot 100}{45} = 240 \text{ (Gesamtanzahl)}$$

Gesamtanzahl: 240
– Anzahl der Mädchen: 108

Anzahl der Knaben: 132

45 % ...... 108 Schüler
55 % x

$$x = \frac{108 \cdot 55}{45} = 132 \text{ (Knaben)}$$

Mädchen: 108
+ Knaben: 132

Gesamtanzahl: 240

Beispiel:

Ein Elektrogerät wurde von einer Firma wegen einer geringfügigen Beschädigung um 15 % billiger angeboten. Der Verkaufspreis betrug dann 4 802,50 DM.
Wie hoch war der ursprüngliche Kaufpreis?

Überlegung

Der ursprüngliche Verkaufspreis entspricht dem Grundwert von 100 %. Durch die Preisreduzierung um 15 % betrug also der verminderte Grundwert nur mehr 85 % (100 – 15 = 85).

85 % ...... 4 802,50 DM
100 % x

$$x = \frac{4\,802,5 \cdot 100}{85} = 5\,650$$

Der ursprüngliche Verkaufspreis betrug 5 650,– DM.

Beispiel:

Bei der Geburt von Zwillingen betrug das Körpergewicht des einen Säuglings 3,25 kg, das Gewicht des zweiten Kindes war um

a)   8 % größer,
b) 10 % geringer.

Überlegungen

(1) Das Gewicht des einen Säuglings ist zahlenmäßig gegeben und entspricht dem Grundwert von 100 %.

(2) Das Gewicht des zweiten Kindes beträgt bei
a) um 8 % mehr als das des ersten Kindes und entspricht damit 108 %,
b) um 10 % weniger und entspricht daher nur 90 % vom Gewicht des ersten Kindes.

a) 100 % ...... 3,25 kg
   108 % x

$$x = \frac{3{,}25 \cdot 108}{100} = 3{,}51 \text{ (kg)}$$
1,08

b) 100 % ...... 3,25 kg
   90 % x

$$x = \frac{3{,}25 \cdot 90}{100} = 2{,}925 \text{ (kg)}$$
0,9

Aufgaben, bei denen der Grundwert durch Angabe eines Prozentsatzes vermehrt oder vermindert werden soll, lassen sich auch durch eine einzige Multiplikation lösen. Der Gedankengang für diese Multiplikation ist in den Überlegungen (1) und (2) **und** bei den Lösungen am Bruchstrich angedeutet, den Rechenschritt verdeutlicht die folgende Tabelle:

Grundwert	vermehrt um	vermindert	Multiplikation	Ergebnis
3,25	8 %		3,25 · 1,08	3,51
3,25	12 %		3,25 · 1,12	3,64
3,25		10 %	3,25 · 0,90	2,925
3,25		4 %	3,25 · 0,96	3,12
200	14 %		200 · 1,14	228
200		7 %	200 · 0,93	186

Beispiel:

Nach einer 4 %igen Preissteigerung betrug der Listenpreis eines Pkw 36 400 DM. Wie hoch war der Listenpreis vor der Preissteigerung?

Überlegung

Der Listenpreis des Pkw betrug vor der Preissteigerung den Grundwert von 100 %. Mit der Preiserhöhung wurde der Grundwert um 4 % vermehrt und betrug also 104 %.

104 % ...... 36 400 DM
100 % x

$$x = \frac{36\,400 \cdot 100}{104} = 35\,000$$

Der Listenpreis vor der Preissteigerung betrug 35 000 DM.

Promillerechnung

Lassen sich Zahlenverhältnisse günstiger durch die Zahl 1 000 als gemeinsamer Basis ausdrücken, wendet man die Promillerechnung an.
Die Abkürzung für Promille (pro mille, lat. = von/für tausend) ist das Zeichen ‰.
In Analogie zur Prozentrechnung bezeichnet man den Grundwert mit 1 000 ‰, einen Teil des Grundwertes als **Promilleanteil** und drückt diesen als **Promillesatz** in Tausendstel des Ganzen aus.
Im übrigen gleichen alle Rechenvorgänge denen der Prozentrechnung.

Vergleich von Prozent und Promille
$1\ \% = 10\ ‰\ (\frac{1}{100}$ bzw. $\frac{10}{1\,000}$ vom Grundwert$)$
$1\ ‰ = 0{,}1\ \% = \frac{1}{10}\ \%\ (\frac{1}{1\,000}$ vom Grundwert$)$

Beispiel:

Zwei an einem Unfall beteiligten Autofahrern wurde im Krankenhaus eine Blutprobe von je 15 ml abgenommen. Dabei konnten dem Lenker A 8,55 µl und dem Lenker B 9,75 µl Alkohol in der Blutprobe nachgewiesen werden.
Welcher Lenker hatte mit rechtlichen Konsequenzen zu rechnen, wenn die gesetzliche Fahruntauglichkeit mit

a) 0,8 Promille
b) 0,6 Promille
c) 0,4 Promille

gegeben war?

$1\ µl$ (Mikroliter) $= 10^{-6}$ Liter $= 10^{-3}$ Milliliter

$$= \frac{1}{1\,000\,000}\ l = \frac{1}{1\,000}\ ml$$

$$15 \text{ ml} \ \dots\dots \ 1\,000 \text{ ‰}$$

$$\frac{8{,}55}{1\,000} \text{ ml} \dots\dots \text{ x}$$

$$x = \frac{1\,000 \cdot 8{,}55}{1\,000 \cdot 15} = 0{,}57$$

$$15 \text{ ml} \ \dots\dots \ 1\,000 \text{ ‰}$$

$$\frac{9{,}75}{1\,000} \text{ ml} \dots\dots \text{ x}$$

$$x = \frac{1\,000 \cdot 9{,}75}{1\,000 \cdot 15} = 0{,}65$$

A hatte 0,57 ‰ Alkohol in der Blutprobe, B 0,65 ‰.
Mit gesetzlichen Konsequenzen zu rechnen hatte:

  a) kein Lenker,
  b) Lenker B,
  c) beide Lenker.

Kaufmännisches Rechnen

Beispiel:

Der Motorradhändler A bietet ein neues Motorrad einer bestimmten Type um 9 800 DM an. Bei Teilzahlung sind 3 200 DM als Anzahlung und 24 Monatsraten zu je 315 DM zu leisten. Der Händler B gewährt bei Kauf derselben Motorradmarke 3 % Rabatt bei Barzahlung.
a) Welchen prozentuellen Aufschlag verlangt Händler A bei Teilzahlung?
b) Um wieviel DM kommt ein Barkauf bei Händler B billiger als ein Ratenkauf bei Händler A?

a) Gesamtkosten bei Teilzahlung:

$3\,200 + 24 \cdot 315 = 10\,760$

Prozentueller Aufschlag:

$$9\,800 \ \dots\dots \ 100 \text{ %}$$
$$10\,760 \ \dots\dots \ x$$

$$x = \frac{100 \cdot 10\,760}{9\,800} = 109{,}79$$

Die Mehrkosten betragen rund 9,8 %.

b) Barzahlung bei Händler B:

97 % von 9 800 = 9 800 · 0,97 = 9 506

Vergleich Barkauf – Ratenkauf:

  9 506 bzw. 10 760

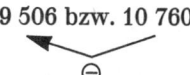

Ersparnis: 1 254 DM

Beispiel:

Ein Kaufmann konnte einen Teil der Obstlieferung mit 24 % Gewinn um 1 108,56 DM verkaufen. Für den Rest dieser Lieferung erzielte er einen Kaufpreis von 575,92 DM und mußte dabei einen Verlust von 8 % hinnehmen.
Welchen Gewinn erzielte der Kaufmann durch den Verkauf der gesamten Lieferung?

(1) Verkauf mit 24 % Gewinn

Der um den Gewinn von 24 % vermehrte Grundpreis entspricht dem Verkaufspreis von 124 %:

124 % ...... 1 108,56 $x = \dfrac{100 \cdot 1\,108,56}{124} = 894$
100 % x

Gewinn in DM: 1 108,56 – 894 = 214,56

(2) Verkauf mit 8 % Verlust

Der um den Verlust von 8 % verminderte Grundpreis entspricht dem Verkaufspreis von 92 %:

92 % ...... 575,92 $x = \dfrac{100 \cdot 575,92}{92} = 626$
100 % x

Verlust in DM: 626 – 575,92 = 50,08

(3) Gesamtgewinn

Die Differenz des in (1) berechneten Gewinns und des in (2) ermittelten Verlustes ergibt den Gesamtgewinn:

Gewinn in DM: 214,56 – 50,08 = 164,48

Beispiel:

Ein Bürofachhändler hofft, zwei verschiedene Kopiergeräte möglichst bald mit Gewinn verkaufen zu können. Trotz intensiver Werbung kann er das erste Gerät erst nach 7 Monaten mit einem Gewinn von 9 % um 10 987,20 DM verkaufen. Für das zweite Gerät, das er beim Großhändler um 8 632 DM eingekauft hatte, findet sich erst nach 10 Monaten ein Käufer. Bei diesem Verkauf kann nur mehr ein Gewinn von 2,5 % erzielt werden.

a) Um welchen Preis wurde das erste Gerät eingekauft?
b) Welcher Gewinn konnte beim Verkauf des zweiten Gerätes erzielt werden?

c) Das für den Ankauf beider Kopierer aufgewendete Geld wäre bei einem Geldinstitut mit p = 5,5 % verzinst worden. Wären für diesen Betrag im gleichen Zeitraum die Zinsen höher gewesen als der durch den Verkauf beider Geräte erzielte Gewinn?

a) Der mit einem Gewinn von 9 % erzielte Verkaufspreis des ersten Gerätes entspricht 109 %, der Einkaufspreis 100 %:

109 % 10 987,20

100 % x

$$x = \frac{10\,987,20 \cdot 100}{109} = 10\,080$$

Das Gerät wurde um 10 080 DM eingekauft.

b) 2,5 % von 8 632 DM sind der Gewinn beim Verkauf des zweiten Gerätes:

$$1\,\% \stackrel{\triangle}{=} 86,32\,DM$$
$$2,5\,\% \stackrel{\triangle}{=} 86,32\,DM \cdot 2,5 = 215,80\,DM$$

Der Verkauf des zweiten Gerätes brachte einen Gewinn von 215,80 DM.

c) Berechnen der Zinsen (vgl. Kapitel „Zinsrechnung"): Das sich aus K_1 und K_2 zusammensetzende Kapital entspricht dem Einkaufspreis der beiden Geräte:

1. Gerät

$K1 = 10\,080$ DM
$p = 5,5\,\%$
$t = 7$ Monate

2. Gerät

$K2 = 8\,632$ DM
$p = 5,5\,\%$
$t = 10$ Monate

$$Z = \frac{K \cdot p \cdot t}{1\,200}$$

$$Z_1 = \frac{10\,080 \cdot 5,5 \cdot 7}{1\,200} = 323,40$$

$$Z_2 = \frac{8\,632 \cdot 5,5 \cdot 10}{1200} = 395,63$$

Vergleich

Gewinn durch Verkauf		Gewinn durch Zinsen
907,20 DM	1. Gerät	323,40 DM
215,80 DM	2. Gerät	395,63 DM
1 123,– DM		719,03 DM

Die Zinserträge wären um rund 404 DM geringer gewesen als der durch den Verkauf beider Geräte erzielte Gewinn.

Bezugskalkulation

Die Ermittlung des Einstandspreises bezeichnet man als **Bezugskalkulation**. Sie umfaßt die Berechnung aller Kosten, die dem **Käufer** bis zum Eintreffen der Ware tatsächlich entstehen: Netto-Einkaufspreis zuzüglich Bezugskosten wie z. B. Verpackungsspesen, Kosten für den Transport oder auch Zollgebühren. Der um die (häufig gewährten) Preisnachlässe wie Rabatt und/oder Skonto verminderte Brutto-Einkaufspreis heißt Netto-Einkaufspreis.

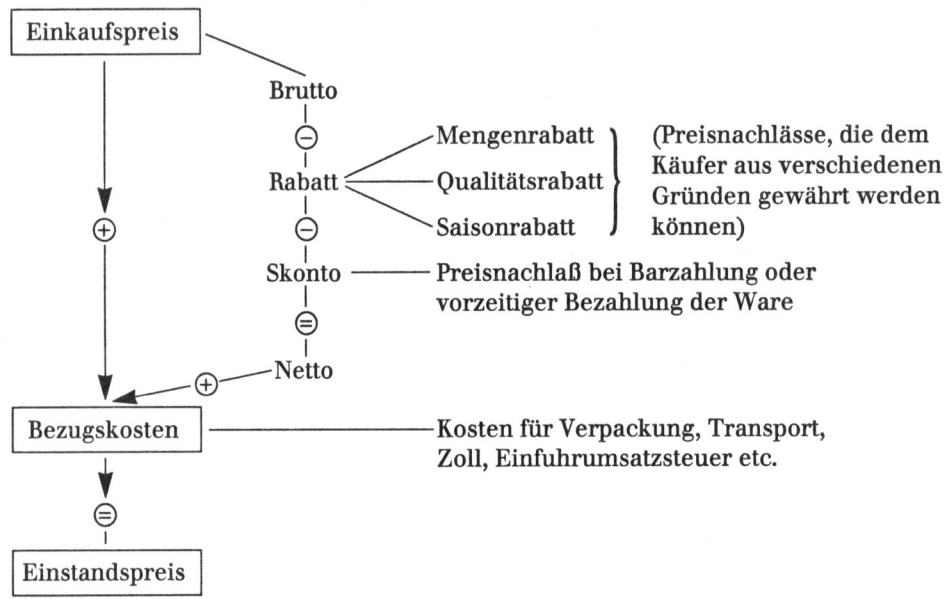

Hinweis: Die Umsatzsteuer (USt.) bzw. Mehrwertsteuer (MwSt.) wird von Kaufleuten bei Bezugskalkulationen nicht berücksichtigt.

Beispiel:

Der Brutto-Einkaufspreis einer Ware beträgt 500,– DM. Es werden 10 % Rabatt und 2 % Skonto gewährt. An Verpackungsspesen werden 19 DM berechnet.
Wie hoch ist der Einstandspreis?

Brutto-Einkaufspreis	500,– DM
– 10 % Rabatt	– 50,– DM
rabattierter Preis	450,– DM
– 2 % Skonto	– 9,– DM
Netto-Einkaufspreis (Kassapreis)	441,– DM
+ Bezugskosten	+ 19,– DM
Einstandspreis	460,– DM

Lösung mit einem Taschenrechner:

500 $\boxed{\times}$ 0,9 = 450 $\boxed{\times}$ 0,98 = 441 $\boxed{+}$ 19 = 460

Beispiel:

6 Tonnen einer Ware werden zum Bruttoverkaufspreis von 800,– DM je Tonne geliefert. Der Lieferant gewährt 3 % Skonto. Die Lieferung erfolgt in Spezialbehältern zu je 400 kg Inhalt. Als Transportkosten werden 32,– DM je Behälter verrechnet. Wie hoch ist der Einstandspreis je kg?

Brutto-Einkaufspreis	4 800,–	DM	$6 \cdot 800 = 4\,800$
– 3 % Skonto	– 144,–	DM	$48 \cdot 3 = 144$
+ Bezugskosten	+ 480,–	DM	$6\,000 : 400 = 15$ (Behälter)
Einstandspreis für 6 t	5 136,–	DM	$15 \cdot 32 = 480$
Einstandspreis für 1 kg	0,856 DM		$5\,136 : 6\,000 = 0,856$

Verkaufskalkulation

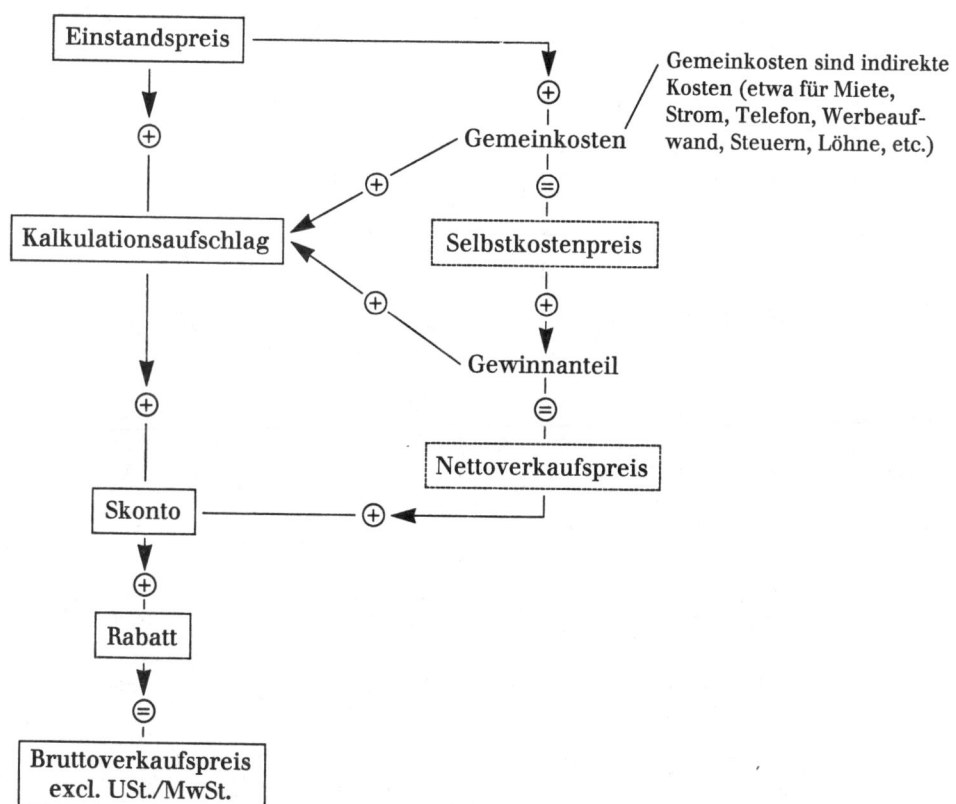

Gemeinkosten sind indirekte Kosten (etwa für Miete, Strom, Telefon, Werbeaufwand, Steuern, Löhne, etc.)

Wird eine Ware verkauft, müssen bei der Ermittlung des Bruttoverkaufspreises (Verkaufspreis excl. Umsatzsteuer) sowohl ein Kalkulationsaufschlag, ein kalkulierter Gewinnanteil als auch die den Kunden gewährten Preisnachlässe berücksichtigt werden.
Bei der Berechnung von Skonto und/oder Rabatt ist darauf zu achten, daß diese (im allgemeinen) in Prozent angegebenen Preisnachlässe jeweils von der vorangegangenen, um diesen Prozentsatz **verminderten Zwischensumme** zu berechnen sind.
Die Ermittlung des Verkaufspreises nennt man **Verkaufskalkulation.**

Beispiel:

Der Einstandspreis einer Ware beträgt 1 200,– DM. Wie hoch ist der Bruttoverkaufspreis, wenn der Kalkulationsaufschlag mit 35 % festgesetzt wird und 2 % Kundenskonto sowie 8 % Kundenrabatt zu berücksichtigen sind?

Einstandspreis	1 200,– DM	
+ Kalkulationsaufschlag	+ 420,– DM	$12 \cdot 35 = 420$
Nettoverkaufspreis	1 620,– DM	$\dfrac{1\,620 \cdot 2}{98} = 33,06$
+ 2 % Skonto	+ 33,06 DM	
+ 8 % Rabatt	+ 143,74 DM	$\begin{cases} 1\,620 + 33,06 = 1\,653,06 \\ \dfrac{1\,653,06 \cdot 8}{92} = 143,74 \end{cases}$
Bruttoverkaufspreis	1 796,80 DM	

Zum Bruttoverkaufspreis muß noch die gesetzlich vorgeschriebene Umsatzsteuer (USt.) bzw. Mehrwertsteuer (MwSt.) hinzugerechnet werden. Diese Steuer ist für den Kaufmann buchhalterisch ein Durchlaufposten: die beim Bezug einer Ware an den Lieferanten bezahlte USt./MwSt. wird vom Finanzamt rückvergütet; die beim Verkauf einer Ware durch den Kunden bezahlte USt./MwSt. ist an das Finanzamt weiterzuleiten.

Beispiel:

Ein Elektrofachhändler bezieht 25 Radiogeräte zum Einstandspreis von 9 250,– DM. Auf Grund von Erfahrungswerten werden die Gemeinkosten mit 12 % bestimmt und ein Gewinnanteil von 24 % kalkuliert.
a) Wie hoch ist der Bruttoverkaufspreis für ein Gerät, wenn 3 % Kundenskonto zu berücksichtigen sind?

Einstandspreis	370,– DM	$9\,250 : 25 = 370$
+ 12 % Gemeinkosten	+ 44,40 DM	$3,70 \cdot 12 = 44,4$
Selbstkostenpreis	414,40 DM	
+ 24 % Gemeinanteil	+ 99,46 DM	$4,144 \cdot 24 = 99,456$
Nettoverkaufspreis	513,86 DM	
+ 3 % Skonto	+ 15,89 DM	$\dfrac{513,86 \cdot 3}{97} = 15,89$
Bruttoverkaufspreis	529,75 DM	

b) Welchen Preis hat der Kunde für ein Gerät zu bezahlen, wenn die Umsatzsteuer für Radiogeräte x % beträgt und

b_1) kein Skonto gewährt wird?

b_2) 3 % Skonto gewährt wird?

b_3) 2 % Skonto gewährt wird?

Die Lösungen können in Kurzform angegeben werden (vgl. Kapitel „Prozentrechnung", vermehrter Grundwert):

$$b_1) \; 529{,}75 \cdot (1 + \frac{x}{100})$$

$$b_2) \; 513{,}86 \cdot (1 + \frac{x}{100}) \longrightarrow = \text{Kundenpreis}$$

$$b_3) \; 519{,}16 \cdot (1 + \frac{x}{100})$$

$(529{,}75 \cdot 0{,}98 = 519{,}155)$

Zinsrechnung

Im Geldverkehr ist es üblich, für die leihweise Überlassung eines Geldbetrages eine Vergütung in Geldeinheiten zu bezahlen, die man als Kredit- oder Kapitalzinsen berechnet.

Die Höhe der Zinsen Z richtet sich nach

a) der Zeitdauer t des zur Verfügung gestellten Geldbetrages, den man als Kapital K bezeichnet,

b) der Höhe des Kapitals, und

c) dem **Zinssatz** (Zinsfuß*) p, der in Prozent des Kapitals (= 100 %) angibt, wieviel dem Geldverleiher (Gläubiger) für je 1 Jahr Entlehnzeit als Vergütung zu bezahlen ist.

Was für den Geldverleiher Kapitalzinsen oder **Habenzinsen** sind, sind für den Geldentlehner Kreditzinsen oder **Sollzinsen**.

So hat z. B. ein Kunde, der bei einer Bank einen Kredit mit einem Zinssatz von 10 % aufgenommen hat, für je 100 DM offene Restschuld 10 DM pro Jahr an Kreditzinsen der Bank zu bezahlen, wenn es sich um einen Kontokorrentkredit handelt, bei dem die Zinsen laufend vom fallenden Kapital berechnet werden.

* Hinweis: Die Bezeichnung **Zinsfuß** leitet sich vom lateinischen pes = Fuß ab. Die heute in der Banksprache übliche Bezeichnung für Zinsfuß heißt Zinssatz.

Als Kapitalzinsen bekommt eine Person, die eine Sparform mit 5 %iger Verzinsung gewählt hat, für je 100 DM Einlage pro Jahr 5 DM als Habenzinsen gutgeschrieben. Die Zinsrechnung kann als eine auf dem Kapital- und Kreditverkehr ausgerichtete Prozentrechnung angesehen werden, bei der zusätzlich noch der Faktor **Zeit** zu berücksichtigen ist.

Im täglichen Sprachgebrauch versteht man unter Zinsrechnung die „einfache Zinsrechnung", die sich ausschließlich mit der Berechnung der Zinsen beschäftigt und das um den Zinssatz vermehrte Kapital unberücksichtigt läßt.

Die einfache Zinsrechnung wird im allgemeinen für die Berechnung der Zinsen **innerhalb eines Jahres** angewendet.

Werden die innerhalb eines Jahres anfallenden Zinsen dem Kapital zugerechnet, so wird im folgenden Zeitabschnitt das um den Zinsbetrag vermehrte Kapital verzinst. Damit werden auch die bisher angefallenen Zinsen verzinst. Diese Art der Verzinsung nennt man **Zinseszinsrechnung.**

Die folgende Abbildung zeigt das Anwachsen eines Kapitals von 1 DM bei Zins und Zinseszins in 100 Jahren bei einem Zinssatz von 3 Prozent:

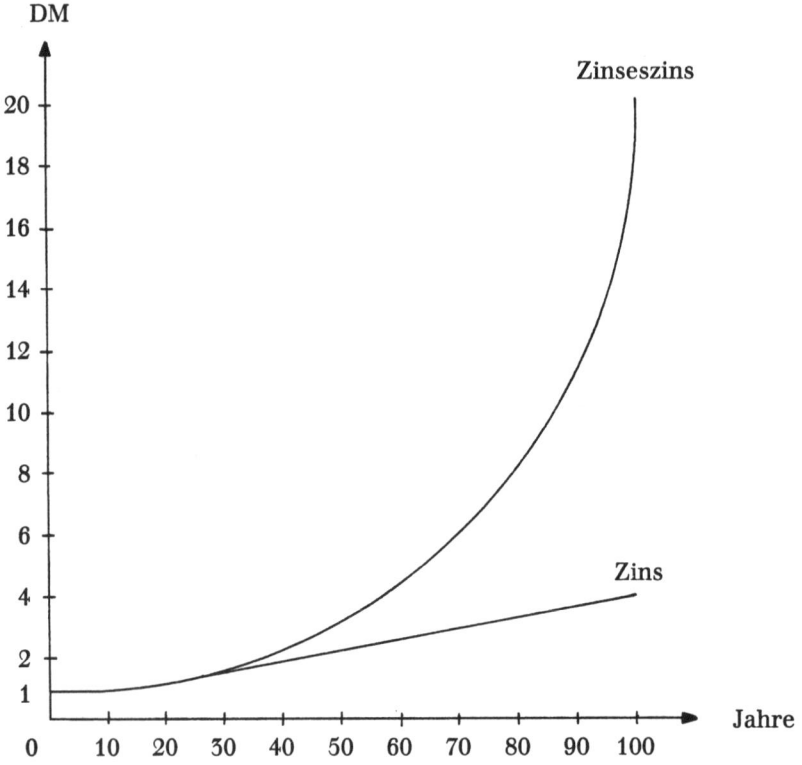

Jahre	10	20	30	40	50	60	70	80	90	100
Kapital + Zins	1,3	1,6	1,9	2,2	2,5	2,8	3,1	3,4	3,7	4,0
Kapital + Zinseszins	1,343	1,806	2,427	3,262	4,383	5,891	7,917	10,640	14,300	19,218

Die Jahreszinsen

Der Zinssatz besagt, daß eine 1 %ige Verzinsung den hundertsten Teil des Kapitals an Zinsen für den Zeitraum eines Jahres ergibt:

$$Z \ (p = 1 \ \%) = \frac{K}{100}$$

Beträgt der Zinssatz ein Vielfaches* von 1 %, kurz p % genannt, ändern sich auch die Zinsen um den p-fachen Wert. Somit ergibt sich als Zinsformel für 1 Jahr:

$$Z = \frac{K \cdot p}{100}$$ Zinsen für 1 Jahr

Ändert sich auch der Zeitraum t von einem Jahr um ein Vielfaches*, betragen auch die Zinsen ein Vielfaches davon. Damit ergibt sich als allgemeingültige Jahreszins-formel:

$$Z = \frac{K \cdot p \cdot t}{100}$$ Zinsen für t Jahre

* Hinweis: Auch Zinssätze oder Zeiträume kleiner als 1 können als Vielfaches der Zahl 1 dargestellt werden: $\frac{1}{4} = 1 \cdot 0{,}25; \quad \frac{1}{8} = 1 \cdot 0{,}125$ usw.

Berechnung von Zinssatz und Kapital

Durch Äquivalenzumformungen kann man aus der Jahreszinsformel die Größen K und p ausdrücken:

$$Z = \frac{K \cdot p}{100} \quad | \cdot 100$$

$$100 \, Z = K \cdot p$$

$$p = \frac{100 \cdot Z}{K} \qquad K = \frac{100 \cdot Z}{p}$$

Durch Division von K bzw. von p ergeben sich die Formeln zur Berechnung des Zinssatzes p bzw. des Kapitals K.

Beispiel:

Wieviel Zinsen bringt ein Kapital von K = 8 000 DM zu einem Zinssatz von p = 6,5 % innerhalb eines Jahres?

Lösung

mit Formel	durch Überlegung
$Z = \dfrac{K \cdot p}{100} = \dfrac{8\,000 \cdot 6{,}5}{100} = 520$ (DM)	1 % = 80 DM 6,5 % = 80 · 6,5 = 520 (DM)

Beispiel:

Ein Kapital von 390 DM brachte in einem Jahr 33,15 DM an Zinsen. Wie hoch war der Zinssatz?

$$p = \frac{100 \cdot Z}{K} = \frac{100 \cdot 33,15}{390} = 8,5 \ (\%)$$

Beispiel:

Ein Kapital wurde bei einem Zinssatz von p = 12 % in einem Jahr mit Z = 174 DM verzinst.
Wie hoch war das Kapital?

$$K = \frac{100 \cdot Z}{p} = \frac{100 \cdot 174}{12} = 1\ 450 \ (DM)$$

Zinsen für Tage und Monate

Wird ein Kapital nur für einen Teil eines Jahres verzinst, so kann man die anfallenden Zinsen nach Tagen oder Monaten berechnen.

Tageszinsen

Geldinstitute berechnen im allgemeinen* das Kalenderjahr mit 360 Zinstagen. In Anlehnung an die Jahreszinsformel ergeben sich daher für 1 Tag $K = \frac{1}{360}$ der Jahreszinsen.

$$Z \ (1 \ \text{Jahr}) = \frac{K \cdot p}{100} \qquad Z \ (1 \ \text{Tag}) = \frac{K \cdot p}{100} \cdot \frac{1}{360}$$

Für eine bestimmte Anzahl von Tagen (d) lautet daher die allgemeingültige Tageszinsformel:

$$\boxed{Z = \frac{K \cdot p \cdot d}{36\ 000}}$$

* Hinweis: Zur Berechnung der Zinstage für 1 Jahr bzw. 1 Monat gibt es keine bindenden gesetzlichen Bestimmungen.
In den deutschsprachigen Ländern wird das Zinsjahr in der Regel mit 360 Zinstagen berechnet. Die Anzahl der Zinstage für 1 Monat wird bei Spareinlagen mit 30 angenommen, im Kredit- und Darlehensverkehr jedoch kalendermäßig (tatsächliche Anzahl der Monatstage) berechnet.

Monatszinsen

In Anlehnung an die Jahreszinsformel ergeben sich für 1 Monat $\frac{1}{12}$ der Jahreszinsen:

$$Z \text{ (1 Jahr)} = \frac{K \cdot p}{100} \qquad Z \text{ (1 Monat)} = \frac{K \cdot p}{100} \cdot \frac{1}{12}$$

Für eine bestimmte Anzahl von Monaten (m) ergibt sich damit die allgemeingültige Monatszinsformel:

$$Z = \frac{K \cdot p \cdot m}{1\,200}$$

Berechnung von Zinssatz, Kapital und Laufzeit

Durch Äquivalenzumformungen kann man aus der Zinsformel für m Monate bzw. für d Tage die Größen p, K, m und d ausdrücken.

Zinsen für m Monate

$$Z = \frac{K \cdot p \cdot m}{1\,200} \quad | \cdot 1\,200$$

$$1\,200\,Z = K \cdot p \cdot m \xrightarrow{\quad \text{Umformungen} \quad}$$

$$K = \frac{1\,200 \cdot Z}{p \cdot m}$$

$$p = \frac{1\,200 \cdot Z}{K \cdot m}$$

$$m = \frac{1\,200 \cdot Z}{K \cdot p}$$

Zinsen für d Tage

$$Z = \frac{K \cdot p \cdot d}{36\,000} \quad | \cdot 36\,000$$

$$36\,000\,Z = K \cdot p \cdot d \xrightarrow{\quad \text{Umformungen} \quad}$$

$$K = \frac{36\,000 \cdot Z}{p \cdot d}$$

$$p = \frac{36\,000 \cdot Z}{K \cdot d}$$

$$d = \frac{36\,000 \cdot Z}{K \cdot p}$$

Beispiel:

Welches Kapital wirft bei p = 5 % in 8 Monaten 400 DM Zinsen ab?

$$K = \frac{1\,200 \cdot Z}{p \cdot m} = \frac{1\,200 \cdot 400}{5 \cdot 8} = 12\,000 \text{ (DM)}$$

Beispiel:

Für ein Darlehen von 5 400 DM sind in 7 Monaten 105 DM an Zinsen zu bezahlen. Wie hoch ist der Zinssatz?

$$p = \frac{1\,200 \cdot Z}{K \cdot m} = \frac{1\,200 \cdot 105}{5\,400 \cdot 7} = 3,\dot{3} = 3\,\frac{1}{3}\ (\%)$$

Beispiel:

In welcher Zeit bringen 6 800 DM bei p = 4 % 136 DM an Zinsen?
Soll in der Zinsrechnung die Zeitangabe ermittelt werden, ist es vorteilhaft, die Formel für Tageszinsen anzuwenden.

$$d = \frac{36\,000 \cdot Z}{K \cdot p} = \frac{36\,000 \cdot 136}{6\,800 \cdot 4} = 180\ (\text{Tage})$$

Beispiel:

Ein Kaufmann hat sich an einem Unternehmen mit 18 000 DM beteiligt. Bereits nach 10 Monaten wurde ihm ein Gewinnanteil von 1 406,25 DM gutgeschrieben. Welcher Verzinsung entsprach dieser Gewinnanteil?

$$p = \frac{1\,200 \cdot Z}{K \cdot m} = \frac{1\,200 \cdot 1\,406,25}{18\,000 \cdot 10} = 9,375\ (\%)$$

$$\boxed{9,375\ (\%) = 9\,\frac{3}{8}\ (\%)}$$

Beispiel:

Ein Kredit von 9 600 DM wurde mit Valuta* vom 28. Juli bei einem Zinssatz von 9 % aufgenommen. An welchem Tag erfolgte die Rückzahlung, wenn die Rückzahlungssumme 9 748,80 DM betrug und die Monate

a) kalendermäßig
b) zu je 30 Tagen

berechnet wurden?

(1) Berechnung der Zinsen: 9 748,80 DM – 9 600 DM = 148,80 DM

(2) Berechnung der Zeit in Tagen:

$$d = \frac{36\,000 \cdot Z}{K \cdot p} = \frac{36\,0\,00 \cdot 148,80}{9\,600 \cdot 9} = 62\ (\text{Tage})$$

* Hinweis: Valuta (= Wertstellung, Fälligkeit) bezeichnet den Kalendertag, an dem die Verzinsung beginnt. Bei Krediten beginnt die Verzinsung mit dem Tag der Kreditaufnahme und endet mit dem Tag der gesamten Rückzahlung.

(3) Ermittlung des Rückzahlungsdatums bei

kalendermäßiger Berechnung der Zinstage		Berechnung der Monate zu je 30 Zinstagen	
Monat	Zinstage	Monat	Zinstage
Juli	4	Juli	3
August	31	August	30
September	27	September	29

$\left.\begin{array}{l} 4 \\ 31 \\ 27 \end{array}\right\} \oplus = 62 \text{ Tage}$

$\left.\begin{array}{l} 3 \\ 30 \\ 29 \end{array}\right\} \oplus = 62 \text{ Tage}$

Rückzahlungstag

27. September   29. September

Zinseszinsrechnung

Wird der Zins am Ende jeder Zinsperiode dem Kapital zugerechnet und bildet das dadurch erhöhte Kapital wiederum die Grundlage für die Berechnung der Zinsen in der nächsten Zinsperiode, so spricht man von dekursivem Zinseszins.

Beispiel:

Auf welchen Wert wächst ein Kapital von 10 000 DM in 3 Jahren an, wenn der Zinssatz 5 % beträgt und die Zinsen dekursiv (= im nachhinein) berechnet werden? Bezeichnet man das Anfangskapital von 10 000 DM mit K_0, das am Ende der 1. Zinsperiode (= Ende des 1. Jahres) um den Zins vermehrte Kapital mit K_1, das am Ende der 2. Zinsperiode um den Zins vermehrte Kapital mit K_2, so ergeben sich für die Berechnung des Endkapitals K_3 folgende Rechenschritte:

Ende der	Überlegung	Kurzform

1. Zinsperiode:

$$K_1 = K_0 + 5\,\% \text{ von } K_0$$
$$= 10\,000 + 5\,\% \text{ von } 10\,000$$
$$= 10\,500$$

$$K_1 = K_0 \cdot 1{,}05$$
$$= 10\,000 \cdot 1{,}05$$
$$= 10\,500$$

2. Zinsperiode:

$$K_2 = K_1 + 5\,\% \text{ von } K_1$$
$$= 10\,500 + 5\,\% \text{ von } 10\,500$$
$$= 11\,025$$

$$K_2 = K_1 \cdot 1{,}05$$
$$= K_0 \cdot 1{,}05 \cdot 1{,}05$$
$$= 10\,000 \cdot (1{,}05)^2$$
$$= 11\,025$$

3. Zinsperiode:

$$K_3 = K_2 + 5\,\% \text{ von } K_2$$
$$= 11\,025 + 5\,\% \text{ von } 11\,025$$
$$= 11\,576{,}25 \text{ (DM)}$$

$$K_3 = K_2 \cdot 1{,}05$$
$$= K_0 \cdot 1{,}05 \cdot 1{,}05 \cdot 1{,}05$$
$$= 10\,000 \cdot (1{,}05)^3$$
$$= 11\,576{,}25 \text{ (DM)}$$

Tastenfolge zur Berechnung von K_3 mit einem Taschenrechner:

$10\ 000$ $\boxed{\times}$ $1{,}05$ $\boxed{y^x}$ $3 = 11\ 576{,}25$

Zeichnerische Darstellung

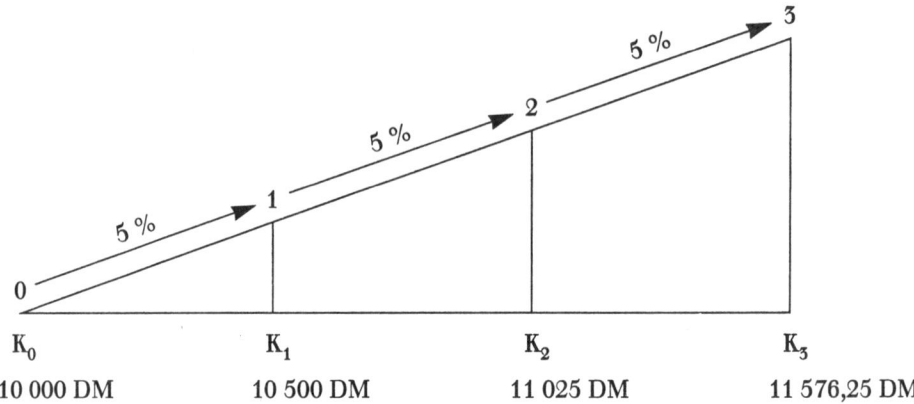

K_0	K_1	K_2	K_3
10 000 DM	10 500 DM	11 025 DM	11 576,25 DM

In Analogie zum vorangegangenen Beispiel lautet die allgemeingültige Formel zur Berechnung von dekursivem Zinseszins:

$$K_n = K_0 \cdot r^n$$

K_n = Endkapital nach n Jahren
K_0 = Anfangskapital
r = Aufzinsungsfaktor
n = Anzahl der Jahre
r^n = n-te Potenz des Aufzinsungsfaktors

* Hinweis: Der Aufzinsungsfaktor r ergibt sich als Summe der Zahl 1 (= Grundwert) und dem in Hundertstel ausgedrückten Zinssatz.

z. B. $p = 8\ \%$ $\longrightarrow$ $r = 1 + \dfrac{8}{100} = 1{,}08$

$p = 12\ \%$ $\longrightarrow$ $r = 1 + \dfrac{12}{100} = 1{,}12$

Durch Äquivalenzumformungen der dekursiven Zinseszinsformel kann man die Größen K_0, r und n berechnen:

Anfangskapital K_0

$$K_n = K_0 \cdot r^n \qquad \longrightarrow \qquad K_0 = \frac{K_n}{r^n}$$

Beispiel:

Welches Kapital wächst bei 4 %iger dekursiver Verzinsung in 8 Jahren auf 19 844 DM an?

$K_n = 19\ 844$

$r = 1,04$

$r^n = (1,04)^8 = 1,368569$

Tastenfolge zur Berechnung von $(1,04)^8$:

1,04 $\boxed{y^x}$ 8 = 1,36...

$$K_0 = \frac{19\ 844}{1,368569} = 14\ 499,81$$

Das Anfangskapital K_0 beträgt rund 14 500 DM.

Aufzinsungsfaktor r

$$K_n = K_0 \cdot r^n \longrightarrow \boxed{r = \sqrt[n]{\frac{K_n}{K_0}}}$$

Beispiel:

Bei welchem Zinssatz wurde ein Kapital von 3 600 DM dekursiv verzinst, das nach 20 Jahren auf einen Wert von 6 502 DM angewachsen ist?

$K_0 = 3\ 600$

$K_n = 6\ 502$

$n = 20$

$$r = \sqrt[n]{\frac{K_n}{K_0}} = \sqrt[20]{\frac{6\ 502}{3\ 600}} = 1,03$$

Tastenfolge zur Berechnung von r:

(1) 6 502 $\boxed{\div}$ 3 600 = 1,80611...

(2) 1,8061... $\boxed{\sqrt[x]{y}}$ 20 = 1,02999...

Der Wert 1,03 stellt den Aufzinsungsfaktor r dar. Da die Dezimalen den Zinssatz angeben, betrug der Zinssatz 3 %.

Laufzeit n

Eine Formel* dazu lautet: $n = \dfrac{\ln (K_n : K_0)}{\ln (r)}$

* Hinweis: Die Herleitung dieser Formel erfolgt mit logarithmischen Operationen, die jedoch der höheren Mathematik zuzuordnen sind und daher im Rahmen dieses Buches nicht behandelt werden.

Beispiel:

In wieviel Jahren wächst ein Kapital von 800 DM bei 4 %iger dekursiver Verzinsung auf 1 558,32 DM an?

$$K_0 = 800$$
$$K_n = 1\,558,32$$
$$r = 1,04$$

$$n = \frac{\ln (K_n : K_0)}{\ln (r)} = \frac{\ln (1\,558,32 : 800)}{\ln (1,04)} = 17$$

Tastenfolge zur Berechnung von n:

(1) 1 558,32 $\boxed{\div}$ 800 $\boxed{=}$ 1,9479

(2) 1,9479 $\boxed{\ln}$ 0,66675

(3) 1,04 $\boxed{\ln}$ 0,03922

(4) 0,6675 $\boxed{\div}$ 0,03922 $\boxed{=}$ 16,999...

n = 17 Jahre

Planimetrie

Die Planimetrie ist ein Teilgebiet der Geometrie. Sie befaßt sich mit ebenen Figuren wie Dreieck, Rechteck usw. Ein besonderer Schwerpunkt der Planimetrie ist die Messung und Berechnung von Größen einer ebenen Figur, wie zum Beispiel Seitenlänge und Flächeninhalt.

Dreiecke: Übersicht

Teile eines Dreiecks

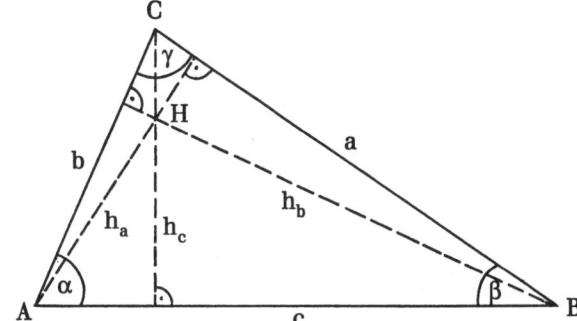

A, B, C: Eckpunkte

a, b, c: Seiten

h_a h_b h_c: Höhen

α, β, γ: Innenwinkel

a, b und c bezeichnen nicht nur die Seiten des Dreiecks, sondern sind zugleich auch Zahlensymbole, deren Werte die Länge der einzelnen Seiten angeben.

Eine Höhe (h_a, h_b, h_c) steht im rechten Winkel* auf einer Seite des Dreiecks und endet in dem der Seite gegenüberliegenden Eckpunkt. Auch h_a, h_b und h_c sind Zahlensymbole, die die Länge der jeweiligen Höhe angeben. Die Höhen schneiden sich genau in einem Punkt. Dieser Punkt H ist der **Höhenschnittpunkt**.

Die Innenwinkel (α, β, γ; gesprochen: alpha, beta, gamma) sind die Winkel, die von je zwei Seiten eingeschlossen werden.
Die Summe der Innenwinkel ist bei einem Dreieck stets 180°.

$$\alpha + \beta + \gamma = 180°$$

* Hinweis: Ein rechter Winkel ist ein Winkel von 90°; in Skizzen wird er durch ⌐ dargestellt. Eine „Normale" ist eine Gerade, die eine andere im rechten Winkel schneidet.

Spezielle Dreiecke

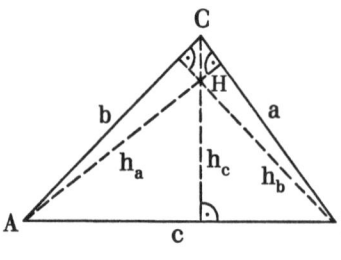

Bezeichnungen	Formeln

spitzwinkeliges Dreiecke

(alle Innenwinkel sind kleiner als 90°)

$A = \dfrac{c \cdot h_c}{2} = \dfrac{a \cdot h_a}{2} = \dfrac{b \cdot h_b}{2}$

$U = a + b + c$

Diese beiden Formeln haben Allgemeingültigkeit für jedes Dreieck!

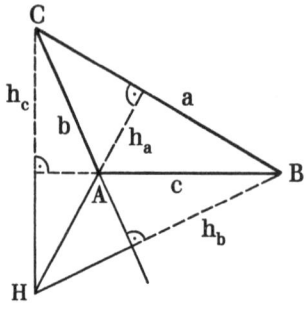

stumpfwinkeliges Dreiecke

(ein Innenwinkel ist größer als 90°)

Der Höhenschnittpunkt H liegt außerhalb der Dreiecksfläche, wenn **ein** Innenwinkel größer als 90° ist.

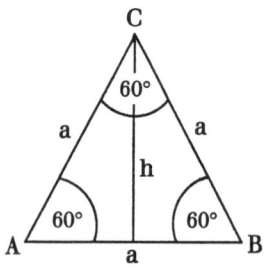

gleichseitiges Dreiecke
(alle Seiten sind gleich lang; alle Innenwinkel sind 60°)

$A = \dfrac{a^2 \cdot \sqrt{3}}{4} \approx 0{,}433 \, a^2$

$U = 3\,a$

$h = \dfrac{a \cdot \sqrt{3}}{2} \approx 0{,}866 \, a$

$\alpha = \beta = \gamma = 60°$

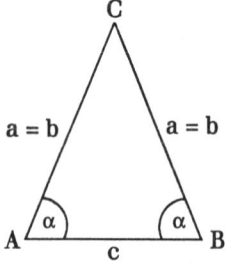

gleichschenkeliges Dreiecke
(zwei Seiten sind gleich lang)

Die Innenwinkel der Basis c sind gleich groß. Daraus folgt Längengleichheit für die Schenkel a und b.

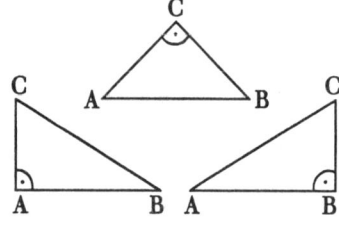

rechtwinkeliges Dreiecke

(ein Innenwinkel ist 90°)

Die Katheten schließen den rechten Winkel ein, deshalb gilt für den Flächeninhalt:
A = halbes Produkt beider Katheten.

Allgemeines Dreieck

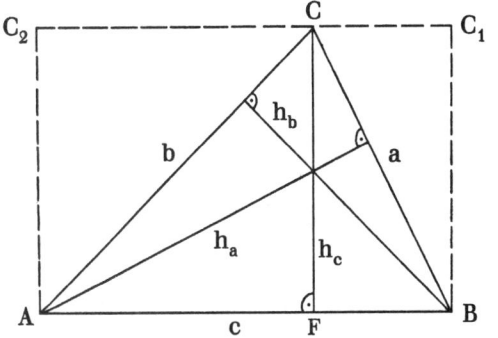

Das dem Dreieck ABC umschriebene Rechteck ABC_1C_2 hat den doppelten Flächeninhalt des Dreiecks, da sowohl die Teildreiecke ACC_2 und AFC als auch FBC und BC_1C flächengleich sind. Daher kann man den Flächeninhalt jedes Dreiecks als halbes Produkt einer Seite und der dazugehörigen Höhe berechnen, so daß für den Flächeninhalt (A) gilt:

$$A = \frac{c \cdot h_c}{2} = \frac{b \cdot h_b}{2} = \frac{a \cdot h_a}{2}$$

Äquivalente Umformungen

Aus $\quad A = \dfrac{c \cdot h_c}{2} \quad$ folgt: $\qquad c = \dfrac{2\,A}{h_c} \qquad\qquad h_c = \dfrac{2\,A}{c}$

Aus $\quad A = \dfrac{b \cdot h_b}{2} \quad$ folgt: $\qquad b = \dfrac{2\,A}{h_b} \qquad\qquad h_b = \dfrac{2\,A}{b}$

Aus $\quad A = \dfrac{a \cdot h_a}{2} \quad$ folgt: $\qquad a = \dfrac{2\,A}{h_a} \qquad\qquad h_a = \dfrac{2\,A}{a}$

Sind von einem Dreieck alle drei Seiten bekannt, kann der Flächeninhalt nach der Formel von **Heron** (alexandrinischer Mathematiker, 1. Jahrhundert n. Chr.) berechnet werden:

Flächenformel von Heron:

$$A = \sqrt{s\,(s-a)\,(s-b)\,(s-c)}$$

s = halber Umfang

$$s = \frac{a + b + c}{2}$$

459

Der Flächeninhalt eines Dreiecks kann auch mit Hilfe des Inkreisradius r oder des Umkreisradius R berechnet werden.

In- und Umkreis eines Dreiecks

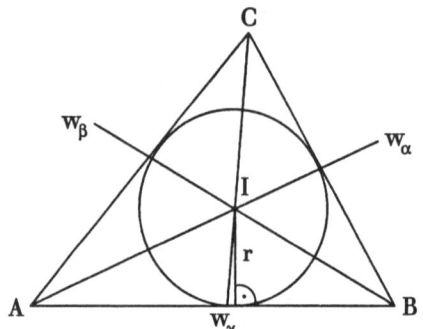

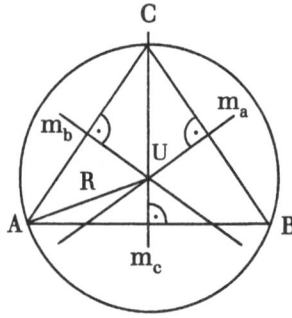

Der Inkreismittelpunkt I ergibt sich als Schnittpunkt der Winkelsymmetralen w_α, w_β und w_γ. Die Winkelsymmetralen halbieren die Innenwinkel des Dreiecks.

Der Umkreismittelpunkt U ergibt sich als Schnittpunkt der Seitensymmetralen m_a, m_b und m_c. Seitensymmetralen sind Normale (= Geraden im rechten Winkel) durch den Halbierungspunkt einer Seite.

Für den Flächeninhalt ergibt sich daraus:

$$A = \frac{r}{2}\,(a + b + c)$$

$$A = \frac{a \cdot b \cdot c}{4\,R}$$

Als **Umfang** eines Dreiecks bezeichnet man die Summe der Begrenzungslinien:

$$U = a + b + c$$

Äquivalente Umformungen

Aus $\quad U = a + b + c \quad$ folgt: $\quad a = U - b - c$
$$b = U - a - c$$
$$c = U - a - b$$

Höhenschnittpunkt und Schwerpunkt am Dreieck

(1) Höhenschnittpunkt H: Schnittpunkt der Höhenlinien.
Die Höhen h_a, h_b und h_c geben den Normalabstand eines Eckpunktes von der gegenüberliegenden Dreiecksseite an.

(2) Schwerpunkt S: Schnittpunkt der Schwerlinien.
Die Schwerlinien s_a, s_b und s_c verbinden einen Eckpunkt mit dem Halbierungspunkt der gegenüberliegenden Dreiecksseite. Der Schwerpunkt S teilt die Schwerlinien im Verhältnis 2:1.

Höhenschnittpunkt H

Schwerpunkt S

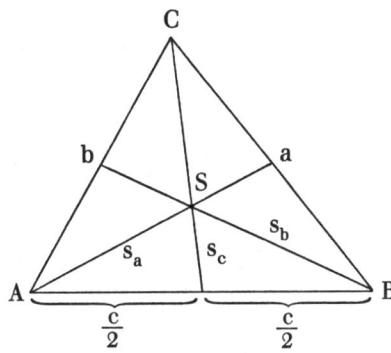

Die gemeinsame Gerade durch Umkreismittelpunkt, Höhenschnittpunkt und Schwerpunkt heißt **Eulersche Gerade** (Leonhard Euler, Schweizer Mathematiker im 18. Jahrhundert).

Rechtwinkeliges Dreieck

In einem rechtwinkeligen Dreieck bezeichnet man die den rechten Winkel einschließenden Seiten als **Katheten.** Die dem rechten Winkel gegenüberliegende und längste Seite im rechtwinkeligen Dreieck heißt **Hypotenuse.**

Lehrsätze am rechtwinkeligen Dreieck

(1) Der pythagoreische Lehrsatz

Im rechtwinkeligen Dreieck ist das Quadrat über der Hypotenuse flächengleich der Summe der Quadrate über den beiden Katheten.

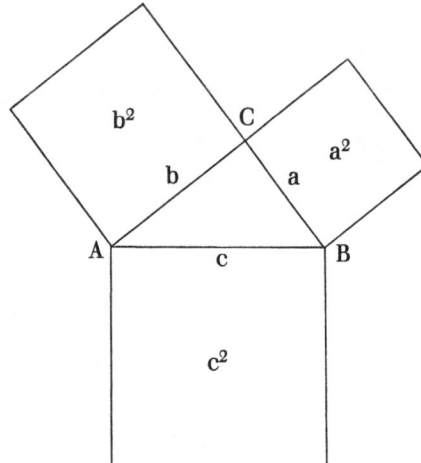

$$a^2 + b^2 = c^2$$

Äquivalente Umformungen

$$c^2 = a^2 + b^2 \qquad c = \sqrt{a^2 + b^2}$$

$$a^2 = c^2 - b^2 \qquad a = \sqrt{c^2 - b^2}$$

$$b^2 = c^2 - a^2 \qquad b = \sqrt{c^2 - a^2}$$

Dieser Lehrsatz wird dem griechischen Philosophen Pythagoras von Samos (um 570 bis um 480 v. Chr.) zugeschrieben; er war jedoch im wesentlichen bereits den alten Babyloniern, Sumerern, Ägyptern und Indern vertraut. Der pythagoreische Lehrsatz zählt wegen seiner großen Bedeutung für Beweise und Berechnungen in der Elementargeometrie zu den berühmtesten Lehrsätzen der Planimetrie.

Unter den mehr als hundert bekannten Beweisen für die Richtigkeit dieses Lehrsatzes zählt der folgende Zerlegungsbeweis zu den kürzesten:

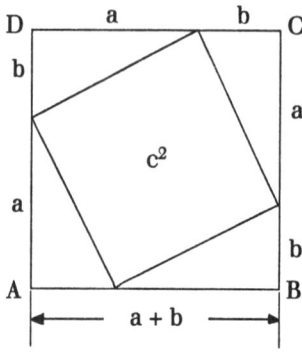

Der Flächeninhalt des Quadrates ABCD setzt sich aus dem eingeschriebenen Quadrat und vier gleich großen rechtwinkeligen Dreiecken zusammen:

$$(a + b)^2 = c^2 + 4 \cdot \frac{a \cdot b}{2} \qquad 4 \cdot \frac{ab}{2} = 2ab$$

$$a^2 + 2ab + b^2 = c^2 + 2ab \qquad (a + b)^2 = (a + b)(a + b)$$

$$a^2 + b^2 = c^2 \qquad\qquad = a^2 + 2ab + b^2$$

(2) Der Kathetensatz (Satz des Euklid)

Im rechtwinkeligen Dreieck ist das Quadrat einer Kathete gleich dem Produkt aus der Hypotenuse und dem der Kathete anliegenden Hypotenusenabschnitt.

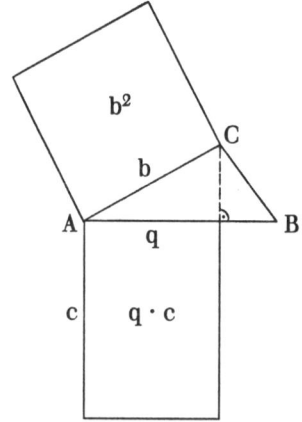

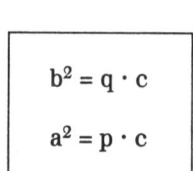

$$b^2 = q \cdot c$$

$$a^2 = p \cdot c$$

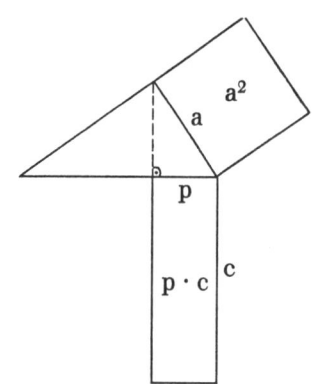

Äquivalente Umformungen

$$a^2 = p \cdot c \qquad a = \sqrt{p \cdot c} \qquad p = \frac{a^2}{c} \qquad q = \frac{b^2}{c}$$

$$b^2 = q \cdot c \qquad b = \sqrt{q \cdot c} \qquad c = \frac{a^2}{p} \qquad c = \frac{b^2}{q}$$

(3) Der Höhensatz

Im rechtwinkeligen Dreieck ist das Quadrat der Höhe gleich dem Produkt der beiden Hypotenusenabschnitte.

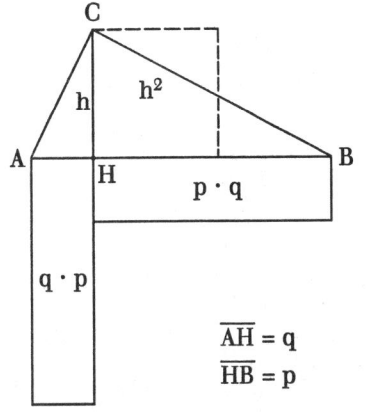

Die Höhe h zerlegt das rechtwinkelige Dreieck ABC in die beiden ähnlichen Teildreiecke AHC und HBC:

$$\triangle AHC \approx \triangle HBC$$

$$q : h = h : p$$

$$\boxed{h^2 = p \cdot q}$$

$$\overline{AH} = q$$
$$\overline{HB} = p$$

Äquivalente Umformungen

$$h^2 = p \cdot q \qquad h = \sqrt{p \cdot q} \qquad p = \frac{h^2}{q} \qquad q = \frac{h^2}{p}$$

Vierecke: Übersicht

(1) Parallelogramme sind Vierecke mit zwei Paar parallelen Seiten:

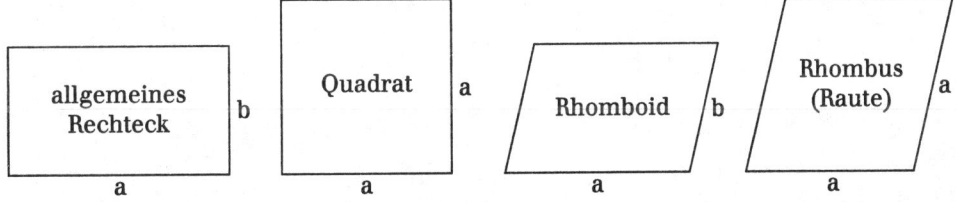

(2) Trapeze sind Vierecke mit einem Paar paralleler Seiten:

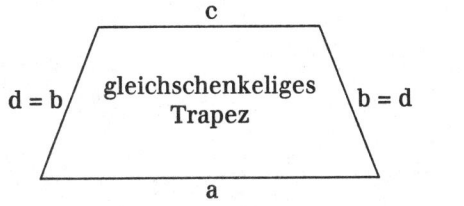

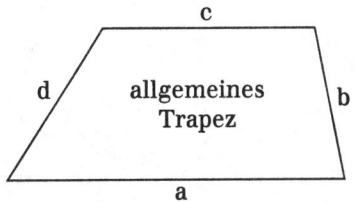

463

(3) Deltoid („Drachenviereck")

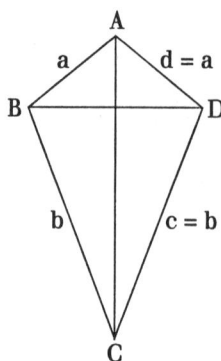

Viereck mit zwei Paar gleich
langen Nachbarseiten

(4) Unregelmäßige Vierecke

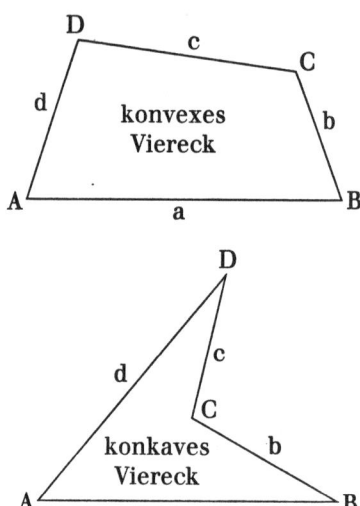

Jedes Viereck kann in zwei Teildreiecke zerlegt werden. Daher beträgt die Summe der Innenwinkel immer 360°.

Allgemeines Rechteck

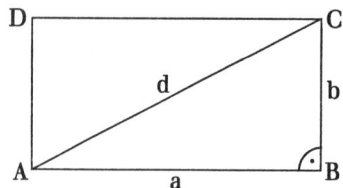

$$A = a \cdot b$$

$$U = 2a + 2b = 2\,(a + b)$$

Aus der Flächeninhaltsformel $A = a \cdot b$ folgt: $\qquad a = \dfrac{A}{b} \qquad b = \dfrac{A}{a}$

Aus der Umfangsberechnung $U = 2\,(a + b)$ folgt: $\quad a = \dfrac{U}{2} - b \qquad b = \dfrac{U}{2} - a$

Diagonale d

$$d^2 = a^2 + b^2 \qquad a^2 = d^2 - b^2 \qquad b^2 = d^2 - a^2$$

$$d = \sqrt{a^2 + b^2} \qquad a = \sqrt{d^2 - b^2} \qquad b = \sqrt{d^2 - a^2}$$

Quadrat

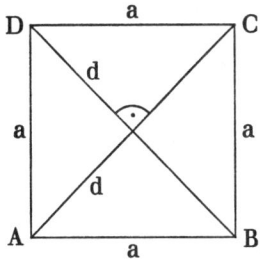

Alle vier Seiten sind gleich lang. Die beiden Diagonalen haben die gleiche Länge und halbieren einander rechtwinkelig.

$$A = a \cdot a = a^2$$
$$U = 4a$$

$$d^2 = a^2 + a^2 = 2a^2$$
$$d = a \sqrt{2}$$

Aus	$A = a^2$	folgt:	$a = \sqrt{A}$
Aus	$U = 4a$	folgt:	$a = \dfrac{U}{4}$
Aus	$d = a \sqrt{2}$	folgt:	$a = \dfrac{d}{\sqrt{2}} = \dfrac{d \sqrt{2}}{2}$

Rhomboid

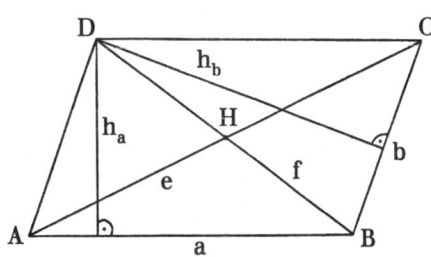

Verwandlung in ein flächengleiches Rechteck:

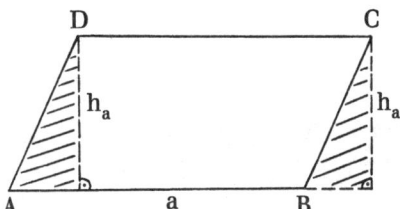

Jedes Rhomboid kann in ein flächengleiches Rechteck verwandelt werden. Daraus ergibt sich für den Flächeninhalt:

$$A = a \cdot h_a = b \cdot h_b$$

$$a = \frac{A}{h_a}$$

$$b = \frac{A}{h_b}$$

$$U = 2a + 2b = 2\,(a + b)$$

Die ungleich langen Diagonalen e und f halbieren einander in H.

Rhombus

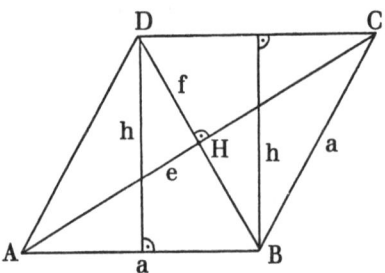

Alle vier Seiten des Rhombus (= Raute) sind gleich lang. Gegenüberliegende Winkel sind gleich groß. Die ungleich langen Diagonalen e und f halbieren einander rechtwinkelig in H.

Die Flächenformel lautet in Analogie zum Rhomboid:

$$A = a \cdot h$$
$$U = 4a$$

$$a = \frac{A}{h} \qquad h = \frac{A}{a}$$

Trapez

Verwandlung in ein Rhomboid mit doppeltem Flächeninhalt:

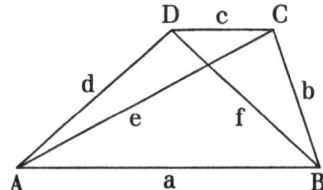
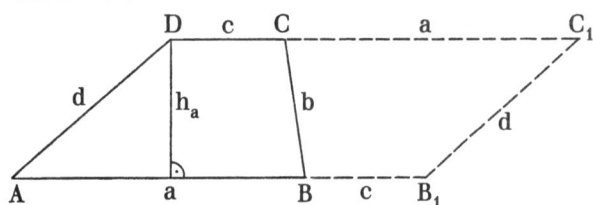

Der Flächeninhalt des Rhomboids AB_1C_1D kann durch die allgemeine Flächenformel für ein Rhomboid errechnet werden:

$$A = (a + c) \cdot h_a$$

Da jedoch das Rhomboid AB_1C_1D den doppelten Flächeninhalt des zu berechnenden Trapezes ABCD hat, ergibt sich für den Flächeninhalt des Trapezes:

$$A \text{ (Trapez)} = \frac{(a + c)}{2} \cdot h = \frac{(a + c) \cdot h}{2}$$

Der Flächeninhalt eines Trapezes kann auch als Produkt der Mittellinie und der Höhe berechnet werden:

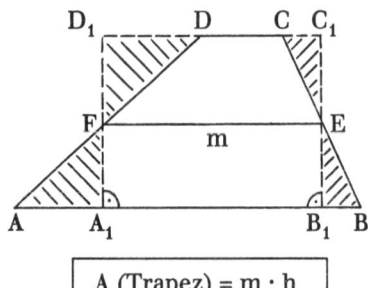

Die Mittellinie m halbiert die beiden Schenkel in den Punkten E und F. Dadurch sind sowohl die Dreiecke AA_1F und FDD_1 als auch die Dreiecke B_1BE und EC_1C flächengleich, woraus wiederum die Flächengleichheit des Trapezes ABCD und des Rechtecks $A_1B_1C_1D_1$ folgt:

$$A \text{ (Trapez)} = m \cdot h$$

$$m = \frac{A}{h} \qquad\qquad h = \frac{A}{m}$$

Der Umfang eines Trapezes setzt sich aus der Summe der beiden Parallelseiten a und c und der beiden Schenkel b und d zusammen:

$$U = a + b + c + d$$

Bei einem gleichschenkeligen Trapez sind die beiden Basiswinkel gleich groß, bei einem rechtwinkeligen Trapez beträgt ein Basiswinkel 90 Grad:

gleichschenkeliges Trapez   rechtwinkelige Trapeze

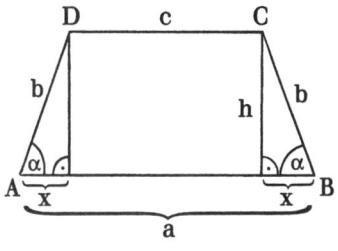 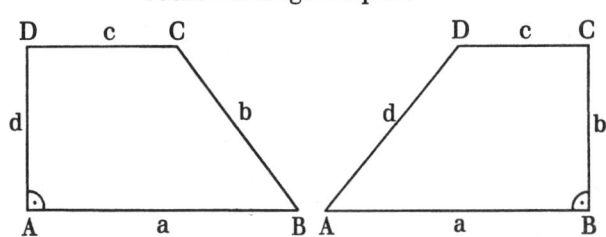

$$x = \frac{a - c}{2} \qquad b^2 = h^2 + x^2$$

Deltoid

Verwandlung in ein flächengleiches Rechteck:

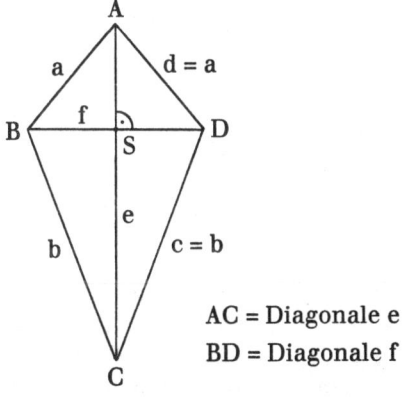 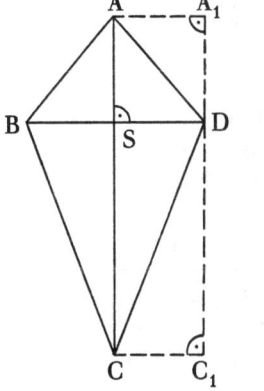

$$\overline{CC_1} = \frac{f}{2}$$

$$\overline{C_1A_1} = e$$

AC = Diagonale e
BD = Diagonale f

Die Diagonalen e und f schneiden einander rechtwinkelig in S.
Die Diagonale f wird in S halbiert.
Die Flächenformel kann durch Verwandlung des Deltoids in ein flächengleiches Rechteck hergeleitet werden: sowohl die Dreiecke SDA und DA_1A als auch die Dreiecke CDS und CC_1D sind flächengleich, woraus die Flächengleichheit von Deltoid ABCD und Rechteck ACC_1A_1 folgt:

$$A \text{ (Deltoid)} = \frac{e \cdot f}{2} \qquad\qquad U = 2\,(a + b)$$

Unregelmäßige Vierecke

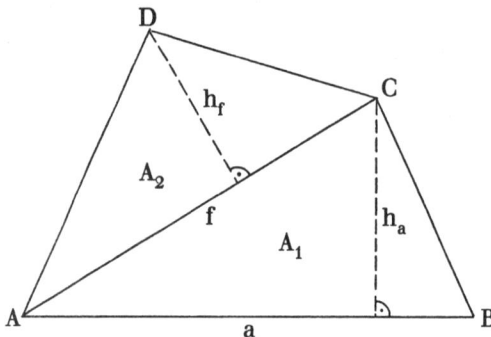

Die Diagonale f teilt das Viereck AB-CD in die beiden Teildreiecke ABC und ACD. Durch Anwendung der Flächenformel für ein Dreieck erhält man folgende Teilsummen:

$$\triangle ABC : A_1 = \frac{a \cdot h_a}{2}$$

$$\triangle ACD : A_2 = \frac{f \cdot h_f}{2}$$

Gesamtfläche: $A_1 + A_2 = \dfrac{a \cdot h_a}{2} + \dfrac{f \cdot h_f}{2} = \dfrac{1}{2}\,(a \cdot h_a + f \cdot h_f)$

Auch der Flächeninhalt **unregelmäßiger Vielecke** kann durch Zerlegung in Teildreiecke berechnet werden:

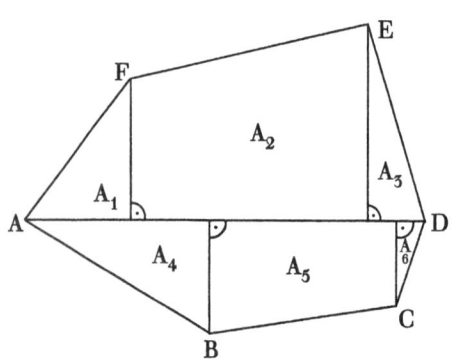

A_1, A_3, A_4, A_6 sind Flächeninhalte rechtwinkeliger Dreiecke; A_2 und A_5 sind Flächeninhalte von Trapezen. Die Summe aller Teilflächen ergibt die Gesamtfläche A_G:

$$A_G = A_1 + A_2 + A_3 + A_4 + A_5 + A_6$$

Regelmäßiges Sechseck

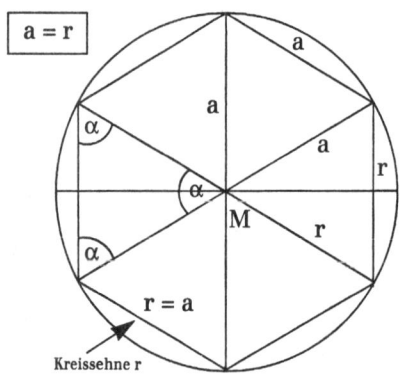

Konstruiert man in einem Kreis mit dem Radius r Sehnen der Länge r (Kreissehnen), so bilden diese ein regelmäßiges Sechseck.
Die geraden Verbindungslinien zwischen den Eckpunkten und dem Mittelpunkt M teilen dieses Sechseck in sechs gleichseitige Dreiecke. Daraus folgt für den Flächeninhalt:

$$A \text{ (gleichseitiges Dreieck)} = \frac{a^2 \cdot \sqrt{3}}{4}$$

$$A \text{ (regelmäßiges Sechseck)} = 6 \cdot \frac{a^2 \cdot \sqrt{3}}{4} = \frac{3a^2 \cdot \sqrt{3}}{2}$$

$$\text{Aus } A = \frac{3a^2 \cdot \sqrt{3}}{2} \text{ folgt:} \quad a = \sqrt{\frac{2A}{3\sqrt{3}}} \qquad \boxed{U = 6a}$$

Aufgaben mit Detaillösungen

Beispiel:

Eine quadratische Parkanlage hat eine Fläche von 17 424 m².

(1) Wieviel Laufmeter (lfm) Zaun werden benötigt, wenn die Umzäunung an 3 Seiten durch je 3,65 m breite Durchgänge unterbrochen wird?

(2) Wie lang ist ein Weg, der in einer Diagonalen durch den Park führt?

(1)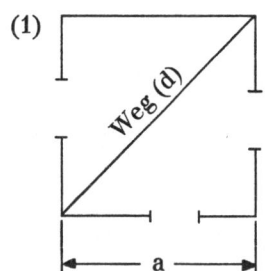

$$a^2 = A \mid \sqrt{}$$
$$a = \sqrt{A} \qquad\qquad a \text{ (m)} = \sqrt{17\,424} = 132$$

$$U = 4 \cdot a \qquad\qquad U \text{ (m)} = 132 \cdot 4 = 528$$

Die Länge des Zauns ergibt sich aus dem um die Gesamtbreite der 3 Durchgänge verringerten Quadratumfang:

$$528 - 3 \cdot 3,65 = 517,05 \text{ lfm}$$

(2) Durch Anwendung des pythagoreischen Lehrsatzes kann die Diagonale d berechnet werden:

$$d^2 = a^2 + a^2$$
$$d^2 = 2a^2 \quad \mid \sqrt{}$$
$$d = \sqrt{2a^2} = a\sqrt{2} \qquad d \text{ (m)} = 132 \cdot 1,41 = 186,12$$

Die Länge des Weges beträgt rund 186 m.

Beispiel:

In einem rechteckigen Garten (16 m/10 m) soll innerhalb der Längsseiten ein gleichmäßig breiter Weg angelegt werden. Für die Wege stehen 33,6 m² der Gesamtfläche zur Verfügung.

(1) Wie breit sind die Wege?

(2) Um wieviel Prozent verringert sich dadurch die ursprüngliche Nutzfläche?

(1) 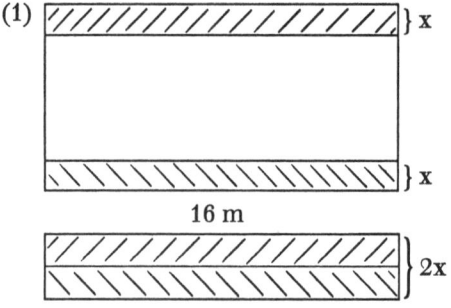 } x

16 m

} x

} 2x

Die beiden rechteckigen Streifen können zusammen als ein Rechteck mit der Länge von 16 und der Breite 2x dargestellt werden.

$$a \cdot b = A_\square$$
$$16 \cdot 2x = 33{,}6 \mid : (16 \cdot 2)$$
$$x = 1{,}05 \text{ (m)}$$

Die Wege sind 1,05 m breit.

(2) Ursprüngliche Fläche: A = 16 · 10 = 160 m²

160 m² ...... 100 %
33,6 m² x

$$x = \frac{100 \cdot 33{,}6}{160} = 21$$

Die ursprüngliche Nutzfläche verringert sich um 21 %.

Beispiel:

Ein Grundstück hat die Gestalt eines Rechtecks, dessen Seiten sich jeweils um 5,8 m unterscheiden. Der Gesamtumfang beträgt 45,20 m.

(1) Welche Fläche hat dieses Grundstück?

Außerhalb der Längsseiten wird ein 1,25 m breiter Gehweg und außerhalb der Breitseiten ein 80 m breiter Weg angelegt.

(2) Um wieviel Prozent vergrößert sich dadurch die ursprüngliche Fläche des Grundstückes?

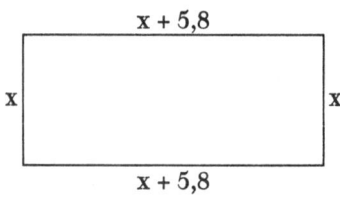

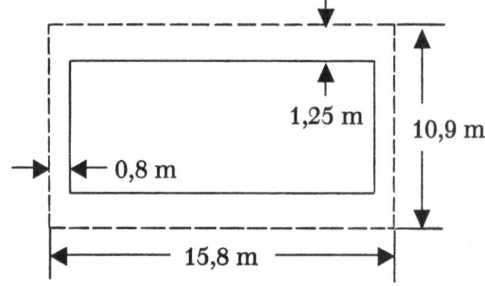

(1)   2a + 2b = U_□
2 (x + 5,8) + 2x = 45,20
   2x + 11,6 + 2x = 45,20 | − 11,6
         4x = 33,6 | : 4
          x = 8,4 (m)

Breite = 8,4 m
Länge = 14,20 m

$$A_\square = a \cdot b$$
$$A = 14{,}20 \cdot 8{,}40 = 119{,}28 \text{ m}^2$$

(2) A = 15,8 · 10,9 = 172,22 (m²)

ursprüngliche Fläche ≙ 100 %

119,28 m² ...... 100 %
172,22 m² x

$$x = \frac{100 \cdot 172{,}22}{119{,}28} = 144{,}38$$

Die ursprüngliche Fläche vergrößert sich um 44,38 %.

Beispiel:

Auf der von A nach B geradlinig verlaufenden Straße ist im Punkt C eine Abzweigung zum Ort D geplant.

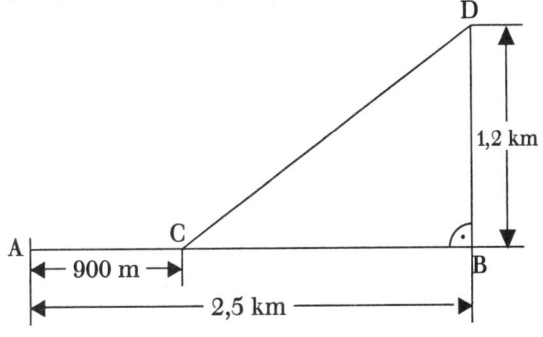

(1) Um wieviel Prozent verringert sich dadurch der Weg von A nach D?

(2) Welche Fläche schließt das durch die Straßen begrenzte rechtwinkelige Dreieck CBD ein?

(3) In welcher Zeit kann ein Fahrzeug mit einer Geschwindigkeit von 50 km/h den kürzeren Weg von A nach D zurücklegen?

(1) $\overline{CB}$ = 2,5 km – 900 m = 1,6 km

Pythagoreischer Lehrsatz:

$\overline{CD}^2 = 1{,}6^2 + 1{,}2^2$

$\overline{CD}^2 = 2{,}56 + 1{,}44 = 4 \quad | \sqrt{}$

$\overline{CD} = 2$ km

Prozentueller Längenvergleich:

A → B → D = 2,5 km + 1,2 km = 3,7 km

A → C → D = 0,9 km + 2 km = 2,9 km

3,7 km ...... 100 %
2,9 km x

$x = \dfrac{100 \cdot 2{,}9}{3{,}7} = 78{,}378 \approx 78{,}4 \ \%$

Durch die Abkürzung verringert sich der Weg von A nach D um rund 21,6 %.

(2) Fläche des Dreiecks CBD

$A_{\triangle}$ = halbes Produkt beider Katheten

$A \ (m^2) = \dfrac{1\,600 \cdot 1\,200}{2} = 960\,000$

$A \ (ha) = 96$

> 960 000 m² = 9 600 a = 96 ha

Das rechtwinkelige Dreieck CBD hat eine Fläche von 96 Hektar.

(3) Der kürzere Weg von A nach D = 2,9 km.

Zeit* (h) = $\dfrac{2{,}9}{50}$ = 0,058

> 60 min = 1 h

Zeit (min) = 0,058 · 60 = 3,48

Die Fahrzeit beträgt rund $3\frac{1}{2}$ Minuten.

* Hinweis: Die Geschwindigkeit (v) kann durch den Quotienten aus der Strecke (s) und der dafür benötigten Zeit (t) berechnet werden:

$$v = \frac{s}{t}$$

Durch Äquivalenzumformungen erhält man:

$$v = \frac{s}{t} \quad | \cdot t$$
$$v \cdot t = s \quad | : v$$
$$t = \frac{s}{v}$$

Beispiel:

Auf einem alten beschädigten Plan im Maßstab M = 1 : 2 880 können nicht mehr alle Entfernungen direkt ermittelt werden.

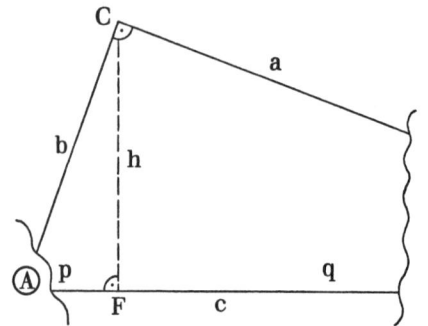

$\overline{FC}$ = 11,6 cm
$\overline{AC}$ = 14,5 cm

Wie lang sind die tatsächlichen Strecken von:

(1) A nach F?
(2) F nach B?
(3) C nach B?

Für die folgenden Berechnungen ist es vorteilhaft, die Strecken mit Kleinbuchstaben zu bezeichnen:

$$AF = p \quad FB = q \quad FC = h \quad AB = c \quad AC = b \quad BC = a$$

(1) Pythagoreischer Lehrsatz:

$$p^2 = b^2 - h^2$$
$$p^2 = 14,5^2 - 11,6^2$$
$$p^2 = 210,25 - 134,56 = 75,69 \quad | \sqrt{}$$
$$P = 8,7 \text{ (cm)}$$

Tatsächliche Entfernung von A nach F:
8,7 cm · 2 880 = 25 056 cm
$\overline{AF}$ = 250,56 m

(2) Höhensatz:

$$h^2 = p \cdot q \quad | : p$$
$$\frac{h^2}{p} = q \qquad q \text{ (cm)} = \frac{11,6^2}{8,7} = 15,47$$

Tatsächliche Entfernung von F nach B:
15,47 cm · 2 880 = 44 553,6 cm
$\overline{FB}$ = 445,5 m

(3) $\qquad$ c = p + q

$\qquad$ c (cm) = 8,7 + 15,47 = 24,17

Pythagoreischer Lehrsatz:

$\qquad$ $a^2 = c^2 - b^2$

$\qquad$ $a^2 = 24,17^2 - 14,5^2 = 373,9389$ $\quad | \sqrt{}$

$\qquad$ $a = 19,34$ (cm)

Tatsächliche Entfernung von C nach B:

19,34 cm · 2 880 = 55 699,2 cm

$\overline{CB}$ = 557 m

Beispiel:

Zwei im rechten Winkel zusammengesetzte Kanthölzer von 4,5 m bzw. 3,2 m Länge sollen in der Form eines Deltoids mit Brettern abgedeckt werden.

(1) Wieviel m² Bretter werden unter Berücksichtigung von 12 % Verschnitt benötigt?

An den Außenkanten wird ein Blechstreifen angebracht.
(2) Wieviel Laufmeter (lfm) Blech sind dazu erforderlich?

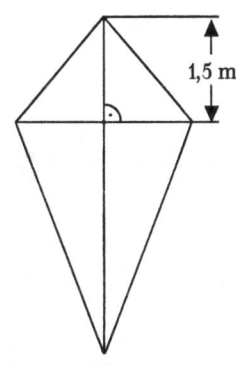

(1) A (Deltoid) $= \dfrac{e \cdot f}{2}$

$\qquad$ A (m²) $= \dfrac{4,5 \cdot 3,2}{2} = 7,2$

Berücksichtigung von 12 % Verschnitt

$\qquad$ 7,2 · 1,12 = 8,064 (m²)

Der Materialverbrauch beträgt 8,064 m².

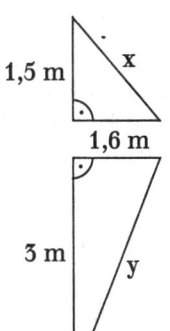

(2) Pythagoreischer Lehrsatz

$\qquad$ $x^2 = 1,5^2 + 1,6^2 = 4,81$ $\quad | \sqrt{}$

$\qquad$ $x = 2,193$ (m)

$\qquad$ $y^2 = 1,6^2 + 3^2 = 11,56$ $\quad | \sqrt{}$

$\qquad$ $y = 3,4$ (m)

Summe aller Außenlängen:
2x + 2y = 2 · 2,193 m + 2 · 3,4 m = 11,186 m
11,186 lfm Blech sind erforderlich.

Beispiel:

Eine trapezförmige Mauerausnehmung soll entlang ihrer Begrenzungen mit einem Stahlrohr versteift werden. Die Maße sind der Skizze zu entnehmen.

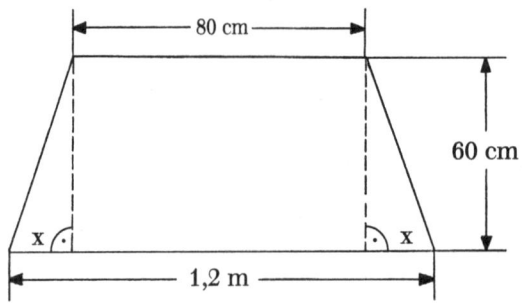

(1) Wieviel lfm Rohre werden benötigt, wenn für Verschnitt und Schweißnähte 8 % zu berücksichtigen sind?

(2) Wie groß ist die Querschnittfläche?

(1) Schenkellänge b mittels pythagoreischem Lehrsatz berechnen:

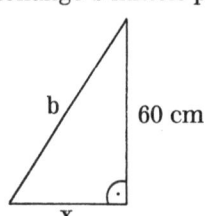

$x = (1,2 \text{ m} - 80 \text{ cm}) : 2$
$x = 20 \text{ cm}$

$b^2 = 20^2 + 60^2 = 4\,000 \quad | \sqrt{}$
$b = 63,25 \text{ (cm)}$

U (Trapez) = a + 2b + c
U (m) = 1,2 m + 2 · 0,6325 m + 0,8 m = 3,265

Tatsächlicher Bedarf: 3,265 · 1,08 = 3,526 m

(2) $\quad A \text{ (Trapez)} = \dfrac{(a + c)}{2} \cdot h \qquad A \text{ (m}^2) = \dfrac{(1,2 + 0,8)}{2} \cdot 0,6 = 0{,}6 \text{ m}^2$

Beispiel:

Ein Lagerplatz kann aus Platzgründen nur rautenförmig angelegt werden. Die begrenzte Fläche ist 311,04 m² groß; die längere Diagonale mißt 28,8 m.

(1) Welche Länge hat die kürzere Diagonale?
(2) Welchen Umfang hat der Lagerplatz?

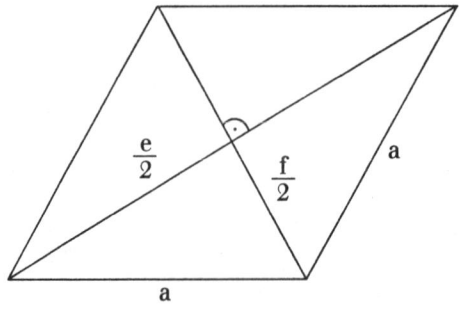

(1) Durch Umformen der Flächenformel kann die kürzere Diagonale berechnet werden:

$A = \dfrac{e \cdot f}{2} \quad | \cdot 2$

$2A = e \cdot f \quad | : e$

$\dfrac{2A}{e} = f$

$f \text{ (m)} = \dfrac{2 \cdot 311{,}04}{28{,}8} = 21{,}6$

(2)
$$a^2 = (\tfrac{e}{2})^2 + (\tfrac{f}{2})^2$$
$$a^2 = 14,4^2 + 10,8^2 = 207,36 + 116,64$$
$$a^2 = 324 \quad |\sqrt{}$$ $U = 4a$
$$a = 18 \ (m)$$ $U \ (m) = 4 \cdot 18 = 72$

Beispiel:

Zwei gerade Stangen haben eine Länge von 5,4 m bzw. 9 m. Sie sind in ihrem Halbierungspunkt durch ein drehbares Gelenk miteinander verbunden.
Die Stangen sollen nun derart gedreht werden, daß die Verbindung ihrer Endpunkte mit der kürzeren Stange einen rechten Winkel bildet.

(1) Wie weit sind dann die beiden Endpunkte voneinander entfernt?
Die Endpunkte der Stangen können als Eckpunkte eines Rhomboids angenommen werden, dessen Diagonalen (= Stangen) die Figur in Teildreiecke zerlegen.

(2) Welchen Flächeninhalt hat jedes Teildreieck?

(3) Wie groß ist der Umfang dieses Rhomboids?

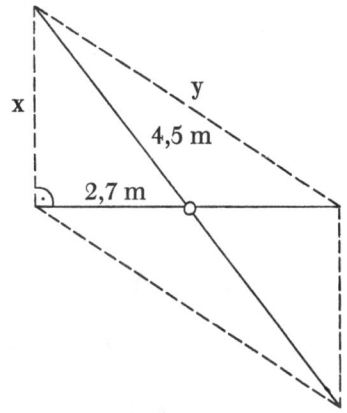

(1) Pythagoreischer Lehrsatz

$$x^2 = 4,5^2 - 2,7^2 = 20,25 - 7,29$$
$$x^2 = 12,96 \quad |\sqrt{}$$
$$x = 3,6 \ (m)$$

(2) Da jedes der vier Teildreiecke **eine** Seite von 2,7 m und die dazugehörige Höhe von 3,6 m hat, müssen die einzelnen Teildreiecke flächengleich sein:

$$A \ (1 \ \text{Teildreieck}) = \frac{2,7 \cdot 3,6}{2} = 4,86 \ (m^2)$$

(3) $U = 2x + 2y$
$$y^2 = 3,6^2 + 5,4^2 = 42,12 \quad |\sqrt{} \qquad U \ (m) = \quad 2 \cdot 3,6 + 2 \cdot 6,49 = 20,18 \ (m)$$
$$y = 6,49 \ (m)$$

Beispiel:

Der Grundriß eines Schwimmbeckens von 2,5 m Tiefe ist ein regelmäßiges Sechseck mit der Kantenlänge a = 4 m.

(1) Die Bodenfläche und die Innenwände sollen verfliest werden. Wieviel m^2 Fliesen müssen verlegt werden?

(2) Wie groß ist der (kürzeste) Abstand D zweier paralleler Seitenwände?

Grundriß   1 Seitenfläche (Innenwand)

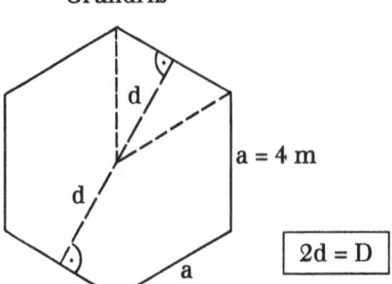

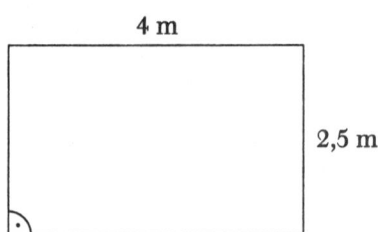

(1) Regelmäßiges Sechseck = Bodenfläche

$$A = \frac{3a^2 \cdot \sqrt{3}}{2} = \frac{3 \cdot 4^2 \cdot 1{,}73}{2} = 41{,}52 \ (m^2)$$

Seitenflächen $A = 6 \cdot 4 \cdot 2{,}5 = 60 \ (m^2)$

Gesamtbedarf: 101,52 m²

(2) Der kürzeste Abstand ergibt sich als doppelte Höhe eines gleichseitigen Dreiecks:

$$d = \frac{a \cdot \sqrt{3}}{2} \ \dots \ \text{Höhe in einem gleichseitigen Dreieck}$$

$$d = \frac{4 \cdot 1{,}73}{2} = 3{,}46 \ (m)$$

$$D = 6{,}92 \ m$$

Kreis

Bezeichnungen

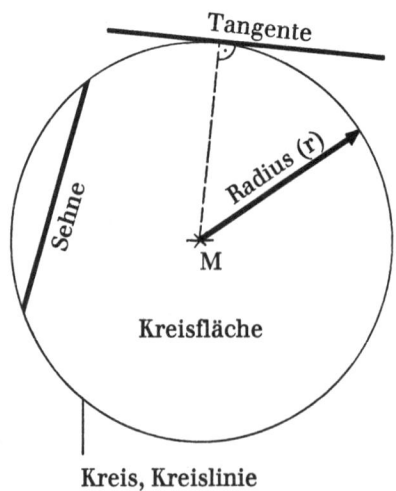

Kreis, Kreislinie

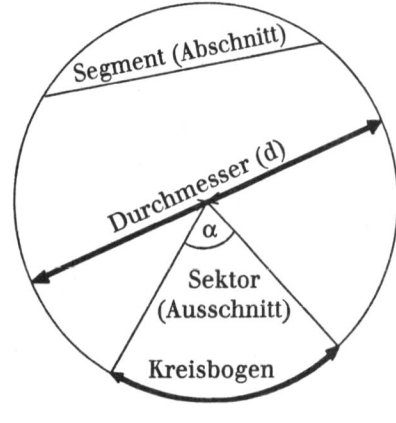

α ... Zentriwinkel

Umfang eines Kreises

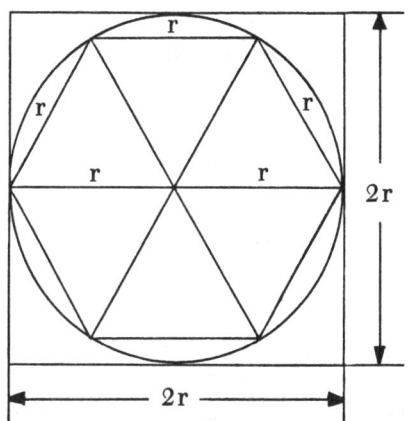

Schreibt man einem Kreis mit dem Radius r ein regelmäßiges Sechseck ein und ein Quadrat um, ist, wie aus der Zeichnung ersichtlich, der Kreisumfang U größer als der Umfang des Sechsecks, aber kleiner als der Umfang des Quadrates.

Sechseckumfang (6r) kleiner Kreisumfang kleiner Quadratumfang (8r):

$$6r < U < 8r$$

Setzt man für 2r = d (doppelter Radius gleich Durchmesser), ergibt sich:

$$3d < U < 4d$$

Um den Umfang eines Kreises zu berechnen, benötigt man daher eine „bestimmte Zahl", die größer als 3 und kleiner als 4 ist. Bereits Archimedes von Syrakus (bedeutender griechischer Mathematiker, 287 – 212 v. Chr.) konnte ein Verfahren zur Berechnung dieser bestimmten Zahl, die das **Verhältnis des Durchmessers eines Kreises zu seinem Umfang** darstellt, angeben:
Er fand für diese Verhältniszahl, die man mit π (gelesen: pi; Kleinbuchstabe des griechischen Alphabets) bezeichnet, die Beziehung:

$$3\frac{10}{71} < \pi < 3\frac{10}{70}$$

Der niederländische Mathematiker Ludolph van Ceulen (1540 – 1610) konnte bereits um 1600 die ersten 35 Dezimalstellen von π berechnen. Ihm zu Ehren wird π auch häufig „Ludolphsche Zahl" genannt.

Für das praktische Rechnen* genügen folgende Werte für π:

Dezimalschreibweise	Bruchschreibweise
$\pi = 3{,}14$	$\pi = \dfrac{22}{7}$ oder $\pi = \dfrac{355}{113}$

Mit der Verhältniszahl π ergibt sich für den Kreisumfang U:

$\dfrac{U}{d} = \pi$, daraus folgt: $\boxed{U = d\,\pi = 2r\,\pi}$

* Hinweis: Da ein Taschenrechner den Zahlenwert für π in seiner gesamten Stellenanzahl gespeichert hat, wird bei Verwendung der π-Taste anstatt des Faktors 3,14 das zahlenmäßige Ergebnis in den Nachkommastellen geringfügig abweichen.

Der Flächeninhalt eines Kreises

Teilt man eine Kreisfläche in gleich große Ausschnitte (Sektoren) und fügt diese gemäß Abbildung wieder zusammen, ergibt sich annähernd die Gestalt eines Rechtecks:

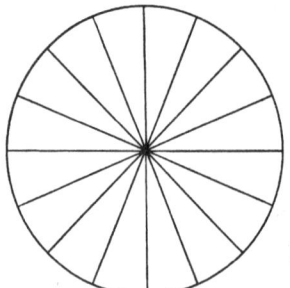 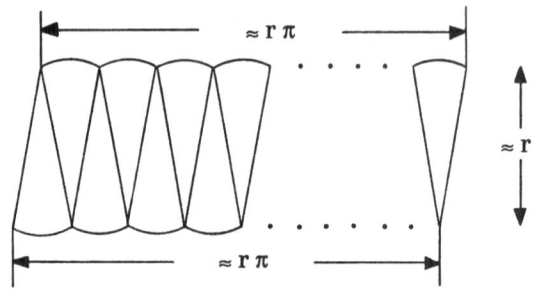

Teilt man eine Kreisfläche in (theoretisch) unendlich viele Ausschnitte und fügt diese wieder aneinander, erhält man genau ein Rechteck, dessen Längsseite dem halben Umfang des Kreises und dessen Breitseite dem Radius des Kreises entspricht:

A (Rechteck) = a · b
A (Kreis) = r π · r

$$A = r^2 \pi$$ Daraus folgt: $r = \sqrt{\dfrac{A}{\pi}}$

Setzt man in diese Flächenformel für $r = \dfrac{d}{2}$, erhält man:

$$A = \left(\dfrac{d}{2}\right)^2 \cdot \pi = \dfrac{d^2 \pi}{4}$$ Daraus folgt: $d = \sqrt{\dfrac{4A}{\pi}}$

Kreisbogen

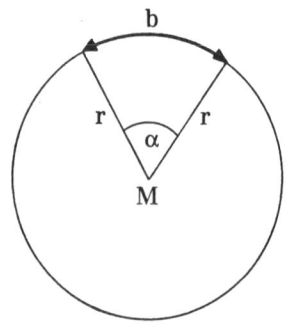

Bezeichnungen

b ... Kreisbogen, Bogenlänge
r ... Kreisradius
α ... Zentriwinkel
M ... Kreismittelpunkt

Der Kreisbogen b ist ein Teil des Umfangs U. Die Länge des Kreisbogens b ist von der Größe des zugehörigen Zentriwinkels α abhängig.

Länge eines Kreisbogens

Die Bogenlänge b eines Kreisbogens mit dem Zentriwinkel α = 1° stellt $\dfrac{1}{360}$ des Kreisumfangs dar:

$$b\,(\alpha = 1°) = \dfrac{2r\,\pi}{360} = \dfrac{r\,\pi}{180}$$

Für einen Kreisbogen mit dem Zentriwinkel α, wobei α ein Vielfaches von 1° darstellt, ergibt sich damit die allgemeingültige Formel:

$$b \, (\alpha \text{ Grad}) = \frac{2r \, \pi \, \alpha}{360} = \frac{r \, \pi \, \alpha}{180}$$

Äquivalente Umformungen

Aus $\qquad b = \dfrac{r \, \pi \, \alpha}{180} \qquad$ folgt: $\qquad r = \dfrac{180 \, b}{\pi \, \alpha}$

$$\alpha = \frac{180 \, b}{r \, \pi}$$

Kreissektor

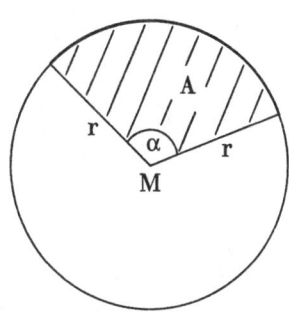

Bezeichnungen

r ... Kreisradius
α ... Zentriwinkel (in Grad)
M ... Kreismittelpunkt
A ... Sektorenfläche

Der Kreissektor ist ein Teil der Kreisfläche, dessen Größe vom zugehörigen Zentriwinkel α abhängig ist.

Der Flächeninhalt eines Sektors mit dem Zentriwinkel $\alpha = 1°$ beträgt $\dfrac{1}{360}$ der Kreisfläche.

$$A \, (\alpha = 1\,°) = \frac{r^2 \pi}{360}$$

Für einen Sektor mit dem Zentriwinkel α, wobei α ein Vielfaches von 1° darstellt, ergibt sich die allgemeingültige Formel:

$$A \, (\alpha \text{ Grad}) = \frac{r^2 \pi \, \alpha}{360}$$

Äquivalente Umformungen

Aus $\qquad A = \dfrac{r^2 \pi \, \alpha}{360} \qquad$ folgt: $\qquad r = \sqrt{\dfrac{360 \, A}{\pi \, \alpha}}$

$$\alpha = \frac{360 \, A}{r^2 \, \pi}$$

Kreisring und Kreisringsektor

Kreisring

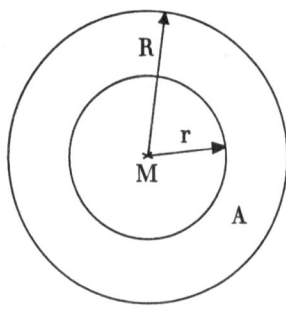

Bezeichnungen

R ... Radius des Großkreises
r ... Radius des Kleinkreises
M ... gemeinsamer Kreismittelpunkt
A ... Kreisringfläche

Kreise mit einem gemeinsamen Mittelpunkt nennt man auch **konzentrische Kreise**. Subtrahiert man von zwei Kreisen mit gemeinsamem Mittelpunkt die kleinere Kreisfläche von der größeren, ergibt die Differenzfläche einen Kreisring:

$$A = R^2\pi - r^2\pi = \pi\,(R^2 - r^2)$$

Äquivalente Umformungen

Aus $\qquad A = \pi\,(R^2 - r^2) \qquad$ folgt $\qquad R = \sqrt{\dfrac{A}{\pi} + r^2}$

$$r = \sqrt{R^2 - \dfrac{A}{\pi}}$$

In manchen Fällen führt die Umformung

$$R^2 - r^2 = (R + r)\,(R - r)$$

zu einer vorteilhafteren Berechnung der Kreisringfläche:

$$A = \pi\,(R + r)\,(R - r)$$

Kreisringsektor

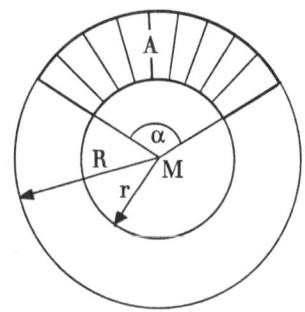

Bezeichnungen

R ... Radius des Großkreises
r ... Radius des Kleinkreises
M ... gemeinsamer Kreismittelpunkt
α ... Zentriwinkel
A ... Fläche des Kreisringsektors

Subtrahiert man von zwei Kreisen mit dem gemeinsamen Mittelpunkt M zwei Sektorenflächen mit gleichem Zentriwinkel, ergibt die Differenz den Kreisringsektor:

$$A = \frac{R^2\pi\,\alpha}{360} - \frac{r^2\pi\,\alpha}{360} = \frac{\pi\,\alpha}{360}\,(R^2 - r^2)$$

Äquivalente Umformungen

Aus $\quad A = \dfrac{\pi\,\alpha}{360}\,(R^2 - r^2) \qquad$ folgt: $\qquad R = \sqrt{\dfrac{360\,A}{\pi\,\alpha} + r^2}$

$$r = \sqrt{R^2 - \dfrac{360\,A}{\pi\,\alpha}}$$

$$\alpha = \dfrac{360\,A}{\pi\,(R^2 - r^2)}$$

Kreissegment

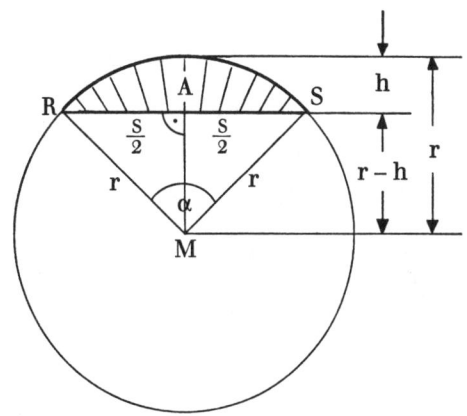

Bezeichnungen

h ... Bogenhöhe
s ... Sehnenlänge
r ... Kreisradius
M ... Kreismittelpunkt
α ... Zentriwinkel

Subtrahiert man von einem Kreissektor mit dem Zentriwinkel α das gleichschenkelige Dreieck RMS, ergibt die Differenz einen Kreisabschnitt, das Kreissegment.

A (Segment) = A (Sektor) – A (Dreieck)

$$A\ (\text{Segment}) = \frac{r^2\,\pi\,\alpha}{360} - \frac{s\,(r-h)}{2}$$

Näherungsformel

$$A \approx \frac{2}{3}\,h\,s$$

Aufgaben mit Detaillösungen

Beispiel:

Der Durchmesser eines Autorades beträgt 38 cm.

(1) Welche Strecke hat der Punkt eines Rades nach 5 000 Umdrehungen zurückgelegt?

(2) Wie viele ganze Umdrehungen macht ein Rad auf einer Strecke von 1 km?

(3) Wie viele ganze Umdrehungen macht ein Rad in der Sekunde, wenn das Auto mit 100 km/h fährt?

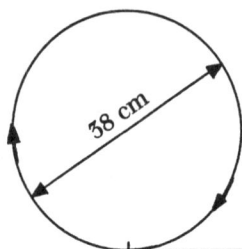

Der Radumfang entspricht einer ganzen Radumdrehung.

$$U = d\,\pi$$

(1) U = 38 · 3,14 = 119,32 (cm) ≙ 1 Radumdrehung
Strecke bei 5 000 Umdrehungen: 119,32 · 5 000 = 596 600 (cm)
Gesamtstrecke: 5 966 m

(2) $\dfrac{\text{Gesamtstrecke (1 km)}}{\text{Radumfang (119,32 cm)}}$ = Anzahl der Radumdrehungen

$$1 \text{ km} = 1\,000 \text{ m}$$
$$119,32 \text{ cm} = 1,1932 \text{ m}$$

1 000 : 1,1932 = 838
Anzahl der ganzen Radumdrehungen: 838

(3) Das Auto legt pro Stunde eine Strecke von 100 km zurück:
100 000 : 3 600 = 27,7 (m/s)

$$100 \text{ km} = 100\,000 \text{ m}$$
$$1 \text{ h} = 3\,600 \text{ s}$$

1 Radumdrehung entspricht der Strecke von 1,1932 m:
27,7 : 1,1932 = 23

Ein Rad macht pro Sekunde 23 ganze Umdrehungen.

Beispiel:

Die Spurweite* einer Modelleisenbahn, deren Schienen einen Kreis beschreiben, beträgt 17 mm. Der Außendurchmesser dieser Anlage beträgt 1 m.

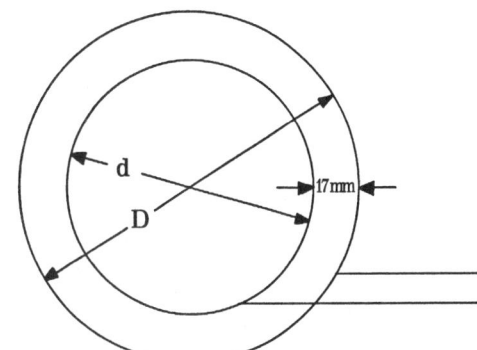

(1) Welchen Weg legt jedes Rad bei 20 Rundfahrten zurück?

(2) Um wieviel Prozent ist der äußere Schienenstrang länger als der innere?

D = 1 m = 1 000 mm

d = 1 000 mm – 2 · 17 mm = 966 mm

$\left.\begin{array}{l} \text{äußerer} \\ \text{innerer} \end{array}\right\rangle$ Schienenstrang

* Hinweis: Die Spurweite gibt den Abstand zwischen den Innenkanten der Schienenköpfe eines Gleises an.

(1)   Gesamtlänge des

äußeren Schienenstranges   inneren Schienenstranges

D π = 1 000 · 3,14 = 3 140 (mm)   d π = 966 · 3,14 = 3 033,24 (mm)

entspricht der zurückgelegten Strecke jedes Rades am jeweiligen Schienenstrang bei einer Rundfahrt

Weg eines **Außenrades**   Weg eines **Innenrades**

bei 20 Rundfahrten   bei 20 Rundfahrten

3 140 mm · 20 = 62 800 mm   3 033,24 mm · 20 = 60 664,8 mm

= 62,8 m   ≈ 60,665 m

(2) Länge des inneren Schienenstranges ≙ 100 %

3 033,24 ... 100 %

3 140   ... x

$x = \dfrac{100 \cdot 3\,140}{3\,033,24} = 103,519$

Der äußere Schienenstrang ist um rund 3,5 % länger als der innere.

Beispiel:

Der Erdäquator hat einen Radius von 6 378 160 m.

(1) Welche Länge hat der Äquator?

(2) Zwei Flugzeuge fliegen im Nonstopflug in 8 000 m Höhe um den Äquator. Flugzeug A fliegt mit 800 km/h, Flugzeug B mit 980 km/h.
Welche Zeit benötigt jedes Flugzeug für den Flug um den Äquator?

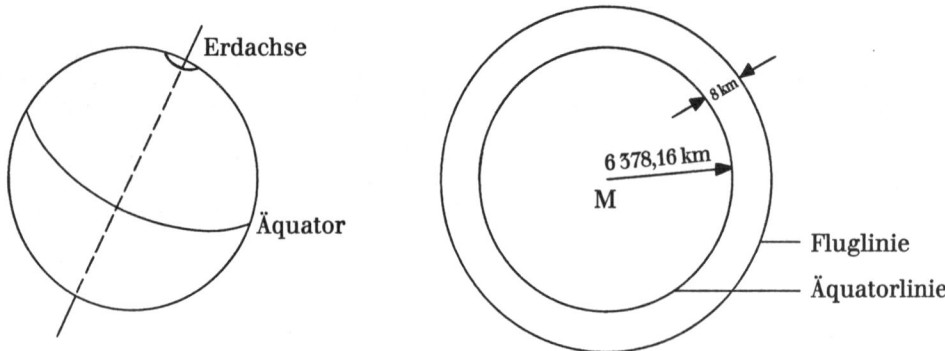

Der **Erdäquator** teilt als größter Breitenkreis die Erdkugel in die nördliche und in die südliche Halbkugel.

(1) Der Äquator mißt den Erdumfang:

$$\boxed{U = d\,\pi}$$

U (km) = 12 756,32 · 3,14 = 40 054,84
U ≈ 40 055 km

(2) Die Flugbahn beider Flugzeuge entspricht dem Umfang eines Kreises mit dem Radius r = 6 386,16 km (r = Erdradius + Flughöhe).

U (km) = 12 772,32 · 3,14 = 40 105,08
Flugstrecke ≈ 40 105 km

Flugzeit von A: 40 105 : 800 = 50 (h) ⎫
Flugzeit von B: 40 105 : 980 = 41 (h) ⎭ gerundet auf **ganze** Stunden

Beispiel:

Eine kreisförmige Abdeckplatte hat den doppelten Umfang einer rechteckigen Abdeckplatte mit den Maßen 3,5 m/1,21 m.
Die Fläche der kreisförmigen Platte ist zu berechnen.

(1) Umfang des Rechtecks: U = 2a + 2b
U = 2 · 3,5 + 2 · 1,21 = 9,42 (m)

(2) Kreisumfang = doppelter Rechteckumfang
d π = 9,42 · 2
d π = 18,84 | : π

$$d = \frac{18,84}{3,14} = 6 \ (m)$$

r = 3 m

A (Kreis) = $r^2\,\pi$
A (m²) = 3^2 · 3,14 = 28,26 (m²)

Die kreisförmige Abdeckplatte hat eine Fläche von 28,26 m².

Beispiel:

Welchen Durchmesser hat ein Kreis, dessen Fläche A_1 gleich groß wie die Fläche eines Halbkreises mit dem Radius r = 3,5 m ist?

A (Halbkreis) = $(3,5^2 \cdot 3,14) : 2 = 19,2325$ (m²)

$$A_1 = 19,2325 \text{ m}^2$$

$$r^2 \pi = 19,2325 \qquad | : \pi$$

$$r^2 = \frac{19,2325}{3,14} = 6,125 \qquad | \sqrt{}$$

$$r = \sqrt{6,125} = 2,4748... \text{ (m)} \quad | \cdot 2$$

$$d = 4,949 \text{ m}$$

Der Durchmesser des Kreises beträgt 4,949 m.

Beispiel:

In eine kreisförmige Scheibe mit dem Durchmesser d = 24 cm werden 5 kreisförmige Ausnehmungen mit dem Radius r = 15 mm gestanzt.
Um wieviel Prozent verringert sich dadurch die Fläche der Scheibe?

(1) Fläche der Scheibe: A (cm²) = $12^2 \cdot 3,14 = 452,16$

(2) Gesamtfläche der 5 Ausnehmungen: A (cm²) = $5 \cdot 1,5^2 \cdot 3,14 = 35,325$

(3) Die Fläche der Scheibe entspricht 100 %:

$$\begin{array}{l} 452,16 \ ... \ 100 \ \% \\ \underline{35,325 \ ... \ x} \end{array} \qquad x = \frac{100 \cdot 35,325}{452,16} = 7,8125$$

Die Fläche der Scheibe wird durch die fünf Ausnehmungen um ca. 7,8 % verringert.

Beispiel:

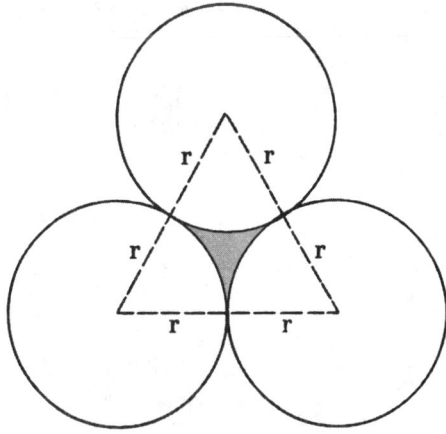

Drei kongruente* Kreise mit dem Radius r = 2 cm berühren einander von außen. Wie groß ist die Fläche zwischen diesen Kreisen?

Die Verbindungslinien der Kreismittelpunkte ergeben ein gleichseitiges Dreieck, das von jedem Kreis einen Kreissektor mit dem Zentriwinkel $\alpha = 60°$ und dem Radius r = 2 cm ausschneidet.
Setzt man die drei Kreissektoren zusammen, bilden sie einen Halbkreis.

Daher kann die zwischen den Kreisen gelegene Fläche als Differenz eines gleichseitigen Dreiecks und eines Halbkreises berechnet werden.

$$A\,(\Delta) = \frac{a^2 \sqrt{3}}{4} = \frac{4^2 \cdot 1,73}{4} = 6,92 \ (\text{cm}^2)$$

$\boxed{a = 2r}$

$$A\,(\ominus) = \frac{r^2 \pi}{2} = \frac{2^2 \cdot 3,14}{2} = 6,28 \ (\text{cm}^2)$$

Differenzfläche: $A = 6,92 - 6,28 = 0,64 \ (\text{cm}^2)$

* Hinweis: Zwei Figuren sind dann kongruent, wenn sie deckungsgleich sind, also dieselbe Größe und Gestalt haben.

Beispiel:

Der Durchmesser eines Riesenrades in einem Vergnügungspark beträgt 14 m. Die 9 in gleichen Abständen montierten Gondeln bewegen sich mit einer Geschwindigkeit von 0,65 m/s.

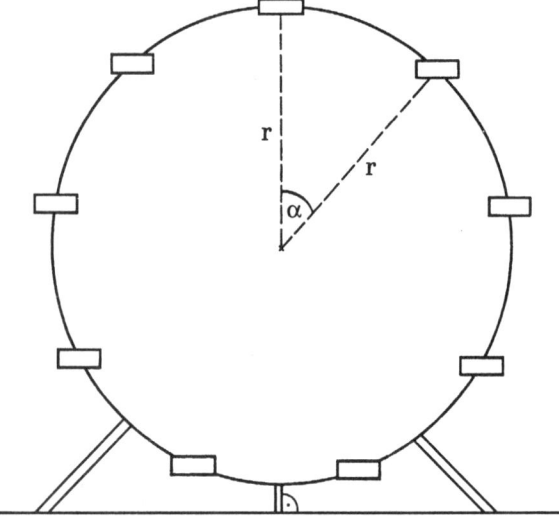

a) Welche Strecke wird von einer Gondel bei einer Umdrehung zurückgelegt?

b) Wie groß ist die von den Gondeln umschriebene Kreisfläche?

c) In welcher Zeit führt das Riesenrad 10 volle Umdrehungen durch?

d) Welchen Winkel α schließen zwei Gondeln mit der Radachse ein?

e) Nach wie vielen Umdrehungen hat eine Gondel eine Strecke von 1 km zurückgelegt?

a) Strecke s bei einer Umdrehung des Riesenrades:
$$s = d\,\pi$$
$$s\,(m) = 14 \cdot 3,14 = 43,96 \ m$$

$\boxed{s = \text{Kreisumfang}}$

b) Kreisfläche A:
$$A = r^2 \pi$$
$$A\,(m^2) = 7^2 \cdot 3,14 = 153,86 \ m^2$$

c) Zeit t für 10 Umdrehungen:
43,96 : 0,65 = 67,63 (s) ... Zeit für 1 Umdrehung
67,63 · 10 = 676,3 (s) ... Zeit für 10 Umdrehungen
$t \approx 11$ min

$\boxed{60 \ s = 1 \ \text{min}}$

d) Winkel α zwischen zwei Gondeln:
   360° : 9 = 40°

   α = 40°   Ein Vollkreis wird in 9 gleiche Sektoren geteilt.

e) Mindestanzahl von Umdrehungen für eine Strecke von 1 km:
   43,96 m ≙ 1 Umdrehung (vgl. a))
   1 000 : 43,96 = 22,7...   1 km = 1 000 m
   Anzahl der Umdrehungen pro km: 23

Beispiel:

Aus einer rechteckigen Stahlplatte (30 cm/20 cm) von 2 mm Stärke sollen möglichst viele Beilagscheiben (R = 12 mm, r = 6 mm) gestanzt werden. Die Dichte des Stahls beträgt 7,8 g/cm³.
(1) Wie viele Beilagscheiben können aus einer Platte hergestellt werden?
(2) Wie viele Beilagscheiben wiegen zusammen 1 kg?

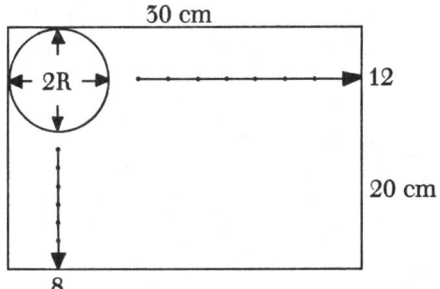
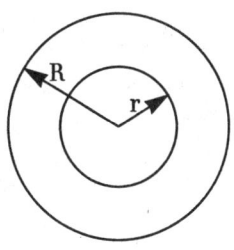

(1)   2 R = 24 mm

Größtmögliche Anzahl von Beilagscheiben der ⎰ Länge nach: 300 mm : 24 mm = 12,5
                                             ⎱ Breite nach: 200 mm : 24 mm = 8,3
Aus einer Platte können 96 Beilagscheiben gestanzt werden.

(2) Querschnittfläche **einer** Beilagscheibe:
$$A = \pi \, (R^2 - r^2)$$
$$A \, (mm^2) = 3,14 \, (12^2 - 6^2) = 3,14 \, (144 - 36) = 339,12$$

(3) Volumen **einer** Beilagscheibe:
   V = Querschnittfläche mal Materialstärke
$$V \, (mm^3) = 339,12 \cdot 2 = 678,24$$

(4) Gewicht **einer** Beilagscheibe:
$$G = V \cdot \rho$$ 678,24 mm³ = 0,67824 cm³
$$G \, (g) = 0,67824 \cdot 7,8 = 5,290272$$

(5) 1 000 : 5,290272 = 189,02...
189 Beilagscheiben wiegen 1 kg.

Beispiel:

Aus einer kreisförmigen Scheibe mit dem Radius r = 30 mm soll ein größtmögliches Rechteck mit der Länge a = 48 mm herausgeschnitten werden.

(1) Welche Fläche hat dieses Rechteck? Die von den Eckpunkten der längeren Rechteckseite gezogenen Radien schließen den Winkel α = 106,26° ein.

(2) Welche Fläche hat ein der kürzeren Rechteckseite anliegender Kreisabschnitt?

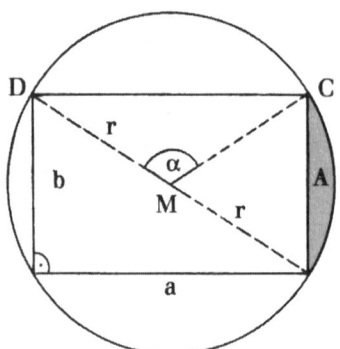

(1) Pythagoreischer Lehrsatz:
$$b^2 = (2r)^2 - a^2$$
$$b^2 = 60^2 - 48^2 = 1\,296 \quad | \sqrt{}$$
$$b = 36 \text{ (mm)}$$

$$A \text{ (Rechteck)} = a \cdot b$$
$$A \text{ (mm}^2) = 48 \cdot 36 = 1\,728 \text{ mm}^2$$

(2) Subtrahiert man von der Kreisfläche das Rechteck und die beiden größeren Kreisabschnitte, ergibt sich die doppelte Fläche der kleineren Kreisabschnitte.

A (1 großer Kreisabschnitt) = A (Kreissektor r, α) – A (Dreieck MCD)

$$A = \frac{30^2 \cdot 3,14 \cdot 106,26}{360} - \frac{48 \cdot 18}{2} = 834,141 - 432 = 402,14 \text{ (mm}^2)$$

$$A \text{ (1 kleiner Kreisabschnitt)} = \frac{A \text{ (Kreis)} - A \text{ (Rechteck)} - 2A \text{ (1 großer Kreisabschnitt)}}{2}$$

$$A = \frac{30^2 \cdot 3,14 - 1\,728 - 2 \cdot 402,14}{2} = \frac{2\,826 - 1\,728 - 804,28}{2} = 146,86$$

$$A = 146,86 \text{ mm}^2 \approx 1,5 \text{ cm}^2$$

Beispiel:

Für die beweglichen Teile eines kreisförmigen Wandspiegels soll gemäß nachstehenden Skizzen der Glasbedarf berechnet werden.
Welche Kosten entstehen, wenn pro m² Glas x DM in Rechnung gestellt werden?

Wandspiegel

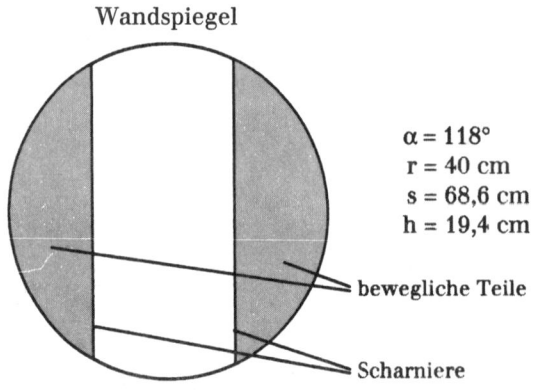

bewegliche Teile

Scharniere

α = 118°
r = 40 cm
s = 68,6 cm
h = 19,4 cm

Glasplatte für den Zuschnitt eines Teiles

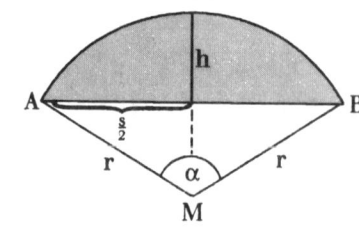

Die benötigten Glasteile sind Kreisabschnitte.

(1) Fläche des Kreissektors

$$A_1 \ (cm^2) = \frac{r^2 \, \pi \, \alpha}{360} = \frac{40^2 \cdot 3,14 \cdot 118}{360} = 1\,646,76 \ cm^2$$

(2) Fläche des Dreiecks MAB

$$A_2 \ (cm^2) = \frac{s \, (r-h)}{2} = \frac{68,6 \, (40 - 19,4)}{2} = 706,58 \ cm^2$$

(3) Fläche des Kreisabschnittes
$A = A_1 - A_2$
$A = (cm^2) = 1\,646,76 - 706,58 = 940,18 \ (cm^2) = 1$ Seitenteil

(4) Kosten K für beide Seitenteile

$$\boxed{2 \cdot 940,18 \ cm^2 = 0,188 \ m^2}$$

K (DM) $= 0,188 \cdot x$

Beispiel:

Aus einer Preßspanplatte soll eine Abdeckplatte in Form eines Kreisringsektors ausgeschnitten werden.

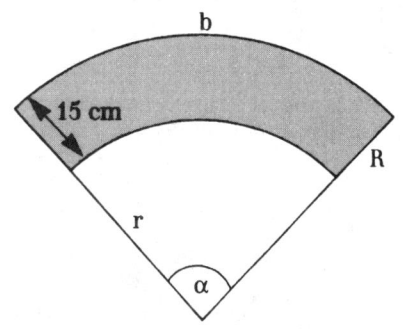

(1) Wie ist der Zentriwinkel α zu wählen, wenn der äußere Kreisbogen 104,7 cm lang sein soll?

(2) Wie groß ist die Fläche des Kreisringausschnittes, wenn die Platte 15 cm breit sein soll?

R = 60 cm
b = 104,7 cm

(1) Durch Umformung der Kreisbogenformel kann der Winkel α berechnet werden:

$$b = \frac{R \, \pi \, \alpha}{180} \qquad | \cdot 180$$

$$180 \, b = R \, \pi \, \alpha \qquad | : (R \, \pi)$$

$$\frac{180 \cdot b}{R \, \pi} = \alpha$$

$$\alpha = \frac{180 \cdot 104,7}{60 \cdot 3,14} = 100,03 \ (Grad)$$

Der Winkel α beträgt 100°.

(2) $r = R - 15 \ cm = 60 \ cm - 15 \ cm = 45 \ cm$

$$A \ (Kreisringausschnitt) = \frac{\pi \, \alpha}{360} \cdot (R^2 - r^2)$$

$$A \ (cm^2) = \frac{3,14 \cdot 100}{360} \cdot (60^2 - 45^2) = 1\,373,75 \ (cm^2)$$

Die Fläche des Kreisringausschnittes beträgt rund 13,7 dm².

Stereometrie

Die Stereometrie (griech. = Körpermessung) ist die Geometrie der Körper, in der die zwei Dimensionen der Ebene um eine dritte erweitert werden. Neben der Messung und Berechnung von Größen der Körper wie Höhe, Volumen, Oberfläche etc. werden in der Stereometrie die Zusammenhänge zwischen diesen Größen hergestellt.

Prisma

Grund- und Deckfläche des Prismas sind kongruente (= deckungsgleiche) Vielecke. Alle Seitenkanten sind parallel, gleich lang und stehen normal (= rechtwinkelig) zur Grundfläche.
Die Oberfläche O (= Summe aller Begrenzungsflächen) besteht aus einer Grundfläche G, einer gleich großen Deckfläche und dem Mantel M (= Summe aller seitlichen Begrenzungsflächen):

$$O \text{ (Prisma)} = 2\,G + M$$

Der ausgebreitete Mantel M ist ein Parallelogramm (Rechteck), dessen Grundlinie gleich dem Umfang der Grundfläche und dessen Höhe gleich der Höhe des Prismas ist:

$$M \text{ (Prisma)} = U \cdot h \qquad U = \frac{M}{h} \qquad h = \frac{M}{U}$$

Der Rauminhalt (Volumen) eines Prismas ist das Produkt von Grundfläche und Körperhöhe:

$$V \text{ (Prisma)} = G \cdot h \qquad G = \frac{V}{h} \qquad h = \frac{V}{G}$$

Bilden die Seitenkanten eines Prismas mit der Grundfläche keinen rechten Winkel, bezeichnet man diesen Körper als schiefes Prisma. Das Volumen schiefer Prismen kann nach derselben Formel wie der für gerade Prismen berechnet werden, nicht jedoch der Mantel als Teil der Oberfläche.

Regelmäßige gerade Prismen

sind Prismen mit einem regelmäßigen Vieleck (gleichseitiges Dreieck, Quadrat, ...,
regelmäßiges Sechseck ...) als Grundfläche:

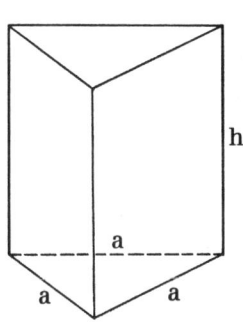
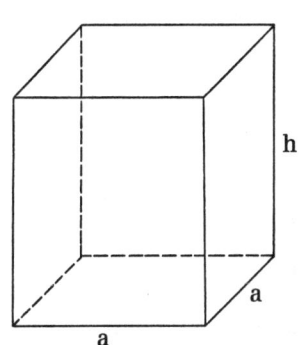
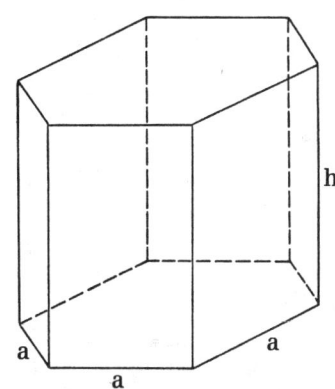

regelmäßiges dreiseitiges Prisma	regelmäßiges vierseitiges Prisma	regelmäßiges sechsseitiges Prisma

$$O = 2 \cdot \frac{a^2 \sqrt{3}}{4} + 3 \cdot a\,h \qquad\qquad O = 2a^2 + 4a\,h \qquad\qquad O = 2 \cdot \frac{3a^2 \sqrt{3}}{2} + 6a\,h$$

$$= \frac{a^2 \sqrt{3}}{2} + 3a\,h \qquad\qquad\qquad\qquad\qquad\qquad = 3a^2 \sqrt{3} + 6a\,h$$

$$V = \frac{a^2 \sqrt{3}}{4} \cdot h \qquad\qquad\qquad V = a^2 \cdot h \qquad\qquad\qquad V = \frac{3a^2 \sqrt{3}}{2} \cdot h$$

Jedes vierseitige Prisma mit einem Rechteck als Grundfläche bezeichnet man als
Quader.

Der **Würfel** ist ein Sonderfall des regelmäßigen vierseitigen Prismas:

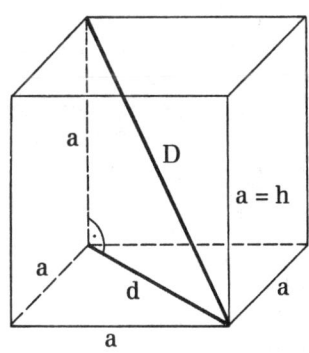

Alle Begrenzungskanten sind gleich lang:

$$\boxed{\begin{aligned} O &= 6a^2 \\ V &= a^3 \end{aligned}}$$

Für die Raumdiagonale D gilt:

$$D^2 = d^2 + a^2$$

$$\boxed{d^2 = a^2 + a^2 = 2a^2}$$

$$D^2 = 2a^2 + a^2$$
$$D^2 = 3a^2 \quad | \sqrt{}$$
$$D = a\sqrt{3}$$

Beispiel:

Ein quaderförmiger Öltank mit den Innenmaßen 3,80 m/2,40 m/1,50 m soll bis 15 cm unterhalb des Randes gefüllt werden.
Die für die Berechnung des Einfüllvolumens maßgebende Körperhöhe ergibt sich aus der Differenz von 1,50 m und 15 cm.

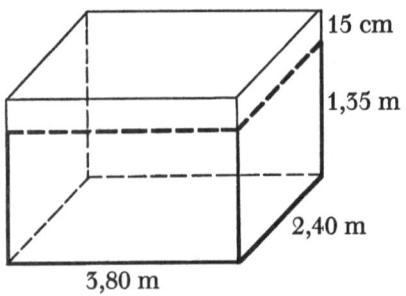

15 cm

1,35 m

2,40 m

3,80 m

$$V\,(m^3) = G \cdot h$$
$$= 3,8 \cdot 2,4 \cdot 1,35$$
$$= 12,312\,(m^3)$$

$1\,dm^3 \triangleq 1\,l$	$1\,m^3 = 1\,000\,dm^3$

Das Einfüllvolumen beträgt 12 312 Liter.

Beispiel:

Die Oberfläche eines regelmäßigen sechsseitigen Prismas mit der Grundflächenkante a = 12 cm beträgt 2 547,36 cm². Die Körperhöhe h ist zu berechnen.
Durch Umformen der Oberflächenformel kann die Unbekannte h berechnet werden:

$$3\,a^2\sqrt{3} + 6a\,h = O \quad | -3a^2\sqrt{3}$$
$$6a\,h = O - 3a^2\sqrt{3} \quad | : 6a$$
$$h = \frac{O - 3a^2\sqrt{3}}{6a}$$

$$h\,(cm) = \frac{2\,547,36 - 3 \cdot 12^2 \cdot 1,73}{6 \cdot 12} = \frac{2\,547,36 - 747,36}{72} = 25$$

Beispiel:

Ein oben offener Behälter in der Form eines regelmäßigen dreiseitigen Prismas (V = 865 l, h = 2 m) soll an allen Außenflächen mit einem Anstrich versehen werden.
Die für die Berechnung des Mantels und einer Grundfläche notwenige Maßzahl der Grundflächenkante a kann durch Umformung der Volumsformel gewonnen werden:

$$\frac{a^2\sqrt{3}}{4} \cdot h = V \quad | \cdot 4$$
$$a^2\sqrt{3} \cdot h = 4\,V \quad | : (\sqrt{3}\,h)$$
$$a^2 = \frac{4\,V}{\sqrt{3} \cdot h} \quad | \sqrt{}$$
$$a = \sqrt{\frac{4\,V}{\sqrt{3} \cdot h}}$$
$$a\,(m) = \sqrt{\frac{4 \cdot 0,865}{1,73 \cdot 2}} = 1$$

$865\,l \triangleq 0,865\,m^3$	$\sqrt{1} = 1$

Da der Körper oben offen ist, ergibt sich für die restliche Oberfläche:

O (Rest) = 1 G + M

$$= \frac{a^2 \sqrt{3}}{4} + 3a\,h$$

$$O\ (m^2) = \frac{1^2 \cdot 1{,}73}{4} + 3 \cdot 1 \cdot 2 = 6{,}4325$$

Pyramide

Die Grundfläche einer (regelmäßigen) Pyramide ist ein (regelmäßiges) Vieleck, die Seitenkanten verbinden jeden Basiseckpunkt mit der Spitze der Pyramide.
Die Spitze einer **geraden Pyramide** liegt lotrecht über dem Mittelpunkt der Grundfläche; ihren Abstand von der Basisfläche nennt man **Höhe** der Pyramide.
Die Anzahl der dreieckigen Seitenflächen (= Mantel) entspricht der Seitenanzahl der Grundfläche.
Bei regelmäßigen Pyramiden sind alle seitlichen Begrenzungsdreiecke kongruent.
Nach der Seitenanzahl der Grundfläche unterscheidet man drei- und mehrseitige Pyramiden.

$$O = G + M$$

Der Rauminhalt einer Pyramide ist ein Drittel des Volumens eines Prismas von gleicher Höhe h und gleicher Grundfläche G (**Cavalierisches Prinzip,** vgl. Kapitel „Kugel"):

$$V = \frac{G \cdot h}{3}$$

Zerlegung eines dreiseitigen Prismas in drei dreiseitige Pyramiden

Prisma   Pyramiden

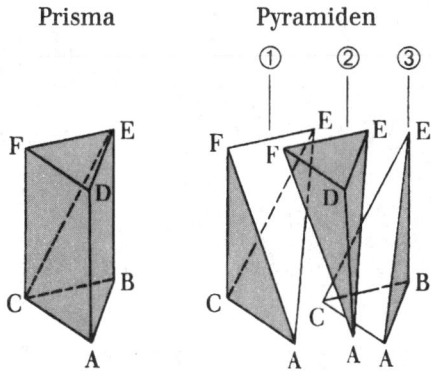

Das Prisma wurde durch zwei ebene Schnitte in drei volumsgleiche Pyramiden zerlegt.

② und ③ haben wegen
Δ ABC = Δ DEF und $\overline{BE} = \overline{DA}$
Grundflächen und Höhen
mit dem Prisma gemeinsam.

② und ① haben wegen
Δ ADF = Δ AFC
gleiche Grundflächen.

Da auch der Abstand des Punktes E von den Seitenflächen ACF und ADF jeweils gleich groß ist, haben beide Pyramiden auch dieselbe Höhe.

Alle drei Pyramiden sind also volumsgleich. Folglich muß das Volumen einer Pyramide ein Drittel des Volumens eines Prismas mit gleicher Grundfläche und Höhe betragen.

Die regelmäßige vierseitige (quadratische) Pyramide

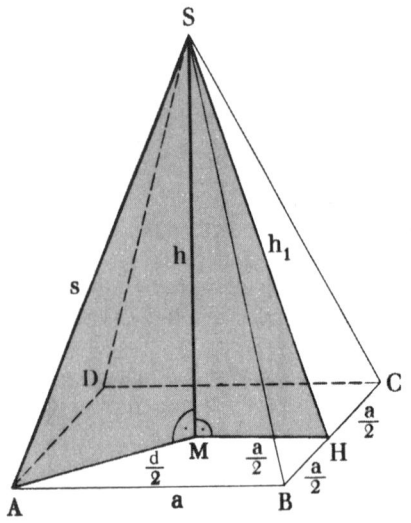

Bezeichnungen

A, B, C, D ... Basiseckpunkte
a ... Basiskante
s ... Seitenkante
h ... Körperhöhe
h_1 ... Seitenflächenhöhe

$\dfrac{d}{2}$ ... halbe Diagonale des Grundflächenquadrates

H ... Halbierungspunkt der Seite BC
S ... Spitze

$$V = \frac{a^2 \cdot h}{3}$$

Die Grundfläche ist ein Quadrat, den Mantel bilden vier kongruente Dreiecke mit der Basislänge a und der Höhe h_1.

$$G = a^2$$
$$O = G + M$$
$$= a^2 + 2\,a\,h_1$$

$$M = 4 \cdot \frac{a \cdot h_1}{2} = 2\,a\,h_1$$

Äquivalente Umformungen

Aus $\quad V = \dfrac{a^2 \cdot h}{3} \quad$ folgt: $\quad a = \sqrt{\dfrac{3\,V}{h}} \qquad h = \dfrac{3\,V}{a^2}$

Aus $\quad M = 2\,a\,h_1 \quad$ folgt: $\quad a = \dfrac{M}{2\,h_1} \qquad h_1 = \dfrac{M}{2a}$

Aus $\quad O = a^2 + 2\,a\,h_1 \quad$ folgt: $\quad h_1 = \dfrac{O - a^2}{2\,a}$

Viele Aufgabenstellungen zur quadratischen Pyramide können erst nach Berechnen einzelner Größen in den rechtwinkeligen Dreiecken AMS oder MHS gelöst werden. Die Berechnung dieser Größen erfolgt mit dem pythagoreischen Lehrsatz:

$\measuredangle$ MHS

$$h_1^2 = (\frac{a}{2})^2 + h^2$$

$$h_1 = \sqrt{(\frac{a}{2})^2 + h^2}$$

Daraus folgt:

$$h = \sqrt{h_1^2 - (\frac{a}{2})^2}$$

$$a = 2\sqrt{h_1^2 - h^2}$$

$\measuredangle$ AMS

$$s^2 = (\frac{d}{2})^2 + h^2$$

$$s = \sqrt{(\frac{d}{2})^2 + h^2}$$

Daraus folgt:

$$h = \sqrt{s^2 - (\frac{d}{2})^2}$$

$$d = 2\sqrt{s^2 - h^2}$$

Da in einem Quadrat die Diagonale d das Produkt der Seitenkante a und der Quadratwurzel der Zahl 2 ist (nach Pythagoras), kann die Seitenkante s auch durch die Größen a und h ausgedrückt werden:

$$\boxed{d = a\sqrt{2}, \quad \frac{d}{2} = \frac{a\sqrt{2}}{2}}$$

$$s^2 = (\frac{a\sqrt{2}}{2})^2 + h^2$$

$$s^2 = \frac{2\,a^2}{4} + h^2$$

$$s^2 = \frac{a^2}{2} + h^2$$

$$s = \sqrt{\frac{a^2}{2} + h^2}$$

Daraus folgt:

$$a = \sqrt{2\,s^2 - 2\,h^2}$$

$$h = \sqrt{\frac{2\,s^2 - a^2}{2}}$$

Pyramide mit einem allgemeinen Rechteck als Grundfläche (rechteckige Pyramide)

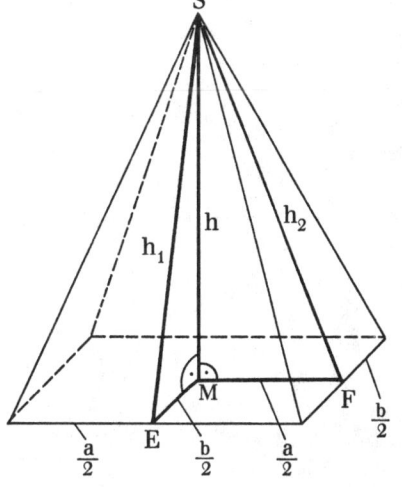

Grundfläche: Rechteck mit den Seiten a und b

$G = a \cdot b$
$M = 2 \cdot \dfrac{a \cdot h_1}{2} + 2 \cdot \dfrac{b \cdot h_2}{2}$ $= a\,h_1 + b\,h_2$
$O = a\,b + a\,h_1 + b\,h_2$
$V = \dfrac{a\,b\,h}{3}$

495

Für die rechtwinkeligen Dreiecke EMS und MFS gilt:

$\measuredangle$ E M S

$$h_1^2 = h^2 + (\tfrac{b}{2})^2$$

$$h_1 = \sqrt{h^2 + (\tfrac{b}{2})^2}$$

Daraus folgt:

$$h = \sqrt{h_1^2 - (\tfrac{b}{2})^2}$$

$$b = 2\sqrt{h_1^2 - h^2}$$

$\measuredangle$ M F S

$$h_2^2 = h^2 + (\tfrac{a}{2})^2$$

$$h_2 = \sqrt{h^2 + (\tfrac{a}{2})^2}$$

Daraus folgt:

$$h = \sqrt{h_2^2 - (\tfrac{a}{2})^2}$$

$$a = 2\sqrt{h_2^2 - h^2}$$

Pyramide mit einem regelmäßigen Sechseck als Grundfläche (regelmäßige sechsseitige Pyramide)

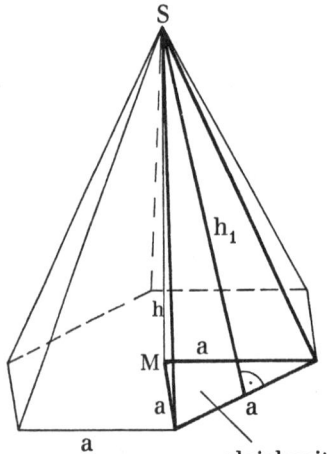

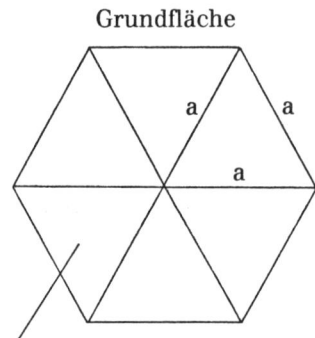

Grundfläche

gleichseitiges Dreieck

$$G = 6 \cdot \frac{a^2\sqrt{3}}{4}$$

$$= \frac{3\,a^2\sqrt{3}}{2}$$

$$M = 6 \cdot \frac{a \cdot h_1}{2}$$

$$= 3\,a\,h_1$$

$$O = G + M$$
$$= \frac{3\,a^2\sqrt{3}}{2} + 3\,a\,h_1$$

$$V = \frac{1}{3} \cdot G \cdot h$$
$$= \frac{1}{3} \cdot \frac{3\,a^2\sqrt{3}}{2} \cdot h$$
$$= \frac{a^2\sqrt{3}\,h}{2}$$

Äquivalente Umformungen

Aus $\quad O = \dfrac{3\,a^2\sqrt{3}}{2} + 3\,a\,h_1 \quad$ folgt: $\quad h_1 = \dfrac{2 \cdot O - 3\,a^2\sqrt{3}}{6\,a}$

Aus $\quad V = \dfrac{a^2\sqrt{3}\,h}{2} \quad$ folgt: $\quad a = \sqrt{\dfrac{2\,V}{\sqrt{3} \cdot h}}$

$$h = \frac{2\,V}{a^2 \cdot \sqrt{3}}$$

Beispiel:

Volumen und Oberfläche einer quadratischen Pyramide (a = 10 cm, h = 2 dm) sollen berechnet werden.

$$V = \frac{a^2 \cdot h}{3}$$

$$\boxed{10 \text{ cm} = 1 \text{ dm}}$$

$$V \text{ (dm}^3) = \frac{1^2 \cdot 2}{3} = \frac{2}{3} \approx 0,7$$

Zur Berechnung der Oberfläche muß die Seitenflächenhöhe h_1 ermittelt werden:

$$h_1 = \sqrt{h^2 + (\frac{a}{2})^2}$$

$$h_1 \text{ (cm)} = \sqrt{20^2 + 5^2} = \sqrt{425} \approx 20,62$$

$$O = a^2 + 2 \, a \, h_1$$

$$\begin{aligned} O \text{ (cm}^2) &= 10^2 + 2 \cdot 10 \cdot 20,62 \\ &= 100 + 412,4 \\ &= 512,4 \text{ cm}^2 \end{aligned}$$

Beispiel:

Von einer quadratischen Pyramide sind der Mantel (M = 117,8 dm^2) und die Basiskante (a = 62 cm) bekannt. Die Seitenflächenhöhe h_1 ist zu berechnen.

$$2 \, a \, h_1 = M$$

$$\boxed{62 \text{ cm} = 6,2 \text{ dm}}$$

$$h_1 = \frac{M}{2 \, a}$$

$$h_1 \text{ (dm)} = \frac{117,8}{2 \cdot 6,2} = 9,5$$

Beispiel:

Die Mantelfläche einer rechteckigen Pyramide (a = 20 cm, b = 10 cm, h = 30 cm) ist zu berechnen.

$$\boxed{M = a \, h_1 + b \cdot h_2}$$

Durch zweimaliges Anwenden des pythagoreischen Lehrsatzes können die Seitenflächenhöhen h_1 und h_2 berechnet werden:

$$h_1 = \sqrt{h^2 + (\frac{b}{2})^2}$$

$$h_1 \text{ (cm)} = \sqrt{30^2 + (\frac{10}{2})^2} = \sqrt{925} \approx 30,41$$

$$h_2 = \sqrt{h^2 + \left(\frac{a}{2}\right)^2}$$

$$h_2 \text{ (cm)} = \sqrt{30^2 + \left(\frac{20}{2}\right)^2} = \sqrt{1\,000} \approx 31,62$$

$$
\begin{aligned}
M \text{ (cm}^2) &= 20 \cdot 30,41 + 10 \cdot 31,62 \\
&= 608,20 + 316,2 \\
&= 924,40 \text{ cm}^2
\end{aligned}
$$

Beispiel:

Von einer regelmäßigen sechsseitigen Pyramide ($V = 151,375$ dm³, $h = 70$ cm) ist die Länge der Grundflächenkante a zu berechnen.

Durch Umformen der Volumsformel kann die Größe a ausgedrückt werden:

$$V = \frac{a^2\sqrt{3} \cdot h}{2} \quad | \cdot 2 \qquad\qquad a \text{ (dm)} = \sqrt{\frac{2 \cdot 151,375}{1,73 \cdot 7}}$$

$$2V = a^2\sqrt{3} \cdot h \quad | : (\sqrt{3} \cdot h) \qquad\qquad = \sqrt{\frac{302,75}{12,11}}$$

$$\frac{2V}{\sqrt{3} \cdot h} = a^2 \quad | \sqrt{} \qquad\qquad = 5 \text{ dm}$$

$$\sqrt{\frac{2V}{\sqrt{3} \cdot h}} = a$$

Beispiel:

Die Mantelfläche einer regelmäßigen sechsseitigen Pyramide ($a = 10$ cm, $h = 25$ cm) ist zu berechnen.

$$\boxed{M = 3\,a\,h_1}$$

Die Größe h_1 kann durch Anwenden des pythagoreischen Lehrsatzes berechnet werden:

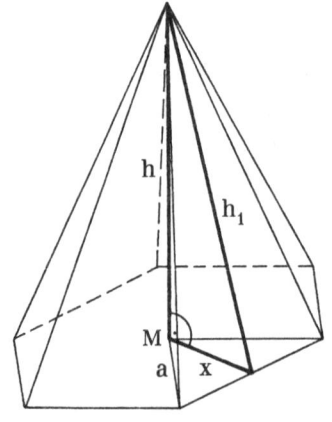

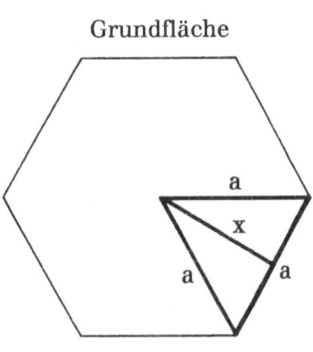

Grundfläche

x ... Höhe im gleichseitigen Dreieck

$$x = \frac{a \sqrt{3}}{2}$$

$$x \ (cm) = \frac{10 \cdot 1,73}{2} = 8,65$$

$$\boxed{a = 10 \ cm}$$

$$h_1 = \sqrt{h^2 + x^2}$$

$$h_1 \ (cm) = \sqrt{25^2 + (8,65)^2}$$

$$= \sqrt{625 + 74,8225}$$

$$\approx 26,45$$

$$M \ (cm^2) = 3 \cdot 10 \cdot 26,45 = 793,5$$

Zylinder

Das Volumen eines Kreiszylinders kann durch Drehung einer Rechtecksfläche um eine ihrer Achsen gebildet werden.

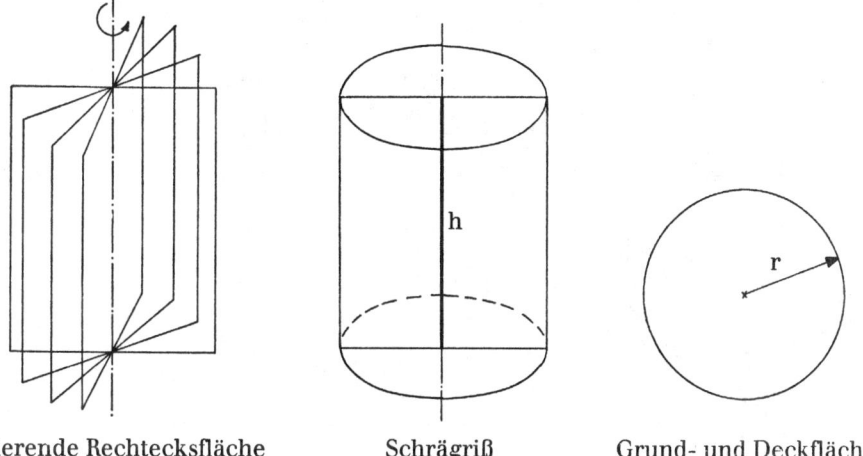

| rotierende Rechtecksfläche | Schrägriß | Grund- und Deckfläche |

In Analogie zur Volumsformel des Prismas gilt für den Rauminhalt eines Zylinders:

$$V = G \cdot h$$

Da die Grundfläche ein Kreis ist, ergibt sich:

$$\boxed{V = r^2 \ \pi \ h}$$

Äquivalente Umformungen

Aus $\quad V = r^2 \ \pi \ h \quad$ folgt: $\quad r = \sqrt{\dfrac{V}{\pi \ h}} \qquad h = \dfrac{V}{r^2 \ \pi}$

Auch für die Oberfläche eines Zylinders ergibt sich in Analogie zum Prisma:

$$O = 2\,G + M$$

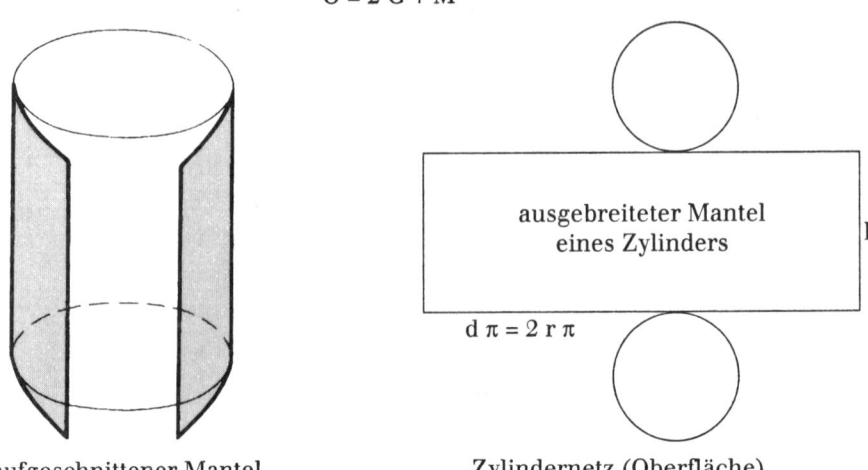

aufgeschnittener Mantel   Zylindernetz (Oberfläche)

Der abgewickelte Mantel eines Zylinders ist ein Rechteck, dessen Länge gleich dem Umfang U des Grundflächenkreises und dessen Breite gleich der Zylinderhöhe h ist.

$M = 2\,r\,\pi\,h$ $\;\;\; = d\,\pi\,h$	$U\ (\text{Kreis}) = 2\,r\,\pi = d\,\pi$
$O = 2\,G + M$ $\;\;\; = 2\,r^2\,\pi + 2\,r\,\pi\,h$ $\;\;\; = 2\,r\,\pi\,(r + h)$	$A\ (\text{Kreis}) = r^2\,\pi$

Äquivalente Umformungen

Aus $\quad M = 2\,r\,\pi\,h \qquad$ folgt: $\qquad r = \dfrac{M}{2\,\pi\,h} \qquad h = \dfrac{M}{2\,r\,\pi}$

Aus $\quad O = 2\,r^2\,\pi + 2\,r\,\pi\,h \qquad$ folgt: $\qquad h = \dfrac{O - 2\,r^2\,\pi}{2\,r\,\pi}$

Beispiel:

Welches Fassungsvermögen (in Liter) hat ein zylindrischer Behälter von 70 cm Durchmesser und einer Höhe von 1,26 m?

$$d = 70\ \text{cm},\ r = 35\ \text{cm} = 0,35\ \text{m}$$

$V = r^2\,\pi\,h$

$V\ (\text{m}^3) = 0,35^2 \cdot 3,14 \cdot 1,26 = 0,484659$

$$1\ \text{m}^3 = 1\ 000\ \text{dm}^3 \quad\Big|\quad 1\ \text{dm}^3 \,\widehat{=}\, 1\ \text{l}$$

Das Fassungsvermögen beträgt 484,659 l ($\approx$ 484,7 l).

Beispiel:

Wie hoch muß ein zylindrischer Getreidesilo von 6 m Durchmesser sein, damit er einen Rauminhalt von 66 m³ hat?
Durch Umformen der Volumsformel kann die Höhe h ausgedrückt werden:

$r^2 \pi \, h = V \quad | : (r^2 \pi)$

$$h = \frac{V}{r^2 \pi} \qquad\qquad h \,(m) = \frac{66}{3^2 \cdot 3{,}14} \approx 2{,}33$$

Der Getreidesilo muß 2,33 m hoch sein.

Beispiel:

Welche Höhe hat ein zylindrischer Behälter, dessen Oberfläche 79,128 m² und dessen Durchmesser 6 m beträgt?
Durch Umformen der Oberflächenformel kann die Größe h ausgedrückt werden:

$2 \, r^2 \pi + 2 \, r \pi \, h = O \qquad | - 2 \, r^2 \pi$

$2 \, r \pi \, h = O - 2 \, r^2 \pi \quad | : (2 \, r \pi)$

$$h = \frac{O - 2 \, r^2 \pi}{2 \, r \pi} \qquad\qquad h \,(m) = \frac{79{,}128 - 2 \cdot 3^2 \cdot 3{,}14}{2 \cdot 3 \cdot 3{,}14} = 1{,}2$$

Der Behälter hat eine Höhe von 1,2 m.

Kegel

Das Volumen eines geraden Kreiskegels kann durch Drehung eines rechtwinkeligen Dreiecks um eine seiner Katheten gebildet werden:

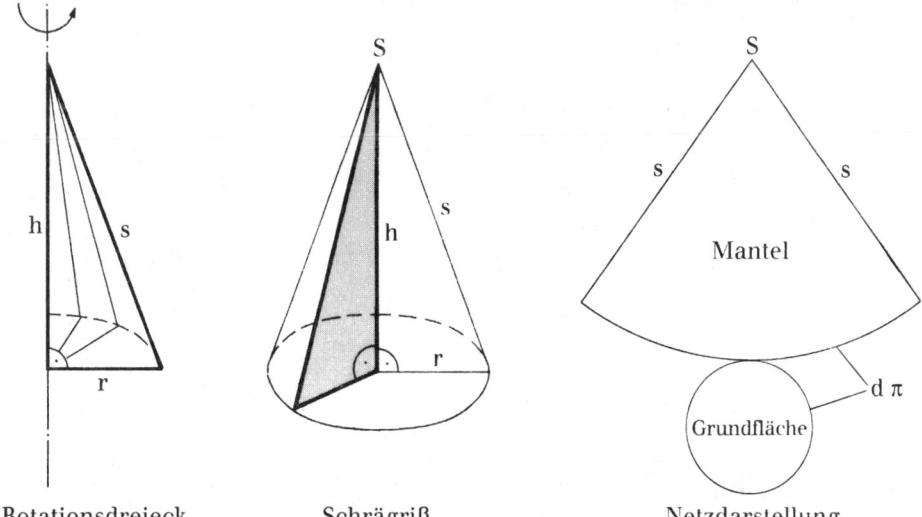

Rotationsdreieck   Schrägriß   Netzdarstellung

Die Körperhöhe h, der Radius r und die Mantellinie s bilden ein rechtwinkeliges Dreieck:

$$s^2 = h^2 + r^2$$
$$s = \sqrt{h^2 + r^2}$$

Daraus folgt:

$$h = \sqrt{s^2 - r^2}$$
$$r = \sqrt{s^2 - h^2}$$

Der Rauminhalt eines Kegels beträgt ein Drittel des Volumens eines Zylinders von gleicher Grundfläche und gleicher Höhe:

$$V = \frac{G \cdot h}{3} = \frac{r^2 \pi h}{3}$$

Äquivalente Umformungen

Aus $\quad V = \dfrac{r^2 \pi h}{3} \quad$ folgt: $\quad r = \sqrt{\dfrac{3\,V}{\pi h}} \qquad h = \dfrac{3\,V}{r^2 \pi}$

Den Mantel eines Kegels bildet ein Kreissektor, dessen Bogenlänge b gleich dem Umfang des Grundkreises mit dem Radius r und dessen Radius R gleich der Mantellinie s ist:

Bezeichnungen

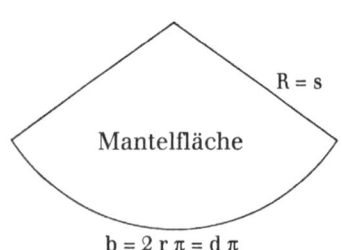

R = s

Mantelfläche

$= \begin{bmatrix} R \dots \text{Radius des Kreissektors} \\ s \dots \text{Mantellinie des Kegels} \end{bmatrix}$

r ... Radius des Basiskreises

$b = 2\,r\,\pi = d\,\pi$

Eine Formel für den Flächeninhalt eines Kreissektors lautet:

$$A = \frac{R}{2} \cdot b$$

Da der Radius R des Sektors (= Mantelfläche) gleich der Länge s der Mantellinie des Kegels ist, ergibt sich für die Mantelfläche:

$$M = \frac{s}{2} \cdot b$$
$$= \frac{s}{2} \cdot 2\,r\,\pi$$
$$= r\,\pi\,s$$

R = s

$b = 2\,r\,\pi$

Die Oberfläche O wird aus der Grundfläche und dem Mantel gebildet:

$$O = G + M$$
$$= r^2\,\pi + r\,\pi\,s$$
$$= r\,\pi\,(r + s)$$

Äquivalente Umformungen

Aus $\quad M = r \pi s \quad$ folgt: $\qquad r = \dfrac{M}{\pi s} \qquad s = \dfrac{M}{r \pi}$

Aus $\quad O = r^2 \pi + r \pi s \quad$ folgt: $\qquad s = \dfrac{O - r^2 \pi}{r \pi}$

Beispiel:

Ein kegelförmiges Zelt ist 3,46 m hoch und hat einen Durchmesser von 5 m.
a) Wieviel m³ Raum bietet dieses Zelt?
b) Wieviel m² Stoff wird (ohne Nahtzugabe) für die Seitenwand benötigt?

a) $\qquad V = \dfrac{r^2 \pi h}{3} \qquad\qquad V \,(m^3) = \dfrac{(2,5)^2 \cdot 3,14 \cdot 3,46}{3} = 22,634$

Der Rauminhalt beträgt rund 22,6 m³.

b) $\qquad M = r \pi s$

Mit dem pythagoreischen Lehrsatz kann die Unbekannte s errechnet werden:

$$s = \sqrt{h^2 + r^2}$$

$$s\,(m) = \sqrt{(3,46)^2 + (2,5)^2} \approx 4,27$$

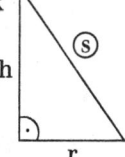

Schnittdreieck

$$M\,(m^2) = 2,5 \cdot 3,14 \cdot 4,27 \approx 33,52$$

Der Stoffbedarf beträgt rund 33,5 m².

Beispiel:

Wie groß ist der Durchmesser eines Kegels, dessen Höhe 16 cm und dessen Mantellinie s 20 cm beträgt?

Schnittdreieck

$$r = \sqrt{s^2 - h^2}$$

$$r\,(cm) = \sqrt{20^2 - 16^2} = 12$$

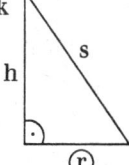

$$\boxed{d = 2\,r} \qquad d = 24 \text{ cm}$$

Beispiel:

Die Oberfläche eines Kegels beträgt 34,54 dm². Der Radius mißt 20 cm.
Die Länge der Mantellinie s und die Kegelhöhe h sind zu berechnen!
a) Mantellinie s
Durch Umformen der Oberflächenformel kann die Größe s berechnet werden:

$$r^2 \pi + r \pi s = O \qquad\qquad |-r^2 \pi$$
$$r \pi s = O - r^2 \pi \qquad\qquad |:(r\,\pi)$$
$$s = \dfrac{O - r^2 \pi}{r \pi}$$
$$s = \dfrac{34,54 - 2^2 \cdot 3,14}{2 \cdot 3,14} = 3,5 \text{ dm}$$

b) Höhe h

$$h = \sqrt{s^2 - r^2}$$

$$h = \sqrt{(3,5)^2 - 2^2} \approx 2,87 \text{ dm}$$

Schnittdreieck

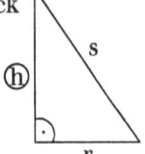

Kugel

Dreht man einen Kreis (Halbkreis) um einen seiner Durchmesser, beschreibt die Kreislinie eine Kugelfläche.

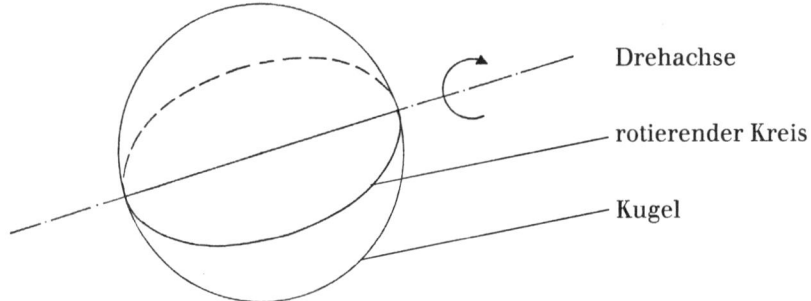

Drehachse

rotierender Kreis

Kugel

Die bei dieser Drehung umschriebene Fläche heißt **Kugelmantel** und ist gleich der Oberfläche der Kugel. Von der gekrümmten Oberfläche kann man ein ebenes Netz nur näherungsweise herstellen, wie das in Atlanten der Fall ist.
Jeder Punkt der Kugeloberfläche hat vom Mittelpunkt M den konstanten Abstand r (Kugelradius).
Schneidet man eine Kugel mit einer Ebene, die nicht durch den Mittelpunkt der Kugel verläuft, erhält man als Schnittfläche einen **Kleinkreis**. Geht der Ebenenschnitt jedoch durch den Kugelmittelpunkt, entsteht ein **Großkreis** als Schnittfläche.

räumliche Darstellung   Schnittdarstellung

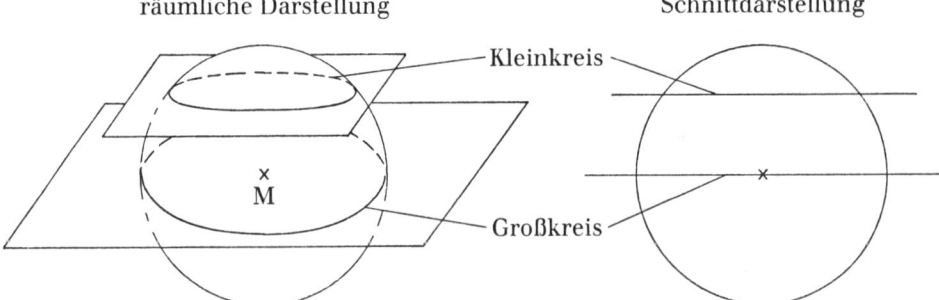

Kleinkreis

M

Großkreis

Da alle Größenverhältnisse einer Kugel nur von einer Maßzahl – dem Radius – abhängen, lassen sich Oberfläche und Volumen einer Kugel durch Angabe des Radius vollständig bestimmen.

Das Prinzip von Cavalieri

Der italienische Mathematiker Bonaventura Cavalieri, Professor in Bologna im 17. Jahrundert, erbrachte folgenden Beweis:
Zwei Körper sind genau dann volumsgleich, wenn sie gleiche Grundfläche und gleiche Höhe besitzen und in gleichen Abständen geführte Parallelschnitte gleiche Flächen ergeben.
Dabei kommt es nur auf die Flächengleichheit dieser Parallelschnitte an, nicht aber auf ihre Gestalt.

Veranschaulichung des Cavalierischen Prinzips

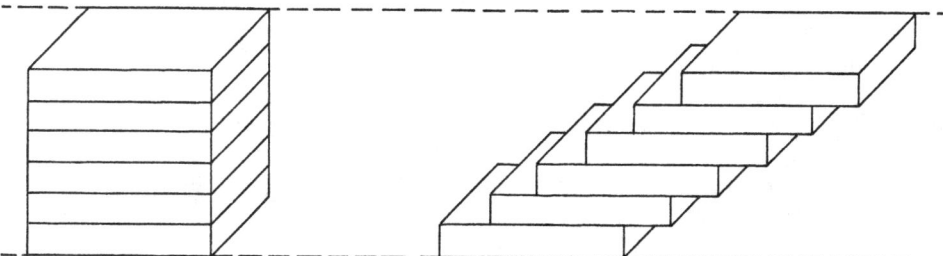

Dieser Satz von Cavalieri läßt sich veranschaulichen, indem man mit prismatischen Platten einen Körper von bestimmter Höhe aufbaut und dieser durch Verschieben der einzelnen Platten bei offensichtlich gleichem Volumen eine andere Gestalt erhält.
Die Grundflächen der verschobenen Platten sind genau jene Schnittflächen, die in gleicher Höhe gleichen Flächeninhalt haben.
Mit Hilfe der höheren Mathematik (Integralrechnung) läßt sich die Richtigkeit des Satzes von Cavalieri beweisen.

Der Rauminhalt einer Kugel

Nach dem Prinzip von Cavalieri ist das Volumen einer Halbkugel vom Radius r gleich dem eines geraden Kreiszylinders vom Radius r und der Höhe r, aus dem ein auf der Spitze stehender Kegel mit gleichem Radius r und gleicher Höhe r ausgebohrt wurde:

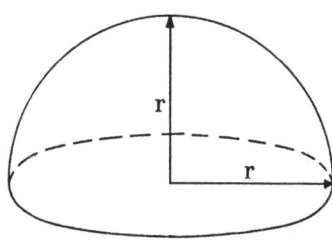

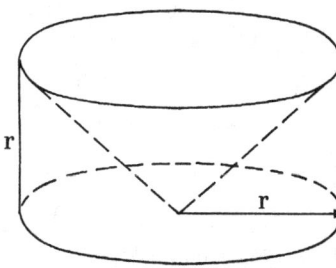

Halbkugel   ausgebohrter Kreiszylinder

Zylindervolumen – Kegelvolumen = Volumen der Halbkugel

$$r^2 \pi r \quad - \quad \frac{r^2 \pi r}{3} \quad = r^3 \pi - \frac{r^3 \pi}{3}$$

$$= \frac{2 r^3 \pi}{3}$$

Daraus folgt für das Volumen einer ganzen Kugel:

$$\boxed{V = \frac{4 r^3 \pi}{3}}$$

Aus $\quad V = \dfrac{4 r^3 \pi}{3} \quad$ folgt: $\quad r = \sqrt[3]{\dfrac{3 V}{4 \pi}}$

Oberfläche einer Kugel

Die Kugeloberfläche ist genau viermal so groß wie die Fläche eines Großkreises dieser Kugel.
Ein Beweis dafür kann mit Mitteln der höheren Mathematik gewonnen werden.

$$\boxed{\begin{array}{l} O = 4 r^2 \pi \\ d = 2 r \\ O = d^2 \pi \end{array}}$$

Daraus folgt: $\quad r = \sqrt{\dfrac{O}{4 \pi}}$

Daraus folgt: $\quad d = \sqrt{\dfrac{O}{\pi}}$

Beispiel:

Wieviel m³ Gas werden zum Füllen eines Ballons von 14 m Durchmesser benötigt?

$$V = \frac{4 r^3 \pi}{3}$$

$$V = \frac{4 \cdot 7^3 \cdot 3{,}14}{3} = 1\,436 \text{ m}^3$$

Beispiel:

Das Dachgewölbe eines Domes hat die Gestalt einer Halbkugel mit dem Durchmesser d = 28 m. Wieviel m² Oberfläche hat das Dach?

$O \text{ (Halbkugel)} = 2 r^2 \pi$

$O \text{ (m}^2) = 2 \cdot 14^2 \cdot 3{,}14 = 1\,230{,}88$

Beispiel:

Das Volumen einer Halbkugel beträgt 14,13 dm³.
Die Oberfläche ist zu berechnen.

$$O = 4 r^2 \pi$$

Der unbekannte Radius kann aus der Volumsformel berechnet werden:

$$V = \frac{4\,r^3\,\pi}{3} \qquad |\cdot 3$$

$$3\,V = 4\,r^3\,\pi \qquad |:(4\,\pi)$$

$$\frac{3\,V}{4\,\pi} = r^3 \qquad |\sqrt[3]{\ \ }$$

$$\sqrt[3]{\frac{3\,V}{4\,\pi}} = r$$

$$r\ (dm) = \sqrt[3]{\frac{3\cdot 14{,}13}{4\cdot 3{,}14}} = \sqrt[3]{3{,}375} = 1{,}5$$

$$O = 4\,r^2\,\pi$$

$$O\ (dm^2) = 4\cdot (1{,}5)^2\cdot 3{,}14 = 28{,}26$$

Beispiel:

Aus einem Würfel mit einem Volumen von 10,648 dm³ soll die größtmögliche Kugel herausgeschnitten werden. Das Volumen dieser Kugel ist zu berechnen.

Schnittdarstellung

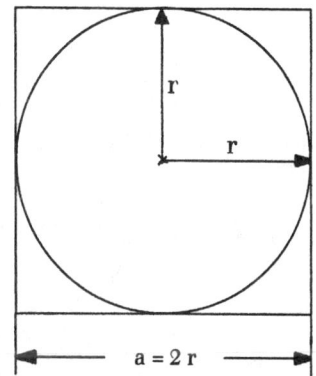

Die Kantenlänge a des Würfels entspricht genau dem doppelten Radius der eingeschriebenen Kugel.

$$V\ (\text{Würfel}) = a^3$$

$$\boxed{a = 2\,r}$$

$$(2\,r)^3 = 10{,}648 \qquad\qquad (2\,r)^3 = 2\,r\cdot 2\,r\cdot 2\,r$$
$$8\,r^3 = 10{,}648 \quad |:8 \qquad\qquad\ \ = 8\,r^3$$
$$r^3 = 1{,}331 \quad |\sqrt[3]{\ \ }$$
$$r\ (dm) = 1{,}1$$

$$V\ (\text{Kugel}) = \frac{4\,r^3\,\pi}{3}$$

$$V\ (dm^3) = \frac{4\cdot (1{,}1)^3\cdot 3{,}14}{3} = 5{,}572$$

Maße und Gewichte

Wegen seiner leichten Anwendbarkeit haben die meisten Länder das Dezimalsystem übernommen und ihre Maßsysteme auf der Grundzahl 10 (metrisches Maß) aufgebaut. Um mit der Grundeinheit selbst oder mit dekadischen Teilen oder Vielfachen dieser Einheit rechnen zu können, haben die über- und untergeordneten Einheiten eigene Bezeichnungen.
Zu den nichtmetrischen Maßen zählen unter anderem die Zeit- und Winkelmaße.

Tabellarische Übersicht

Größe	Einheit	Bezeichnung	über- und untergeordnete Einheiten		
			Größe	Bezeichnung	Umrechnung
Länge	m	Meter	km	Kilometer	1 km = 1000 m
			km*	Hektometer	1 km = 10 km
Kleinste Längeneinheiten			dam*	Dekameter	1 km = 100 dam
1 μm (Mikrometer) = 10^{-6} m			dm	Dezimeter	1 m = 10 dm
1 nm (Nanometer) = 10^{-9} m			cm	Zentimeter	1 m = 100 cm
1 pm (Picometer) = 10^{-12} m			mm	Millimeter	1 m = 1000 mm
Fläche	m^2	Quadratmeter	km^2	Quadtratkilometer	$1 km^2 = 100 ha$
			ha	Hektar	1 ha = 100 a
Kleinste Flächeneinheiten			a	Ar	$1 a = 100 m^2$
1 $μm^2$ (Quadratmikrometer) = 10^{-12} m^2			dm^2	Quadratdezimeter	$1 m^2 = 100 dm^2$
1 nm^2 (Quadratnanometer) = 10^{-18} m^2			cm^2	Quadratzentimeter	$1 dm^2 = 100 cm^2$
1 pm^2 (Quadratpicometer) = 10^{-24} m^2			mm^2	Quadratmillimeter	$1 cm^2 = 100 mm^2$
Raum	m^3	Kubikmeter	km^3	Kubikkilometer	$1 km^3 = 1000 hm^3$
			hm^3 *	Kubikhektometer	$1 hm^3 = 1000 dam^3$
Kleinste Hohlmaße			dam^3 *	Kubikdekameter	$1 dam^3 = 1000 m^3$
1 dl (Deziliter) = 0,1 l			hl	Hektoliter	1 hl = 100 l
1 cl (Zentiliter) = 0,01 l			l	Liter	$1 l \triangleq 1 dm^3$
1 ml (Milliliter) = 0,001 l			dm^3	Kubikdezimeter	
			cm^3	Kubikzentimeter	$1 dm^3 = 1000 cm^3$
			mm^3	Kubikmillimeter	$1 cm^3 = 1000 mm^3$

* in der BRD, jedoch nicht in Österreich zulässige Maßbezeichnungen

508

Größe	Einheit	Bezeichnung	über- und untergeordnete Einheiten		
			Größe	Bezeichnung	Umrechnung
Masse	kg	Kilogramm	Mt	Megatonne	$1\,Mt = 10^6\,t$
			Kt	Kilotonne	$1\,Kt = 10^3\,t$
Kleinste Masseeinheiten			t	Tonne	$1\,t = 1000\,kg$
1 dg (Dezigramm) = 0,1 g			dt*	Dezitonne	$1\,dt = 100\,kg$
1 mg (Milligramm) = 0,001 g			hg*	Hektogramm	$1\,hg = 10\,dag$
1 μg (Mikrogramm) = 10^{-6} g			dag	Dekagramm	$1\,dag = 10\,g$
			g	Gramm	$1\,kg = 1000\,g$

* in der BRD, jedoch nicht in Österreich zulässige Maßbezeichnungen

Zeit- und Winkelmaße

Zeitmaße

1 Tag = 24 Stunden	1 d = 24 h
1 Stunde = 60 Minuten	1 h = 60 min
1 Minute = 60 Sekunden	1 min = 60 s

1 Jahr = 365,2425 Tage	1 J ≈ 365 d

1582 wurde durch Papst Gregor XIII. die durchschnittliche Jahreslänge mit 365,2425 Tagen festgelegt.

Um vorteilhafter rechnen zu können, zählt man im allgemeinen ein Kalenderjahr mit 365 Tagen und berücksichtigt den vernachlässigten Tagesanteil von ca. 6 Stunden durch Einführung eines Schalttages (29. Februar) alle vier Jahre.

Damit hat ein Schaltjahr 366 Tage.

Schaltjahre sind alle Jahre, deren Jahreszahl durch 4 teilbar ist (1988, 1992, 1996 usw.), ausgenommen die nicht durch 400 teilbaren vollen Jahrhundertjahre (1900, 2100 usw.).

1 Jahr = 52 Wochen
1 Jahr = 12 Monate
1 Monat = 31 Tage(Jänner, März, Mai, Juli, August, Oktober, Dezember)
= 30 Tage (April, Juni, September, November)
= 29 Tage (Februar in Schaltjahren)
= 28 Tage (Februar in Nicht-Schaltjahren)

Winkelmaße

Der **Radiant** (rad): Einheit des ebenen Winkels im Bogenmaß.

1 rad entspricht jenem Winkel, der als Zentriwinkel eines Kreises einen Kreisbogen von der Länge des Radius bildet.

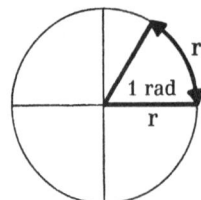

1 rad = 57,29578 Grad
1 rad ≈ 57,3°

r ... Radius

Der **Grad** (°): neunzigster Teil des rechten Winkels bzw. $\frac{1}{360}$ des vollen Winkels.

1 Grad = 60 Minuten   1 ° = 60'
1 Minute = 60 Sekunden   1' = 60"
1° = 60' = 3 600"

Maßverwandlungen

Bei vielen Rechenvorgängen erscheint es in der Praxis zweckmäßig, größere Einheiten in kleinere umzuwandeln oder umgekehrt.

(1) Die angegebenen Maße sind jeweils in die größte bzw. kleinste Einheit zu verwandeln:

Hinweise

3 km 40 m = 3,040 km   3 km = 3 000 m
         = 3 040 m   40 m = 0,04 km

18 m 4 dm 8 mm = 18,408 m   18 m = 18 000 mm
              = 18 408 mm   4 dm = 0,4 m
                             4 dm = 400 mm
                             8 mm = 0,008 m

$4\,m^2\,3\,dm^2 = 4,03\,m^2$ $4\,m^2 = 400\,dm^2$
$\quad\quad = 403\,dm^2$ $3\,dm^2 = 0,03\,m^2$

1 l 1 dl = 1,1 l   1 l = 10 dl
        = 11 dl   1 dl = 0,1 l

$2\,m^3\,3\,dm^3 = 2,003\,m^3$ $2m^3 = 2\,000\,dm^3$
$\quad\quad = 2\,003\,dm^3$ $3\,dm^3 = 0,003\,m^3$

(2) Wieviel Tage sind 380 Stunden?

1 d = 24 h

380 h = 15 d 20 h

380 : 24 = 15 (Tage)
20 (Stunden)

(3) Wieviel Stunden sind 400 Minuten?

1 h=60 min

400 min = 6 h 40 min

400 : 60 = 6 (Stunden)
40 (Minuten)

(4) Wieviel Sekunden sind 11 Stunden?

1 h = 60 min = 3 600 s
11 h = 39 600 s

3 600 · 11 = 39 600

(5) Wieviel Jahre sind 1000 Wochen?

1 J = 52 W

1000 W = 19 J 12 W

1000 : 52 = 19 (Jahre)
12 (Wochen)

Gewicht – Masse – Dichte

Die auf einen Körper von der Erde ausgeübte Anziehungskraft bezeichnet man als das **Gewicht** dieses Körpers.
Ein Körper kann an verschiedenen Orten (Erde – Mond) verschiedenes Gewicht haben. Daher kann man einem Körper ohne Angabe des Ortes auch kein bestimmtes Gewicht zuordnen. Das Gewicht ist keine ursprüngliche Eigenschaft eines Körpers. Vielmehr stellt diese veränderliche Größe ein Maß der Wechselwirkung zwischen zwei Massen (z. B. Erde – Gewichtsstück) dar, die man als **Massenanziehung** oder **Gravitation** bezeichnet.

Im Gegensatz zum Gewicht ist die **Masse** eine vom Ort unabhängige physikalische Größe. Die Masse ist für die Trägheit der Materie verantwortlich, und die Trägheit ist Ursache des Widerstandes eines Körpers gegen Bewegungsänderungen. Die Masse ist die Ursache der Anziehung, die Körper aufeinander ausüben (Gravitation), also auch des Gewichtes der Körper im Schwerefeld der Erde.

Zum praktischen Vergleich von Massen verwendet man Balkenwaagen.
Die Einheit der Masse ist 1 Kilogramm (1 kg).

Die Bezeichnung **Gewicht** wird in drei verschiedenen Bedeutungen gebraucht:

(1) Mit dem Wort Gewicht wird vielfach die Gewichtskraft (Schwerkraft) bezeichnet. Dann muß das Gewicht in der **Krafteinheit 1 Newton** als Anziehungskraft gemessen werden.

(2) Das Wort Gewicht ist oft gleichbedeutend mit der physikalischen Größe Masse. In dieser Bedeutung wird die Bezeichnung Gewicht vor allem im Handel und in der Wirtschaft bei der Angabe von Mengen im Sinne eines Wägeergebnisses verwendet. Das Gewicht ist dann in der **Masseneinheit 1 kg** anzugeben.

> Im folgenden wird **Gewicht** in dieser Bedeutung verwendet.

(3) Wird Gewicht auch als Name für die bei Wägungen verwendeten Verkörperungen von Masseneinheiten sowie deren Teilen verwendet, spricht man von „Gewichtsstücken".

Die **Dichte** eines Körpers gibt seine Masse pro Volumseinheit an, und zwar im allgemeinen in kg pro dm^3 oder g pro cm^3.
Das Zeichen für Dichte ist ρ (griech. Buchstabe, gelesen: rho).
Die Dichte eines Stoffes gibt eine Materialeigenschaft dieses Körpers wieder, etwa bedeutet die Angabe $\rho = 7{,}85$ kg/dm^3 ($\rho = 7{,}85$ g/cm^3) für einen Körper aus Stahl, daß die Masse von 1 dm^3 (cm^3) dieses Körpers 7,85 kg (7,85 g) wiegt.

Gewichtsberechnungen

Das Gewicht G eines Körpers ist von seinem Volumen V und seiner Dichte ρ abhängig und kann als Produkt dieser beiden Größen berechnet werden.

> Gewicht = Volumen x Dichte
>
> $G = V \cdot \rho$

Durch äquivalente Umformungen ergeben sich:

$$V = \frac{G}{\rho} \quad \text{und} \quad \rho = \frac{G}{V}$$

Beispiel:

Das Gewicht einer 3 m langen Eisenstange mit dem Durchmesser 4 cm (ρ = 7,8 kg/dm³) ist zu berechnen.

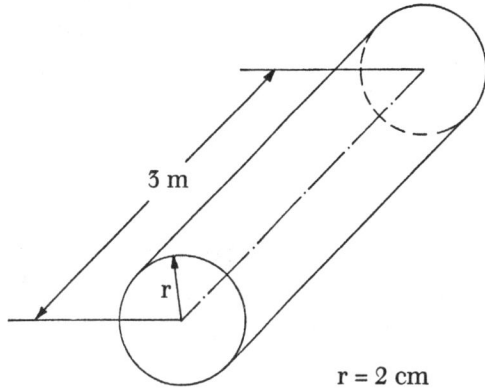

3 m

r

r = 2 cm

(1) Rauminhalt des zylinderförmigen Körpers berechnen:

$$V \text{ (Zylinder)} = r^2 \, \pi \, h$$
$$V \text{ (dm}^3) = 0,2^2 \cdot 3,14 \cdot 30 = 3,768$$

(2) Gewichtsberechnung

$$G = V \cdot \rho$$
$$G \text{ (kg)} = 3,768 \cdot 7,8 = 29,3904$$

Das Gewicht der Eisenstange beträgt 29,4 kg.

Beispiel:

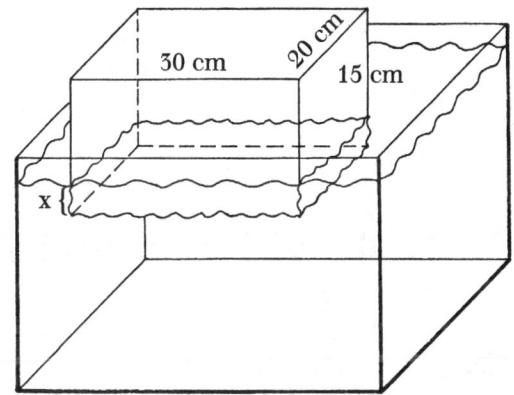

30 cm

20 cm

15 cm

x

Ein quaderförmiges Holzstück (Kantenmaße: 30 cm / 20 cm / 15 cm; ρ = 0,8 kg/dm³) schwimmt auf dem Wasser.

Wie tief taucht es ein?

x ... Eintauchtiefe

Nach dem Prinzip von Archimedes gilt:

Gewicht des Körpers = Gewicht der verdrängten Flüssigkeit

(1) Gewicht G_1 des Holzstückes

$$G_1 = V \cdot \rho$$
$$G_1 \text{ (kg)} = 3 \cdot 2 \cdot 1,5 \cdot 0,8 = 7,2$$

(2) Gewicht G_2 der verdrängten Flüssigkeit

Für das praktische Rechnen kann die Dichte für Wasser mit $\rho = 1$ angenommen werden.
Der unter Wasser befindliche Teil des Holzstückes ist wieder quaderförmig und entspricht der Gestalt der verdrängten Flüssigkeit, deren Höhe unbekannt ist und vorläufig mit x bezeichnet wird:

$$G_2 = V \cdot \rho$$

$$G_2 \text{ (kg)} = 3 \cdot 2 \cdot x \cdot 1 = 6\,x$$

(3) Durch Gleichsetzen der beiden Gewichte ergibt sich eine Bestimmungsgleichung, deren Unbekannte x zu berechnen ist.

$$G_1 = G_2$$
$$7,2 = 6\,x \quad | : 6$$
$$1,2 = x$$

Die Eintauchtiefe des Holzstückes beträgt 12 cm.

Hinweis: Es ist meist vorteilhaft, die Berechnungen in der für die Dichte angegebenen Einheit durchzuführen. So wurden auch im vorangegangenen Beispiel die Kantenmaße des Holzstückes in die Einheit dm zur Berechnung des Volumens umgewandelt. Auch der in (3) errechnete Zahlenwert für x hat daher die (nicht angeschriebene) Benennung dm.

Beispiel:

Wie schwer ist eine Rolle Kupferdraht von 100 m Länge, wenn der Durchmesser 2 mm beträgt? (Dichte von Kupfer: $\rho = 8,9$ kg/dm³)

$$V = r^2 \pi h \qquad\qquad 2 \text{ mm} = 0,02 \text{ dm}$$
$$V \text{ (dm}^3) = 0,01^2 \cdot 3,14 \cdot 1000 \qquad 100 \text{ m} = 1000 \text{ dm}$$
$$= 0,314$$

$$G = V \cdot \rho$$
$$G \text{ (kg)} = 0,314 \cdot 8,9 = 2,7946$$

Die Rolle Kupferdraht wiegt rund 2,8 kg.

Beispiel:

Eine zum Kugelstoßen verwendete Stahlkugel wiegt 7,054 kg. Welchen Durchmesser hat diese Kugel? (Dichte von Stahl: $\rho = 7,8$ g/cm³)

$$V \text{ (Kugel)} = \frac{4\,r^3\,\pi}{3} \quad | \cdot 3$$

$$3\,V = 4\,r^3\,\pi \quad | : 4\,\pi$$

$$\frac{3\,V}{4\,\pi} = r^3 \quad | \sqrt[3]{}$$

$$\sqrt[3]{\frac{3\,V}{4\,\pi}} = r$$

$$G = V \cdot \rho \quad | : \rho$$

$$V = \frac{G}{\rho}$$

$$V \text{ (cm}^3) = \frac{7\,054}{7,8} = 904,3589$$

$$r \text{ (cm)} = \sqrt[3]{\frac{3 \cdot 904,3589}{4 \cdot 3,14}} = \sqrt[3]{216,009} \approx 6$$

Die Kugel hat einen Durchmesser von 12 cm.

Beispiel:

Ein Ziergegenstand hat die Gestalt eines Brunnentroges und ist aus Porzellan (ρ = 2,4 g/cm^3) angefertigt. Die Maße in Millimeter sind der Skizze zu entnehmen. Wie schwer ist dieser Gegenstand?

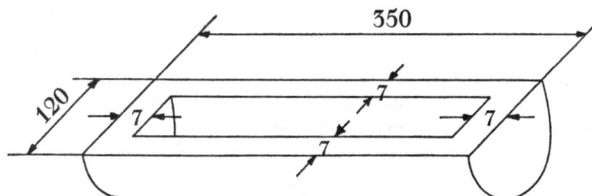

äußerer Radius R = 120 : 2 = 60
innerer Radius r = (120 – 2 · 7) : 2 = 53

Außenlänge H = 350
Innenlänge h = (350 – 2 · 7) = 336

Das für die Gewichtsberechnung benötigte Volumen V ergibt sich als Differenz der Volumina zweier Halbzylinder:

$$V_1 \text{ (äußerer Halbzylinder)} = (R^2\,\pi\,H) : 2$$
$$= (60^2 \cdot 3,14 \cdot 350) : 2$$
$$= 1\,978\,200 \text{ (mm}^3)$$

$$V_2 \text{ (innerer Halbzylinder)} = (r^2\,\pi\,h) : 2$$
$$= (53^2 \cdot 3,14 \cdot 336) : 2$$
$$= 1\,481\,803,68 \text{ (mm}^3)$$

$$\boxed{V = V_1 - V_2}$$

$$V \text{ (cm}^3) = 1\,978,2 - 1\,481,8 = 496,4$$

$$\boxed{G = V \cdot \rho}$$

$$G \text{ (g)} = 496,4 \cdot 2,4 = 1\,191,36$$

Das Gewicht des Ziergegenstandes beträgt rund 1,2 kg.

Weitere Maße und Maßsysteme

Maßzahlen

Vielfaches einer Einheit

Das -fache einer Einheit heißt:		Abkürzung	gelesen
10	Deka-	da	Zehn
10^2	Hekto-	h	Hundert
10^3	Kilo-	k	Tausend
10^6	Mega-	M	Million
10^9	Giga-	G	Milliarde
10^{12}	Tera-	T	Billion
10^{15}	Peta-	P	Billiarde
10^{18}	Exa-	E	Trillion

Bruchteil einer Einheit

Das -fache einer Einheit heißt:		Abkürzung	gelesen
10^{-1}	Dezi-	d	Zehntel
10^{-2}	Zenti-	c	Hundertstel
10^{-3}	Milli-	m	Tausendstel
10^{-6}	Mikro-	μ	Millionstel
10^{-9}	Nano-	n	Milliardstel
10^{-12}	Piko-	p	Billionstel
10^{-15}	Femto-	f	Billiardstel
10^{-18}	Atto-	a	Trillionstel

Längenmaße

Bezeichnung	Symbol	Anmerkungen	Zahlenwert in Metern
Meter	m	Basiseinheit	1 m
Lichtjahr	Lj	Strecke, die das Licht in einem Jahr zurücklegt	$9{,}46 \cdot 10^{15}$ m
Zoll oder Inch	″ oder in	englisches bzw. amerikanisches Längenmaß	0,0254 m = 2,54 cm
Fuß	ft	1 ft = 12 Zoll (12″)	0,3048 m

Bezeichnung	Symbol	Anmerkungen	Zahlenwert in Metern
Yard	yd	1 yd = 3 ft	0,9144 m
Meile	stat.mile	1 stat.mile = 1 760 yd	1 609 m
Meile	naut.mile	1 naut.mile = 2 027 yd	1 853,5 m
Deutsche Landmeile		nicht mehr zulässig	7 500 m
Geografische Meile		$\frac{1}{15}$ des Äquatorgrades; nicht mehr zulässig	7 420,4 m
Seemeile		$\frac{1}{60}$ des Meridiangrades; nicht mehr zulässig	1 852 m
Werst		russisches Entfernungsmaß	1 066,8 m

Geschwindigkeitsmaße

Dimensionsgleichung: Geschwindigkeit = $\dfrac{\text{Weg}}{\text{Zeit}}$ $v = \dfrac{s}{t}$

Die Einheit der Geschwindigkeit im MKSA-System* ergibt sich durch Einsetzen der Basiseinheiten: $1\,\dfrac{m}{s}$

Bezeichnung	Symbol	Anmerkungen	Zahlenwert und MKSA-Dimension
Kilometer pro Stunde	$\dfrac{km}{h}$	Geschwindigkeitsmaß bei Kraftfahrzeugen	$\dfrac{1\,m}{3,6\,s} = 0,278\ \dfrac{m}{s}$
Meilen pro Stunde	mph	in den USA üblich; 1 mph = $1,609\,\dfrac{km}{h}$	$0,447\,\dfrac{m}{s}$
Knoten	kn	$1\,kn = \dfrac{1\ naut.mile}{h} =$ $= 1,853\,\dfrac{km}{h}$	$0,515\,\dfrac{m}{s}$
Mach	mach	in der Luftfahrt üblich; 1 mach = Schallgeschwindigkeit in Luft $= 1\,192\,\dfrac{km}{h}$	$331\,\dfrac{m}{s}$

Beschleunigungsmaße

Dimensionsgleichung: Beschleunigung $= \dfrac{\text{Geschwindigkeit}}{\text{Zeit}}$ $a = \dfrac{v}{t}$

Die Einheit der Beschleunigung ergibt sich durch Einsetzen der Basiseinheiten:

$$1\,\frac{m}{s^2}$$

Kraft- oder Gewichtsmaße

Dimensionsgleichung: Kraft = Masse x Beschleunigung
Die Einheit ergibt sich durch Einsetzen der Basiseinheiten: $1\,kg \cdot 1\,\dfrac{m}{s^2} = 1$ Newton (N)

Bezeichnung	Symbol	Anmerkungen	Zahlenwert und MKSA-Dimension
Newton	N	Einheit	$1\,\dfrac{m\,kg}{s^2}$
Kilopond	kp	Basiseinheit im technischen Maßsystem; nicht mehr zulässig	$9{,}80665\,\dfrac{m\,kg}{s^2}$
Pond	p	$1\,p = 10^{-3}\,kp$; nicht mehr zulässig	$9{,}80665 \cdot 10^{-3}\,\dfrac{m\,kg}{s^2}$

Massenmaße

Bezeichnung	Symbol	Anmerkungen	Zahlenwert in Kilogramm oder Gramm
Kilogramm	kg	Basiseinheit	$1\,kg$
Gramm	g		$10^{-3}\,kg$
Tonne	t		$10^3\,kg$
Zentner	Ztr.	auf deutschen Märkten üblich	$50\,kg$
Doppelzentner	dz		$100\,kg$
Pfund	℔	1 Ztr. = 100 Pfund	$0{,}5\,kg$
Karat	ct	bei Edelsteinen	$0{,}2\,g$
Karat	ct	bei Goldlegierungen; 24karätiges Gold ist rein	$\dfrac{1}{24}$ Masseanteil Gold
Atomare Masseeinheit	u	$\dfrac{1}{12}$ der Masse von Kohlenstoff 12	$1{,}66043 \cdot 10^{-27}\,kg$

Frequenzmaße

Bezeichnung	Symbol	Anmerkungen	Zahlenwert und Dimension im MKSA-System
Sekunde	s	Basiseinheit	1 s
Tag	d	1 d = 24 h	86 400 s
Hertz	Hz	Zahl der vollständigen Schwingungen pro Sekunde (Frequenz)	s^{-1}
Kilohertz	kHz	1 kHz = 10^3 Hz	10^3 s^{-1}
Megahertz	MHz	1 MHz = 10^6 Hz	10^6 s^{-1}
Gigahertz	GHz	1 GHz = 10^9 HZ	10^9 s^{-1}

* Hinweis: Das **MKSA-System** (M für Meter, K für Kilogramm, S für Sekunde und A für Ampere) ist das in Theorie und Praxis am häufigsten verwendete Maßsystem. Um alle physikalischen Erscheinungen zu messen, benutzt man das MKSA-System und ergänzt es durch eine Temperatureinheit und eine photometrische Einheit. Alle diese Einheiten gehören zum Internationalen Einheitensystem, sie sind **SI-Einheiten.**

Druckmaße

Dimensionsgleichung: Druck = $\frac{\text{Kraft}}{\text{Fläche}}$; die Druckeinheit ist daher 1 $\frac{N}{m^2}$ = 1 Pascal (Pa).

Sie ist für die Praxis meist zu klein, weshalb größere Einheiten verwendet werden.

Bezeichnung	Symbol	Anmerkungen	Zahlenwert in $\frac{N}{m^2}$
Pascal	Pa	Einheit	$1 \frac{N}{m^2}$
Bar	bar		$10^5 \frac{N}{m^2}$
Millibar	mbar	Einheit des Luftdrucks	$10^2 \frac{N}{m^2}$
Physikalische Atmosphäre	atm	Druck, den eine 760 mm hohe Säule aus Quecksilber (bei 0° C und 1 g) auf ihre Unterlage ausübt; nicht mehr zulässig	$101\,325 \frac{N}{m^2} =$ $= 1\,013,25$ mbar

Bezeichnung	Symbol	Anmerkungen	Zahlenwert in $\frac{N}{m^2}$
Torr	Torr = 1 mm Quecksilbersäule	760 Torr = 1 atm; nicht mehr zulässig; die Einheit mmHg ist noch zur Angabe des Blutdrucks erlaubt	$133{,}3224\,\frac{N}{m^2}$
Technische Atmosphäre	at	$1\text{ at} = \frac{1\text{ kp}}{cm^2}$ nicht mehr zulässig	$98\,066{,}5\,\frac{N}{m^2}$
Atmosphäre Überdruck	atü	1 atü = 1 at – Luftdruck; in der Technik gebräuchlich, gesetzlich nicht mehr zulässig	
Gesamtdruck	ata	1 ata = Überdruck + Luftdruck; gesetzlich nicht mehr zulässig	

Der Normaldruck in Meereshöhe ist gleich 1 013,25 mbar (= 1 atm = 1 013,25 hPa).

Leistungsmaße

Dimensionsgleichung: Leistung $= \dfrac{\text{Arbeit}}{\text{Zeit}}$

Die MKSA-Einheit ist daher $1\,\dfrac{J}{s} = 1\,\dfrac{Nm}{s} = 1\,\dfrac{m^2\,kg}{s^2} = 1$ Watt (W); die Einheit Watt ist gleichzeitig SI-Einheit der elektrischen Leistung.

Bezeichnung	Symbol	Anmerkungen	Zahlenwert in Watt
Kilowatt	kW		1 000 W
Pferdestärke	PS	veraltete Einheit in der Kraftfahrzeugtechnik; $1\text{ PS} = 75\,\dfrac{mkp}{s}$ $1\text{ PS} = 0{,}7355$ kW	735,5 W
Meterkilopond pro Sekunde	$\dfrac{mkp}{s}$	Einheit des technischen Maßsystems; nicht mehr zulässig	9,80665 W

Maße elektrischer und magnetischer Größen

Bezeichnung	Symbol	Anmerkungen und Dimensionsgleichungen	Zahlenwert und MKSA-Dimension
Ampere	A	Basiseinheit der Stromstärke; SI-Einheit	I A
Watt	W	SI-Einheit der elektr. Leistung = mechan. Leistung; $1\,W = \dfrac{1\,J}{1\,s} = 1\,\dfrac{m^2\,kg}{s^3} = 1\,VA$	$1\,\dfrac{m^2\,kg}{s^3}$
Kilowatt	kW		$10^3\,W$
Volt	V	SI-Einheit der elektr. Spannung $= \dfrac{Leistung}{Stromstärke}$; 1 V ist die Spannung, die an einem Leiter anliegen muß, damit ein Strom von 1 A die Leistung 1 W erbringt	$1\,\dfrac{m^2\,kg}{s^3\,A}$
Ohm	Ω	SI-Einheit des elektr. Widerstands $= \dfrac{Spannung}{Strom}$; 1 Ω ist der Widerstand, den ein Leiter hat, wenn eine Spannung von 1 V in ihm einen Strom von 1 A fließen läßt; $1\,\Omega = \dfrac{1\,V}{1\,A}$	$1\,\dfrac{m^2\,kg}{s^3\,A^2}$
Volt pro Meter	$\dfrac{V}{m}$	elektr. Feldstärke	$1\,\dfrac{kg\,m}{s^3\,A}$
Ampere pro Meter	$\dfrac{A}{m}$	magnet. Feldstärke	$1\,\dfrac{A}{m}$

Arbeits- und Energiemaße

Physikalisch gesehen, sind Arbeit und Energie dasselbe. Der Unterschied liegt in der Betrachtungsweise: Energie ist das Vermögen, Arbeit zu leisten. Der Arbeitsbegriff ist jedoch mehr physiologischer Natur (Bewegen einer Last, verbunden mit Mühe usw.), der also lediglich einen menschlichen Aspekt der Energie verkörpert. Die Physiker verwenden vorzugsweise den Energiebegriff.

Dimensionsgleichung: Arbeit = Kraft mal Weg; die Einheit der Energie ist daher

$$1\,N \cdot m = 1\,\frac{m^2\,kg}{s^2} = 1\,\text{Wattsekunde (Ws)}$$

Bezeichnung	Symbol	Anmerkungen	Zahlenwert und MKSA-Dimension
Joule	J	SI-Einheit; 1 J = 1 Ws = 1 Nm	$1\,\frac{m^2\,kg}{s^2}$
Wattsekunde	Ws	1 Ws = 1 J	$1\,\frac{m^2\,kg}{s^2}$
Wattstunde	Wh		3 600 J
Kilowattstunde	kWh		$3{,}6 \cdot 10^6\,\frac{m^2\,kg}{s^2}$
Kilokalorie	kcal	nicht mehr zulässige wärmetechnische Energieeinheit, gleich der Wärmemenge, die nötig ist, um 1 kg Wasser bei 1 013 mbar von 14,5 ° C auf 15,5° C zu erwärmen	$4{,}1868 \cdot 10^3\,\frac{m^2\,kg}{s^2}$
Kalorie	cal	1 kcal = 1 000 cal; nicht mehr zulässig 4,183 cal = 1 J	$4{,}1868 \cdot 10^3\,\frac{m^2\,kg}{s^2}$
Kilopondmeter oder Meter- kilopond	kpm oder mkp	1 mkp = 9,80665 Nm; technische Energieeinheit; nicht mehr zulässig	$9{,}80665\,\frac{m^2\,kg}{s^2}$
Steinkohleneinheit	SKE	1 Tonne SKE = 1 t SKE; ältere Einheit, die vor allem zur Angabe großer Energiemengen verwendet wird (Energieressourcen, Kraftwerkstechnik usw.)	$1\,t\,SKE \approx$ $\approx 29 \cdot 10^9\,\frac{m^2\,kg}{s^2}$

Bezeichnung	Symbol	Anmerkungen	Zahlenwert und MKSA-Dimension
Elektronvolt	eV	atomphysikalische Basiseinheit der Energie; bezeichnet die Energie, die ein Elektron gewinnt, wenn man es durch eine Spannung von 1 V beschleunigt	$1,6022 \cdot 10^{-19} \frac{m^2 \, kg}{s^2}$
Megaelektronvolt	MeV	$1 \, MeV = 10^6 \, eV$	$1,6022 \cdot 10^{-13} \frac{m^2 \, kg}{s^2}$

Register